에듀윌과 함께 시작하면,
당신도 합격할 수 있습니다!

비전공자, 노베이스로
2주 만에 우수등급을 받은 대학생

퇴근 후 바쁜 시간을 쪼개어
최우수등급을 받고 승진에 성공한 직장인

최우수등급으로 학점을 취득하여
학점은행제 학위증을 받은 40대 아버지

누구나 합격할 수 있습니다.
해내겠다는 '열정' 하나면 충분합니다.

마지막 페이지를 덮으면,

**에듀윌과 함께
매경TEST 합격이 시작됩니다.**

에듀윌 매경TEST
합격스토리

김O영 우수등급 합격자

공부가 어려운 노베이스 초보도 우수등급 합격

학점은행제 때문에 매경TEST를 시작했습니다. 경제는 고등학교 때 잠깐 배웠던 내용이 다였고 경영에 대해서는 무지했습니다. 어떻게 공부할지 알아보다가 에듀윌에 작성된 여러 후기들을 보고 에듀윌 매경TEST 강의와 교재를 선택하였습니다. 교수님들이 알기 쉽고 꼼꼼하게 설명하셔서 무지했던 저에게 큰 도움이 되었고, 정확히 한 달만에 우수등급을 달성하였습니다. '에듀윌 매경TEST 2주끝장'을 세 번 정도 정독한 것과 '에듀윌 매경TEST 실전문제집'을 한 번 풀어본 것이 합격에 많은 도움을 주었습니다.

우O조 최우수등급 합격자

기출문제가 있어 합격이 쉬웠어요!

퇴근 후 공부하느라 고생했지만 합격하고 최우수등급의 점수를 보니 뿌듯합니다. '에듀윌 매경TEST 2주끝장' 교재를 중심으로 한 번 보고 부족한 부분은 특강을 활용하여 틈틈이 학습했습니다. 경제학 전공자였고 회사 업무를 하며 알고 있던 상식 수준일 것이라 생각했는데 시험 수준은 어려운 편이었습니다. 하지만 에듀윌 강의와 교수님, 2주끝장 교재 덕분에 최우수등급을 받았습니다. 이해하기 쉽게 강의해 주셔서 자격증을 딸 수 있는 기간을 줄일 수 있었습니다.

권O현 최우수등급 합격자

에듀윌만 믿고 공부해 최우수등급 합격

자격증은 에듀윌이니까 에듀윌 매경TEST 교재와 강의로 공부했습니다. 도저히 이해가 가지 않았던 개념을 신경수 교수님의 설명을 듣고 이해할 수 있었습니다. 전표훈 교수님은 꼼꼼하고 이해하기 쉽게 설명해 주셔서 좋았습니다. 교재에 있는 문제들이 단순 개념 체크가 아니라 대표 문제로 구성되어 있어 유용했습니다. 이론 부분도 깔끔하게 정리되어 있어서 교재를 반복적으로 읽으며 이론을 이해하고 암기했습니다. 경영과 경제의 범위가 광범위한데 시험에 나오는 개념 위주로 공부할 수 있어 효율적이었습니다.

다음 합격의 주인공은 당신입니다!

더 많은 합격스토리

단기 고득점 특별 지원!
교재 구매자 무료 혜택

고퀄리티 무료특강

2주끝장
- 핵심테마 보충특강 30강
- 고난도 문풀특강 4강
- 시사상식 무료특강 167강

실전문제집
- 유형공략 문제풀이+출제경향 분석 7강
- 시사상식 무료특강 167강

*수강 경로
에듀윌 도서몰(book.eduwill.net)
▶ 동영상강의실

단기 합격 필수 자료

2주끝장
- [부록] 시사상식 용어북

실전문제집
- [부록] 시사상식 용어북

*자료 경로
각 교재 내 수록

온라인 모의고사

2주끝장
- 온라인 모의고사 3회분

실전문제집
- 온라인 모의고사 3회분

*자료 경로
각 교재 내 QR코드 접속

+ 2025 에듀윌 매경TEST 온라인 모의고사

1회 　　2회 　　3회

STEP 1 QR코드 스캔 ▶ **STEP 2** 회원가입 & 로그인 ▶ **STEP 3** 온라인 모의고사 응시 ▶ **STEP 4** 채점 및 결과 확인

※ 상기 혜택은 교재 구매 시 무료로 제공되며, 예고 없이 변경되거나 종료될 수 있음

스피드 문풀 플래너

나의 목표	시작 Day	__월 __일
Days 끝장	달성 Day	__월 __일

스피드 플래너

DAY	공부 범위	공부한 날	완료
DAY 1	CH. 01 경제학의 기초	__월 __일	☐
	CH. 02 수요와 공급의 이론	__월 __일	☐
	CH. 03 소비자이론과 생산자이론	__월 __일	☐
	CH. 04 생산물시장이론	__월 __일	☐
	CH. 05 조세와 소득분배이론	__월 __일	☐
DAY 2	CH. 06 공공경제이론과 정보경제학	__월 __일	☐
	CH. 01 거시경제변수	__월 __일	☐
	CH. 02 경기변동	__월 __일	☐
	CH. 03 화폐금융론	__월 __일	☐
DAY 3	CH. 04 총수요-총공급이론	__월 __일	☐
	CH. 05 실업과 인플레이션	__월 __일	☐
	CH. 01 국제무역론	__월 __일	☐
	CH. 02 국제금융론	__월 __일	☐
	CH. 01 경영과 기업	__월 __일	☐
	CH. 02 조직관리이론의 흐름	__월 __일	☐
DAY 4	CH. 03 조직구조의 형태	__월 __일	☐
	CH. 01 인적자원관리의 이해	__월 __일	☐
	CH. 02 인적자원관리 제도	__월 __일	☐
	CH. 01 조직행동의 이해	__월 __일	☐
	CH. 02 동기부여이론	__월 __일	☐
	CH. 03 리더십이론과 유형	__월 __일	☐
DAY 5	CH. 01 경영전략의 이해	__월 __일	☐
	CH. 02 환경 분석	__월 __일	☐
	CH. 03 기업 수준과 사업부 수준의 전략	__월 __일	☐
	CH. 04 다국적 기업과 글로벌 경영	__월 __일	☐
	CH. 01 마케팅에 대한 이해와 소비자 행동	__월 __일	☐
	CH. 02 STP전략	__월 __일	☐
	CH. 03 마케팅 믹스 4P	__월 __일	☐
	CH. 01 회계와 재무회계의 개념	__월 __일	☐
	CH. 02 재무제표의 이해	__월 __일	☐
DAY 6	CH. 03 원가·관리회계	__월 __일	☐
	CH. 01 재무관리의 주요 원리	__월 __일	☐
	CH. 02 재무관리의 개요	__월 __일	☐
	CH. 03 파생상품	__월 __일	☐
	CH. 01 재무비율 분석	__월 __일	☐
	CH. 02 시장가치비율 분석	__월 __일	☐
DAY 7	제1회 파이널 실전 모의고사	__월 __일	☐

셀프 플래너

	공부 범위	공부한 날	완료
PART 01 미시경제	CH. 01 경제학의 기초	__월 __일	☐
	CH. 02 수요와 공급의 이론	__월 __일	☐
	CH. 03 소비자이론과 생산자이론	__월 __일	☐
	CH. 04 생산물시장이론	__월 __일	☐
	CH. 05 조세와 소득분배이론	__월 __일	☐
	CH. 06 공공경제이론과 정보경제학	__월 __일	☐
PART 02 거시경제	CH. 01 거시경제변수	__월 __일	☐
	CH. 02 경기변동	__월 __일	☐
	CH. 03 화폐금융론	__월 __일	☐
	CH. 04 총수요-총공급이론	__월 __일	☐
	CH. 05 실업과 인플레이션	__월 __일	☐
PART 03 국제경제	CH. 01 국제무역론	__월 __일	☐
	CH. 02 국제금융론	__월 __일	☐
PART 01 기업경영과 조직	CH. 01 경영과 기업	__월 __일	☐
	CH. 02 조직관리이론의 흐름	__월 __일	☐
	CH. 03 조직구조의 형태	__월 __일	☐
PART 02 인적자원관리	CH. 01 인적자원관리의 이해	__월 __일	☐
	CH. 02 인적자원관리 제도	__월 __일	☐
PART 03 조직행동	CH. 01 조직행동의 이해	__월 __일	☐
	CH. 02 동기부여이론	__월 __일	☐
	CH. 03 리더십이론과 유형	__월 __일	☐
PART 04 경영전략과 국제경영	CH. 01 경영전략의 이해	__월 __일	☐
	CH. 02 환경 분석	__월 __일	☐
	CH. 03 기업 수준과 사업부 수준의 전략	__월 __일	☐
	CH. 04 다국적 기업과 글로벌 경영	__월 __일	☐
PART 05 마케팅	CH. 01 마케팅에 대한 이해와 소비자 행동	__월 __일	☐
	CH. 02 STP전략	__월 __일	☐
	CH. 03 마케팅 믹스 4P	__월 __일	☐
PART 06 회계	CH. 01 회계와 재무회계의 개념	__월 __일	☐
	CH. 02 재무제표의 이해	__월 __일	☐
	CH. 03 원가·관리회계	__월 __일	☐
PART 07 기업 재무관리의 기초	CH. 01 재무관리의 주요 원리	__월 __일	☐
	CH. 02 재무관리의 개요	__월 __일	☐
	CH. 03 파생상품	__월 __일	☐
PART 08 기업 재무분석의 이해	CH. 01 재무비율 분석	__월 __일	☐
	CH. 02 시장가치비율 분석	__월 __일	☐
모의고사	제1회 파이널 실전 모의고사	__월 __일	☐

가위로 잘라서 책갈피로 사용하세요

[경제편] 키워드 마인드맵

HOW 키워드로 흐름을 파악하고 학습한 내용 연상하기 ● 완벽하게 마무리하면 우수등급 이상 달성!

PART 01 미시경제

01 경제학의 기초
- 경제학의 개요
  - 경제주체: 가계, 기업, 정부, 외국(국외)
  - 경제문제: 희소성의 법칙, 경제문제
  - 합리적 선택: 기회비용, 매몰비용
- 경제학의 본질
  - 경제학: 미시경제학, 거시경제학
  - 경제변수: 내생변수, 외생변수, 유량변수, 저량변수

02 수요와 공급의 이론
- 수요와 공급
  - 수요: 수요, 수요량, 수요함수, 수요의 법칙
  - 공급: 공급, 공급량, 공급함수, 공급의 법칙
  - 시장의 균형: 초과수요량, 초과공급량, 시장의 균형
- 수요와 공급의 탄력성
  - 수요의 탄력성: 가격탄력성과 결정 요인, 호탄력성, 소득탄력성, 교차탄력성
  - 공급의 탄력성: 가격탄력성과 결정 요인
- 수요·공급이론의 응용
  - 사회적잉여: 소비자잉여, 생산자잉여, 사회적잉여
  - 가격규제: 최고가격제(가격상한제), 최저가격제(가격하한제)

03 소비자이론과 생산자이론
- 소비자이론
  - 주요 개념: 총효용, 한계효용, 한계효용체감의 법칙, 한계효용균등의 법칙
- 생산자이론
  - 생산함수이론: 한계생산, 평균생산, 한계생산체감의 법칙
  - 비용함수이론: 회계석 비용, 경제적 비용, 단기비용함수, 규모의 경제, 범위의 경제
  - 기업의 이윤: 총수입, 한계수입, 평균수입, 이윤함수, 수입극대화 가설

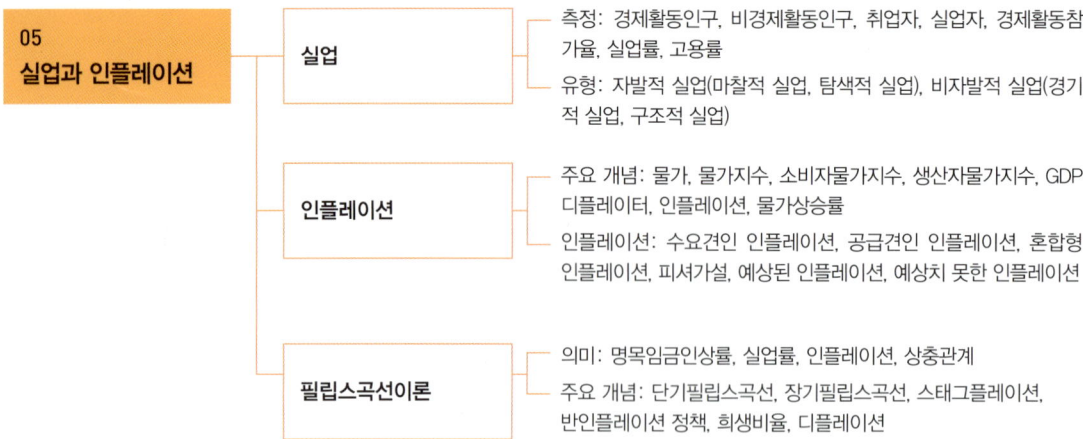

PART 03 국제경제

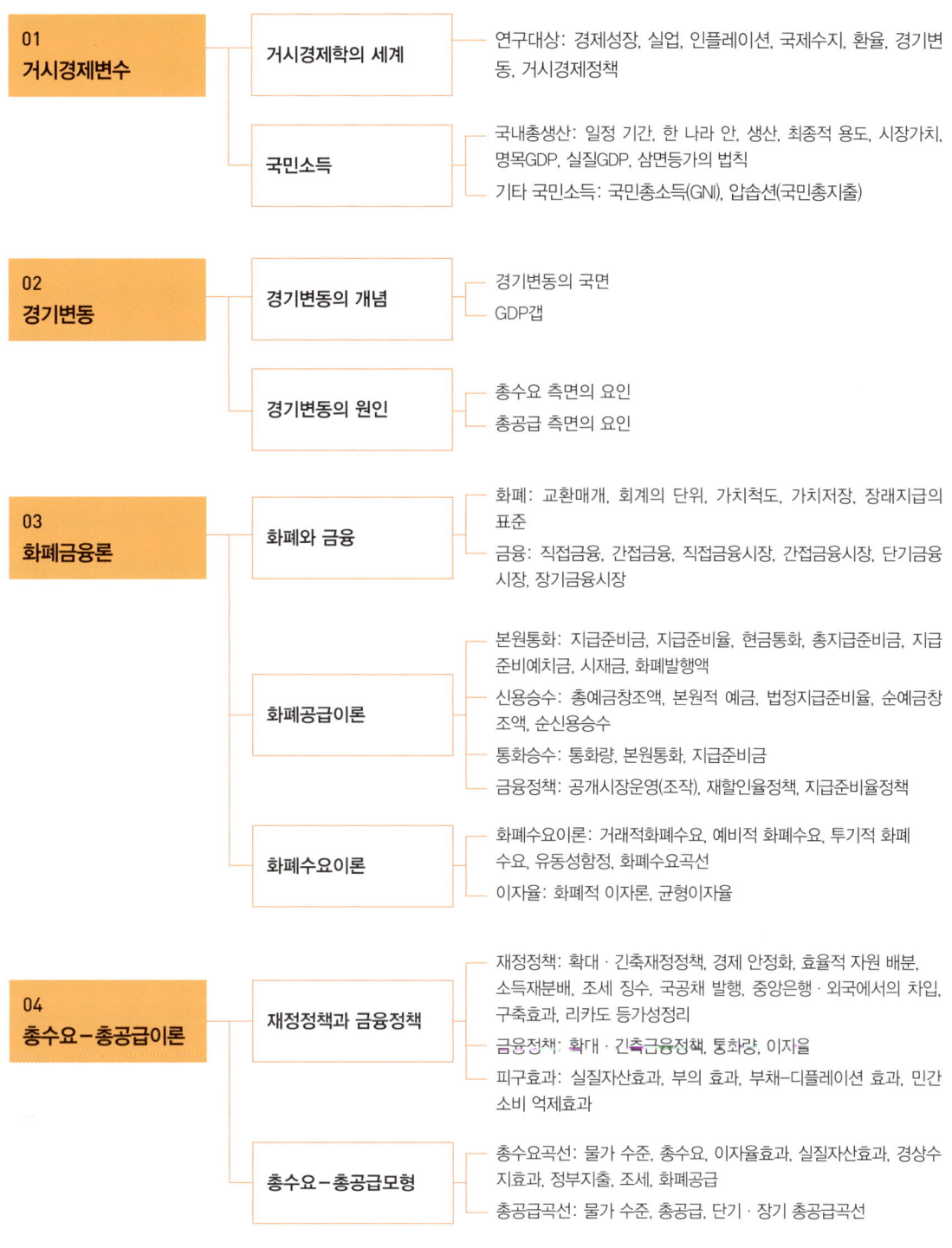

04 생산물시장이론

- **생산물시장의 유형**
  - 분류 기준: 기업의 수, 상품의 동질성, 진입장벽, 가격에 대한 영향력, 비가격경쟁의 존재

- **완전경쟁시장**
  - 특징: 다수의 소비자와 생산자, 가격수용자, 상품의 동질성, 기업의 진입과 탈퇴, 완전한 정보, 일물일가의 법칙
  - 단기: 이윤극대화 조건, 단기공급곡선, 개별기업의 한계비용곡선
  - 장기: 기업의 자유로운 진입과 탈퇴, 정상이윤 존재

- **독점시장**
  - 원인: 규모의 경제, 생산요소 및 원재료 독점, 정부의 독점적 지위 부여, 정부의 직접 독점
  - 가격차별: 제1급 가격차별, 제3급 가격차별
  - 판매전략: 이부가격설정, 묶어팔기

- **독점적 경쟁시장**
  - 단기: 단기손실 가능성, 사회후생 손실, 공급곡선 부재
  - 장기: 기업의 자유로운 진입과 탈퇴, 정상이윤 존재

- **과점시장**
  - 특징: 기업 간 밀접한 상호 의존성, 치열한 비가격 경쟁, 비경쟁 행위, 진입장벽 존재
  - 상호협조이론: 카르텔이론, 가격선도이론

- **게임이론**
  - 종류: 우월전략균형(용의자의 딜레마, 카르텔), 내쉬균형, 순차게임

05 조세와 소득분배이론

- **조세의 전가와 귀착**
  - 종량세 부과: 조세의 귀착
  - 조세와 소득분배: 직접세와 간접비

- **소득분배이론**
  - 기능별 소득분배이론: 임금, 이자, 지대
  - 계층별 소득분배이론: 로렌츠곡선, 지니계수, 십분위분배율, 오분위분배율

06 공공경제이론과 정보경제학

- **시장실패**
  - 원인: 불완전경쟁, 규모의 경제, 외부효과, 공공재, 위험과 불확실성, 비대칭 정보, 실업, 인플레이션, 국제수지 불균형
  - 외부성: 외부효과, 외부경제, 외부비경제, 기업합병, 조세, 보조금, 오염배출권제도
  - 공공재: 비경합성, 비배제성, 순수공공재, 준공공재, 공유지의 비극, 사적재

- **정보경제학**
  - 역선택: 신호발송, 선별, 자기선택장치, 정부정책, 평판, 표준화, 신용할당, 효율성 임금
  - 도덕적 해이: 공동보험제도, 기초공제제도, 담보, 연대보증, 승진, 성과급, 효율성 임금, 주인–대리인 문제

[경영편] 키워드 마인드맵

HOW 키워드로 흐름을 파악하고 학습한 내용 연상하기 ◐ 완벽하게 마무리하면 우수등급 이상 달성!

PART 01 기업경영과 조직

01 경영과 기업

- **경영과 기업경영**
  - 경영 활동의 구성 요소: 투입, 변환, 산출
  - 경영 환경: 내부 환경, 외부 환경, 미시 환경, 거시 환경
  - 경영 의사결정의 기준: 의사결정 상황, 의사결정 수준, 의사결정 성격, 정보의 유형
  - 기업경영 목적: 효율성, 효과성
  - 경영 구성 요소: 경영 목적, 인적 자본, 경영전략
- **주식회사**
  - 주식회사 특징: 유한 책임 제도, 자본의 증권화, 소유와 경영의 분리
  - 주식회사 구성요소: 주식, 자본, 주주의 유한책임
- **기업의 역할**
  - 기업의 사회적 책임, 기업의 지속 가능 경영, 공유 가치 창출, ESG 경영

02 조직관리이론의 흐름

- **테일러의 과학적 관리법과 포드의 연구**
  - 테일러의 과학적 관리법: 시간 연구, 동작 연구, 기획부제, 직능별 직장제, 작업 지도표제, 차별적 성과급제
  - 포디즘: 컨베이어 시스템, 봉사주의, 3S(단순화, 전문화, 표준화), 고임금 저가격
- **막스 베버의 관료제이론과 메이요의 인간관계론**
  - 베버의 관료제이론: 관료제, 공식화, 규칙의 명확화, 노동 분화, 역량·전문성 근거 인사, 전문 경영, 계층의 원칙, 문서화, 전제 군주형, 카리스마형, 관료적 리더형
  - 메이요의 인간관계론: 호손공장연구, 조명 실험, 계전기 작업장 실험, 면접 연구, 배전기 작업장 실험
- **조직관리의 계량적 접근법**
  - 경영과학, 시스템이론, 상황적합이론, 톰슨의 연구, 페로우의 연구, 우드워드의 연구, 로렌스와 로쉬의 연구

03 조직구조의 형태

- **고전적·현대적 조직화**
  - 고전적 조직 구조의 종류: 라인 조직, 라인-스탭 조직, 기능별 조직
  - 현대적 조직 구조의 종류: 위원회 조직, 프로젝트팀 조직, 행렬 조직, 사업부제 조직, 네트워크 조직
- **기계적 조직과 유기적 조직**
  - 기계적 조직: 엄격한 규제와 절차, 공식적 업무 수행, 의사결정 권한 상부 집중, 하위 계층 소외감, 부서 간 이기주의
  - 유기적 조직: 활발한 의사소통, 권한 이양, 비공식적 업무 조정, 간소화, 네트워크 구조, 조직 목표 몰입, 전문 능력 함양

PART 02 인적자원관리

01 인적자원관리의 이해

- **인적자원관리의 개념과 필요성**
  - 목표: 인재 양성, 조직 경쟁력 강화, 인적자원관리 시스템 설계·구축·운영, 경제적 효율성, 사회적 효율성
  - 프로세스: 직무분석 → 모집 및 채용 → 배치 및 훈련 → 평가 및 보상
  - 변천: 생산 중심의 기계적 접근 → 인간 중심의 인간관계적 접근 → 균형 갖춘 인적자원적 접근
- **전략적 인적자원관리**
  - 경영전략 수립과의 연계: 행정적 연계, 일방적 연계, 쌍방적 연계, 통합적 연계

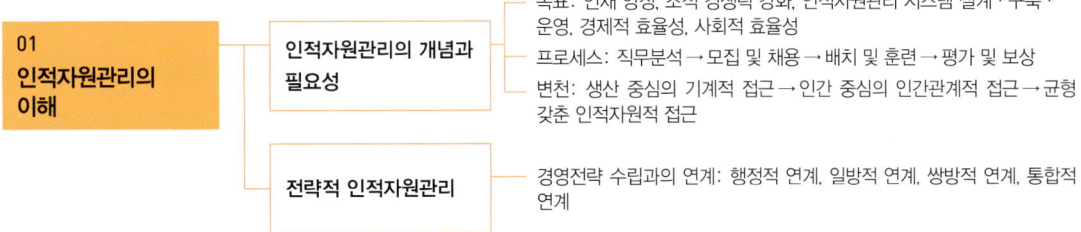

PART 06 회계

01 회계와 재무회계의 개념

- 회계의 개념 및 분류
  - 회계의 분류: 재무회계, 관리회계, 세무회계
  - 재무제표의 가정: 발생주의, 계속 기업
  - 재무제표의 질적 특성: 목적 적합성, 충실한 표현, 비교 가능성
  - 재무제표의 요소: 재무상태표, 포괄손익계산서, 자본변동표, 현금흐름표, 주석
  - 회계감사의견 종류: 적정, 한정, 부적정, 의견 거절

02 재무제표의 이해

- 재무제표 및 재무상태표
  - 재무제표: 재무상태표, 포괄손익계산서, 자본변동표, 현금흐름표, 주석
  - 재무상태표의 구성: 자산, 유동 자산, 비유동 자산, 부채, 자본
- 포괄손익계산서 및 현금흐름표
  - 포괄손익계산서: 매출액, 매출 원가, 매출 총이익, 판매비와 관리비, 영업 이익, 영업 외 손익, 당기순이익, 기타포괄손익, 총포괄이익
  - 현금흐름표: 영업활동 현금흐름, 투자활동 현금흐름, 재무활동 현금흐름

03 원가·관리회계

- 원가·관리회계의 개념 및 원가-조업도-이익 분석
  - 원가 분류: 변동원가, 고정원가, 재료비, 노무비, 경비, 제조원가, 비제조원가, 제품원가, 기간원가, 직접원가, 간접원가
  - 원가-조업도-이익 분석: 변동원가계산, 총수익, 매출액, 총비용, 영업 이익, 공헌 이익, 공헌 이익률
- 손익 분기점 분석 및 전략적 원가 관리: 품질원가
  - 손익 분기점: 총공헌 이익-고정 원가=0
  - 레버리지 효과: 고정원가, 판매량 변화율, 영업이익 변화율
  - 원가의 종류: 예방원가, 평가원가, 실패원가

PART 07 기업 재무관리의 기초

01 재무관리의 주요 원리

- 재무관리의 이해 및 위험과 수익률
  - 재무관리의 기능: 투자 결정, 자본 조달 결정, 배당 결정
  - 위험과 수익률 개념: 기대수익률, 분산, 표준편차
  - 자본자산가격결정모형: $E(R_i) = R_f + [E(R_m) - R_f] \times \beta_i$

02 재무관리의 개요

- 투자 의사결정
  - 투자안 분류: 독립적 투자안, 상호 배타적 투자안
  - 투자안 경제성 평가: 순현재가치법, 내부수익률법, 수익성 지수법
- 자본비용과 자본 구조
  - 자본비용 구분: 자기자본비용, 타인자본비용
  - 자본 조달 방법: 기업어음, 전환사채, 신주인수권부사채, 교환사채, 영구채
- 배당 의사결정
  - 배당 지급 절차: 배당락일 → 배당 기준일 → 배당 공시일 → 배당 지급일
  - 배당 결정 시 고려 요인: 당기순이익, 기업 유동성, 부채 상환 의무 및 자본구조, 동종 기업 배당 수준, 기업의 성장 가능성, 직업 지배 구조 등

03 파생상품

- 파생상품의 이해 및 스톡 옵션
  - 파생상품: 옵션, 선도 거래, 선물
  - 스톡 옵션: 회사 주식, 신주인수, 자기 주식 매수

PART 08 기업 재무분석의 이해

01 재무비율 분석

- 재무비율 분석의 종류와 한계
  - 안정석 분석: 유동성 비율, 레버리지 비율
  - 효율성 분석: 총자산회전율, 재고자산회전율, 매출채권회전율
  - 수익성 분석: 매출액이익률, 총자산순이익률, 자기자본순이익률, 총자본순이익률
  - 성장석 분석: 총자산증가율, 매출액증가율, 영업이익증가율, 당기순이익 증가율

02 시장가치비율 분석

- 시장가치비율 및 기업의 가치 평가
  - 시장가치비율의 종류: 주가수익비율, 주가순자산비율
  - EVA: 당기순이익(또는 세후순영업이익) - 자본비용(타인자본비용 + 자기자본비용)
  - EV/EBITDA: EV = 시가총액 + 총차입금 - 현금성 자산, EBITDA = 영업이익 + 감가상각비

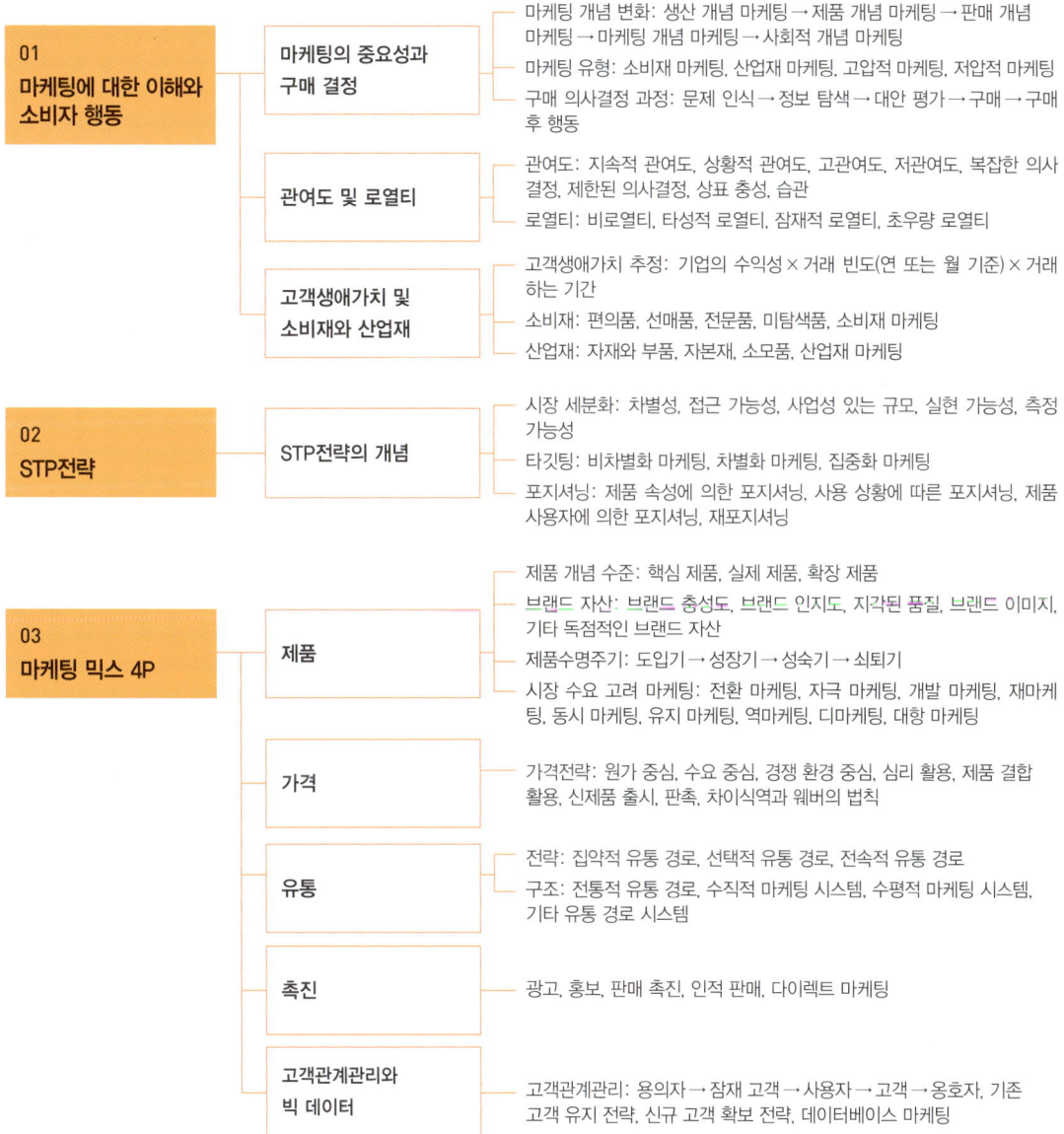

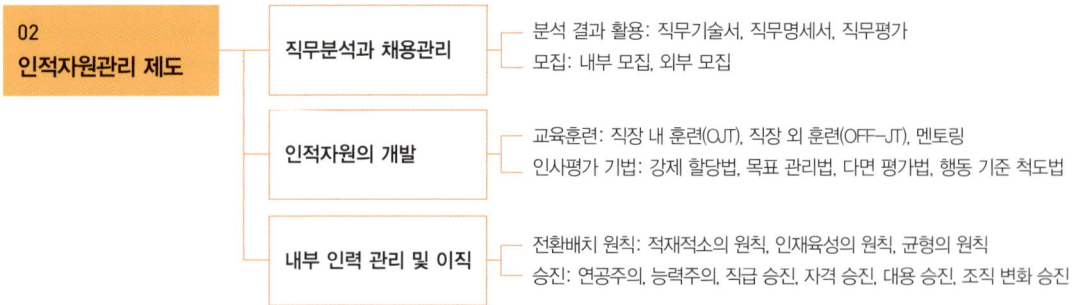

PART 03 조직행동

PART 04 경영전략과 국제경영

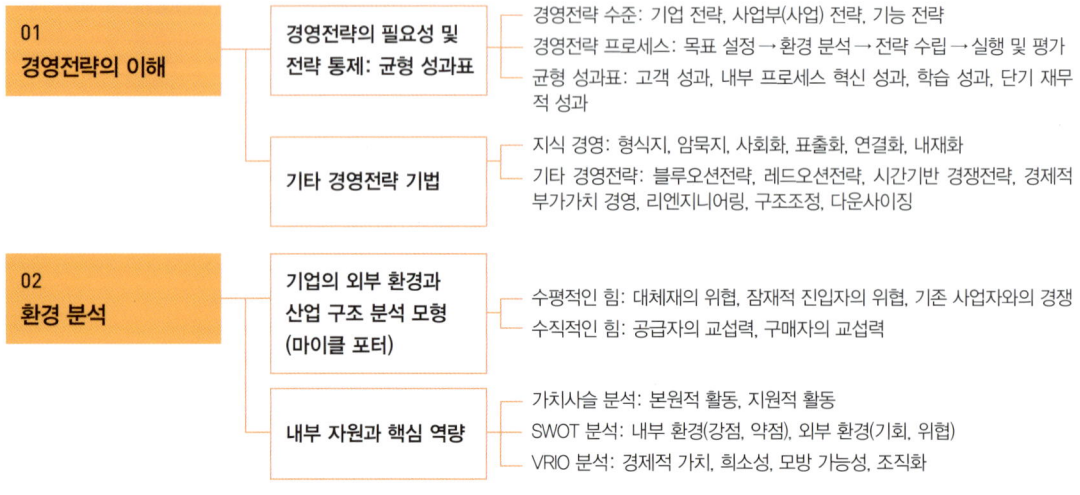

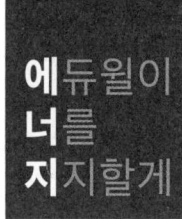

세상을 움직이려면
먼저 나 자신을 움직여야 한다.

– 소크라테스(Socrates)

2025
에듀윌 매경TEST
실전문제집

INTRO

매경TEST

매경TEST는 이론과 실전분야의 균형감각을 종합적으로 측정하여 현장에서 바로 응용할 수 있는 유용한 자격시험입니다.

매경TEST는 이미 많은 기업들과 금융회사들로부터 공인된 경제·경영능력 시험으로 인정받고 있습니다. 이로 인해 대형 금융기관을 비롯하여 공기업과 대기업들이 인재선발과 승진평가에 매경TEST를 활용하고 있습니다. 경제분야와 경영분야를 융합한 매경TEST는 이론과 실전분야의 균형감각을 종합적으로 측정하여 현장에서 바로 응용할 수 있는 실용성을 갖추고 있다고 해도 과언이 아닙니다. 뿐만 아니라 학점은행제 학점까지 받을 수 있습니다. 국가평생교육진흥원이 매경TEST에 인정해준 학점은 최우수등급 20학점, 우수등급 18학점으로 해당되는 전공은 경영학과 경제학입니다. 최우수등급 취득 시 받을 수 있는 20학점은 금융 분야의 주요 자격증인 신용분석사, 자산관리사 등의 인정학점과 같습니다.

〈매경TEST 실전문제집〉은 매경TEST 시험을 준비하는 수험생들의 실전 감각을 향상시키는 것에 목적을 두고 기획되었습니다. 경제·경영 핵심이론만을 요약하여 암기에 적합하도록 정리하여 수록하고, 관련 문제들을 바로 뒤에 배치하여 학습효율을 높일 수 있도록 구성했습니다. 세부적인 구성을 간략히 소개하면 다음과 같습니다.

첫째, 경제·경영 분야 핵심이론만을 암기에 적합하도록 간략히 요약하여 정리했습니다. 뿐만 아니라 어려운 이론은 표나 도식을 활용해 최대한 쉽게 이해할 수 있도록 하고, 중요한 부분은 다른 색으로 표시하여 집중도를 높이고자 하였습니다.

둘째, 경제·경영 분야 전문 저자진이 엄선한 기출변형 실전문제를 수록하였습니다. 특히 과년도 기출변형을 별도로 표시하여 출제경향까지 파악할 수 있습니다. 또한 성실한 해설&오답해설을 통해 따로 기본서를 찾아보지 않아도 충분히 학습할 수 있도록 구성하였습니다.

본 교재가 매경TEST 응시생들의 소중한 노력과 시간이 꿈으로 실현할 수 있는 충실한 가이드가 될 수 있기를 진심으로 기대합니다. 그리고 매경TEST에서 우수한 성적을 이루어 국가의 경제발전에 기여하고 미래의 한국경제를 이끌어가는 우수한 인재가 되기를 바랍니다.

경제편 저자 **신경수**

시험에서 높은 점수를 얻기 위해서는
문제를 해결하는 능력을 연습하는 것이 중요합니다.

경영학은 다양한 자격시험과 채용 및 승진시험에서 주요과목으로 채택되고 있으며, 실제 현실과도 아주 밀접한 학문분야입니다. 이러한 경영학을 자격 취득을 목적으로 공부하는 경우라면 기본적으로 경영학적 지식을 습득하는 것도 중요하지만, 짧은 시간 동안 문제를 해결하는 능력을 연습하는 것이 더 중요합니다.

따라서 기본적인 경영학의 개념이 습득되었다면 이와 연련된 문제들을 풀어 봄으로써 실전감각을 극대화시킬 수 있도록 노력을 해야 합니다. 이러한 관점에서 〈매경TEST 실전문제집〉은 직접 개발한 다양한 유형의 문제들과 실제 기출문제를 변형한 문제들을 수험생에게 제시함으로써 시험준비에 도움이 될 수 있도록 하였습니다.

또한, 문제를 풀기 전 해당 개념들에 대한 간단한 요약정리를 통해 이론적인 지식들을 다시 한번 정리할 수 있도록 하였습니다. 아무쪼록 본서가 매경TEST를 준비하는 수험생들에게 적은 노력으로 좋은 결과를 얻을 수 있도록 하는 바람직한 매경TEST 학습의 길잡이가 되기를 바랍니다.

마지막으로 본서가 출간되기까지 지난 몇 개월간 저자보다 더 큰 관심과 열정을 가지고 뜨거운 격려와 사랑으로 후원해 주신 에듀윌 관계자분들께도 감사의 마음을 전하며, 독자들의 건투를 빕니다.

경영편 저자 **황선일**

시험의 모든 것

매경TEST란?

매일경제신문이 만드는 비즈니스 사고력 테스트인 국가공인 매경TEST(MK Test of Economic & Strategic business Thinking)는 경제·경영 분야의 기초적인 개념과 지식은 물론, 응용력과 전략적인 사고력을 입체적으로 측정하는 시험입니다. 경제와 경영 두 영역에서 각각 40문항씩 출제되는 매경TEST는 경제·경영 분야의 통합적인 이해력을 철저하게 측정할 수 있는 인증시험입니다.

1 실시 요강

구분	내용
주최	매일경제신문사
시험 장소	서울, 부산, 대구, 대전, 광주 및 특별고사장 *시험 및 시행 지역은 매 회차마다 응시 인원 등을 고려하여 사전 공지
신청 방법	매경TEST 홈페이지에서만 온라인 접수(단체의 경우, 단체 코드 입력 후 접수)
응시료	3만 원(20명 이상 단체 접수 시 1인당 2만 5,000원), 만 19세 미만 청소년 2만 원
출제 양식	5지 선다형 / OMR 카드 기입식 / A·B형
출제 문항/시간	80문항 / 90분(AM 10:00~11:30)
점수/배점	1,000점 만점(600점 이상 국가 공인 점수) / 문항별 배점 상이
성적 발표	시험 실시일 약 1주일 후 사이트에서 공개
성적 유효 기간	성적 발표일(성적 교부일)로부터 2년
응시 대상	제한 없음
홈페이지	http://www.mktest.org

2 시험 일정(2025년)

회차	시험일	접수 기간(예정)	성적 발표일(예정)
103회	2025.01.04(토)	2024.12.02(월) ~ 2024.12.23(월)	2025.01.10(금)
104회	2025.02.22(토)	2025.01.06(월) ~ 2025.02.10(월)	2025.02.28(금)
105회	2025.04.05(토)	2025.02.24(월) ~ 2025.03.24(월)	2025.04.11(금)
106회	2025.05.24(토)	2025.04.07(월) ~ 2025.05.12(월)	2025.05.30(금)
107회	2025.07.05(토)	2025.05.26(월) ~ 2025.06.23(월)	2025.07.11(금)
108회	2025.08.09(토)	2025.07.07(월) ~ 2025.07.28(월)	2025.08.15(금)
109회	2025.09.27(토)	2025.08.11(월) ~ 2025.09.15(월)	2025.10.03(금)
110회	2025.11.29(토)	2025.09.29(월) ~ 2025.11.17(월)	2025.12.05(금)

3 문제 구성

경제·경영 분야 각 40문제로, 총 80문항이 출제됩니다. 두 분야는 각각 '▲지식 ▲사고력 ▲시사'라는 3축으로 구성되어 응시자의 이해력을 입체적으로 평가합니다.

영역별 출제문항 수

구분	지식 문항 수(배점)	사고력 문항 수(배점)	시사 문항 수(배점)
경제(40문항/500점)	15문항(150점)	15문항(250점)	10문항(100점)
경영(40문항/500점)	15문항(150점)	15문항(250점)	10문항(100점)
계(80문항/1,000점)	30문항(300점)	30문항(500점)	20문항(200점)

4 출제 기준

- 필수 기본 경영·경제 원리를 숙지하고 있는가?
- 경제·경영 원리를 실사례에 적용할 수 있는가?
- 경제·경영 자료를 해석하고 분석할 수 있는가?
- 최신 시사 트렌드와 사회 이슈를 이해하고 있는가?

5 출제 범위

영역	분야	구분	세부내용
경제	미시경제	경제 필수 개념의 이해	• 기초 경제개념(기회비용, 희소성 등) • 합리적인 의사결정 • 시장의 종류와 개념 • 시장과 정부(공공경제, 시장실패) 등
경제	거시경제	경제 안목 증진 및 정책의 이해	• 기초 거시변수(GDP, 물가, 금리) • 고용과 실업 • 화폐와 통화정책 • 경기변동(경기안정화 정책, 경제성장 등)
경제	국제경제	글로벌 경제 감각 향상	• 국제무역과 국제수지의 이해 • 환율 변화와 효과
경영	경영일반/인사·조직	기업과 조직의 이해	• 기업에 대한 일반지식과 인사조직의 필수 개념 • 경영자료의 해석
경영	전략·마케팅	기업의 경쟁우위의 이해	• 경영전략 • 국제경영 • 마케팅의 개념과 원리에 대한 사례 응용
경영	회계·재무관리의 기초	재무제표와 재무지식의 이해	• 기본적인 재무제표 해석 • 기초 재무지식 • 금융·환율 상식

6 시험의 설계

평가 내용은 일상 경제생활에 필요한 지식뿐만 아니라 최신 시사 등 현실 감각, 여기에 기업의 직무를 수행하는 데 필수적인 '전략적 사고'까지 포괄합니다. 또한 기업 현장의 목소리를 반영해 직무 연관성이 높은 경제·경영 지식과 최신 경제·경영 트렌드, 이를 기초로 한 응용, 분석, 추론력 등을 종합 평가합니다. 즉, 단순 이론적 지식이 아닌 종합적인 사고력을 측정하는 것을 목적으로 한 시험입니다. 이러한 유용성을 인정받아 국가 공인뿐 아니라 기업의 입사 및 승진 평가, 대학의 졸업 자격 요건, 학점은행제의 학점 대체 평가 등으로 널리 사용되고 있습니다.

매경TEST는 비즈니스 사고력을 측정하기 위한 시험입니다. 이를 위해 국내 주요 기업의 임직원과 인사 담당자의 의견을 종합, 시험 설계 단계부터 비즈니스 사고력이라는 니즈에 맞는 구조로 만들어졌습니다. 이를 바탕으로 직무 능력의 기초가 되는 경제·경영 개념부터, 최신 트렌드에 따라가기 위한 시사적 이슈, 이를 종합하는 전략, 상황에 대한 해석, 시장 변화 이해 등의 사고력에 이르는 요인을 추려냈습니다.

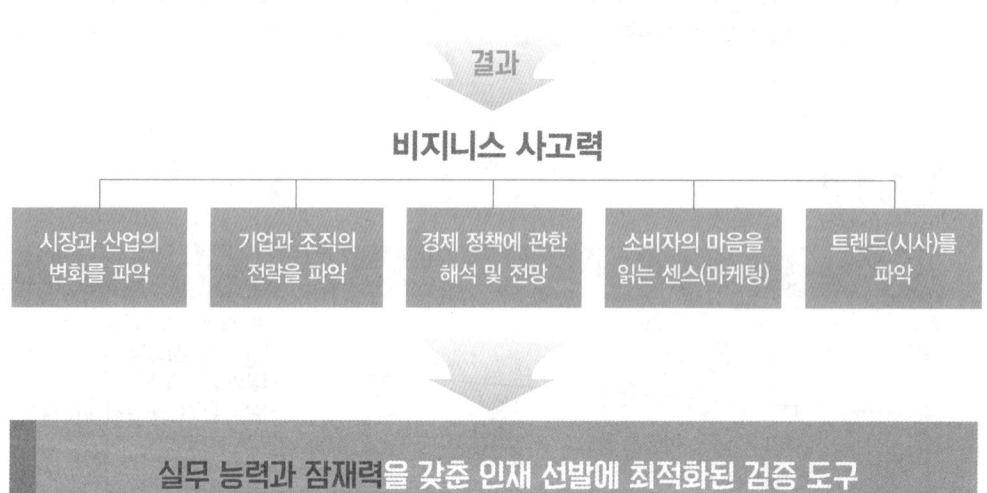

7 문제 유형과 배점_사고력 유형 정복!

매경TEST는 총 1,000점 만점의 절대 평가 80문항으로 구성되어 있습니다. 경제·경영 각 영역이 500점씩 40문항이며, 각 영역을 다시 지식(15문항/150점), 시사(10문항/100점), 사고력(15문항/250점)으로 나눕니다. 사고력 문항의 배점이 지식 및 시사 문항 배점의 2배 가까이 되며, 고득점을 받기 위해서는 사고력 문항을 정복하는 것이 필수적입니다. 사고력 문항의 출제 유형은 아래와 같이 분류할 수 있습니다.

매경TEST 사고력 문제 유형

문제에서 측정하고자 하는 목표를 5가지 형태로 나누고, 그 형태를 다시 4가지 유형으로 나누어 출제합니다. 진술형은 기본적인 문제에 대한 답을 하는 형태이며, 지문을 활용하는 사례형, 기사를 통해 현실 사례를 추론하는 기사형, 경제·경영 자료의 이해를 도모하는 도표형의 문제가 나타납니다. 표의 문항 수는 실제 출제된 매경TEST의 사고력 문항을 분석한 결과입니다. 계산 문제가 많지 않고 다양한 형태로 주어진 자료를 통해 상황을 판단하는 능력을 측정하는 문항이 가장 많은 것을 확인할 수 있습니다. 또 높은 배점이 나타나는 종합사고력 측정 문항은 기사형 문항이 많은 것도 염두에 두어야 합니다.

유형	형태	진술형	사례형	기사형	도표형
사고형	원리응용력	2	3	2	
	수리계산력	1			1
분석형	자료해석력		1	1	3
	상황판단력	2	2	2	5
종합형	종합사고력		2	3	

진술형

03 난이도 ■□□ 약점진단 ○△×

기회비용에 관한 설명으로 옳지 않은 것은?

① 기회비용이란 하나를 선택함으로써 포기하게 되는 대안들 중 가장 가치가 큰 것이다.
② 기회비용은 차선의 대안이 가지는 가치를 의미한다.
③ 기회비용에는 암묵적 비용과 함께 매몰비용이 포함된다.
④ 회계적 이윤과 경제적 이윤의 차이가 발생하는 이유는 암묵적 비용 때문이다.
⑤ 기회비용을 최소화하는 것이 합리적 선택이다.

사례형

04 난이도 ■■□ 약점진단 ○△×

다음 사례에 대한 분석으로 옳지 않은 것은? (단, 다른 요인은 모두 불변이라고 가정한다.)

철수는 음악회 티켓을 ⊙ 6만 원에 구입했지만, 친구 결혼식에 참석하게 돼 관람이 어려워졌다. 판매처가 제공하는 환불기간이 끝난 것을 확인한 철수는 인터넷 카페에 공연티켓을 판매한다는 글을 올렸다. 이에 영희는 배송료 ⓒ 2천 원을 철수가 부담하는 조건으로 ⓒ 3만 5천 원에 구매하겠다는 댓글을 달았다.

① 철수가 영희와 거래한다면 ⓒ은 매몰비용이 될 수 없다.
② 철수가 순편익을 계산할 때에는 ⓒ을 고려해야 한다.
③ 철수가 영희와 거래한다면, 결혼식 참석의 기회비용은 '⊙ + ⓒ'이다.
④ 철수가 영희와 거래하지 않는다면, 결혼식 참석의 기회비용

기사형

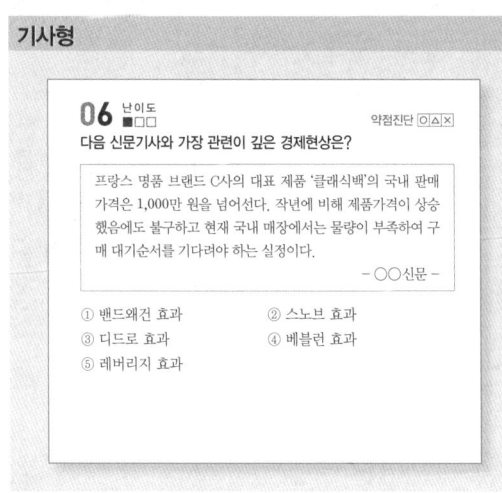

06 난이도 ■■□ 약점진단 ○△×

다음 신문기사와 가장 관련이 깊은 경제현상은?

> 프랑스 명품 브랜드 C사의 대표 제품 '클래식백'의 국내 판매가격은 1,000만 원을 넘어선다. 작년에 비해 제품가격이 상승했음에도 불구하고 현재 국내 매장에서는 물량이 부족하여 구매 대기순서를 기다려야 하는 실정이다.
> - ○○신문 -

① 밴드왜건 효과 ② 스노브 효과
③ 디드로 효과   ④ 베블런 효과
⑤ 레버리지 효과

도표형

15 난이도 ■■■ 약점진단 ○△×

표는 A치킨의 3년간 치킨가격과 판매량 변화를 나타낸 것이다. 이와 같은 경제적 현상을 설명할 수 있는 원인으로 옳은 것은? (단, 치킨은 수요와 공급 법칙을 따르고, 정상재이다.)

〈연도별 치킨 가격 및 판매량〉

구분	t년	t+1년	t+2년
가격(원)	15,000	17,000	20,000
판매량(마리)	3,000	3,500	3,900

① 치킨 매장수가 감소하였다.
② 생닭 가격이 하락하였다.
③ 콜라 가격이 상승하였다.
④ 족발 가격이 인상되었다.
⑤ 국민소득이 감소하였다.

이 책의 강점

강점 01 | 암기에 적합한 압축 경제·경영 핵심이론

출제될 이론은 정해져 있다.
짧고, 확실하게 핵심이론을 마무리하자!

PART 02 거시경제

CHAPTER 01 거시경제변수

1. 국민소득

① 국내총생산(GDP)

(1) 개념
일정 기간에 한 나라 안에서 생산되어 최종적인 용도로 사용되는 재화와 서비스의 시장가치를 모두 더한 것을 말한다.

(2) 구체적 의미
① 일정한 기간에 측정되는 유량(flow)의 개념이다.
② 생산의 주체가 누구인지에 관계없이 한 나라의 국경 안에서 생산된 재화와 서비스를 측정의 대상으로 한다.
 • 우리나라에 있는 외국인이 생산한 상품의 가치는 국내총생산(GDP)에 포함되지만, 우리나라 국민이 외국에서 생산한 상품의 가치는 국내총생산(GDP)에 포함되지 않는다.
 • 국내총생산(GDP)은 속지주의의 개념이고, 국민총생산(GNP)은 속인주의의 개념이다.

> **국내총생산(GDP)과 국민총생산(GNP)**
> $GNP = GDP + 대외수취요소소득 - 대외지급요소소득$
> $\quad\;\; = GDP + 대외순수취요소소득$

③ 해당연도에 생산된 상품의 가치만 국내총생산(GDP)에 포함된다.
 • 지난해에 생산된 중고생산물이나 주택의 매매는 올해 국내총생산(GDP)에 포함되지 않는다.
 • 주식이나 채권 등 증권과 같은 금융자산의 매매차익은 국내총생산(GDP)에 포함되지 않는다.
 • 실업수당이나 재해보상금, 사회보장기부금 등과 같은 정부의 이전지출은 국내총생산(GDP)에 포함되지 않는다.
 • 기업이 신주발행을 통해 자금을 조달하여 신규투자를 하였거나 그 해에 지어진 신축주택의 매입은 생산활동과 관련되어 있으므로 국내총생산(GDP)에 포함된다.

④ 최종재(final goods)만이 국내총생산(GDP)에 포함되고, 중간재는 포함되지 않는다.
 • 국내총생산(GDP) = 최종재가치의 합
 $\qquad\qquad\qquad\quad\;\;$ = 부가가치의 합 + 고정자본소모
 • 그 해에 판매되지 않은 중간재는 일단 최종재로 간주하여 재고투자의 항목으로 국내총생산(GDP)에 포함되고, 그 중간재가 다음 해에 판매되면 다음 해에는 부가가치만이 국내총생산(GDP)에 포함된다.

• 최종재이지만 그 해에 판매되지 않은 재화도 재고투자의 항목으로 국내총생산(GDP)에 포함되고, 그 재화가 다음 해에 판매되면 다음 해의 국내총생산(GDP)에는 영향을 주지 않는다.
⑤ 유형의 재화뿐 아니라 무형의 서비스(교육, 의료, 법률, 수송, 운송, 오락, 미용, 각종 문화 서비스 등)도 국내총생산(GDP)에 포함된다.
 • 기존주택의 거래는 생산활동과 무관한 소유권이전에 해당하므로 국내총생산에 포함되지 않지만, 부동산중개업자의 수수료나 부동산의 임대료는 서비스에 해당하므로 국내총생산에 포함된다.
⑥ 원칙적으로 시장에서 거래되는 생산물가치만이 국내총생산(GDP)에 포함된다.
 • 시장에서 거래되지만 국내총생산(GDP)에 포함되지 않는 항목: 지하경제, 이전거래, 자본이득
 • 시장에서 거래되지 않음에도 국내총생산(GDP)에 포함되는 항목: 전가가치, 농산물의 농가 자체소비분, 주택소유주의 임대료, 정부서비스의 가치

GDP에 포함되는 항목	GDP에 포함되지 않는 항목
가사도우미의 가사서비스	가정주부의 가사노동
• 농가의 자체소비 농산물 • 농부가 밭에서 재배한 채소	• 가정주부의 자체소비 농산물 • 가정주부가 자신의 집 마당 텃밭에서 재배한 채소
신규주택 매입	기존주택 매입
• 회사채이자 • 은행이자	국공채이자
• 귀속임대료(주택소유주의 임대료) • 정부서비스의 가치(국방·치안 서비스)	• 지하경제 • 이전거래: 상속, 증여 등 • 자본이득: 주식가격 변동, 부동산 가격 변동 • 정부의 이전지출: 실업수당, 재해보상금, 사회보장기부금 등
재고투자	중간재

경제·경영 파트별 핵심이론
암기에 적합하도록 핵심만 압축하여 간결하게 정리했습니다.

표&도식화
수험생의 이해를 돕기 위해 복잡한 개념을 표와 도식으로 재구성하였습니다.

보충학습
핵심이론과 함께 학습할 때 더 이해하기 쉬운 이론은 별도의 박스에 정리하여 학습 효율을 높일 수 있도록 구성했습니다.

강점 02 | 시험장에서 다시 만날 실전문제

문제를 풀어야 실전에 강해진다.
다시 만날 기출변형 실전문제로 출제경향에 익숙해지자!

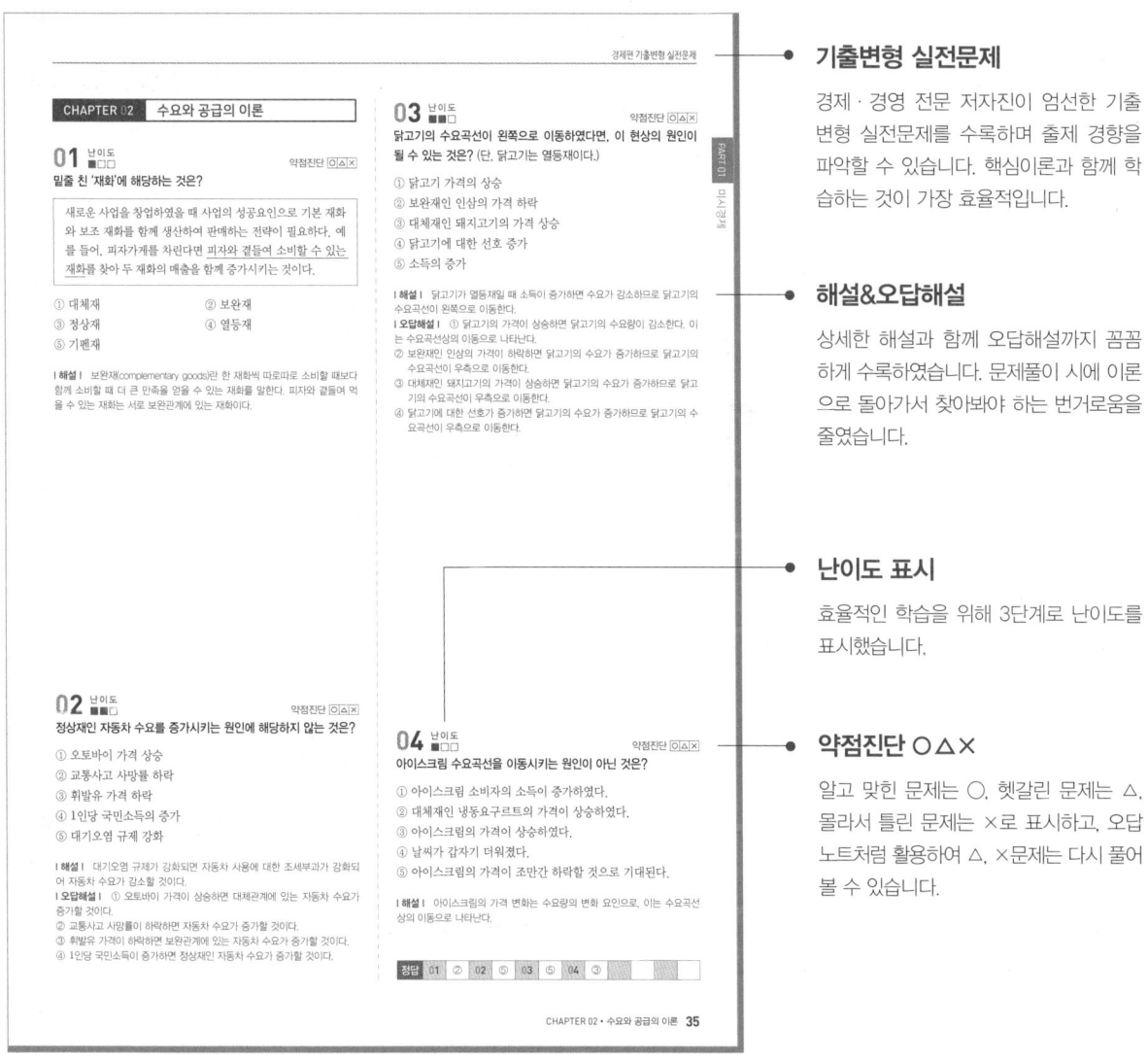

- **기출변형 실전문제**
  경제·경영 전문 저자진이 엄선한 기출변형 실전문제를 수록하며 출제 경향을 파악할 수 있습니다. 핵심이론과 함께 학습하는 것이 가장 효율적입니다.

- **해설&오답해설**
  상세한 해설과 함께 오답해설까지 꼼꼼하게 수록하였습니다. 문제풀이 시에 이론으로 돌아가서 찾아봐야 하는 번거로움을 줄였습니다.

- **난이도 표시**
  효율적인 학습을 위해 3단계로 난이도를 표시했습니다.

- **약점진단 ○△×**
  알고 맞힌 문제는 ○, 헷갈린 문제는 △, 몰라서 틀린 문제는 ×로 표시하고, 오답노트처럼 활용하여 △, ×문제는 다시 풀어 볼 수 있습니다.

강점 03 | 실전 감각 업그레이드!
파이널 모의고사+온라인 모의고사

모의고사로 완벽하게 마무리한다.
실제에 가까운 파이널 실전 모의고사로 우수등급 이상을 공략하자!

파이널 실전 모의고사
실제 시험의 유형과 난이도를 분석하여 반영한 파이널 모의고사를 통해 실전 감각을 키울 수 있습니다.

자동 채점 & 결과 분석
파이널 실전 모의고사의 정답을 모바일 OMR에 입력하면 자동 채점하여 나의 등급, 영역별 성적 등을 분석해 드립니다.

STEP 1 시험지 QR 코드 스캔
STEP 2 회원가입 & 로그인
STEP 3 정답입력 & 채점 & 분석

강점 04 | [특별제공] 시사상식 용어북 과목별 키워드 마인드맵

경영/경제/정책/IT/트렌드 분야의 핵심용어만 모았다.
가볍게 들고 다니는 특별부록으로 고득점에 도전하자!

시사상식 용어북

최신 출제경향을 반영하여 선정한 300개의 시사상식 용어까지 완벽하게 정리할 수 있습니다.

키워드 마인드맵으로 흐름을 파악하고 학습한 내용을 연상하자!

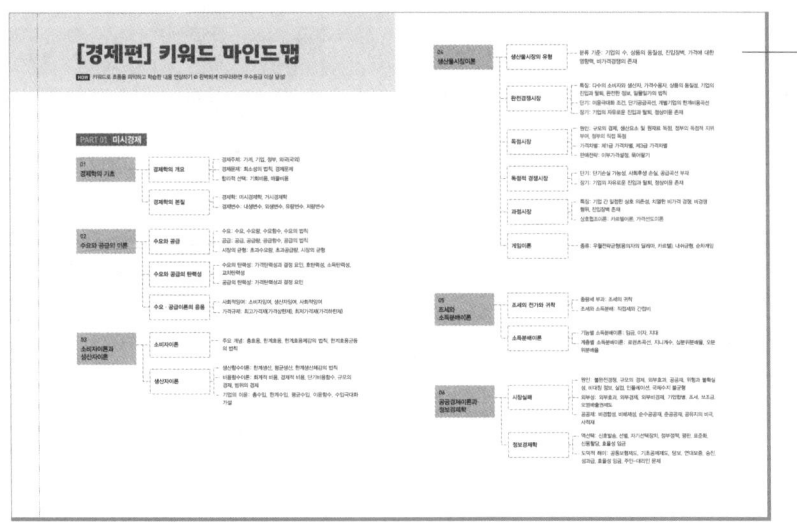

키워드 마인드맵

과목별 체계도로 핵심 내용을 구조화하였습니다. 반드시 알아야 할 필수 개념을 한눈에 파악하고 배운 내용을 쉽게 연상할 수 있습니다.

차례

경제편

PART 01 미시경제

CHAPTER 01	경제학의 기초	32
CHAPTER 02	수요와 공급의 이론	35
CHAPTER 03	소비자이론과 생산자이론	50
CHAPTER 04	생산물시장이론	55
CHAPTER 05	조세와 소득분배이론	69
CHAPTER 06	공공경제이론과 정보경제학	74

PART 02 거시경제

CHAPTER 01	거시경제변수	106
CHAPTER 02	경기변동	111
CHAPTER 03	화폐금융론	113
CHAPTER 04	총수요-총공급이론	120
CHAPTER 05	실업과 인플레이션	133

PART 03 국제경제

CHAPTER 01	국제무역론	165
CHAPTER 02	국제금융론	173

경영편

PART 01 기업경영과 조직

CHAPTER 01	경영과 기업	195
CHAPTER 02	조직관리이론의 흐름	198
CHAPTER 03	조직구조의 형태	200

PART 03 조직행동

CHAPTER 01	조직행동의 이해	227
CHAPTER 02	동기부여이론	230
CHAPTER 03	리더십이론과 유형	233

PART 05 마케팅

CHAPTER 01	마케팅에 대한 이해와 소비자 행동	273
CHAPTER 02	STP전략	275
CHAPTER 03	마케팅 믹스 4P	277

PART 07 기업 재무관리의 기초

CHAPTER 01	재무관리의 주요 원리	307
CHAPTER 02	재무관리의 개요	309
CHAPTER 03	파생상품	312

PART 02 인적자원관리

CHAPTER 01	인적자원관리의 이해	211
CHAPTER 02	인적자원관리 제도	213

PART 04 경영전략과 국제경영

CHAPTER 01	경영전략의 이해	249
CHAPTER 02	환경 분석	252
CHAPTER 03	기업 수준과 사업부 수준의 전략	255
CHAPTER 04	다국적 기업과 글로벌 경영	258

PART 06 회계

CHAPTER 01	회계와 재무회계의 개념	293
CHAPTER 02	재무제표의 이해	295
CHAPTER 03	원가·관리회계	297

PART 08 기업 재무분석의 이해

CHAPTER 01	재무비율 분석	321
CHAPTER 02	시장가치비율 분석	323

모의고사

제1회 파이널 실전 모의고사	330

Test of Economic & Strategic business Thinking

2025 에듀윌

매경TEST
실전문제집

경제편

경제편

PART 01
미시경제

CHAPTER 01 경제학의 기초
기본적인 경제문제는 무엇이고 경제문제가 발생하는 원인은 무엇인가?
효율적인 자원배분은 무엇인가?
생산가능곡선은 무엇이고 기회비용체증의 법칙이 성립하는 이유는 무엇인가?
경제학이란 무엇이고, 미시경제학과 거시경제학의 차이점은 무엇인가?

CHAPTER 02 수요와 공급의 이론
시장수요곡선과 시장공급곡선은 어떻게 도출되는가?
수요와 공급의 변화 요인은 무엇인가?
수요의 가격탄력성, 교차탄력성, 소득탄력성 그리고 공급의 가격탄력성은 어떻게 구하고, 수요의 탄력성과 공급의 탄력성을 결정하는 요인은 무엇인가?
조세부과가 소비자잉여와 생산자잉여 그리고 후생손실에 미치는 효과는 무엇인가?
최고가격제, 최저가격제의 효과와 한계는 무엇인가?

CHAPTER 03 소비자이론과 생산자이론
한계효용과 총효용의 관계는 무엇이고, 한계효용체감의 법칙은 무엇인가?
소비자균형 조건과 한계효용균등의 법칙은 무엇인가?
한계생산과 총생산의 관계는 무엇이고, 한계생산체감의 법칙은 무엇인가?
회계적 비용과 경제적 비용 간의 관계는 무엇인가?
기업의 이윤극대화 조건은 무엇인가?

CHAPTER 04 생산물시장이론
생산물시장의 종류와 특징은 무엇인가?
완전경쟁시장이 효율적인 자원배분을 달성하는 이유는 무엇인가?
독점시장의 발생 이유와 독점의 경우 자원배분이 비효율적인 이유는 무엇인가?
독점규제의 종류와 자연독점규제의 문제점은 무엇인가?
독점적 경쟁기업의 단기균형과 장기균형의 차이점은 무엇인가?
용의자의 딜레마와 과점이론의 관계는 무엇인가?

CHAPTER 05 조세와 소득분배이론
생산자와 소비자에게 조세를 부과하였을 때 조세부담의 전가와 귀착은 어떻게 전개되는가?
직접세와 간접세의 종류와 특징은 무엇인가?
기능별 소득분배와 계층별 소득분배의 차이점은 무엇인가?
소득분배의 측정방법에는 무엇이 있으며, 각각 어떤 장점과 단점을 지니는가?

CHAPTER 06 공공경제이론과 정보경제학
시장실패가 발생하는 원인은 무엇인가?
외부효과는 무엇이고, 외부효과가 시장실패를 유발하는 이유는 무엇인가?
공공재가 시장실패의 요인이 되는 이유는 무엇인가?
역선택과 도덕적 해이는 무엇이고, 이를 해결하는 대책방안은 무엇인가?

PART 01 미시경제

CHAPTER 01 경제학의 기초

1 희소성의 법칙과 경제문제

(1) 희소성의 법칙(law of scarcity)
① 희소성의 법칙이란 사회구성원들의 욕망은 무한한 데 비해 그 욕망을 충족시켜 줄 수단인 경제적 자원이 상대적으로 부족한 현상을 말한다.
② 자유재(free goods)는 경제학의 분석대상이 될 수 없고, 경제재(economic goods)만 분석대상이 된다.
▶ 공기, 햇빛 등은 자유재에 해당한다.

(2) 경제문제
① 경제문제란 경제주체들이 경제행위를 하는 과정에서 발생하는 다양한 문제이다.
② 경제문제는 자원의 희소성 때문에 발생하는 자원배분의 문제를 의미한다.

2 기회비용과 합리적 선택

(1) 경제적 효율성
① 최대효과의 원칙
② 최소비용의 원칙

(2) 기회비용(opportunity cost)
① 기회비용이란 어떤 활동을 선택함으로써 포기해야 하는 다른 활동의 가치 중 최고의 가치를 의미한다.
② 기회비용은 눈에 보이는 회계적 비용(명시적 비용)과 눈에 보이지 않는 암묵적 비용(묵시적 비용, 잠재적 비용, 비금전적 비용)으로 구성된다.

(3) 매몰비용(sunk cost)
① 일단 지출되면 다시 회수할 수 없는 비용을 의미한다.
② 매몰비용은 합리적 선택을 위해 의사결정 시 고려대상에서 제외해야 하는 비용이다.

CHAPTER 02 수요와 공급의 이론

1. 개별수요와 시장수요

1 수요

(1) 수요의 법칙
① 가격↑→ 수요량↓, 가격↓→ 수요량↑
② 예외: 베블런 효과(과시적 소비), 기펜재
③ 수요가격(demand price)은 수요곡선의 높이로, 소비자가 상품을 구입하기 위해 지급할 용의가 있는 최대한의 가격을 의미한다.

(2) 수요량의 변화와 수요의 변화
① 수요량의 변화: 해당 상품의 가격 변화, 수요곡선상의 이동
② 수요의 변화: 가격 이외의 요인 변화, 수요곡선 자체의 이동
 • 수요곡선이 우측으로 이동하면 수요의 증가
 • 수요곡선이 좌측으로 이동하면 수요의 감소

(3) 수요의 변화 요인
① 소비자의 소득(M)
 • 정상재(상급재): 소득↑→ 수요↑, 소득↓→ 수요↓
 • 열등재(하급재): 소득↑→ 수요↓, 소득↓→ 수요↑
 • 중립재: 소득의 변화 → 수요 불변
② 관련재의 가격(P_Y)
 • 대체관계: 대체재 가격↑→수요↑, 대체재 가격↓→ 수요↓
 • 보완관계: 보완재 가격↑→수요↓, 보완재 가격↓→ 수요↑
 • 독립관계: 독립재 가격의 변화 → 수요 불변

(4) 개별수요와 시장수요
① 시장수요곡선은 개별수요곡선의 수평적 합이다.
② 시장수요곡선은 개별수요곡선보다 완만하다.

(5) 네트워크 효과

밴드왜건 효과 (편승효과)	유행에 민감한 소비자들이 다른 사람의 소비행위에 영향을 받아 소비가 증가하는 효과
스노브 효과 (백로효과)	자신을 다른 사람과 격이 다르다고 생각하여 애써 유행을 외면하는 효과로, 다른 사람들의 소비 행위에 영향을 받아 오히려 소비가 감소하는 효과
베블런 효과	소비자가 자신의 부를 과시하기 위해 가격이 상승할수록 더 소비하여 오히려 수요량이 증대하는 효과

2 수요의 탄력성

(1) 수요의 가격탄력성

수요의 가격탄력성

$$\varepsilon_P = \left| \frac{\text{수요량의 변화율}(\%)}{\text{가격의 변화율}(\%)} \right| = \left| \frac{\frac{\Delta Q^D}{Q^D} \times 100}{\frac{\Delta P}{P} \times 100} \right| = -\frac{\Delta Q^D}{\Delta P} \times \frac{P}{Q^D}$$

① 특수한 수요곡선: 모든 점에서 수요의 가격탄력성이 동일하다.
- 수직선: $\varepsilon_P = 0$, 일정량 구입
- 수평선: $\varepsilon_P = \infty$, 완전경쟁시장에서 개별기업이 직면하는 수요곡선
- 직각쌍곡선: $\varepsilon_P = 1$, 지출액이 일정

② 수요의 가격탄력성 결정 요인

요인	요인의 변화	수요의 가격탄력성
대체재의 수	많을수록	커짐
	적을수록	작아짐
상품의 성격	사치품	큼
	필수품	작음
소비자의 전체 지출에서 차지하는 비중	클수록	커짐
	작을수록	작아짐
상품정의의 범위	좁게 잡을수록	커짐
	넓게 잡을수록	작아짐
상품의 용도	다양한 용도	커짐
	한정된 용도	작아짐
고려되는 기간의 길이	길수록	커짐
	짧을수록	작아짐

③ 총수입과 총수입의 변화율

총수입과 총수입의 변화율
- $TR = P \times Q$
- $\dfrac{\Delta TR}{TR} = \dfrac{\Delta P}{P} + \dfrac{\Delta Q}{Q}$

④ 수요의 가격탄력성과 기업의 총수입 간의 관계

수요의 가격탄력성	가격 상승	가격 하락
$\varepsilon_P > 1$	총수입 감소	총수입 증가
$\varepsilon_P = 1$	총수입 불변	총수입 불변
$0 < \varepsilon_P < 1$	총수입 증가	총수입 감소

(2) 수요의 소득탄력성

수요의 소득탄력성

$$\varepsilon_M = \frac{\text{수요(량)의 변화율}(\%)}{\text{소득의 변화율}(\%)} = \frac{\frac{\Delta Q^D}{Q^D}}{\frac{\Delta M}{M}} = \frac{\Delta Q^D}{\Delta M} \times \frac{M}{Q^D}$$

① 정상재: $\varepsilon_M > 0$

사치재	필수재	동조재
$\varepsilon_M > 1$	$0 < \varepsilon_M < 1$	$\varepsilon_M = 1$

② 중립재: $\varepsilon_M = 0$
③ 열등재: $\varepsilon_M < 0$

(3) 수요의 교차탄력성

수요의 교차탄력성

$$\varepsilon_{XY} = \frac{X\text{재 수요(량)의 변화율}(\%)}{Y\text{재 가격의 변화율}(\%)} = \frac{\frac{\Delta Q^D_X}{Q^D_X}}{\frac{\Delta P_Y}{P_Y}} = \frac{\Delta Q^D_X}{\Delta P_Y} \times \frac{P_Y}{Q^D_X}$$

대체관계	독립관계	보완관계
$\varepsilon_{XY} > 0$	$\varepsilon_{XY} = 0$	$\varepsilon_{XY} < 0$

3 소비자잉여

- 소비자가 최대한 지급할 용의가 있는 금액: A+B
- 소비자가 실제로 지급한 금액: B
- 소비자잉여: A

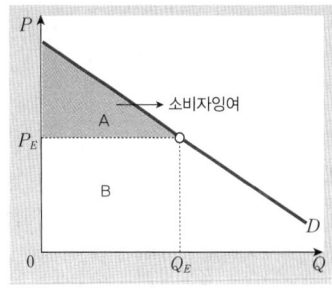

2. 개별공급과 시장공급

1 공급

(1) 공급의 법칙
① 가격↑→ 공급량↑, 가격↓→ 공급량↓

② 공급가격(supply price)은 공급곡선의 높이로, 생산자가 상품을 공급하기 위해 받아야겠다고 생각하는 최소한의 가격을 의미한다.

(2) 공급량의 변화와 공급의 변화
① 공급량의 변화: 해당 상품의 가격 변화, 공급곡선상의 이동
② 공급의 변화: 가격 이외의 요인 변화, 공급곡선 자체의 이동
- 공급곡선이 우측으로 이동하면 공급의 증가
- 공급곡선이 좌측으로 이동하면 공급의 감소

(3) 공급의 변화 요인
① 생산기술 진보 → 공급↑
② 생산요소가격↑→ 공급↓, 생산요소가격↓→ 공급↑
③ 조세부과 → 공급↓, 생산보조금 지급 → 공급↑

(4) 개별공급과 시장공급
① 시장공급곡선은 개별공급곡선의 수평적 합계이다.
② 시장공급곡선은 개별공급곡선보다 완만하다.

2 공급의 가격탄력성

(1) 개념

▎공급의 가격탄력성

$$\varepsilon_S = \frac{\text{공급량의 변화율(\%)}}{\text{가격의 변화율(\%)}} = \frac{\frac{\Delta Q^S}{Q^S} \times 100}{\frac{\Delta P}{P} \times 100} = \frac{\Delta Q^S}{\Delta P} \times \frac{P}{Q^S}$$

(2) 공급의 가격탄력성 결정 요인

요인	요인의 변화	공급의 가격탄력성
생산비의 증가	생산비용이 완만하게 상승할수록	커짐
상품의 저장가능성과 저장에 드는 비용	저장이 쉽고, 비용이 적게 드는 경우	커짐
상품의 성격	공산품	큼
	농산품	작음
유휴시설의 존재 여부	• 시설용량의 확장이나 추가적인 투입요소의 구입 등이 용이한 경우 • 유휴생산시설 및 잉여 생산시설이 충분한 경우	커짐
고려되는 기간의 길이	길수록	커짐

3 생산자잉여

- 생산자가 최소한 받아야겠다고 생각하는 금액: B
- 생산자가 실제로 받은 금액: A+B
- 생산자잉여: A

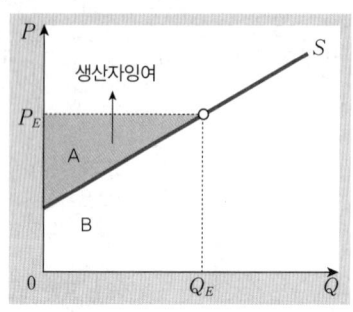

3. 시장의 균형

1 시장균형의 변화
① 수요 증가: P_E 상승, Q_E 증가
② 수요 감소: P_E 하락, Q_E 감소
③ 공급 증가: P_E 하락, Q_E 증가
④ 공급 감소: P_E 상승, Q_E 감소
⑤ 수요 증가, 공급 증가: P_E 불분명, Q_E 증가
⑥ 수요 감소, 공급 감소: P_E 불분명, Q_E 감소
⑦ 수요 증가, 공급 감소: P_E 상승, Q_E 불분명
⑧ 수요 감소, 공급 증가: P_E 하락, Q_E 불분명

2 농산물의 가격파동
① 농산물 가격파동이 발생하는 근본적인 원인: 수요와 공급 모두 가격에 대해 비탄력적이기 때문이다.
② 풍년: 농산물의 공급 증가 → 농산물의 가격 폭락, 거래량 소폭 증가 → 생산농가의 총수입 감소
③ 흉년: 농산물의 공급 감소 → 농산물의 가격 폭등, 거래량 소폭 감소 → 생산농가의 총수입 증가

4. 수요·공급이론의 응용

1 최고가격제(price ceiling, 가격상한제)

(1) 개념
① 최고가격제는 정부가 물가 안정과 소비자 보호를 위해 가격의 상한선(최고가격)을 설정하고, 설정된 최고가격(상한가격) 이상에서 거래되는 것을 금지하는 제도를 말한다.

② 최고가격제(가격상한제)는 시장의 균형가격보다 아래에 존재한다. 최고가격(상한가격)이 균형가격 이상에서 책정되면, 정책 효과는 없다.

(2) 최고가격제의 효과
① 상한가격 수준에서 시장의 초과수요가 발생한다.
② 암시장(black market)이 형성될 가능성이 있다.
▶ 암시장가격은 시장거래량하에서 수요가격이 된다.
③ 사회적 순후생손실이 발생한다.

2 최저가격제(price floor, 가격하한제)

(1) 개념
① 최저가격제는 정부가 생산자(농민)와 노동자를 보호하기 위해 최저가격을 설정하고, 설정된 최저가격(하한가격) 이하로 가격이 내려가지 못하게 통제하는 제도를 말한다.
② 최저가격(하한가격)은 시장의 균형가격보다 위에 존재한다. 최저가격(하한가격)이 균형가격 이하에서 책정되면, 정책 효과는 없다.

(2) 최저임금제의 효과
① 최저임금 수준에서 노동시장의 초과공급, 즉 비자발적 실업이 발생한다.
② 암시장(black market)이 형성될 가능성이 있다.
▶ 암시장임금은 시장거래량하에서 공급가격이 된다.
③ 사회적 순후생손실이 발생한다.
④ 최저임금제는 노동자의 보호가 목적이므로 노동수요의 임금탄력성이 낮을수록, 즉 노동수요곡선이 가파를수록 효과적이다.
- 노동수요의 임금탄력성>1: 임금상승률<노동수요량감소율 → 전체 임금소득의 감소
- 노동수요의 임금탄력성<1: 임금상승률>노동수요량감소율, 전체 임금소득의 증가
- 숙련노동자일수록 노동수요의 임금탄력성이 작으므로 최저임금제의 효과가 크게 나타난다.

CHAPTER 03   소비자이론과 생산자이론

1. 소비자이론

1 주요 개념
① 총효용(Total Utility: TU): 일정 기간 소비자가 재화를 소비함으로써 느끼는 효용의 총량을 말한다.
② 한계효용(Marginal Utility: MU): 재화 한 단위를 추가로 소비했을 때 총효용의 증가분을 말한다.
③ 한계효용체감의 법칙(law of diminishing marginal utility): 재화의 소비가 증가함에 따라 얻는 한계효용(MU)의 크기가 감소하는 현상을 말한다.

2 소비자균형: 한계효용균등의 법칙
① 소비자균형: 주어진 예산제약하에서 효용극대화(utility maximization) 원칙이 성립되거나 주어진 효용하에서 지출극소화(expenditure minimization) 원칙이 성립되는 상태를 의미한다.
② 한계효용균등의 법칙(law of equimarginal utility): X재 1원어치당 한계효용과 Y재 1원어치당 한계효용이 동일해지는 수준에서 소비해야 소비자의 효용이 극대화된다는 것을 의미한다.

> ▎한계효용균등의 법칙
>
> $$\frac{MU_X}{P_X} = \frac{MU_Y}{P_Y}$$

2. 생산자이론

1 생산함수이론
① 한계생산(Marginal Product: MP): 생산요소 한 단위를 추가로 증가시킬 때 총생산량의 증가분을 말한다.
② 평균생산(Average Product: AP): 생산요소 한 단위당 총생산량을 말한다.
③ 한계생산체감의 법칙(law of diminishing marginal product): 생산요소의 투입을 증가시켜감에 따라 처음에는 한계생산(MP)이 증가하다가 어느 단계를 지나서는 한계생산이 감소하는 현상을 말한다.

2 비용함수이론

(1) 비용 간의 관계
① 경제적 비용 = 기회비용 = 회계적 비용 + 암묵적 비용
② 경제적 이윤 = 회계적 이윤 − 암묵적 비용

(2) 단기와 장기
① 단기(short-run)는 공장이나 기계설비와 같은 자본의 투입량을 조절할 수 없을 정도로 짧은 기간을 의미하고, 장기(long-run)는 모든 생산요소의 투입량을 가변적으로 조절할 수 있는 긴 기간을 의미한다.
  ▶ 단기에 생산시설(자본)과 같이 투입량이 고정된 생산요소를 고정투입요소(fixed input)라고 하고, 노동자와 원재료 등 투입량을 변경시킬 수 있는 생산요소를 가변투입요소(variable input)라고 한다.
② 생산물시장이론에서 단기는 신규 기업의 진입과 기존 기업의 탈퇴가 자유롭지 못한 짧은 기간을 의미하고, 장기는 모든 산업으로의 이동이 자유롭게 이루어지는 긴 기간을 의미한다.

(3) 단기비용함수
① 총고정비용(Total Fixed Cost: TFC): 생산을 전혀 하지 않아도 고정적으로 들어가는 비용으로, 자본만이 유일한 고정투입요소라고 한다면 자본비용(rK)이 총고정비용(TFC)이 된다.
② 총가변비용(Total Variable Cost: TVC): 생산량이 변함에 따라 변동하는 비용으로, 노동만이 유일한 가변투입요소라고 한다면 노동비용(wL)이 총가변비용(TVC)이 된다.

> **총비용함수**
> $$TC = wL + rK$$
> • 총고정비용 = 자본비용, $TFC = rK$
> • 총가변비용 = 노동비용, $TVC = wL$

③ 한계비용(Marginal Cost: MC): 생산량(Q) 한 단위를 추가로 생산했을 때 총비용(TC)의 증가분을 말한다.
④ 평균비용(Average Cost: AC): 생산량(Q) 한 단위당 총비용(TC)을 말한다.
  • 평균고정비용(Average Fixed Cost: AFC): 생산량(Q) 한 단위당 총고정비용(TFC)
  • 평균가변비용(Average Variable Cost: AVC): 생산량(Q) 한 단위당 총가변비용(TVC)
  • $AC = AFC + AVC$
⑤ 생산과 비용의 쌍대관계

> **한계비용과 한계생산**
> $$MC = \frac{w}{MP_L}$$

(4) 규모의 경제(economies of scale)
① 규모의 경제: 생산량을 증가시킬 때 평균비용이 감소하는 현상을 말한다.
② 규모의 불변경제: 생산량을 증가시킬 때 평균비용이 불변인 경우를 말한다.
③ 규모의 비경제: 생산량을 증가시킬 때 평균비용이 증가하는 현상을 말한다.

> **규모의 경제**
> • 규모의 경제   : $Q\uparrow \rightarrow AC\downarrow$
> • 규모의 불변경제 : $Q\uparrow \rightarrow AC$ 불변
> • 규모의 비경제   : $Q\uparrow \rightarrow AC\uparrow$

(5) 범위의 경제(Economies of Scope: ES)
① 범위의 경제는 두 기업이 각각 한 가지씩의 상품을 생산하는 것보다 한 기업이 이 두 상품을 동시에 생산하는 것이 비용의 측면에서 더욱 유리한 경우를 말한다.
② 범위의 경제의 발생 원인
  • 생산시설이나 투입요소가 여러 상품의 생산과정에서 동시에 사용될 수 있는 경우
  • 생산과정에서 공동투입요소가 존재할 경우
  • 생산과정에서 발생하는 부산물이 있는 경우

3 기업의 이윤극대화

(1) 수입의 분석

총수입 (TR)	$TR = P \times Q$
한계수입 (MR)	$MR = \dfrac{\Delta TR}{\Delta Q}$
평균수입 (AR)	$AR = \dfrac{TR}{Q} = \dfrac{P \times Q}{Q} = P$

(2) 이윤극대화

이윤함수	$\Pi(Q) = TR(Q) - TC(Q)$
이윤극대화 조건	$MR = MC$
한계수입과 한계비용의 불일치	• $MR > MC \rightarrow$ 생산량(Q)↑ → 이윤↑ • $MR < MC \rightarrow$ 생산량(Q)↓ → 이윤↑

CHAPTER 04 생산물시장이론

1. 완전경쟁시장

1 특징
① 다수의 소비자(수요자)와 다수의 생산자(공급자)가 존재한다.
② 개별소비자와 개별생산자는 가격수용자(price taker)이다.
③ 완전경쟁시장의 모든 생산자는 동질적인 상품만을 생산한다.
④ 장기에 시장의 진입장벽이 존재하지 않으므로 기업의 자유로운 진입과 탈퇴가 보장된다.
  ▶ 개별기업은 장기에 정상이윤만을 얻고, 초과이윤은 0이 된다.
⑤ 경제주체들이 시장과 관련하여 완전한 정보를 보유하고 있다.
⑥ 일물일가의 법칙: 개별기업이 직면하는 수요곡선은 시장가격 수준에서 그은 수평선이다.

2 단기
(1) 이윤극대화 조건
① $P=MC$를 만족하는 가격 수준은 잠재가격으로서 공정한 가격을 의미한다.
② $P=MC$의 조건은 시장 전체의 효율성을 판단하는 기준이 된다.
  ▶ 불완전경쟁시장에서는 $P>MC$가 되어 시장의 비효율성이 초래된다.

> **완전경쟁기업의 이윤극대화 조건**
> - $P = MR = AR$
> - $P = MC$

(2) 완전경쟁기업의 단기공급곡선
① 시장의 단기균형: 시장수요곡선과 시장공급곡선이 교차하는 점에서 시장의 균형이 달성된다.
② 개별기업의 단기균형
  - 개별기업은 시장에서 주어진 가격을 그대로 받아들이는 가격수용자이므로 시장가격 수준에서 그은 수평선이 개별기업이 직면하는 수요곡선이 된다.
  - 개별기업은 $P(=MR)$와 MC가 만나는 점에서 이윤극대화 생산량을 결정한다.
③ 각각의 시장가격 수준이 주어지면 그 가격 수준과 한계비용이 일치하는 점에서 개별기업은 생산량을 정하므로 개별기업의 단기공급곡선은 개별기업의 한계비용곡선이 된다.

3 장기
① 시장에 진입장벽이 없으므로 기업의 자유로운 진입과 탈퇴가 보장된다.
② 장기균형상태에서는 초과이윤도 손실도 없는 정상이윤만 존재하므로 가격(P)과 평균비용(AC)이 일치한다.
  ▶ $\Pi = TR - TC = P \times Q - AC \times Q = (P-AC)Q = 0$
  ▶ $P = AC$

4 평가
(1) 장점
① 효율적인 자원배분: 완전경쟁시장에서는 한계비용가격설정($P=MC$)이 이루어지므로 자원배분의 효율성이 달성된다.
② 사회후생의 극대화: 가격(P)과 한계비용(MC)이 일치하므로 사회후생(소비자잉여+생산자잉여)이 극대화된다.

(2) 한계점
① 가정의 비현실성
② 소득분배의 불공평성
③ 시장실패의 가능성

2. 독점시장

1 독점의 원인
① 규모의 경제(규모에 대한 보수 증가): 자연독점
② 생산요소 및 원재료를 독점적으로 소유한다.
③ 정부가 특허권, 판권, 인·허가권 등을 부여하여 독점적 지위를 부여한다.
④ 정부의 특수한 목적에 의해 직접 독점력을 행사한다.

2 독점시장의 단기균형
(1) 수요의 가격탄력성과 한계수입

> **아모로소-로빈슨 공식**
> $$MR = \frac{dP}{dQ} \times Q + P = P\left(1 - \frac{1}{\varepsilon_P}\right)$$

(2) 단기균형의 특징
① 비용조건에 따라 단기에 손실이 발생할 수 있다.
② 사회후생의 손실: $P > MR = MC$
  ▶ 독점시장은 완전경쟁시장보다 과소생산한다.
③ 수요의 가격탄력성이 1보다 큰 구간에서 균형이 성립한다.
④ 독점시장에서는 공급곡선이 존재하지 않는다.

3 가격차별

(1) 제1급 가격차별
① 시장의 효율성: $P = MC$
  • 완전경쟁시장에서의 생산량과 일치한다.
  • 가격차별이 시행되면 가격차별이 없는 경우에 비해 생산량이 증가한다.
② 소비자잉여의 전부가 독점기업의 이윤으로 흡수되면서 소득분배의 왜곡을 가져온다.

(2) 제3급 가격차별

> ▎차별적 독점기업의 이윤극대화 조건
> • $MR_A = MR_B = MC$
> • $P_A\left(1 - \dfrac{1}{\varepsilon_P^A}\right) = P_B\left(1 - \dfrac{1}{\varepsilon_P^B}\right)$

① 수요의 가격탄력성이 작은 시장에서는 높은 가격을 부과하고, 수요의 가격탄력성이 큰 시장에서는 낮은 가격을 부과한다.
② 순수독점에 비해 생산량은 증가한다.

4 독점기업의 기타 판매전략

(1) 이부가격설정
① 소비자잉여를 가입비, 연회비, 입장료, 기본요금의 형태로 추가 징수한다.
② 완전경쟁시장의 생산량과 동일하게 되어 시장의 효율성이 달성되고, 사회적 후생손실을 유발하지 않는다.
③ 이부가격설정을 하면 소비자잉여의 전부가 독점기업의 초과이윤으로 귀속된다는 점에서 제1급 가격차별과 유사하다.

(2) 묶어팔기(bundling)
① 여러 가지 상품을 한꺼번에 묶어 판매하는 방식을 말한다.
② 광의의 개념으로 보면, 묶어팔기도 일종의 가격차별이다.

3. 독점적 경쟁시장

1 특징
① 다수의 소비자(수요자)와 다수의 생산자(공급자)가 존재한다.
② 장기에 진입장벽이 없으므로 개별기업은 정상이윤만 얻는다.
③ 상품차별화가 존재하므로 개별기업이 직면하는 수요곡선은 우하향한다.

2 단기균형: 독점의 경우와 유사
① 단기에 초과이윤을 획득할 수도 있고, 초과이윤이 0일 수도 있으며, 손실을 볼 수도 있다.
② 사회후생의 손실: $P > MR = MC$
③ 수요의 가격탄력성이 1보다 큰 구간에서 균형이 성립한다.
④ 공급곡선이 존재하지 않는다.

3 장기균형
① 장기에서는 기업에게 신규시장으로의 자유로운 진입과 기존시장으로부터의 자유로운 탈퇴가 보장된다.
② 독점적 경쟁기업은 완전경쟁기업과 마찬가지로 장기에 정상이윤만 존재하므로 가격(P)과 평균비용(AC)이 일치한다.

4. 과점시장

1 특징
① 기업 간 밀접한 상호 의존관계: 과점기업들은 전략적 상황(strategic situation)에 처해 있기 때문에 게임이론(game theory)을 적용하여 과점시장을 분석한다.
② 치열한 비가격경쟁
  • 가격경쟁은 출혈경쟁으로 이어져 광고, 상품차별화 등의 치열한 비가격경쟁이 나타난다.
  • 과점시장에서는 상품가격이 경직적이다.
③ 비경쟁행위: 담합(談合, collusion), 카르텔(cartel)과 같은 비경쟁행위(non-competitive practices)의 가능성이 존재한다.
④ 상당한 진입장벽: 과점시장은 독점시장보다는 낮지만 상당한 진입장벽이 존재한다.

2 상호협조이론

(1) 카르텔
① 담합(collusion)이란 의사결정 시 과점기업들이 서로 합의하여 공동보조를 취하는 것을 말한다.
② 카르텔은 가맹기업들의 이기적 행위에 의해 와해될 수 있는 원천적 취약성이 존재한다.

(2) 가격선도이론
① 가격선도이론(price leadership model)은 선도기업이 가격을 선도하면 나머지 군소기업들은 이를 그대로 추종함으로써 과점기업들이 암묵적인 상호협조체제를 유지하고 공동의 이익을 추구한다고 보는 이론이다.
② 지배적 기업은 가격선도기업의 역할을 하고, 군소기업들은 가격추종기업의 역할을 한다.

5. 게임이론

1 우월전략균형

(1) 용의자의 딜레마

① 우월전략은 상대방이 어떤 전략을 선택하더라도 자신에게 유리한 전략을 말하고, 우월전략균형이란 모든 경기자가 우월전략을 사용하여 달성되는 균형을 말한다.

② 균형의 성격
- 두 경기자 모두의 보수를 증가시킬 수 있는 전략조합이 존재함에도 두 경기자 모두의 보수를 감소시키는 전략을 선택하게 되는 사회후생적 특징을 갖는다. 즉, 파레토 비효율적이다.
- 용의자의 딜레마 게임에서 우월전략균형은 파레토 비효율적이지만, 모든 우월전략균형이 파레토 비효율적인 것은 아니다.

③ 경기자 모두의 보수를 증가시키는 전략조합으로 가기 위한 방법
- 비협조적 게임을 협조적 게임으로 전환해야 한다.
- 게임이 무한반복되든지 아니면 게임이 언제 종료될지를 경기자 서로가 알지 못해야 한다.

구분		용의자 B	
		자백	부인
용의자 A	자백	(5년, 5년)	(0년, 20년)
	부인	(20년, 0년)	(1년, 1년)

(2) 카르텔

① 두 기업 모두가 협정을 위반하는 것이 카르텔의 우월전략균형이 된다.

② 현실에서 카르텔이 비교적 오랫동안 유지되는 이유는 기업들은 계속 생산활동을 유지해야 하므로 반복게임의 성격을 지니고 있기 때문이다.

③ 보수행렬

구분		기업 B	
		협정준수	협정위반
기업 A	협정준수	(90, 90)	(20, 100)
	협정위반	(100, 20)	(30, 30)

2 내쉬균형(Nash equilibrium)

① 내쉬균형이란 상대방의 전략을 주어진 것으로 간주하고 자신에게 최적인 전략을 선택할 때 이 최적전략의 짝을 말한다.

② 내쉬균형은 존재하지 않거나, 2개 이상 존재할 수 있다.

③ 모든 우월전략균형은 내쉬균형이 된다.

④ 내쉬균형도 우월전략균형과 마찬가지로 반드시 파레토 효율성을 달성하는 것이 아니다.

구분		기업 B	
		B_1	B_2
기업 A	A_1	(10, 7)	(5, 5)
	A_2	(5, 5)	(7, 10)

3 순차게임(sequential game)

① 순차게임은 한 경기자가 먼저 전략을 선택하면 다른 경기자가 이것을 보고 나중에 자신의 전략을 취하게 되는 게임을 말한다.

② 동시게임일 경우 내쉬균형은 (시장진입, 가격유지), (진입포기, 가격인하) 두 가지가 된다.

③ 순차게임에서 완전균형이 성립하기 위해서는 내쉬 조건(Nash condition)뿐만 아니라 신뢰성 조건(credibility condition)도 만족해야 한다.

④ 기업 A가 진입하든 진입하지 않든 기업 B가 가격인하로 강하게 대응하겠다고 위협을 가한다면, 그 위협은 공허한 위협(헛된 위협, empty threat)에 불과하다.

⑤ 기업 B의 조건부전략은 기업 A가 시장에 진입하면 가격유지, 진입을 포기하면 가격인하로 대응하는 것이다. 이러한 기업 B의 조건부전략을 알고 있는 기업 A는 시장진입을 하는 것이 유리하므로 이 게임의 완전균형은 (시장진입, 가격유지)가 된다.

구분		기업 B	
		가격인하	가격유지
기업 A	시장진입	(−3, 5)	(7, 7)
	진입포기	(0, 20)	(0, 15)

▎시장진입의 게임나무

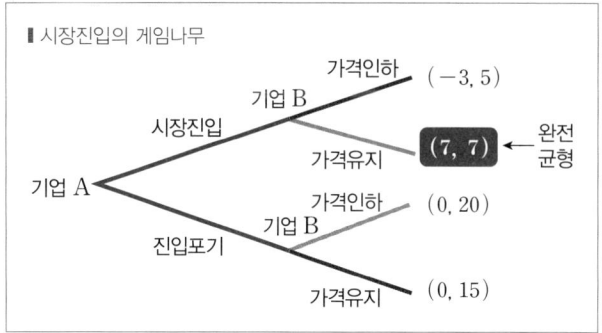

CHAPTER 05 조세와 소득분배이론

1. 조세의 전가와 귀착

1 조세부과의 효과(생산자에게 부과)

① 소비자가격 상승 → 소비자잉여 감소, 생산자가격 하락 → 생산자잉여 감소
② 생산자에게 조세부과 시 균형가격의 상승
  ▶ 공급 감소 → 균형가격 상승으로 소비자에게 전가한다.
③ 소비자가격: 균형가격
④ 생산자가격: 균형가격에서 단위당 조세액을 차감한 금액
⑤ 균형거래량의 감소 → 후생손실 발생

▮ 종량세부과 이후 사회후생의 변화(생산자에게 부과)

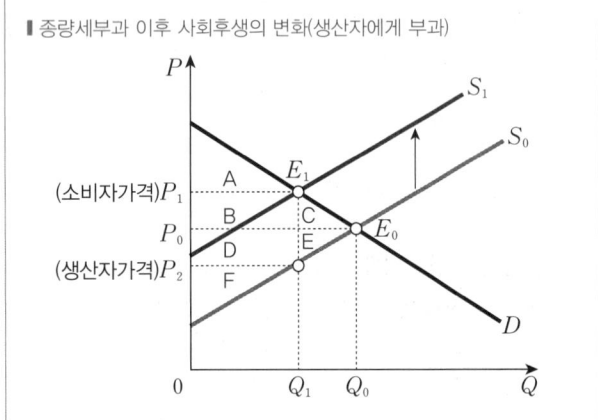

구분	종량세부과 이전	종량세부과 이후	변화분
소비자잉여	$A+B+C$	A	$-(B+C)$
생산자잉여	$D+E+F$	F	$-(D+E)$
정부조세수입	0	$B+D$	$+(B+D)$
총잉여	$A+B+C+D+E+F$	$A+B+D+F$	$-(C+E)$: 후생손실

2 조세부과의 효과(소비자에게 부과)

① 소비자에게 조세부과 시 균형가격의 하락
  ▶ 수요 감소 → 균형가격 하락으로 생산자에게 전가한다.
② 생산자가격: 균형가격
③ 소비자가격: 균형가격에서 단위당 조세액을 더한 금액
④ 생산자에게 부과한 경우와 동일한 효과

3 가격탄력성과 조세의 귀착

▮ 수요의 가격탄력성과 조세의 귀착

• 수요의 가격탄력성↑→ 가격상승폭↓→ 소비자부담↓, 생산자부담↑
• 수요의 가격탄력성↓→ 가격상승폭↑→ 소비자부담↑, 생산자부담↓

▮ 공급의 가격탄력성과 조세의 귀착

• 공급의 가격탄력성↑→ 가격상승폭↑→ 소비자부담↑, 생산자부담↓
• 공급의 가격탄력성↓→ 가격상승폭↓→ 소비자부담↓, 생산자부담↑

① 수요와 공급의 가격탄력성↑→ 거래량 감소분↑→ 순후생손실↑
② 수요와 공급의 가격탄력성↑→ 거래량 감소분↑→ 정부의 조세수입↓

2. 조세와 소득분배

1 직접세

(1) 개념
① 조세를 부담하는 조세부담자(담세자)와 조세를 납부하는 조세의무자(납세자)가 동일한 경우의 조세를 말한다.
② 종류: 소득세, 법인세, 상속세, 증여세, 취득세, 등록세, 재산세 등

(2) 특징
① 소득재분배 기능: 누진세를 적용하므로 소득이 높은 계층의 조세부담이 증가한다.
② 납세자와 담세자가 일치하므로 조세전가가 불가능하다.
③ 근로소득세의 조세부담이 누진적이므로 근로의욕을 저하시킬 수 있다.
④ 조세저항이 높다.
⑤ 경제주체마다 모두 다른 세금을 내고, 세금의 종류가 많아 조세행정비용이 높다.
⑥ 간접세처럼 구매와 함께 조세를 부과하는 것이 아니므로 탈세의 가능성이 존재한다.

2 간접세

(1) 개념
① 조세를 부담하는 조세부담자(담세자)와 조세를 납부하는 조세의무자(납세자)가 일치하지 않은 경우의 조세를 말한다.

② 종류: 부가가치세, 주세, 개별소비세, 인지세, 증권거래세 등

(2) 특징
① 소득분배가 역진성: 부가가치세의 경우 동일한 재화를 동일한 수량만큼 구매하는 경우 소득계층과 무관하게 동일한 조세를 부담한다.
② 납세자와 담세자가 불일치하므로 조세전가가 가능하다.
③ 상품을 구매하면서 자동으로 납부하는 세금이므로 조세저항이 낮다.
④ 상품을 구매하는 동시에 조세징수가 발생하므로 조세행정비용이 낮고 조세징수가 용이하다.
⑤ 간접세는 상품의 단위당 과세를 하기 때문에 비례세율이 적용되는데, 이는 물가 상승을 유발한다.

3. 소득분배이론

1 기능별 소득분배이론

(1) 임금
① 명목임금(nominal wage): 노동자가 노동을 제공한 대가로 지불받는 명시적인 화폐액을 의미하며, 화폐임금이라고도 한다.
② 실질임금(real wage): 명목임금으로 구입할 수 있는 재화나 서비스의 수량으로, 명목임금이 지니는 실질적인 구매력을 의미한다.
▶ 명목임금을 가격으로 나누면 실질임금이 된다.

(2) 이자
① 자본(capital): 재화를 생산하기 위해 생산된 생산요소로, 통상적으로 자본이라고 하면 실물자본(physical capital), 즉 자본재(capital goods)를 의미한다.
② 자본의 가격: 기계나 설비와 같은 자본재 그 자체의 가격이 아니라, 그것을 일정 기간 사용하는 것에 대해 지급하는 대가, 즉 자본의 가격인 임대료를 의미한다.

(3) 지대
① 지대(rent)란 원래 토지 사용에 대한 대가를 뜻하는 말이지만, 어떤 생산요소든 그 공급이 고정되어 있는 것에 대한 보수를 모두 지대라고 부를 수 있다.
▶ 지대는 토지서비스시장의 생산자잉여가 된다.
② 지가와 지대

> **지가와 지대**
> 지대 = 지가 × 이자율

③ 토지의 공급은 완전비탄력적이기 때문에 지대는 토지의 수요에 의해서만 결정된다.
▶ 지대가 높아 밀 가격이 상승한 것이 아니라 밀 가격이 상승하여 지대가 높아진 것이다.
④ 전용수입(이전수입)과 경제적 지대
▶ 경제적 지대는 노동시장의 생산자잉여가 된다.

> **노동공급의 임금탄력성과 경제적 지대**
> • 노동공급의 임금탄력성↑→ 경제적 지대↓, 전용수입↑
> • 노동공급의 임금탄력성↓→ 경제적 지대↑, 전용수입↓

2 계층별 소득분배이론

(1) 로렌츠곡선

> **로렌츠곡선**
> 로렌츠곡선은 인구의 누적비율과 소득의 누적비율 사이의 관계를 나타낸 곡선으로, 대각선에 가까워질수록 소득분배가 균등해짐을 의미한다.

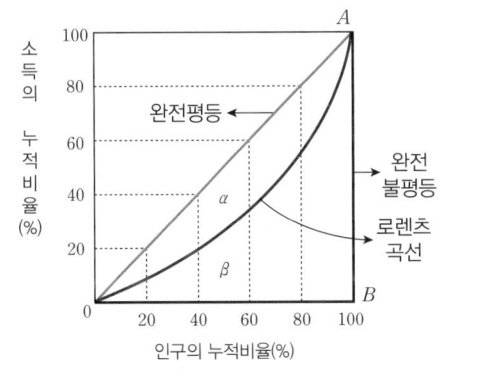

① 서수적 측정방법이다.
② 로렌츠곡선이 대각선에 접근할수록 분배상태는 공평해지고 멀어질수록 불공평해진다.
③ 두 집단 간 로렌츠곡선이 교차하면 분배상태의 직접적인 비교가 불가능하다.

(2) 지니계수

> **지니계수**
> $$지니계수(G) = \frac{\alpha}{\alpha+\beta}$$

① $0 \leq G \leq 1$
  • 기수적 측정방법이다.
  • 지니계수의 값이 작을수록 로렌츠곡선은 대각선에서 가까워지므로 더욱 평등한 분배상태를 의미한다.
② 지니계수=0(α=0)
  • 로렌츠곡선이 대각선

- 완전 평등
③ 지니계수=1($\beta=0$)
  - 로렌츠곡선이 꺾이는 선분
  - 완전 불평등

(3) 십분위분배율

> **십분위분배율**
> $$D = \frac{하위\ 40\%의\ 소득점유비율}{상위\ 20\%의\ 소득점유비율}$$

① $0 \leq D \leq 2$
② 십분위분배율의 값이 클수록 평등한 분배상태를 의미한다.
③ $D=2$: 완전 균등분배
④ $D=0$: 완전 불균등분배

(4) 오분위분배율

> **오분위분배율**
> $$D = \frac{상위\ 20\%의\ 소득점유비율}{하위\ 20\%의\ 소득점유비율}$$

① $0 \leq D \leq \infty$
② 오분위분배율은 1에서 무한대 사이의 값을 가진다.
③ 오분위분배율의 값이 작을수록 더욱 평등한 분배상태를 의미한다.
④ $D=1$: 완전한 균등분배
⑤ $D=\infty$: 완전한 불균등분배

CHAPTER 06 공공경제이론과 정보경제학

1. 시장실패

1 원인
① 불완전경쟁: $P>MC$ → 시장의 비효율성
② 규모의 경제: 자연독점
③ 외부효과(외부성): 외부경제 → 과소생산(소비), 외부비경제 → 과다생산(소비)
④ 공공재: 비경합성과 비배제성으로 과소생산
⑤ 위험과 불확실성: 소비자의 효용 감소
⑥ 비대칭 정보: 역선택, 도덕적 해이

2 외부성(외부효과)

(1) 개요
① 외부성(externalities)이란 어떤 경제주체의 경제행위가 다른 경제주체에게 의도하지 않은 혜택이나 손해를 가져다주면서도 그에 대한 대가를 받지도 지급하지도 않는 경우를 말한다.
  - 금전적 외부성이란 시장의 가격기구를 통해 제3자에게 유리하거나 불리한 영향을 미치는 것을 말한다.
  - 다른 경제주체에게 미친 혜택이나 손해에 대해 대가를 받거나 지급하면 이는 외부효과가 내부화된 것이므로 더 이상 외부효과가 아니다.
② 정부는 외부경제가 발생하면 보조금을 지급하고, 외부비경제가 발생하면 조세를 부과함으로써 외부성의 내부화를 유도한다.

외부성	편익과 비용의 관계	대책	영향
소비의 외부경제	$SMB=PMB+MEB$	보조금	과소소비
소비의 외부비경제	$SMB=PMB-MEC$	조세	과다소비
생산의 외부경제	$SMC=PMC-MEB$	보조금	과소생산
생산의 외부비경제	$SMC=PMC+MEC$	조세	과다생산

(2) 생산의 외부비경제

> ▌생산의 외부비경제
> - Q_S: 사회적으로 바람직한 생산량
> - Q_P: 사적 생산량
> - $Q_S Q_P$만큼 과다생산의 문제가 발생한다.
> - ΔABC만큼 사회적 순후생손실이 발생한다.
> - 생산의 외부비경제 시 생산자에게 조세를 부과하면 PMC 곡선이 조세만큼 왼쪽으로 이동한다.
> - 생산의 외부비경제 시 조세부과는 사회적으로 바람직한 수준의 생산량을 달성하게 한다.

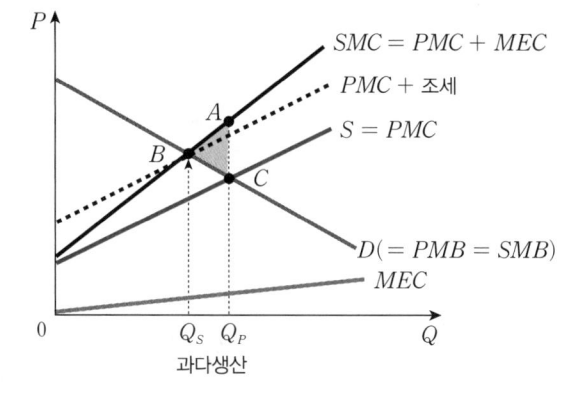

① $Q_S Q_P$만큼의 과다생산이 발생함에 따라 ΔABC만큼 사회적 순후생손실이 발생한다.
② 사회적으로 바람직한 생산량 수준에서 사회적 한계비용(SMC)과 사적 한계비용(PMC)의 차이만큼의 조세를 생산자에게 부과한다.
  ▶ 피구(A. Pigou)가 외부비경제의 해결방안으로 조세부과를 처음 제시하여 외부비경제 해결을 위한 조세를 피구세(Pigouvian tax)라고 한다.
③ 조세부과는 생산자에게 부과하든 소비자에게 부과하든 그 효과는 동일하다.
④ 여기에서 주의할 점은 바람직한 오염물질의 배출 수준이 0이 아니라는 것이다.

(3) 코즈정리(Coase theorem)
① 환경재산권을 부여하면 정부의 시장개입 없이도 자발적인 협상에 의해 효율적인 자원배분을 달성할 수 있다. 이를 코즈정리라고 한다.
  ▶ 재산권은 외부비경제 시 발생하는 가해자나 피해자 누구에게 부여해도 외부비경제의 문제를 해결할 수 있다.
② 문제점
  - 환경오염문제는 가해자인 동시에 피해자인 경우가 많으므로 이해당사자를 찾기 어렵고, 이해당사자가 많을 때에는 현실성이 떨어진다.
  - 거래비용이 많아지면 협상 자체가 이루어지기 힘들다.
  - 환경오염의 피해 정도를 정확하게 측정하는 것이 곤란하다.
  - 협상에 참여하지 않더라도 협상의 이익을 얻을 수 있으므로 무임승차자 문제가 발생한다.

(4) 기타 외부성의 해결방안
① 기업합병
② 조세와 보조금
③ 오염배출권제도: 사회적으로 적정 수준이라고 생각되는 오염물질 수준에 준하는 양만큼의 오염허가서(pollution permits) 또는 면허(licenses)를 발급하여 이를 보유한 경제주체에만 오염물질을 배출하도록 허용하는 방식이다.

3 공공재

(1) 공공재의 시장실패 원인
① 비경합성(非競合性, non-rivalry)
  - 비경합성이란 동일한 재화를 여러 소비자가 동시에 소비하는 것이 가능하여 소비에 참여하는 사람이 많아지더라도 어떤 개인의 소비 수준이 줄어들지 않는 특징을 말한다.
  - 한 사람을 더 소비에 참여시키는 데 따르는 한계비용(MC)이 0이다. → 민간기업은 생산을 포기한다.
② 비배제성(non-excludability)
  - 비배제성이란 가격을 지불하지 않은 사람이라 할지라도 소비로부터 배제할 수 없다는 특징을 말한다.
  - 무임승차자 문제(free-rider's problem)가 발생한다.

(2) 순수공공재와 준공공재(비순수공공재)
① 순수공공재(pure public goods): 소비의 비경합성과 비배제성의 특징을 모두 보유한 공공재를 말한다.
② 준공공재(impure public goods): 소비의 비경합성과 비배제성의 특징 중 어느 하나가 불완전하게 성립하는 공공재를 말한다.

구분	비배제성	배제성
비경합성	〈순수공공재〉 • 국방 • 치안 • 공중파 방송 • 일기예보 • 막히지 않는 무료도로	〈준공공재〉 • 케이블 TV • 한산한 놀이공원 • 막히지 않는 유료도로
경합성	〈준공공재〉 • 공유자원(공용지) • 바다의 어족자원 • 막히는 무료도로	〈사적재〉 • 빵 • 옷 • 막히는 유료노로

③ 공유지(공용지)의 비극(tragedy of the commons): 소유권이 명확하게 규명되지 않은 공유자원의 경우 아무런 대가 없이 사용이 가능하므로 적정 수준 이상으로 과도하게 사용함으로써 비효율적인 결과가 초래되는 현상을 말한다.

(3) 사적재와 공공재

구분	사적재	공공재
특징	경합성, 배제성	비경합성, 비배제성
시장 수요곡선	• 소비자의 선호가 시장에서 표출되므로 수요곡선이 나타남 • 개별수요곡선의 수평적 합을 통해 도출함	• 소비자의 선호가 시장에서 표출되지 않으므로 수요곡선이 나타나지 않음 • 개별수요곡선의 수직적 합을 통해 도출함
가격과 생산량 결정	• 동일한 가격으로 서로 다른 양을 수요 • 사적재에 대한 선호가 큰 사람이 더 많은 양을 소비	• 동일한 양을 소비하면서 서로 다른 가격을 지급 • 공공재에 대한 선호가 큰 사람이 더 높은 가격을 지급
적정공급 조건	$MB_X^A = MB_X^B = MC_X$	$MB_Z^A + MB_Z^B = MC_Z$

2. 정보경제학

1 역선택

(1) 중고생산물시장에서의 역선택
① 중고차 소유주가 최소한 받아야겠다고 생각하는 금액
  • 우량중고차 소유주: 500만 원
  • 불량중고차 소유주: 100만 원
② 중고차 구매자가 최대한 지급할 용의가 있다고 생각하는 금액
  • 우량중고차: 550만 원
  • 불량중고차: 150만 원
③ 비대칭 정보하
  • 중고차에 대한 정보를 판매자는 정확하게 알고 있지만, 구매자는 단지 각 등급의 차의 비율, 즉 우량중고차를 살 수 있는 확률이 0.5라는 사실만을 알고 있다고 가정한다.
  • 구매자가 지급하고자 하는 금액: (0.5 × 550만 원) + (0.5 × 150만 원) = 350만 원
  • 중고차시장에서 좋은 품질의 중고차는 매매되지 않고, 나쁜 품질의 자동차만 매매되는 악순환이 발생한다.

④ 역선택의 대상을 레몬(lemon)이라고 한다.

(2) 기타
① 보험시장에서의 역선택: 암 발생확률이 높은 사람만 암보험에 가입한다.
② 금융시장에서의 역선택: 신용도가 낮은 은행대출희망자만 대출한다.
③ 노동시장에서의 역선택: 노동생산성이 낮은 노동자만 고용된다.

(3) 대책
① 신호발송(signalling): 정보를 가진 측에서 자신의 특성을 상대방에게 전달하려고 노력하는 것을 말한다.
  • 중고차시장: 우량중고차 소유주가 일정 기간 내에 발생하는 고장에 대해 수리를 보증해 주는 조건부 계약을 체결한다.
  • 노동시장: 취업 시 자격증을 제출하거나 대학교육을 이수하여 기업 측에게 자신의 노동생산성을 알리려고 노력한다.
  • KS마크 표시 등을 통해 품질이 좋다는 신호를 보내는 것이다.
② 선별(screening): 정보를 갖지 못한 측에서 상대방의 특성을 알아내려고 노력하는 것을 말한다.
  • 보험시장에서의 선별
    – 보험회사가 암보험을 판매하면서 사전에 신체검사를 요구하는 것
    – 탄력적인 보험요율제도를 도입하여 보험가입자들에게 건강상태에 따라 차등보험료를 적용하는 것
    – 자동차보험회사에서 일정한 나이 미만인 사람들에게 높은 보험료를 책정하는 것
  • 자기선택장치(self-selection device): 정보를 갖지 못한 측이 정보를 가진 측과 거래할 때 정보를 가진 자가 스스로 자신의 특성을 드러내도록 만드는 장치를 말한다.
③ 정부정책
  • 정부가 공적보험제도를 도입하여 강제적으로 보험에 가입하도록 한다.
  • 정보정책: 과장·허위광고 규제, 표준설정, 성능표시의 의무화, 기업 재무제표공시의 의무화, KS마크와 품 마크의 제정, 담배의 유해경고문구 등이 있다.
④ 평판과 표준화
⑤ 신용할당(credit rationing): 금융시장에서 자금에 대한 초과수요가 발생하더라도 은행은 이자율을 올리는 대신 신용도가 높은 우량고객을 선별해서 유리한 이자율 조건하에 주어진 자금을 배분하는 현상을 말한다.

⑥ 효율성임금(efficiency wage)
- 기업들이 노동자의 생산성을 향상시키기 위해 시장의 임금 수준보다 더 높이 지급하는 임금 수준이다.
- 기업이 효율성 임금을 지급하면 생산성이 높은 노동자들을 고용할 수 있어 기업의 생산성을 향상시킬 수 있으며, 이윤 증가도 가능하다.

2 도덕적 해이

(1) 보험시장에서의 도덕적 해이
① 보험에 가입한 후 보험가입자의 행동이 바뀌어 사고가 날 확률이 높아지는 현상을 말한다.
② 대책
- 공동보험제도(co-insurance): 사고발생 시 손실의 일부만을 보상해 주는 제도이다.
- 기초공제제도(deduction): 손실액 중 처음 일정 금액까지는 가입자가 부담하고, 나머지는 보험회사가 보상해 주는 제도이다.

(2) 금융시장에서의 도덕적 해이
① 금융기관으로부터 대출자금을 차입한 차입자가 대출자금을 차입한 이후에 고수익·고위험의 프로젝트에 투자하거나 정상적인 용도로 자금을 활용하지 않는 경우를 말한다.
② 대책: 감시, 담보와 연대보증, 신용할당

(3) 노동시장에서의 도덕적 해이
① 입사 후에는 직무를 태만하게 하는 현상을 말한다.
② 대책
- 승진제도, 성과급제도, 포상제도, 징계제도
- 근무태만을 방지하기 위한 생산성임금 및 효율성 임금의 지급
- 기업이윤의 공유
- 작업감독제도

(4) 주인-대리인 문제
① 주인-대리인 문제(principal-agent problem)란 주인이 대리인에게 주인의 이익을 위해 일할 것을 전제로 권한을 위임했을 때 대리인이 주인보다 자신의 이익을 위해 권한을 행사하면서 나타나는 문제를 말한다.
② 거래의 당사자가 주인과 대리인으로 구성될 때의 도덕적 해이 문제이다.
③ 사례: 주주와 경영자, 국민과 국회의원, 소송의뢰인과 변호사, 사장과 종업원, 지주와 소작인, 환자와 의사, 가수와 매니저
④ 대책: 유인설계(인센티브 제공), 스톡옵션, 특별보너스, 성과급제도

PART 01 기출변형 실전문제

CHAPTER 01 경제학의 기초

01 난이도 ■■□ 약점진단 ○△×

그림은 경제주체 간의 상호관계를 나타낸 것이다. 이에 대한 설명으로 옳은 것은?

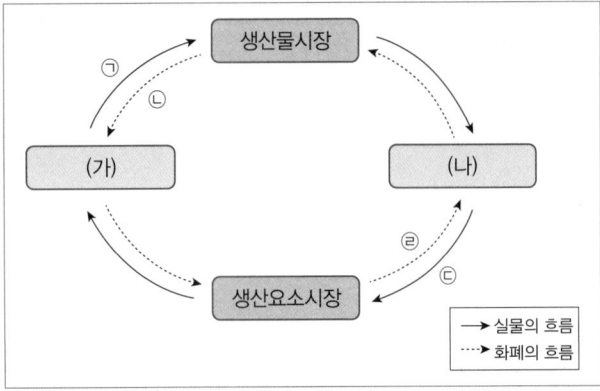

① ㉠에는 경제재와 자유재가 있다.
② ㉡이 커질수록 (가)에 손해가 된다.
③ ㉢에는 서비스가 포함된다.
④ ㉣에는 임금, 이자, 지대 등이 해당한다.
⑤ (가)는 소비활동의 주체, (나)는 생산활동의 주체이다.

| 오답해설 | ① 희소성이 없는 자유재는 경제활동의 대상이 아니다.
② ㉡은 판매수입이다. 판매수입이 커질수록 기업에 이득이 된다.
③ ㉢은 노동, 자본, 토지 등의 생산요소이다. 서비스는 생산물시장에서 거래된다.
⑤ (가)는 기업, (나)는 가계이다. 기업은 생산활동의 주체이고, 가계는 소비활동의 주체이다.

02 난이도 ■■□ 약점진단 ○△×

다음 (가)~(라)에 대한 설명으로 옳은 것은?

- 경제문제가 발생하는 원인: (가)
- 경제의 세 가지 기본문제: (나), (다), (라)
- (다)는 생산요소의 조합을 선택하는 문제이고, (라)의 해결을 위해서는 형평성도 함께 고려해야 한다.

① (가)는 자원의 절대적인 수량이 부족한 상태를 의미한다.
② (나)는 생산요소의 제공에 대한 대가를 결정하는 문제이다.
③ (다)의 사례로 생산비 절감을 위한 설비 자동화를 들 수 있다.
④ (라)는 생산물의 종류와 수량을 결정하는 문제이다.
⑤ (라)에서와 달리 (다)에서는 효율성을 고려하지 않아도 된다.

| 해설 | (가)는 희소성, (나)는 '무엇을, 얼마나 생산할 것인가?', (다)는 '어떻게 생산할 것인가?', (라)는 '누구를 위하여 생산할 것인가?'의 문제이다.
| 오답해설 | ① 자원의 수량이 절대적으로 부족한 상태는 희귀성이다.
② 생산요소의 제공에 대한 대가를 결정하는 문제는 분배와 관련된 (라)의 문제이다.
④ 생산물의 종류와 수량을 결정하는 문제는 (나)의 문제이다.
⑤ 효율성은 (나), (다), (라) 모두의 문제를 해결하는 데 고려해야 하는 기준이다.

03 난이도 ■□□ 약점진단 ○△×

기회비용에 관한 설명으로 옳지 않은 것은?

① 기회비용이란 하나를 선택함으로써 포기하게 되는 대안들 중 가장 가치가 큰 것이다.
② 기회비용은 차선의 대안이 가지는 가치를 의미한다.
③ 기회비용에는 암묵적 비용과 함께 매몰비용이 포함된다.
④ 회계적 이윤과 경제적 이윤의 차이가 발생하는 이유는 암묵적 비용 때문이다.
⑤ 기회비용을 최소화하는 것이 합리적 선택이다.

| 해설 | 기회비용은 명시적 비용과 암묵적 비용을 합산한 것이다. 기회비용에는 매몰비용이 포함되어서는 안 된다.

정답 01 ④ 02 ③ 03 ③

04 난이도 ■■■

다음 사례에 대한 분석으로 옳지 않은 것은? (단, 다른 요인은 모두 불변이라고 가정한다.)

> 철수는 음악회 티켓을 ⊙ <u>6만 원</u>에 구입했지만, 친구 결혼식에 참석하게 돼 관람이 어려워졌다. 판매처가 제공하는 환불기간이 끝난 것을 확인한 철수는 인터넷 카페에 공연티켓을 판매한다는 글을 올렸다. 이에 영희는 배송료 ⓒ <u>2천 원</u>을 철수가 부담하는 조건으로 ⓒ <u>3만 5천 원</u>에 구매하겠다는 댓글을 달았다.

① 철수가 영희와 거래한다면 ⓒ은 매몰비용이 될 수 없다.
② 철수가 순편익을 계산할 때에는 ⓒ을 고려해야 한다.
③ 철수가 영희와 거래한다면, 결혼식 참석의 기회비용은 '⊙+ⓒ'이다.
④ 철수가 영희와 거래하지 않는다면, 결혼식 참석의 기회비용은 0이다.
⑤ 합리적 의사결정을 위해 철수는 티켓 판매 시 ⊙을 고려해서는 안 된다.

| 해설 | 철수가 영희와 거래한다면 티켓 판매비용 3만 5천 원에서 배송료 2천 원을 제외한 3만 3천 원은 회수가 가능하므로 매몰비용이 아니다. 따라서 결혼식 참석의 기회비용은 티켓 구매비용 6만 원에서 회수가능금액 3만 3천 원을 차감한 2만 7천 원이다.

| 오답해설 | ① 철수가 영희와 거래한다면 3만 5천 원은 회수가 가능하므로 매몰비용이 아니다.
② 합리적 선택을 하려면 선택으로 인해 새롭게 발생하는 비용과 편익을 비교해야 하므로 순편익을 계산할 때에는 ⓒ을 고려해야 한다.
④ 철수가 영희와 거래하지 않는다면, 결혼식 참석의 기회비용은 0이다. 티켓 구매비용인 6만 원은 매몰비용이므로 기회비용에 포함되지 않는다.
⑤ 티켓 구매비용 6만 원은 이미 지출되어 회수가 불가능한 매몰비용이므로 합리적인 의사결정을 위해 철수는 이 비용을 고려해서는 안 된다.

05 난이도 ■■□

다음 사례에 대한 설명으로 옳지 않은 것은? (단, 한계효용체감의 법칙이 적용된다.)

> 철수가 좋아하는 음식 취향은 양식, 일식, 중식의 순이며, 이 모든 메뉴를 골라먹을 수 있다는 장점 때문에 철수는 식사비용이 1인당 15,000원인 뷔페식당을 자주 찾는다. 철수는 한계효용이 0인 포만점을 지났음에도 불구하고 식사비용이 아까워서 무리하게 음식을 더 먹는 습관이 있다.

① 식사비용인 15,000원은 매몰비용이다.
② 철수는 음식을 선택할 때 지불한 15,000원을 고려하지 않고 의사결정을 해야 한다.
③ 철수의 식사 습관은 합리적이라고 볼 수 없다.
④ 철수가 음식을 추가로 먹을 때마다 발생하는 명목적 비용은 불변이다.
⑤ 양식을 선택했을 때의 기회비용은 중식에서 얻을 수 있는 효용이다.

| 해설 | 모든 메뉴를 골라먹을 수 있으므로 양식을 선택했을 때 중식을 포기할 필요가 없다. 따라서 양식을 선택했을 때의 기회비용이 중식에서 얻을 수 있는 효용이라고 할 수 없다.

| 오답해설 | ① 식사비용인 15,000원은 이미 지출된 비용으로 회수가 불가능한 매몰비용이다.
② 식사비용인 15,000원은 매몰비용이므로 철수는 의사결정 시 이를 고려해서는 안 된다.
③ 매몰비용인 15,000원이 아까워서 무리하게 더 음식을 먹는 것은 비합리적이다.
④ 뷔페식당이므로 음식을 추가로 먹을 때마다 발생하는 명목적 비용은 불변이다.

정답 04 ③   05 ⑤

06 난이도 ■□□

다음 두 사례에 공통으로 적용할 수 있는 경제학적 개념은?

- 공무원시험을 3년째 준비하는 철수는 지난해부터 이를 포기하고 취업 준비를 시작하고 있다.
- 6개월치 헬스클럽 레슨비를 미리 낸 영희는 팔의 통증으로 남은 레슨을 포기하고 병원 치료를 시작하였다.

① 희소성 ② 한계효용
③ 외부효과 ④ 매몰비용
⑤ 경제적 지대

| 해설 | 3년간 공무원시험에 지출된 비용이나 6개월치 헬스클럽 레슨비는 회수가 불가능한 매몰비용(sunk cost)에 해당한다. 매몰비용은 합리적 선택을 위해 의사결정 시 고려해서는 안 되는 비용이다.

| 오답해설 | ① 희소성의 법칙(law of scarcity)이란 사회구성원들의 욕망은 무한한 데 비해 그 욕망을 충족시켜 줄 수단인 자원이 부족한 현상을 말한다. 경제문제의 근본적인 발생 원인은 자원의 희소성이다.
② 한계효용이란 소비자가 재화 한 단위를 추가로 소비할 때의 총효용 증가분을 말한다.
③ 외부효과란 어떤 경제주체의 행위가 제3자에게 의도하지 않은 이득이나 손해를 주면서도 이에 대한 대가를 받지도 지급하지도 않은 경우를 말한다.
⑤ 경제적 지대란 노동시장에서 전용수입(이전수입)을 초과한 노동소득을 의미한다.

07 난이도 ■□□

다음 사례에 공통적으로 적용될 수 있는 경제학적 개념은?

- 철수는 커피전문점을 개업하였는데 계속해서 영업손실이 발생하지만 막대한 투자비로 인해 사업철수의 결정을 내리지 못하고 있다.
- 영희는 주식에 투자한 후 주식가격이 폭락했지만, 투자원금 때문에 주식을 계속 보유 중이다.

① 희소성 ② 매몰비용
③ 한계효용 ④ 외부효과
⑤ 경제적 지대

| 해설 | 제시된 사례에서 사업투자비나 주식투자원금은 매몰비용에 해당한다. 일단 지출되면 회수가 불가능한 비용인 매몰비용을 고려하여 의사결정을 해서는 안 된다.

정답 06 ④ 07 ②

CHAPTER 02 수요와 공급의 이론

01 난이도 ■□□

밑줄 친 '재화'에 해당하는 것은?

> 새로운 사업을 창업하였을 때 사업의 성공요인으로 기본 재화와 보조 재화를 함께 생산하여 판매하는 전략이 필요하다. 예를 들어, 피자가게를 차린다면 피자와 곁들여 소비할 수 있는 재화를 찾아 두 재화의 매출을 함께 증가시키는 것이다.

① 대체재
② 보완재
③ 정상재
④ 열등재
⑤ 기펜재

| 해설 | 보완재(complementary goods)란 한 재화씩 따로따로 소비할 때보다 함께 소비할 때 더 큰 만족을 얻을 수 있는 재화를 말한다. 피자와 곁들여 먹을 수 있는 재화는 서로 보완관계에 있는 재화이다.

02 난이도 ■■□

정상재인 자동차 수요를 증가시키는 원인에 해당하지 않는 것은?

① 오토바이 가격 상승
② 교통사고 사망률 하락
③ 휘발유 가격 하락
④ 1인당 국민소득의 증가
⑤ 대기오염 규제 강화

| 해설 | 대기오염 규제가 강화되면 자동차 사용에 대한 조세부과가 강화되어 자동차 수요가 감소할 것이다.
| 오답해설 | ① 오토바이 가격이 상승하면 대체관계에 있는 자동차 수요가 증가할 것이다.
② 교통사고 사망률이 하락하면 자동차 수요가 증가할 것이다.
③ 휘발유 가격이 하락하면 보완관계에 있는 자동차 수요가 증가할 것이다.
④ 1인당 국민소득이 증가하면 정상재인 자동차 수요가 증가할 것이다.

03 난이도 ■■□

닭고기의 수요곡선이 왼쪽으로 이동하였다면, 이 현상의 원인이 될 수 있는 것은? (단, 닭고기는 열등재이다.)

① 닭고기 가격의 상승
② 보완재인 인삼의 가격 하락
③ 대체재인 돼지고기의 가격 상승
④ 닭고기에 대한 선호 증가
⑤ 소득의 증가

| 해설 | 닭고기가 열등재일 때 소득이 증가하면 수요가 감소하므로 닭고기의 수요곡선이 왼쪽으로 이동한다.
| 오답해설 | ① 닭고기의 가격이 상승하면 닭고기의 수요량이 감소한다. 이는 수요곡선상의 이동으로 나타난다.
② 보완재인 인삼의 가격이 하락하면 닭고기의 수요가 증가하므로 닭고기의 수요곡선이 우측으로 이동한다.
③ 대체재인 돼지고기의 가격이 상승하면 닭고기의 수요가 증가하므로 닭고기의 수요곡선이 우측으로 이동한다.
④ 닭고기에 대한 선호가 증가하면 닭고기의 수요가 증가하므로 닭고기의 수요곡선이 우측으로 이동한다.

04 난이도 ■□□

아이스크림 수요곡선을 이동시키는 원인이 아닌 것은?

① 아이스크림 소비자의 소득이 증가하였다.
② 대체재인 냉동요구르트의 가격이 상승하였다.
③ 아이스크림의 가격이 상승하였다.
④ 날씨가 갑자기 더워졌다.
⑤ 아이스크림의 가격이 조만간 하락할 것으로 기대된다.

| 해설 | 아이스크림의 가격 변화는 수요량의 변화 요인으로, 이는 수요곡선상의 이동으로 나타난다.

정답 01 ② 02 ⑤ 03 ⑤ 04 ③

05 난이도 ■■■

A와 B는 지하철과 버스 사이에서 나타날 수 있는 경제적 관계이다. 이에 대한 설명으로 옳지 않은 것은?

목적지가 버스와 지하철 어느 것으로도 갈 수 있는 곳이라면 둘은 A 관계라고 할 수 있다. 그러나 지하철로 목적지 인근까지 도착한 후 버스로 환승해야만 도착할 수 있는 곳이라면 둘은 B 관계라고 할 수 있다.

① A 관계라면 지하철 요금 인상은 버스 이용 수요를 증가시키는 요인이다.
② 일반적으로 재화의 수요곡선은 A 관계에 있는 재화들이 많을수록 기울기가 완만한 형태로 나타난다.
③ B 관계라면 버스 요금 인상은 지하철 총 이용금액을 증가시키는 요인이다.
④ B 관계라면 인구 증가와 지하철 요금 인상은 버스 이용 수요를 반대방향으로 이동시키는 요인이다.
⑤ A 관계라면 지하철 요금 인상은 버스 요금의 인상으로 이어질 것이다.

| 해설 | A 관계는 대체관계, B 관계는 보완관계이다. 보완관계라면 버스 요금 인상은 지하철 수요를 감소시키므로 지하철 총 이용금액은 감소한다.
| 오답해설 | ① 대체관계라면 지하철 요금 인상은 버스 이용 수요를 증가시킨다.
② 일반적으로 재화의 수요곡선은 대체재가 많을수록 보다 완만한 형태로 나타난다. 즉, 보다 탄력적인 형태로 나타난다.
④ 인구가 증가하면 버스 이용 수요는 증가한다. 반면, 보완관계라면 지하철 요금 인상은 버스 이용 수요를 감소시킨다. 따라서 둘은 수요를 반대방향으로 이동시키는 요인이다.
⑤ 지하철과 버스가 대체관계라면 지하철 요금 인상은 버스 수요를 증가시키므로 버스 요금이 인상된다.

06 난이도 ■□□

다음 신문기사와 가장 관련이 깊은 경제현상은?

프랑스 명품 브랜드 C사의 대표 제품 '클래식백'의 국내 판매가격은 1,000만 원을 넘어선다. 작년에 비해 제품가격이 상승했음에도 불구하고 현재 국내 매장에서는 물량이 부족하여 구매 대기순서를 기다려야 하는 실정이다.
- ○○신문 -

① 밴드왜건 효과
② 스노브 효과
③ 디드로 효과
④ 베블런 효과
⑤ 레버리지 효과

| 해설 | 베블런 효과(Veblen effect)는 소비자가 자신의 부를 과시하기 위해 소비하는 경우로, 과시적 소비라고도 한다.
| 오답해설 | ① 밴드왜건 효과란 소비자가 어떤 재화를 소비할 때 다른 소비자들이 많이 소비하는 재화에 영향을 받아 그 소비 형태를 따라가는 현상으로, 편승 효과라고도 한다.
② 스노브 효과란 다른 사람들과 차별화된 소비를 지향하는 현상으로, 속물 효과라고도 한다.
③ 디드로 효과란 하나의 상품을 구입함으로써 그 상품과 연관된 제품을 연속적으로 구입하게 되는 현상을 말한다.
⑤ 레버리지 효과란 타인으로부터 빌린 차입금을 지렛대로 삼아 자기자본 익률을 높이는 것을 말한다.

07 난이도 ■□□

상품 판매량이 증가할수록 기존 소비자들의 수요가 감소하는 경제현상으로, 다른 사람들이 자신과 같은 상품을 소비하는 것을 꺼리는 현상은?

① 피구 효과
② 스노브 효과
③ 밴드왜건 효과
④ 디드로 효과
⑤ 언더독 효과

| 해설 | 스노브 효과(snob effect, 백로 효과)란 자신을 다른 사람과 격이 다르다고 생각하여 애써 유행을 외면하는 효과로, 다른 사람들의 소비행위에 영향을 받아 소비가 감소하는 효과이다.
| 오답해설 | ① 피구 효과(pigou effect)란 물가 하락으로 인해 돈을 비롯한 모든 명목자산의 실질가치가 상승하면 가계가 보유하는 재산이 실질적으로 늘어나는 효과가 발생하여 가계의 소비가 증가하는 현상을 말한다.
③ 밴드왜건 효과(bandwagon effect, 편승 효과)는 다른 사람의 소비행위에 영향을 받아 소비가 증가하는 효과로, 유행에 민감한 소비자들로 인해 발생하는 효과이다.
④ 디드로 효과(diderot effect)란 하나의 상품을 구입함으로써 그 상품과 연관된 제품을 연속적으로 구입하게 되는 현상을 말한다.
⑤ 언더독 효과(underdog effect)란 개싸움에서 유래된 것으로 절대적인 강자가 존재 시 상대적으로 약자가 강자를 이겨주기를 바라는 현상을 말한다.

정답 05 ③ 06 ④ 07 ②

08

그림과 같은 변화의 사례를 〈보기〉에서 모두 고른 것은?

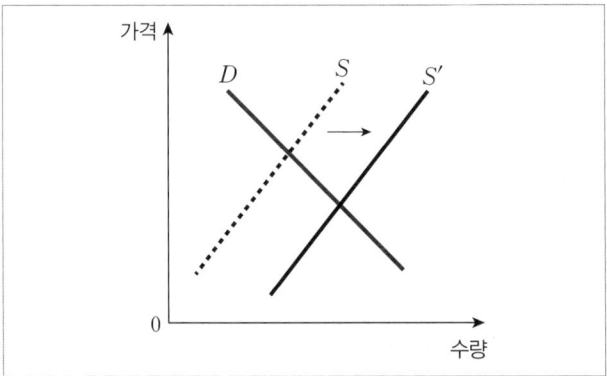

보기

㉠ 시설재배의 성공으로 채소시장에 들어오는 채소량이 늘고 있다.
㉡ 경기불황이 전망되자 투자자들의 주식매도 주문이 늘고 있다.
㉢ 임금 상승에 따라 고용센터에 구직자들의 취업문의가 꾸준히 늘고 있다.
㉣ 휴가철에 해외여행을 위해 환전하는 사람들로 북적인다.

① ㉠, ㉡
② ㉠, ㉢
③ ㉡, ㉢
④ ㉢, ㉣
⑤ ㉠, ㉡, ㉣

| **해설** | 제시된 그림은 공급의 증가를 보여 준다.
| **오답해설** | ㉢ 임금 상승에 따른 구직자들의 증가는 노동시장에서 가격(임금)의 변화로 인해 노동의 공급량이 증가하는 공급량의 변화에 해당한다. 이는 공급곡선상의 변화로 나타난다.
㉣ 해외여행이 증가하면 외환시장에서 외화의 수요가 증가한다.

09

감자는 정상재이고, 감자와 고구마는 대체관계이다. 감자시장에서 균형가격을 하락시키는 원인이 아닌 것은? (단, 시장수요곡선은 우하향하고, 시장공급곡선은 우상향한다.)

① 감자 재배에 대한 기후조건이 악화되었을 때
② 외국산 감자수입이 개방되었을 때
③ 고구마 가격이 하락하였을 때
④ 감자 생산자에게 보조금을 지급할 때
⑤ 소비자가 감자보다 고구마를 더 선호할 때

| **해설** | 감자 재배에 대한 기후조건이 악화되면 감자의 공급이 감소하므로 감자의 균형가격이 상승한다.
| **오답해설** | ② 외국산 감자수입이 개방되면 감자의 공급이 증가하므로 감자의 균형가격이 하락한다.
③ 대체재인 고구마 가격이 하락하면 감자의 수요가 감소하므로 감자의 균형가격이 하락한다.
④ 감자 생산자에게 보조금을 지급하면 감자의 공급이 증가하므로 감자의 균형가격이 하락한다.
⑤ 감자에 대한 선호도가 감소하면 감자의 수요가 감소하므로 감자의 균형가격이 하락한다.

10

다음의 기사에 나타난 요인에 따른 수소자동차의 균형가격과 균형거래량의 변화로 옳은 것은?

〈NEWS〉

최근 소비자들이 환경보호에 큰 관심을 가지면서 수소자동차에 대한 소비자의 선호도가 증가하였다. 한편 정부는 친환경에너지의 육성을 위해 수소자동차를 생산하는 업체에 생산보조금을 지급하기로 결정하였다.

	균형가격	균형거래량
①	불분명	증가
②	상승	불분명
③	상승	증가
④	불분명	불분명
⑤	하락	증가

| **해설** | 수소자동차에 대한 소비자의 선호도가 증가하면 수요가 증가하므로 수요곡선이 우측으로 이동한다. 수소자동차 생산 업체에 생산보조금을 지급하면 공급이 증가하므로 공급곡선이 우측으로 이동한다. 수요곡선과 공급곡선이 모두 우측으로 이동하면 균형거래량은 증가하지만, 균형가격의 변화는 불분명하다.

정답 08 ① 09 ① 10 ①

11

다음 자료에서 최근 발생한 농산물 시장의 변화로 옳은 것은?

최근 농산물 가격이 급등한 이유에 대해 정부 당국은 가뭄, 운송비나 비료가격 상승 등과 함께 개발도상국가의 소득 및 인구 증가 등이 복합적으로 작용한 결과라고 발표하였다.

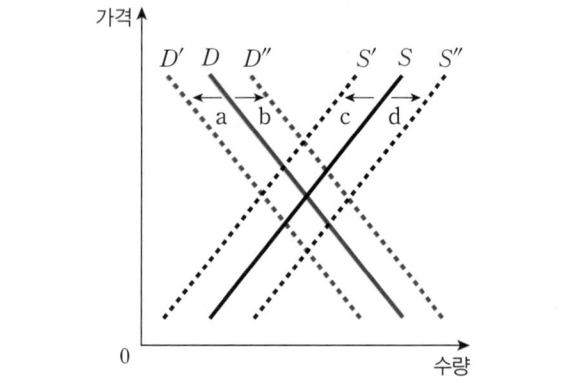

	수요	공급
①	a	c
②	a	d
③	b	c
④	b	불변
⑤	불변	c

| 해설 | 가뭄, 운송비나 비료가격 상승은 생산비를 상승시키는 요인으로 공급의 감소 요인이고, 개발도상국가의 소득 및 인구 증가는 수요의 증가 요인이다.

12

수요법칙과 공급법칙이 성립하는 선풍기 시장에서 선풍기 균형가격이 상승하는 요인이 아닌 것은? (단, 선풍기는 열등재이다.)

① 대체재인 에어컨 생산기술의 발전으로 에어컨을 저렴한 비용으로 생산할 수 있게 되었다.
② 대체재인 에어컨 가격이 상승했다.
③ 여름 날씨가 무척 더워진다는 예보가 있다.
④ 선풍기 부품가격이 인상되었다.
⑤ 최근 불황으로 인해 소득이 감소하였다.

| 해설 | 대체재인 에어컨 생산비용이 감소하면 에어컨 가격이 하락하므로 선풍기의 수요는 감소하여 선풍기의 균형가격은 하락한다.
| 오답해설 | ② 대체재인 에어컨 가격이 상승하면 선풍기의 수요가 증가하므로 선풍기의 균형가격은 상승한다.
③ 여름 날씨가 무척 더워진다는 예보로 인해 선풍기의 수요가 증가하므로 선풍기의 균형가격은 상승한다.
④ 선풍기 부품가격이 인상되면 선풍기의 공급이 감소하므로 선풍기의 균형가격은 상승한다.
⑤ 소득이 감소하면 열등재인 선풍기의 수요가 증가하므로 선풍기의 균형가격은 상승한다.

정답 11 ③ 12 ①

13

그림은 라면시장의 수요와 공급의 변화를 나타낸 것이다. 이에 대한 옳은 설명만을 〈보기〉에서 모두 고른 것은? (단, 라면은 열등재이고, 빵과는 대체관계에 있으며, 계란과는 보완관계에 있다.)

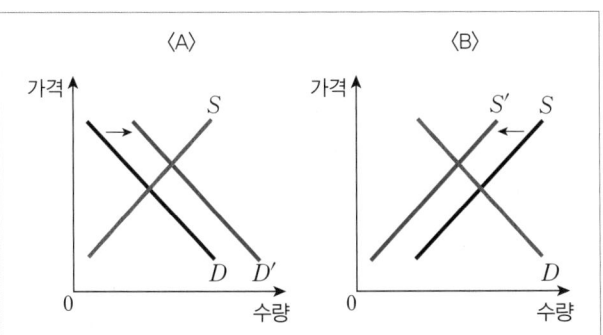

┤ 보기 ├

㉠ 빵의 가격이 상승하면 A의 현상이 나타난다.
㉡ 계란의 가격이 상승하면 A의 현상이 나타난다.
㉢ 경기침체로 인해 소득이 감소하면 A의 현상이 나타난다.
㉣ 밀가루가격이 상승하면 B의 현상이 나타난다.

① ㉠, ㉡ ② ㉠, ㉢
③ ㉢, ㉣ ④ ㉠, ㉢, ㉣
⑤ ㉠, ㉡, ㉢, ㉣

| 해설 | A는 수요의 증가, B는 공급의 감소를 나타낸다.
㉠ 빵의 가격이 상승하면 대체재인 라면의 수요가 증가하므로 A의 현상이 나타난다.
㉢ 라면은 열등재이므로 경기침체로 인해 소득이 감소하면 라면의 수요가 증가한다. 따라서 A의 현상이 나타난다.
㉣ 밀가루가격의 상승은 라면의 원자재가격의 상승을 의미하므로 라면의 공급이 감소한다. 따라서 B의 현상이 나타난다.
| 오답해설 | ㉡ 계란의 가격이 상승하면 보완재인 라면의 수요가 감소한다.

14

다음 X재와 Y재 시장에 대한 옳은 설명을 〈보기〉에서 모두 고른 것은?

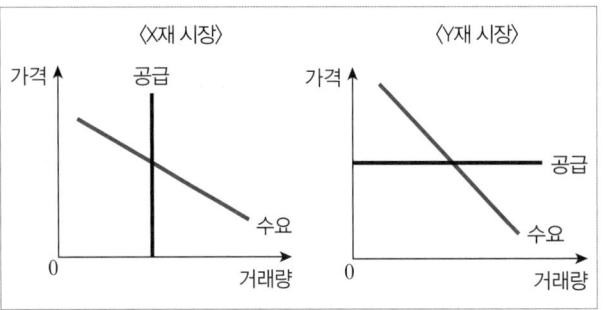

┤ 보기 ├

㉠ X재 시장에서는 수요가 증가하더라도 균형거래량은 변함이 없다.
㉡ X재 시장에서 소비자에게 조세를 부과할 경우 균형가격은 불변이다.
㉢ Y재 시장에서 수요가 증가하면 균형가격이 하락한다.
㉣ Y재 시장에서 공급은 가격에 대해 완전탄력적이다.

① ㉠, ㉡ ② ㉠, ㉣
③ ㉡, ㉢ ④ ㉠, ㉡, ㉣
⑤ ㉠, ㉡, ㉢, ㉣

| 해설 | ㉠ X재 시장에서 수요가 증가하여 수요곡선이 우측 이동하더라도 공급곡선이 수직이므로 균형가격만 상승하고 균형거래량은 변하지 않는다.
㉣ Y재 시장에서 공급곡선은 수평이므로 공급이 가격에 대해 완전탄력적이다.
| 오답해설 | ㉡ X재 시장에서 소비자에게 조세를 부과할 경우 수요가 감소하므로 균형가격은 하락한다.
㉢ Y재 시장에서 수요가 증가하더라도 균형가격은 변함이 없다.

정답 13 ④ 14 ②

15

표는 A치킨의 3년간 치킨가격과 판매량 변화를 나타낸 것이다. 이와 같은 경제적 현상을 설명할 수 있는 원인으로 옳은 것은? (단, 치킨은 수요와 공급 법칙을 따르고, 정상재이다.)

〈연도별 치킨 가격 및 판매량〉

구분	t년	t+1년	t+2년
가격(원)	15,000	17,000	20,000
판매량(마리)	3,000	3,500	3,900

① 치킨 매장수가 감소하였다.
② 생닭 가격이 하락했다.
③ 콜라 가격이 상승했다.
④ 족발 가격이 인상되었다.
⑤ 국민소득이 감소하였다.

| 해설 | 균형가격이 상승하고 판매량이 증가하였으므로 이는 수요 증가에 의한 것이다. 대체재인 족발 가격이 인상되면 치킨의 수요는 증가한다.
| 오답해설 | ① 치킨 매장수가 감소하면 치킨의 공급이 감소하여 가격은 상승하고 거래량은 감소한다.
② 생닭 가격의 하락은 원자재 가격의 하락으로 이는 치킨의 공급을 증가시킨다. 공급이 증가하면 가격은 하락하고 거래량은 증가한다.
③ 보완재인 콜라 가격이 상승하면 치킨의 수요가 감소한다.
⑤ 치킨이 정상재이므로 국민소득이 감소하면 치킨의 수요가 감소한다.

16

수요의 가격탄력성에 대한 설명으로 옳은 것은? (단, 수요곡선은 우하향한다.)

① 수요의 가격탄력성이 1보다 작은 경우, 가격이 하락하면 총수입은 증가한다.
② 필수품일수록 수요가 가격에 대해 탄력적이다.
③ 소비자의 전체 지출에서 차지하는 비중이 큰 상품일수록 수요의 가격탄력성은 작아진다.
④ 가격이 상승했을 때 시간이 길어질수록 수요의 가격탄력성이 크게 나타난다.
⑤ 대체재가 많을수록 수요의 가격탄력성은 작아진다.

| 해설 | 가격이 상승했을 때 시간이 길어질수록 대체재의 발견 확률이 높아지고, 선호의 변화가 발생하므로 수요의 가격탄력성이 크게 나타난다.
| 오답해설 | ① 수요의 가격탄력성이 1보다 작은 경우, 가격이 하락하면 가격하락률이 수요량증가율보다 크므로 총수입은 감소한다.
② 필수재의 수요의 가격탄력성은 작게 나타난다.
③ 소비자의 전체 지출에서 차지하는 비중이 큰 상품일수록 수요의 가격탄력성이 크게 나타난다.
⑤ 대체재가 많을수록 수요의 가격탄력성은 커진다.

17

수요의 가격탄력성이 1보다 큰 정상재인 X재에 대한 소비자의 지출액이 감소하는 원인으로 적절한 것은? (단, X재는 수요법칙이 적용된다.)

① 소비자의 소득이 증가하였다.
② 대체재의 가격이 상승하였다.
③ 보완재의 가격이 하락하였다.
④ X재의 가격이 상승하였다.
⑤ X재에 대한 선호도가 증가하였다.

| 해설 | 정상재인 X재에 대한 수요의 가격탄력성이 1보다 크므로 X재의 가격이 상승하면 가격상승률에 비해 수요량감소율이 더 크므로 소비자의 지출액이 감소한다.
| 오답해설 | ① 소비자의 소득이 증가하면 정상재인 X재의 수요가 증가하므로 소비자의 지출액은 증가한다.
② 대체재의 가격이 상승하면 X재의 수요가 증가하므로 소비자의 지출액은 증가한다.
③ 보완재의 가격이 하락하면 X재의 수요가 증가한다. 수요가 증가하면 균형가격이 상승하고 균형거래량이 증가하므로 소비자의 지출액은 증가한다.
⑤ X재에 대한 선호가 증가하면 수요가 증가하므로 소비자의 지출액은 증가한다.

정답 15 ④ 16 ④ 17 ④

18

표는 A마트에서 판매하는 과일의 월별 가격과 판매수입을 나타낸 것이다. 이에 대한 분석으로 옳은 것은?

〈과일의 월별 가격 및 판매수입〉

기간	가격	판매수입		
		사과	배	귤
9월	1,000원	10만 원	10만 원	10만 원
10월	1,500원	15만 원	12만 원	10만 원
11월	2,000원	20만 원	15만 원	10만 원

① 사과의 수요는 가격에 대해 탄력적이다.
② 배의 수요는 가격에 대해 비탄력적이다.
③ 귤의 수요는 가격에 대해 완전탄력적이다.
④ 배 가격이 하락하면 판매수입은 증가한다.
⑤ 귤 소비자는 가격에 상관없이 항상 일정한 양을 구입한다.

| 해설 | 배의 경우 가격 상승 시 판매수입이 증가하고 있다. 따라서 배의 수요는 가격에 대해 비탄력적이다.

| 오답해설 | ① 사과의 경우 가격의 변화율과 판매수입의 변화율이 일치하므로 판매량의 변화율은 0%가 된다. 따라서 수요의 가격탄력성의 크기는 0이 되므로 사과 수요는 가격에 대해 완전비탄력적이다.
③ 귤의 경우 가격의 변화와 무관하게 판매수입은 불변이므로 가격상승률과 수요량감소율이 일치한다. 따라서 수요의 가격탄력성은 1이 되므로 수요는 가격에 대해 단위탄력적이다.
④ 배의 경우 수요가 가격에 대해 비탄력적이므로 가격이 하락하면 가격하락률에 비해 판매량증가율이 더 작아 판매수입이 감소한다.
⑤ 가격과 무관하게 일정량을 구입하면 수요의 가격탄력성이 0인 경우이다. 귤의 경우는 수요의 가격탄력성이 1이므로 지출액이 일정하다.

19

영희가 매달 일정 수량의 라면을 반드시 구입한다면, 영희의 라면에 대한 수요의 가격탄력성은?

① 단위탄력적
② 완전비탄력적
③ 비탄력적
④ 탄력적
⑤ 완전탄력적

| 해설 | 가격과 무관하게 매달 일정 수량의 라면을 구입하므로 수요의 가격탄력성이 0이다. 따라서 수요곡선은 완전비탄력적인 수직선이 된다.

20

그림은 A~D재를 생산하는 기업의 판매실적 보고서의 일부이다. 모든 재화의 가격을 3% 인상시켰을 때, 이에 대한 설명으로 옳지 않은 것은?

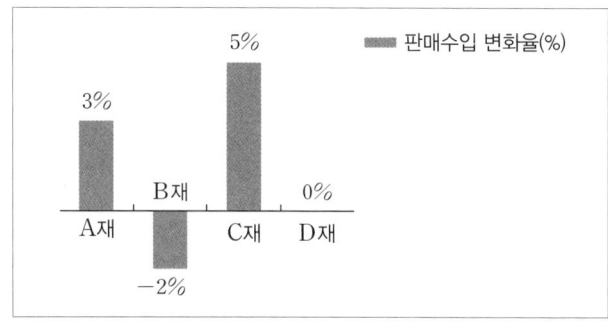

① A재 수요량변화율은 0%이다.
② A재는 완전비탄력적이다.
③ B재의 수요는 가격에 대해 비탄력적이다.
④ C재는 수요 법칙을 따르지 않는다.
⑤ D재의 수요는 단위탄력적이다.

| 해설 | 총수입의 변화율 $\frac{\Delta TR}{TR} = \frac{\Delta P}{P} + \frac{\Delta Q}{Q}$ 이다. B재의 가격변화율이 3%이고 판매수입변화율이 −2%이면 수요량변화율은 −5%이다. 따라서 수요의 가격탄력성 $\varepsilon_P = \frac{5}{3}$ 이므로 탄력적이다.

| 오답해설 | ①② A재의 가격변화율이 3%이고 판매수입변화율이 3%이면 수요량변화율은 0%이다. 따라서 수요의 가격탄력성 $\varepsilon_P = 0$ 이므로 완전비탄력적이다.
④ C재의 가격변화율이 3%이고 판매수입변화율이 5%이면 수요량변화율은 2%이다. 따라서 가격이 상승할 때 수요량이 증가하므로 수요 법칙에 위배된다.
⑤ D재의 가격변화율이 3%이고 판매수입변화율이 0%이면 수요량변화율은 −3%이다. 따라서 수요의 가격탄력성 $\varepsilon_P = 1$ 이므로 수요는 가격에 대해 단위탄력적이다.

정답 18 ② 19 ② 20 ③

21

다음 A기업의 경영 목표를 달성하기 위한 시장의 조건으로 옳은 것은?

A기업은 제품 X를 독점적으로 판매하는 기업이다. A기업은 후반기 전략 회의에서 경영 목표를 다음과 같이 결정하였다.
- 판매량 5% 증가
- 판매수입 4% 증가

	X재 수요의 가격탄력성	가격 정책
①	탄력적	가격 인상
②	탄력적	가격 인하
③	비탄력적	가격 인하
④	비탄력적	가격 인상
⑤	단위탄력적	가격 인상

| 해설 | 독점 기업이라도 판매량을 증가시키기 위해서는 가격을 인하해야 한다. 가격 인하 시 판매수입을 증가시키기 위해서는 수요의 가격탄력성이 탄력적이어야 한다.

22

다음 대화에서 사장과 편집장이 생각하는 ○○잡지 수요의 가격탄력성으로 옳은 것은? (단, 잡지의 가격 인상에 따른 비용은 발생하지 않는다.)

사 장: 매달 150,000달러 적자를 보고 있습니다. 이에 따라 ○○잡지 가격을 권당 3달러로 올려 이를 해결하고자 합니다. 가격을 올리더라도 판매량은 변하지 않을 것으로 예상됩니다.
편집장: 잡지의 가격을 올리면 판매량은 변할 것입니다. 다만, 매달 기록하는 적자액이 줄어들 것입니다.

	사장	편집장
①	비탄력적	탄력적
②	비탄력적	단위탄력적
③	단위탄력적	비탄력적
④	완전비탄력적	비탄력적
⑤	완전비탄력적	탄력적

| 해설 | 사장과 편집장은 모두 가격 인상 시 판매수입이 증가할 것이라고 생각하고 있다. 사장은 판매량의 변화가 없을 것이라고 보고 있으므로 ○○잡지 수요의 가격탄력성이 완전비탄력적이라고 예상하고 있고, 편집장은 판매량이 변할 것이라고 보고 있으므로 ○○잡지 수요의 가격탄력성이 비탄력적이라고 예상하고 있다.

23

최근 정부는 생산자의 수입을 보장하기 위해 시장에 최저가격제(가격하한제)를 시행하였다. 그림은 X재 시장에서의 수요곡선을 나타낸 것이다. 균형점이 A에서 B로 이동했을 때 X재 수요의 가격탄력성과 판매수입(총수입)의 변화로 옳은 것은?

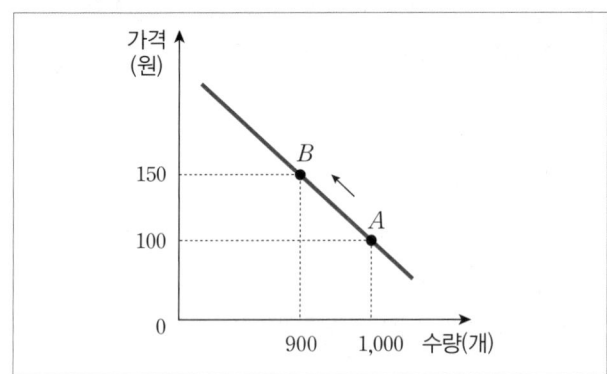

	수요의 가격탄력성	판매수입(총수입)
①	탄력적	증가
②	탄력적	감소
③	비탄력적	증가
④	비탄력적	감소
⑤	단위탄력적	증가

| 해설 | 가격이 50% 증가하였는데 수요량은 10% 감소하였으므로 수요의 가격탄력성은 0.2이다. 즉, 수요의 가격탄력성이 1보다 작으므로 수요가 가격에 대해 비탄력적이다. 수요의 가격탄력성이 1보다 작을 때 가격을 인상하면 가격상승률에 비해 수요량감소율이 작으므로 판매수입(총수입)은 증가한다.
| 오답해설 | ①②④⑤ X재 수요의 가격탄력성은 0.2이고, A점에서의 판매수입은 100원×1,000개=100,000원이며, B점에서의 판매수입은 150원×900개=135,000원이다.

정답 21 ② 22 ④ 23 ③

24 난이도 ■■□

그림에 나타난 커피 시장의 변화 원인으로 가장 적절한 것은?

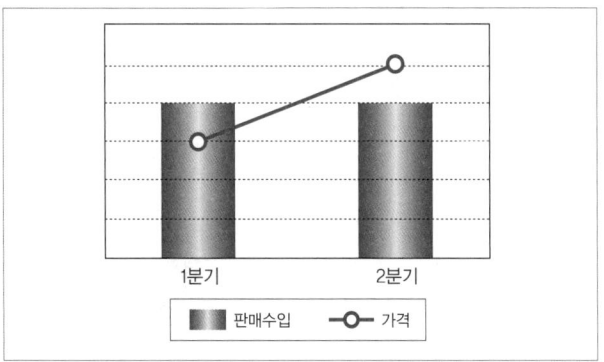

① 커피 판매점이 증가하였다.
② 커피 원두 가격이 상승하였다.
③ 커피에 부과되는 세금이 인하되었다.
④ 커피의 대체재인 녹차의 가격이 상승하였다.
⑤ 소비자들이 커피 가격이 내릴 것으로 예상하였다.

| 해설 | 제시된 커피 시장은 가격이 상승했지만 판매수입(가격×판매량)은 변화가 없는 상황이다. 즉, 가격이 상승하면서 거래량(판매량)이 감소한 상황이다. 이는 공급이 감소할 때 나타난다. 커피 원두 가격이 상승하면 커피의 공급이 감소한다.
| 오답해설 | ① 커피 판매점의 증가는 공급의 증가 요인이다.
③ 커피에 부과되는 세금의 인하는 공급의 증가 요인이다.
④ 커피의 대체재인 녹차의 가격 상승은 수요의 증가 요인이다.
⑤ 소비자들의 커피 가격의 하락 예상은 수요의 감소 요인이다.

25 난이도 ■■□

X재의 가격이 5% 상승할 때 X재의 소비지출액은 변화하지 않은 반면, Y재의 가격이 10% 상승할 때 Y재의 소비지출액은 10% 증가하였다. X재와 Y재의 수요의 가격탄력성은?

	X재	Y재
①	완전탄력적	단위탄력적
②	단위탄력적	완전탄력적
③	단위탄력적	완전비탄력적
④	완전탄력적	비탄력적
⑤	완전탄력적	단위탄력적

| 해설 | X재의 소비지출액이 일정하다는 것은 가격상승률과 수요량감소율(절댓값)이 5%로 동일하다는 것이므로 X재 수요의 가격탄력성은 1(단위탄력적)이다. Y재의 가격이 10% 상승할 때 Y재의 소비지출액이 10% 증가하였으므로 수요량변화율이 0%이다. 따라서 Y재 수요의 가격탄력성은 0(완전비탄력적)이다.

26 난이도 ■■□

어떤 재화의 가격이 4% 하락할 때 수요량은 5% 증가했다. 이에 대한 설명으로 옳은 것은?

① 수요가 가격에 대해 비탄력적이다.
② 소득이 증가하면 수요가 증가한다.
③ 열등재에 해당한다.
④ 사치재에 해당한다.
⑤ 가격을 인상하면 판매수입이 감소한다.

| 해설 | 수요의 가격탄력성이 1보다 크므로 가격을 인상하면 기업의 판매수입은 감소할 것이다.
| 오답해설 | ① 수요의 가격탄력성 $\varepsilon_P = \left| \frac{5\%}{-4\%} \right| = 1.25$이므로 수요가 가격에 대해 탄력적이다.
② 수요의 가격탄력성 크기로는 소득 변화에 의한 수요의 증감 여부를 알 수 없다.
③ 정상재와 열등재의 구분은 수요의 소득탄력성과 관련 있다. 수요의 소득탄력성이 0보다 크면 정상재, 0보다 작으면 열등재이다.
④ 사치재와 필수재의 구분은 수요의 소득탄력성과 관련 있다. 수요의 소득탄력성이 1보다 크면 사치재, 1보다 작으면 필수재이다.

27 난이도 ■■□

수요의 가격탄력성에 대한 설명으로 옳지 않은 것은?

① 수요의 가격탄력성이 1보다 크면 가격 인하 시 생산자의 총판매수입은 증가한다.
② 수요의 가격탄력성은 어떤 재화의 가격이 변할 때 그 재화의 수요량이 얼마나 변하는지를 나타내는 척도이다.
③ 대체재가 많을수록 수요의 가격탄력성은 크게 나타난다.
④ 수요의 가격탄력성이 1보다 작으면 가격 인상 시 소비자의 총지출은 감소한다.
⑤ 소비자의 전체 지출에서 차지하는 비중이 높은 재화일수록 수요의 가격탄력성이 크게 나타난다.

| 해설 | 수요의 가격탄력성이 1보다 작은 경우 가격이 상승하면 가격상승률에 비해 상대적으로 수요량의 감소율이 작기 때문에 소비자의 총지출은 증가한다.
| 오답해설 | ① 수요의 가격탄력성이 1보다 크면 가격 인하 시 가격하락률보다 수요량증가율이 더 크므로 생산자의 총판매수입은 증가한다.
② 수요의 가격탄력성은 재화의 가격이 1% 변할 때 해당 재화의 수요량이 몇 % 변하는지를 나타내는 척도이다.
③ 대체재의 수가 많을수록 수요의 가격탄력성은 크게 나타난다.
⑤ 소비자의 전체 지출에서 차지하는 비중이 높은 재화일수록 수요의 가격탄력성이 크다.

| 정답 | 24 ② | 25 ③ | 26 ⑤ | 27 ④ |

28

밑줄 친 현상의 원인에 대한 설명으로 옳은 것은?

> A국 정부는 쌀 수확량을 30% 증가시키는 새로운 영농기술을 개발하여 전체 농가에 보급하였다. 농민들은 이 기술의 도입으로 쌀 수확량이 늘어나 소득이 증가할 것이라고 기대하였으나 <u>오히려 소득이 감소하였다.</u>

① 쌀이 생활에 필수적인 재화이기 때문이다.
② 쌀이 정상재이기 때문이다.
③ 쌀의 보완재 가격이 하락하였기 때문이다.
④ 쌀은 대체재가 많기 때문이다.
⑤ 소비자들의 소득이 감소하였기 때문이다.

| 해설 | 영농기술의 발전으로 인한 쌀의 공급 증가는 가격을 하락시키고 거래량을 증가시킨다. 가격하락률 이상으로 거래량이 증가한다면 농부의 소득은 증가할 것이다. 하지만 쌀의 공급 증가로 오히려 소득이 감소하였다면, 이는 쌀이 필수적인 재화로 가격의 하락에도 불구하고 거래량이 많이 늘지 않았기 때문이다. 즉, 쌀 수요가 가격에 대해 비탄력적이기 때문이다.

29

수요의 가격탄력성에 대한 설명으로 옳지 않은 것은?

① 해당 재화를 대체할 수 있는 재화가 많을수록 수요의 가격탄력성이 커진다.
② 일상생활에 반드시 필요한 필수품일수록 수요의 가격탄력성이 커진다.
③ 총지출액에서 그 재화의 지출액이 차지하는 비중이 클수록 수요의 가격탄력성이 커진다.
④ 재화를 정의하는 범위가 좁을수록 수요의 가격탄력성이 커진다.
⑤ 단기보다 장기로 갈수록 수요의 가격탄력성이 커진다.

| 해설 | 식료품, 난방연료 등과 같은 생활필수품, 담배나 술과 같은 기호품, 환자의 병원 이용 등은 가격 변화에 대해 수요량의 변화가 작게 나타나므로 수요의 가격탄력성이 작게 나타난다.

30

표는 치킨과 맥주에 대한 수요의 탄력성을 나타낸 것이다. 이에 대한 설명으로 옳지 않은 것은?

구분	치킨	맥주
가격탄력성	1.75	0.52
소득탄력성	1.27	0.36
교차탄력성	-0.37	-0.59

① 치킨의 가격이 상승하면 치킨의 판매수입은 감소한다.
② 치킨의 가격이 상승하면 맥주의 판매수입은 증가한다.
③ 치킨과 맥주는 모두 정상재이다.
④ 치킨은 사치품이고, 맥주는 필수품이다.
⑤ 경기가 확장되어 소득이 증가하면 치킨과 맥주의 판매수입은 증가한다.

| 해설 | 치킨과 맥주의 교차탄력성은 음(-)의 값이므로 치킨의 가격이 상승하면 맥주의 수요가 감소한다. 맥주의 수요가 감소하면 가격과 거래량이 모두 감소하므로 맥주의 판매수입은 감소한다.
| 오답해설 | ① 치킨의 가격탄력성은 1보다 크므로 가격이 상승했을 때 가격상승률보다 수요량감소율이 더 크므로 치킨의 판매수입은 감소한다.
③ 치킨과 맥주의 소득탄력성은 모두 양(+)의 값이므로 정상재이다.
④ 치킨의 소득탄력성은 1보다 크므로 사치품이고, 맥주의 소득탄력성은 1보다 작으므로 필수품이다.
⑤ 치킨과 맥주는 모두 정상재이므로 경기가 확장되어 소득이 증가하면 수요가 증가한다. 수요가 증가하면 가격과 거래량이 모두 증가하므로 판매수입은 증가한다.

정답 28 ① 29 ② 30 ②

31 난이도 ■■□

사과 수요의 가격탄력성은 1.4, 사과 수요의 감귤 가격에 대한 교차탄력성은 0.9, 사과 수요의 배 가격에 대한 교차탄력성은 −1.5, 사과 수요의 소득탄력성은 1.2이다. 이에 대한 옳은 설명을 〈보기〉에서 고른 것은? (단, 수요의 가격탄력성은 절댓값으로 표시한다.)

─ 보기 ─
- ㉠ 사과는 정상재이다.
- ㉡ 사과는 배와 대체재이다.
- ㉢ 사과는 감귤과 보완재이다.
- ㉣ 다른 조건이 불변일 때 사과 가격이 상승하면 사과 판매자의 총수입은 감소한다.

① ㉠, ㉡
② ㉠, ㉢
③ ㉠, ㉣
④ ㉡, ㉣
⑤ ㉢, ㉣

| 해설 | ㉠ 사과의 소득탄력성이 0보다 크므로 사과는 정상재이다.
㉣ 사과 수요의 가격탄력성은 1보다 크므로 사과 가격이 상승하면 가격상승률에 비해 수요량감소율이 더 크다. 따라서 사과 판매자의 총수입은 감소한다.
| 오답해설 | ㉡ 사과 수요의 배 가격에 대한 교차탄력성이 음(−)의 값이므로 사과는 배와 보완관계이다.
㉢ 사과 수요의 감귤 가격에 대한 교차탄력성이 양(+)의 값이므로 사과와 감귤은 대체관계이다.

32 난이도 ■□□

표는 재화의 성격을 소득탄력성(ε_M)의 크기에 따라 구분한 것이다. B, C에 해당하는 것은?

소득탄력성의 크기	재화	
$0 < \varepsilon_M < 1$	A	C
$\varepsilon_M > 1$	B	
$\varepsilon_M < 0$	D	

	B	C
①	사치재	필수재
②	필수재	사치재
③	필수재	열등재
④	사치재	정상재
⑤	사치재	열등재

| 해설 |

수요의 소득탄력성		상품의 종류
$\varepsilon_M > 0$	$0 < \varepsilon_M < 1$	필수재
	$\varepsilon_M > 1$	사치재
$\varepsilon_M < 0$		열등재

정상재는 $\varepsilon_M > 0$ 범위에 해당한다.

33 난이도 ■□□

다음 사례에서 장미에 해당하는 재화의 유형은?

장미는 사랑을 고백할 때나 축하를 할 때 징표로 주고받는 재화로, 소득탄력성이 쌀(0.33)의 9배에 달할 정도로 수요가 경기에 민감하게 반응하는 재화이다. 최근 경기침체로 인해 청년실업률이 상승하고 있고, 가계의 소득이 감소한 데다 불확실한 미래로 인해 화훼산업이 불황이다.

① 대체재
② 열등재
③ 기펜재
④ 필수재
⑤ 사치재

| 해설 | 소득탄력성이 1보다 큰 재화는 사치품, 1보다 작은 재화는 필수품에 해당한다.

정답 31 ③ 32 ④ 33 ⑤

34

그림은 시장의 원리와 시장의 효율성을 설명하기 위한 것이다. 이에 대한 설명으로 옳지 않은 것은?

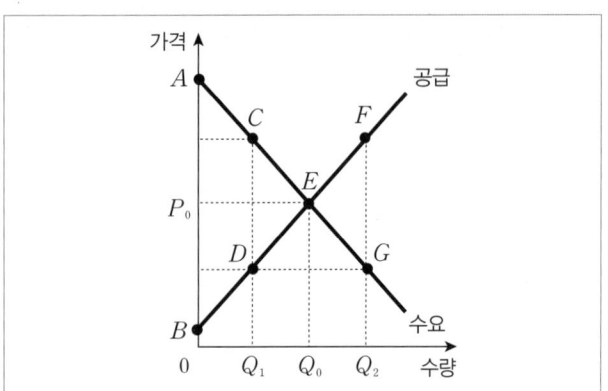

① $\triangle AP_0E$의 크기는 소비자잉여를 나타낸다.
② $\triangle BP_0E$의 크기는 생산자잉여를 나타낸다.
③ 총잉여가 극대화되는 생산량은 Q_0이다.
④ 총잉여란 생산자잉여에서 소비자잉여를 차감한 것이다.
⑤ Q_1에서 생산이 이루어지면 사회적 후생손실이 발생한다.

| 해설 | 총잉여란 생산자잉여와 소비자잉여를 합한 것이다.
| 오답해설 | ③ 수요와 공급이 일치하는 지점에서 총잉여가 극대화된다.
⑤ Q_1에서 생산이 이루어지면 사회적으로 바람직한 수준인 Q_0보다 과소생산되어 $\triangle CDE$만큼의 후생손실이 발생한다.

35

다음 X재와 Y재 시장의 경제적 잉여에 대한 설명으로 옳은 것은?

> X재 시장: 공급자는 소비자들이 상품을 구입하기 위해 최대로 얼마의 돈까지 지불할 것인지 알지 못한다. 따라서 공급자는 생산비 이상의 금액을 지불하겠다는 소비자가 있다면 상품을 판매한다.
> Y재 시장: 독점 공급업자인 A회사는 모든 소비자들의 지불 용의를 알고 있다. 따라서 A회사는 각각의 소비자에게 그들이 지불할 의사가 있는 최대 금액을 모두 받아내고 있다.

① X재 시장의 생산자잉여는 영(0)이다.
② X재 시장의 총잉여는 영(0)이다.
③ Y재 시장의 소비자잉여는 영(0)이다.
④ Y재 시장의 총잉여는 영(0)이다.
⑤ Y재 시장에서 총잉여는 생산자잉여와 일치하지 않는다.

| 해설 | X재 시장의 경우 공급자는 상품을 판매하면서 생산비용 이상의 가격을 받고 있다. 반면, 소비자는 X재 시장에서 자신이 상품을 구입하면 최대로 지불할 의사가 있는 금액보다 낮은 가격으로 상품을 구입할 수 있다. 따라서 X재 시장에서는 소비자잉여와 생산자잉여가 모두 발생하고, 그 결과 총잉여도 존재한다. Y재 시장의 경우 공급자는 모든 소비자가 지불할 용의가 있는 만큼의 가격을 설정하여 받고 있으므로 Y재 시장에서 소비자잉여는 모두 생산자잉여로 전환된다. 따라서 소비자잉여는 영(0)이고, 총잉여는 생산자잉여와 동일하다.
| 오답해설 | ① X재 시장에서는 소비자잉여와 생산자잉여가 모두 발생한다.
② X재 시장에서는 소비자잉여와 생산자잉여가 모두 발생하므로 총잉여가 존재한다.
④⑤ Y재 시장의 경우 소비자잉여는 영(0)이고, 총잉여는 생산자잉여와 동일하다.

정답 34 ④ 35 ③

36

농산품은 주기적으로 가격의 폭등과 폭락을 경험하게 되는 것이 일반적이다. 풍년이 들어 농산물의 공급이 증가하면 오히려 생산 농가의 총수입이 감소하게 되는데, 이에 대한 원인을 결정하는 수요와 공급의 탄력성의 크기를 바르게 추론한 것은?

	수요	공급
①	탄력적	탄력적
②	비탄력적	비탄력적
③	탄력적	비탄력적
④	비탄력적	탄력적
⑤	단위탄력적	비탄력적

| 해설 | 농산물 가격파동이 발생하는 근본적인 원인은 수요와 공급이 모두 가격에 대해 비탄력적이기 때문이다. 농산물 대부분은 필수재이므로 수요의 가격탄력성이 작게 나타난다. 한편, 농산물은 생산기간이 길고 한 번 파종 후에는 생산량 조절이 힘들며, 저장 및 보관이 어렵고 기후에 의해 많은 영향을 받을 뿐만 아니라 대체재를 찾기 어려우므로 공급이 수요 변화에 즉각적으로 반응하지 못한다. 따라서 공급이 가격에 대해 비탄력적으로 나타난다. 풍년이 들어 농산물의 공급이 증가하는 경우 농산물의 거래량은 소폭 증가하지만 가격은 폭락하여 생산 농가의 총수입이 감소한다.

37

그림과 같은 노동시장에서 노동공급곡선이 우측으로 평행하게 이동할 경우 취업자 수와 실업률의 변화로 옳은 것은?

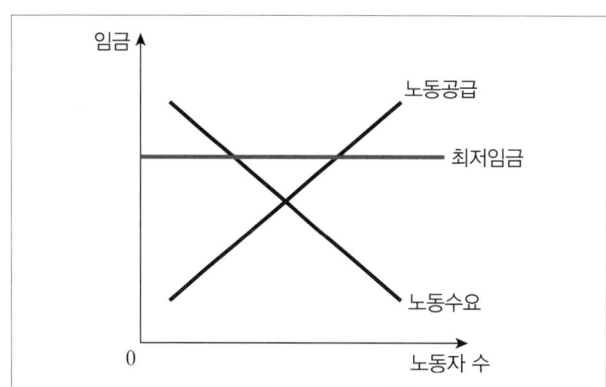

	취업자 수	실업률
①	증가	감소
②	감소	증가
③	불변	감소
④	불변	증가
⑤	불변	불변

| 해설 | 실효성이 있는 최저임금제하에서 고용량은 최저임금 수준의 노동수요량에서 결정된다. 따라서 노동공급이 증가하더라도 고용량은 변하지 않는다. 고용량이 변하지 않으므로 취업자 수는 불변이다. 노동공급의 증가로 실업자 수와 경제활동인구가 모두 증가하였는데 취업자 수는 불변이므로 실업률은 상승한다.

정답 36 ② 37 ④

38 난이도

최고가격과 최저가격에 대한 설명으로 옳지 않은 것은?

① 최고가격을 균형가격 이하로 책정하면 상품의 배분이 비효율적으로 이루어진다.
② 최고가격을 균형가격 이하로 책정하면 초과수요가 발생하고 암시장이 나타날 수 있다.
③ 최저가격을 균형가격보다 높게 책정하면 초과공급이 나타나므로 암시장은 발생하지 않는다.
④ 최저가격을 균형가격보다 낮게 책정하면 최저가격은 실효성이 없다.
⑤ 최저임금제는 미숙련노동자의 취업을 더 어렵게 만들 수 있다.

| 해설 | 최저가격을 균형가격보다 높게 책정하면 규정된 최저가격 이하로 판매하려는 공급자가 나타나 이로 인해 암시장이 나타날 수 있다.

| 오답해설 | ①② 최고가격제(가격상한제)는 시장의 균형가격이 너무 높다고 판단하여 정부가 최고가격(상한가격)을 책정하는 것으로, 최고가격(상한가격)은 시장의 균형가격보다 낮은 수준에 존재한다. 실효성이 있는 가격상한제가 실시되면 초과수요와 암시장이 발생하여 사회적 후생손실이 발생한다.
④ 최저가격제(가격하한제)는 시장의 균형가격이 너무 낮다고 판단하여 정부가 최저가격(하한가격)을 책정하는 것이므로 최저가격(하한가격)은 시장의 균형가격보다 높은 수준에 존재한다. 최저가격(하한가격)이 균형가격 미만에서 책정되면 정책 효과는 없다.
⑤ 미숙련노동자의 노동수요에 대한 임금탄력성은 크게 나타나므로 최저임금제 실시 후 임금이 상승하면 상대적으로 노동수요량감소율이 크게 나타난다. 따라서 최저임금제는 미숙련노동자의 취업을 더 어렵게 만들 수 있다.

39 난이도

실효성 있는 최고가격제에 대한 옳은 설명을 〈보기〉에서 고른 것은?

― 보기 ―
㉠ 암시장이 나타날 수 있다.
㉡ 초과수요를 야기한다.
㉢ 사회적 후생을 증대시킨다.
㉣ 최고가격은 시장의 균형가격보다 높은 수준에서 설정된다.

① ㉠, ㉡ ② ㉠, ㉢
③ ㉠, ㉣ ④ ㉡, ㉢
⑤ ㉢, ㉣

| 해설 | ㉠ 최고가격(상한가격)으로 인해 초과수요가 발생하므로 거래량 수준의 수요가격에서 암시장(black market)이 나타날 수 있다.
㉡ 최고가격(상한가격)은 시장의 균형가격보다 낮은 수준에서 설정되므로 초과수요를 야기한다.
| 오답해설 | ㉢ 최고가격제(상한가격제)하에서는 사회적 순후생손실이 발생한다.
㉣ 최고가격(상한가격)이 균형가격보다 높은 수준에서 책정되면 정책 효과가 없다.

40 난이도

그림은 아파트의 수요와 공급을 나타낸 것이다. 이에 대한 설명으로 옳지 않은 것은?

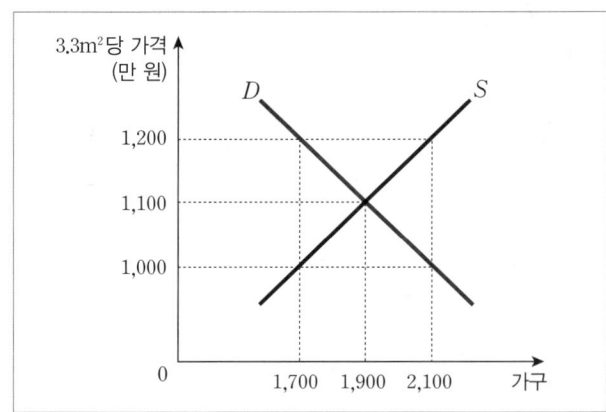

① 아파트 가격이 3.3m²당 1,200만 원일 때, 거래량은 1,700가구이다.
② 아파트 가격을 3.3m²당 1,000만 원으로 규제하면 거래량은 1,700가구이다.
③ 정부와 민간 기업이 아파트 2,100가구를 공급하면 아파트 가격은 3.3m²당 1,200만 원이 된다.
④ 아파트 가격을 3.3m²당 1,000만 원으로 규제하여도 1,200만 원까지 지불할 용의가 있는 소비자가 있을 것이다.
⑤ 시장에 맡기면 균형거래량은 1,900가구이다.

| 해설 | 아파트 공급이 2,100가구라면 수요량과 일치되는 지점이 발생하고, 그 지점에서 가격은 3.3m²당 1,000만 원이 된다.
| 오답해설 | ① 아파트 가격이 3.3m²당 1,200만 원일 때 생산자가 공급하고자 하는 공급량은 2,100가구이지만, 소비자가 수요하고자 하는 수요량은 1,700가구이므로 거래량은 1,700가구이다.
② 아파트 가격을 3.3m²당 1,000만 원으로 규제하면 공급량은 1,700가구이고, 수요량은 2,100가구이므로 거래량은 1,700가구가 된다.
④ 아파트 가격을 3.3m²당 1,000만 원으로 규제하면 공급량은 1,700가구로 감소한다. 1,700가구가 공급될 때 소비자는 3.3m²당 1,200만 원까지 지불할 용의가 있다.
⑤ 시장의 균형은 수요곡선과 공급곡선이 만나는 점에서 달성되므로 균형가격은 1,100만 원, 균형거래량은 1,900가구이다.

| 정답 | 38 ③ | 39 ① | 40 ③ |

41 난이도 ■■■

다음 정부의 가격 규제의 효과에 대한 설명으로 옳지 않은 것은?

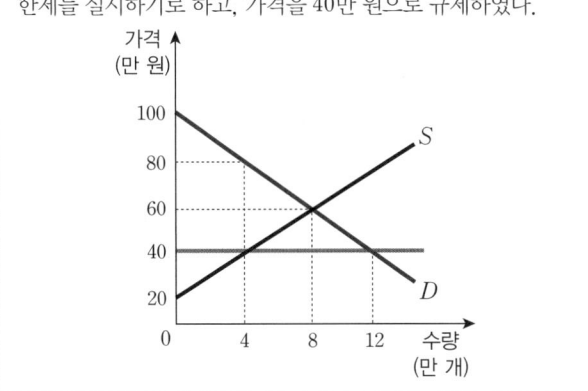

정부는 X재 가격이 폭등하자 소비자를 보호하기 위해 가격상한제를 실시하기로 하고, 가격을 40만 원으로 규제하였다.

① 생산량은 4만 개로 감소한다.
② 8만 개의 초과수요가 발생한다.
③ 암시장이 없다면, 소비자의 총지출액은 320억 원만큼 감소한다.
④ 암시장이 없다면, 생산자의 총판매수입은 변동이 없다.
⑤ 암시장가격은 80만 원이다.

| 해설 | 정부가 실시한 최고가격(가격상한) 40만 원은 균형가격보다 낮은 수준이므로 시장에서 실효성이 있다. 암시장이 없다면 생산자의 총판매수입은 480억 원(=8만 개×60만 원)에서 160억 원(=4만 개×40만 원)으로 320억 원만큼 감소한다.

| 오답해설 | ①② 가격상한제가 실시되기 전 균형가격은 60만 원이고, 균형거래량은 8만 개이다. 가격을 40만 원으로 규제하면 공급량은 4만 개로 감소하고 수요량은 12만 개로 증가하여 8만 개의 초과수요가 발생한다.
③ 소비자의 총지출액은 480억 원(=8만 개×60만 원)에서 160억 원(=4만 개×40만 원)으로 320억 원만큼 감소한다.
⑤ 4만 개의 거래량 수준에서 소비자가 최대로 지불하고자 하는 금액은 80만 원이므로 이는 암시장가격이 된다.

42 난이도 ■■□

그림은 A국 정부가 최저가격을 P_1으로 하는 가격정책을 실시한 것을 보여 준다. 이에 대한 설명으로 옳은 것은?

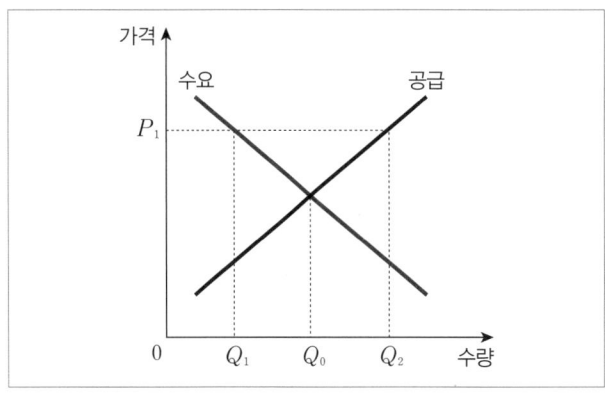

① 공급곡선은 좌측으로 이동한다.
② (Q_2-Q_1)만큼 초과수요가 발생한다.
③ 시장거래량은 (Q_2-Q_0)만큼 증가한다.
④ 공급이 감소하면 시장가격은 P_1보다 높아질 수 있다.
⑤ 수요곡선은 좌측으로 이동한다.

| 해설 | 공급이 (Q_2-Q_1)의 크기보다 많이 감소하면 시장가격은 P_1보다 높아질 수 있다. 최저가격제는 최저가격 P_1보다 낮은 가격에 거래되는 것을 금지하는 것이므로 최저가격 수준보다 높게 거래되는 것은 허용된다. 따라서 공급이 대폭 감소하면 시장가격은 P_1보다 높아질 수 있다.

| 오답해설 | ①⑤ 최저가격제에서는 가격이 변동한 것이므로 수요곡선상, 공급곡선상의 이동만 나타난다. 따라서 수요곡선과 공급곡선은 이동하지 않는다.
② P_1의 최저가격제에서 공급량은 Q_2이고, 수요량은 Q_1이므로 (Q_2-Q_1)만큼의 초과공급이 발생한다.
③ 최저가격제를 실시하기 이전에 시장의 균형거래량은 Q_0이고, 최저가격제를 실시했을 때 거래량은 Q_1이므로 시장거래량은 (Q_0-Q_1)만큼 감소한다.

정답 41 ④ 42 ④

CHAPTER 03 소비자이론과 생산자이론

01 난이도 ■■□

정상재인 X재를 소비할 때의 한계효용과 총효용에 대한 설명으로 옳지 않은 것은?

① X재를 한 단위 더 소비할 때 소비자의 효용이 감소한다면 한계효용은 0보다 크다.
② X재 소비량을 증가시킬 때 한계효용이 0보다 크다면 총효용은 증가한다.
③ 한계효용이 0일 때 총효용이 극대화된다.
④ X재 소비량을 증가시킬 때 총효용이 감소한다면 한계효용은 0보다 작다.
⑤ 한계효용이 체감할 때 총효용은 증가할 수도 있고 감소할 수도 있다.

| 해설 | 한계효용이란 재화 한 단위를 추가적으로 소비할 때 총효용의 증가분을 말한다. X재를 한 단위 더 소비할 때 소비자의 효용이 감소한다면 한계효용은 0보다 작다.

02 난이도 ■■□

효용에 대한 설명으로 옳지 않은 것은?

① 한계효용이 0이라는 것은 총효용의 증가분이 0이라는 것으로, 총효용이 최대임을 의미한다.
② 음(-)의 한계효용도 존재한다.
③ X재 1원어치당 한계효용이 Y재 1원어치당 한계효용보다 클 때, X재를 더 구매하면 효용이 증가할 것이다.
④ 총효용이 증가했다는 것은 한계효용이 증가했다는 것을 의미한다.
⑤ 한계효용이 0보다 크면 총효용이 증가한다.

| 해설 | 한계효용이 증가했다고 해서 총효용의 증감 여부를 판단할 수 없다. 한계효용이 양(+)이면서 증가하면 총효용이 체증적으로 증가한다는 의미이고, 한계효용이 증가하더라도 음(-)이면 총효용이 감소한다.
| 오답해설 | ① 한계효용이 0이면 총효용은 최대이다.
② 효용재라도 포만점을 넘어 소비하면 오히려 효용이 감소하므로 음(-)의 한계효용도 존재한다.
⑤ 총효용의 증감 여부는 한계효용의 부호로 판단한다. 한계효용이 양(+)의 값이면 총효용은 증가하고, 한계효용이 음(-)의 값이면 총효용은 감소한다.

03 난이도 ■□□

소비자의 소득이 고정되어 있고 가격이 각각 다른 재화 X재와 Y재를 소비할 때, 합리적인 소비의 조건은?

① X재와 Y재의 한계효용이 최대가 될 때
② X재와 Y재의 한계효용이 모두 0일 때
③ X재와 Y재의 한계효용이 같을 때
④ X재와 Y재의 1원어치당 한계효용이 같을 때
⑤ X재와 Y재의 총효용이 최대가 될 때

| 해설 | 주어진 소득으로 1원어치당 한계효용이 동일하도록 재화를 구매하는 것이 합리적이다. 이를 한계효용균등의 법칙이라고 한다.

04 난이도 ■■■

표는 X재와 Y재를 소비하는 A의 소비량에 따른 한계효용을 나타낸 것이다. X재의 가격이 10, Y재의 가격이 20일 때 효용극대화 조건이 충족되는 A의 소비묶음은?

소비량(단위)	1	2	3	4	5	6
X재의 한계효용	10	9	8	7	6	5
Y재의 한계효용	10	8	6	5	3	2

① X = 1, Y = 4
② X = 2, Y = 3
③ X = 3, Y = 2
④ X = 5, Y = 1
⑤ X = 6, Y = 1

| 해설 | 한계효용균등의 법칙(law of equimarginal utility)은 X재 1원어치당 한계효용과 Y재 1원어치당 한계효용이 동일해지는 수준에서 소비를 해야 소비자의 효용이 극대화된다는 것을 의미한다. X재가 6단위일 때 X재 1원어치당 한계효용 $\frac{MU_X}{P_X} = \frac{5}{10} = \frac{1}{2}$이고, Y재가 1단위일 때 Y재 1원어치당 한계효용 $\frac{MU_Y}{P_Y} = \frac{10}{20} = \frac{1}{2}$로 같다. 따라서 X재 6단위와 Y재 1단위의 소비묶음이 효용극대화 조건을 충족한다.

정답 01 ① 02 ④ 03 ④ 04 ⑤

05

A는 주어진 돈을 모두 X재와 Y재 소비에 지출하여 효용을 최대화하고 있는데, X재의 가격은 100원이고 Y재의 가격은 50원이다. 이때 X재의 마지막 1개의 한계효용이 200이라면 Y재 마지막 1개의 한계효용은?

① 50
② 100
③ 200
④ 300
⑤ 400

| 해설 | 한계효용균등의 법칙 $\frac{MU_X}{P_X} = \frac{MU_Y}{P_Y}$에 따라 $\frac{200}{100} = \frac{MU_Y}{50}$에서 $MU_Y = 100$이다.

06

생산과 생산기술, 생산함수에 대한 설명으로 옳은 것은?

① 동일한 양의 생산요소를 투입하더라도 생산기술이 다르면 생산량이 달라진다.
② 생산함수는 저량의 개념이므로 한 시점의 투입요소와 생산물의 관계를 나타낸다.
③ 생산을 할 때 적어도 한 가지 이상의 요소투입량이 고정되어 있다면 장기라고 한다.
④ 장기에는 생산요소를 고정요소와 가변요소로 나눌 수 있다.
⑤ 고정투입요소가 존재하는 경우의 생산함수를 장기생산함수라고 말한다.

| 해설 | 생산기술이 진보하면 동일한 양의 생산요소를 투입하더라도 생산량이 많아지므로 동일한 제품을 생산하더라도 생산기술이 다르면 생산량이 달라진다.
| 오답해설 | ② 생산함수(production function)란 일정 기간에 발생하는 생산요소의 투입량과 그로부터 산출되는 생산량 간의 기술적 관계를 함수 형태로 표시한 것이다. 따라서 생산함수의 변수들은 일정한 기간에 측정되는 유량(flow)의 개념이다.
③ 생산자이론에서 단기와 장기의 구분은 특정한 기간이 정해진 것이 아니고, 고정투입요소의 존재 여부에 따라 달라진다. 단기(short-run)는 공장이나 기계설비와 같은 자본(K)의 투입량을 조절할 수 없을 정도로 짧은 기간을 의미하므로 단기생산함수에서 노동(L)은 가변투입요소가 되고, 자본(K)은 고정투입요소가 된다.
④⑤ 장기(long-run)는 모든 생산요소의 투입량을 가변적으로 조절할 수 있는 긴 기간을 말한다. 장기생산함수에서 노동(L)과 자본(K)은 모두 가변투입요소가 된다.

07

처음 10명의 노동자가 인형을 생산할 때 평균생산량이 21개였고, 1명의 노동자를 더 고용하자 평균생산량이 20개가 되었을 경우 노동자의 한계생산량은?

① 1개
② 5개
③ 10개
④ 20개
⑤ 25개

| 해설 |
• 노동자 10명일 때의 총생산량: 10명 × 21개 = 210개
• 노동자 11명일 때의 총생산량: 11명 × 20개 = 220개
• 한계생산량: 220개 - 210개 = 10개

08

당신이 경영하는 회사에서 신제품을 개발 중이다. 신제품을 개발하는 데 지금까지 1,000만 원을 투자했다. 최근 영업부에서 보고하기를 신제품을 출시했을 경우 예상판매액은 개발 초기에 예측했던 1,200만 원이 아닌 500만 원이라고 한다. 당신이 신제품 개발을 완료하기 위해 지금부터 지불할 수 있는 최대 금액은?

① 0원
② 200만 원
③ 500만 원
④ 700만 원
⑤ 1,200만 원

| 해설 | 신제품을 개발하는 데 지금까지 투자한 1,000만 원은 회수가 불가능한 매몰비용(sunk cost)에 해당한다. 즉, 매몰비용 1,000만 원은 경제주체의 의사결정에 영향을 미쳐서는 안 된다. 개발을 지속시킬 것인지에 대한 여부는 현 시점에서 추가로 소요되는 비용과 신제품을 개발함으로써 추가로 예상되는 수입을 비교하여 결정해야 한다. 따라서 신제품 개발을 완료하기 위해 지금부터 지불할 수 있는 최대의 금액은 예상판매액인 500만 원이다.

| 정답 | 05 ② | 06 ① | 07 ③ | 08 ③ |

09

어느 한 기업의 지난해 매출이 7억 원, 회계적 비용(accounting cost)이 4억 원, 잠재적 임금(implicit wage)이 2억 원, 정상이윤(normal profit)이 2억 원이었다. 이 기업의 퇴출 여부 결정에 대한 설명으로 옳은 것은?

① 정상이윤이 양(+)이므로 퇴출하지 않는다.
② 회계적 이윤이 양(+)이므로 퇴출하지 않는다.
③ 회계적 이윤이 음(-)이므로 퇴출한다.
④ 경제적 이윤이 양(+)이므로 퇴출하지 않는다.
⑤ 경제적 이윤이 음(-)이므로 퇴출한다.

| 해설 | 잠재적 임금과 정상이윤은 잠재적 비용으로 경제적 비용에 포함된다. 경제적 비용은 회계적 비용 4억 원에 잠재적 비용 4억 원을 합한 8억 원이다. 경제적 이윤이 음(-)의 값이므로 이 기업은 퇴출하는 것이 합리적이다.

10

A는 영화를 관람하는 데 20,000원의 가치를 느낀다. A가 영화관람권을 5,000원에 구입하였지만 영화관에 들어가기 전에 분실하였다. 영화관람권을 5,000원에 다시 구입하고자 할 때, 이 시점에서의 매몰비용과 영화관람권 재구입에 따른 기회비용은? (단, 분실된 영화관람권의 재발급이나 환불은 불가능하다.)

	매몰비용	기회비용
①	5,000원	5,000원
②	5,000원	10,000원
③	10,000원	5,000원
④	10,000원	10,000원
⑤	20,000원	5,000원

| 해설 | 잃어버린 영화관람권의 구입비용 5,000원은 이미 지출된 후 회수가 불가능한 매몰비용에 해당하므로 경제주체의 의사결정에 영향을 미쳐서는 안 된다. 영화관람권을 잃어버린 현재의 시점에서 영화관람을 선택했을 경우 추가적으로 발생하는 효용의 증가분은 20,000원이고, 추가적인 비용의 증가분은 영화관람권 재구입에 따르는 비용인 5,000원이므로 영화관람을 선택하는 것이 합리적이다. 이때 영화관람권 재구입에 따른 기회비용은 영화관람권 재구입비용에 해당하는 5,000원이다.

11

4년 동안 대학교육 서비스를 받는 것의 기회비용에 포함되지 않는 것은?

① 등록금과 수업료
② 교재 구입대금
③ 의료비
④ 정부의 대학생 1인당 지원금액
⑤ 고졸 취업자들이 처음 4년 동안 받는 평균적 임금총액

| 해설 | 의료비는 어떠한 선택을 하더라도 지출되는 비용이므로 4년 동안의 대학교육의 기회비용으로 볼 수 없다.

12

회계적 이윤과 경제적 이윤에 대한 설명으로 옳은 것은?

① 회계적 이윤 = 총수입 - (명시적 비용 + 암묵적 비용)
② 회계적 이윤 = 총수입 - 암묵적 비용
③ 경제적 이윤 = 총수입 - 명시적 비용
④ 경제적 이윤 = 총수입 - 암묵적 비용
⑤ 경제적 이윤 = 총수입 - (명시적 비용 + 암묵적 비용)

| 해설 | 경제적 비용은 명시적 비용(회계적 비용)과 암묵적 비용(묵시적 비용)의 합이다. 따라서 경제적 이윤은 '총수입 - (명시적 비용 + 암묵적 비용)'이다.

정답 09 ⑤ 10 ① 11 ③ 12 ⑤

13

표는 컴퓨터를 생산하는 업체의 비용 변화를 나타낸 것이다. 이에 대한 분석으로 옳지 않은 것은?

〈생산량에 따른 비용 변화 추이〉

생산량(개)	총비용(원)	총가변비용(원)
0	30	0
1	40	10
2	55	25
3	75	45
4	100	70
5	130	100
6	165	135

① 이 컴퓨터 생산업체의 총고정비용은 30원이다.
② 생산량이 3개 이하일 때 한계비용은 평균비용보다 작다.
③ 생산량이 4개일 때 평균비용과 한계비용이 일치한다.
④ 생산량이 6개일 때 한계비용과 평균가변비용의 차이는 14원이다.
⑤ 생산량이 2개 이상일 때 항상 한계비용이 평균가변비용보다 크다.

| 해설 |

(단위: 개, 원)

생산량	총비용	총가변비용	평균비용	평균가변비용	한계비용
0	30	0	−	−	−
1	40	10	40/1 = 40	10/1 = 10	40 − 30 = 10
2	55	25	55/2 = 27.5	25/2 = 12.5	55 − 40 = 15
3	75	45	75/3 = 25	45/3 = 15	75 − 55 = 20
4	100	70	100/4 = 25	70/4 = 17.5	100 − 75 = 25
5	130	100	130/5 = 26	100/5 = 20	130 − 100 = 30
6	165	135	165/6 = 27.5	135/6 = 22.5	165 − 130 = 35

생산량이 6개일 때 한계비용과 평균가변비용의 차이는 12.5원이다.

※ 다음을 읽고 물음에 답하시오. (14~15)

구두를 만드는 기업이 지갑을 함께 생산하거나, 자동차 회사가 승용차와 트럭을 함께 생산하는 것은 한 기업이 여러 제품을 함께 생산하면 비용 절감 효과를 보기 때문이다. 이처럼 한 기업이 두 가지 이상의 상품을 생산하면 두 가지 상품 가운데 하나만 생산하는 기업보다 더 낮은 비용으로 생산할 수 있는 장점이 있다.

14

위 글에서 설명하는 경제학적 개념은?

① 규모의 경제
② 범위의 경제
③ 규모에 대한 보수 증가
④ 네트워크 외부성
⑤ 베스트 프랙티스

| 해설 | 범위의 경제(economies of scope)란 두 기업이 각각 한 가지씩의 상품을 생산하는 것보다 한 기업이 이 두 상품을 동시에 생산하는 것이 비용의 측면에서 더욱 유리한 경우를 말한다.
| 오답해설 | ① 규모의 경제(economies of scale)란 생산량을 증가시킬 때 평균비용이 감소하는 현상을 말한다.
③ 규모에 대한 보수 증가는 생산요소의 규모를 동일한 배수로 증가시켰을 때 생산량은 그 배수를 초과하여 증가하는 경우로, 규모의 경제와 관련 있다.
④ 네트워크 외부성(네트워크 효과)이란 어떤 사람의 경제행위가 다른 사람의 소비에 영향을 미치는 현상을 의미한다.
⑤ 베스트 프랙티스(best practice)란 업무 처리 모범 규준을 말한다.

15

위와 같은 현상이 발생하는 이유로 적절하지 않은 것은?

① 기초 원재료를 공동으로 사용하는 경우
② 협력적인 연구개발투자로 인한 시너지 효과가 나타나는 경우
③ 생산 플랫폼을 공유하는 경우
④ 개별상품의 생산량 증가로 인해 평균비용이 감소하는 경우
⑤ 유통채널이 동일하여 효율성이 증대되는 경우

| 해설 | 개별상품의 생산량 증가로 대량 생산의 이점이 생기면서 평균비용이 감소하는 현상은 규모의 경제에 해당한다.

정답 13 ④ 14 ② 15 ④

16

다음 자료에 대한 분석으로 옳지 않은 것은?

표는 어느 기업의 노동 투입량에 따른 생산량의 변화를 나타낸 것이다. 생산량 1단위당 판매가격은 1만 원으로 일정하다. 생산비용 중 건물 임차료는 하루 3만 원이고, 노동자 1명의 일당은 10만 원이다. 단, 생산된 제품은 모두 판매되며, 최대 고용가능인력은 5명이다.

노동투입량(명)	1	2	3	4	5
생산량(개)	9	21	35	46	55

① 노동의 한계생산성은 체증하다가 체감한다.
② 이 기업의 하루 최대 이윤은 3만 원이다.
③ 노동자를 5명 투입할 때 총비용은 가장 크다.
④ 임차료가 하락하면 이윤극대화 생산량은 증가한다.
⑤ 21개를 생산할 경우 이윤은 0보다 작다.

| 해설 |

노동투입량(명)	1	2	3	4	5
생산량(개)	9	21	35	46	55
한계생산	–	12	14	11	9
총수입(만 원)	9	21	35	46	55
총가변비용(노동비용)(만 원)	10	20	30	40	50
총비용(만 원)	13	23	33	43	53
이윤(만 원)	–4	–2	2	3	2

판매가격이 1만 원으로 고정되어 있으므로 제시된 시장은 완전경쟁시장이다. 완전경쟁시장의 이윤극대화 조건은 가격과 한계비용이 일치하는 것이다. 노동투입량이 4명일 때 가격(1)은 한계비용(0.9)보다 커 이윤이 증가하는 구간이고, 노동투입량이 5명일 때 가격(1)은 한계비용(1.1)보다 작아 이윤이 감소하는 구간이므로 이윤극대화 노동투입량은 4명이다. 노동투입량이 4명일 때 생산량은 46개이고 가격은 1만 원이므로 총수입은 46개×1만 원=46만 원이다. 노동자 1명의 임금은 10만 원이고 노동투입량은 4명이므로 노동비용은 10만 원×4명=40만 원이다. 고정비용은 임차료 3만 원이므로 총비용은 43만 원이다. 따라서 이윤=총수입−총비용=46만 원−43만 원=3만 원이다. 고정비용인 임차료가 하락하더라도 한계비용은 불변이므로 이윤극대화 생산량도 불변이다.

| 오답해설 | ① 노동의 한계생산은 체증하다가 체감한다.
② 이윤극대화 수준에서 이윤은 3만 원이다.
③ 노동투입량이 증가할수록 총비용이 증가하므로 총비용은 최대 고용가능인력 5명일 때 가장 크다.
⑤ 21개를 생산할 경우 노동투입량은 2명으로 총수입은 21만 원이고, 총비용은 노동비용 10만 원×2명=20만 원과 고정비용 3만 원을 합한 23만 원이다. 이때 이윤은 21만 원−23만 원=−2만 원이다.

17

표는 어떤 상품의 생산량(판매량)에 따른 총수입과 총비용을 나타낸 것이다. 이에 대한 분석으로 옳지 않은 것은?

생산량(개)	10	20	30	40	50
총수입(만 원)	2	4	6	8	10
총비용(만 원)	1	3	6	10	15

① 생산량이 20개일 때 이윤이 가장 크다.
② 생산량이 40개일 때 손실은 2만 원이다.
③ 생산량이 증가하더라도 평균수입은 변하지 않는다.
④ 생산량이 증가할수록 평균비용은 작아진다.
⑤ 생산량이 증가할수록 한계비용은 증가한다.

| 해설 |

(단위: 개, 만 원)

생산량	10	20	30	40	50
총수입	2	4	6	8	10
총비용	1	3	6	10	15
평균수입	2/10	4/20	6/30	8/40	10/50
평균비용	1/10	3/20	6/30	10/40	15/50
한계수입	–	2	2	2	2
한계비용	–	2	3	4	5

생산량이 증가할수록 평균비용은 증가한다.

| 오답해설 | ① 이윤극대화 생산량은 한계수입과 한계비용이 일치하는 수준인 20개이다.
② 생산량이 40개일 때 총수입은 8만 원이고, 총비용은 10만 원이므로 이윤은 −2만 원이다. 즉, 2만 원만큼 손실이 발생한다.
③ 생산량과 무관하게 평균수입은 $\frac{1}{5}$로 일정하다.
⑤ 생산량이 증가할수록 한계비용은 2 → 3 → 4 → 5로 증가한다.

정답 16 ④ 17 ④

CHAPTER 04 생산물시장이론

01 난이도 ■■□
완전경쟁시장에 대한 설명으로 옳지 않은 것은?

① 시장경제의 효율성을 충족한다.
② 장기에 시장에서 철수하기가 용이하다.
③ 다수의 소비자와 다수의 생산자가 존재한다.
④ 우리나라의 경우 채소시장과 곡물시장이 예가 될 수 있다.
⑤ 장기에 완전경쟁기업은 정상이윤 이상의 초과이윤을 획득한다.

| 해설 | 완전경쟁시장에서는 장기에 기업의 자유로운 진입과 탈퇴가 보장되므로 개별기업은 정상이윤만을 얻게 되고 초과이윤은 0이 된다.
| 오답해설 | ① 완전경쟁시장에서는 단기와 장기 모두 한계비용가격설정이 이루어지므로 자원배분의 효율성이 달성된다.
② 완전경쟁시장은 장기에 진입장벽이 존재하지 않으므로 기업들은 신규시장으로의 자유로운 진입(entry)과 기존시장으로부터의 자유로운 탈퇴(exit)가 보장된다.
③ 완전경쟁시장에서는 소비자와 생산자가 무수히 많으므로 개별소비자와 개별생산자는 시장지배력을 전혀 행사할 수 없게 된다.
④ 우리나라 완전경쟁시장의 예에는 채소시장, 곡물시장, 수산물시장, 주식시장, 외환시장 등이 있다.

02 난이도 ■■□
완전경쟁시장에 대한 설명으로 옳지 않은 것은?

① 시장수요곡선은 수평선이다.
② 장기에 시장의 진입장벽이 존재하지 않는다.
③ 개별기업이 직면하는 수요곡선은 수평선이다.
④ 단기에 기업이 양(+)의 이윤을 창출하는 것이 가능하다.
⑤ 기업의 단기공급곡선은 기업의 한계비용곡선과 일치한다.

| 해설 | 완전경쟁시장에서 소비자의 개별수요곡선은 우하향하고, 개별수요곡선의 수평적 합인 시장수요곡선도 우하향한다.
| 오답해설 | ② 완전경쟁시장에서는 장기에 시장의 진입장벽이 없으므로 초과이윤은 0이다.
③ 완전경쟁시장의 개별기업은 시장에서 주어진 가격을 그대로 받아들이는 가격수용자이므로 개별기업이 직면하는 수요곡선은 수평선이 된다.
④ 완전경쟁시장의 기업들은 진입장벽이 존재하는 단기에는 양(+) 혹은 음(-)의 이윤을 얻을 수 있다.
⑤ 완전경쟁기업의 단기공급곡선은 기업의 한계비용곡선이다.

03 난이도 ■□□
빈칸 (가)~(다)에 들어갈 내용을 바르게 연결한 것은?

> 완전경쟁시장의 대표적인 특징은 첫째, 판매자와 구매자 모두 (가) 이고, 둘째, 판매자와 구매자 모두 제품에 대해 (나) 정보를 가지고 있으며, 셋째, 이 시장에서는 기업의 (다) 이(가) 자유롭다는 데 있다.

	(가)	(나)	(다)
①	가격수용적	불완전한	가격 설정
②	가격수용적	완전한	진입·탈퇴
③	가격수용적	비대칭적인	제품 차별
④	가격설정적	불완전한	가격 설정
⑤	가격설정적	완전한	진입·탈퇴

| 해설 | (가) 완전경쟁시장에서는 소비자와 생산자가 무수히 많으므로 개별소비자와 개별생산자는 시장지배력을 행사할 수 없다. 따라서 시장에서 주어진 가격을 그대로 받아들이는 가격수용자(price taker)이다.
(나) 완전경쟁시장에서의 모든 경제주체는 거래와 관련된 모든 경제적·기술적 조건이나 시장 조건에 관하여 완전한 정보(perfect information)를 갖고 있다.
(다) 완전경쟁시장에서는 장기에 기업의 자유로운 진입과 탈퇴가 보장되므로 개별기업은 정상이윤만을 얻고 초과이윤은 0이 된다.

04 난이도 ■■□
완전경쟁시장에 참여한 어떤 기업의 총고정비용이 2배로 증가한 사실이 내부 점검을 통해 확인되었다고 한다. 단기적으로 이윤극대화를 추구하는 이 기업이 당장 취해야 할 행동으로 가장 적절한 것은?

① 생산량을 증가시킨다.
② 생산량을 감소시킨다.
③ 가격을 인상한다.
④ 가격을 인하한다.
⑤ 가격과 생산량을 현재의 상태로 유지한다.

| 해설 | 고정비용이 2배 증가하더라도 한계비용은 불변이므로 이윤극대화 추구를 위해 생산량은 불변이 되고, 가격 또한 불변이 된다.

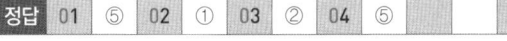

05

표는 생산물시장의 공급독점 원인에 따라 독점시장의 사례를 분류한 것이다. 독점의 원인에 대한 설명으로 옳지 않은 것은?

독점의 원인	사례
정부가 영업허가권 및 특허권 부여	(가)
규모의 경제(규모에 대한 보수 증가)	(나)
특정 기업의 원재료에 대한 독점적 소유	(다)
기업의 경영전략	(라)
정부의 직접 공급	(마)

① (가) - 정부가 혁신적인 기술에 대해 독점적 이익추구권을 부여하는 경우
② (나) - 초기 설비투자비용이 적게 들고, 변동비용이 많이 드는 경우
③ (다) - 광물이나 원유 등의 생산요소를 특정 기업이 차지하는 경우
④ (라) - 과점시장에서 어떤 기업이 경쟁기업을 합병한 후 단독 공급자가 된 경우
⑤ (마) - 정부가 재정수입의 확보를 위해 직접 산업의 독점력을 행사하는 경우

| 해설 | 규모의 경제는 초기에 대규모의 고정적인 투자비용이 들어가고 이후에는 큰 비용이 들어가지 않는 경우에 발생한다.
| 오답해설 | ① 정부가 특허권, 판권, 인·허가권 등을 부여해 독점적 지위를 부여하면 독점이 발생한다.
③ 생산요소 및 원재료를 독점적으로 소유하면 독점이 발생한다. 20세기까지 남아공의 드 비어스(De Beers) 회사가 다이아몬드 광산을 독점적으로 소유함으로써 다이아몬드 채광업이 독점화되었다.
④ 기업이 인수·합병(M&A)을 하여 단독공급자가 되면 독점적 지위를 지니게 된다.
⑤ 정부의 특수한 목적에 의해 직접 독점력을 행사하는 경우이다. 우리나라는 재정수입을 목적으로 정부가 전매청을 통해 담배와 홍삼 등의 판권을 독점하여 전매하였다.

06

독점의 원인에 해당하지 않은 것은?

① 규모의 경제
② 특허 기술의 보유
③ 밀접한 대체재의 존재
④ 특정 생산요소의 독점적 소유
⑤ 정부에 의한 신규 사업자 진입 제한

| 해설 | 밀접한 대체재가 존재한다면 해당 기업이 생산하는 제품 이외의 다른 제품으로의 대체 소비가 가능하므로 기업의 입장에서 독점력을 행사하는 것이 불가능하다.
| 오답해설 | ①②④⑤ 독점의 원인에는 규모의 경제(규모에 대한 보수 증가), 생산요소 및 원재료의 독점적 소유, 정부의 특허권, 판권, 인·허가권 등을 통한 독점적 지위 부여, 정부의 특수한 목적에 의한 직접 독점력 행사 등이 있다.

07

규모의 경제가 나타나는 경우로 가장 적절한 것은?

① 상품의 가격이 평균비용보다 높은 경우
② 고정비용이 많이 소요되고, 가변비용이 적게 소요되는 경우
③ 동일한 생산기술이 여러 제품에 동시에 사용되는 경우
④ 생산물시장이 수요독점인 경우
⑤ 노동시장과 자본시장이 공급독점인 경우

| 해설 | • 규모의 경제란 생산량을 증가시켜감에 따라 평균비용이 하락하는 현상을 말한다. 규모의 경제는 초기에 대규모 투자비용이 들어가고 이후에는 큰 비용이 들어가지 않는 경우에 발생한다. 따라서 규모의 경제는 경공업보다는 설비투자 등 고정비용에 대한 투자규모가 큰 중화학공업에서 발생하기가 쉽다.
• 시장수요를 충족시키고도 남을 만큼의 대규모 생산에 이르기까지 규모의 경제(economies of scale)가 존재하면 낮은 비용으로 대량생산이 가능하므로, 비용구조가 높은 소규모 기업들은 퇴출하고 대규모 기업에 의해 자연독점화가 이루어진다. 독점기업이 생산규모를 확대하면 생산단가가 낮아지기 때문에 소규모의 경쟁기업들은 시장에서 자연스럽게 퇴출당한다. 자연독점(natural monopoly)의 예에는 전력, 전신, 전화, 수도, 철도 등의 공익사업(public utilities) 등이 있다.

정답 05 ② 06 ③ 07 ②

08 난이도 ■□□

다음 설명과 관련 있는 전략은?

> 동일한 상품에 대한 가격을 소비자에 특성에 따라 다르게 책정하는 전략이다. 독점력을 가진 기업의 경우 소비자를 그룹별, 시간별, 지역별로 구분하여 가격을 다르게 책정하기도 한다.

① 가격차별
② 결합판매
③ 이부가격제
④ 가격상한제
⑤ 가격하한제

| 해설 | 가격차별(price discrimination)이란 기업이 동일한 재화와 서비스를 판매하면서 서로 다른 가격을 책정하는 것을 말한다.

| 오답해설 | ② 결합판매(묶어팔기)란 여러 가지 상품을 한꺼번에 묶어 판매하는 방식을 말한다.
③ 이부가격제란 상품을 구입할 권리에 대해 일정 금액을 지급하게 하고, 상품 구매량에 비례하여 추가적인 가격을 내게 하는 방식이다.
④ 가격상한제(최고가격제)는 정부가 물가 안정과 소비자 보호를 위해 가격의 상한선(최고가격)을 설정하고, 설정된 최고가격(상한가격) 이상에서 거래되는 것을 금지하는 제도를 말한다.
⑤ 가격하한제(최저가격제)는 정부가 생산자(공급자)를 보호하기 위해 최저가격을 설정하고, 설정된 최저가격(하한가격) 이하로 거래되는 것을 금지하는 제도를 말한다.

09 난이도 ■■□

어느 독점기업이 이윤을 극대화하기 위해 가격을 단위당 100원으로 책정하였으며, 이 가격에서 수요의 가격탄력성은 2이다. 이때 독점기업의 한계비용은?

① 25원
② 50원
③ 100원
④ 150원
⑤ 200원

| 해설 | 아모로소-로빈슨공식 $MR = P\left(1 - \dfrac{1}{\varepsilon_P}\right)$에 가격($P$) 100원과 수요의 가격탄력성 $\varepsilon_P = 2$를 대입하면, 한계수입(MR)은 $100\left(1 - \dfrac{1}{2}\right) = 50$원이다. 이윤극대화 조건 $MR = MC$에 의해 한계비용(MC)은 50원이다.

10 난이도 ■■□

어떤 독점기업이 동일한 상품을 판매함에 있어 수요의 가격탄력성이 다른 시장에 직면해 있다. 해외시장의 수요의 가격탄력성이 3, 국내시장의 수요의 가격탄력성이 2일 경우 가격차별을 통해 이윤을 극대화시키려고 한다. 이때 국내시장의 판매가격이 1,000원이라면 해외시장의 적정 가격은? (단, 여타의 거래비용은 없다고 가정한다.)

① 250원
② 450원
③ 500원
④ 750원
⑤ 2,000원

| 해설 | 국내시장을 A라고 하고, 해외시장을 B라고 한다면 제3급 가격차별을 하는 독점기업의 이윤극대화 조건은 $MR_A = MR_B = MC$이다.
$P_A\left(1 - \dfrac{1}{\varepsilon_P^A}\right) = P_B\left(1 - \dfrac{1}{\varepsilon_P^B}\right)$식에 대입하면 $1,000\left(1 - \dfrac{1}{2}\right) = P_B\left(1 - \dfrac{1}{3}\right)$로, $P_B = 750$원이다.

정답 08 ① 09 ② 10 ④

11

기업이 다음과 같은 판매 전략을 시행할 수 있는 조건을 〈보기〉에서 모두 고른 것은?

- 내수용 자동차보다 수출용 자동차의 가격을 낮게 책정하는 것
- 택시요금을 심야시간에 할증하는 것
- 영화관 관람료를 청소년에게 할인하는 것

〈보기〉

㉠ 시장의 형태가 완전경쟁이어야 한다.
㉡ 서로 다른 수요집단 또는 시장이 쉽게 구분되어야 한다.
㉢ 가격차별이 행해지고 있는 상이한 시장 사이에 상품의 재판매가 불가능해야 한다.
㉣ 시장분리에 의한 이윤증가분이 시장분리에 따르는 비용보다 작아야 한다.

① ㉠, ㉡
② ㉡, ㉢
③ ㉢, ㉣
④ ㉠, ㉡, ㉢
⑤ ㉡, ㉢, ㉣

| 해설 | ㉡ 극장에서 대인과 소인의 입장료가 다른 것은 대인과 소인의 구분이 용이하기 때문이고, 자동차회사가 국내시장과 해외시장을 쉽게 구분할 수 있기 때문에 가격차별이 가능해진다.
㉢ 가격차별이 성립되기 위해서는 매매차익을 노리는 재정거래(arbitrage)가 불가능해야 한다.
| 오답해설 | ㉠ 가격차별이 성립되기 위해서는 판매자가 시장지배력(독점력)을 가지고 있어야 한다. 시장가격에 전혀 영향을 미치지 못하여 시장지배력이 없는 완전경쟁기업은 가격차별을 시행할 수 없다.
㉣ 시장분리에 의한 이윤증가분이 시장분리에 따르는 비용보다 커야 한다.

12

가격차별정책이란 생산자가 동일한 상품을 판매할 때 소비자에 따라 다른 가격으로 판매하는 행위를 말한다. 가격차별정책을 시행하기가 가장 어려운 산업은?

① 자동차시장
② 전력시장
③ 철도시장
④ 농산물시장
⑤ 이동통신시장

| 해설 | 농산물시장과 같은 완전경쟁시장에서는 가격차별이 발생하지 않는다.
| 오답해설 | ①②③⑤ 가격차별은 독과점시장이나 독점적 경쟁시장에서 발생하는 현상이다. 전력시장과 철도시장은 독점시장이고, 자동차시장과 이동통신시장은 과점시장이다.

13

완전가격차별을 하고 있는 독점기업 A에 대한 옳은 설명을 〈보기〉에서 모두 고른 것은?

〈보기〉

㉠ 총잉여(total surplus, net social benefit)는 가격차별을 하지 않을 때보다 적다.
㉡ 총잉여가 A기업에 귀속된다.
㉢ 생산량은 가격차별을 하지 않을 때보다 많다.
㉣ A기업의 생산량은 동일한 시장수요와 비용을 지닌 완전경쟁시장에 비해 더 적다.

① ㉠, ㉡
② ㉡, ㉢
③ ㉢, ㉣
④ ㉠, ㉡, ㉢
⑤ ㉡, ㉢, ㉣

| 해설 | ㉡ 독점기업이 완전가격차별을 실시하였을 경우 소비자잉여의 전부가 독점기업의 이윤으로 귀속된다.
㉢ 완전가격차별이 시행되면 가격차별이 없는 경우에 비해 생산량이 증가하고, $P = MC$를 만족하므로 시장의 효율성이 달성되어 사회적 후생손실이 발생하지 않는다.
| 오답해설 | ㉠ 소득분배의 불공평을 초래하지만 완전경쟁시장의 생산량과 일치하여 총잉여는 극대화된다.

14

가격차별과 관련 있는 사례로 성격이 다른 것은?

① 구내식당의 점심메뉴와 동일하지만 더 저렴한 가격으로 판매한다.
② 극장에서 노인에게 할인가격으로 입장권을 판매한다.
③ 극장에서 아침에 상영되는 영화에 할인요금을 적용한다.
④ 자동차회사는 차종에 따라 가격을 달리하여 자동차를 판매한다.
⑤ 자동차회사는 동일 차종에 대해 해외시장과 국내시장에 다른 가격으로 판매한다.

| 해설 | 가격차별(price discrimination)이란 동일한 재화와 서비스에 대해 서로 다른 가격을 책정하는 것을 말한다. 차종이 다르면 제품의 질이 다른 것이므로 차종에 따라 가격을 달리하여 자동차를 판매하는 것은 가격차별에 해당하지 않는다.

정답 11 ② 12 ④ 13 ② 14 ④

15 난이도 ■□□

가격차별에 대한 설명으로 옳지 않은 것은?

① 제1급 가격차별에서 소비자잉여는 모두 생산자잉여가 된다.
② 완전경쟁시장과 가격차별은 양립하지 않는다.
③ 가격차별은 항상 경제적 순손실(deadweight loss)을 증대시킨다.
④ 가격차별은 독점기업의 이윤극대화 전략 중 하나이다.
⑤ 극장에서의 조조할인 요금제는 가격차별의 일종이다.

| 해설 | 독점기업이 제1급 가격차별을 시행하면 $P = MC$의 조건을 만족하여 시장의 효율성을 달성한다. 제1급 가격차별이 아니더라도 가격차별을 실시하면 순수독점에 비해 생산량이 증가하므로 경제적 순손실은 작아진다.

16 난이도 ■■□

다음 두 기업의 경영전략에 대한 설명으로 옳은 것은?

- 피자가게는 쿠폰을 제시하는 고객에게 피자가격을 10~20% 할인해 주고 있다.
- 골프장의 이용료나 영화 관람료는 통상적으로 주중보다 주말이 10~20% 정도 더 비싸다.

① 기업의 판매수입이 점점 감소할 가능성이 높다.
② 완전경쟁시장에서 자주 발생할 가능성이 경영전략이다.
③ 제품을 구매한 후 재판매가 불가능해야만 성공할 수 있는 전략이다.
④ 가격차별의 경영전략으로 공급의 가격탄력성을 이용한 것이다.
⑤ 경영전략으로 인해 생산자잉여가 감소할 것이다.

| 해설 | 가격차별이란 기업이 동일한 재화와 서비스를 판매하면서 서로 다른 가격을 책정하는 것을 말한다. 재판매를 통해 재정거래가 가능하다면 가격차별은 성공할 수 없다.
| 오답해설 | ① 가격차별을 실시하면 이전에 비해 판매량이 증가하므로 기업의 판매수입은 증가할 것이다.
② 가격차별은 독점, 과점, 독점적 경쟁 등 불완전경쟁시장에서 나타난다.
④ 3급 가격차별로서 수요의 가격탄력성을 이용한다.
⑤ 가격차별을 실시하면 소비자잉여가 생산자잉여로 전환되어 생산자잉여는 증가한다.

17 난이도 ■■□

독점기업의 가격차별에 관한 설명으로 옳지 않은 것은?

① 제1급 가격차별 시 소비자잉여는 0이 된다.
② 제3급 가격차별의 대표적인 예로 영화관의 조조할인이 있다.
③ 가격차별이 행해지고 있는 상이한 시장 간 재판매가 불가능해야 가격차별이 가능하다.
④ 제3급 가격차별 시 수요의 가격탄력성이 상대적으로 작은 시장에서 더 높은 가격이 설정된다.
⑤ 독점기업이 소비자의 수요곡선을 완전하게 파악할 수 있다면 순수독점에 비해 사회적 잉여가 감소한다.

| 해설 | 제1급 가격차별을 실시하면 가격과 한계비용이 일치하여 완전경쟁시장에서의 생산량과 일치하게 되므로 시장의 효율성이 달성되고, 사회적 후생손실은 발생하지 않는다.
| 오답해설 | ① 제1급 가격차별이란 독점기업이 소비자의 수요곡선을 완전하게 파악하여 상품을 미세하게 분리한 후 판매되는 모든 단위에 대해 다른 가격을 설정하는 것이다. 이때 소비자잉여의 전부가 독점기업의 이윤으로 흡수되면서 소득분배의 왜곡을 가져온다.
② 영화관의 조조할인은 수요의 가격탄력성에 따라 가격을 다르게 책정하는 제3급 가격차별에 해당한다.
③ 매매차익을 노리는 재정거래가 불가능해야 가격차별이 가능하다.
④ 제3급 가격차별에서는 수요의 가격탄력성이 낮은 시장에서는 높은 가격을 부과하고, 수요의 가격탄력성이 높은 시장에서는 낮은 가격을 부과한다.

18 난이도 ■■□

이윤극대화를 추구하는 독점기업의 가격차별에 대한 설명으로 옳지 않은 것은?

① 동일한 수요자를 대상으로 구입 수량에 따라 가격을 차별할 수 있다.
② 분리된 시장 간 상품의 재판매가 불가능할 때 가격차별이 효과적이다.
③ 분리된 두 시장에서 각각의 한계수입과 기업의 한계비용이 같아야 한다.
④ 완전가격차별은 사회후생을 감소시킨다.
⑤ 수요의 가격탄력성이 큰 시장의 가격을 수요의 가격탄력성이 작은 시장의 가격보다 낮게 설정한다.

| 해설 | 제1급 가격차별(완전가격차별)이란 독점기업이 소비자의 수요곡선을 완전하게 파악하여 상품을 미세하게 분리한 후 판매되는 모든 단위에 대해 다른 가격을 설정하는 것을 말한다. 제1급 가격차별을 하면 완전경쟁시장에서의 생산량과 일치하여 시장의 효율성이 달성되고, 사회적 후생손실은 발생하지 않는다.

| 정답 | 15 ③ | 16 ③ | 17 ⑤ | 18 ④ |

19 난이도

독점기업이 동일한 제품을 다양한 가격으로 판매하는 가격차별을 하는 경우가 있다. 이에 대한 설명으로 옳지 않은 것은?

① 독점기업이 기본료와 함께 사용료를 부과하는 이부가격제 (two-part tariff)를 실시하면 소비자잉여가 독점기업으로 이전되어 이윤이 증가한다.
② 모든 개별소비자의 지불용의가격을 알고 있다면, 독점기업은 완전가격차별을 실시하여 모든 소비자잉여를 독점기업의 이윤으로 차지하며, 이 경우 효율적인 자원배분이 이루어진다.
③ 재판매가 불가능해야 가격차별이 성립된다.
④ 제3급 가격차별은 제1급 가격차별에 비해 사중손실(자중손실, deadweight loss)이 더 크다.
⑤ 소비자 집단 A의 수요가 소비자 집단 B의 수요보다 가격에 대해 더 탄력적이라면, 독점기업은 소비자 집단 B보다 소비자 집단 A에 더 높은 가격을 부과한다.

| 해설 | 시장가격차별의 원리는 수요의 가격탄력성이 더 높은 시장에 더 낮은 가격을 책정하는 것이다. 따라서 수요의 가격탄력성이 비탄력적인 소비자 집단 B에 더 높은 가격을 부과한다.

20 난이도

독점기업에 대한 설명으로 옳지 않은 것은? (단, 시장수요곡선은 우하향하고, 생산량은 0보다 크다.)

① 한계수입은 가격보다 작다.
② 완전가격차별을 할 때의 경제적 순손실(deadweight loss)은 가격차별을 할 수 없을 때보다 크다.
③ 이윤을 극대화하는 생산량에서 가격이 한계비용보다 크다.
④ 이윤극대화의 필요조건은 한계수입과 한계비용을 일치시키는 것이다.
⑤ 가격차별을 할 때의 이윤은 가격차별을 할 수 없을 때보다 크다.

| 해설 | 완전가격차별을 할 때 $P = MC$를 만족하므로 시장의 효율성이 달성되고, 사회적 후생손실은 발생하지 않는다.
| 오답해설 | ① 독점기업의 수요곡선은 우하향하므로 한계수입곡선은 우하향하면서 수요곡선의 하방에 위치한다. 따라서 언제나 $P > MR$의 조건이 성립한다.
③ 독점기업은 이윤을 극대화하는 생산량에서 $P > MR = MC$의 조건이 성립한다.
④ 이윤극대화 조건은 $MR = MC$이다.
⑤ 독점기업이 가격차별을 실시하면 가격차별을 실시하지 않을 때보다 독점기업의 이윤이 크다.

21 난이도

두 소비자 A, B에게 팝콘과 콜라를 판매하는 영화관이 있다. 개별 소비자는 각 재화를 최대 한 단위씩만 구매할 수 있으며 두 소비자의 최대지불용의가격과 영화관의 재화생산에 대한 평균비용은 표와 같다. 영화관이 결합판매(묶어팔기)전략을 사용할 때 얻을 수 있는 최대 이윤은?

구분	평균비용	최대지불용의금액(원)	
		A	B
팝콘	2,000	4,000	3,000
콜라	1,500	2,500	3,000

① 4,000원
② 4,500원
③ 5,000원
④ 5,500원
⑤ 6,000원

| 해설 | 팝콘과 콜라를 결합하여 구매할 때 소비자 A의 최대지불용의가격은 4,000원+2,500원=6,500원이고, 소비자 B의 최대지불용의가격은 3,000원+3,000원=6,000원이므로 소비자 모두에게 팝콘과 콜라를 묶어 판매하기 위해서는 묶음가격이 6,000원으로 책정되어야 한다. 묶음가격을 6,000원으로 결정한 후 두 소비자에게 판매하면 총수입은 6,000원×2=12,000원이다. 팝콘의 평균비용이 2,000원이므로 두 단위에 대한 비용은 2,000원×2=4,000원이고, 콜라의 평균비용이 1,500원이므로 두 단위에 대한 비용은 1,500원×2=3,000원이다. 따라서 총비용은 4,000원+3,000원=7,000원이다. 총수입이 12,000원이고, 총비용이 7,000원이므로 이윤은 12,000원-7,000원=5,000원이다.

정답 19 ⑤ 20 ② 21 ③

22 난이도 ■■□

의류 판매업자인 A씨는 다음 표와 같은 최대지불용의금액을 가지고 있는 두 명의 고객에게 수영복, 수영모자, 샌들을 판매한다. 판매전략으로 묶어팔기(bundling)를 하는 경우, 수영복과 묶어 팔 때가 따로 팔 때보다 이득이 더 생기는 품목과 해당 상품을 수영복과 묶어 팔 때 얻을 수 있는 최대 수입은?

구분	최대지불용의금액(원)		
	수영복	수영모자	샌들
고객 갑	400	250	150
고객 을	600	300	100

① 수영모자, 1,300원
② 수영모자, 1,400원
③ 샌들, 1,000원
④ 샌들, 1,100원
⑤ 샌들, 1,200원

| 해설 |
- 수영복과 수영모자
  - 개별판매 시 매출액: (400원×2)+(250원×2)=800원+500원=1,300원
  - 결합판매 시 매출액: 고객 갑의 지불용의금액은 400원+250원=650원이고, 고객 을의 지불용의금액은 600원+300원=900원이므로 결합판매의 가격은 650원이 된다. 따라서 매출액은 650원×2=1,300원이다.
  - 수영복과 수영모자의 경우는 개별판매 시 매출액과 결합판매 시 매출액이 동일하므로 묶어팔기를 통한 이윤 증대가 불가능하다.
- 수영복과 샌들
  - 개별판매 시 매출액: (400원×2)+(100원×2)=800원+200원=1,000원
  - 결합판매 시 매출액: 고객 갑의 지불용의금액은 400원+150원=550원이고, 고객 을의 지불용의금액은 600원+100원=700원이므로 결합판매의 가격은 550원이 된다. 따라서 매출액은 550원×2=1,100원이다.
  - 수영복과 샌들의 경우는 개별판매 시 매출액보다 결합판매 시 매출액이 100원 증가하므로 묶어팔기를 통해 100원의 이윤 증대가 가능하다.

23 난이도 ■□□

진입장벽이 없어 다수의 경쟁자가 시장에 존재하지만 제품 차별화를 통해 생산자가 일시적으로 독점력을 행사하는 시장을 독점적 경쟁시장이라고 한다. 우리나라에서 독점적 경쟁시장의 특징이 가장 잘 나타나는 산업은?

① 항공산업
② 주식시장
③ 영화제작
④ 정유산업
⑤ 상수도, 우편

| 해설 | 영화제작, 음반제작은 경쟁적이지만 완성된 작품의 차별화를 통해 공급자가 일정한 독점력을 행사할 수 있는 시장이다.
| 오답해설 | ①④ 항공산업, 정유산업은 과점시장에 해당한다.
② 주식시장은 완전경쟁시장에 가까운 시장이다.
⑤ 상수도와 우편은 정부의 독점권 부여로 만들어진 독점시장에 해당한다.

24 난이도 ■□□

수많은 해장국집이 있는데 각 해장국의 맛, 품질, 가격은 약간씩 다르다. 이 해장국시장이 해당하는 시장의 유형은?

① 완전경쟁시장
② 독점시장
③ 독점적 경쟁시장
④ 과점시장
⑤ 복점시장

| 해설 | 해장국을 판매하는 음식점은 많이 존재하지만 맛과 품질에 의해 어느 정도 차별성을 가지고 가격을 달리 책정하고 있으므로 이는 독점적 경쟁시장이라고 할 수 있다.

25 난이도 ■■□

독점적 경쟁시장에 대한 설명으로 옳지 않은 것은?

① 다수의 기업이 서비스한다.
② 시장장벽이 낮아 진입이 쉽다.
③ 개별기업들은 동질의 상품을 공급한다.
④ 개별기업들은 장기에 0의 이윤을 얻는다.
⑤ 커피전문점은 독점적 경쟁시장의 예가 될 수 있다.

| 해설 | 독점적 경쟁시장의 기업들은 기업마다 조금씩 다른 상품을 만들어 팔기 때문에 자신의 상품에 대해 어느 정도의 독점력을 보유하고 있다.
| 오답해설 | ① 다수의 소비자와 다수의 생산자가 존재한다.
② 독점적 경쟁시장의 기업들은 장기에 시장장벽이 낮아 신규시장으로의 자유로운 진입과 기존시장으로부터의 자유로운 탈퇴가 보장된다.
④ 독점적 경쟁시장에는 장기에 진입장벽이 없으므로 독점적 경쟁기업은 완전경쟁기업과 마찬가지로 초과이윤을 얻지 못하고 정상이윤만을 얻는다.
⑤ 미용실, 목욕탕, 세탁소, 약국, 음식점, 우유시장, 비누시장, 커피전문점 등이 독점적 경쟁시장에 해당한다.

정답 22 ④ 23 ③ 24 ③ 25 ③

26

독점적 경쟁시장에 대한 설명으로 옳은 것은? (단, 수요곡선은 우하향한다.)

① 공급자의 수가 소수이며, 제품의 품질이 동일한 경우이다.
② 장기균형에서 개별기업의 이윤은 0이다.
③ 공급자가 하나이고 수요자가 많은 경우이다.
④ 정유산업, 자동차산업, 항공산업 등이 해당한다.
⑤ 장기에 균형가격은 평균비용보다 높다.

| 해설 | 독점적 경쟁시장은 장기에 기업의 자유로운 진입과 탈퇴가 보장되므로 기업의 이윤은 0이다.
| 오답해설 | ①③ 독점적 경쟁시장에서 기업과 소비자는 모두 다수이고, 각 기업이 생산하는 제품의 질이 약간씩 다르기 때문에 제품차별화가 이루어진다.
④ 정유산업, 자동차산업, 항공산업 등은 과점시장에 해당한다. 독점적 경쟁시장에는 미용실, 커피전문점, 시내주유소 등이 있다.
⑤ 독점적 경쟁기업은 장기에 이윤이 0이므로 가격은 평균비용과 일치한다.

27

다음 시장들의 공통적인 특징으로 옳지 않은 것은?

- 많은 소설가들이 서로 다른 장르의 소설을 발표하며, 소비자들은 이 중에서 취향에 따라 구매한다.
- 많은 가수들이 새 음반을 발표하여 시장에서 경쟁한다.
- 상업 지역, 아파트 지역, 대학가 등에는 한식, 분식 등 다양한 종류의 음식점들이 경쟁하고 있다.

① 개별공급자들이 직면하는 수요곡선은 우하향한다.
② 각각의 시장에서 공급자들은 차별화된 제품을 공급한다.
③ 소비자의 다양한 욕구를 충족시킬 수 있다.
④ 각 시장에서 공급자들은 각각 어느 정도의 독점력을 보유하고 있다.
⑤ 상품의 형태나 모양으로는 차별화할 수 없다.

| 해설 | 제시된 시장은 독점적 경쟁시장에 해당한다. 독점적 경쟁시장의 기업은 물리적 특성상 차별화, 품질보증, 사후수리 서비스, 배달방식 등의 방식으로 상품을 차별화한다.
| 오답해설 | ①②④ 독점적 경쟁기업은 제품차별화로 인해 어느 정도의 독점력을 갖고 있으므로 개별공급자들이 직면하는 수요곡선은 우하향한다.
③ 독점적 경쟁시장에서는 상품차별화를 통해 소비자의 다양한 기호에 부합한다. 독점적 경쟁기업은 소비자의 취향에 부합되는 방향으로 상품을 차별화하는 데 많은 노력을 기울인다.

28

과점시장에 해당하지 않는 것은?

① 가전제품산업   ② 이동통신산업
③ 항공산업   ④ 정유산업
⑤ 미용산업

| 해설 | 미용산업은 다수의 기업이 차별화된 상품을 생산하는 독점적 경쟁시장에 해당한다.
| 오답해설 | ①②③④ 가전제품산업, 이동통신산업, 항공산업, 정유산업, 자동차산업 등은 과점시장에 해당한다.

29

과점시장(oligopoly market)에 대한 설명으로 옳은 것은?

① 동질의 제품을 생산한다.
② 진입장벽이 낮은 편으로 가격경쟁이 치열하다.
③ 기업들 간에 형성된 암묵적 담합은 카르텔보다 결속력이 강하다.
④ 경쟁 심화로 인해 각 기업은 다른 기업에 대해 독립적인 의사결정을 내린다.
⑤ 암묵적 담합이 이루어진 경우 가격과 생산량은 비교적 고정적이다.

| 해설 | 과점시장은 비가격경쟁이나 가격에 대한 암묵적 담합이 발생하므로 가격이 경직성을 보인다.
| 오답해설 | ① 동질의 제품을 생산하는 과점시장을 순수과점이라고 하고, 차별화된 제품을 생산하는 과점시장을 차별화된 과점이라고 한다.
② 과점시장은 진입장벽이 높은 편이고 비가격경쟁이 치열하다.
③ 기업 간의 협정을 통해 만들어진 카르텔의 결속력이 강하다.
④ 과점시장은 상호의존성이 강하므로 기업은 상대방의 전략을 고려하여 의사결정을 내린다.

정답 26 ② 27 ⑤ 28 ⑤ 29 ⑤

30

과점시장에 대한 설명으로 옳지 않은 것은?

① 완벽하지는 않지만 상당한 진입장벽이 존재한다.
② 치열한 비가격경쟁으로 인해 가격의 경직성이 나타난다.
③ 기업들 간의 경쟁을 게임이론으로 설명한다.
④ 카르텔 협정이 지속되기 쉽다.
⑤ 기업 간 상호 의존성이 강하다.

| 해설 | 카르텔이란 과점기업들이 담합을 통해 경쟁을 줄여 이윤을 증가시키고 신규기업의 진입을 저지하기 위해 마치 독점기업처럼 행동하는 것을 말한다. 일반적으로 카르텔이 형성되면 이전보다 이윤이 증가하지만, 한 기업이 카르텔을 위반하면 이윤이 대폭 증가할 가능성이 있어 카르텔은 항상 붕괴의 소지를 갖고 있다.

31

자동차시장, 이동통신시장, 정유시장 등에서 쉽게 찾아볼 수 있는 시장의 형태인 과점시장의 특징으로 옳지 않은 것은?

① 생산자는 가격결정자로 행동한다.
② 시장의 진입장벽이 상당히 높게 나타난다.
③ 소수의 공급자와 다수의 수요자가 존재한다.
④ 기업 간 상호 독립적인 의사결정이 일어난다.
⑤ 가격이 경직성을 띠는 것이 일반적이다.

| 해설 | 과점시장은 소수의 기업들이 경쟁하므로 기업들 간 밀접한 상호의존성이 존재한다.
| 오답해설 | ① 과점시장의 공급자는 가격책정자로 행동한다.
② 과점시장은 독점시장보다 낮지만 높은 진입장벽이 존재한다.
③ 과점시장이란 상당한 진입장벽하에서 소수의 대기업에 의해 지배되는 시장조직형태를 말한다.
⑤ 과점시장에서는 치열한 비가격경쟁이 일어나므로 가격이 경직성을 갖게 된다.

32

다음에서 설명하는 제도는?

- 담합과 같은 불공정거래를 방지하기 위해 도입된 제도로, 담합을 먼저 신고한 기업에게 과징금을 감면해 주는 제도이다.
- 이 제도로 일부 건설회사들의 불공정거래행위가 적발되었는데, 그 과징금을 공정거래위원회가 뚜렷한 근거 없이 깎아주면서 논란을 부추겼다.

① 워치독
② 리니언시
③ 엑시트
④ 플리바게닝
⑤ 휘슬블로어

| 해설 | 리니언시(leniency)제도는 담합이나 카르텔 등 부당한 공동행위에 참여한 기업이 그 사실을 자진 신고할 경우 과징금과 징역 등 제재의 수준을 감면해 주는 제도이다. 이 제도는 부당한 공동행위를 적발하고 제재하는 데 효과적이지만 부작용도 있다. 시장점유율이 높은 기업이 담합을 통해 막대한 이익을 얻은 후 이 제도를 통해 감면 혜택을 받고, 담합에 가담했던 하도급 업체들만 처벌받는 결과를 내기도 한다는 비판을 받고 있다.
| 오답해설 | ① 워치독(watch dog)은 불법적이거나 무책임한 행동을 저지르는 관행에 대해 이를 감시하고 지적하는 사람이나 단체를 의미한다. 정부의 워치독에는 미디어, 사회단체 등이 있고, 기업의 워치독에는 소비자단체나 환경보호단체 등이 있다.
③ 엑시트(exit)는 출구전략(exit strategy)이라고도 하는데, 경기침체나 위기가 종료되고 회복되는 시점에서 경기부양을 위해 펼쳤던 정책을 경제에 미치는 영향을 최소화하면서 거둬들이는 전략적 경제정책을 말한다.
④ 플리바게닝(plea bargaining)이란 피고 측이 유죄를 인정하거나 관련 증언을 하는 대가로 형량을 경감하거나 조정할 수 있게 한 제도이다.
⑤ 휘슬블로어(whistle blower)란 '부정행위를 봐주지 않고 호루라기를 불어 지적한다.'는 것에서 유래한 것으로 '내부고발자'를 의미한다.

정답 30 ④ 31 ④ 32 ②

33 난이도

우리나라의 공정거래위원회가 리니언시(leniency)제도를 통해 적발하려고 하는 기업의 불법행위는?

① 덤핑
② 담합
③ 가격차별
④ 끼워팔기
⑤ 묶어팔기

| 해설 | 리니언시제도는 시장의 지배 기업들 사이에서 이루어지는 담합이나 카르텔 등 부당한 공동행위가 속성상 내부고발자의 도움 없이는 알아내기 힘들다는 점 때문에 도입된 제도이다. 참여한 기업이 그 사실을 자진 신고할 경우 과징금과 징역 등 제재의 수준을 감면해 준다.

34 난이도

과점시장의 기업들은 카르텔을 통해 독점기업의 독점력을 행사할 수 있는데, 이러한 카르텔이 유지되기 어려운 경우는?

① 시장의 진입장벽이 높은 경우
② 상품차별화의 정도가 작은 경우
③ 가맹기업의 수가 많은 경우
④ 위반기업에 대한 제재조치가 강화되는 경우
⑤ 정부의 독과점규제가 약한 경우

| 해설 | 카르텔은 시장의 진입장벽이 낮을 때, 상품차별화의 정도가 클 때, 가맹기업의 수가 많을 때, 위반기업에 대한 보복조치가 약할 때, 정부의 독과점규제가 강할 때 유지되기 어렵다.

35 난이도

게임이론에 대한 내용으로 옳지 않은 것은?

① 우월전략을 찾을 수 없는 경우에도 내쉬전략은 찾을 수 있다.
② 내쉬균형전략이란 상대방의 전략이 주어져 있을 때 자신의 입장에서 최적인 전략을 의미한다.
③ 완전균형이란 내쉬 조건을 충족시키는 전략의 짝을 의미한다.
④ 우월전략이란 상대방이 어떤 전략을 선택하느냐에 관계없이 자신에게 언제나 더 유리한 결과를 가져다 주는 전략이다.
⑤ 내쉬 조건은 상대방이 현재의 전략을 그대로 유지한다고 할 때, 자신만 일방적으로 전략을 바꿈으로써 이득을 볼 수 없다는 조건이다.

| 해설 | 순차게임에서 완전균형이 성립하기 위해서는 내쉬 조건(nash condition)뿐만 아니라 신뢰성 조건(credibility condition)도 만족해야 한다. 신뢰성 조건이란 어떤 전략에 내포되어 있는 위협이나 공약이 신뢰성을 보유하고 있어야 함을 말한다.

36 난이도

다음 보상행렬 $(a, 1)$에서 a는 경기자 A의 보상을, 1은 경기자 B의 보상을 나타내고, a, b, c, d는 양(+)의 값을 갖는다. 경기자 A가 Top을 선택하고, 경기자 B가 Left를 선택하는 것이 내쉬균형이라면, 다음 중 옳은 것은?

구분		경기자 B	
		Left	Right
경기자 A	Top	a, 1	1, c
	Bottom	b, 1	1, d

① $b>1, d<1$
② $c>1, a<1$
③ $c<1, a>b$
④ $a>c, c<1$
⑤ $c<1, d<1$

| 해설 | 내쉬균형이란 상대방의 전략을 주어진 것으로 간주하고 자신에게 최적인 전략을 선택할 때 이 최적전략의 짝을 말한다. 경기자 A는 경기자 B가 Left를 선택 시 Top을 선택했으므로 Bottom을 선택했을 경우보다 자기의 보상이 커야 한다. 따라서 $a>b$가 된다. 경기자 B는 1이 c보다 커야 한다. 따라서 $c<1$이고, $a>b$이다.

정답 33 ② 34 ③ 35 ③ 36 ③

37 난이도

다음 게임에 대한 옳은 설명을 〈보기〉에서 모두 고른 것은?

> 민준과 서연에게 화단은 순수공공재이다. 화단으로부터 각자 10만 원에 상응하는 만족을 얻을 수 있고, 화단을 만드는 비용은 12만 원이다. 두 사람은 화단을 만드는 데 찬성할 것인지 반대할 것인지를 독립적으로 동시에 결정한다. 한 사람이라도 찬성하면 화단이 만들어지고 그 비용은 찬성한 사람이 균등하게 부담한다. 즉, 한 사람만 찬성하면 혼자 12만 원을 지불하고 두 사람 모두 동의한다면 각각 6만 원씩 지불한다. 모두 반대하면 화단은 만들어지지 않는다.

┤ 보기 ├

㉠ 사적 이익을 극대화하고자 한다면 두 사람 모두 화단을 만드는 것에 동의할 것이다.
㉡ 반대하는 것이 두 사람 모두에게 우월전략이다.
㉢ 내쉬균형에서는 언제나 화단이 만들어지지 않는다.
㉣ 모두 찬성하는 것이 파레토(Pareto) 효율적이나, 무임승차의 문제로 인해 실현되기 어렵다.

① ㉡, ㉣
② ㉢, ㉣
③ ㉠, ㉡, ㉢
④ ㉠, ㉡, ㉣
⑤ ㉡, ㉢, ㉣

| 해설 |

구분		서연	
		찬성	반대
민준	찬성	(4, 4)	(−2, 10)
	반대	(10, −2)	(0, 0)

- 우월전략(dominant strategy)이란 상대방이 어떤 전략을 선택하더라도 자신에게 유리한 전략을 말한다. 상대방이 찬성을 선택했을 때 자신이 찬성했을 경우의 보수는 4이고, 반대를 선택했을 경우의 보수는 10이므로 반대를 선택한다. 상대방이 반대를 선택했을 때 자신이 찬성했을 경우의 보수는 −2이고, 반대를 선택했을 경우의 보수는 0이므로 반대를 선택한다. 따라서 상대방이 어떤 전략을 선택하더라도 반대를 하는 것이 유리한 전략이므로 반대하는 것이 우월전략이다. 민준과 서연의 우월전략은 '반대'이므로 화단은 만들어지지 않는다.
- 제시된 게임은 자신이 화단을 만드는 데 찬성하지 않은 상태에서 화단이 만들어지더라도 공공재의 비배제성으로 인해 무임승차가 가능하므로 부담을 기피하게 되는 현상을 보여 준다. 대표적인 시장실패의 현상으로서 이에 공공재에 대한 정부개입의 정당성이 인정된다. 위의 게임은 '용의자의 딜레마' 상황과 동일한 결과를 가져오기 때문에 파레토 비효율적이다.

38 난이도

두 과점기업 A, B의 전략적 행동에 따라 달라지는 다음의 보수행렬에서 첫 번째 숫자는 기업 A의 이윤, 두 번째 숫자는 기업 B의 이윤을 가리킨다. 기업 A와 B 각각의 우월전략은?

구분		기업 B의 전략적 결정	
		전략 1	전략 2
기업 A의 전략적 결정	전략 1	(300만 원, 600만 원)	(200만 원, 400만 원)
	전략 2	(50만 원, 300만 원)	(250만 원, 0원)

	기업 A	기업 B
①	전략 1	전략 1
②	전략 1	전략 2
③	전략 2	전략 1
④	전략 2	우월전략 없음
⑤	우월전략 없음	전략 1

| 해설 |
- 기업 A의 전략: 기업 B가 전략 1을 선택했을 때 기업 A가 전략 1을 선택하면 기업 A의 보수는 300만 원, 전략 2를 선택하면 기업 A의 보수는 50만 원이므로 기업 A는 전략 1을 선택한다. 기업 B가 전략 2를 선택했을 때 기업 A가 전략 1을 선택하면 기업 A의 보수는 200만 원, 전략 2를 선택하면 기업 A의 보수는 250만 원이므로 기업 A는 전략 2를 선택한다. 따라서 기업 A의 우월전략은 존재하지 않는다.
- 기업 B의 전략: 기업 A가 전략 1을 선택했을 때 기업 B가 전략 1을 선택하면 기업 B의 보수는 600만 원, 전략 2를 선택하면 기업 B의 보수는 400만 원이므로 기업 B는 전략 1을 선택한다. 기업 A가 전략 2를 선택했을 때 기업 B가 전략 1을 선택하면 기업 B의 보수는 300만 원, 전략 2를 선택하면 기업 B의 보수는 0원이므로 기업 B는 전략 1을 선택한다. 따라서 기업 A가 어떠한 전략을 선택하더라도 기업 B는 전략 1을 선택하는 것이 유리하므로 기업 B의 우월전략은 전략 1이 된다.

정답 37 ⑤ 38 ⑤

39

용의자의 딜레마(prisoner's dilemma) 모형에 대한 설명으로 옳은 것은?

① 완전경쟁시장에서의 기업 간 관계를 잘 설명할 수 있다.
② 우월전략이 존재하지 않는다.
③ 용의자의 딜레마 상황이 무한반복되는 경우 참가자들 간의 협조가 더 어려워진다.
④ 과점기업들이 공동행위를 통한 독점이윤을 누리기 어려운 이유를 잘 설명할 수 있다.
⑤ 균형에서 파레토 효율성이 달성된다.

| 해설 | 카르텔 모형에서 두 과점기업 모두 협정을 준수하는 것이 모두의 보수를 증가시키는 전략조합이지만, 모두 협정을 위반할 경우 낮은 보수를 가져가게 된다. 이는 용의자의 딜레마 게임과 거의 유사한 성격을 지니고 있다.

| 오답해설 | ① 게임이론은 과점시장의 각 기업이 서로 상호연관관계를 통해 전략적 상황에 처해 있을 때 과점기업 간의 경쟁과 행동들을 게임이라는 요소를 통해 분석하고 예측하는 이론이다.
② 용의자의 딜레마 모형에서는 두 용의자가 모두 자백하는 우월전략이 존재한다.
③ 용의자의 딜레마 모형에서 두 용의자 모두의 보수를 증가시키는 전략조합으로 가기 위해서는 비협조적 게임을 협조적 게임으로 전환시키고 게임이 무한반복으로 진행되어야 한다. 게임이 무한반복되면 두 용의자가 협조적 태도를 보이게 된다.
⑤ 용의자의 딜레마 모형은 두 용의자 모두의 보수를 증가시킬 수 있는 전략조합이 존재함에도 두 용의자 간의 협조가 이루어지지 않은 관계로 두 용의자 모두의 보수를 감소시키는 전략을 선택하게 되는 사회후생적 특징을 지니고 있다. 따라서 파레토 비효율적이다.

40

A국과 B국이 어떤 무역정책을 선택하는지에 따라 두 국가의 보수는 다음 표와 같이 결정된다. 이에 대한 옳은 설명을 〈보기〉에서 모두 고른 것은? (단, 각 보수쌍에서 왼쪽은 A국의 보수이고, 오른쪽은 B국의 보수이다.)

구분		B국의 선택	
		자유무역	보호무역
A국의 선택	자유무역	(100, 100)	(−100, 200)
	보호무역	(200, −100)	(−50, −50)

보기

㉠ 내쉬균형은 두 국가가 모두 보호무역을 선택하는 것이다.
㉡ 두 국가가 모두 자유무역협정(FTA)을 시행하는 것은 파레토 효율적이다.
㉢ A국이 보호무역을 선택하는 것은 우월전략이다.
㉣ 두 국가가 보호무역 상태에서 어느 한 국가가 무역정책을 변경하면 두 국가 모두 보수가 커진다.

① ㉠, ㉡
② ㉠, ㉢
③ ㉢, ㉣
④ ㉠, ㉡, ㉢
⑤ ㉡, ㉢, ㉣

| 해설 | ㉠㉢ 두 국가 모두 상대방이 자유무역을 선택하든 보호무역을 선택하든 보호무역을 선택하는 것이 유리한 전략이므로 보호무역이 두 국가 모두의 우월전략이다. 모든 우월전략균형은 내쉬균형이 된다.
㉡ 두 국가가 모두 자유무역을 선택하는 것이 두 국가 모두의 보수를 증가시키는 전략조합이므로 두 국가가 모두 자유무역협정(FTA)을 시행하는 것은 파레토 효율적이다.

정답 39 ④ 40 ④

41

기업 A는 a_1과 a_2라는 두 가지 전략을 가지고 있으며, 기업 B는 b_1과 b_2라는 두 가지 전략을 가지고 있다. 두 기업이 전략을 동시에 선택하는 게임의 보수행렬이 다음과 같을 때, 이 게임의 내쉬균형(Nash equilibrium)을 모두 찾으면? (단, 보수행렬에서 첫 번째 숫자는 기업 A의 보수이며, 두 번째 숫자는 기업 B의 보수이다.)

구분		기업 B	
		b_1	b_2
기업 A	a_1	(3, 2)	(0, 0)
	a_2	(3, 2)	(3, 2)

① (a_2, b_1)
② (a_2, b_1), (a_1, b_1)
③ (a_1, b_1), (a_2, b_1), (a_2, b_2)
④ (a_2, b_1), (a_1, b_1), (a_1, b_2)
⑤ (a_2, b_1), (a_1, b_1), (a_2, b_2), (a_1, b_2)

| 해설 | • 기업 B가 b_1의 전략을 선택했을 때 기업 A가 a_1의 전략을 선택하든 a_2의 전략을 선택하든 보수는 3이다. 이때 기업 A가 a_1의 전략을 선택하였다면 기업 B가 b_1의 전략을 선택하므로 (a_1, b_1)은 내쉬균형이 된다.
• 기업 B가 b_1의 전략을 선택했을 때 기업 A가 a_2의 전략을 선택하면 기업 A가 a_2의 전략을 선택했을 때 기업 B는 b_1의 전략을 선택하든 b_2의 전략을 선택하든 보수가 2로 동일하므로 기업 B는 b_1의 전략을 선택할 수 있다. 따라서 (a_2, b_1)은 내쉬균형이 된다.
• 기업 B가 b_2의 전략을 선택했을 때 기업 A가 a_1의 전략을 선택하면 기업 A의 보수는 0이고, 기업 A가 a_2의 전략을 선택하면 기업 A의 보수는 3이므로 기업 A는 a_2의 전략을 선택한다. 기업 A가 a_2의 전략을 선택했을 때 기업 B는 b_1의 전략을 선택하든 b_2의 전략을 선택하든 보수가 2로 동일하므로 기업 B는 b_2의 전략을 선택할 수 있다. 따라서 (a_2, b_2)는 내쉬균형이 된다.

42

다음 보수행렬(payoff matrix)을 갖는 용의자의 딜레마(prisoner's dilemma) 게임에 대한 설명으로 옳지 않은 것은? (단, A와 B는 각 경기자의 전략이며, 괄호 안의 첫 번째 숫자는 경기자 1의 보수를, 두 번째 숫자는 경기자 2의 보수를 나타낸다.)

구분		경기자 2	
		A	B
경기자 1	A	(−5, −5)	(−1, −10)
	B	(−10, −1)	(−2, −2)

① 모든 경기자에게 우월전략(dominant strategy)이 존재한다.
② 유일한 내쉬균형이 존재한다.
③ 합리성이 파레토 효율성(Pareto efficiency)을 보장하지 않는다.
④ 게임을 무한히 반복할 경우에도 균형은 달라지지 않는다.
⑤ 암묵적 담합의 불안정성을 설명할 수 있다.

| 해설 | 게임이 무한하게 반복된다면 두 경기자 모두의 보수를 증가시키는 전략조합인 (B, B) = (−2, −2)를 선택할 가능성이 있다.
| 오답해설 | ①② 상대방이 어떤 전략을 선택하더라도 A를 선택하는 것이 우월전략이므로 이 게임의 우월전략균형은 (A, A) = (−5, −5)이다. 모든 우월전략균형은 내쉬균형이 되므로 우월전략균형은 내쉬균형이 되기 위한 충분조건이다.
③ 두 경기자 모두의 보수를 증가시키는 전략조합인 (B, B) = (−2, −2)가 존재함에도 불구하고 두 경기자 간 협조가 이루어지지 않은 관계로 두 경기자 모두의 보수를 감소시키는 전략조합인 (A, A) = (−5, −5)를 선택하여 파레토 비효율적이다.
⑤ 카르텔협정의 불안정성이 용의자의 딜레마 게임과 유사하다.

정답 41 ③ 42 ④

43 난이도 ■■□

다음은 A국과 B국의 교역관계에 대한 보수행렬(payoff matrix)이다. 이에 대한 설명으로 옳은 것은? (단, 보수쌍에서 왼쪽은 A국의 보수이고, 오른쪽은 B국의 보수이다.)

구분		B국	
		저관세	고관세
A국	저관세	(250, 250)	(300, 100)
	고관세	(100, 300)	(200, 200)

① 내쉬균형은 2개이다.
② 내쉬균형에 해당하는 보수쌍은 (200, 200)이다.
③ 우월전략균형에 해당하는 보수쌍은 (100, 300)이다.
④ A국의 우월전략은 고관세이다.
⑤ B국의 우월전략은 저관세이다.

| 해설 |
- B국이 저관세를 선택했다는 가정하에서 A국이 저관세를 선택하면 250, 고관세를 선택하면 100의 보수가 주어지므로 A국은 저관세를 선택하는 것이 내쉬전략이다. B국이 고관세를 선택했다는 가정하에서 A국이 저관세를 선택하면 300, 고관세를 선택하면 200의 보수가 주어지므로 A국은 저관세를 선택하는 것이 내쉬전략이다. 따라서 B국이 저관세를 선택하든 고관세를 선택하든 A국에게 유리한 전략은 저관세이므로 A국의 우월전략은 저관세이다.
- 동일한 논리로 A국이 저관세를 선택하든 고관세를 선택하든 B국에게 유리한 전략은 저관세이므로 B국의 우월전략도 저관세이다. 따라서 우월전략균형은 (저관세, 저관세)=(250, 250)이 된다.

44 난이도 ■■■

다음 게임에 대한 설명으로 옳지 않은 것은?

> 잠재적 진입기업 A는 기존기업 B가 독점하고 있는 시장으로 진입할지 여부를 고려하고 있다. A가 진입하지 않으면 A와 B의 보수는 각각 0과 2이다. A가 진입을 하면 B는 반격을 하거나 공생을 할 수 있다. B가 반격을 할 경우 A와 B의 보수는 각각 -1과 0이다. 반면, 공생을 할 경우 두 기업이 시장을 나누어 가져 각각 1의 보수를 얻는다.

① 이 게임의 순수전략 내쉬균형은 1개이다.
② 기업 A가 진입하지 않으면 기업 B는 어떤 전략을 택하든 무차별하다.
③ 부분게임완전균형에서 기업 A는 진입을 한다.
④ 기업 A가 진입하는 경우 기업 B는 공생하는 것이 최선의 대응이다.
⑤ 기업 A가 진입하면 반격하겠다는 기업 B의 전략은 신빙성이 없다.

| 해설 |

구분		기업 B	
		반격	공생
기업 A	진입	(-1, 0)	(1, 1)
	자제	(0, 2)	(0, 2)

위의 보수행렬에서 순수전략 내쉬균형은 (진입, 공생)과 (자제, 반격) 두 가지이다.

| 오답해설 | ② 기업 A가 자제하였을 때 기업 B는 반격하든 공생하든 그만큼의 동일한 보수를 얻으므로 어떤 전략을 택하든 무차별하다.
③④ 기업 B의 조건부전략은 기업 A가 진입했을 때 공생하고 기업 A가 자제했을 때 반격하거나 공생하는 전략이 최적 전략이다. 즉, 기업 B에게는 공생이 우월전략이다. 이러한 기업 B의 조건부전략을 알고 있는 기업 A는 진입을 결정한다. 따라서 진입게임의 완전균형은 (진입, 공생)이다.
⑤ 기업 A가 진입하면 기업 B는 공생을 선택할 것이므로 반격하겠다는 기업 B의 전략은 신빙성이 없다.

정답 43 ⑤ 44 ①

CHAPTER 05 조세와 소득분배이론

01 난이도 ■■□

정부는 X 재화에 단위당 t원의 세금을 부과하려 한다. 이에 대한 설명으로 옳은 것은? (단, X 재화에 대한 시장수요곡선은 우하향하고, 시장공급곡선은 우상향한다.)

① t원의 세금을 공급자에게 부과하면 소비자에게 부과하는 경우보다 정부의 조세수입이 더 증가한다.
② 수요가 탄력적이고 공급이 비탄력적인 경우 소비자가 부담하는 세금은 생산자가 부담하는 세금보다 적다.
③ t원의 세금을 생산자에게 부과하면 소비자가 지불하는 가격은 세금부과 전보다 낮고, 생산자가 실질적으로 받게 되는 가격은 세금부과 전보다 높다.
④ t원의 세금을 소비자에게 부과하면 소비자가 지불하는 가격과 생산자가 실질적으로 받게 되는 가격은 세금부과 전보다 더 높다.
⑤ 세금의 부과로 소비자잉여는 감소하는 반면, 생산자잉여는 증가한다.

| 해설 | 수요가 탄력적일수록 소비자의 세금부담은 작아지고, 공급이 비탄력적일수록 생산자의 세금부담은 커진다.
| 오답해설 | ① 소비자와 생산자 누구에게 조세를 부과하더라도 조세부과의 효과는 동일하게 나타난다.
③④ 소비자와 생산자 누구에게 조세를 부과하더라도 소비자가 지불하는 가격은 세금부과 전보다 높아지고, 생산자가 실질적으로 받게 되는 가격은 세금부과 전보다 낮아진다.
⑤ 조세를 부과하면 소비자잉여와 생산자잉여 모두 감소한다.

02 난이도 ■■□

우상향하는 공급곡선과 우하향하는 수요곡선을 갖는 재화에 대해 정부가 소비세를 부과하기로 결정하였다. 이 경우 부과의 효과에 대한 설명으로 옳은 것은?

① 수요와 공급이 모두 가격에 대해 비탄력적일 경우에는 탄력적인 경우보다 소비세부과로 인한 후생순손실(deadweight loss)이 적다.
② 소비세를 부과하기 이전에 비해 소비자는 더 높은 가격을 지불하지만, 공급자가 받는 가격에는 변화가 없다.
③ 소비자잉여와 생산자잉여가 모두 감소하지만, 이는 정부의 세수 증가로 메워진다.
④ 공급의 가격탄력성이 수요의 가격탄력성보다 클 때 조세부담은 공급자가 수요자보다 크다.
⑤ 공급의 가격탄력성이 완전탄력적인 재화의 경우 공급자에게 종량세를 부과하면, 조세부담은 모두 생산자에게 귀착된다.

| 해설 | 수요와 공급이 모두 가격에 대해 비탄력적일수록 소비세부과 후 거래량의 감소분이 작아져 후생순손실(deadweight loss)은 적어진다.
| 오답해설 | ② 소비세를 소비자에게 부과하면 수요가 감소하여 균형가격은 하락하고, 생산자에게 부과하면 공급이 감소하여 균형가격은 상승한다.
③ 소비세를 부과하면 총잉여의 감소분이 정부의 세수증가분보다 크게 되어 사회적 순후생손실이 발생한다.
④ 가격탄력성이 커질수록 조세부담액은 작아진다.
⑤ 공급의 가격탄력성이 완전탄력적이면 공급곡선이 수평이 되고, 재화의 공급자에게 종량세를 부과하면 수평의 공급곡선이 상방으로 이동하게 된다. 이때 가격상승분은 단위당 종량세와 일치하므로 조세부담은 모두 소비자에게 귀착된다.

정답 01 ② 02 ①

03

시장에서 거래되는 재화에 물품세를 부과하였을 경우 조세 전가가 발생하게 된다. 이에 대한 설명으로 옳지 않은 것은?

① 우상향하는 공급곡선의 경우 수요의 가격탄력도가 클수록 생산자 부담이 커지게 된다.
② 우하향하는 수요곡선의 경우 공급의 가격탄력도가 작을수록 소비자 부담은 작아지게 된다.
③ 소비자 또는 생산자 중 누구에게 부과하느냐에 따라 소비자 부담과 생산자 부담의 크기는 달라진다.
④ 수요가 가격 변화에 대해 완전탄력적이면 조세는 생산자가 전적으로 부담하게 된다.
⑤ 종량세가 부과된 상품의 대체재가 많을수록 공급자에게 귀착되는 조세부담은 커진다.

| 해설 | 소비자와 생산자 누구에게 조세를 부과하더라도 그 효과는 동일하게 나타난다.
| 오답해설 | ① 수요의 가격탄력성이 클수록 소비자 부담은 작아지고 생산자 부담은 커진다.
② 공급의 가격탄력성이 작을수록 생산자 부담은 커지고 소비자 부담은 작아진다.
④ 수요의 가격탄력성이 완전탄력적이면 수요곡선은 수평이 되어 생산자에게 조세를 부과하더라도 소비자에게 가격 인상으로 전가시키지 못하므로 모든 조세는 생산자가 부담한다.
⑤ 종량세가 부과된 상품의 대체재가 많을수록 수요의 가격탄력성은 상대적으로 커지게 된다. 수요의 가격탄력성이 상대적으로 큰 경우 종량세를 부과하였을 때 수요자 부담은 작아지고 공급자 부담은 커진다.

04

정부가 제품 1개당 100만큼의 종량세를 부과할 때 나타나는 현상에 관한 설명으로 옳지 않은 것은? (단, 수요곡선은 우하향하고, 공급곡선은 우상향한다.)

① 공급자에게 종량세를 부과하면 균형가격은 상승한다.
② 수요자에게 종량세를 부과하면 균형가격은 하락한다.
③ 종량세를 공급자에게 부과하든 수요자에게 부과하든 정부의 조세수입은 같다.
④ 종량세를 공급자에게 부과하든 수요자에게 부과하든 경제적 순손실(deadweight loss)은 같다.
⑤ 수요의 가격탄력성이 공급의 가격탄력성보다 클 경우 공급자보다 수요자의 조세부담이 크다.

| 해설 | 수요의 가격탄력성이 공급의 가격탄력성보다 클 경우 조세부담은 수요자가 공급자보다 작다.
| 오답해설 | ① 공급자에게 종량세를 부과하면 공급이 감소하여 공급곡선이 상방(좌측) 이동하므로 균형가격이 상승한다.
② 수요자에게 종량세를 부과하면 수요가 감소하여 수요곡선이 하방(좌측) 이동하므로 균형가격이 하락한다.
③④ 종량세를 공급자에게 부과하든 수요자에게 부과하든 실질적인 효과는 동일하게 나타나므로 정부의 조세수입과 경제적 순손실은 같다.

정답 03 ③ 04 ⑤

05 난이도 ■■□

A국 정부의 세법 개정 결과 세율이 다음과 같이 변경되었다. 향후 A국 경제에서 나타날 수 있는 현상을 추론한 것으로 적절하지 않은 것은? (단, A국 경제의 명목소득과 소비는 동일한 것으로 가정한다.) (단위: %)

구분	부가가치세율	소득세율	법인세율
변경 이전	10	40	20
변경 이후	20	30	10

① 소득분배가 개선될 것이다.
② 조세저항이 낮아질 것이다.
③ 조세행정비용이 감소할 것이다.
④ 근로의욕이 상승할 것이다.
⑤ 소비자물가가 상승할 것이다.

| 해설 | 직접세(소득세와 법인세)가 인하되고 간접세(부가가치세)가 인상되었으므로 소득분배가 악화될 것이다.
| 오답해설 | ② 직접세가 간접세에 비해 조세저항이 크게 나타난다. 직접세인 소득세와 법인세가 인하되었으므로 조세저항은 낮아질 것이다.
③ 직접세는 조세행정비용이 높고, 간접세는 조세행정비용이 낮다.
④ 소득세가 인하되었으므로 근로의욕은 상승할 것이다.
⑤ 부가가치세가 인상되었으므로 소비자물가는 상승할 것이다.

06 난이도 ■■□

표는 조세전가의 유무에 따라 조세제도 (가), (나)를 비교한 것이다. 이에 대한 설명으로 옳지 않은 것은?

구분	(가)	(나)
특징	납세자와 담세자가 일치	납세자와 담세자가 불일치
예	소득세, 법인세	부가가치세, 주세

① (가)는 일반적으로 누진세율이 적용된다.
② (가)에 비해 (나)는 조세저항이 약하다.
③ (가)는 조세부담의 누진성이 크게 나타난다.
④ (가)와 달리 (나)는 주로 소비에 부과된다.
⑤ (가)에 비해 (나)는 소득 재분배 효과가 크다.

| 해설 | (가)는 직접세, (나)는 간접세이다. 간접세에 비해 직접세는 소득 재분배 효과가 크다.
| 오답해설 | ① 소득세, 법인세는 누진세율이 적용된다.
② 직접세가 간접세에 비해 조세저항이 강하다.
③ 직접세는 누진세율이 적용되므로 조세부담의 누진성이 나타난다.
④ 주로 소비에 부과되는 세금은 간접세이다.

07 난이도 ■□□

소득분배의 공평성을 위한 소득재분배와 관련된 세금으로 옳은 것은?

① 소득세, 법인세
② 부가가치세
③ 종량세
④ 종가세
⑤ 정액세

| 해설 | 소득세와 법인세는 직접세로, 누진세율이 적용되므로 소득분배의 공평성을 추구한다.
| 오답해설 | ② 부가가치세는 간접세로 역진적이므로 소득분배를 악화시킬 수 있다.
③ 종량세는 상품 한 단위마다 일정액의 세금을 부과하는 것으로, 소득분배와 관련 없다.
④ 종가세는 상품가격의 일정 비율만큼 세금을 부과하는 것으로, 소득분배와 관련 없다.
⑤ 정액세는 생산량과 관계없이 일정액의 세금을 부과하는 것으로, 소득분배와 관련 없다.

정답 05 ① 06 ⑤ 07 ①

08

그림은 어느 국민경제의 연도별 GDP와 지니계수를 나타낸 것이다. 현재 이 국민경제의 상황으로 옳은 것은?

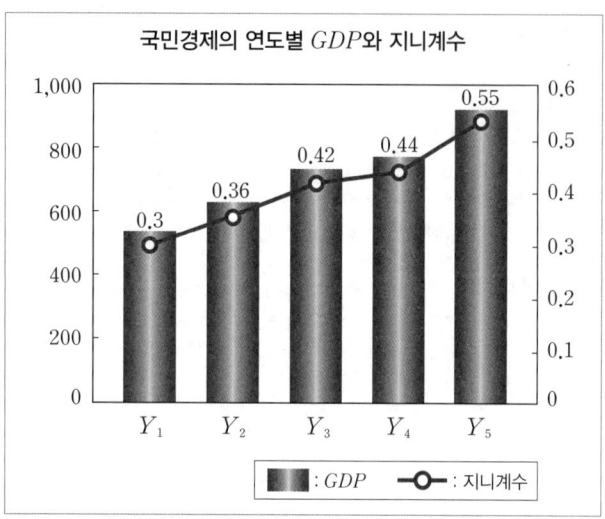

① 직접세의 비중이 증가하였다.
② 누진세율이 상승하였다.
③ 종합부동산세제의 적용 범위가 확대되었다.
④ 지속적인 경기침체로 소득 불균형이 심화되었다.
⑤ 저소득층보다 고소득층의 소득증가율이 높아졌다.

| 해설 | 지니계수가 커지고 있으므로 소득분배의 불공평성이 확대되고 있다. 저소득층보다 고소득층의 소득증가율이 높아지면 소득분배의 불공평성이 확대된다.
| 오답해설 | ① 직접세의 비중이 증가하면 소득분배가 공평해지므로 지니계수는 작아진다.
② 누진세율이 상승하면 소득분배가 공평해지므로 지니계수는 작아진다.
③ 종합부동산세제의 적용 범위가 확대되면 소득분배가 공평해지므로 지니계수는 작아진다.
④ 국민소득이 계속 증가하는 추세이므로 경기침체가 발생하였다고 볼 수 없다.

09

경제적 지대(economic rent)에 대한 설명으로 옳지 않은 것은?

① 정부의 규제 완화로 지대를 감소시킬 수 있다.
② 경제적 지대는 생산자잉여를 구성한다.
③ 경제적 지대는 이전수입을 초과하여 얻은 소득이다.
④ 경제적 지대는 공급이 완전탄력적일 때 발생한다.
⑤ 면허제도를 통해 변호사, 의사 등의 공급을 제한시키는 직종에서는 지대추구행위가 나타난다.

| 해설 | 공급이 완전탄력적이면 모든 소득이 전용수입이므로 경제적 지대는 발생하지 않는다. 공급이 완전비탄력적일 때 경제적 지대는 최대가 되고, 전용수입은 0이 된다.
| 오답해설 | ① 공급의 제한으로 인해 발생하는 것이 지대이므로 공급을 제한하는 정부의 규제를 완화하면 지대를 감소시킬 수 있다.
② 경제적 지대는 생산자잉여와 동일한 개념이다.
③ 전용수입은 어떤 생산요소가 다른 용도로 전용되지 않고 현재의 용도로 사용될 경우 받는 최소한의 지급보상액이다. 경제적 지대는 이전수입(전용수입)을 초과하여 얻은 소득이다.
⑤ 생산요소의 공급을 제한시켜 지대를 얻는 행위가 지대추구행위가 된다.

10

경제적 지대(economic rent)에 대한 설명으로 옳지 않은 것은?

① 경제적 지대를 추구하는 행위로 인해 자원의 낭비가 유발된다.
② 요소의 공급이 비탄력적일수록 경제적 지대는 작아진다.
③ 인기 연예인이 높은 수익을 받는 것은 경제적 지대의 한 예이다.
④ 이전수입이 커지면 경제적 지대는 감소한다.
⑤ 요소공급이 탄력적일수록 전용수입은 커진다.

| 해설 | • 전용수입이란 어떤 생산요소의 공급이 계속 유지될 수 있도록 하기 위해 생산요소 공급자에게 지불해야 하는 최소한의 금액으로, 현재의 고용상태에 묶어둠으로써 발생하는 기회비용을 의미한다.
• 경제적 지대는 노동공급자가 받는 노동소득 중 기회비용인 전용수입을 초과하는 소득이므로 현재의 고용상태에 묶어두기 위해 반드시 지급해야 할 필요가 없는 부분이고, 이 부분은 생산요소의 공급이 비탄력적이라는 성격과 관련 있다. 노동의 공급이 비탄력적일수록 노동공급곡선의 기울기는 커지므로 경제적 지대는 커지고 전용수입은 작아진다.

정답 08 ⑤ 09 ④ 10 ②

11
소득 불평등과 관련된 개념이 아닌 것은?

① 러너지수
② 로렌츠곡선
③ 지니계수
④ 5분위분배율
⑤ 10분위분배율

| 해설 | 미국의 경제학자 러너(A. P. Lerner)는 독점도의 크기를 가격과 한계비용의 격차를 이용하여 구하였는데, 이를 러너지수라고 한다. 독점도(degree of monopoly)란 한 산업 내에 있는 기업의 독점력 및 시장지배력을 측정하는 척도이다.

| 오답해설 | ② 로렌츠곡선(Lorenz curve)이란 인구의 누적비율을 가로축, 소득의 누적비율을 세로축으로 하는 정사각형에 계층별 소득분포를 표시한 곡선을 말한다.
③ 지니계수(Gini coefficient)란 로렌츠곡선이 보여 주는 소득분배의 상태를 하나의 숫자로 나타낸 것을 말한다.
④ 5분위분배율이란 전체 가계의 소득 수준을 5등분으로 나눌 때 최상위 20% 소득계층의 소득점유비율이 최하위 20% 소득계층의 소득점유비율에서 차지하는 비중을 말한다.
⑤ 10분위분배율(deciles distribution ratio)이란 전체 가계의 소득 수준을 10등분으로 나눌 때 최하위 40% 소득계층의 소득점유비율이 최상위 20% 소득계층의 소득점유비율에서 차지하는 비중을 말한다.

12
소득 불평등도의 분석방법에 대한 설명으로 옳지 않은 것은?

① 로렌츠곡선은 저소득자로부터 누적가계들이 전체 소득의 몇 %를 차지하는지를 나타내는 곡선이다.
② 로렌츠곡선이 대각선에 가까울수록 평등한 소득분배에 접근하게 된다.
③ 지니계수는 대각선과 로렌츠곡선 사이의 면적을 대각선 아래 삼각형의 면적으로 나눈 비율이다.
④ 로렌츠곡선은 서수적 평가방법이고, 지니계수는 기수적 평가방법이다.
⑤ 서로 다른 두 사회의 로렌츠곡선은 서로 교차하지 않는다.

| 해설 | 인구와 소득의 누적분포를 표현하고 있는 것이 로렌츠곡선이다. 완전평등선인 대각선에서 벗어날수록 불평등도가 심한 것을 나타낸다. 두 집단 간 로렌츠곡선이 교차하면 분배 상태의 직접적인 비교가 불가능하다.

13
소득분배와 관련된 설명으로 옳지 않은 것은?

① 십분위분배율의 값이 클수록 소득분배가 더 불균등하다는 것을 의미한다.
② 지니계수가 높을수록 소득분배가 더 불균등하다는 것을 의미한다.
③ 소득분배의 불균등도가 높을수록 로렌츠곡선은 대각선의 아래로 더 늘어지는 형태가 된다.
④ 지니계수는 기수적인 평가방법이다.
⑤ 직접세의 비중이 커질수록 지니계수는 작아진다.

| 해설 | 십분위분배율 = $\dfrac{하위\ 40\%\ 소득점유율}{상위\ 20\%\ 소득점유율}$로, 소득이 완전평등하면 2이고, 완전불평등하면 0이 된다.

14
소득분배에 대한 설명으로 옳은 것은?

① 지니(Gini)계수의 크기는 0과 0.5 사이에 있다.
② 지니(Gini)계수의 크기는 로렌츠곡선으로부터 도출할 수 있다.
③ 간접세 비중이 상승하면 지니(Gini)계수가 낮아진다.
④ 소득세에 종합소득세제를 도입하면 로렌츠곡선이 대각선에서 멀어진다.
⑤ 누진세제를 강화하면 십분위분배율이 낮아진다.

| 해설 | 지니계수(Gini coefficient)란 로렌츠곡선이 보여 주는 소득분배의 상태를 하나의 숫자로 나타낸 것을 말한다. 지니계수는 로렌츠곡선과 원점을 통과하는 대각선 사이의 면적을 그 대각선 아래의 삼각형 전체의 넓이로 나눈 것이다.

| 오답해설 | ① 지니계수의 크기는 0과 1 사이의 값을 가지며, 그 값이 클수록 소득이 불공평해진다.
③ 간접세 비중이 클수록 소득분배는 불공평해지므로 지니계수는 커진다.
④ 종합소득세제를 도입하면 소득분배는 공평해지므로 지니계수는 작아진다.
⑤ 십분위분배율은 0과 2 사이의 값을 가지며, 그 값이 클수록 소득분배가 공평해진다. 누진세제를 강화하면 소득분배가 공평해지므로 십분위분배율은 커진다.

정답 11 ① 12 ⑤ 13 ① 14 ②

CHAPTER 06 공공경제이론과 정보경제학

01 난이도 ■□□

시장이 제 기능을 발휘하지 못하여 자원이 비효율적으로 배분되는 상태를 시장실패라고 한다. 시장실패의 원인이 아닌 것은?

① 불완전경쟁
② 규모의 경제
③ 수확체감의 법칙
④ 외부성
⑤ 정보의 비대칭성

| 해설 | 시장이 제 기능을 발휘하지 못하여 자원이 비효율적으로 배분되는 상태를 시장실패라고 한다. 수확체감의 법칙이란 생산요소의 투입을 증가시킬수록 한계생산이 체감하는 것으로, 이는 시장실패의 원인에 해당하지 않는다.

02 난이도 ■■□

시장실패의 사례로 적절하지 않은 것은?

① 연구개발투자로 인해 기술이전이 증가하였다.
② 대중교통의 이용이 증가하여 교통 혼잡이 줄었다.
③ 생활필수품인 물보다 사치재인 보석이 훨씬 비싸다.
④ 흡연자들로 인해 비흡연자들은 간접 흡연 피해를 입었다.
⑤ 공장 주변의 대기 오염으로 주변 거주자들이 피해를 입었다.

| 해설 | 생활필수품인 물보다 사치재인 보석이 훨씬 비싼 사례는 가치의 역설(paradox of value)과 관련 있으며, 시장실패와 관련이 없다.
| 오답해설 | ① 생산의 외부경제로서 시장에 맡기면 사회적으로 바람직한 수준보다 과소생산되어 시장실패가 발생한다.
② 소비의 외부경제로서 시장에 맡기면 사회적으로 바람직한 수준보다 과소소비되어 시장실패가 발생한다.
④ 소비의 외부비경제로서 시장에 맡기면 사회적으로 바람직한 수준보다 과다소비되어 시장실패가 발생한다.
⑤ 생산의 외부비경제로서 시장에 맡기면 사회적으로 바람직한 수준보다 과다생산되어 시장실패가 발생한다.

03 난이도 ■■□

생산의 외부비경제 효과와 관련된 설명으로 옳지 않은 것은?

① 환경오염은 생산의 외부비경제로, 사적 한계비용과 사회적 한계비용의 차이로 인해 발생하는 시장실패이다.
② 오염배출권 거래제도를 실시하면 사회적 최적 수준을 달성할 수 있다.
③ 바람직한 오염배출량이 0이 아닐 수 있다.
④ 피구세를 부과하여 자원배분의 효율성을 달성하는 것은 시장 유인을 통한 해결방안이다.
⑤ 환경오염을 발생시키는 기업의 생산량은 사회적 최적 생산량보다 많다.

| 해설 | 피구세는 정부의 규제정책으로 시장 유인을 통한 해결방안이라고 할 수 없다.
| 오답해설 | ① 환경오염과 같은 생산의 외부비경제가 발생하면 사회적 한계비용이 사적 한계비용보다 크다.
② 오염배출권 거래제도는 시장을 활용하여 사회적 최적 수준을 달성하는 방안이다.
③ 바람직한 오염배출량은 사회적 한계편익과 사회적 한계비용이 일치하는 수준이다.
⑤ 환경오염은 외부비경제를 발생시키므로 기업의 생산량은 사회적 최적 생산량보다 많다.

| 정답 | 01 ③ | 02 ③ | 03 ④ |

04 난이도 ■■□

외부효과에 대한 설명으로 옳은 것은?

① 생산의 외부경제가 발생하면 생산물이 사회적으로 바람직한 수준보다 과다생산된다.
② 생산의 외부비경제가 발생하면 사적 한계비용이 사회적 한계비용보다 커진다.
③ 소비의 외부경제가 발생하면 사적 한계편익이 사회적 한계편익보다 커진다.
④ 소비의 외부비경제가 발생하면 생산물이 사회적으로 바람직한 수준보다 과다소비된다.
⑤ 외부경제와 달리 외부비경제는 시장실패의 원인이 된다.

| 해설 | 외부효과란 경제활동과정에서 제3자에게 의도하지 않은 혜택이나 손해를 끼치면서도 그에 대한 대가를 서로 치르지 않는 것을 의미한다. 소비의 외부비경제가 발생하면 사회적 한계편익은 사적 한계편익보다 작으므로 시장기구에 의한 소비량이 사회적으로 바람직한 소비량보다 많아져 과다소비가 이루어진다.

| 오답해설 | ① 생산의 외부경제가 발생하면 생산물이 사회적으로 바람직한 수준보다 과소생산된다.
② 생산의 외부비경제가 발생하면 사회적 한계비용이 사적 한계비용보다 커진다.
③ 소비의 외부경제가 발생하면 사회적 한계편익이 사적 한계편익보다 커진다.
⑤ 외부비경제와 외부경제 모두 시장실패의 원인이 된다.

05 난이도 ■□□

빈칸 ㉠, ㉡에 들어갈 내용으로 알맞은 것은?

> 관상용으로 나무를 재배하는 것은 공기를 정화하는 긍정적 외부효과(externality)를 발생시킨다. 나무 재배 시 사회적 효용은 사적 효용보다 ㉠ , 사회적 최적 재배량은 사적 균형 재배량보다 ㉡ .

	㉠	㉡
①	크며	많다
②	크며	적다
③	작으며	많다
④	작으며	적다
⑤	동일하며	동일하다

| 해설 | 소비의 외부경제가 발생하면 사회적 한계편익(SMB)은 사적 한계편익(PMB)보다 한계외부편익(MEB)만큼 크다. 소비의 외부경제가 발생하면 사회적 최적 수준보다 과소소비 및 과소생산이 이루어져 사회적 순후생손실이 발생한다.

06 난이도 ■■□

표는 외부효과를 구분한 것이다. (가)~(라)에 대한 옳은 설명을 〈보기〉에서 고른 것은?

구분	생산	소비
외부경제	(가)	(나)
외부비경제	(다)	(라)

─ 보기 ─

㉠ (가) - 사적 비용이 사회적 비용보다 크다.
㉡ (나) - 시장 균형거래량은 최적 거래량보다 작다.
㉢ (다) - 공급 감소 정책을 실시하면 사적 비용은 감소한다.
㉣ (라) - 과다소비의 문제는 보조금을 지급하여 해결할 수 있다.

① ㉠, ㉡
② ㉠, ㉢
③ ㉡, ㉢
④ ㉡, ㉣
⑤ ㉢, ㉣

| 해설 | ㉠ 생산의 외부경제가 발생하면 사회적 비용은 사적 비용보다 작다.
㉡ 소비의 외부경제가 발생하면 과소소비가 이루어져 시장거래량은 최적 거래량보다 작다.

| 오답해설 | ㉢ 생산의 외부비경제가 발생하면 과다생산이 이루어진다. 따라서 공급 감소 정책을 실시하면 사적 비용이 증가하므로 생산이 감소한다.
㉣ 소비의 외부비경제가 발생하면 과다소비가 이루어진다. 이는 조세를 부과하면 해결할 수 있다.

정답 04 ④ 05 ① 06 ①

07

외부성에 대한 설명으로 옳은 것은?

① 공해와 같은 음(-)의 외부성의 방출량은 0이 되어야 한다.
② 음(-)의 외부성은 작을수록 좋고, 양(+)의 외부성은 클수록 좋다.
③ 외부성은 협상을 통해 해결될 수 있는 경우도 있다.
④ 외부성에서 정보의 비대칭성 문제는 세금을 통해 해결할 수 있다.
⑤ 음(-)의 외부성이 발생하면 사회적 최적 생산량보다 과소생산된다.

| 해설 | 코즈정리에 의하면 환경재산권을 부여하면 정부의 시장개입 없이도 자발적인 협상에 의해 효율적인 자원배분을 달성할 수 있다.

| 오답해설 | ① 오염물질의 배출 수준을 줄이면 오염물질로 인한 피해는 줄어들지만 생산 수준이 감소하여 사회적 편익이 감소하는 부정적 효과가 발생한다. 따라서 바람직한 오염물질의 배출 수준은 0이 아니다.
② 음(-)의 외부성이 발생했을 때 사회적으로 바람직한 수준의 거래량보다 많이 거래가 되어 후생손실이 발생한다. 이때 사회적으로 바람직한 수준보다 적게 거래되는 것이 바람직하지만, 적정 수준을 넘어 거래량이 감소하면 오히려 사회적 편익의 감소라는 부정적 효과가 커지므로 바람직하지 않다. 양(+)의 외부성도 마찬가지이다.
④ 정보의 비대칭성은 역선택과 도덕적 해이의 문제로, 외부성과는 관련 없다.
⑤ 음(-)의 외부성이 발생하면 사회적으로 바람직한 수준보다 과다생산되어 비효율성이 나타난다.

08

다음 (가)~(다)에 대한 설명으로 옳지 않은 것은?

> (가) 비흡연자 A는 간접흡연에 노출될 경우 불쾌감을 느낀다.
> (나) B의 아름다운 정원으로 인하여 많은 이웃사람들이 즐거움을 느끼고 있다.
> (다) 제품 C의 생산과정에서 발생한 수질오염으로 호수의 물고기들이 폐사하였다.

① (가) - 담배에 세금을 부과하면 자원배분의 효율성이 저하된다.
② (나) - 소비의 긍정적 외부효과가 나타나고 있다.
③ (다) - 제품 C의 시장 균형가격은 사회적 최적 가격보다 낮다.
④ (가), (다) - 담배와 제품 C의 시장 균형거래량은 사회적 최적 거래량보다 많다.
⑤ (다) - 생산과정에서 발생하는 외부비경제이다.

| 해설 | (가)는 소비 측면의 외부비경제, (나)는 소비 측면의 외부경제, (다)는 생산 측면의 외부비경제에 해당한다. 소비 측면의 외부비경제가 나타나면 세금 등의 부과를 통해 자원배분의 효율성을 개선시킬 수 있다.

09

다음 상황에 대한 설명으로 옳지 않은 것은?

> 화학공장 A는 공장을 운영하면서 오염물질을 배출하여 양식업자 B에게 1억 원의 피해를 주고 있는데 오염방지시설을 설치하면 피해액을 2,000만 원으로 줄일 수 있다. 단, 오염방지시설의 설치비용은 3,000만 원이며, 협상을 위한 거래비용은 없다.

① 오염방지시설이 설치되는 것이 사회적으로 바람직하다.
② 화학공장 A가 환경재산권을 갖는다면 오염방지시설은 설치된다.
③ 양식업자 B가 환경재산권을 갖는다면 오염방지시설은 설치된다.
④ 양식업자 B가 환경재산권을 갖는 것이 화학공장 A가 환경재산권을 갖는 것보다 효율적이다.
⑤ 양식업자 B가 재산권을 가지면 화학공장 A가 양식업자 B에게 보상하는 금액(오염방지시설 설치비용 제외)은 2,000만 원 이상이다.

| 해설 | 화학공장 A나 양식업자 B 누구에게 환경재산권을 부여하더라도 오염방지시설은 설치되므로 효율적인 결과를 가져온다.

| 오답해설 | ① 오염방지시설을 설치하면 피해액의 감소분은 8,000만 원이고, 설치비용은 3,000만 원이므로 시설이 설치되는 것이 바람직하다.
② 화학공장 A가 재산권을 가지면 양식업자 B는 설치비용 3,000만 원에서 피해액의 감소분 8,000만 원 사이의 금액을 화학공장 A에게 지불하여 설치를 요구하게 된다. 이때 화학공장 A는 설치비용 3,000만 원을 초과한 보상금액만큼 이득을 얻게 되므로 양식업자 B의 요구를 수용하게 된다.
③⑤ 양식업자 B가 재산권을 가지면 양식업자 B는 화학공장 A에게 피해액의 보상을 요구하게 된다. 오염방지시설을 설치하지 않고 배상을 해야 한다면 1억 원을 배상해야 하지만, 오염방지시설을 설치하면 설치비용 3,000만 원과 피해액 2,000만 원을 합한 5,000만 원만 배상하면 되므로 오염방지시설을 설치하게 된다.

정답 07 ③ 08 ① 09 ④

10 난이도 ■■□

다음 내용이 시사하는 바로 가장 적절한 것은?

> 자가용으로 통근하는 사람은 자신의 행동이 교통체증을 유발함으로써 다른 사람의 비용을 상승시킨다는 사실을 고려하지 않는다. 따라서 정부는 자가용 운전자에게 통행세 징수하기, 대중교통 이용자에게 보조금 지급하기 등과 같은 처방을 사용하고 있다.

① 정부실패의 가능성을 강조하고 있다.
② 정부의 개입이 자원 배분의 효율성을 제고할 수 있다.
③ 시장가격보다 정부 계획을 통한 자원 배분이 바람직하다.
④ 정부의 개입은 시장의 불완전성을 높이는 결과를 초래한다.
⑤ 생산의 외부비경제가 발생하고 있다.

| 해설 | 제시된 사례는 시장실패 상황에서 정부의 개입이 자원 배분의 효율성을 제고할 수 있음을 강조하고 있다.
| 오답해설 | ①④ 제시된 내용은 정부의 개입이 시장실패를 해결할 수 있다는 내용이다.
③ 시장경제체제를 부정하는 것은 아니다.
⑤ 제시된 내용은 소비의 외부비경제와 관련 있다.

11 난이도 ■■□

다음 상황에서 코즈의 정리(Coase theorem)에 부합하는 결과로 옳은 것은?

> A와 B는 사무실을 공유하고 있다. A는 사무실에서 흡연을 원하며 이를 통해 20,000원 가치의 효용을 얻는다. 반면, B는 사무실에서 금연을 통해 상쾌한 공기를 원하며 이를 통해 10,000원 가치의 효용을 얻는다.

① B는 A에게 20,000원을 주고 사무실에서 금연을 제안하고, A는 제안을 받아들인다.
② B는 A에게 15,000원을 주고 사무실에서 금연을 제안하고, A는 제안을 받아들인다.
③ A는 B에게 11,000원을 주고 사무실에서 흡연을 허용할 것을 제안하고, B는 제안을 받아들인다.
④ A는 B에게 9,000원을 주고 사무실에서 흡연을 허용할 것을 제안하고, B는 제안을 받아들인다.
⑤ 자발적 협상에 의해 A는 반드시 금연을 선택할 것이다.

| 해설 | A가 금연의 대가로 받고자 하는 최소 금액은 20,000원이고, B가 금연의 대가로 지불하고자 하는 최대 금액은 10,000원이므로 금연 협상은 불가능하다. 반면, A가 흡연의 대가로 지불할 용의가 있는 최대 금액은 20,000원이고, 흡연의 대가로 받고자 하는 최소 금액은 10,000원이므로 흡연 협상은 가능하다. 흡연 협상을 할 때 협상금은 10,000원과 20,000원 사이에서 결정된다.

12 난이도 ■■□

A국에서는 항공기 제조업체가 제품 생산과정에서 하천을 오염시켜 주민들에게 피해를 주고 있다. 코즈정리(Coase theorem)에 따른 하천 문제의 해결방안으로 옳은 것은?

① 정부가 기업에 피구세를 부과한다.
② 거래비용에 관계없이 합리적인 문제 해결이 가능하다.
③ 주민들이 기업과의 협의를 통해 하천 문제를 해결할 수 있다.
④ 기업이 하천에 대한 사유재산권을 가져야만 효율적인 결과를 얻을 수 있다.
⑤ 주민들이 하천에 대한 사유재산권을 가져야만 효율적인 결과를 얻을 수 있다.

| 오답해설 | ① 코즈정리에 의하면 환경재산권을 부여하면 정부의 시장개입 없이도 자발적인 협상에 의해 효율적인 자원배분을 달성할 수 있다.
② 거래비용이 많아지면 협상 자체가 이루어지기 힘들기 때문에 코즈정리는 성립하지 않는다.
④⑤ 코즈정리에 의하면 재산권은 외부비경제 시 발생하는 가해자나 피해자 누구에게 부여해도 상관이 없다.

13 난이도 ■■□

빈칸 ㉠~㉢에 들어갈 용어를 바르게 연결한 것은?

> 양(+)의 외부성에 의한 ㉠ 생산 문제는 ㉡ 을 통해 ㉢ 시킴으로써 해결할 수 있다.

	㉠	㉡	㉢
①	과소	보조금	내부화
②	과소	세금	내부화
③	과소	보조금	외부화
④	과잉	세금	내부화
⑤	과잉	보조금	내부화

| 해설 | 생산과정에서 외부경제가 발생할 경우 시장기구에 의한 생산량이 사회적으로 바람직한 생산량보다 적어 과소생산이 이루어진다. 이때 사회적으로 바람직한 생산량 수준에서 사적 한계비용과 사회적 한계비용의 차이만큼의 보조금을 지급하면 생산의 외부경제를 해결할 수 있다. 외부성이 해결되면 외부성이 내부화되었다고 말한다.

정답 10 ② 11 ③ 12 ③ 13 ①

14

과수원 주인인 A와 양봉업자인 B가 인근 지역에서 경제활동을 하고 있는데, A가 과실나무를 더 많이 심자 B의 꿀 생산이 증가하고, B가 꿀벌의 수를 증가시키자 과수원 수확이 늘어나는 것을 확인할 수 있었다. A와 B에게 발생하는 외부성에 대한 옳은 설명을 〈보기〉에서 모두 고른 것은?

| 보기 |

㉠ A와 B는 각각 서로에게 양(+)의 외부성을 준다.
㉡ 거래비용이 존재하지 않을 때, A와 B 간의 거래에 의해 사회적 최적 생산량을 합의해 낼 수 있다.
㉢ A와 B 사이에 서로 양(+)의 외부성을 주고받는 경우이므로, 시장실패에 관한 교정은 불필요하다.
㉣ A가 양봉장을 인수함으로써 사회적 최적 생산량을 달성할 수 있다.

① ㉠, ㉡
② ㉡, ㉢
③ ㉢, ㉣
④ ㉠, ㉡, ㉣
⑤ ㉠, ㉢, ㉣

| 해설 | ㉠ 과수원 주인과 양봉업자는 서로에게 의도하지 않은 이득을 주고 있으므로 양(+)의 외부성이 나타나고 있다.
㉡ 거래비용이 존재하지 않는다면 경제주체 간에 자발적 협상에 의해 사회적으로 바람직한 최적의 생산량 수준을 달성할 수 있게 되는데, 이를 코즈정리라고 한다.
㉣ 과수원 주인과 양봉업자가 합병을 하면 외부경제로 발생하는 시장실패를 해결할 수 있다.
| 오답해설 | ㉢ 양(+)의 외부성이 발생하면 사회적으로 바람직한 수준보다 과소생산되어 시장실패가 발생한다.

15

외부효과에 대한 옳은 설명을 〈보기〉에서 모두 고른 것은?

| 보기 |

㉠ 외부효과가 존재할 경우 시장은 자원을 비효율적으로 배분한다.
㉡ 생산에서 부정적 외부효과가 존재할 경우 사회적 비용은 사적 비용보다 작다.
㉢ 부정적 외부효과를 시정하기 위해 고안된 세금을 피구세(Pigouvian tax)라고 한다.
㉣ 생산에서 긍정적 외부효과가 존재할 경우 시장생산량은 사회적으로 바람직한 생산량보다 많다.

① ㉠, ㉡
② ㉠, ㉢
③ ㉡, ㉢
④ ㉢, ㉣
⑤ ㉠, ㉢, ㉣

| 오답해설 | ㉡ 부정적 외부효과, 즉 생산의 외부비경제가 존재하면 사회적 한계비용은 사적 한계비용보다 커진다.
㉣ 생산의 긍정적 외부효과, 즉 외부경제가 존재하면 사회적으로 바람직한 수준보다 과소생산이 발생하여 시장의 비효율성이 나타난다.

16

외부효과로 인한 비효율적 자원배분을 개선하는 방법으로 적절하지 않은 것은?

① 정부가 교육기관에 보조금을 지급하거나 민간인이 교육기관에 기부금을 낸다.
② 양(+)의 외부효과를 초래하는 새로운 기술에 대해 특허권을 제공함으로써 기술개발자에게 법적으로 유효한 재산권을 인정해 준다.
③ 과수원과 양봉업자의 경우에서와 같이 외부효과를 주고받는 두 기업이 합병을 한다.
④ 외부효과에 관련된 당사자가 많고 거래비용이 클 경우에는 정부가 개입하지 않고 자발적인 협상을 하도록 한다.
⑤ 정부가 오염배출권을 경매를 통해 팔고, 이를 오염배출기업들 사이에서 거래할 수 있게 한다.

| 해설 | 환경재산권을 부여하면 정부의 시장개입 없이도 자발적인 협상에 의해 효율적인 자원배분을 달성할 수 있는데, 이를 코즈정리(Coase theorem)라고 한다. 환경오염 문제는 가해자인 동시에 피해자인 경우가 많으므로 이해당사자를 찾기 어렵고 이해당사자가 많을 때에는 현실성이 떨어지며, 거래비용이 많아지면 협상 자체가 이루어지기 어렵다.

| 정답 | 14 ④ | 15 ② | 16 ④ |

17

코즈(R. Coase)는 사유재산제도하에서도 외부비경제가 해결될 수 있다고 주장하고 있다. 외부비경제의 해결에 대한 설명으로 옳은 것은?

① 외부비경제를 발생시키는 경제주체에게만 소유권을 주어야 한다.
② 외부비경제로 피해를 입는 경제주체에게만 소유권을 주어야 한다.
③ 외부비경제를 발생시키는 경제주체와 피해를 입는 경제주체 중 누구에게 소유권을 주어도 상관없다.
④ 정부가 조세 및 보조금정책을 통해 직접 개입해야 한다.
⑤ 외부효과를 발생시키는 재화에 대해 시장을 따로 개설해 주면 시장의 문제가 해결된다.

| 해설 | 코즈에 의하면 환경재산권을 부여하면 정부의 시장개입 없이도 자발적인 협상에 의해 효율적인 자원배분을 달성할 수 있다. 이때 재산권은 외부비경제 시 발생하는 가해자나 피해자 누구에게 부여해도 상관이 없다.

18

환경오염과 같은 외부성이 발생했을 경우, 이에 대한 해결방안으로 옳지 않은 것은?

① 오염물질 방출량에 대한 직접적 규제는 많은 비용이 드는 문제점이 있다.
② 오염물질 방출업체에 대해 공해세를 부과하는 것은 외부성의 문제를 해결하는 방안이 될 수 있다.
③ 협상비용이 무시할 정도로 작은 경우에는 정부가 개입하지 않아도 협상은 해결방안이 될 수 있다.
④ 시장에서 자유로이 거래될 수 있는 오염배출권제도는 누구나 면허만 가지면 오염물질을 방출할 수 있으므로 환경문제를 해결하는 방안이 될 수 없다.
⑤ 외부효과를 발생시키는 재화에 대해 소유권을 인정해 주면 이해당사자들의 협상을 통해 시장의 문제가 해결된다.

| 해설 | 오염배출권제도란 사회적으로 적정 수준이라고 생각되는 오염물질 수준에 준하는 양만큼의 오염허가서(pollution permits) 또는 면허(licenses)를 발급하여 이를 보유한 경제주체에게만 오염물질을 배출하도록 허용하는 방식이다. 오염배출권이 시장에서 자유롭게 교환될 수 있도록 허용하면 시장의 힘으로 환경오염 문제를 해결할 수 있다.

19

다음 (가), (나)에 대한 설명으로 옳지 않은 것은?

> (가) 블루베리, 체리, 사과 등은 사람들이 좋아하는 과일이다. 그러나 꿀벌이 없다면 아무것도 맛볼 수 없다. 꿀벌에 의한 가루받이 과정을 거쳐야 열매를 얻을 수 있기 때문이다. 그러나 양봉업자는 가루받이의 대가를 받지 못하고 있다.
>
> (나) A기업은 탄소가스 배출량을 획기적으로 줄일 수 있는 탄소저감장치를 개발하여 특허를 획득하였다. A기업이 이 장치를 시장에 출시하였으나, 판매량은 기대에 미치지 못하고 있다.

① (가)에서 양봉의 규모는 사회적 최적 수준보다 작다.
② (나)에서 소비자에게 구매 보조금을 지급하면 탄소저감장치의 거래량은 사회적 최적 수준에 가까워진다.
③ (가)는 생산의 외부경제를, (나)는 소비의 외부경제를 보여 준다.
④ (나)에서 특허권을 폐지하면 탄소저감장치의 거래량은 사회적 최적 수준에 도달한다.
⑤ (가)의 경우는 보조금의 지급을 통해 해결할 수 있다.

| 해설 | (나)에서 특허권을 폐지하면 많은 기업이 시장에 진입하여 탄소저감장치의 공급이 증가하지만, 이를 통해 소비자들이 보다 많이 구입할 것인지의 여부는 알 수 없다. 따라서 사회적 최적 수준까지 거래량이 증가한다고 볼 수 없다.

| 오답해설 |
① (가)는 생산의 외부경제가 나타나고 있으므로 양봉의 규모는 사회적 최적 수준보다 과소생산되고 있다.
② 정부가 소비자에게 구매 보조금을 지급하면 수요가 증가하여 거래량은 사회적 최적 수준에 가까워질 수 있다.
③ (가)는 생산의 외부경제와 관련된 사례이고, (나)는 소비의 외부경제와 관련된 사례이다.
⑤ 사회적으로 바람직한 생산량 수준에서 사적 한계비용과 사회적 한계비용의 차이만큼의 보조금을 지급하면 생산의 외부경제를 해결할 수 있다.

정답 17 ③ 18 ④ 19 ④

20

부정적 외부효과를 해결하기 위한 정책으로 가장 적절한 것은?

① 기업의 투자에 대해 투자세액공제를 실시한다.
② 누진적 소득세의 최고세율을 인하한다.
③ 수입상품에 대한 수입관세를 부과한다.
④ 중소기업의 생산제품에 대한 세제 혜택을 부여한다.
⑤ 환경오염물질을 배출하는 기업에 대한 환경세를 징수한다.

| 해설 | 환경오염은 생산의 외부비경제가 발생한다. 환경오염물질을 배출하는 기업에게 한계외부비용만큼 조세를 부과하면 사회적으로 바람직한 수준의 생산량을 달성할 수 있다.

| 오답해설 | ① 기업 투자에 대해 세제 감면을 실시하는 것은 기업의 투자를 촉진시키기 위한 정책이다.
② 누진세의 최고세율을 인하하는 것은 내수를 촉진시키기 위한 정책이다.
③ 수입상품에 대해 관세를 부과하는 것은 수입을 억제하여 경상수지를 개선시키기 위한 정책이다.
④ 중소기업의 생산제품에 대한 세제 혜택을 실시하는 것은 중소기업의 채산성을 개선시켜 생산활동을 활발하게 하기 위함이다.

21

시장실패에 대한 설명으로 옳지 않은 것은?

① 독점시장에서 사회적잉여가 감소하는 이유는 높은 가격을 유지하기 위해 공급량을 적게 유지하기 때문이다.
② 생산에 있어 외부경제가 발생하면 정부는 보조금을 지급함으로써 이를 해결할 수 있다.
③ 소비에 있어 외부비경제가 발생하면 과다소비가 이루어진다.
④ 공공재의 생산을 시장에 맡기는 경우 과다하게 생산되기 때문에 정부가 이를 직접 공급한다.
⑤ 생산의 외부비경제가 발생하면 조세를 부과함으로써 이를 해결할 수 있다.

| 해설 | 공공재의 생산을 시장에 맡기면 무임승차자의 문제로 인해 생산이 불가능하거나 과소생산되므로 정부가 이를 직접 공급한다.

| 오답해설 | ① 독점시장에서는 가격이 한계비용보다 커 사회적으로 바람직한 수준보다 과소생산하므로 사회적 후생손실이 발생한다.
② 생산의 외부경제 시 사회적으로 바람직한 수준보다 과소생산하므로 정부는 보조금을 지급하여 이를 해결할 수 있다.
③ 소비의 외부비경제 시 사회적 한계편익이 사적 한계편익보다 작으므로 시장에서는 사회적으로 바람직한 수준보다 과다소비가 이루어진다.
⑤ 생산의 외부비경제 시 사회적으로 바람직한 수준보다 과다생산하므로 정부는 조세를 부과하여 이를 해결할 수 있다.

22

다음 재화의 특징으로 옳은 것은?

- 정부가 통계청 사이트를 통해 산업별, 직종별, 성별, 지역별, 사업체 규모별 임금소득과 관련된 통계자료를 누구나 열람 가능하도록 한다.
- 마이크로소프트가 특정 정보 데이터를 누구나 열람 가능하도록 한다.

① 공유자원의 비극에 관련 있다.
② 외부성에 의한 과소생산의 문제가 나타난다.
③ 시장에 맡기면 최적 수준에 미달한다.
④ 불완전정보로 인한 시장실패와 관련 있다.
⑤ 비대칭정보로 인한 도덕적 해이의 문제가 나타난다.

| 해설 | 제시된 재화는 공공재의 특성을 가지고 있다. 공공재(public goods)란 여러 사람의 공동소비를 위해 생산된 재화나 서비스로서 비경합성과 비배제성을 특징으로 한다. 비경합성과 비배제성의 특징으로 인해 공공재는 시장에 맡기면 과소생산되거나 아예 공급이 되지 않으므로 정부가 직접 생산하게 된다. 통계자료나 특정 정보를 정부가 관련 기관을 통해 직접 제공하는 경우가 이에 해당한다.

| 오답해설 | ① 공유자원은 경합성과 비배제성을 갖는 준공공재이다. 공유지(공용지)의 비극이란 소유권이 명확하게 규명되지 않은 공유자원의 경우 대가 없이 사용이 가능하므로 적정 수준 이상으로 과도하게 사용함으로써 비효율적인 결과가 초래되는 현상을 말한다.
② 외부성이란 어떤 경제주체의 경제행위가 다른 경제주체에게 의도하지 않은 혜택이나 손해를 가져다주면서도 그에 대한 대가를 받지도 지급하지도 않는 경우를 말한다. 소비와 생산과정에서 외부경제가 발생하면 사회적으로 바람직한 수준보다 과소소비 및 과소생산된다.
④ 불완전정보로 인한 시장실패에는 역선택과 도덕적 해이 등이 있다.
⑤ 도덕적 해이란 정보가 없거나 부족한 측의 입장에서 볼 때 정보를 가진 측이 바람직하지 않은 행동을 취할 가능성이 커지는 현상을 말한다.

정답 20 ⑤ 21 ④ 22 ③

23 난이도 ■■□   약점진단 ○△×

밑줄 친 ㉠, ㉡에 대한 설명으로 옳은 것은?

- ㉠일기예보는 생산비용이 많이 들지만, 일기예보 내용이 한 번 알려지면 비용을 지불하지 않은 사람도 이를 쉽게 알아내서 혜택을 누릴 수 있다. 또한 한 사람이 일기예보를 듣고 혜택을 누렸다고 해서 다른 사람이 누릴 수 있는 혜택이 줄어드는 것도 아니다.
- 지역 사업체가 공급하는 ㉡케이블 TV 방송은 지역 사업체와 가입자 간에 직접 연결된 전선을 통해 서비스가 제공된다. 한 사람이 추가로 방송을 시청한다고 해서 기존 가입자가 시청하는 방송의 양과 질에 영향을 주지 않는다.

① ㉠은 희소성이 없고, ㉡은 경합성이 없다.
② ㉡은 ㉠과 달리 시장을 통해 공급되기 어렵다.
③ ㉠은 ㉡과 달리 배제성이 없다.
④ ㉠, ㉡ 모두 생산의 사회적 비용이 사적 비용보다 크다.
⑤ ㉡은 배제성은 없지만 경합성이 있다.

| 해설 | 일기예보는 배제성과 경합성이 모두 없는 반면, 케이블 TV 방송은 배제성은 있으나 경합성이 없다. 케이블 TV 방송은 돈을 내지 않으면 시청할 수 없는 재화이므로 배제성이 있는 반면, 일기예보는 배제성이 없다.
| 오답해설 | ① 일기예보는 공공재이다. 공공재는 희소성이 있는 경제재에 해당한다. 케이블 TV 방송은 한 사람의 방송이 다른 가입자의 방송 구입에 영향을 주지 않으므로 경합성이 없다.
② 일기예보는 배제성이 없는 재화로 무임승차자의 문제를 발생시킨다. 따라서 일기예보가 시장을 통해 공급되기 어려울 것이다.
④ 제시된 자료로는 일기예보와 케이블 TV 방송이 사회 또는 외부에 어떤 영향을 주는지 알 수 없으므로 사회적 비용과 사적 비용을 알 수 없다.

24 난이도 ■■□   약점진단 ○△×

표는 배제성과 경합성의 유무에 따라 재화를 분류한 것이다. C에 해당하는 재화는?

구분		경합성	
		있음	없음
배제성	있음	A	B
	없음	C	D

① 냉장고
② 일기예보
③ 소방서비스
④ 유료 케이블TV
⑤ 공해(公海)상의 물고기

| 해설 | C는 경합성과 비배제성을 가진 공유자원으로, 바다의 물고기가 이에 해당한다.
| 오답해설 | ① 냉장고는 경합성과 배제성을 가진 사적재로 A에 해당한다.
②③ 일기예보와 국방서비스는 비경합성과 비배제성을 가진 순수공공재로 D에 해당한다.
④ 유료 케이블TV는 비경합성과 배제성을 가진 비순수공공재로 B에 해당한다.

25 난이도 ■■□   약점진단 ○△×

그림에 대한 설명으로 옳은 것은?

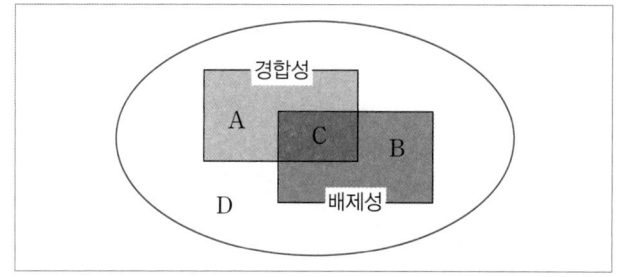

① A 재화는 한 사람의 소비가 다른 사람의 소비를 제한하는 속성을 지닌다.
② B 재화의 예로는 공해상의 어족자원을 들 수 있다.
③ C 재화의 예로는 가로등을 들 수 있다.
④ D 재화는 사회적 최적 수준보다 과대생산되는 속성을 지닌다.
⑤ C 재화의 경우 시장실패가 나타난다.

| 해설 | A 재화는 경합성과 비배제성을 갖고 있는 공유자원(공유지)에 해당한다. 공유자원은 경합성이 있으므로 한 사람의 소비가 다른 사람의 소비를 제한하는 속성이 있다.
| 오답해설 | ② B 재화는 배제성이 있으므로 대가를 지불하지 않으면 소비할 수 없는 재화이다. 공해상의 어족자원은 배제성이 없는 재화이다.
③ C 재화는 경합성과 배제성이 모두 있는 사적 재화이다. 가로등은 배제성과 경합성이 모두 없는 공공재이다.
④ D 재화는 공공재로, 사회적 최적 수준보다 과소하게 생산된다.
⑤ C 재화는 사적재로, 완전경쟁시장에서 생산이 이루어지면 시장실패가 나타나지 않는다.

정답 23 ③ 24 ⑤ 25 ①

26 난이도 ■■□

밑줄 친 ㉠~㉣에 대한 설명으로 옳지 않은 것은?

> 오늘날 지식이 점차 사회의 중요한 경제적 자원으로 부상하고 있다. 그런데 지식은 대부분의 경우 ㉠ 긍정적 외부효과를 발생시킬 뿐만 아니라 ㉡ 배제성과 ㉢ 경합성이 결여된 ㉣ 공공재적 특성을 지닌다. 이와 같은 지식의 특성 때문에 시장실패가 발생할 수 있다.

① 자연과학의 발달은 ㉠을 발생시킬 수 있다.
② 제약회사에서 개발한 항암치료제는 ㉡을 지닌다.
③ 디지털 음원에 대한 저작권 보호는 ㉢을 부여하기 위한 것이다.
④ ㉣에서는 무임승차의 문제가 발생할 수 있다.
⑤ ㉣의 문제는 사회적 최적 수준보다 과소생산되는 것이다.

| 해설 | 디지털 음원에 대한 저작권 보호는 대가를 지불한 사람만 소비 가능하게 하기 위한 조치이므로 이는 배제성을 부여하기 위한 것이다.

| 오답해설 | ① 자연과학이 발달하면 타 분야로 기술이 전파되어 경제성장과 발전에 기여하므로 긍정적인 외부효과를 발생시킨다.
② 제약회사에서 개발한 항암치료제는 일정 기간 동안 특허권에 의해 배제가 가능하므로 배제성을 지닌다.
④ 공공재는 비배제성으로 인해 가격을 지급하지 않는 사람을 배제할 수 없다. 이로 인해 각 개인이 대가를 지급하지 않고 공공재를 소비하려고 하는 무임승차자 문제(free-rider's problem)가 발생한다.
⑤ 공공재는 비경합성으로 인해 한계비용이 0이므로 민간기업은 생산을 포기하게 된다. 양(+)의 가격을 매기고자 한다면 각 개인은 공공재에 대한 진실한 선호를 표출하지 않으므로 공공재를 민간에 맡기게 되면 사회적으로 필요한 양만큼의 공공재의 공급이 불가능하다.

27 난이도 ■■□

공공재(public goods)와 공유자원(common resources)에 대한 옳은 설명을 〈보기〉에서 모두 고른 것은?

보기
㉠ 공공재는 비배제성과 비경합성을 갖는 반면, 공유자원은 비배제성과 경합성을 갖는다.
㉡ 공유자원은 과다하게 사용되어 고갈되는 공유지의 비극이 나타날 수 있다.
㉢ 무임승차자 문제는 공공재의 시장공급량을 효율적 수준보다 적게 하는 결과를 초래한다.

① ㉠
② ㉢
③ ㉠, ㉡
④ ㉠, ㉢
⑤ ㉠, ㉡, ㉢

| 해설 | ㉠ 순수공공재는 소비의 비배제성과 비경합성의 특징을 모두 보유한 공공재를 말하고, 공유자원은 비배제성과 경합성을 특징으로 한다.
㉡ 공유자원은 비배제성과 경합성을 특징으로 하므로 자원고갈의 문제를 초래하여 공유지의 비극이 나타날 수 있다.
㉢ 공공재를 민간에 맡기게 되면 사회적으로 필요한 양만큼의 공급이 불가능하다.

28 난이도 ■■□

공공재와 시장실패에 대한 옳은 설명을 〈보기〉에서 모두 고른 것은?

보기
㉠ 양(+)의 외부효과가 있는 재화의 경우 시장에서 사회적 최적 수준에 비해 과소생산된다.
㉡ 공유지의 비극은 배제성이 없으나 경합성이 있는 재화에서 발생한다.
㉢ 공공재의 경우 개인들의 한계편익을 합한 것이 한계비용보다 작다면 공공재 공급을 증가시키는 것이 바람직하다.

① ㉠
② ㉠, ㉡
③ ㉠, ㉢
④ ㉡, ㉢
⑤ ㉠, ㉡, ㉢

| 해설 | ㉠ 양(+)의 외부효과가 있는 경우 사회적 최적 수준에 비해 과소생산되고, 음(−)의 외부효과가 있는 경우 사회적 최적 수준에 비해 과다생산된다.
㉡ 경합적이지만 비배제성을 갖는 준공공재는 바다의 어족자원과 같은 공유자원(공용지)이다. 공유자원에서는 공유지의 비극이 나타날 수 있으며, 이는 소유권이 존재하지 않아 공유지의 비극을 초래된다.

| 오답해설 | ㉢ 한계편익이 한계비용보다 작다면 공공재 공급을 감소시키는 것이 바람직하다.

정답 26 ③ 27 ⑤ 28 ②

29 난이도 ■■□

공공재에 대한 설명으로 옳지 않은 것은?

① 정부가 직접 생산하면 정부실패의 가능성이 있다.
② 일반적으로 사회적으로 바람직한 최적 수준보다 과다생산된다.
③ 대가를 지불하지 않고 사용하려는 무임승차자 문제가 발생한다.
④ 공공재는 비배제성과 비경합성을 특징으로 한다.
⑤ 공공재는 무형의 서비스 형태로도 존재하고, 유형의 재화 형태로도 존재한다.

| 해설 | 공공재는 비경합성과 비배제성을 갖고 있으므로 사회적 최적 수준보다 과소생산된다.
| 오답해설 | ① 공공재는 정부가 직접 생산하여 시장실패를 보완하게 되는데, 이로 인해 정부실패가 발생할 수 있다.
③ 공공재의 비배제성으로 인해 각 개인이 대가를 지급하지 않고 소비하려고 하는 무임승차자 문제(free-rider's problem)가 발생한다.
⑤ 공공재는 국방서비스, 치안서비스 등과 같은 서비스로도 존재하고, 무료도로, 공원 등과 같은 재화의 형태로도 존재한다.

30 난이도 ■■■

어느 마을에 10가구가 살고 있고, 마을에 CCTV를 설치하는 데 소요되는 총비용과 CCTV의 수에 따른 가구당 한계편익은 다음과 같다. 이 마을에 필요한 적정 CCTV의 수는?

CCTV의 수	총비용	가구당 한계편익
1대	100	50
2대	300	30
3대	500	20
4대	700	15
5대	900	10

① 1대
② 2대
③ 3대
④ 4대
⑤ 5대

| 해설 | 공공재는 비경합성으로 인해 소비하는 사람의 한계편익의 합이 한계비용과 일치하는 수준에서 공급이 이루어져야 적정 공급이 된다. 공공재 한계편익의 합이 한계비용보다 크면 공공재의 공급량이 증가해야 하고, 공공재 한계편익의 합이 한계비용보다 작으면 공공재의 공급량이 감소해야 한다. CCTV의 수를 2대에서 3대로 증가시킬 때 한계비용은 200이고, 총한계편익은 20 × 10가구 = 200이므로 한계비용과 총한계편익이 서로 일치한다. 따라서 공공재의 적정공급량은 3대가 된다.

31 난이도 ■□□

다음 설명과 관련 있는 개념은?

> 중고생산물시장에서 중고생산물의 품질에 대한 정보를 판매자는 알고 있지만, 구매자는 알지 못하는 상황이다. 이때 구매자는 바람직하지 않은 상대방과 거래하는 현상이 나타날 수 있고, 시장 자체의 거래가 중지될 수도 있다.

① 역선택
② 도덕적 해이
③ 주인-대리인 문제
④ 용의자의 딜레마
⑤ 불가능성정리

| 해설 | 역선택(adverse selection)이란 정보가 없거나 정보가 부족한 측의 입장에서 볼 때 바람직하지 못한 상대방과 거래할 가능성이 커지는 현상을 말한다. 중고생산물시장에서 중고생산물의 품질에 대한 정보를 판매자는 알고 있지만, 구매자는 알지 못하는 비대칭정보의 상황에서 좋은 품질의 중고생산물은 매매되지 않고, 나쁜 품질의 중고생산물만 매매되는 악순환이 발생하게 된다.
| 오답해설 | ② 도덕적 해이(moral hazard)란 정보가 없거나 정보가 부족한 측의 입장에서 볼 때 정보를 가진 측이 바람직하지 않은 행동을 취할 가능성이 커지는 현상을 말한다.
③ 주인-대리인 문제(principal-agent problem)란 주인이 대리인에게 주인의 이익을 위해 일할 것을 전제로 권한을 위임했을 때 대리인이 주인보다는 자신의 이익을 위해 권한을 행사하게 되면서 나타나는 문제를 말한다. 주인-대리인 문제는 거래당사자가 주인과 대리인으로 구성될 때 도덕적 해이 문제이다.
④ 용의자의 딜레마(prisoner's dilemma)란 두 용의자 모두의 보수를 증가시킬 수 있는 전략조합이 존재함에도 두 용의자 간의 협조가 이루어지지 않은 관계로 두 용의자 모두의 보수를 감소시키는 전략을 선택하게 되는 상황을 말한다.
⑤ 불가능성정리(Impossibility Theorem)는 바람직하다고 생각할 수 있는 여러 성격을 두루 갖춘 사회적 선호체계, 즉 사회후생함수가 존재하지 않음을 입증한 것이다.

32. 다음 사례와 관련 있는 현상으로 적절한 것은?

> A사의 아스피린이 여러 질병에 탁월한 효과를 보이면서 구매가 집중되고 있다. 하지만 제약을 잘 아는 전문가들은 A사 아스피린의 대체약품도 비슷한 효과가 나타나기 때문에 높은 가격의 아스피린을 구매하지 않는다. 예를 들어, 전문가들은 동일한 성능의 저렴한 제품을 구입하지만, 비전문가들은 브랜드가 있는 비싼 제품을 구매한다.

① 공급법칙에 위배되는 현상
② 과시적 소비에 의한 베블런 효과
③ 수요법칙에 위배되는 기펜의 역설
④ 정보의 비대칭으로 인해 손해 보는 사람 발생
⑤ 기업의 가격차별로 인해 집단별로 가격이 달라지는 현상

| 해설 | 제시된 사례는 비대칭정보하에서 발생하는 역선택으로, 시장실패의 요인이 된다. 역선택은 정보가 없거나 정보가 부족한 측의 입장에서 볼 때 바람직하지 못한 상대방과 거래할 가능성이 커지는 현상을 말한다. 아스피린의 약효에 대한 정보를 갖고 있는 전문가는 저렴한 제품을 구매하게 되고, 정보가 없는 비전문가는 비싼 제품을 구매하게 되는 것이다.

| 오답해설 | ① 제시된 사례는 공급법칙과 관련 없다.
② 베블런 효과는 자신의 부를 과시하기 위한 과시적 소비가 존재하여 가격이 상승할수록 오히려 수요량이 증가하는 현상을 말한다.
③ 기펜의 역설이란 가격이 상승하면 수요량이 증가하고, 가격이 하락하면 수요량이 감소하여 수요법칙에 위배되는 현상을 말한다. 기펜재는 열등재의 일종으로서 가격변화의 소득 효과가 매우 크게 작용하여 수요법칙을 위배하게 된다.
⑤ 가격차별이란 동일한 재화나 서비스를 제공하면서 서로 다른 가격을 책정하는 것을 말한다.

33. 다음 사례의 시장에서 존재하는 균형으로 옳은 것은?

> 중고차시장에 중고차 200대가 매물로 나와 있다. 그중 100대는 성능이 좋은 차이고, 100대는 성능이 나쁜 차이다. 성능이 좋은 차를 매도하려는 사람은 600만 원 이상에 판매하려 하고, 성능이 나쁜 차를 매도하려는 사람은 400만 원 이상에 판매하려 한다. 이 중고차시장에서 중고차를 구매하려는 잠재적 구매자는 무한하다. 구매자들은 성능이 좋은 차는 900만 원 이하에 구매하려 하고, 성능이 나쁜 차는 500만 원 이하에 구매하려 한다. 중고차의 성능에 관한 정보를 매도자는 알고 있지만, 구매자는 알지 못한다.

① 모든 중고차가 700만 원에 거래되는 균형이 존재한다.
② 좋은 중고차만 900만 원에 거래되는 균형이 존재한다.
③ 나쁜 중고차만 500만 원에 거래되는 균형이 존재한다.
④ 좋은 중고차는 900만 원에 거래되고, 나쁜 중고차는 500만 원에 거래되는 균형이 존재한다.
⑤ 어떤 균형도 존재하지 않는다.

| 해설 | 구매자는 차의 성능에 대해 불완전한 정보를 보유하고 있으므로 구매자의 평균적인 지불의사 금액은 900만 원 이하와 500만 원 이하의 기대금액인 700만 원 이하가 된다. 구매자의 수가 한정된 경우 성능이 좋은 자동차는 600만 원 이상 700만 원 이하에서 거래되고, 성능이 나쁜 자동차는 400만 원 이상 700만 원 이하에서 거래가 이루어질 것이다. 하지만 구매자가 무한하므로 판매자는 구매자가 최대한 지불할 용의가 있는 700만 원을 받게 되어 모든 자동차는 가장 높은 가격인 700만 원에 거래되는 균형이 이루어진다.

정답 32 ④ 33 ①

34

역선택을 방지하기 위한 대책으로 적절하지 않은 것은?

① 대학생들이 취업에서 유리한 위치를 차지하기 위해 자격증을 취득한다.
② 생명보험회사가 보험가입 전에 신체검사를 의무화한다.
③ 사고금액의 일부를 보험계약자가 부담하도록 하는 보험상품을 판매한다.
④ 정부가 수입 소고기, 농산물 등에 대하여 원산지를 표시하도록 의무화하였다.
⑤ 금융시장에서 신용할당제도를 도입한다.

| 해설 | 공동보험제도(co-insurance)는 사고 발생 시 손실의 일부만을 보상해 주는 제도로, 보험시장에서의 도덕적 해이를 방지하기 위한 정책이다.

| 오답해설 | ① 대학생들이 취업에서 유리한 위치를 차지하기 위해 자격증을 취득하는 것은 노동시장에서의 역선택을 해결하기 위한 신호발송에 해당한다.
② 보험회사가 암보험을 판매하면서 사전에 신체검사를 요구하는 것은 보험시장에서의 역선택을 방지하기 위한 선별에 해당한다. 선별(screening)이란 정보를 갖지 못한 측에서 상대방의 특성을 알아내려고 노력하는 것으로, 역선택을 해결하기 위한 대책이다.
④ 정부가 수입 소고기, 농산물 등에 대하여 원산지를 표시하도록 의무화하는 것은 정보정책으로, 역선택을 방지하기 위한 정책이다.
⑤ 금융시장에서 신용할당제도는 역선택과 도덕적 해이 모두를 방지하는 정책이다.

35

비대칭적 정보 상황하의 생명보험시장에서 발생하는 역선택을 줄일 수 있는 방안이 아닌 것은?

① 보험가입 시 보험가입 희망자에게 정밀신체검사를 요구한다.
② 보험회사 측에서 보험가입 희망자의 과거병력을 조사한다.
③ 보험회사 측에서 기초공제제도를 도입한다.
④ 보험가입 희망자의 건강 상태에 따라 보험료를 차별적으로 부과한다.
⑤ 단체보험상품을 개발하여 단체소속원 모두가 강제로 가입하게 한다.

| 해설 | 역선택은 계약 전에 상품의 질의 다양성을 파악하는 데 비용이 많이 들기 때문에 발생한다. 반면, 도덕적 해이는 거래계약 후에 다양한 질의 채무가 제공될 때 채무의 내용상 채권자와 채무자 간에 이해관계가 상충되기 때문에 나타난다. 기초공제제도는 보험계약 후에 주의태만으로 보험사고의 발생률이 높아지는 것을 막기 위한 도덕적 해이의 방지 수단이다.

| 오답해설 | ①②④ 보험시장의 역선택을 방지하는 대책으로 선별에 해당한다.
⑤ 강제보험은 보험시장의 역선택을 방지하는 방안이다.

36

정보의 불완전성에 대한 설명으로 옳지 않은 것은?

① 고용된 전문경영인은 총수입극대화를 추구하려 한다.
② 자동차보험에 가입한 운전자는 안전운전에 덜 신경쓰게 된다.
③ 정보가 불완전한 상품시장에서는 가격이 신호전달 및 선별 수단으로 사용될 수 있다.
④ 도덕적 해이를 막기 위해서는 항상 일정한 보수를 지급해야 한다.
⑤ 보험시장에서 도덕적 해이를 방지하기 위해서는 공동보험제도를 도입해야 한다.

| 해설 | 노동시장에서의 도덕적 해이는 입사 전에는 직무를 충실히 수행하겠다고 하였지만, 입사 후에는 직무를 태만하게 하는 현상을 말한다. 노동시장에서의 도덕적 해이를 방지하기 위해서는 일정한 보수가 아니라 성과급제를 시행해야 한다.

| 오답해설 | ① 주인-대리인 문제로, 도덕적 해이에 해당한다.
② 보험시장에서 발생하는 도덕적 해이에 해당한다.
③ 가격은 소비자가 그 상품에 대해 부여한 가치가 얼마인지, 또는 생산자가 그 상품을 생산하는 데 들어간 비용이 얼마인지에 대한 정보를 각 경제주체에 제공해 주는 역할을 한다.
⑤ 보험시장에서 도덕적 해이를 방지하기 위한 정책은 기초공제도와 공동보험제도가 있다.

정답 34 ③ 35 ③ 36 ④

37 난이도 ■■□

다음에 나타난 시장실패 현상과 이를 해결하기 위해 경제주체들이 선택한 해결방안을 바르게 짝지은 것은?

> 취업희망자들은 취업 준비를 위해 올해에도 계속 자격증 취득에 집중하고 있다. 취업준비생들이 준비하는 스펙은 경제능력시험, 토익, 컴퓨터 자격증 등이다. 취업준비생들은 직무와 직접 관련성은 없지만 성실한 이미지를 보여 주기 위해 불필요한 스펙을 준비한다고 하소연한다. 한편, 최근 기업 측에서는 기존의 스펙이 업무와 큰 관련성이 없으므로 기업이 자체적으로 개발한 시험을 통해 업무에 알맞은 인재인지를 평가하고 있다.

	시장실패 현상	취업준비생의 방안	기업의 방안
①	도덕적 해이	신호발송	선별
②	도덕적 해이	감시	신호발송
③	도덕적 해이	선별	감시
④	역선택	선별	신호발송
⑤	역선택	신호발송	선별

| 해설 |
- 역선택(adverse selection)이란 정보가 없거나 정보가 부족한 측의 입장에서 볼 때 바람직하지 못한 상대방과 거래할 가능성이 커지는 현상을 말한다. 노동시장에서의 역선택은 기업 입장에서 노동생산성이 높은 노동자를 고용하지 못하고, 노동생산성이 낮은 노동자만 고용하게 되는 현상이다.
- 신호발송(signalling)이란 정보를 가진 측에서 자신의 특성을 상대방에게 전달하려고 노력하는 것으로, 취업준비생이 취업 시 자격증을 제출하거나 대학교육을 이수하여 기업 측에 자신의 노동생산성을 알리려고 하는 행위가 이에 해당한다.
- 선별(screening)이란 정보를 갖지 못한 측에서 상대방의 특성을 알아내려고 노력하는 것으로, 기업이 취업희망자의 생산성에 대한 정보를 알아내려고 노력하는 경우가 이에 해당한다.

38 난이도 ■□□

구직자들은 노동시장에서 자신의 생산능력을 기업들에게 적극적으로 알리려는 노력을 한다. 취업관련 자격증과 같은 신호발송(signaling) 행위가 흔히 나타나는 산업에서 발생할 수 있는 현상은?

① 공유지의 비극
② 외부효과
③ 역선택
④ 도덕적 해이
⑤ 무임승차자 문제

| 해설 | 신호발송(signalling)이란 정보를 가진 측에서 자신의 특성을 상대방에게 전달하려고 노력하는 것으로, 역선택을 해결하는 방안이다. 중고차시장에서 우량중고차 소유주가 일정 기간 내에 발생하는 고장에 대해 수리를 보증해 주는 조건부 계약을 체결하거나, 노동시장에서 취업 시 자격증을 제출하거나 대학교육을 이수하여 기업 측에게 자신의 노동생산성을 알리려고 노력하는 행위가 이에 해당한다.

39 난이도 ■■□

효율임금이론은 실업이 존재하는 데도 불구하고 균형임금보다 높은 수준에서 임금이 형성되어 낮아지지 않는 현상을 설명하는 경제이론이다. 이에 대한 설명으로 옳지 않은 것은?

① 효율임금이론은 실업의 존재를 설명하는 데 이용될 수 있다.
② 임금이 낮아지면 우수한 인력이 빠져나가 역선택이 발생할 수 있다.
③ 임금이 낮아지면 태업, 근무태만, 높은 불량률 등이 발생할 수 있다.
④ 임금은 비용이므로 임금을 높게 지급할수록 생산비가 상승하여 생산성이 떨어진다.
⑤ 기업가 또는 고용주는 자발적으로 임금 수준을 균형 수준보다 높게 유지하려는 경향이 있다.

| 해설 | 효율임금이론은 높은 수준의 임금을 지급할수록 우수한 인력이 유지됨으로써 생산성을 향상시킬 수 있음을 강조한다.

| 오답해설 | ① 시장의 균형임금보다 높은 효율성 임금을 지급하면 노동시장의 초과공급을 유발하여 비자발적 실업의 원인이 된다.
② 임금이 낮아지면 생산성이 낮은 근로자만 취업하게 되는 역선택이 발생할 수 있다.
③ 임금이 낮아지면 태업, 근무태만, 높은 불량률 등의 도덕적 해이가 발생할 수 있다.
⑤ 기업은 노동시장에서의 역선택과 도덕적 해이를 방지하고자 자발적으로 임금 수준을 균형 수준보다 높게 유지하려는 경향이 있다.

정답 37 ⑤ 38 ③ 39 ④

40 난이도 ■■□

다음의 사례를 역선택(adverse selection)과 도덕적 해이(moral hazard)의 개념에 따라 바르게 구분한 것은?

> ㉠ 자동차보험 가입 후 더욱 난폭하게 운전한다.
> ㉡ 건강이 좋지 않은 사람이 민간의료보험에 더 많이 가입한다.
> ㉢ 실업급여를 받게 되자 구직 활동을 성실히 하지 않는다.
> ㉣ 사망확률이 낮은 건강한 사람이 주로 종신보험에 가입한다.

	역선택	도덕적 해이
①	㉠, ㉣	㉡, ㉢
②	㉡, ㉣	㉠, ㉢
③	㉠, ㉡	㉢, ㉣
④	㉡, ㉢	㉠, ㉣
⑤	㉠, ㉡, ㉣	㉢

| 해설 | ㉡㉣ 역선택은 정보가 없거나 정보가 부족한 측의 입장에서 볼 때 바람직하지 못한 상대방과 거래할 가능성이 커지는 현상으로, 감추어진 사전적 특성에 의해 유발되므로 계약 전에 발생한다. 건강이 좋지 않은 사람만 의료보험에 가입하거나, 건강한 사람이 종신보험에 가입하는 경우가 역선택에 해당한다.
㉠㉢ 도덕적 해이는 정보가 없거나 부족한 측의 입장에서 볼 때 정보를 가진 측이 바람직하지 않은 행동을 취할 가능성이 커지는 현상으로, 감추어진 사후적 행동에 의해 유발되므로 계약 후에 발생한다. 자동차보험에 가입 후 난폭하게 운전하거나, 실업급여를 받게 되자 구직활동을 성실히 하지 않은 경우가 도덕적 해이에 해당한다.

41 난이도 ■■□

도덕적 해이에 대한 옳은 설명을 〈보기〉에서 모두 고른 것은?

> ┤ 보기 ├
> ㉠ 주인-대리인 문제는 도덕적 해이의 한 예이다.
> ㉡ 보험계약에서 사고 피해액의 일정 비율을 가입자가 부담하면 도덕적 해이의 문제가 완화된다.
> ㉢ 보험계약에서 통계적으로 사고가 날 확률이 높은 집단에 속한 사람에게 비싼 보험료를 요구하는 것은 도덕적 해이의 문제를 완화시킨다.
> ㉣ 개인의 실적에 따라 성과급을 지급하는 것은 도덕적 해이의 문제를 완화시킨다.

① ㉠, ㉡
② ㉠, ㉢
③ ㉢, ㉣
④ ㉠, ㉡, ㉣
⑤ ㉡, ㉢, ㉣

| 해설 | ㉠ 비대칭적 정보하에서 발생하는 감추어진 사후적 행동을 도덕적 해이라고 한다. 도덕적 해이는 주인-대리인 문제 때문에 발생하는데, 이 문제가 발생하면 대리인은 자신의 이익을 위해 주인의 이익에 반하는 행동을 취하게 된다.
㉡ 보험시장에서 발생하는 도덕적 해이의 대책으로는 공동보험제도와 기초공제도가 있다.
㉣ 열심히 일하는 종업원만 승진시키거나 보너스를 지급함으로써 도덕적 해이의 문제를 해결할 수 있다.
| 오답해설 | ㉢ 통계적으로 사고가 날 확률이 높은 집단에 속한 사람에게 비싼 보험료를 요구하더라도 보험가입 후 사고 예방을 게을리하는 도덕적 해이를 줄이는 것은 어렵다.

42

도덕적 해이에 대한 옳은 설명을 〈보기〉에서 모두 고른 것은?

―| 보기 |―
- ㉠ 불완전하게 감시를 받는 대리인이 자기의 이익을 좇아 행동하는 경향을 말한다.
- ㉡ 고용의 경우 도덕적 해이를 줄이기 위해 감시감독을 강화하거나 보수지급을 연기하기도 한다.
- ㉢ 건물주가 화재보험에 가입한 후 화재예방설비를 적정 수준보다 부족하게 설치하는 경향을 보이는 것은 도덕적 해이에 해당한다.

① ㉠
② ㉠, ㉡
③ ㉠, ㉢
④ ㉡, ㉢
⑤ ㉠, ㉡, ㉢

| 해설 | ㉠ 주인-대리인 문제는 도덕적 해이에 해당한다.
㉡ 노동시장의 도덕적 해이를 방지하기 위해 승진제도, 성과급제도, 포상제도, 징계제도 등을 실시하며, 근무태만을 방지하기 위한 효율성 임금을 지급한다.
㉢ 화재보험에 가입한 이후 화재예방을 게을리 하는 것은 보험시장에서의 도덕적 해이에 해당한다.

43

정보의 비대칭성하에서 발생할 가능성이 있는 경제현상이 아닌 것은?

① 인터넷 중고사이트 상품에 대한 신뢰성이 낮아 가격이 싼 제품들만 거래된다.
② 건물매각 계약 이후 건물관리를 소홀히 하였다.
③ 사용하지 않는 물건을 주민들이 보관하면서 마을회관의 본래 기능이 상실되었다.
④ 펀드 판매 이후 펀드매니저는 이전만큼 열심히 주식수익률을 분석하지 않았다.
⑤ 원산지가 표시되지 않은 농수산물에 대해 높은 가격을 지불하지 않으려고 한다.

| 해설 | 사용하지 않는 물건이 쌓여 마을회관의 본래 기능을 상실하는 것은 공유지의 비극으로, 준공공재와 관련 있다.
| 오답해설 | ① 중고생산물시장에서 발생하는 역선택에 해당한다.
②④ 계약 후 발생하는 도덕적 해이에 해당한다.
⑤ 역선택과 관련된 신호발송에 대한 내용이다.

정답 42 ⑤ 43 ③

44

다음 (가), (나)에 해당하는 사례를 〈보기〉에서 골라 바르게 연결한 것은?

(가) 불완전한 감시를 받고 있는 사람이 정직하지 않거나 바람직하지 않은 행위를 하는 현상
(나) 거래 상대에 대해 정보를 갖지 못한 사람이 바람직하지 않은 상대방과 거래할 가능성이 높은 현상

┤ 보기 ├

㉠ 육아 도우미로 고용된 사람이 아이의 과도한 TV 시청을 방치하는 경우
㉡ 화재보험에 가입한 사람이 가입 전보다 화재 예방을 소홀히 하는 경우
㉢ 품질이 구분되지 않는 중고차시장에서 구매자가 기대했던 것보다 품질이 낮은 차를 구매하게 되는 경우
㉣ 건강한 사람들보다 건강이 좋지 않은 사람들이 생명보험에 주로 가입하여 보험회사가 어려움에 처하는 경우

	(가)	(나)
①	㉠, ㉡	㉢, ㉣
②	㉠, ㉢	㉡, ㉣
③	㉡, ㉢	㉠, ㉣
④	㉡, ㉣	㉠, ㉢
⑤	㉠, ㉡, ㉢	㉣

| 해설 | (가)는 도덕적 해이, (나)는 역선택에 해당한다.
㉠㉡ 거래 이후에 정보를 많이 가진 사람이 이전보다 주의를 게을리 하는 경우로, 도덕적 해이의 사례이다.
㉢㉣ 정보가 부족한 상황에서 바람직하지 않은 상대와 거래할 가능성이 큰 경우로, 역선택의 사례이다.

45

정보 비대칭성으로 인해 보험시장에서 도덕적 해이가 발생한 경우 이에 대한 해결방안으로 가장 적절한 것은?

① 국민건강보험 등 단체보험 의무가입제를 실시한다.
② 보험가입 시 보험가입 희망자에게 정밀신체검사를 요구한다.
③ 보험가입자에 대한 직무상황 확인절차를 강화한다.
④ 사고 발생 시 사고금액의 일부를 가입자가 부담하게 한다.
⑤ 보험가입 희망자의 건강상태에 따라 보험료를 차별적으로 부과한다.

| 해설 | 보험사고 발생 시 가입자에게 일부 비용을 부담시키는 것은 보험시장에서의 도덕적 해이를 방지하는 정책이다. 보험시장에서 도덕적 해이의 해결방안에는 공동보험제도와 기초공제제도가 있다.

| 오답해설 | ① 의료보험 등 단체보험 의무가입제를 실시하는 것은 강제보험으로, 이는 보험시장에서의 역선택을 방지하는 정책이다.
② 보험가입 시 정밀신체검사를 실시하는 것은 선별에 해당하는 것으로, 이는 보험시장에서의 역선택을 방지하는 정책이다.
③ 보험가입자에 대한 직무상황 확인절차를 강화하는 것은 선별에 해당하는 것으로, 이는 보험시장에서의 역선택을 방지하는 정책이다.
⑤ 보험가입 희망자의 건강상태에 따라 차별적인 보험료를 부과하는 것은 선별에 해당하는 것으로, 이는 보험시장에서의 역선택을 방지하는 정책이다.

정답 44 ① 45 ④

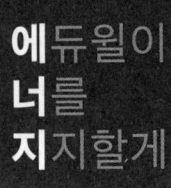

기회가 있다고 믿는 사람은 반드시 기회를 붙들고
기회가 없다고 생각하는 사람은 눈앞의 기회도 놓칩니다.

기회는 오고 가는 것이 아니라 내가 눈 뜨는 것입니다.

– 조정민, 『고난이 선물이다』, 두란노

경제편

PART 02
거시경제

CHAPTER 01
거시경제변수
국민총생산과 국내총생산의 관계와, 국내총생산의 구체적인 의미는 무엇인가?
삼면등가의 법칙은 무엇인가?
국민총소득과 국내총생산의 관계는 무엇인가?
총수요와 총공급을 통한 국민경제의 균형은 어떻게 달성되는가?

CHAPTER 02
경기변동
경기변동은 어떠한 국면을 보이는가?
경기변동과 GDP갭의 관계는 무엇인가?
경기변동의 공행성을 나타내는 경제변수에는 어떤 것이 있는가?
경기변동의 원인은 무엇인가?

CHAPTER 03
화폐금융론
화폐의 기능은 무엇인가?
본원통화의 구성 요소와 본원통화 공급경로는 무엇인가?
예금은행의 신용창조과정은 무엇인가?
투기적 화폐수요가 이자율과 역(−)의 관계에 있는 이유는 무엇인가?

CHAPTER 04
총수요−총공급이론
재정정책의 재원조달방안에는 어떤 것이 있는가?
재정의 자동안정화장치란 무엇인가?
재정정책의 구축효과란 무엇인가?
리카도의 등가성정리란 무엇인가?
금융정책은 어떠한 경로를 통해 실물시장에 영향을 미치는가?
총수요관리정책의 효과는 단기와 장기에서 어떤 차이를 보이는가?

CHAPTER 05
실업과 인플레이션
통계적으로 실업은 무엇을 의미하고, 실업률은 어떻게 측정되는가?
인플레이션이 발생하는 이유는 무엇인가?
예상된 인플레이션과 예상하지 못한 인플레이션은 각각 어떠한 영향을 미치는가?
자연실업률과 자연실업률가설은 무엇을 의미하는가?
필립스곡선이 총수요관리정책에 주는 시사점은 무엇인가?
스태그플레이션이 발생하는 원인과 대책은 무엇인가?

PART 02 거시경제

CHAPTER 01 거시경제변수

1. 국민소득

1 국내총생산(GDP)

(1) 개념

일정 기간에 한 나라 안에서 생산되어 최종적인 용도로 사용되는 재화와 서비스의 시장가치를 모두 더한 것을 말한다.

(2) 구체적 의미

① 일정한 기간에 측정되는 유량(flow)의 개념이다.
② 생산의 주체가 누구인지에 관계없이 한 나라의 국경 안에서 생산된 재화와 서비스를 측정의 대상으로 한다.
  - 우리나라에 있는 외국인이 생산한 상품의 가치는 국내총생산(GDP)에 포함되지만, 우리나라 국민이 외국에서 생산한 상품의 가치는 국내총생산(GDP)에 포함되지 않는다.
  - 국내총생산(GDP)은 속지주의의 개념이고, 국민총생산(GNP)은 속인주의의 개념이다.

> **국내총생산(GDP)과 국민총생산(GNP)**
> $GNP = GDP +$ 대외수취요소소득 $-$ 대외지급요소소득
> $\quad\quad\;\; = GDP +$ 대외순수취요소소득

③ 해당연도에 생산된 상품의 가치만 국내총생산(GDP)에 포함된다.
  - 지난해에 생산된 중고생산물이나 주택의 매매는 올해 국내총생산(GDP)에 포함되지 않는다.
  - 주식이나 채권 등 증권과 같은 금융자산의 매매차익은 국내총생산(GDP)에 포함되지 않는다.
  - 실업수당이나 재해보상금, 사회보장기부금 등과 같은 정부의 이전지출은 국내총생산(GDP)에 포함되지 않는다.
  - 기업이 신주발행을 통해 자금을 조달하여 신규투자를 하였거나 그 해에 지어진 신축주택의 매입은 생산활동과 관련되어 있으므로 국내총생산(GDP)에 포함된다.

④ 최종재(final goods)만이 국내총생산(GDP)에 포함되고, 중간재는 포함되지 않는다.
  - 국내총생산(GDP) = 최종재가치의 합
  $\quad\quad\quad\quad\quad\quad\quad\;\;$ = 부가가치의 합 + 고정자본소모
  - 그 해에 판매되지 않은 중간재는 일단 최종재로 간주하여 재고투자의 항목으로 국내총생산(GDP)에 포함되고, 그 중간재가 다음 해에 판매되면 다음 해에는 부가가치만이 국내총생산(GDP)에 포함된다.
  - 최종재이지만 그 해에 판매되지 않은 재화도 재고투자의 항목으로 국내총생산(GDP)에 포함되고, 그 재화가 다음 해에 판매되면 다음 해의 국내총생산(GDP)에는 영향을 주지 않는다.

⑤ 유형의 재화뿐 아니라 무형의 서비스(교육, 의료, 법률, 수송, 운송, 오락, 미용, 각종 문화 서비스 등)도 국내총생산(GDP)에 포함된다.
  - 기존주택의 거래는 생산활동과 무관한 소유권이전에 해당하므로 국내총생산에 포함되지 않지만, 부동산중개업자의 수수료나 부동산의 임대료는 서비스에 해당하므로 국내총생산에 포함된다.

⑥ 원칙적으로 시장에서 거래되는 생산물가치만이 국내총생산(GDP)에 포함된다.
  - 시장에서 거래되지만 국내총생산(GDP)에 포함되지 않는 항목: 지하경제, 이전거래, 자본이득
  - 시장에서 거래되지 않음에도 국내총생산(GDP)에 포함되는 항목: 귀속가치, 농산물의 농가 자체소비분, 주택소유주의 임대료, 정부서비스의 가치

GDP에 포함되는 항목	GDP에 포함되지 않는 항목
가사도우미의 가사서비스	가정주부의 가사노동
• 농가의 자체소비 농산물 • 농부가 밭에서 재배한 채소	• 가정주부의 자체소비 농산물 • 가정주부가 자신의 집 마당 텃밭에서 재배한 채소
신규주택 매입	기존주택 매입
• 회사채이자 • 은행이자	국공채이자
• 귀속임대료(주택소유주의 임대료) • 정부서비스의 가치(국방·치안 서비스)	• 지하경제 • 이전거래: 상속, 증여 등 • 자본이득: 주식가격 변동, 부동산 가격 변동 등 • 정부의 이전지출: 실업수당, 재해보상금, 사회보장기부금 등
재고투자	중간재

2 삼면등가의 법칙

① 생산GDP = 지출GDP(국내총지출) = 분배GDP(국내총소득)

② 지출$GDP = C + I + G + (X - M) = C + I + G + X_N$

▶ 해당연도에 발생한 재고의 증가는 재고투자의 항목에 포함되기 때문에 사후적으로 생산GDP와 지출GDP는 언제나 일치한다.

③ 분배GDP
= 임금 + 이자 + 지대 + 이윤 + 고정자본소모 + 순간접세
= 소비(C) + 저축(S) + 조세(T)

3 국민총소득(GNI)

(1) 개념

① 국민총소득(Gross National Income: GNI)이란 일정 기간에 한 나라의 국민이 소유하고 있는 생산요소를 국내외에 제공한 대가로 벌어들인 소득을 말한다.

② GDP는 경제성장률의 중심지표로 이용되고, GNI는 1인당 국민소득의 중심지표로 이용된다.

(2) 명목변수

┃ 국민소득의 명목변수
- 명목국민총소득(명목GNI) = 명목국민총생산(명목GNP)
- 명목국내총소득(명목GDI) = 명목국내총생산(명목GDP)

(3) 실질변수

① 교역조건(terms of trade)이란 수출품 한 단위를 수출해서 수입 가능한 수입품의 양을 의미한다. 수입상품의 단위로 표시한 수출상품 한 단위의 가치가 교역조건이다.

▶ 교역조건은 국제가격을 기준으로 측정된다.

┃ 교역조건

$$교역조건 = \frac{수출물가지수}{수입물가지수} = \frac{수출단가}{수입단가}$$

┃ 국민소득의 실질변수
- 실질GNI = 실질GDI + 실질대외순수취요소소득
- 실질GDI = 실질GDP + 교역조건변화에 따른 실질무역손익
- 실질GNI = 실질GDP + 교역조건변화에 따른 실질무역손익 + 실질대외순수취요소소득

② 교역조건이 개선되었을 경우 실질무역이익이 발생하므로 실질GDI가 실질GDP보다 크고, 교역조건이 악화되었을 경우 실질무역손실이 발생하므로 실질GDI가 실질GDP보다 작다.

4 $GDP \cdot GNI$의 한계점

① 시장가치만을 포함함으로써 시장에서 거래되지 않은 가치를 반영하지 못한다.
- 자급자족이 많고 화폐화의 정도가 낮은 후진국이나 과거로 갈수록 국내총생산(GDP)이 과소평가된다.
- 소비자들이 즐기는 여가의 가치를 반영하지 못한다.
- 가정주부의 가사서비스의 가치를 반영하지 못한다.

② 생산과정에서 파생되는 공해와 자연파괴, 교통체증, 사고, 범죄 증가 등의 외부비경제 효과를 도외시한다.

③ 상품의 질적 변화를 반영하지 못한다.

④ 경제후생지표(Measure of Economic Welfare: MEW)는 GDP 개념이 사회후생 수준을 반영하지 못한다는 한계점을 보완하기 위해 토빈(J. Tobin)과 노드하우스(W. Nordhaus)가 개발한 개념이다.

┃ 경제후생지표(MEW)

$MEW = GDP$ + 사회적 후생을 증가시키는 요인 − 사회적 후생을 감소시키는 요인
$= GDP$ + 여가의 가치 + 가정주부의 가사서비스의 가치 − 공해비용

2. 총수요와 총공급

① 총수요(Aggregate Demand: AD)란 국민경제 전체에서 생산되는 상품들의 수요로서 총수요곡선은 우하향한다.

② 총공급(Aggregate Supply: AS)란 국민경제 전체에서 생산되는 상품들의 공급으로서 총공급곡선은 우상향한다.

③ 총수요곡선(AD)과 총공급곡선(AS)이 교차하는 점에서 시장의 균형이 달성되고, 시장의 균형에서 균형국민소득(Y_E)과 균형물가(P_E)가 결정된다.

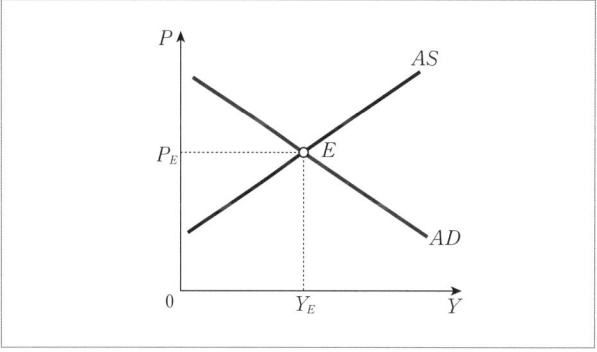

CHAPTER 02 경기변동

1. 개요

1 경기변동
① 경기(business conditions)란 전반적인 경제활동상태를 말한다.
② 경기변동(business fluctuation) 또는 경기순환(business cycle)이란 국민경제의 총체적인 경제활동이 상당한 규칙성을 보이면서 주기적으로 호경기와 불경기가 반복적으로 나타나는 현상을 말한다.

2 GDP갭
① GDP갭이란 실제GDP와 잠재GDP의 격차로 정의되고, 장기추세를 뜻하는 경제성장곡선과 실제 국내총생산을 나타내는 경기변동곡선과의 차이를 의미한다.

> **GDP갭**
> $GDP갭 = 실제GDP - 잠재GDP$

② GDP갭이 양(+)이면 호황기, GDP갭이 음(-)이면 불황기를 의미한다.

3 경기변동의 공행성
① 경기순응적 경제변수: 소득, 고용, 소비, 투자, 물가 등
② 경기역행적 경제변수: 재고, 실업 등

2. 경기변동의 원인

1 총수요 측면의 요인
① 총수요가 증가하면 국민소득이 증가하고 물가가 상승하고, 총수요가 감소하면 국민소득이 감소하고 물가가 하락한다.
② 총수요 측면에 의해 경기변동이 발생하면 물가는 경기순응적 변수가 된다.

2 총공급 측면의 요인
① 총공급이 증가하면 국민소득이 증가하고 물가가 하락하고, 총공급이 감소하면 국민소득이 감소하고 물가가 상승한다.
② 총공급 측면에 의해 경기변동이 발생하면 물가는 경기역행적 변수가 된다.

CHAPTER 03 화폐금융론

1. 화폐공급이론

1 개요

(1) 화폐의 기능
① 교환매개(medium of exchange)의 기능: 거래과정에서 거래비용의 절감을 위해 화폐가 매개물이 되어 일반적인 지불수단으로 사용되는 것을 말한다.
② 가치척도(unit of account)의 기능: 화폐가 상품거래의 표준이 되고, 각 상품의 가치를 화폐의 단위로 측정할 수 있는 것을 말한다.
③ 가치저장(store of value)의 기능: 화폐가 한 시점에서 다른 시점까지 구매력을 보관해 주는 역할을 하는 것을 말한다.
④ 장래지급의 표준(standard of deferred payments)으로서의 기능: 미래의 지불의무가 화폐단위로 표시될 때 장래지급의 표준으로서의 기능을 수행한다.

(2) 통화지표

협의통화(M_1)	현금통화 + 요구불예금 + 수시입출식 저축성예금
광의통화(M_2)	M_1 + 저축성예금 + 시장형 금융상품 + 실적배당형 금융상품 + 금융채 + 거주자 외화예금 등

2 본원통화

(1) 개념
① 중앙은행의 창구를 통해 시중에 나온 현금으로, 중앙은행의 1차적인 화폐공급을 의미한다.
② 중앙은행을 통해 본원통화가 공급되면 이는 예금은행의 신용창조 과정을 거쳐 몇 배 크기의 통화량으로 증가하므로 본원통화를 고성능화폐(high-powered money)라고도 한다.
③ 중앙은행이 발행한 것이므로 중앙은행의 통화성부채이다.

(2) 지급준비금과 지급준비율

> **지급준비금과 지급준비율**
> • 지급준비금(R) = 법정지급준비금(R_l) + 초과지급준비금(R_e)
> • 지급준비율(r) = 법정지급준비율(r_l) + 초과지급준비율(r_e)

(3) 본원통화의 구성

본원통화(B)		
현금통화(C)	예금은행 총지급준비금(R)	
현금통화(C)	예금은행 시재금 (예금은행 화폐보유액)	중앙은행 지급준비예치금
화폐발행액		중앙은행 지급준비예치금

3 본원통화의 공급경로

(1) 정부부문을 통한 공급
① 정부가 중앙은행으로부터의 차입을 증가시키면 본원통화 공급이 증가한다.
② 재정적자가 증가하거나 재정흑자가 감소하면 본원통화공급이 증가한다.

(2) 금융부문을 통한 공급
① 예금은행이 중앙은행으로부터의 차입을 증가시키면 본원통화공급이 증가한다.
② 예금은행이 중앙은행에 차입금을 상환하면 본원통화공급이 감소한다.

(3) 외국부문을 통한 공급
① 수출 증가 및 외자도입 → 본원통화공급 증가
② 수입 증가 및 외채상환 → 본원통화공급 감소

(4) 중앙은행의 순자산변화를 통한 공급
① 중앙은행의 건물, 시설, 유가증권 매입 → 본원통화공급 증가
② 중앙은행의 기타 자산의 순증가 → 본원통화공급 증가

4 예금은행의 신용창조

(1) 본원적 예금(primary deposit)
예금은행조직 밖에서 예금은행조직으로 최초로 흘러들어온 예금으로, 법정지급준비금의 합계와 일치한다.

(2) 총예금창조액과 신용승수

▌총예금창조액
$$D^G = S \times \frac{1}{r_l}$$
- S: 본원적 예금
- r_l: 법정지급준비율

▌신용승수
$$\text{신용승수} = \frac{1}{r_l}$$

(3) 순예금창조액과 순신용승수

▌순예금창조액
$$D^N = D^G - S = \frac{S}{r_l} - S = \frac{1-r_l}{r_l} \times S$$

▌순신용승수
$$\text{순신용승수} = \frac{1-r_l}{r_l}$$

5 통화승수

(1) 개념
① 통화량(M) = 현금통화(C) + 예금통화(D)
② 본원통화(B) = 현금통화(C) + 지급준비금(R)
③ 지급준비금(R) = 지급준비율(r) × 예금통화(D)

(2) 통화승수

▌통화승수: 현금예금비율(c)이 주어진 경우
- 현금예금비율(c) = $\dfrac{C}{D}$
- $m = \dfrac{M}{B} = \dfrac{C+D}{C+R} = \dfrac{(C/D)+(D/D)}{(C/D)+(R/D)} = \dfrac{c+1}{c+r}$

① 현금누출이 없다면 현금예금비율(c)이 0, 초과지급준비금이 없다면 지급준비율(r)은 법정지급준비율(r_l)과 일치한다.
→ 통화승수(m)=신용승수$\left(\dfrac{1}{r_l}\right)$

② 통화승수의 결정 요인
- 현금예금비율(c)↓ → 예금↑ → 대출↑ → 통화승수(m)↑
- 지급준비율(r)↓ → 대출↑ → 통화승수(m)↑
- 신용카드, 현금카드, 전자화폐, 현금자동인출기의 증가 등 신용사회의 발전 → 현금수요의 감소 → 현금예금비율(c)↓ → 통화승수(m)↑
- 예금이자율↑ → 예금↑ → 현금예금비율(c)↓ → 통화승수(m)↑
- 대출이자율↑ → 대출↑ → 지급준비금↓ → 통화승수(m)↑

6 금융정책

(1) 일반적 정책수단

▌금융정책의 일반적 정책수단
- 본원통화의 공급량 조절: 공개시장조작, 재할인율정책
- 통화승수의 크기 조절: 지급준비율정책

① 공개시장조작(공개시장운영)
- 금융시장이 발달하여 금융자산이 다양하고, 금리가 자율화되어 있는 선진국은 통화관리수단 중 공개시장조작을 가장 많이 이용한다.
- 공개시장조작은 가장 단기적이고 근대화된 자금조절수단으로, 그날그날의 통화조절수단이다.

> ▎공개시장조작
>
> - 국공채 매입 → 본원통화↑ → 통화량↑
> - 국공채 매각 → 본원통화↓ → 통화량↓

② 재할인율정책

> ▎재할인율정책
>
> - 재할인율↓ → 예금은행의 對 중앙은행 차입↑ → 본원통화↑ → 통화량↑
> - 재할인율↑ → 예금은행의 對 중앙은행 차입↓ → 본원통화↓ → 통화량↓

③ 지급준비율정책

> ▎지급준비율정책
>
> - 법정지급준비율↓ → 통화승수↑ → 통화량↑
> - 법정지급준비율↑ → 통화승수↓ → 통화량↓

(2) 통화량과 이자율

① 유동성 효과(단기 효과)
- 통화량 증가 → 단기적으로 이자율 하락 효과
- 명목이자율과 실질이자율이 모두 하락한다.
- 단기적으로 물가가 경직적인 경우 통화량 증가가 이자율의 즉각적인 하락을 통해 환율이 균형 수준에서 크게 이탈하는 과잉조정모형의 이론적 근거가 된다.

② 피셔 효과(장기 효과)
- 통화량 증가 → 인플레이션 → 명목이자율 상승 효과
- 명목이자율과 실질이자율 모두 상승 → 실질이자율은 원래 수준으로 복귀 → 실질이자율에 인플레이션율을 더한 만큼 명목이자율만 상승한다.

2. 화폐수요이론

1 화폐수요의 개념
① 화폐수요(money demand)란 사람들이 일정 시점에서 수중에 보유하고자 하는 화폐의 양을 말한다.
② 화폐수요는 일정 시점에서 측정되는 저량(stock)의 개념이다.

2 화폐수요의 종류

구분	개념	결정 요인
거래적 화폐수요	개인과 기업이 일상적인 지출을 위해 보유하는 화폐수요	• 물가의 증가함수 • 실질국민소득의 증가함수
예비적 화폐수요	예상하지 못한 지출에 대비하여 보유하는 화폐수요(비상금)	실질국민소득의 증가함수
투기적 화폐수요	채권과 같은 수익자산을 구입하기 위해 보유하는 화폐수요	이자율의 감소함수

> ▎이자율과 투기적 화폐수요
>
> - 이자율↑(채권가격↓) → 싼 가격에 채권 매입 → 투기적 화폐수요↓
> - 이자율↓(채권가격↑) → 비싼 가격에 채권 매각 → 투기적 화폐수요↑

3 케인즈의 투기적 화폐수요곡선: 유동성함정
① 이자율이 최저 수준으로 떨어지면 채권가격이 최고로 높아 모든 채권을 매각하여 투기적 화폐수요가 최대가 된다.
② 최저 이자율 수준에서 투기적 화폐수요곡선은 수평선이 되고, 투기적 화폐수요가 이자율에 대해 무한탄력적이 된다.
③ 최저 이자율 수준에서는 유휴자금의 모든 증가분이 투기적 화폐 수요로 흡수되는데, 이 구간을 유동성 함정이라고 한다.

4 이자율의 결정
① 이자율은 화폐시장의 균형에 의해 결정되는 화폐적 현상으로 명목변수이다.
② 화폐시장에서 명목변수인 화폐수요와 화폐공급이 일치하는 점에서 균형이자율이 결정된다.

CHAPTER 04 총수요-총공급이론

1. 재정정책과 금융정책

1 재정정책

(1) 재정정책의 재원조달방안
① 조세 징수: 조세를 징수하여 재원을 조달하는 경우 통화량은 변하지 않는다.
② 국공채 발행: 국공채의 신규발행으로 통화량과 무관하다.
③ 중앙은행으로부터의 차입: 본원통화 증가 → 통화량 증가 → 금융정책의 효과가 동시에 나타남 → 정책혼합
④ 외국으로부터의 차입: 본원통화 증가 → 통화량 증가 → 금융정책의 효과가 동시에 나타남 → 정책혼합

(2) 재정의 경제안정화기능
① 재정의 자동안정화장치: 경기변동 시 정부가 의도적으로 재량적인 재정정책을 실시하지 않더라도 자동으로 정부지출이나 조세수입이 변하여 경기변동의 진폭을 완화해 주는 재정제도이다.
② 재정의 자동안정화장치의 예: 누진소득세제 또는 비례소득세제, 실업보험제도, 사회보장제도, 최저임금제

(3) 구축 효과
① 재정정책의 구축 효과: 국공채 발행을 통한 확대재정정책이 이자율을 상승시켜 민간의 소비와 투자를 구축시키는 효과를 말한다.
② 조세감면도 동일한 구축 효과가 발생한다.

(4) 재정정책의 효과
① 투자수요의 이자율탄력성이 작으면 정부지출의 증가로 이자율이 상승하더라도 투자수요가 소폭 감소하므로 구축 효과는 작아진다. 따라서 재정정책의 효과는 커진다.
② 한계소비성향이 크면 정부지출을 증가시켜 국민소득을 증가시킬 때 소비 증가분이 크므로 재정정책의 효과는 커진다.
③ 화폐수요의 이자율탄력성이 커 화폐수요곡선이 완만하면 정부지출을 증가시킬 때 이자율 상승분이 크지 않으므로 투자수요 감소분이 작아 재정정책의 효과는 커진다.

(5) 리카도의 등가성정리: 새고전학파
① 정부지출의 크기가 일정할 때 조세를 감면하고 국공채 발행을 통해 지출재원을 조달하더라도 경제의 실질변수에는 아무런 영향도 미치지 못한다. 즉, 정부지출의 재원조달방식의 변경은 민간경제에 아무런 영향을 미칠 수 없다는 것이다.
② 국공채의 발행은 정부의 부채로서 결국 만기에 조세 증가를 통해 이를 상환해야 한다. 이에 합리적인 경제주체들은 현재 시점에서 국공채 발행이 증가하면 미래의 조세 증가와 처분가능소득의 감소를 예상하여 처분가능소득 증가분의 대부분을 저축하므로 정부지출의 증가 효과를 잠식하게 된다.

2 금융정책

(1) 확대금융정책
① 확대금융정책의 효과
  • 1단계(화폐시장): 화폐공급의 증가 → 화폐공급곡선 우측 이동 → 화폐시장에서 이자율의 하락
  • 2단계(생산물시장): 이자율의 하락 → 투자수요의 증가 → 총수요의 증가 → 국민소득의 증가
② 확대금융정책은 이자율 하락을 통한 투자수요의 증가를 가져오므로 구축 효과(crowding-out effect)를 발생시키지 않는다.
③ 금융정책의 효과
  • 화폐수요의 이자율탄력성이 작아 화폐수요곡선이 가파르면 확대금융정책을 실시했을 때 이자율의 하락분이 커 투자수요의 증가분이 크므로 정책효과는 커진다.
  • 투자수요의 이자율탄력성이 크다면 이자율이 하락했을 때 투자수요의 증가분이 크므로 정책효과는 커진다.

(2) 긴축금융정책
① 확대금융정책과 반대의 조정과정을 거친다.
② 긴축금융정책을 실시하면 균형국민소득은 감소하고 균형이자율은 상승한다.

(3) 양적완화
① 중앙은행이 통화를 시중에 직접 공급함으로써 경기확장 및 신용경색을 해소하고자 하는 비전통적인 통화정책을 말한다.
② 유동성함정으로 인해 더 이상 명목이자율을 낮추는 것이 어려운 상황에서 시장에 직접 유동성을 공급하여 경기를 확장하고 디플레이션에서 벗어나기 위한 정책이다.

공개시장운영	양적완화
• 유가증권의 매입과 매각을 모두 의미 • 단기채권 • 시중은행을 거쳐 금융정책의 경로에 의해 경기를 부양하는 정책	• 유가증권의 매입만을 의미 • 장기채권이나 회사채 • 시장에 직접 자금을 공급

3 피구 효과

(1) 개념
① 피구 효과(Pigou effect): 물가 하락으로 인해 돈을 비롯한 모든 명목자산의 실질가치가 상승하면 가계가 보유하는 재산이 실질적으로 늘어나는 효과가 발생하여 가계의 소비가 증가하는 효과를 말한다.
② 피구 효과가 존재하면 유동성 함정하에서도 물가 하락으로 소비가 증가하여 국민소득이 증가한다.

(2) 문제점
① 부채-디플레이션 효과: 물가 하락 → 실질이자율 상승 → 가계와 기업의 실질부채 증가 → 가계의 소비 감소, 기업의 투자 감소 → 국민소득 감소 → 가계의 소비 감소, 기업의 투자 감소
② 민간소비의 억제 효과
- 디플레이션(deflation)이 발생하면 추가적인 물가 하락을 기대하는 민간이 현재의 소비를 미래로 연기함으로써 현재소비가 감소할 수 있다.
- 자산-디플레이션 효과: 부동산이나 주식과 같은 자산가격이 폭락하면 민간이 보유한 실물자산의 가치가 폭락한 것이므로 물가 하락이 소비 억제로 이어질 수 있다.

4 정책혼합(재정정책 + 금융정책)
① 긴축재정정책 + 확대금융정책: 균형이자율만 하락
② 확대재정정책 + 확대금융정책: 균형국민소득만 증가
▶ 정부지출의 재원이 중앙은행으로부터의 차입이나 외국으로부터의 차입을 통해 이루어졌다면 이 확대재정정책은 구축 효과의 방지를 위한 정책혼합에 해당한다.

2. 총수요-총공급모형

1 총수요곡선의 도출
① 이자율 효과: 물가의 하락 → 명목화폐수요의 감소(채권 매입, 은행예금의 증가), 실질화폐공급의 증가 → 채권가격의 상승, 이자율의 하락 → 민간투자와 민간소비의 증가 → 총수요의 증가
② 피구 효과(실질자산 효과, 부의 효과): 물가의 하락 → 현금이나 국공채 등 명목자산의 실질가치 상승 → 소비자들의 구매력 상승 → 민간소비의 증가 → 총수요의 증가
③ 경상수지 효과: 물가의 하락 → 국내상품가격의 상대적 하락, 외국상품가격의 상대적 상승 → 수출의 증가, 수입의 감소 → 순수출의 증가 → 총수요의 증가

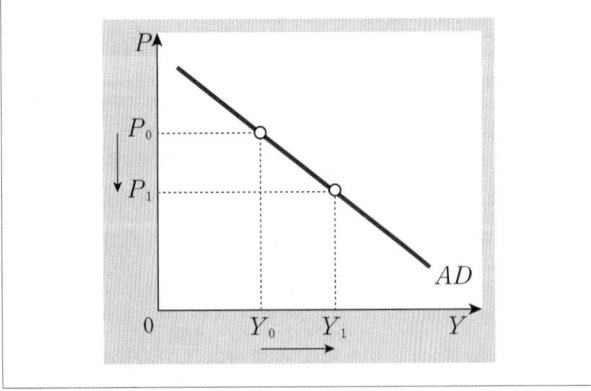

2 총수요곡선의 이동
① 확대재정정책(정부지출(G)의 증가, 조세(T)의 감면)
→ 총수요(AD)곡선의 우측 이동
② 확대금융정책(화폐공급(M^S)의 증가)
→ 총수요(AD)곡선의 우측 이동

3 총공급곡선
(1) 형태
① 단기에는 실제물가 수준과 예상물가 수준 사이에 괴리가 발생하면서 체계적인 예측오차를 낳기 때문에 단기총공급(SAS)곡선은 우상향한다.
② 장기적으로 노동자들이 미래의 물가 수준을 정확하게 예측하게 되면 장기총공급(LAS)곡선은 자연국민소득(Y_N) 수준에서 수직선이 된다.

(2) 정책적 시사점
① 단기: 단기총공급(SAS)곡선이 우상향하므로 총수요관리정책은 균형국민소득을 변동시킬 수 있다.
② 장기: 장기총공급(LAS)곡선이 수직선이므로 총수요관리정책은 물가(P)에만 영향을 줄 수 있고 균형국민소득에는 영향을 미치지 못한다.

4 총수요관리정책
① 확대재정정책과 확대금융정책은 총수요를 증가시키는 총수요관리정책으로, 국민소득을 증가시키고 물가를 상승시킨다.
② 확대재정정책은 이자율을 상승시켜 구축 효과를 발생시키지만, 확대금융정책은 이자율을 하락시켜 구축 효과를 발생시키지 않는다.
▶ 확대재정정책은 이자율을 상승시켜 투자수요가 감소하지만, 확대금융정책은 이자율을 하락시켜 투자수요가 증가한다.

구분	재정정책		금융정책	
	확대	긴축	확대	긴축
국민소득	증가	감소	증가	감소
물가	상승	하락	상승	하락
이자율	상승	하락	하락	상승

CHAPTER 05 실업과 인플레이션

1. 실업

1 주요 개념

(1) 경제활동인구와 비경제활동인구

① 경제활동인구
- 생산가능인구(만 15세 이상 인구) 중 일할 의사와 능력을 가진 사람을 말한다.
- 취업자와 실업자로 구성된다.

② 비경제활동인구
- 생산가능인구 중 일할 의사와 능력이 없는 사람을 말한다.
- 가정주부, 학생, 일할 수 없는 연로자와 심신장애자, 자발적으로 자선사업 및 종교단체에 관여한 자, 구직단념자 등이 이에 해당한다.
- 구직단념자, 실망실업자는 비경제활동인구에 포함되므로 실업률을 과소평가하게 되는 문제점이 발생한다.

(2) 취업자와 실업자

① 취업자
- 매월 15일이 속한 1주일 동안 소득, 이익, 봉급, 임금 등 수입을 목적으로 1시간 이상 일한 자
- 무급가족종사자: 가족종사자로서 주당 18시간 이상 일한 자
- 직업 또는 사업체를 가졌으나 조사기간에 일시적인 병, 일기불순, 휴가 또는 연가, 노동쟁의 등의 이유로 일하지 못한 일시 휴직자

② 실업자: 조사대상 주간을 포함한 지난 4주간 적극적으로 구직활동을 하였지만, 매월 15일이 속한 1주일 동안 수입을 목적으로 1시간 이상 일하지 못한 자로서 일자리가 주어지면 즉시 취업이 가능한 자

2 실업의 측정

(1) 실업의 측정

▌경제활동참가율

경제활동참가율
$$= \frac{경제활동인구(L)}{생산가능인구(P)} \times 100$$
$$= \frac{경제활동인구(L)}{경제활동인구(L) + 비경제활동인구(NL)} \times 100$$

▌실업률

$$실업률 = \frac{실업자\ 수(U)}{경제활동인구(L)} \times 100$$
$$= \frac{실업자\ 수(U)}{취업자\ 수(E) + 실업자\ 수(U)} \times 100$$

▌고용률

$$고용률 = \frac{취업자\ 수(E)}{생산가능인구(P)} \times 100$$
$$= \frac{취업자\ 수(E)}{경제활동인구(L) + 비경제활동인구(NL)} \times 100$$
$$= \frac{L}{P} \times \frac{E}{L} \times 100 = 경제활동참가율 \times 취업률$$
$$= 경제활동참가율(1 - 실업률)$$

(2) 실업통계작성의 문제점

① 임시고용이나 시간제로 일하면서 1주일에 1시간 이상만을 일하면 취업자로 분류되어 실업통계에서 제외된다. 즉, 실업률을 측정할 때 고용의 질을 고려하지 않는다.

② 일자리를 찾으려고 노력하다가 지쳐 결국 포기한 구직단념자를 **실망실업자**(discouraged worker)라고 한다. 실망실업자는 비경제활동인구로 분류되므로 실질적으로 실업상태이지만, 통계에서는 제외되어 실업률이 과소평가되는 문제가 발생한다.

▌우리나라 실업률이 낮은 이유
- 실업보험제도와 직업알선기관이 잘 발달되어 있지 않다.
- 소규모 사업체를 운영하는 자영업자의 비중이 상대적으로 높다.
- 남성들은 국방의 의무로 인해 군복무를 해야 한다.
- 고등학교 졸업 이후 대학진학률이 상대적으로 높다.
- 무급가족종사자의 비중이 높다.
- 여성의 경제활동참가율이 다른 선진국에 비해 상대적으로 낮다.
- 농림어업부문의 취업자 비중이 상대적으로 높다.
- 실망실업자의 비중이 높다.

3 실업의 유형

(1) 자발적 실업

① 종류: 마찰적 실업, 탐색적 실업

② 대책: 노동시장에서 고용기회에 관한 정보의 흐름을 원활하게 하는 것, 직업탐색과정을 촉진하는 정책의 수립

(2) 비자발적 실업

① 경기적 실업
- 의미: 경기침체에 수반하여 단기적으로 발생하는 실업
- 대책: 확장적 총수요관리정책

② 구조적 실업
- 기술혁신이나 자동화 등으로 인한 과거기술의 경쟁력 상실, 어떤 산업의 사양화 등으로 그 산업부문에서 발생하는 실업
- 최저임금제, 노동조합, 효율성임금제도, 정부정책 등 임금경직성을 유발하는 노동시장의 제도적 요인으로 인해 발생하는 실업
- 대책: 산업구조의 재편, 인력정책, 노동력에 대한 재교육, 직업훈련 등

4 자연실업률가설

(1) 개념
① 자연실업(natural unemployment): 근로자들이 마음에 드는 일자리를 얻기 위해 옮겨 다니는 과정에서 발생하는 실업이다. 즉, 일자리를 얻고 잃는 과정이 반복되는 동적 과정에서 발생하는 균형실업을 의미한다.
② 자연실업률가설의 관점에 의하면 노동시장에 존재하는 모든 실업은 정도의 차이는 있어도 기본적으로 자발적 실업이라고 본다.

(2) 자연실업률의 결정 요인
① 생산물시장과 생산요소시장의 불완전경쟁의 정도↑ → 자연실업률↑
② 직업을 구하는 데 드는 탐색비용↑ → 자연실업률↑
③ 노동의 이동비용↑, 노동의 이동가능성↓ → 자연실업률↑
④ 실업보험제도와 같은 근로자복지제도의 강화 → 근로자들의 근로의욕 저하 → 자연실업률↑
⑤ 최저임금제도, 노동조합, 효율성 임금제도 → 자연실업률↑
⑥ 산업구조의 급격한 변화 → 산업 간 노동이동↑ → 자연실업률의 변화
⑦ 인구구성의 변화 ⓜ 출산율 변화, 평균수명 연장 등

(3) 탐색적 실업이론
① 탐색적 실업이론이란 불완전정보하에서 노동자는 더 높은 임금을 주는 일자리를 찾고, 기업가는 더 생산성이 높은 노동자를 탐색하는 과정에서 일시적으로 실업이 발생한다는 이론이다.
② 탐색적 실업이론은 마찰적 실업을 정당화시키는 이론이다.

5 실업의 이력현상

(1) 개념
① 실업의 이력현상(hysteresis)이란 현재의 실업률이 과거의 실업률 수준에 크게 영향을 받는 현상을 말한다.
② 이력현상에 의해 실제실업률이 자연실업률을 초과하면 자연실업률 수준 자체가 증가하므로 자연실업률가설이 성립하지 않는다.

(2) 발생 원인
① 낙인 효과(labeling effect, stigma effect), 신호 효과(signalling effect)
② 내부자-외부자모형(insider-outsider model)
③ 실망노동자

2. 인플레이션

1 소비자물가지수(CPI)

(1) 개념
① 가계의 소비활동에 필요한 재화와 서비스의 가격변동을 측정하기 위한 물가지수이다.
② 대상품목은 서울을 비롯한 37개 주요 도시의 가계가 사용하는 대표적 소비재로, 농어촌 가계가 소비하는 상품들은 포함되지 않는다.

(2) 특징
① 대표적인 인플레이션율의 지표로 이용된다.
② 기준연도 거래량을 기준으로 하는 라스파이레스(Laspeyres)지수이다.

> **라스파이레스 물가지수**
> $$L_P = \frac{\sum P_1 Q_0}{\sum P_0 Q_0} \times 100$$
> - P_0: 기준연도의 가격
> - P_1: 비교연도의 가격
> - Q_0: 기준연도의 거래량

③ 기준연도는 5년마다 개편되고, 매월 통계청에서 측정한다.
④ 물가 상승을 과대평가한다.
- 소비자의 대체 가능성을 무시한다.
- 신제품의 등장과 상품의 품질변화를 반영하지 못한다.
⑤ 소비자가 구입하는 대표적인 재화와 서비스의 지출만을 반영하는 지표이므로 특정 가계의 생계비 변화를 고려하지 못하여 괴리가 발생할 수 있다.

2 생산자물가지수(PPI)
① 기업 간에 거래되는 모든 재화와 서비스의 가격 변동을 측정하기 위한 물가지수이다.
② 기준연도 거래량을 기준으로 하는 라스파이레스지수이다.
③ 기준연도는 5년마다 개편되고, 한국은행에서 작성한다.

3 GDP디플레이터

(1) 개념
① 명목가치를 실질가치로 환산할 때 사용하는 물가지수로, 명목GDP를 실질GDP로 나누어 사후적으로 측정되는 물가지수이다.

② 대상품목은 GDP를 계산할 때 대상이 되는 품목으로, 한 나라 안에서 생산한 모든 최종생산물이다.

▌GDP디플레이터

$$GDP디플레이터 = \frac{명목 GDP}{실질 GDP} \times 100$$

(2) 특징

① 비교연도 거래량을 기준으로 하는 파셰(Paasche)지수이다.

▌파셰물가지수

$$P_P = \frac{\sum P_1 Q_1}{\sum P_0 Q_1} \times 100$$

- P_0: 기준연도의 가격
- Q_1: 비교연도의 거래량
- P_1: 비교연도의 가격

② GDP디플레이터의 지수작성연도가 기준이 되고, 한국은행이 분기별로 작성한다.

③ 국내에서 생산된 품목만을 대상으로 하기 때문에 수입상품의 가격변동을 전혀 반영하지 못한다는 한계를 가지고 있다.

4 물가지수의 품목

구분	소비자 물가지수	생산자 물가지수	GDP 디플레이터
수입품	포함 ○	포함 ×	포함 ×
주택임대료	포함 ○	포함 ×	포함 ○
신축주택가격	포함 ×	포함 ×	포함 ○
기존주택가격	포함 ×	포함 ×	포함 ×

5 인플레이션율(물가상승률)

① 인플레이션율(inflation rate)이란 일정 기간에 물가지수가 변화한 비율을 의미한다.

② 소비자물가지수(CPI)를 이용한 인플레이션율(π)은 다음과 같이 측정된다.

▌인플레이션율

$$\pi_t = \frac{CPI_t - CPI_{t-1}}{CPI_{t-1}} \times 100$$

- π_t: t기의 인플레이션율
- CPI_{t-1}: $t-1$기의 소비자물가지수
- CPI_t: t기의 소비자물가지수

6 수요견인 인플레이션

(1) 개념

① 총수요 측 요인에 의해 발생하는 인플레이션을 의미한다.

② 총수요(AD)곡선이 우측으로 이동하면 국민소득(Y)이 증가하고 물가(P)가 상승하는 수요견인 인플레이션이 발생한다.

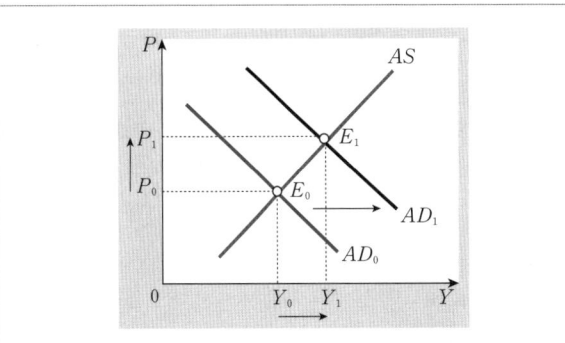

(2) 발생 원인

① 과도한 통화 증가(화폐적 요인): 확대금융정책으로 인해 통화공급(M^S)이 증가하면 총수요곡선이 우측으로 이동하여 수요견인 인플레이션을 유발한다.

② 확대재정정책(실물적 요인): 확대재정정책으로 인한 정부지출 증가 및 투자 증가와 같은 실물부문의 증가에 의한 총수요의 변동이 수요견인 인플레이션의 원인이 된다.

③ 수요충격

7 공급견인 인플레이션

(1) 개념

① 총공급 측 요인에 의해 발생하는 인플레이션으로, 비용인상 인플레이션이라고도 한다.

② 총공급(AS)곡선이 좌측으로 이동하면 국민소득(Y)이 감소하고 물가(P)가 상승하는 공급견인 인플레이션이 발생한다.

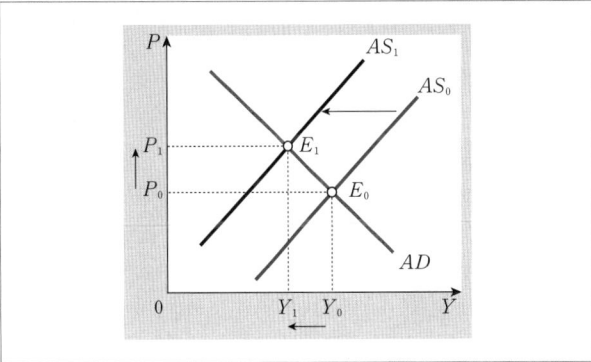

(2) 발생 원인
① 비용인상 인플레이션: 석유파동(oil shock), 원자재가격 상승, 자원파동
② 노동자의 예상물가 수준(P^e)의 상승

(3) 대책
① 단기정책(소득정책): 임금 및 물가 상승을 규제하여 생산비의 증가를 억제한다.
② 장기정책(총공급의 증가정책)
- 저축·투자·노동공급의 증가를 위한 조세감면정책 실시
- 인력정책(manpower policy): 기술향상·연구개발·교육훈련 등

(4) 특징
① 경기침체 속에서도 물가가 상승하는 스태그플레이션(stagflation)을 유발한다.
② 총수요관리정책의 정책적 딜레마: 국민소득 증대를 위해 총수요를 증가시키면 인플레이션은 더욱 가속화되고, 물가 안정을 위해 총수요를 감소시키면 국민소득은 더욱 감소한다.

8 인플레이션의 사회적 비용

(1) 인플레이션과 이자율
① 실질이자율(r) = 명목이자율(i) − 인플레이션율(π)
② 피셔가설(Fisher hypothesis)
- 완벽하게 예상된 인플레이션의 경우 채권자는 실질이자율(r)이 하락하는 것을 막기 위해 인플레이션의 프리미엄을 더한 더 높은 명목이자율(i)을 요구하게 되고, 이에 채무자는 순순히 응하게 된다.
- 예상된 인플레이션이라 하더라도 조세제도상의 특성 때문에 일부 경제주체에게 비용을 초래할 수 있다는 점에서 피셔가설은 한계점을 지닌다.

> **피셔가설**
> 명목이자율(i) = 실질이자율(r) + 예상인플레이션율(π^e)

(2) 예상된 인플레이션
① 부와 소득의 재분배 측면
- 실질임금 불변: 기업과 근로자 간에 부와 소득의 재분배는 발생하지 않는다.
- 실질이자율 불변: 채권자와 채무자 간에도 부와 소득의 재분배는 발생하지 않는다.
- 누진세제하에서 조세왜곡이 발생하여 세후실질임금과 세후실질이자소득이 감소하므로 예상된 인플레이션이라 하더라도 근로자와 채권자가 불리해질 가능성이 있다.

② 메뉴비용(menu cost): 인플레이션이 예상된 경우 가격 변동 시 가격조정과 관련된 제반비용을 말한다.
③ 구두창비용(shoe leather cost): 인플레이션이 예상될 때 금융기관을 더욱 자주 방문해야 하는 데서 오는 거래비용을 말한다.
④ 실질임금 불변 → 고용 불변 → 생산 불변
⑤ 비생산적인 투기 → 국민경제의 효율성↓

(3) 예상치 못한 인플레이션
① 부와 소득의 재분배 측면
- 실질임금이 하락하므로 노동자로부터 기업에게로 소득이 재분배된다.
- 실질이자율이 하락하므로 채권자로부터 채무자에게로 부와 소득이 재분배된다.
- 명목자산의 실질가치가 하락하므로 금융자산(현금, 예금, 공채, 어음)의 보유자는 손실을 보고, 실물자산(토지, 빌딩, 주택)의 보유자는 이득을 본다.
- 고정된 명목임금을 받고 있는 노동자, 고정된 연금을 받아 생활하는 사람, 명목가치가 고정된 금융자산을 보유하고 있는 사람은 손해를 본다.

② 실질임금 하락 → 단기적으로 생산과 고용 증가 → 장기에는 불투명
③ 단기적으로 경제의 효율성에 큰 영향이 없다. → 장기에 불확실성 증가
④ 불확실성이 확산되면 채권자와 채무자 사이에 장기계약(long-term contract)이 어렵게 된다.

(4) 화폐발행이득(인플레이션조세)
① 화폐공급의 증가를 통해 정부가 얻게 되는 추가적인 재정수입을 말한다.
② 정부가 인플레이션을 유발하면 세금을 걷는 효과가 나타난다는 의미에서 민간이 보유한 화폐가 과세대상이 되는 것이다.

3. 필립스곡선이론

1 최초의 필립스곡선
① 필립스곡선은 명목임금인상률과 실업률 사이의 음(−)의 상관관계를 보여 주는 곡선이다.
② 실업과 인플레이션의 상충관계: 물가 안정과 완전 고용이라는 두 가지 거시경제정책의 목표가 동시에 달성될 수 없다는 것을 의미한다.

2 단기와 장기의 필립스곡선
① 단기필립스곡선(SPC): 안정적인 우하향의 형태를 보인다.
② 장기필립스곡선(LPC): 자연실업률 수준(u_N)에서 수직선이 된다.

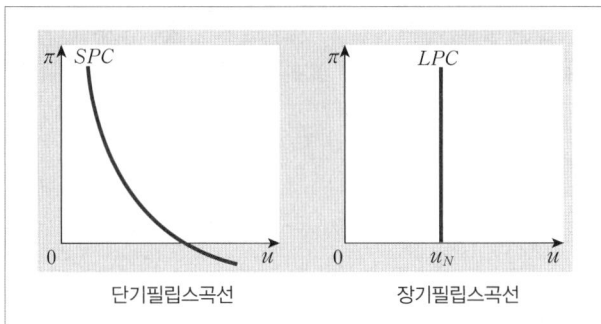

단기필립스곡선 / 장기필립스곡선

3 스태그플레이션

① 1970년대에 이르러 경기침체(stagnation) 속에서도 물가가 상승(inflation)하는 스태그플레이션(stagflation)현상이 발생하였다.
② 원유가격 및 원자재 가격이 상승하면 총공급(AS)곡선이 좌측으로 이동하므로 국민소득의 감소와 물가 상승이 초래된다.
③ 총공급(AS)곡선이 좌측으로 이동하면 실업 증가와 인플레이션이 동시에 발생하므로 필립스곡선 자체가 우측으로 이동한다.

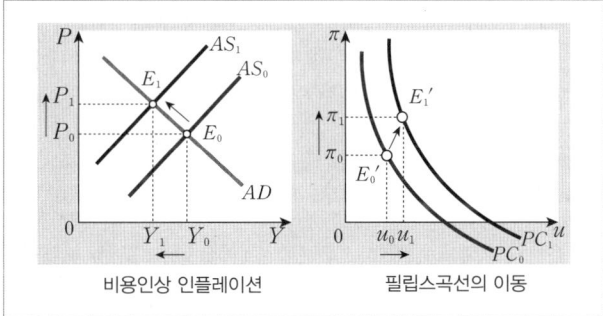

비용인상 인플레이션 / 필립스곡선의 이동

4 반인플레이션(디스인플레이션) 정책

(1) 반인플레이션 정책

① 반인플레이션 정책(disinflation policy)이란 인플레이션의 원인을 통화량(M)의 증가에 있다고 보고 화폐공급을 통제함으로써 인플레이션을 억제하고 물가 안정을 유도하는 정책을 말한다.
② 반인플레이션(디스인플레이션) 정책을 실시하면 총수요가 감소하므로 국민소득의 감소를 통한 경기침체의 발생과 실업의 증가라는 사회적 비용이 유발된다.

(2) 희생비율

① 희생비율(sacrifice ratio)이란 1년 동안 인플레이션율(π)을 1%포인트 낮추기 위해 감수해야 할 실질국민소득 감소의 %포인트를 의미한다.

② 경제고통지수란 미국의 경제학자 오쿤(A. M. Okun)이 고안해 낸 개념으로, 실업률과 소비자물가상승률을 더한 값으로 정의된다.

5 디플레이션

(1) 개념

① 디플레이션(deflation)이란 물가가 지속적으로 하락하는 현상을 말한다.
② 인플레이션의 반대 현상이므로 인플레이션을 발생시키는 반대 요인이 디플레이션의 원인이 된다.

(2) 영향

① 피구 효과(Pigou effect): 물가 하락으로 인해 돈을 비롯한 모든 명목자산의 실질가치가 상승하면 가계가 보유하는 재산이 실질적으로 늘어나는 효과가 발생하므로 가계의 소비가 증가하는 효과를 말한다.
② 부채–디플레이션 효과: 디플레이션하에서는 실질이자율이 상승하므로 민간의 실질부채가 증가하여 민간과 금융기관이 동시에 부실화되는 악순환이 발생하는 것을 말한다.
③ 민간소비의 억제 효과
- 물가가 지속적으로 하락하는 디플레이션이 발생하면 추가적인 물가 하락을 기대하는 민간이 현재의 소비를 미래로 연기함으로써 소비가 위축된다.
- 자산–디플레이션 효과: 부동산이나 주식과 같은 자산가격이 폭락하여 소비억제로 이어지는 효과이다.

PART 02 기출변형 실전문제

CHAPTER 01 거시경제변수

01 난이도 ■■□
그림은 GDP와 GNP의 관계를 나타낸 것이다. 이에 대한 설명으로 옳지 않은 것은?

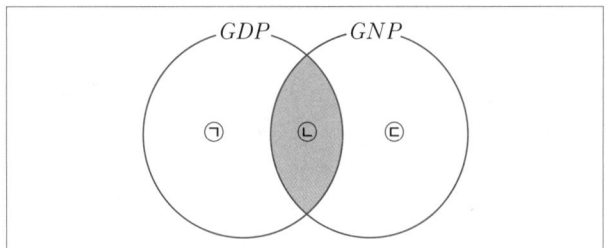

① 자국 국민의 해외 생산이 증가하면, ㉢이 증가한다.
② 외국인의 국내 투자가 증가하면 ㉠은 증가하고, ㉡은 감소한다.
③ 폐쇄경제에서는 ㉠과 ㉢이 존재하지 않는다.
④ ㉢과 달리 ㉠은 자국의 고용과 경기상황에 영향을 준다.
⑤ 자국 국민이 벌어들인 요소소득은 GNP에 영향을 미친다.

| 해설 | ㉠은 외국인의 국내 생산, ㉡은 자국민의 국내 생산, ㉢은 자국 국민의 해외 생산이다. 외국인의 국내 투자가 증가하면 ㉠은 증가하지만, ㉡은 알 수 없다.
| 오답해설 | ④ 자국의 고용과 경기상황에 영향을 주는 것은 국내 생산이다. 따라서 외국인이라도 국내의 투자와 생산은 국내의 고용과 경기에 영향을 미친다.
⑤ GNP는 자국 국민에 의해 생산된 가치이므로 자국 국민이 벌어들인 요소소득은 GNP에 포함된다.

02 난이도 ■■■
다음 자료에 대한 옳은 설명을 〈보기〉에서 모두 고른 것은?

A국의 경제는 밀 농사를 하는 농부, 밀가루를 제조하는 제분 공장, 빵을 만드는 제과점으로 구성되어 있다. 올해 농부는 3억 원의 밀을 생산하여 공장에 이를 전부 팔았고, 제분공장은 이를 가지고 6억 원의 밀가루를 생산했다. 이 중 가계가 직접 2억 원을 사서 소비했고, 제과점이 4억 원의 밀가루를 사서 8억 원의 빵을 만들었다.

― 보기 ―
㉠ 올해 A국의 GDP(국내총생산)는 10억 원이다.
㉡ 가계의 직접 소비 없이 제과점이 6억 원의 밀가루를 전부 사서 8억 원의 빵을 만들었다면, A국의 GDP는 10억 원이다.
㉢ A국의 GDP를 부가가치의 총합으로 계산하면 GDP는 8억 원이다.
㉣ 모든 생산물을 일일이 최종생산물인지 중간투입물인지 확인하기가 어려우므로 실제로는 최종생산물의 합 대신 부가가치의 합을 계산하는 방법이 더 자주 이용된다.

① ㉠, ㉡
② ㉢, ㉣
③ ㉡, ㉢
④ ㉠, ㉣
⑤ ㉠, ㉡, ㉣

| 해설 | ㉠ 농부가 생산한 3억 원의 밀은 제분공장에서 밀가루 생산에 전부 투입되었으므로 중간재에 해당하여 국내총생산에 포함되지 않는다. 제분업자가 생산한 밀가루 6억 원 중 가계가 직접 소비한 2억 원은 최종재로 국내총생산에 포함되지만, 제과점에 판매한 4억 원의 밀가루는 중간재로 국내총생산에 포함되지 않는다. 제과점이 생산한 8억 원의 빵은 최종재로 국내총생산에 포함된다. 따라서 국내총생산은 가계가 소비한 2억 원의 밀가루와 제과점이 생산한 8억 원의 빵의 가치를 더한 10억 원이 된다.
㉣ 실제로는 최종생산물의 합 대신 부가가치의 합을 계산하는 방법이 더 자주 이용된다.
| 오답해설 | ㉡ 가계의 직접 소비 없이 제과점이 6억 원의 밀가루를 전부 구입하여 8억 원의 빵을 만들었다면 최종재인 8억 원의 빵만 국내총생산에 포함된다.
㉢ 최종재의 가치를 더하거나 부가가치를 모두 더하더라도 국내총생산은 동일하게 10억 원이다.

정답 01 ② 02 ④

03 난이도 ■■□ 약점진단 ◯△✕

다음은 서로 다른 측면에서 파악한 A국의 국민 소득을 나타낸 것이다. 이에 대한 분석으로 옳은 것은?

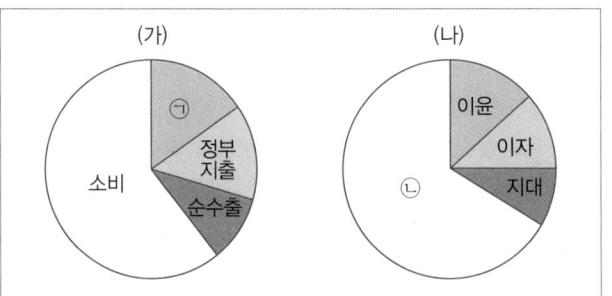

① (가)는 모든 중간재와 최종재의 가치를 더한 값과 같다.
② A국에 상장된 주식을 사는 것은 ㉠에 해당한다.
③ (가)에서의 소비는 ㉡과 크기가 같다.
④ A국 정부의 이전지출이 증가하면 ㉡이 증가한다.
⑤ 외국 기업의 국내시설 투자는 ㉠의 증가 요인이다.

| 해설 | ㉠은 투자지출, ㉡은 임금에 해당한다. 외국 기업에 의한 투자라 하더라도 국내시설에 투자하였다면 이는 국내총생산 중 투자지출에 포함된다.
| 오답해설 | ① (가)는 중간재를 제외한 최종 생산물의 시장가치를 합산하여 구한다.
② 주식의 구입은 재산권의 이전으로 경제학적인 투자에 포함되지 않는다.
③ 가계가 임금만을 가지고 소비하는 것은 아니다. 따라서 소비에 대한 지출과 임금이 동일한 것은 아니다.
④ 이전지출은 생산활동의 대가로 얻은 임금에 포함되지 않는다.

04 난이도 ■■□ 약점진단 ◯△✕

다음 기사에 등장하는 경제지표의 개선 정책에 해당하지 않는 것은?

> 우리나라 올해 1분기 실질국내총생산(GDP),
> 4월 속보치 하향 조정!
> 국민소득(잠정)에 따르면 2022년 1분기 실질GDP성장률이 전기 대비 0.7%를 기록하였다. 이는 한국은행이 지난 9일 발표한 속보치보다 0.2%포인트 내린 수치이다.
> — ○○신문 —

① 국내 생산에 있어 외국인의 활동을 장려한다.
② 국내 직접투자에 대한 외국인들의 활동을 장려한다.
③ 외국에 거주하는 자국민들의 생산활동을 장려한다.
④ 한국은행이 통화량을 증가시켜 소비와 투자를 촉진시킨다.
⑤ 국내에 거주하는 내외국민들의 생산활동을 장려한다.

| 해설 | 외국에 거주하는 자국민들의 생산활동은 국민총생산에 포함되지만, 국내총생산에는 포함되지 않는다.
| 오답해설 | ①② 국내총생산은 국경을 기준으로 내국인에 의해 생산된 것이든 외국인에 의해 생산된 것이든 한 국가 안에서 생산된 것은 모두 포함하므로 외국인의 국내 생산활동이나 투자활동을 장려하면 국내총생산은 증가한다.
④ 통화량을 증가시켜 소비와 투자가 촉진되면 국민소득이 증가한다.
⑤ 국내총생산은 생산의 주체가 누구인지에 관계없이 한 나라의 국경 안에서 생산된 재화와 서비스가 측정의 대상이 된다. 국내총생산은 국경을 기준으로 내국인에 의해 생산된 것이든 외국인에 의해 생산된 것이든 한 국가 안에서 생산된 것은 모두 포함한다.

정답 03 ⑤ 04 ③

05 난이도

밑줄 친 (가), (나)의 원인으로 적절한 것을 〈보기〉에서 고른 것은?

우리나라는 전년에 비해 (가) 내국인의 국내총생산(GDP)이 감소했음에도 불구하고, (나) 실질GDP가 증가했다.

─┤ 보기 ├─
㉠ 물가 수준이 전년에 비해 상승했다.
㉡ 국내에 진출한 외국 기업들의 생산이 전년에 비해 증가했다.
㉢ 우리나라 기업 중 일부가 공장을 해외로 이전했다.
㉣ 전년에 실업자였던 국민들 중 상당수가 외국에서 취업했다.

	(가)	(나)
①	㉡	㉠
②	㉡	㉣
③	㉢	㉠
④	㉢	㉡
⑤	㉢	㉣

| 해설 | ㉢ 국내 기업 중 일부가 해외로 공장을 이전하면 내국인의 GDP가 감소할 수 있다.
㉡ GDP는 자국민의 국내총생산과 외국인의 국내총생산으로 구성된다. 국내 외국인의 국내총생산이 증가하면 우리나라 실질GDP가 증가할 수 있다.
| 오답해설 | ㉠ 물가 상승의 영향은 명목GDP와 관련 있다.
㉣ 전년에 실업자였던 국민들 중 상당수가 외국에서 취업했다고 해서 우리나라 생산이 감소하는 것은 아니다. 왜냐하면 전년에 실업자였던 국민들은 전년의 생산에 기여하지 않았기 때문이다.

06 난이도

국내총생산을 측정할 때 포함되지 않는 항목은?

① 정부의 긴급재난지원금
② 현대자동차의 자동차 수출
③ 올해 생산된 제품이지만, 판매되지 않고 재고로 남은 제품
④ 주택소유주의 자가주택 임대료
⑤ 농가가 생산한 농산물을 스스로 소비한 부분

| 해설 | 정부의 긴급재난지원금은 실업수당이나 재해보상금, 사회보장기부금 등과 같이 정부가 당기의 생산활동과 무관한 사람에게 반대급부 없이 지급하는 정부의 이전지출로서 국내총생산에 포함되지 않는다.
| 오답해설 | ② 자동차 수출은 지출국민소득에서 순수출로, 이는 국내총생산에 포함된다.
③ 당해연도에 발생한 재고의 증가는 재고투자의 항목에 포함되기 때문에 국내총생산에 포함된다.
④ 주택소유주의 자가주택 임대료는 주택소유주의 귀속임대료(기회비용)로서 시장에서 거래되지 않음에도 국내총생산에 포함되는 항목이다.
⑤ 농가의 농산물 자체 소비분은 시장에서 거래되지 않음에도 국내총생산에 포함되는 항목이다.

07 난이도

국내총생산에 포함되지 않는 경제활동은?

① 고속도로 건설을 위한 정부의 사회간접자본에 대한 지출
② 항공모함 제작을 위한 정부의 국방비에 대한 지출
③ 증권회사의 자금 운용에 따른 채권 매입
④ 컴퓨터회사의 신규공장 설립
⑤ 자동차회사의 신제품 개발을 위한 R&D 투자

| 해설 | 주식이나 채권 등 증권과 같은 금융자산에 대한 투자는 생산활동에 의한 소득이 아닌 소유권이전에 불과하므로 국내총생산에 포함되지 않는다.
| 오답해설 | ① 정부의 사회간접자본에 대한 지출은 정부지출에 포함된다.
② 정부의 국방비 지출은 정부지출에 포함된다.
④ 컴퓨터회사의 신규공장 설립은 투자지출에 포함된다.
⑤ 자동차회사의 신제품 개발을 위한 R&D 투자는 투자지출에 포함된다.

08 난이도

GDP에 대한 옳은 설명을 〈보기〉에서 고른 것은?

─┤ 보기 ├─
㉠ 작년에 생산되어 재고로 보유되다가 올해에 판매된 재화의 가치는 올해 GDP에 포함된다.
㉡ 부동산 중개업자가 작년에 지어진 아파트를 올해 매매 중개로 받은 수수료는 올해 GDP에 포함된다.
㉢ 홍수 피해를 복구하는 데 들어간 비용은 GDP에 포함된다.
㉣ 한국의 A사가 올해 미국에서 생산하여 한국에서 판매한 자동차의 가치는 한국의 올해 GDP에 포함된다.

① ㉠, ㉡ ② ㉠, ㉢
③ ㉡, ㉢ ④ ㉡, ㉣
⑤ ㉢, ㉣

| 해설 | ㉡ 부동산 중개수수료는 서비스에 대한 지출로, 부동산이 거래된 시점의 GDP에 포함된다.
㉢ 발생 원인과 관계없이 지출된 비용은 GDP에 포함된다.
| 오답해설 | ㉠ 작년에 생산된 재고투자는 작년의 GDP에 포함된다.
㉣ GDP는 생산의 주체와 관계없이 국내에서 생산된 상품만을 포함한다.

정답 05 ④ 06 ① 07 ③ 08 ③

09 난이도 ■□□

다음 뉴스에서 밑줄 친 부분에 해당하는 소득의 종류를 〈보기〉에서 고른 것은?

〈NEWS〉

우리나라의 1인당 GNI는 2021년 기준 4,048만 2,000원이었다. 이는 4인 가구 기준으로 환산하면 연간소득이 1억 6천만 원 이상이 된다. 국민소득 측정의 삼면등가의 법칙에 의해 생산국민소득은 지출국민소득 및 분배국민소득과 동일하다. 하지만 이러한 결과는 통계청의 가계조사연보의 가계소득과는 괴리가 있는데, 이는 <u>1인당 분배국민소득 중에서 가계소득에 포함되지 않는 요소</u>가 있기 때문이다.

─┤ 보기 ├─
㉠ 법인의 영업활동으로 생긴 이익잉여금
㉡ 개인이 얻은 임대료, 이자 등의 재산소득
㉢ 정부의 사업소득 및 재산소득
㉣ 노동자가 노동을 제공하고 그 대가로 받은 임금소득

① ㉠, ㉡ ② ㉠, ㉢
③ ㉡, ㉢ ④ ㉡, ㉣
⑤ ㉢, ㉣

| 해설 | 분배국민소득에는 기업과 정부 소득이 포함되어 있기 때문에 가계소득과는 괴리가 발생한다. 따라서 가계소득은 가계총처분가능소득($PGDI$)으로 가늠해 보는 것이 현실에 더 가깝다.
㉠ 법인의 영업활동으로 생긴 이익잉여금은 기업의 소득에 해당한다.
㉢ 정부의 사업소득 및 재산소득은 정부의 소득에 해당한다.

10 난이도 ■■□

국민총소득에 대한 설명으로 옳지 않은 것은?

실질국민총소득은 한 나라의 국민이 일정 기간 생산활동에 참여한 대가로 벌어들인 소득의 합계이다. 실질적인 국민소득을 측정하기 위해 교역조건의 변화를 반영한 소득지표이다. 실질국민총소득은 실질국내생산에 '실질무역손익'과 '실질해외순수취요소소득'을 반영하여 산출한다.

① 해외순수취요소소득은 해외수취요소소득에서 해외지급요소소득을 차감한 것이다.
② 국민총소득(GNI)의 개념이 등장한 이유는 국내총생산이 교역조건에 따른 무역손익을 반영하지 못하기 때문이다.
③ 무역손실이 발생하면 실질국민총소득은 증가한다.
④ 해외수취요소소득이 증가하면 실질국민총소득은 증가한다.
⑤ 교역조건이 악화되면 실질국내총생산이 실질국내총소득보다 커진다.

| 해설 | 실질GNI = 실질GDP + 교역조건 변화에 따른 실질무역손익 + 실질대외순수취요소소득이다. 무역손실이 발생하면 실질국민총소득은 감소하고, 무역이익이 발생하면 실질국민총소득은 증가한다.
| 오답해설 | ④ 해외수취요소소득이 증가하면 실질국민총소득은 증가하고, 해외지급요소소득이 증가하면 실질국민총소득은 감소한다.
⑤ 교역조건이 악화되면 실질국내총소득이 실질국내총생산보다 작아진다.

정답 09 ② 10 ③

11 난이도

GDP와 관련하여, 다음의 변화가 시사하는 바로 적절한 것은?

- 대부분의 식사를 가정에서 하던 과거와 달리 외식을 하는 가정이 크게 증가하였다.
- 과거에는 주로 출산 후 집에서 산후 조리를 하였으나, 최근에는 산모의 대부분이 산후조리원을 이용한다.

① GDP는 개방경제에서는 유용하지 않다.
② GDP는 생활양식의 변화로 증가할 수 있다.
③ GDP를 통해 소득분배 상황을 파악하는 데에는 한계가 있다.
④ GDP는 국민들의 경제적 후생 수준과 역(−)의 관계에 있다.
⑤ GDP는 시장에서 거래되지 않은 품목도 포함한다.

| 해설 | GDP는 원칙적으로 시장에서 거래되는 품목만을 포함한다. 가정의 식사는 시장에서 거래되는 것이 아니므로 GDP에 포함되지 않지만, 외식은 GDP에 포함된다. 또한 집에서 하는 산후 조리는 시장에서 거래되는 것이 아니므로 GDP에 포함되지 않지만, 산후조리원을 이용하는 것은 GDP에 포함된다. 즉, 외식, 산후 조리와 같은 생활양식의 변화는 GDP의 증가에 영향을 미친다.

12 난이도

다음 기사를 읽고 한국은행 총재의 말을 뒷받침할 수 있는 주장으로 거리가 먼 것은?

> 한국은행 총재는 최근 경제성장의 척도인 GDP통계가 경제 변화나 삶의 질과 같은 근본적인 고민을 반영하지 못한다는 판단하에 그 한계점을 지적하며 이를 보완하겠다는 뜻을 밝혔다. 총재는 경제동향간담회를 주재한 자리에서 '근래 디지털 경제가 확대돼 GDP 신뢰성이 점차 낮아지는 것 같다.'며, '빅데이터 활용 등을 통해 GDP 통계추정방법을 개선시키고, 생활수준을 보다 잘 나타낼 수 있는 지표도 개발할 계획'이라고 강조하였다.
>
> － ○○신문 －

① 골프장 건설로 환경오염이 악화되어도 GDP는 증가할 수 있다.
② 가정주부의 가사서비스나 여가의 가치를 GDP는 반영하지 못하고 있다.
③ 후진국이나 과거로 갈수록 GDP가 과대평가된다.
④ 치안서비스나 국방력을 강화하면 GDP는 증가할 수 있다.
⑤ 재화와 서비스의 품질이 향상되어도 GDP에는 반영되지 않을 수 있다.

| 해설 | GDP는 시장에서 거래되는 가치만을 반영하므로 자급자족이 많고 화폐화의 정도가 낮은 후진국이나 과거로 갈수록 국내총생산이 과소평가된다.
| 오답해설 | ① GDP는 생산과정에서 파생되는 공해와 자연파괴, 교통체증, 사고, 범죄 증가 등의 외부비경제 효과를 도외시하였다.
② GDP는 시장에서 거래되는 가치만을 반영하므로 가정주부의 가사서비스의 가치를 반영하지 못하고, 소비자들이 즐기는 여가는 후생의 주요 지표임에도 불구하고 여가의 가치를 반영하지 못하고 있다.
④ 국방서비스, 경찰서비스, 소방서비스 등의 정부서비스는 필요악적 지출(수단적 지출)로 후생과 직접적인 관련이 없지만 이를 국민소득에 포함하므로써 후생을 과대평가한다.
⑤ GDP는 상품의 질적 변화를 반영하지 못한다.

정답 11 ② 12 ③

CHAPTER 02 경기변동

01 난이도 ■□□

다음 (가)~(다)에 해당하는 용어를 바르게 연결한 것은?

> (가) 일정 기간 동안에 한 나라의 국경 안에서 생산된 모든 최종생산물의 시장가치
> (나) $\dfrac{명목GDP}{실질GDP} \times 100$
> (다) 잠재GDP와 실제GDP의 차이를 나타낸다.

	(가)	(나)	(다)
①	GDP	GDP갭	GDP디플레이터
②	GNP	GDP디플레이터	GDP갭
③	GDP	GDP갭	GDP디플레이터
④	GDP	GDP디플레이터	GDP갭
⑤	GNP	GDP디플레이터	GDP갭

| 해설 | • 국내총생산(Gross Domestic Product: GDP)이란 일정 기간에 한 나라 안에서 생산되어 최종적인 용도로 사용되는 재화와 서비스의 시장가치를 모두 더한 것을 말한다.
• GDP디플레이터 $= \dfrac{명목GDP}{실질GDP} \times 100$
• GDP갭 = 잠재GDP − 실제GDP, '실제GDP − 잠재GDP'를 GDP갭으로 보기도 한다. 이 경우 GDP갭의 부호는 반대가 된다.

02 난이도 ■■□

경기순환 각 시기의 일반적 특징으로 옳은 것을 〈보기〉에서 모두 고른 것은?

> ─ 보기 ─
> ㉠ 회복기 − 금리는 하락하고, 소비와 투자는 감소하기 시작한다.
> ㉡ 호황기 − 물가와 고용은 최고이다.
> ㉢ 후퇴기 − 금리는 상승하고 소비와 투자가 증가하기 시작한다.
> ㉣ 침체기 − 물가와 고용은 최저이다.

① ㉠, ㉡ ② ㉠, ㉢
③ ㉡, ㉣ ④ ㉡, ㉢, ㉣
⑤ ㉠, ㉡, ㉣

| 오답해설 | ㉠ 회복기에는 금리가 상승하고, 소비와 투자가 증가하기 시작한다.
㉢ 후퇴기에는 금리가 하락하고, 소비와 투자가 감소하기 시작한다.

03 난이도 ■■□

그림은 어느 국민경제의 연도별 잠재GDP와 실질GDP의 변화를 나타낸다. A시기의 경제 현상으로 옳지 않은 것은?

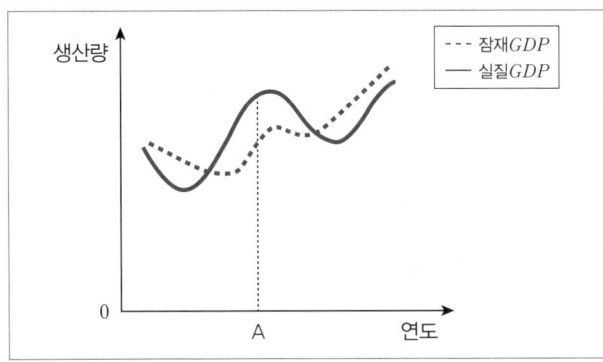

① 주가가 상승한다.
② 실업률이 하락한다.
③ 이자율이 하락한다.
④ 부동산가격이 상승한다.
⑤ 근로자들의 임금이 상승한다.

| 해설 | 호경기에는 민간소비와 투자의 증가로 인해 자금에 대한 수요가 증가하므로 이자율이 상승한다.
| 오답해설 | ① 호경기에는 기업실적에 대한 긍정적인 기대로 인해 주가가 상승한다.
② 호경기에는 생산활동이 활발해지면서 고용이 증가하므로 실업률이 하락한다.
④ 호경기에는 여유자금으로 부동산투자가 증가하여 부동산가격이 상승한다. 이는 실물자산의 가치가 상승하는 것이므로 소비와 투자가 증가하여 경기가 확장된다.
⑤ 호경기에는 생산활동이 활발해지면서 노동수요가 증가하므로 임금이 상승한다.

정답 01 ④ 02 ③ 03 ③

04 난이도

그림은 경기순환곡선을 나타낸 것이다. (가) 시기에 나타나는 일반적인 현상으로 옳지 않은 것은?

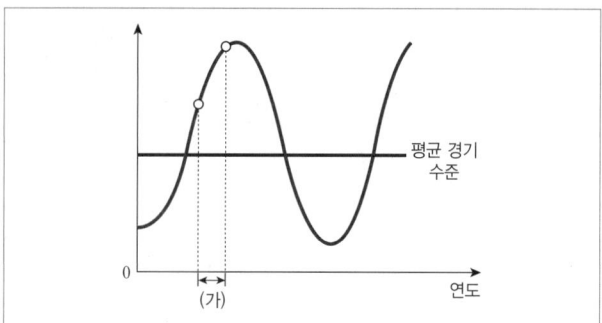

① 물가가 상승한다.
② 재고가 증가한다.
③ 고용 사정이 호전된다.
④ 국내총생산이 증가한다.
⑤ 생산요소에 대한 수요가 증가한다.

| 해설 | (가) 시기는 호경기에 해당한다. 호경기에는 판매량이 증가하므로 재고가 감소한다.

| 오답해설 | ① 호경기에는 총수요가 증가하므로 물가가 상승한다.
③ 호경기에는 생산량이 증가하므로 노동수요가 증가하여 고용이 증가한다.
④ 호경기에는 전반적인 생산활동이 활발해지므로 국내총생산이 증가한다.
⑤ 호경기에는 생산량이 증가하므로 노동과 자본에 대한 수요가 증가한다.

05 난이도

밑줄 친 ㉠, ㉡에 대한 설명으로 옳은 것은?

> 경기변동은 ㉠ 총수요의 변동으로 인해 발생하기도 하고, ㉡ 총공급의 변동으로 인해 발생하기도 한다.

① ㉠이 감소할 경우, 스태그플레이션이 나타날 수 있다.
② ㉡이 변동할 경우, 물가와 실질GDP는 동일한 방향으로 움직인다.
③ ㉠과 ㉡이 모두 증가할 경우, 실질GDP는 증가한다.
④ ㉠이 감소할 경우와 ㉡이 증가할 경우에 경기가 침체된다.
⑤ ㉠이 변동할 경우, 물가와 실질GDP는 다른 방향으로 움직인다.

| 오답해설 | ①② 스태그플레이션은 물가가 상승하고 실질GDP가 감소하는 현상이다. 이는 총공급의 감소로 나타나는 현상이다. 스태그플레이션은 물가와 실질GDP가 반대 방향으로 움직인다.
④ 총수요가 감소하고 총공급이 증가할 경우 물가는 하락하지만, 국민소득의 증감 여부는 불분명하므로 경기의 변동 방향은 알 수 없다.
⑤ 총수요의 변동은 물가와 국민소득을 동일한 방향으로 움직인다.

06 난이도

그림은 경기순환곡선을 나타낸 것이다. 경기변동의 방향이 (가)로 예상될 때, 이를 (나)로 바꾸기 위해 P 시기에 실시할 경제정책으로 옳은 것을 <보기>에서 모두 고른 것은?

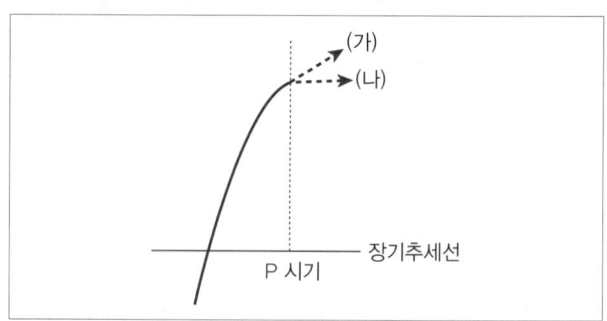

| 보기 |
㉠ 재할인율 인하
㉡ 재정지출 축소
㉢ 중앙은행의 국공채 매각
㉣ 소득세율 및 법인세율 인하

① ㉠, ㉡   ② ㉡, ㉢
③ ㉢, ㉣   ④ ㉠, ㉣
⑤ ㉠, ㉡, ㉢

| 해설 | 경기변동의 방향을 (나)로 바꾸기 위한 것은 경기를 안정화시키는 방향의 정책이다. 따라서 정부는 흑자재정정책, 즉 재정지출 축소와 세율의 인상을, 중앙은행은 이자율 인상을 위해 재할인율 인상, 지급준비율 인상, 국공채 매각 등의 정책을 펼쳐야 한다.

| 정답 | 04 ② | 05 ③ | 06 ② |

CHAPTER 03 화폐금융론

01 난이도 ■□□
밑줄 친 부분에서 설명하고 있는 화폐의 기능으로 적절한 것은?

> 물물 교환 경제에서는 각각의 상품이 여러 가격을 가진다. 한 마리의 소에는 쟁기 2개, 밀 20가마, 혹은 도끼 6개의 가치가 있을 수 있다. 하지만 <u>하나의 상품을 사용하여 가치를 측정하면 다양한 가격들을 고려할 필요가 없어진다.</u>

① 교환을 매개한다.
② 가치를 저장한다.
③ 가치의 척도가 된다.
④ 부채의 지불수단이 된다.
⑤ 욕망의 상호 불일치를 해결한다.

│해설│ 밑줄 친 부분은 화폐의 가치 척도 기능과 관련 있다. 화폐는 다양한 재화와 서비스의 가치를 측정하는 수단이 된다.

02 난이도 ■□□
광의의 통화(M_2)에 포함되는 항목을 〈보기〉에서 모두 고른 것은?

─ 보기 ─
㉠ 현금통화
㉡ 요구불예금
㉢ MMDA(Money Market Deposit Account)
㉣ 양도성 예금증서(CD)

① ㉠, ㉡
② ㉠, ㉡, ㉢
③ ㉠, ㉢, ㉣
④ ㉡, ㉢, ㉣
⑤ ㉠, ㉡, ㉢, ㉣

│해설│
- 협의통화(M_1)는 민간화폐보유액(현금통화)과 예금취급기관의 요구불예금 및 수시입출식 저축성예금(MMDA)으로 구성된다.
- 광의통화(M_2)는 협의통화(M_1)에 기간물 예·적금 및 부금, 시장형 금융상품(양도성예금증서, 환매조건부채권매도, 표지어음 등), 실적배당형 상품(금전신탁, 수익증권 등), 금융채, 기타(투신증권저축, 종금사 발행어음 등)를 포함한다.

03 난이도 ■■■
A은행이 300억 원의 예금과 255억 원의 대출을 가지고 있다. 지급준비율이 10%라면, 초과지급준비금은?

① 35억 원
② 30억 원
③ 25.5억 원
④ 19.5억 원
⑤ 15억 원

│해설│ 총지급준비금은 예금액(D) 300억 원에서 대출액 255억 원을 뺀 45억 원이다. 법정지급준비금은 예금액(D) 300억 원의 10%인 300억 원×0.1=30억 원이다. 초과지급준비금은 총지급준비금 45억 원에서 법정지급준비금 30억 원을 뺀 15억 원이다.

04 난이도 ■■■
A국의 통화량이 현금통화 150, 예금통화 450이며, 지급준비금이 90이라고 할 때 통화승수는? (단, 현금통화비율과 지급준비율은 일정하다.)

① 2.5
② 3
③ 4.5
④ 5
⑤ 5.7

│해설│
- 통화량: 현금통화+예금통화 = 150+450 = 600
- 본원통화: 현금통화+지급준비금 = 150+90 = 240
- 통화승수: $\frac{600}{240} = 2.5$

05 난이도 ■■■
화폐공급량은 민간의 현금보유량과 금융기관이 발행하는 예금화폐의 합계이고, 본원통화는 민간의 현금보유량과 금융기관의 지급준비금의 합계이다. 민간의 예금 대비 현금보유 비율이 0.2이고 금융기관의 지급준비율이 0.1인 경우, 화폐승수는?

① 2.0
② 3.0
③ 4.0
④ 5.0
⑤ 6.0

│해설│ 현금예금비율(c)이 주어졌을 때 통화승수(화폐승수)는 다음과 같다.
$$m = \frac{M}{B} = \frac{C+D}{C+R} = \frac{C/D+D/D}{C/D+R/D} = \frac{c+1}{c+r}$$
$c=0.2$, $r=0.1$을 식에 대입하면 $m = \frac{0.2+1}{0.2+0.1} = \frac{1.2}{0.3} = 4.0$

| 정답 | 01 | ③ | 02 | ⑤ | 03 | ⑤ | 04 | ① | 05 | ③ |

06

통화승수의 증가 요인을 〈보기〉에서 모두 고른 것은? (단, 다른 조건은 일정하다.)

보기
㉠ 법정지급준비율의 증가
㉡ 예금이자율의 상승
㉢ 은행파산에 대한 예금자의 우려 증가
㉣ 설날(명절) 현금보유 증가
㉤ 전자화폐의 사용 증가

① ㉠, ㉡
② ㉡, ㉢
③ ㉡, ㉤
④ ㉢, ㉣, ㉤
⑤ ㉠, ㉡, ㉢, ㉣

| 해설 | ㉡ 예금이자율이 상승하면 현금예금비율과 현금통화비율이 감소하여 통화승수가 커지고 이로 인해 통화량이 증가한다.
㉤ 신용카드, 현금카드, 전자화폐, 현금자동인출기의 증가 등 신용사회의 발전은 현금수요의 감소를 초래하여 현금예금비율이 감소하므로 통화승수가 커진다.
| 오답해설 | ㉠ 법정지급준비율이 증가하면 예금은행의 대출 여력이 낮아지므로 통화승수는 작아진다.
㉢ 은행파산에 대한 예금자의 우려가 증가하면 예금이 감소하고, 그만큼 예금은행의 대출 여력도 낮아지므로 통화승수는 작아진다.
㉣ 설(명절) 때 현금보유가 증가하면 현금보유비율이 증가하고 예금이 감소하므로 통화승수는 작아진다.

07

통화승수의 증가 요인을 〈보기〉에서 모두 고른 것은? (단, 다른 조건은 일정하다.)

보기
㉠ 법정지급준비금 증가
㉡ 초과지급준비율 증가
㉢ 현금통화비율 하락

① ㉠
② ㉡
③ ㉢
④ ㉠, ㉡
⑤ ㉡, ㉢

| 해설 | 현금통화비율이 하락하면 민간의 현금보유가 감소하고 예금이 증가하므로 통화승수가 증가한다.
| 오답해설 | ㉠ 법정지급준비금이 증가하면 통화승수가 감소한다.
㉡ 초과지급준비율이 증가하면 예금은행의 대출량이 감소하므로 통화승수가 감소한다.

08

다음 ㉠ ~ ㉣의 화폐공급의 증감 여부를 바르게 연결한 것은?

㉠ 금융위기로 인해 은행의 안전성이 의심되면서 예금주들의 현금인출이 증가하였다.
㉡ 명절을 앞두고 기업의 결제수요가 늘고, 개인들은 명절준비를 위해 현금보유량을 늘린다.
㉢ 한국은행이 자금난을 겪고 있는 지방은행들로부터 국채를 매입하였다.
㉣ 은행들이 건전성 강화를 위해 국제결제은행(BIS) 기준의 자기자본비율을 높이고 있다.

	㉠	㉡	㉢	㉣
①	감소	증가	감소	증가
②	감소	감소	증가	감소
③	증가	감소	증가	감소
④	증가	감소	감소	증가
⑤	증가	감소	증가	증가

| 해설 | ㉠㉡ 현금인출의 증가로 현금보유비율이 증가하면 통화승수가 작아져 통화량이 감소한다.
㉢ 한국은행이 국채를 매입하면 본원통화공급이 증가하므로 통화량이 증가한다.
㉣ 자기자본비율을 높이기 위해서는 자기자본을 늘리거나 대출에서 발생하는 위험가중자산을 줄여야 한다. 따라서 자기자본비율이 증가하면 은행의 대출액이 감소하므로 통화량이 감소한다.

정답 06 ③ 07 ③ 08 ②

09 난이도 ■■□

통화량에 대한 설명으로 옳지 않은 것은?

① 한국은행이 채권을 매각하였다면 본원통화가 감소된다.
② 은행들이 지급준비율을 낮게 유지할수록 통화승수는 감소한다.
③ 금융시장 불안으로 사람들이 예금에 비해 현금보유비율을 높인다면 통화량은 감소한다.
④ 지급준비금이 부족한 은행이 한국은행으로부터 긴급대출지원을 받을 때 적용되는 금리를 재할인금리라고 한다.
⑤ 은행들의 지급준비율이 100%로 규제되었다면 본원통화와 통화량은 동일하다.

| 해설 | 지급준비율을 낮게 유지하면 통화승수는 커진다.
| 오답해설 | ③ 현금보유비율이 상승하면 통화승수가 작아져 통화량이 감소한다.
⑤ 지급준비율이 100%라면 지급준비금과 예금통화가 일치하여 본원통화와 통화량이 일치한다.

10 난이도 ■■□

통화공급에 영향을 미치는 정책이 아닌 것은?

① 중앙은행이 국채를 민간에 매도한다.
② 정부가 중앙은행으로부터 차입하여 조성한 자금으로 정부지출을 증가시킨다.
③ 중앙은행이 재할인율을 인하한다.
④ 중앙은행이 지급준비율을 인상한다.
⑤ 정부가 국채를 발행하여 민간에 매각하고 그 대금을 벤처기업 육성자금으로 사용한다.

| 해설 | 공개시장운영은 시장에서 유통 중인 채권이나 증권을 중앙은행이 매입 또는 매각하는 것이므로 통화량에 영향을 미치지만, 순수한 의미에서의 재정정책은 정부의 지출재원을 조달하기 위해 국공채를 신규발행하는 것으로 통화량과 무관하다.

11 난이도 ■□□

중앙은행이 실시하는 경기진작정책과 거리가 먼 것은?

① 본원통화의 공급을 확대시킨다.
② 공개시장에서 국공채를 매각한다.
③ 예금은행의 대출이자율에 대한 상한선을 낮춘다.
④ 법정지급준비율을 인하한다.
⑤ 재할인율을 인하한다.

| 해설 | 국공채 매각 → 본원통화↓ → 통화량↓ → 총수요↓ → 경기↓
| 오답해설 | ① 본원통화공급 확대 → 통화량↑ → 총수요↑ → 경기↑
③ 대출이자율↓ → 대출↑ → 소비와 투자↑ → 총수요↑ → 경기↑
④ 법정지급준비율↓ → 통화승수↑ → 통화량↑ → 총수요↑ → 경기↑
⑤ 재할인율↓ → 예금은행의 對 중앙은행 차입↑ → 본원통화↑ → 통화량↑ → 총수요↑ → 경기↑

12 난이도 ■■□

화폐공급을 증가시키는 경우를 〈보기〉에서 모두 고른 것은?

┌─ 보기 ─────────────────────┐
ⓐ 중앙은행의 통화안정증권 발행
ⓑ 비은행 민간 경제주체들의 현금/예금비율 감소
ⓒ 은행의 지급준비율 하락
ⓓ 외환시장에서 중앙은행의 달러화 매입
└────────────────────────┘

① ㉠, ㉡
② ㉢, ㉣
③ ㉠, ㉢, ㉣
④ ㉡, ㉢, ㉣
⑤ ㉠, ㉡, ㉢, ㉣

| 해설 | ㉡ 민간의 현금/예금비율이 낮아지면 통화승수가 커지므로 통화공급이 증가한다.
㉢ 지급준비율이 하락하면 금융기관의 대출여력이 커져 통화승수가 커지므로 통화공급이 증가한다.
㉣ 외환시장에서 중앙은행이 달러화를 매입한다는 것은 원화를 지급하고 달러화를 매수한다는 것을 의미하므로 본원통화가 증가하여 통화공급이 증가한다.
| 오답해설 | ㉠ 중앙은행이 통화안정증권을 발행하면 시중의 자금이 중앙은행으로 흡수되어 본원통화가 감소하므로 통화량이 감소한다.

정답 09 ② 10 ⑤ 11 ② 12 ④

13

중앙은행의 통화량 조절방법에 대한 설명으로 옳은 것은?

① 법정지급준비율을 인상하면 시중은행이 예금액 중에서 대출할 수 있는 금액이 증가한다.
② 중앙은행이 국채를 시중은행 A에 매도하면 시중은행 A의 지급준비금은 증가한다.
③ 법정지급준비율을 인하하면 예금통화승수는 감소한다.
④ 재할인율을 인상하면 통화량이 증가한다.
⑤ 중앙은행이 민간인들이 보유하고 있는 국채를 매입하면 통화량은 증가한다.

| 해설 | 중앙은행이 민간인들이 보유하고 있는 국채를 매입하면 본원통화가 증가하여 통화량은 증가한다.

| 오답해설 | ① 법정지급준비율을 인상하면 시중은행이 예금액 중 지급준비금의 비중이 증가하므로 대출할 수 있는 금액이 감소한다.
② 중앙은행이 국채를 시중은행에 매도하면 시중은행이 보유하고 있는 지급준비금이 중앙은행으로 흡수되므로 시중은행의 시재금은 감소한다.
③ 법정지급준비율을 인하하면 예금은행의 대출여력이 커지므로 예금통화승수는 증가한다.
④ 재할인율을 인상하면 시중은행의 중앙은행으로부터의 차입이 감소하므로 통화량이 감소한다.

14

투자자들이 여유자금으로 금융자산보다 실물자산에 대한 투자를 선호할 때 나타날 수 있는 경제 현상이 아닌 것은?

① 시중의 통화량이 감소한다.
② 기업의 생산량이 감소한다.
③ 채권시장에서 채권가격이 하락한다.
④ 시장의 이자율이 하락한다.
⑤ 국민소득이 감소한다.

| 해설 | 채권과 같은 금융자산에 대한 선호가 낮아지면 채권에 대한 수요가 감소하여 채권가격이 하락하고 이자율이 상승한다.

| 오답해설 | ① 투자자들이 금융자산보다 실물자산에 대한 투자를 선호하면 금융기관에 자금이 모이지 않아 신용창조가 작아져 통화량이 감소한다.
② 금융기관에 자금이 모이지 않으면 신용창조가 작아져 통화량이 감소한다. 통화량이 감소하면 이자율이 상승하여 소비와 투자가 감소하므로 총수요가 감소한다. 총수요가 감소하면 총수요곡선이 좌측으로 이동하여 생산량이 감소한다.
③ 채권과 같은 금융자산에 대한 선호가 낮아지면 채권에 대한 수요가 감소하여 채권가격이 하락한다.
⑤ 통화량이 감소하면 소비와 투자가 위축되어 국민소득이 감소한다.

정답 13 ⑤ 14 ④

15 난이도 ■■□

다음 신문기사와 같은 경제 현상이 나타나는 원인으로 적절하지 않은 것은?

> 한국은행에 따르면 지난 8월말 현재 한국은행 화폐발행잔액(말잔)은 100조 5,234억 원으로 증가하였는데, 이는 1년 사이 약 9조 2,000억 원 증가한 것이다. 화폐발행잔액이란 한국은행이 시중에 공급한 화폐 가운데 한국은행금고로 다시 돌아온 금액을 빼고 현재 시중에 남아 유통되고 있는 현금을 의미한다. 이렇게 중앙은행이 시중에 자금을 공급하더라도 돈이 돌지 않는 '돈맥경화' 현상이 갈수록 심해지고 있다.
>
> — ○○신문 —

① 금융시장에 대한 불확실성이 증대되었다.
② 예금이자율이 하락하였다.
③ 생산물시장에서 저물가기조가 지속되고 있다.
④ 민간에 대한 대출규제가 완화되었다.
⑤ 지하경제가 확대되고 있다.

| 해설 | 대출규제를 완화하면 대출이 증가하므로 돈맥경화 현상이 완화된다.
| 오답해설 | ① 금융시장에 대한 불확실성이 증대되면 금융시장으로 자금이 유입되지 않고, 은행의 대출도 부동산 등 일부 업종으로 쏠리게 된다. 이는 돈맥경화 현상의 원인이 된다.
② 예금이자율이 하락하면 현금보유의 기회비용이 낮아지므로 현금보유경향이 커진다. 현금보유경향이 커지면 통화승수가 작아져 돈맥경화 현상이 발생한다.
③ 저물가기조가 지속되면 현금보유의 기회비용이 낮아지므로 현금보유비율이 커진다. 이는 돈맥경화 현상의 원인이 된다.
⑤ 지하경제가 확대되면 현금보유비율이 커져 통화승수가 작아지므로 돈맥경화 현상이 발생한다.

16 난이도 ■■□

한국은행이 금융통화위원회를 통해 기준금리를 연평균 1.50%에서 0.25%포인트 인하한 1.25%로 결정하였다. 이와 같은 금융통화위원회의 결정이 향후 국내경제에 미칠 수 있는 현상으로 적절하지 않은 것은?

① 금융비용의 하락으로 기업의 투자지출 규모가 증가한다.
② 토지와 건물 등의 실물자산가격이 하락한다.
③ 외환시장에서 원/달러 환율이 상승하여 경상수지가 개선된다.
④ 민간의 대출수요가 증가하여 가계부채 문제가 심화된다.
⑤ 채권시장에서 국공채수요가 감소한다.

| 해설 | 시장이자율이 하락하면 부동산 등의 실물자산의 투자가 증가하므로 실물자산가격이 상승한다.
| 오답해설 | ① 시장이자율이 하락하면 이자비용이 하락하므로 기업의 투자지출 규모가 증가한다.
③ 시장이자율이 하락하면 자본유출이 증가하여 원/달러 환율이 상승한다. 환율 상승은 수출 증가와 수입 감소를 가져온다.
④ 시장이자율이 하락하면 대출수요가 증가하여 가계부채 문제가 심화될 수 있다.
⑤ 시장이자율이 하락하면 채권가격이 상승하므로 국공채 수요가 감소한다.

17 난이도 ■□□

최근 신용카드와 현금카드의 증가 및 전자화폐의 등장으로 현금수요가 감소하는 추세이다. 이로 인해 나타날 수 있는 현상이 아닌 것은?

① 투자 증가
② 물가 상승
③ 통화량 감소
④ 이자율 하락
⑤ 총수요 증가

| 해설 | 신용카드와 현금카드의 증가는 화폐수요를 감소시키고 화폐의 소득유통속도를 크게 하여 통화량을 증가시킨다. 통화량이 증가하면 이자율이 하락하여 투자수요가 증가한다. 투자수요가 증가하여 총수요가 증가하면 국민소득이 증가하고 물가가 상승한다.

| 정답 | 15 ④ | 16 ② | 17 ③ |

18 난이도 ■■□

채권수익률을 상승시키는 요인이 아닌 것은?

① 정부가 국채를 발행하여 자금을 조달하는 경우
② 금융위기로 인해 국가 신용등급이 하락하는 경우
③ 기업이 회사채를 발행하여 투자 재원을 마련하는 경우
④ 외국인의 국내 채권에 대한 수요가 증가하는 경우
⑤ 내국인의 국내 채권에 대한 수요가 감소하는 경우

| 해설 | 외국인의 국내 채권에 대한 수요가 증가하면 채권 가격이 상승하므로 채권수익률은 하락한다.
| 오답해설 | ① 정부의 국채 발행이 증가하면 채권시장의 초과공급이 발생하여 채권 가격이 하락하고 채권수익률은 상승한다.
② 금융위기로 인해 국가 신용등급이 하락하면 국채 수요가 감소하여 채권 가격이 하락하고 채권수익률은 상승한다.
③ 기업이 회사채를 발행하여 투자 재원을 마련하면 채권 공급이 증가하여 채권 가격이 하락하고 채권수익률은 상승한다.
⑤ 내국인의 국내 채권에 대한 수요가 감소하면 채권 가격이 하락하고 채권수익률은 상승한다.

19 난이도 ■■□

다음은 이자율과 주식·채권의 관계를 설명한 것이다. 이에 대한 설명으로 옳지 않은 것은?

> • 사람들은 이자율이 높아 채권 가격이 낮을 때에는 채권을 사들이고, 반대로 이자율이 낮아 채권 가격이 높을 때에는 채권을 팔게 된다.
> • 이자율이 오르면 예금의 이자가 증가하여 주식 보유의 (㉠)이(가) 커지게 되므로 사람은 보유 현금을 예금에 투자하고 주식을 팔게 된다. 반대로 이자율이 내리면 예금의 이자가 감소하여 주식 보유의 (㉠)이(가) 작아지므로 사람들은 보유 현금을 주식에 투자하고 예금을 찾게 된다.

① 주식과 채권은 대체관계에 있다.
② ㉠에 공통으로 들어갈 용어는 '기회비용'이다.
③ 다른 조건이 일정할 때 이자율이 오르면 주가도 오른다.
④ 이자율이 하락하면 채권 투자자의 투자수익이 증가한다.
⑤ 이자율의 변화는 개인의 투자 자산 선택에 중대한 영향을 미친다.

| 해설 | 이자율이 오르면 예금상품에 가입하기 위해 가지고 있는 주식을 매각할 것이므로 주가는 하락한다.
| 오답해설 | ① 이자율이 오르면 채권 가격은 하락하므로 주식을 팔고 채권을 구입한다. 이처럼 주식과 채권은 대체관계에 있는 금융상품이다.
② 이자율이 상승하면 예금이자가 증가하므로 주식을 보유했을 때의 기회비용이 증가한다. 따라서 이자율이 상승하면 주식투자가 감소한다.
④ 이자율이 하락하면 채권 가격이 상승하므로 채권 투자자의 투자수익은 증가한다.
⑤ 이자율이 상승하면 채권 가격이 하락하므로 주식보다 채권을 선호하게 된다. 반면, 이자율이 하락하면 채권 가격은 상승하므로 채권보다 주식을 선호하게 된다.

정답 18 ④ 19 ③

20

다음에서 설명하고 있는 경제 현상은?

> 이 상황에서는 중앙은행이 아무리 화폐공급을 증가시켜도 소비와 투자가 증가하지 않아 경기부양이 이루어지지 않는다. 이자율이 매우 낮은 수준에서 가계는 가까운 미래에 이자율이 상승할 것으로 기대하여 여유자금을 장기채권 대신 현금이나 단기금융상품에만 투자한다. 그리고 기업은 경기침체를 염려하여 신규채용과 설비투자를 미루게 된다.

① 유동성 효과
② 트릴레마(trilemma)
③ 유동성 함정
④ 금리정책 딜레마
⑤ 피셔 효과

| 해설 | 유동성 함정(liquidity trap)이란 최저 이자율 수준에서 유휴자금의 모든 증가분이 투기적 화폐수요로 흡수되는 구간을 말한다. 유동성 함정에서는 중앙은행이 통화공급을 증가시켜도 이자율이 하락하지 않아 확대금융정책의 효과가 나타나지 않는다.

| 오답해설 | ① 유동성 효과는 화폐공급을 증가시킬 때 이자율이 하락하는 현상이다.
② 트릴레마(trilemma)는 일반적으로 3중고(三重苦)를 의미하는데, 시사경제용어로서는 물가 안정, 경기 부양, 국제수지 개선의 3가지 과제를 동시에 수행하기 어렵다는 것을 역설한다. 이 3가지는 3마리 토끼에도 비유되는데 물가 안정에 치중하면 경기가 침체되기 쉽고, 경기 부양에 힘쓰면 인플레이션 유발과 국제수지 악화가 초래될 염려가 있는 등 서로 물리고 물려서 정책선택이 딜레마에 빠지게 된다는 뜻으로 사용된다.
⑤ 피셔 효과는 화폐공급을 증가시킬 때 실질이자율은 불변인 채 명목이자율만 비례적으로 상승하는 현상이다.

21

유동성 함정에 대한 설명으로 옳지 않은 것은?

① 화폐수요의 이자율탄력성이 무한대인 경우에 발생한다.
② 채권의 가격이 매우 높아 추가적인 통화공급이 투기적 화폐수요로 모두 흡수된다.
③ 이자율이 매우 낮아 향후 이자율이 상승할 것으로 예상될 경우 유동성 함정이 발생할 수 있다.
④ 확대금융정책은 이자율을 하락시키지 못하여 총수요 확대 효과가 없다.
⑤ 확대재정정책은 이자율을 상승시켜 총수요 확대 효과가 없다.

| 해설 | 유동성 함정하에서는 확대재정정책을 실시하더라도 이자율이 상승하지 않아 투자수요가 감소하지 않으므로 구축 효과가 발생하지 않는다. 따라서 확대재정정책의 정책 효과는 최대가 된다.

| 오답해설 | ① 유동성 함정하에서는 투기적 화폐수요곡선은 수평선이 되고, 투기적 화폐수요가 이자율에 대해 무한탄력적이 된다.
② 사람들이 더는 내리지 않을 것으로 생각하는 최저 이자율하에서는 채권가격이 최고로 높아 모든 채권을 매각하므로 투기적 화폐수요는 최대가 된다.
③ 사람들이 더는 내리지 않을 것으로 생각하는 최저 이자율하에서는 향후 이자율이 상승할 것이라고 예상하기 때문에 모든 채권을 매각한다.
④ 최저 이자율 수준에서는 확대금융정책을 실시하더라도 이자율이 하락하지 않아 투자수요가 증가하지 않으므로 정책 효과가 없다.

정답 20 ③ 21 ⑤

CHAPTER 04 총수요-총공급이론

01 난이도 ■■□

정부의 재정적자를 축소하는 대책 방안으로 적절하지 않은 것은?

① 실업자에 대한 실업급여 지급을 축소한다.
② 소득세율을 인상한다.
③ 국민건강보험료를 인하한다.
④ 투자세액의 감면 대상을 축소한다.
⑤ 사회보장제도의 적용 범위를 축소한다.

| 해설 | 건강보험료를 인하하면 정부의 보험료 수입이 감소하므로 재정적자가 증가한다.
| 오답해설 | ① 실업급여의 지급을 축소하면 재정지출이 감소하므로 재정적자가 감소한다.
② 소득세율을 인상하면 정부의 조세수입이 증가하므로 재정적자가 감소한다.
④ 투자세액의 감면 대상을 축소하면 정부의 조세수입이 증가하므로 재정적자가 감소한다.
⑤ 사회보장제도의 적용 범위를 축소하면 사회보장지출이 감소하여 정부의 조세수입이 증가하므로 재정적자가 감소한다.

02 난이도 ■■□

재정절벽의 원인이 될 수 있는 경제정책을 〈보기〉에서 고른 것은?

┌─ 보기 ─────────────────┐
│ ㉠ 예산 삭감   ㉡ 기준금리 인하 │
│ ㉢ 세율 인상   ㉣ 양적완화   │
└──────────────────────┘

① ㉠, ㉡
② ㉠, ㉢
③ ㉡, ㉢
④ ㉡, ㉣
⑤ ㉢, ㉣

| 해설 | 재정절벽이란 제도적 요인에 의해 정부의 재정지출이 갑작스럽게 감소하거나 중단되어 경제에 큰 충격을 주는 현상을 일컫는 용어로, 경기가 마치 절벽처럼 급격히 하강하는 모습을 빗대어 표현한 것이다. 정부의 각종 세금 감면 혜택 종료 및 증세(세율 인상), 정부지출 삭감 정책 등이 재정절벽의 원인이 될 수 있다.

03 난이도 ■■■

정부와 비금융공기업 등 공공부문 부채 규모가 900조 원을 넘어선 것으로 나타났다. 이와 같이 공공부문 부채가 지속적으로 증가할 때 나타날 수 있는 현상으로 적절하지 않은 것은?

① 국가신용도가 하락하여 외국인 투자가 감소한다.
② 국가부도 위험이 증대하여 국공채 가격이 하락한다.
③ 통화량이 확대되어 인플레이션율이 상승한다.
④ 정부부문 채무를 상환하기 위해 조세부담이 증가한다.
⑤ 정부 부채를 메우기 위해 국공채 발행이 확대되고, 이에 따라 시중금리가 하락한다.

| 해설 | 국공채 발행을 확대하면 국공채 공급 증가에 따라 국공채 가격이 하락하여 시중금리는 상승한다.
| 오답해설 | ① 공공부문 부채가 증가하면 국가신용도가 하락하여 외국인 투자가 감소할 수 있다.
② 국가부도 위험이 증대하면 국공채에 대한 수요가 감소하여 국공채 가격이 하락한다.
③ 정부 부채를 중앙은행의 차입에 의존한다면 본원통화의 증가로 통화량이 증가하여 인플레이션율이 상승할 수 있다.
④ 국가 채무 상환을 위해 재원조달을 조세에 의존한다면 조세부담이 증가한다.

04 난이도 ■■□

정부가 경기를 부양하기 위해 재정지출을 확대하고, 그 재원을 중앙은행에서 차입하기로 하였다. 이를 국채를 발행하여 재원을 충당하는 경우와 비교한 내용으로 옳은 것은?

① 재정적자가 더 증가할 수 있다.
② 소비가 더 증가할 수 있다.
③ 민간투자가 더 감소할 수 있다.
④ 이자율이 더 상승할 수 있다.
⑤ 물가가 더 안정될 수 있다.

| 해설 | 정부가 중앙은행으로부터의 차입을 통해 재원을 조달하여 재정정책을 실시하는 경우 본원통화가 증가하여 통화량이 증가하므로 재정정책과 통화정책의 효과가 동시에 나타난다. 이 경우 국민소득이 더 큰 폭으로 증가하여 소비를 대폭 증가시킬 수 있지만 장기적으로 물가 상승을 더욱 가속화시킬 수 있다.

| 정답 | 01 ③ 02 ② 03 ⑤ 04 ②

05 난이도 ■□□   약점진단 ○△×

자동안정화장치에 해당하는 것을 〈보기〉에서 모두 고른 것은?

┌ 보기 ┐
ⓒ 실업보험   ⓒ 누진적 소득세
ⓒ 정액세   ⓔ 사회보장제도

① ㉠, ㉣
② ㉡, ㉢
③ ㉠, ㉡, ㉣
④ ㉠, ㉢, ㉣
⑤ ㉡, ㉢, ㉣

| 해설 | 재정의 자동안정화장치(automatic stabilizer, built-in stabilizer)란 경기변동 시 정부가 의도적으로 재량적인 재정정책을 실시하지 않더라도 자동으로 정부지출이나 조세수입이 변하여 경기변동의 진폭을 완화시켜 주는 재정제도를 말한다. 재정의 자동안정화장치에는 누진소득세제, 실업보험, 사회보장제도, 최저임금제 등이 있다.
| 오답해설 | ㉢ 정액세는 경기상황과 관계없이 일정액의 조세가 부과되므로 자동안정화의 기능을 수행하지 못한다.

06 난이도 ■■□   약점진단 ○△×

재정의 자동안정화장치에 대한 설명으로 옳지 않은 것은?

① 정책시차의 측면에서 재량적 재정정책에 비해 상대적으로 자유롭다.
② 경기후퇴기에 처분가능소득의 감소를 완화시켜 준다.
③ 정부가 균형재정을 추구할 경우 안정화장치의 효과는 감소한다.
④ 실업급여제도는 자동안정화장치의 사례에 해당한다.
⑤ 경기후퇴기에 자동적으로 정부의 세입을 증가시킨다.

| 해설 | 경기후퇴기에는 국민소득이 감소하므로 자동적으로 정부의 세입이 감소한다.
| 오답해설 | ① 자동안정화장치는 경제안정화정책의 수립과 집행에 필요한 내부시차를 감소시키거나 없애 주는 역할을 한다.
② 경기침체로 국민소득이 감소하면 조세수입이 감소하여 재정은 적자가 된다. 조세의 감소는 처분가능소득과 소비의 지나친 감소를 억제시키고, 이는 총수요의 지나친 감소를 억제시켜 경기침체를 완화시키는 작용을 한다.
③ 정책함정(policy trap)이란 경기침체 시 정부가 균형재정을 추구하면 경기침체가 더욱 가속화되는 현상을 말한다.
④ 재정의 자동안정화장치에는 누진소득세제, 실업보험제도, 사회보장제도, 최저임금제 등이 있다.

07 난이도 ■■□   약점진단 ○△×

정부가 확대재정정책을 시행할 때 발생할 수 있는 경제현상으로 거리가 먼 것은? (단, 중앙은행은 금융정책을 시행하지 않고, 거시변수들은 일정하다.)

① 국민소득이 증가한다.
② 정부의 재정건전성이 악화된다.
③ 실업률이 하락한다.
④ 시장이자율이 하락한다.
⑤ 인플레이션율이 상승한다.

| 해설 | 확대재정정책의 재원조달을 위한 국공채 발행의 증가 → 채권시장에서 국공채 공급 증가 → 국공채 가격 하락 → 시중금리 상승
| 오답해설 | ① 확대재정정책 → 총수요 증가 → 실질 GDP 증가
② 확대재정정책(정부지출 증가, 조세 감면) → 재정적자 증가 → 재정건전성 악화
③ 확대재정정책 → 총수요 증가 → 국민소득 증가 → 실업률 하락
⑤ 확대재정정책 → 총수요 증가 → 소비자물가 상승

08 난이도 ■■□   약점진단 ○△×

구축 효과(crowding-out effect)에 대한 설명으로 옳은 것은?

① 조세를 인하할 경우 총수요 증가 효과가 이자율 상승으로 인한 민간투자의 감소로 상쇄되는 현상이다.
② 조세를 인상할 경우 민간부문의 가처분소득이 감소하여 소비지출이 감소하는 현상이다.
③ 정부지출을 확대할 경우 민간부문의 투자지출이 증가하는 현상이다.
④ 통화공급량을 감소시킬 경우 이자율이 상승하여 민간부문의 투자지출이 감소하는 현상이다.
⑤ 자국 환율을 평가절하시킬 경우 해외제품 수입 증가로 인해 국내 제품에 대한 수요가 감소하는 현상이다.

| 해설 | 재정정책의 구축 효과(crowding-out effect)란 국공채 발행을 통한 확대재정정책이 이자율을 상승시켜 민간의 소비와 투자를 구축시키는 효과를 말한다. 조세 감면을 통한 확대재정정책에도 구축 효과는 동일하게 나타난다.
| 오답해설 | ② 경기과열을 억제하기 위한 긴축재정정책의 내용이다.
③ 정부지출을 확대하면 시장이자율이 상승하여 투자가 감소한다.
④ 경기과열을 억제하기 위한 긴축금융정책의 내용이다.
⑤ 자국 환율을 평가절하시키면 수출이 증가하고 수입이 감소하여 경상수지가 개선된다.

정답 | 05 ③ | 06 ⑤ | 07 ④ | 08 ①

09

다음은 중앙은행이 확장적인 금융정책을 실시했을 때 기대되는 효과를 나타낸 것이다. A와 B에 들어갈 수 있는 내용을 바르게 연결한 것은?

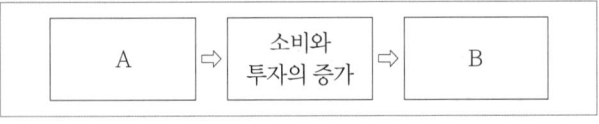

	A	B
①	정부지출 증가	경기 확장
②	세율의 인하	경기 확장
③	정책금리 인하	경기 확장
④	통화공급 감소	경기 긴축
⑤	추가예산의 집행	경기 확장

| 해설 | 확대금융정책: 화폐공급 증가 → 이자율 하락 → 소비와 투자의 증가 → 경기 확장
| 오답해설 | ①②⑤ 정부지출 증가, 세율의 인하, 추가예산의 집행은 정부에 의해 실시되는 확대재정정책에 해당한다.
④ 통화공급 감소는 긴축금융정책에 해당한다.

10

재정정책과 금융정책에 대한 옳은 설명을 〈보기〉에서 모두 고른 것은?

―| 보기 |―
㉠ 한계소비성향이 클수록 정부지출 확대의 정책 효과는 커진다.
㉡ 정부지출을 증가시켰을 때 투자의 이자율탄력성이 클수록 구축 효과가 작아진다.
㉢ 정부의 저금리정책에도 내수가 증가하지 않는 것은 투자의 이자율탄력성이 작기 때문이다.
㉣ 화폐수요의 이자율탄력성이 크면 정부지출에 따른 소득 증대 효과가 상대적으로 큰 경향이 있다.

① ㉠, ㉡
② ㉡, ㉢
③ ㉠, ㉡, ㉢
④ ㉠, ㉢, ㉣
⑤ ㉡, ㉢, ㉣

| 해설 | ㉠ 한계소비성향이 클수록 재정정책의 승수효과가 커지므로 정부지출 확대의 정책 효과는 커진다.
㉢ 저금리정책에도 투자의 이자율탄력성이 작아 투자증가분이 작다면 내수가 크게 증가하지 못한다.
㉣ 화폐수요의 이자율탄력성이 크면 화폐수요곡선이 완만하므로 확대재정정책을 실시할 때 이자율의 상승폭이 작다. 이자율의 상승폭이 작다면 투자수요의 감소분이 작아 구축 효과가 작게 나타나므로 재정정책의 효과는 커진다.
| 오답해설 | ㉡ 정부지출의 증가로 인한 이자율의 상승이 투자수요를 감소시키는 효과를 구축 효과라고 한다. 투자의 이자율탄력성이 크면 이자율이 상승할 때 투자가 더 큰 폭으로 감소하므로 구축 효과는 커진다.

정답 09 ③ 10 ④

※ 다음 기사를 읽고 물음에 답하시오. (11~12)

> 경기회복을 위해 한국은행이 확대금융정책을 시행하면서 시중에 풀린 현금이 90조 원에 육박하는 것으로 나타났다. 하지만 예금회전율이나 통화승수는 역대 최저 수준에 머물고 있어 금융정책의 효과가 낮아진 것으로 분석했다. 이와 같은 여파로 시중금리는 추가로 하락할 가능성이 없어 보인다.
>
> — ○○신문 —

11 난이도 ■□□ 약점진단 ○△×

위의 신문기사와 관련된 경제학적 개념은?

① 피셔 효과
② 구축 효과
③ 낙수 효과
④ 유동성 함정
⑤ 베블런 효과

| 해설 | 유동성 함정이란 중앙은행이 화폐공급을 증가시키더라도 추가적인 시장금리 하락으로 이어지지 않아 소비와 투자가 살아나지 않는 상태를 말한다.

| 오답해설 | ① 피셔 효과는 화폐공급을 증가시키면 실질이자율은 불변인 채 인플레이션율만큼 명목이자율이 상승하는 현상이다.
② 구축 효과란 확대재정정책이 이자율을 상승시켜 민간의 소비와 투자를 감소시키는 효과를 말한다.
③ 낙수 효과 또는 트리클 다운 효과(trickle-down effect)는 대기업이나 고소득층 등 선도부문의 성과가 늘어나면 이 성과가 연관산업을 통해 후발 및 낙후부문에 유입되어 성장의 과실이 저소득층에게 돌아가도록 하는 것을 의미한다.
⑤ 베블런 효과란 과시적 소비 효과로, 소비재의 가격이 상승하는데도 수요가 증가하는 현상을 말한다.

12 난이도 ■■□ 약점진단 ○△×

위의 신문기사와 같은 상황이 지속된다고 가정할 때 나타날 가능성이 있는 경제 현상으로 적절하지 않은 것은?

① 기업들의 연구개발투자가 감소할 것이다.
② 가계신용대출 연체자가 증가할 것이다.
③ 국내경제는 저성장 기조를 지속할 것이다.
④ 긴축적인 금융정책이 나타날 것이다.
⑤ 자동차, 냉장고, TV 등 내구재 소비가 위축될 것이다.

| 해설 | 정책금리 인하를 통한 금융정책이 한계에 부딪혔을 때 중앙은행은 통화를 시중에 직접 공급함으로써 경기위축의 방어 및 신용경색을 해소하게 된다. 이를 양적완화라고 하고, 확대금융정책에 해당한다.

| 오답해설 | ①⑤ 유동성 함정에서는 낮은 이자율에도 불구하고 미래 경기의 부정적 전망으로 인해 소비와 투자가 증가하지 않는다.
② 저금리로 인해 가계대출이 급증할 것이므로 가계신용대출 연체자가 증가할 것이다.
③ 유동성 함정에서는 정책금리 인하를 통한 금융정책의 효과가 사라지므로 국내경제는 저성장 기조가 지속된다.

13 난이도 ■■□ 약점진단 ○△×

밑줄 친 (가)~(다)에 대한 옳은 설명을 〈보기〉에서 모두 고른 것은?

> **NEWS**
> 폭우로 피해를 입은 계층에 대한 (가) <u>피해보상금 지급정책</u>이 10월부터 진행될 예정이다. 정부는 일부 지역을 제외한 수도권을 특별재난지역으로 지정하고 재난지원금을 지급할 예정이다. 지급 대상은 (나) <u>가구소득이 중위소득의 30% 이하인 계층</u>과 소규모 자영업자 및 소상공인들이다. 이번에 지급된 재난지원금은 대상자의 주민등록상 주소지를 기준으로 한다. 재난지원금 사용 가능 업종은 (다) <u>지역사랑 상품권 가맹점</u>으로서 전통시장, 동네마트, 식당, 편의점, 미용실, 약국, 안경점, 학원, 병원, 카페 등이다. 사용 가능 기간은 금년 12월 31일까지이고, 이 기간 동안 사용하지 못하면 잔여 재난지원금은 소멸되어 국가나 지자체로 환원된다.

| 보기 |

㉠ (가)는 정부지출에 해당하므로 국내총생산에 포함된다.
㉡ (가)는 국민경제의 총공급을 증가시키므로 실질국민소득이 증가하고, 물가가 하락한다.
㉢ (나)는 소비성향이 낮아 내수촉진에 크게 기여하지 못하므로 경기회복 효과가 크지 않을 것이다.
㉣ 사용 가능 업종을 (다)로 제한하는 것은 소비자 주권을 침해하여 가계의 효용극대화를 제한할 수 있다.

① ㉠
② ㉡
③ ㉣
④ ㉠, ㉡
⑤ ㉡, ㉢

| 해설 | 사용 가능 업종을 제한하면 소비자의 예산영역이 감소하므로 가계의 효용극대화를 제한할 수 있다.

| 오답해설 | ㉠ 재난지원금은 정부의 이전지출로, 정부지출에 해당하지 않는다. 따라서 재난지원금은 국내총생산에 포함되지 않는다.
㉡ 재난지원금은 가계의 처분가능소득을 증가시켜 소비를 촉진하므로 총수요를 증가시킨다. 총수요가 증가하면 실질국민소득이 증가하고 물가가 상승한다.
㉢ 저소득층은 소비성향이 강하므로 저소득층에 대한 지원금정책은 내수촉진에 기여하여 경기회복 효과를 제고할 수 있다.

정답 11 ④ 12 ④ 13 ③

14 난이도 ■■□   약점진단 ○△×

다음은 한국은행 금융통화위원회의 회의의 내용을 정리한 것이다. 빈칸에 들어갈 수 있는 내용으로 적절하지 않은 것은?

> A: 시중의 통화량이 적정 수준보다 낮은 수준을 유지하고 있습니다.
> B: 예상보다 민간의 소비와 투자의 하락세가 지속되고 있습니다.
> C: 지속적인 디플레이션의 가능성이 있습니다.
> D: 그럼, (   )하는 방향으로 해야겠습니다.

① 화폐를 추가발행
② 공채시장에서 국공채를 매각
③ 재할인율을 인하
④ 법정지급준비율을 인하
⑤ 기준금리를 인하

| 해설 | 회의의 내용은 경기침체의 상황이므로 통화량을 증가시키거나 기준금리를 인하하는 확장적인 금융정책이 필요하다. 공채시장에서 국공채 매각하면 본원통화가 감소하여 통화량이 감소한다.

| 오답해설 | ① 화폐의 추가발행 → 본원통화 증가 → 통화량 증가
③ 재할인율 인하 → 시중은행의 중앙은행으로부터의 차입 증가 → 본원통화 증가 → 통화량 증가
④ 법정지급준비율 인하 → 통화승수 증가 → 통화량 증가

15 난이도 ■■□   약점진단 ○△×

중앙은행이 실시해 왔던 양적완화 정책을 점진적으로 축소하는 것으로 초저금리 상태에서 실시하는 정책은?

① 쿼드러플 위칭(quadruple witching)
② 디커플링(decoupling)
③ 테이퍼링(tapering)
④ 더블딥(double dip)
⑤ 트리플 위칭(triple witching)

| 해설 | 양적완화 정책은 중앙은행이 경기 부양을 위해 국채를 매입하거나 통화를 시장에 공급하는 정책이다. 테이퍼링(tapering)이란 양적완화 정책을 점진적으로 축소하는 것을 말한다.

| 오답해설 | ① 쿼드러플 위칭(quadruple witching)이란 증권시장에서 지수선물, 지수옵션, 개별주식옵션, 개별주식선물 등 4가지 상품의 만기가 중복되는 것을 의미한다.
② 디커플링(decoupling)이란 비동조화로서 한 나라의 경제가 인접한 다른 국가나 보편적인 세계경제의 흐름과 달리 독자적인 경제흐름을 보이는 현상을 의미한다.
④ 더블딥(double dip)은 이중침체로서 두 번에 걸쳐 경기 저점을 형성하는 것으로, 경기침체국면에서 회복국면으로 전환된 듯하다가 다시 침체국면으로 빠져드는 현상이다.
⑤ 트리플 위칭(triple witching)이란 증권시장에서 지수선물, 지수옵션, 개별주식옵션 등 3가지 상품의 만기가 동시에 겹치는 것을 의미한다.

정답 14 ② 15 ③

16 난이도 ■■□

중앙은행이 다음 기사와 같은 금리 정책을 실시하였을 때 예상되는 경제적 현상으로 옳지 않은 것은?

〈NEWS〉

지난해 뚜렷한 경기하락세가 금리 인하의 전제조건이었다면, 올해는 극심한 디플레이션으로 옮겨 가고 있는 모양새이다. 한국은행은 지난해 12월에 기준금리를 3년 만에 인하하였고, 이어 올해에도 한 두 차례 추가로 인하할 것이라는 것이 경제전문가들의 대체적인 견해이다.

① 예금은행의 대출금리 인하
② 민간의 소비 증가
③ 기업의 투자 감소
④ 가계의 저축 감소
⑤ 소비자물가의 상승

| 해설 | 시중 금리가 인하되면 기업의 투자가 증가한다.
| 오답해설 | ① 중앙은행의 정책금리가 인하되면 금융기관의 금리 인하로 연결된다.
② 시중 금리가 인하되면 민간의 소비가 증가한다.
④ 금리 인하로 민간소비가 증가하면 민간저축은 그만큼 감소한다.
⑤ 소비와 투자의 증가로 인해 총수요가 증가하면 물가가 상승한다.

17 난이도 ■■□

총수요-총공급에 대한 옳은 설명을 〈보기〉에서 고른 것은?

보기

㉠ 장기적으로 국민경제는 완전고용국민소득 수준을 넘어서기가 어렵다.
㉡ 중앙은행이 지급준비율을 인상하면 총수요곡선은 우측으로 이동한다.
㉢ 국공채 발행을 통한 정부의 지출은 통화량을 증가시킨다.
㉣ 통화량의 증가는 금리를 낮추고 투자와 내구재 소비를 증가시켜 단기적으로 소득을 증가시킬 수 있다.

① ㉠, ㉡
② ㉠, ㉣
③ ㉡, ㉢
④ ㉡, ㉣
⑤ ㉢, ㉣

| 오답해설 | ㉡ 중앙은행이 지급준비율을 인상하면 통화량이 감소하므로 총수요곡선은 좌측으로 이동한다.
㉢ 국공채 발행을 통한 정부지출의 증가는 통화량과 직접적인 관계가 없다.

18 난이도 ■■□

총수요-총공급모형에서 총수요곡선을 이동시키는 요인으로 적절하지 않은 것은?

① 원유 등 주요 원자재가격의 하락
② 가계의 신용카드사용액에 대한 소득공제 축소
③ 신용카드 사기 증가로 현금 사용 증가
④ 가계의 미래소득에 대한 낙관적인 전망
⑤ 유럽의 재정위기로 인한 유로지역 수출 감소

| 해설 | 원유 등 주요 원자재가격이 하락하면 총공급곡선이 우측으로 이동한다.
| 오답해설 | ② 가계의 신용카드사용액에 대한 소득공제가 축소되면 소비가 감소하여 총수요곡선이 좌측으로 이동한다.
③ 신용카드 사기 증가로 현금 사용이 증가하면 신용거래가 위축되어 총수요곡선이 좌측으로 이동한다.
④ 가계의 미래소득에 대한 낙관적인 전망은 총수요곡선을 우측으로 이동시킨다.
⑤ 유럽의 재정위기로 인한 유로지역 수출이 감소하면 총수요곡선이 좌측으로 이동한다.

19 난이도 ■□□

총수요곡선을 우측으로 이동시키는 요인이 아닌 것은?

① 기업의 투자의욕이 고취되는 경우
② 해외경기가 좋아 수출이 수입에 비해 잘 되는 경우
③ 노동생산성이 향상되는 경우
④ 소비자의 미래에 대한 낙관적 기대로 독립소비가 확대되는 경우
⑤ 정부가 확대재정정책을 펴는 경우

| 해설 | 노동생산성의 향상은 총공급곡선을 우측으로 이동시킨다.

정답 16 ③ 17 ② 18 ① 19 ③

20

총수요곡선을 우측으로 이동시키는 요인을 〈보기〉에서 고른 것은?

┤ 보기 ├
㉠ 주택담보대출의 이자율 인하
㉡ 종합소득세율 인상
㉢ 기업에 대한 투자세액공제 확대
㉣ 물가 수준 하락으로 가계의 실질자산가치 감소
㉤ 해외경기 호조로 순수출 증대

① ㉠, ㉡, ㉣
② ㉠, ㉢, ㉤
③ ㉠, ㉣, ㉤
④ ㉡, ㉢, ㉣
⑤ ㉡, ㉢, ㉤

| 해설 | ㉠ 주택담보대출의 이자율 인하 → 대출 증가 → 소비 증가 → 총수요 증가(총수요곡선의 우측 이동)
㉢ 기업에 대한 투자세액공제 확대 → 투자 증가 → 총수요 증가(총수요곡선의 우측 이동)
㉤ 해외경기 호조로 순수출 증대 → 총수요 증가(총수요곡선의 우측 이동)
| 오답해설 | ㉡ 종합소득세율 인상 → 처분가능소득 감소 → 소비 감소 → 총수요 감소(총수요곡선의 좌측 이동)
㉣ 가계의 실질자산가치 감소 → 소비 감소 → 총수요 감소(총수요곡선의 좌측 이동)

21

총수요를 증가시키는 방법이 아닌 것은?

① 정부지출의 증가
② 조세의 감면
③ 중앙은행의 국채 매각
④ 중앙은행의 재할인율 인하
⑤ 중앙은행의 법정지급준비율 인하

| 해설 | 중앙은행의 국채 매각 → 본원통화 감소 → 통화량 감소 → 이자율 상승 → 소비와 투자 감소 → 총수요 감소
| 오답해설 | ① 정부지출의 증가 → 총수요 증가
② 조세의 감면 → 소비와 투자 증가 → 총수요 증가
④ 중앙은행의 재할인율 인하 → 중앙은행으로부터 예금은행의 차입 증가 → 본원통화 증가 → 통화량 증가 → 이자율 하락 → 소비와 투자 증가 → 총수요 증가
⑤ 중앙은행의 법정지급준비율 인하 → 통화승수 증가 → 통화량 증가 → 이자율 하락 → 소비와 투자 증가 → 총수요 증가

22

그림에 대한 설명으로 옳지 않은 것은? (단, A국과 B국의 최초 균형점은 각각 e이고, 점 a와 b는 각각 A국과 B국의 균형점의 이동 방향을 나타낸 것이다.)

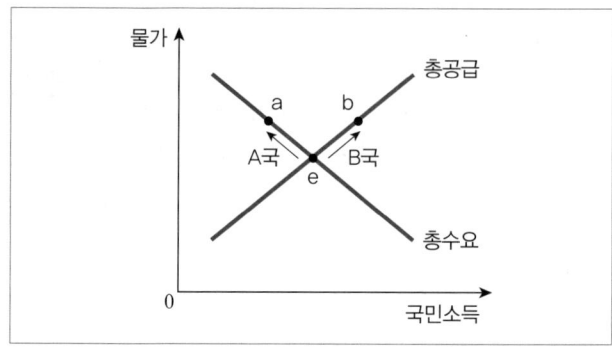

① A국에서는 원자재가격의 상승이 이동 요인이 될 수 있다.
② A국에서는 경기회복을 위해 직업훈련 등의 인력정책이 요구된다.
③ B국에서의 물가 상승은 순수출의 증가로 나타날 수 있다.
④ B국에서는 스태그플레이션의 가능성이 존재한다.
⑤ B국의 상황에서 긴축재정정책을 사용하면 물가 안정과 경기 안정 모두에 도움이 된다.

| 해설 | A국에서와 같이 공급견인 인플레이션이 발생하면 경기침체 속에서도 물가가 상승하는 스태그플레이션(stagflation)이 나타난다.
| 오답해설 | ① A국에서는 총공급이 감소하여 나타나는 공급견인 인플레이션이 발생하였다. 석유파동, 원자재가격 상승, 자원파동 등의 비용인상 인플레이션은 공급견인 인플레이션에 해당한다.
② 공급견인 인플레이션에서는 노동생산성을 증가시킬 수 있는 기술향상, 연구개발, 교육훈련(인적자본투자) 등의 정부정책이 필요하다.
③ B국에서는 총수요곡선이 우측으로 이동하여 물가가 상승하는 수요견인 인플레이션이 발생하였다. 순수출이 증가하면 총수요가 증가하므로 수요견인 인플레이션이 발생할 수 있다.
⑤ B국의 상황에서는 긴축재정정책을 사용하면 총수요가 감소하므로 물가 안정과 경기 안정 모두에 도움이 된다.

정답 20 ② 21 ③ 22 ④

23 난이도 ■■□

총수요-총공급모형의 단기균형분석에 대한 설명으로 옳은 것은? (단, 총수요곡선은 우하향하고, 총공급곡선은 우상향한다.)

① 물가 수준이 하락하면 총수요곡선이 오른쪽으로 이동하여 총생산은 증가한다.
② 단기적인 경기변동이 총수요충격으로 발생하면 물가 수준은 경기역행적(countercyclical)으로 변동한다.
③ 정부지출이 증가하면 총공급곡선이 오른쪽으로 이동하여 총생산은 증가한다.
④ 에너지가격의 상승과 같은 음(-)의 공급충격은 총공급곡선을 오른쪽으로 이동시켜 총생산은 감소한다.
⑤ 중앙은행이 민간 보유 국채를 대량 매입하면 총수요곡선이 오른쪽으로 이동하여 총생산은 증가한다.

| 해설 | 중앙은행이 민간 보유 국채를 매입하면 본원통화가 증가하여 통화량이 증가하므로 총수요곡선이 오른쪽으로 이동하여 총생산은 증가한다.

| 오답해설 | ① 물가 수준의 하락은 총수요곡선상에서 우하향점으로 이동한다.
② 총수요가 증가하면 물가가 상승하고 국민소득이 증가하여 경기가 확장되므로 경기변동이 총수요충격으로 발생하면 물가 수준은 경기순응적으로 변동한다.
③ 정부지출이 증가하면 총수요곡선이 오른쪽으로 이동한다.
④ 에너지가격의 상승과 같은 음(-)의 공급충격은 총공급곡선을 왼쪽으로 이동시켜 총생산은 감소한다.

24 난이도 ■■□

다음의 상황이 동시에 발생하였을 때, 시장 균형의 이동 방향으로 적절한 것은?

- 코로나19 영향으로 인해 소비자들의 지출이 감소하였다.
- 코로나19로 근로자들의 재택근무가 증가하면서 기업들의 생산성이 하락하였다.

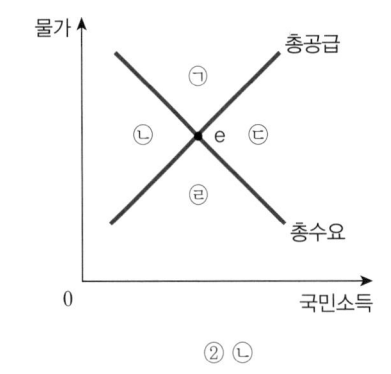

① ㉠
② ㉡
③ ㉢
④ ㉣
⑤ 변동 없음

| 해설 | 소비자들의 지출이 감소하면 총수요가 감소하므로 총수요곡선이 좌측으로 이동한다. 기업들의 생산성이 하락하면 총공급이 감소하므로 총공급곡선이 좌측으로 이동한다. 총수요곡선과 총공급곡선이 모두 좌측으로 이동하면 국민소득은 감소하지만, 물가의 변동 여부는 불분명하다. 따라서 시장 균형은 ㉡으로 이동한다.

정답 23 ⑤ 24 ②

25

다음과 같은 경제상황에 직면한 국민경제의 결과에 대한 설명으로 옳은 것은?

- 가계의 소비심리가 확산되었고, 기업의 설비투자가 증가하였다.
- 국제유가의 상승으로 인해 기업의 원자재 생산비용이 증가하였다.

① 단기적으로 실질이자율은 하락할 것이다.
② 장기적으로 명목이자율은 하락할 것이다.
③ 물가가 하락할 것이다.
④ 국민소득은 증가할 것이다.
⑤ 실업률은 감소할 것이다.

| 해설 | 소비와 투자가 증가하면 총수요가 증가하므로 총수요곡선이 우측 이동한다. 원자재가격이 상승하면 총공급이 감소하므로 총공급곡선이 좌측 이동한다. 총수요곡선이 우측으로 이동하고, 총공급곡선이 좌측으로 이동하면 물가는 상승하지만, 국민소득의 변화는 불투명하다. 물가가 상승하면 단기적으로 인플레이션율만큼 실질이자율은 하락한다.
| 오답해설 | ② 물가가 상승하면 장기적으로 피셔 효과에 의해 실질이자율은 불변인 채 인플레이션율만큼 명목이자율이 비례적으로 상승한다.
③ 총수요곡선이 우측으로 이동하고, 총공급곡선이 좌측으로 이동하면 물가는 상승한다.
④⑤ 국민소득은 변동 여부를 알 수 없으므로 실업률의 상승 여부 또한 알 수 없다.

26

한국은행이 기준금리를 인하하였을 때 나타날 수 있는 경제현상으로 거리가 먼 것은?

① 인플레이션율이 상승한다.
② 채권 가격이 상승한다.
③ 자국의 통화 가치가 상승한다.
④ 경제성장률이 상승한다.
⑤ 시중의 통화량이 증가한다.

| 해설 | 이자율이 낮아지면 자본 유출의 증가와 자본 유입의 감소가 나타나므로 자국의 통화 가치가 하락한다.
| 오답해설 | ① 이자율이 낮아지면 소비와 투자의 증가로 총수요가 증가하므로 물가상승률이 상승한다.
② 이자율이 낮아지면 채권가격은 상승한다.
④ 이자율이 낮아지면 총수요가 증가하므로 경제성장률이 상승한다.
⑤ 이자율이 낮아지면 대출수요가 증가하므로 통화량이 증가한다.

27

밑줄 친 '경기 대책'으로 가장 적절한 것은?

그림은 A국의 각 시기별 경제성장률과 물가상승률 전망치의 변화를 나타낸다. A국 정부와 중앙은행은 1월에 전망한 경기 상황을 적정 수준으로 판단하였으나, 7월의 전망치 변화에 따라 적절한 경기 대책을 검토하고 있다.

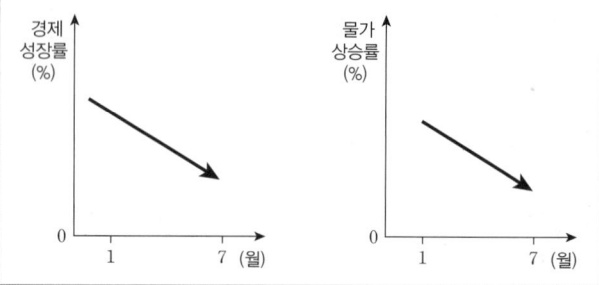

① 공공사업 축소
② 기준금리 인상
③ 지급준비율 인상
④ 중앙은행의 국공채 매입
⑤ 정부의 세금 인상

| 해설 | 7월은 1월에 비해 경제성장이 둔화되고 물가상승률이 하락하고 있다. 이는 총수요가 부족하여 발생하는 경기침체라고 할 수 있다. 따라서 A국 정부는 경기를 확장시키는 확대재정정책을, A국 중앙은행은 확대금융정책을 실시할 것이다. 국공채 매입은 확대금융정책에 해당한다.
| 오답해설 | ①⑤ 긴축재정정책에 해당한다.
②③ 긴축금융정책에 해당한다.

정답 25 ① 26 ③ 27 ④

28

밑줄 친 ㉠~㉣에 대한 설명으로 옳은 것은?

> A국의 중앙은행은 ㉠<u>기준금리를 인하하는 정책</u>을 지속적으로 실시하였다. 그 결과 기준금리가 거의 0% 수준에 근접했으나 ㉡<u>기대했던 정책 효과가 끝내 나타나지 않자</u> ㉢<u>양적완화 정책</u>을 실시하기로 결정하였다. 국채를 비롯하여 다양한 금융자산 매입을 통해 300억 달러라는 막대한 자금을 중앙은행이 직접 시중에 공급하기로 한 것이다. 양적완화 이후 A국 경제는 어느 정도 안정을 되찾았으나, 최근 A국에서는 양적완화의 ㉣<u>부작용</u>이 나타나고 있다.

① ㉠은 기업의 자금 조달 부담을 증가시킨다.
② ㉡은 총공급 증가에 따른 경기활성화이다.
③ ㉢은 통화량을 줄이는 정책이다.
④ ㉣의 예로는 인플레이션의 발생을 들 수 있다.
⑤ ㉣의 예로는 자국 통화 가치의 강세를 유발하여 순수출이 감소하는 경우를 들 수 있다.

| 해설 | 금리 인하를 통해 경기가 활성화되지 않으면 중앙은행은 국채 매입 등을 통해 시중의 유동성을 직접 공급하는데, 이를 양적완화라고 한다. 양적완화 정책은 자국 통화 가치의 약세와 인플레이션을 초래할 수 있다는 부작용이 있다.
| 오답해설 | ① 금리 인하는 기업의 자금 조달 부담을 감소시킬 것이다.
② 금리 인하는 확대금융정책으로 총수요의 증가를 기대한 것이다.
③ 양적완화 정책은 통화량을 증가시키는 정책이다.
⑤ 양적완화 정책은 자국 통화 가치의 약세를 유발하는 부작용이 있다.

29

한국은행의 최근 발표자료에 의하면 우리나라 경제성장률이 2년 연속 2%대에 머물러 있다. 이와 같은 저성장 현상의 원인에 해당되지 않는 것은?

① 민간의 소비지출이 감소하였다.
② 기업의 투자심리가 위축되었다.
③ 원화강세에 따라 수출경쟁력이 약화되었다.
④ 주요 수출국의 경기가 침체에 빠졌다.
⑤ 중앙은행이 지속적으로 기준금리를 인하하였다.

| 해설 | 기준금리를 인하하면 소비와 투자가 증가하므로 경기확장의 원인이 된다.
| 오답해설 | ① 소비지출이 감소하면 총수요가 감소하므로 국민소득이 감소한다.
② 기업의 투자가 감소하면 총수요가 감소하므로 국민소득이 감소한다.
③ 수출경쟁력의 약화로 수출이 감소하면 총수요가 감소하므로 국민소득이 감소한다.
④ 주요 수출국의 경기침체로 수출이 감소하면 총수요가 감소하므로 국민소득이 감소한다.

30

다음 (가), (나) 상황이 총수요와 총공급에 미친 영향을 바르게 나타낸 것을 〈보기〉에서 고른 것은?

> (가) 국민들의 소비 심리가 얼어붙어 심각한 내수 부진의 상황에 있다.
> (나) 해외 원유 생산량이 증가되자 해외 원유 가격이 지속적으로 하락하고 있다.

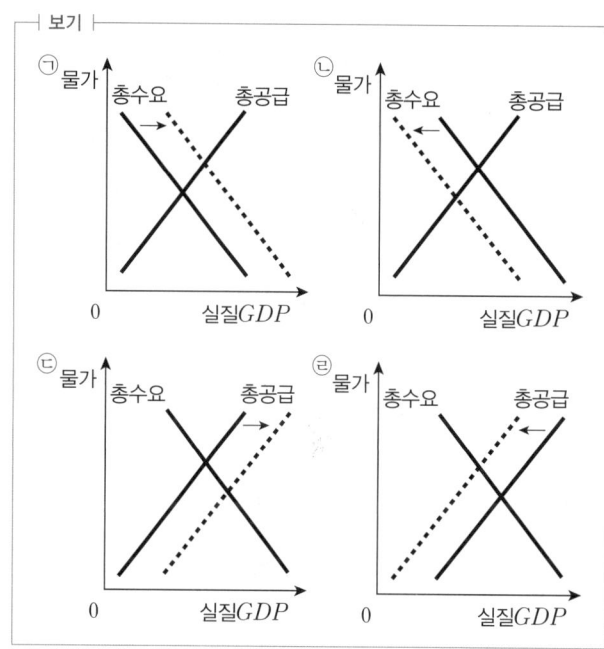

	(가)	(나)
①	㉠	㉢
②	㉠	㉣
③	㉡	㉢
④	㉣	㉠
⑤	㉡	㉣

| 해설 | (가)는 소비가 위축된 상황으로 총수요가 감소한다. (나)는 국제 원자재가격의 하락으로 총공급이 증가한다.

정답 28 ④   29 ⑤   30 ③

31

다음은 현재 어떤 경제 정책이 필요한지를 알아보기 위한 도식이다. 이에 대한 설명으로 옳지 않은 것은?

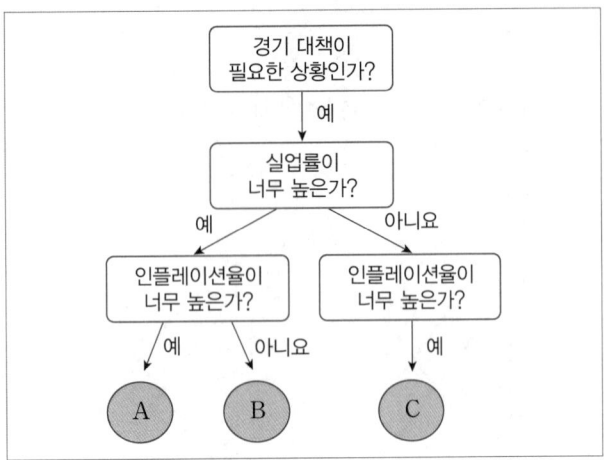

① A는 스태그플레이션이 우려되는 상황이다.
② B는 대공황과 발생 원인이 유사한 경기침체기이다.
③ C는 성장을 수반하는 인플레이션 상황이다.
④ B에 대한 대책으로는 재할인율과 지급준비율 인하를 들 수 있다.
⑤ A에 대한 대책으로는 총수요 확대정책이 적절하다.

| 해설 | A에 대한 대책으로는 총공급 확대정책이 적절하다.
| 오답해설 | ① A는 실업률과 인플레이션율이 모두 높은 상황으로 스태그플레이션이 우려되는 상황이다.
② B는 실업률은 매우 높은데 인플레이션율이 높지 않은 상황이다. 이 상황은 총수요가 감소할 때 발생하는 경기침체 상황이다.
③ C는 실업률은 높지 않은데 인플레이션율이 매우 높은 상황이다. 이 상황은 총수요가 증가할 때 발생하는 수요견인 인플레이션 상황이다.
④ B는 총수요가 감소할 때 발생하는 경기침체 상황이다. 이에 대한 대책에는 총수요를 확대시키기 위한 확대재정정책이나 확대금융정책이 있다.

32

다음 자료에 대한 설명으로 옳지 않은 것은?

> A국 정부는 물가 상승에 대한 우려에도 불구하고, 선제적으로 경기침체를 예방하고 내년에도 경제성장세를 유지하기 위해 대규모로 ㉠ 재정지출을 증가시킬 예정이다. 이에 A국의 중앙은행은 다음의 두 가지 정책 방안을 두고 고심하고 있다.
> • 1안: 물가 상승에 대한 우려 해소를 위해 지급준비율 인상
> • 2안: 경기 침체에 대한 우려 해소를 위해 기준금리 인하

① 1안은 총수요를 감소시키는 요인이다.
② 2안에 따른 총수요의 변동 방향은 ㉠에 따른 총수요의 변동 방향과 같다.
③ ㉠에 따른 효과가 소비나 투자의 증가로 이어지지 않을 것으로 예상하는 경우 2안을 선택할 것이다.
④ 정부와의 정책공조를 우선 고려 시 1안을 선택할 것이다.
⑤ ㉠과 1안을 동시에 실시하면 국민소득의 증감 여부가 불투명하다.

| 해설 | 정부는 확대재정정책을 실시할 예정이고, 중앙은행은 1안인 긴축금융정책과 2안인 확대금융정책을 고민하고 있다. 정책공조를 우선 고려한다면 중앙은행은 확대금융정책(2안)을 선택할 것이다.
| 오답해설 | ① 긴축금융정책은 총수요를 감소시킨다.
② 확대금융정책은 총수요를 증가시키는 정책으로 확대재정정책에 의한 총수요 변화 방향과 동일하다.
③ 재정지출의 효과가 나타나지 않을 것으로 예상하면 중앙은행은 확대금융정책을 선택할 것이다.
⑤ 확대재정정책과 긴축금융정책을 동시에 실시하면 총수요의 증감 여부가 불투명하므로 국민소득의 증감 여부가 불투명하다.

정답 31 ⑤ 32 ④

33 난이도 ■■□ 약점진단 ○△×

적정 수준을 넘어서는 급격한 인플레이션은 시장에서 자원배분의 효율성을 감소시키고, 각종 사회적 비용을 증가시킨다. 급격한 물가 상승을 완화시키는 경제정책으로 적절하지 않은 것은?

① 소비세율을 인상한다.
② 기준금리를 인상한다.
③ 통화안정증권을 매입한다.
④ 법정지급준비율을 인상한다.
⑤ 본원통화 공급을 감소시킨다.

| 해설 | 통화안정증권 매입 → 본원통화 증가 → 통화량 증가 → 소비와 투자의 증가 → 총수요 증가 → 수요견인 인플레이션 발생
| 오답해설 | ① 소비세율 인상 → 소비의 감소 → 총수요 감소 → 물가 하락
② 기준금리 인상 → 소비와 투자의 감소 → 총수요 감소 → 물가 하락
④ 지급준비율 인상 → 통화승수 감소 → 통화량 감소 → 소비와 투자의 감소 → 총수요 감소 → 물가 하락
⑤ 본원통화 공급 감소 → 통화량 감소 → 소비와 투자의 감소 → 총수요 감소 → 물가 하락

34 난이도 ■■□ 약점진단 ○△×

중앙은행이 통화량을 증가시켰을 때 나타날 수 있는 경제현상이 아닌 것은? (단, 다른 거시변수는 동일하다.)

① 소비와 투자가 증가한다.
② 소비자물가가 상승한다.
③ 실질이자율이 상승한다.
④ 화폐 구매력이 하락한다.
⑤ 외환시장에서 자국의 통화 가치가 하락한다.

| 해설 | 통화량 증가 → 화폐공급 증가 → 실질이자율 하락
| 오답해설 | ① 통화량 증가 → 실질이자율 하락 → 소비와 투자 증가
② 통화량 증가 → 총수요 증가 → 소비자물가 상승
④ 통화량 증가 → 화폐가치 하락 → 화폐 구매력 하락
⑤ 통화량 증가 → 실질이자율 하락 → 자본 유출 → 환율 상승(외환시장에서 자국의 통화 가치 하락)

35 난이도 ■■□ 약점진단 ○△×

총공급 측면의 국민소득 증가 요인 사례에 해당하는 것은?

① 원자재 및 생산요소의 가격이 하락하였다.
② 주택건설이 증가하였다.
③ 중앙은행이 기준금리를 인상하였다.
④ 중앙은행이 국공채를 매각하였다.
⑤ 중앙은행이 법정지급준비율을 인상하였다.

| 해설 | 생산요소의 가격 하락 → 생산비용의 하락 → 총공급 증가
| 오답해설 | ② 주택건설 증가 → 건설투자 증가 → 총수요 증가
③ 중앙은행의 기준금리 상승 → 소비와 투자의 감소 → 총수요 감소
④ 중앙은행의 국공채 매각 → 본원통화 감소 → 통화량 감소 → 소비와 투자의 감소 → 총수요 감소
⑤ 중앙은행의 지급준비율 상승 → 통화승수 감소 → 통화량 감소 → 소비와 투자의 감소 → 총수요 감소

| 정답 | 33 ③ | 34 ③ | 35 ① |

36

다음 신문기사에 나타난 경제 현상이 동시에 발생하였을 때, 균형점 E의 변화 방향은?

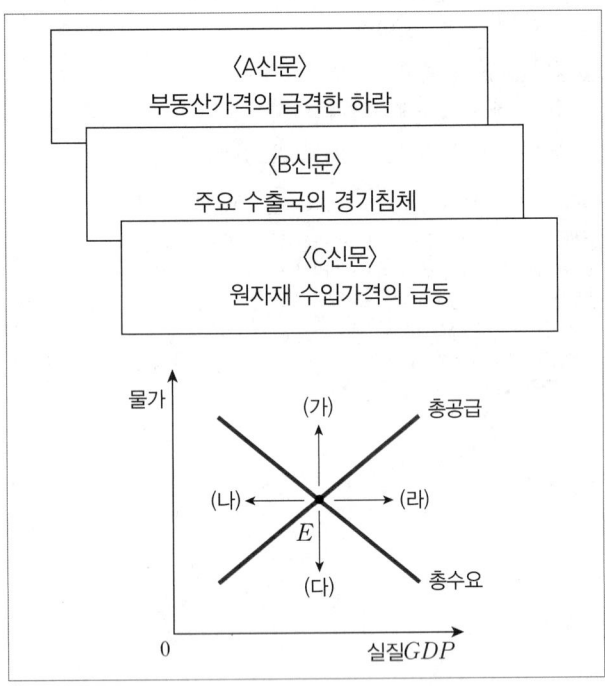

① (가) ② (나)
③ (다) ④ (라)
⑤ 불변

| 해설 | 부동산가격이 하락하면 소비와 투자가 감소하여 총수요가 감소한다. 주요 수출국의 경기침체로 수출이 감소하면 총수요가 감소한다. 원자재 수입가격이 상승하면 총공급이 감소한다. 총수요가 감소하면 총수요곡선이 좌측으로 이동하고, 총공급이 감소하면 총공급곡선이 좌측으로 이동한다. 따라서 균형점의 이동 방향은 (나)이다. 이때 국민소득은 반드시 감소하지만 물가의 변동은 불분명하다.

37

지난해 우리나라 경제성장률은 2.6%로 2010년 이후 최저치를 나타냈다고 한국은행이 발표하였다. 이 같은 현상이 발생하는 원인으로 가장 거리가 먼 것은?

① 기업의 투자심리가 위축되었다.
② 소비지출이 부진하였다.
③ 주요 수출국의 경기가 침체에 빠졌다.
④ 중앙은행이 지속적으로 기준금리를 인하하였다.
⑤ 엔화약세에 따라 수출경쟁력이 약화되었다.

| 해설 | 기준금리를 인하하면 소비와 투자가 증가하여 국민소득이 증가한다.
| 오답해설 | ① 기업의 투자가 감소하면 총수요가 감소하여 국민소득이 감소한다.
② 소비지출이 감소하면 총수요가 감소하여 국민소득이 감소한다.
③ 주요 수출국의 경기침체로 수출이 감소하면 총수요가 감소하여 국민소득이 감소한다.
⑤ 수출경쟁력의 약화로 수출이 감소하면 총수요가 감소하여 국민소득이 감소한다.

정답 36 ② 37 ④

CHAPTER 05 　실업과 인플레이션

01 난이도

경제활동인구에 포함되지 않는 것은?

① 실망노동자
② 파트타임 일자리를 구하고 있는 주부
③ 중소기업에 취업한 장애인
④ 건강상 이유로 1년간 휴직한 취업자
⑤ 부모가 운영하는 식당에서 주당 2시간 유급으로 일한 대학생

| 해설 |　경제활동인구란 생산가능인구 중 일할 의사와 능력이 있는 사람을 말하고, 취업자와 실업자로 구성된다. 실망노동자는 노동시장에 실망하여 구직활동을 포기한 사람으로 비경제활동인구에 포함된다.
| 오답해설 |　② 파트타임 일자리를 구하고 있는 주부는 실업자로, 경제활동인구에 속한다.
③④⑤ 모두 취업자로, 경제활동인구에 속한다.

02 난이도

실업에 대한 설명으로 옳은 것은?

① 실업률은 15세 이상 인구 중 일하지 않는 사람의 비중을 의미한다.
② 학업에만 종사하는 학생은 실업자에 포함된다.
③ 근로의사가 없는 노인은 실업자가 아니다.
④ 완전고용상태에서 실업률은 0%이다.
⑤ 경제활동참가율은 총인구에서 경제활동인구가 차지하는 비중을 의미한다.

| 해설 |　근로의사가 없는 노인은 비경제활동인구에 속하므로 실업자에 해당하지 않는다.
| 오답해설 |　① 실업률은 경제활동인구에서 실업자가 차지하는 비중이다.
② 학업에만 종사하는 학생은 비경제활동에 포함되므로 실업자에 속하지 않는다.
④ 자발적 실업만 존재할 때 완전고용을 달성했다고 하므로 현재의 실업률이 자연실업률과 일치한다면 완전고용상태에 있는 것이다. 자발적 실업이 존재하므로 실업률은 0%가 가능하지도 않을 뿐더러 바람직하지도 않다.
⑤ 경제활동참가율은 생산가능인구에서 경제활동인구가 차지하는 비중이다.

03 난이도

실업에 대한 설명으로 옳지 않은 것은?

① 실업이란 사람들이 일할 능력과 일하고자 하는 의사를 가지고 일자리를 찾고 있으나 일자리를 얻지 못한 상태를 말한다.
② 일자리를 가지고 있지 않으나 취업할 의사가 없는 사람은 경제활동인구에 포함되지 않는다.
③ 현실적으로 마찰적 실업을 완전히 제거하는 것은 거의 불가능하다.
④ 법정최저임금이 노동시장의 균형 수준보다 높을 경우 실업이 발생할 수 있다.
⑤ 실제로 관측되는 실업률은 자연실업률보다 항상 높다.

| 해설 |　자연실업률은 노동시장의 평균실업률에 해당하므로 실제로 관측되는 실업률은 자연실업률보다 높을 수도 있고 낮을 수도 있다.
| 오답해설 |　① 실업자란 일할 의사와 능력이 있는 경제활동인구 중에서 일하지 못한 자를 말한다.
② 일자리를 가지고 있지 않으나 취업할 의사가 없는 사람은 비경제활동인구에 속한다.
③ 마찰적 실업은 자발적 실업이므로 이를 완전히 제거하는 것은 불가능하다.
④ 노동시장의 균형 수준보다 높은 수준에서 최저임금이 설정되면 비자발적 실업이 발생한다.

정답　01 ①　02 ③　03 ⑤

04 난이도 ■■□

노동시장과 실업에 대한 내용으로 옳지 않은 것은?

① 최저임금제는 비숙련 노동자에게 주로 해당한다.
② 해고자, 취업대기자, 구직단념자는 실업자에 포함된다.
③ 효율성 임금은 노동자의 이직을 막기 위해 시장균형임금보다 높다.
④ 실제실업률과 자연실업률의 차이가 경기순환적 실업이다.
⑤ 최저임금제와 경기침체, 직업탐색 등은 실업의 원인에 포함된다.

| 해설 | 구직활동을 포기한 구직단념자, 즉 실망실업자는 비경제활동인구에 포함된다. 일자리를 찾으려고 노력하다가 지쳐 결국 포기한 구직단념자를 실망실업자(discouraged worker)라고 한다. 실망실업자는 비경제활동인구로 분류되므로 실질적으로 실업상태이지만, 통계에서는 빠지게 되어 실업률이 과소평가되는 문제가 발생한다.

| 오답해설 | ① 최저임금제는 임금 수준이 낮은 비숙련 노동자에게 주로 해당된다.
③ 효율성 임금이란 실질임금 1단위당 노동자의 생산성이 최대가 되도록 하는 실질임금 수준으로 노동시장의 균형임금보다 높은 수준이다.
④ 경기가 확장되면 실제실업률이 자연실업률보다 낮게 되고, 경기가 위축되면 실제실업률이 자연실업률보다 높게 된다. 따라서 실제실업률과 자연실업률의 차이가 경기순환적 실업이다.
⑤ 최저임금제, 경기침체는 비자발적 실업의 원인이 되고, 직업탐색은 자발적 실업의 원인이 된다.

05 난이도 ■■□

실업의 측정과 고용지표에 설명으로 옳은 것은?

① 해외 유아인구의 국내 유입이 증가하면 실업률이 하락한다.
② 경제활동인구에서 취업자가 차지하는 비중을 계산하면 고용률이 도출된다.
③ 구직단념자의 증가는 비경제활동인구의 감소를 초래하여 실업률을 상승시킨다.
④ 취업 준비에만 전념하던 사람이 시험 응시를 위해 원서를 접수하면 실업률이 하락한다.
⑤ 전기차 생산 증대로 기존 내연기관 자동차 산업에 종사하던 노동자가 실직하면 구조적 실업이다.

| 해설 | 구조적 실업이란 기술혁신이나 자동화 등으로 인한 과거 기술의 경쟁력 상실, 산업의 사양화 등으로 그 산업 부문에서 발생하는 실업을 의미한다.

| 오답해설 | ① 유아는 생산불가능 인구이므로 해외 유아인구의 국내 유입이 증가하더라도 실업률에는 영향을 미치지 않는다.
② 생산가능인구에서 취업자가 차지하는 비중을 계산하면 고용률이 도출된다.
③ 구직단념자가 증가하면 실업자가 감소하므로 실업률을 하락시킨다.
④ 비경제활동인구인 취업준비생이 시험 응시를 위해 원서를 접수하면 실업자로 분류되므로 실업률이 상승한다.

06 난이도 ■■□

고용노동통계의 조사과정에서 나타나는 실망실업자에 대한 설명으로 옳은 것은?

① 구직을 단념하였으므로 생산가능인구에 포함되지 않는다.
② 구직을 단념하였으므로 경제활동인구에 포함된다.
③ 실망실업자가 증가하면 실업률은 하락한다.
④ 급여를 받지 않고 가족사업을 돕는 사람은 실망실업자에 속한다.
⑤ 일할 의사가 없는 학생과 주부는 실망실업자에 속한다.

| 해설 | 실망실업자는 실질적인 실업상태에 있음에도 불구하고 구직을 단념했으므로 일할 의사가 없다고 판단하여 비경제활동인구에 포함된다. 실망실업자가 증가하면 실업률이 하락한다.

| 오답해설 | ① 실망실업자는 만 15세 이상 인구로, 생산가능인구에 속한다.
② 실망실업자는 구직단념자이므로 비경제활동인구에 포함된다.
④ 자기에게 직접적으로 이득이나 수입이 오지 않더라도 가구 단위에서 경영하는 농장이나 사업체의 수입을 높이는 데 기여한 가족종사자로, 주당 18시간 이상 일한 자인 무급가족종사자는 취업자에 해당한다.
⑤ 실망노동자는 지금까지 구직활동을 하였지만 취업이 되지 않아 노동시장에 실망한 나머지 구직활동을 포기한 사람이다. 학생과 주부는 일할 의사가 없었던 비경제활동인구에 속한다.

정답 04 ② 05 ⑤ 06 ③

07

그림은 갑국의 구직단념자 변동 추이를 나타낸 것이다. 이를 바탕으로 갑국 고용시장 변화를 바르게 추론한 것은? (단, 생산가능인구 및 다른 조건들은 일정한 것으로 가정한다.)

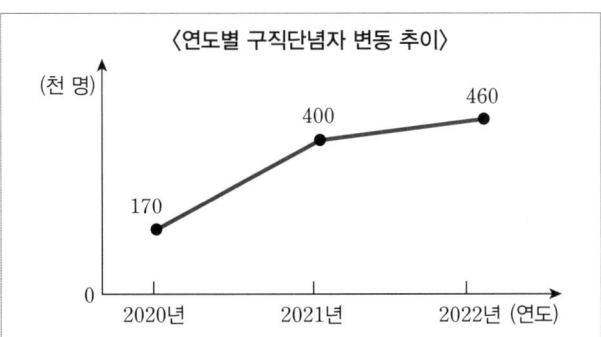

〈연도별 구직단념자 변동 추이〉

① 실업률이 상승하였다.
② 실업자가 증가하였다.
③ 고용률이 증가하였다.
④ 경제활동참가율이 증가하였다.
⑤ 비경제활동인구가 증가하였다.

| 해설 | 구직단념자가 증가한다는 것은 경제활동인구에서 비경제활동인구로 전환되는 것을 의미하므로 비경제활동인구는 증가하였다.
| 오답해설 | ①② 실업자가 비경제활동인구로 전환되면 실업자가 감소하므로 실업률은 하락한다.
③ 경제활동인구와 비경제활동인구를 합한 생산가능인구는 불변이고, 취업자 수도 불변이므로 고용률은 불변이다.
④ 생산가능인구는 불변이고, 경제활동인구가 감소하였으므로 경제활동참가율은 감소한다.

08

다음 내용이 고용지표에 미치는 영향을 바르게 연결한 것은? (단, 전체 인구 및 노동시장의 다른 변화는 없다.)

> 철수는 대학 졸업 이후 구직활동을 하였지만 취업이 되지 않아 5개월간 구직을 포기하였다. 하지만 최근 금융기관에 취업이 되었다.

	경제활동참가율	실업률	고용률
①	상승	하락	상승
②	불변	불변	불변
③	상승	상승	상승
④	하락	상승	하락
⑤	상승	하락	하락

| 해설 | • 철수는 구직단념자로 비경제활동인구였으나 취업이 되어 취업자(경제활동인구)로 전환되었다. 따라서 비경제활동인구가 감소하고 경제활동인구가 증가하였다. 경제활동참가율 공식 $\frac{L}{NL+L}$에서 비경제활동인구(NL)와 경제활동인구(L)를 합한 생산가능인구(P)는 불변하고 경제활동인구(L)가 증가하였으므로 경제활동참가율은 상승한다.

• 실업률 공식 $\frac{U}{E+U}$에서 실업자(U)는 불변하고 취업자(E)가 증가하였으므로 실업률은 하락한다.

• 고용률 공식 $\frac{E}{P} = \frac{L}{NL+L}$에서 생산가능인구($P$)는 불변인 채 취업자($E$)가 증가하였으므로 고용률은 상승한다.

09

실업률을 하락시키는 경우를 〈보기〉에서 고른 것은? (단, 취업자 수와 실업자 수는 0보다 크다.)

―┤ 보기 ├―
ㄱ. 취업자가 비경제활동인구로 전환
ㄴ. 실업자가 비경제활동인구로 전환
ㄷ. 비경제활동인구가 취업자로 전환
ㄹ. 비경제활동인구가 실업자로 전환

① ㄱ, ㄴ
② ㄱ, ㄷ
③ ㄴ, ㄷ
④ ㄴ, ㄹ
⑤ ㄷ, ㄹ

| 해설 | ㄴ. 실업자가 비경제활동인구로 전환되면 경제활동인구와 실업자 수가 동일하게 감소하므로 실업률은 하락한다.
ㄷ. 비경제활동인구가 취업자로 전환되면 경제활동인구가 증가하므로 실업률은 하락한다.

| 오답해설 | ㄱ. 취업자가 비경제활동인구로 전환되면 경제활동인구가 감소하므로 실업률은 상승한다.
ㄹ. 비경제활동인구가 실업자로 전환되면 경제활동인구와 실업자 수가 동일하게 증가하므로 실업률은 상승한다.

10

다음 (가)~(라) 상황이 고용 통계에 미치는 영향으로 옳지 않은 것은?

(가) A는 휴학기간 동안 하루 평균 5시간씩 아버지가 하시는 치킨집 배달 일을 돕다가 현재에는 복학하여 학업에 전념하고 있다.
(나) B는 구조조정으로 인해 일하던 회사에서 정리해고를 당하고, 현재는 새로운 일자리를 찾고 있다.
(다) C는 오랜 기간 동안 취업을 준비해 왔지만, 마음에 맞는 일자리를 얻지 못하여 현재에는 그냥 집에서 쉬고 있다.
(라) D는 출산으로 인한 육아에 전념하였지만, 최근 자녀를 어린이집에 맡긴 후 다녔던 직장에 재취업하였다.

① (가)의 경우 실업률이 상승한다.
② (가)의 경우 고용률에 영향을 미치지 않는다.
③ (나)의 경우 취업률이 하락한다.
④ (다)의 경우 경제활동참가율이 하락한다.
⑤ (라)의 경우 경제활동참가율은 상승한다.

| 해설 | (가)의 경우 경제활동인구(L)에서 비경제활동인구(NL)로 전환된 것이므로 생산가능인구는 불변이다. 고용률의 공식 $\frac{E}{P} = \frac{E}{L+NL}$에서 생산가능인구($P$)가 불변인 채 취업자($E$)가 감소하면 고용률은 하락한다.

| 오답해설 | ① (가)의 경우 무급가족종사자(취업자)에서 비경제활동인구(NL)로 전환된 것이다. 실업률의 공식 $u = \frac{U}{E+U}$에서 취업자(E)가 감소하면 실업률은 상승한다.
③ (나)의 경우 취업자에서 실업자로 전환된 것이다. 취업자(E)가 감소하고 실업자(U)가 증가하면 경제활동인구(L)는 불변이다. 취업률의 공식 $\frac{E}{E+U}$에서 경제활동인구(L)는 불변인 채 취업자(E)가 감소하므로 취업률은 하락한다.
④ (다)의 경우 실업자(경제활동인구)에서 비경제활동인구로 전환된 것이다. 경제활동인구(L)에서 비경제활동인구(NL)로 전환된 것이므로 생산가능인구는 불변이다. 경제활동참가율의 공식 $\frac{L}{P} = \frac{L}{L+NL}$에서 생산가능인구($P$)가 불변인 채 경제활동인구($L$)가 감소하면 경제활동참가율은 하락한다.
⑤ (라)의 경우 비경제활동인구에서 취업자(경제활동인구)로 전환된 것이다. 비경제활동인구(NL)에서 경제활동인구(L)로 전환된 것이므로 생산가능인구는 불변이다. 경제활동참가율의 공식 $\frac{L}{P} = \frac{L}{L+NL}$에서 생산가능인구($P$)가 불변인 채 경제활동인구($L$)가 증가하면 경제활동참가율은 상승한다.

정답 09 ③ 10 ②

11 난이도 ■■□

다음은 어느 가상경제의 취업과 실업에 대한 조사 결과이다. 관리상의 문제로 인해 데이터 분실이 발생하였을 때, 이에 대한 분석으로 옳은 것을 〈보기〉에서 고른 것은?

구분	데이터 값
15세 이상 인구	200명
비경제활동인구	40명
실업자	40명
전체 인구	분실
경제활동인구	분실
취업자	분실

── 보기 ──
ㄱ. 경제활동인구는 80명이다.
ㄴ. 취업자는 60명이다.
ㄷ. 경제활동참가율은 80%이다.
ㄹ. 실업률은 25%이다.
ㅁ. 취업률은 60%이다.

① ㄱ, ㄴ
② ㄱ, ㅁ
③ ㄴ, ㄷ
④ ㄷ, ㄹ
⑤ ㄹ, ㅁ

| 해설 | ㄷ 경제활동참가율 = $\frac{경제활동인구}{15세 이상 인구} \times 100 = \frac{160명}{200명} \times 100 = 80(\%)$

ㄹ 실업률 = $\frac{실업자 수}{경제활동인구} \times 100 = \frac{40명}{160명} \times 100 = 25(\%)$

| 오답해설 | ㄱ 15세 이상 인구 = 경제활동인구 + 비경제활동인구이므로 경제활동인구는 200명 − 40명 = 160명이다.
ㄴ 경제활동인구 = 취업자 수 + 실업자 수이므로 취업자는 160명 − 40명 = 120명이다.
ㅁ 취업률 = $\frac{취업자 수}{경제활동인구} \times 100 = \frac{120명}{160명} \times 100 = 75(\%)$

12 난이도 ■■□

경제활동인구는 2,000만 명, 취업자 수는 1,800만 명, 비경제활동인구는 500만 명일 때, 경제활동참가율은?

① 80%
② 85%
③ 87%
④ 90%
⑤ 95%

| 해설 | 생산가능인구는 경제활동인구 2,000만 명과 비경제활동인구 500만 명을 합한 2,500만 명이다.

따라서 경제활동참가율 = $\frac{경제활동인구}{생산가능인구} \times 100$

$= \frac{경제활동인구}{경제활동인구 + 비경제활동인구} \times 100$

$= \frac{2,000만 명}{2,500만 명} \times 100 = 80\%$

13 난이도 ■■□

경제 내 생산가능인구(working age population)가 5,000만 명, 실업자 500만 명, 취업자가 2,000만 명으로 파악되었을 때, 경제활동참가율과 고용률은?

① 50%, 40%
② 50%, 80%
③ 40%, 40%
④ 40%, 60%
⑤ 40%, 80%

| 해설 | · 경제활동참가율 = $\frac{경제활동인구}{생산가능인구} \times 100$

$= \frac{취업자 수 + 실업자 수}{생산가능인구} \times 100$

$= \frac{2,500만 명}{5,000만 명} \times 100 = 50\%$

· 고용률 = $\frac{취업자 수}{생산가능인구} \times 100 = \frac{2,000만 명}{5,000만 명} \times 100 = 40\%$

| 정답 | 11 ④ | 12 ① | 13 ① |

14 난이도 ■■□

실업률이 10%, 경제활동참가율이 60%, 비경제활동인구가 400만 명일 때, 취업자 수는?

① 540만 명
② 600만 명
③ 660만 명
④ 900만 명
⑤ 1,100만 명

| 해설 | · 경제활동참가율 = $\frac{경제활동인구}{생산가능인구} \times 100$

= $\frac{경제활동인구}{경제활동인구 + 비경제활동인구} \times 100$

= $\frac{경제활동인구}{경제활동인구 + 400만 명} \times 100 = 60\%$

따라서 경제활동인구는 600만 명이다.

· 실업률 = $\frac{실업자 수}{경제활동인구} \times 100 = \frac{실업자 수}{600만 명} \times 100 = 10\%$

따라서 실업자 수는 60만 명이다.

· 경제활동인구 = 취업자 수 + 실업자 수 = 취업자 수 + 60만 명 = 600만 명이므로 취업자 수는 540만 명이다.

15 난이도 ■■□

구직단념자를 비경제활동인구가 아닌 실업자로 간주한다면 경제활동참가율, 실업률, 고용률은 각각 어떻게 되는가?

	경제활동참가율	실업률	고용률
①	상승	상승	불변
②	상승	하락	상승
③	불변	상승	상승
④	불변	하락	하락
⑤	상승	불변	상승

| 해설 | · 구직단념자를 실업자로 간주한다면 그만큼 비경제활동인구가 감소하고 경제활동인구가 증가한다. 따라서 경제활동참가율은 상승한다. 경제활동인구는 취업자와 실업자로 구성된다.

· 구직단념자를 실업자로 간주한다면 경제활동인구와 실업자가 동일한 양만큼 증가한다. 따라서 실업률은 상승한다.

· 고용률은 생산가능인구에서 취업자가 차지하는 비중이다. 비경제활동인구가 경제활동인구로 전환되면 생산가능인구는 불변이므로 고용률은 불변이다.

16 난이도 ■■□

다음은 고용 통계를 위해 15세 이상 인구를 분류한 것이다. 이에 대한 설명으로 옳은 것은?

(가) 90만 명		비경제활동인구 10만 명
취업자 81만 명	(나) 9만 명	

① 전업주부는 (가)에 해당한다.
② 구직단념자는 (나)에 해당한다.
③ 실업률은 9%이다.
④ 취업률과 경제활동참가율은 같다.
⑤ 경제활동참가율은 실업률의 10배이다.

| 해설 | (가)는 경제활동인구, (나)는 실업자이다. 취업률은 90%(=1-실업률)이고, 경제활동참가율은 90%{=(90만 명/100만 명)×100}이다.

| 오답해설 | ① 전업주부는 비경제활동인구에 해당한다.
② 구직단념자는 비경제활동인구에 해당한다.
③ 실업률은 10%{=(9만 명/90만 명)×100}이다.
⑤ 경제활동참가율은 실업률의 9배이다.

정답 14 ① 15 ① 16 ④

17 난이도

표는 A국의 고용지표를 나타낸 것이다. 이를 바탕으로 경제활동인구와 생산가능인구를 바르게 연결한 것은?

취업자	100만 명
고용률	50%
경제활동참가율	60%

	경제활동인구	생산가능인구
①	120만 명	200만 명
②	120만 명	240만 명
③	200만 명	240만 명
④	200만 명	400만 명
⑤	200만 명	320만 명

| 해설 | • 고용률은 생산가능인구(P)에서 취업자(E)가 차지하는 비중이므로 $\frac{E}{P} \times 100 = \frac{100만 명}{P} \times 100 = 50\%$에서 생산가능인구($P$)는 200만 명이다.
• 경제활동참가율은 생산가능인구(P)에서 경제활동인구(L)가 차지하는 비중이므로 $\frac{L}{P} \times 100 = 60\%$에서 생산가능인구($P$)는 200만 명이다.
따라서 $\frac{L}{200만 명} \times 100 = 60\%$에서 경제활동인구($L$)는 120만 명이다.

18 난이도

우리나라의 실업률이 선진국에 비해 낮게 측정되는 근거로 적절하지 않은 것은?

① 남성들은 의무적으로 군복무를 해야 한다.
② 실업보험제도가 잘 구축되어 있고, 실업급여 보장 수준도 상대적으로 높다.
③ 자영업자의 비중이 상대적으로 높다.
④ 고등학교 졸업 이후 대학진학 비율이 높다.
⑤ 여성들의 경제활동참가율이 상대적으로 더 낮다.

| 해설 | 우리나라의 실업급여 보장 수준이 상대적으로 낮아 현 직장의 근로 조건이 양호하지 않더라도 계속 근무하려는 경향이 있으므로 실업률이 낮게 측정된다.
| 오답해설 | ① 선진국 및 ILO 기준에 따르면 현역군인은 임금근로자로 파악하는 반면, 우리나라에서 현역군인은 실업률 통계를 계산할 때 조사대상에서 제외되므로 비경제활동인구로 보지 않는다.
③ 우리나라는 자영업자의 비중이 높아 실업률이 낮게 측정된다.
④ 학생은 비경제활동인구로 분류되므로 대학진학 비율이 높다면 실업률이 낮게 측정된다.
⑤ 여성의 경제활동참가율이 다른 선진국에 비해 낮은 편이다.

19 난이도

다음은 실업의 원인에 대한 대화이다. 이에 대한 옳은 설명을 〈보기〉에서 고른 것은?

> A: 세계 경제침체와 내수 부진으로 많은 기업들이 투자를 줄이고 있기 때문입니다.
> B: 여러 나라와 FTA를 체결하면서, 경쟁력을 잃게 된 노동집약적 산업 내 도산하는 기업이 늘고 있기 때문입니다.

┤ 보기 ├

㉠ A는 취업 정보 부족을 실업의 원인으로 보고 있다.
㉡ B는 최근 증가하고 있는 실업이 구조적 실업에 해당한다고 보고 있다.
㉢ A는 노동의 수요가 감소했다고 보는 반면, B는 노동의 공급이 증가했다고 본다.
㉣ A는 정부의 경기활성화정책을, B는 정부의 직업재교육정책을 지지할 것이다.

① ㉠, ㉡ ② ㉡, ㉢
③ ㉡, ㉣ ④ ㉠, ㉣
⑤ ㉠, ㉢

| 해설 | ㉡ A는 경기침체로 발생되는 경기적 실업을, B는 산업구조의 변화로 발생하는 구조적 실업을 설명하고 있다.
㉣ 경기적 실업의 대책은 경기활성화정책이고, 구조적 실업의 대책은 쇠퇴 산업에서 실직된 노동자를 성장 산업에 재취업시키기 위한 직업재교육정책이다.
| 오답해설 | ㉠ 취업 정보 부족으로 인한 실업은 마찰적 실업이다.
㉢ A는 경기침체로 인한 노동 수요의 감소를, B는 산업쇠퇴로 인한 노동 수요의 감소를 강조하고 있다. 따라서 A와 B 모두 노동 수요의 감소를 강조하고 있다.

| 정답 | 17 | ① | 18 | ② | 19 | ③ |

20
실제경제성장률이 잠재성장률보다 높은 경우에 발생하는 현상을 〈보기〉에서 모두 고른 것은?

| 보기 |
⊙ 실업률은 자연실업률 수준보다 낮다.
⊙ 구직률은 낮아지고 실직률은 높아진다.
© 양(+)의 경기적 실업이 발생한다.
② 인플레이션갭(inflationary gap)이 발생한다.

① ⊙
② ⊙, ⊙
③ ⊙, ②
④ ⊙, ©
⑤ ©, ②

| 해설 | 실제경제성장률이 잠재성장률보다 높으면 경기가 과열되면서 실업률이 자연실업률 수준보다 낮고, 인플레이션이 발생한다.
| 오답해설 | ©© 경기가 확대되면 구직률은 높아지고 실직률은 낮아지면서 경기적 실업이 감소한다.

21
다음 신문기사는 2010년도 노벨 경제학상 수상자들의 연구와 관련된 내용이다. 노동시장에서 일자리가 있는데도 실업이 발생하는 원인으로 적절한 것은?

스웨덴 왕립과학아카데미는 2010년 노벨 경제학상 수상자로 피터 다이아몬드 미국 매사추세츠공대(MIT) 교수, 데일 모텐슨 미국 노스웨스턴대 교수, 크리스토퍼 피서라이즈 영국 런던정경대 교수가 선정됐다고 10월 11일(현지시간) 발표했다. 이들의 이론에 따르면 노동시장에서 고용자와 구직자는 즉각 접촉할 수 없다. 누가 일자리를 구하는지, 또는 누가 인력을 필요로 하는지 서로를 찾는 과정에서 적지 않은 시간과 자원 사용을 필요로 한다.

— ○○신문 —

① 경기적 요인
② 계절적 요인
③ 탐색비용과 마찰적 요인
④ 구조적 요인
⑤ 불확실성 요인

| 해설 | 탐색적 실업이론이란 불완전정보하에서 노동자는 더 높은 임금을 주는 일자리를 찾고, 기업가는 더 생산성이 높은 노동자를 탐색하는 과정에서 일시적으로 실업이 발생한다는 이론이다. 다른 직장으로 옮겨가는 과정에서 일시적으로 실업 상태에 있거나 보다 나은 직장을 탐색하는 과정에서 일시적으로 실업 상태에 있는 것으로, 이는 자발적 실업에 해당한다.

22
다음 설명에 해당하는 실업의 종류는?

사회적 산업구조가 재편되면서 일부 산업부문의 노동수요가 크게 감소하였다. 이로 인해 해당 산업부문에 대량의 실업이 발생하였다.

① 자연적 실업
② 계절적 실업
③ 구조적 실업
④ 마찰적 실업
⑤ 경기적 실업

| 해설 | 구조적 실업이란 기술혁신이나 자동화 등으로 인한 과거기술의 경쟁력 상실, 어떤 산업의 사양화 등으로 그 산업부문에서 발생하는 실업을 말한다. 구조적 실업은 미충원 상태의 공석에서 요구되는 기능이나 기술을 가진 노동자가 없어 발생하는 실업으로, 산업부문 간 노동 이동이 쉽지 않기 때문에 장기적으로 지속될 가능성이 있다. 즉, 노동력에 대한 재교육에 상당한 시간이 필요한 실업이다. 구조적 실업에 대한 대책으로는 산업구조의 개편과 노동력에 대한 재교육, 직업훈련 등이 요구된다.
| 오답해설 | ① 자연적 실업이란 근로자들이 마음에 드는 일자리를 얻기 위해 옮겨 다니는 과정에서 발생하는 실업으로, 일자리를 얻고 잃는 과정이 반복되는 동적 과정에서 발생하는 균형실업을 의미한다.
② 계절적 실업이란 계절의 변동에 따라 발생하는 실업으로, 시기와 계절에 따라 생산물이 감소하여 그 산업 종사자들이 실업 상태가 되는 것을 말한다.
④ 마찰적 실업이란 현재의 직장에서 다른 직장으로 옮겨가는 과정에서 일시적으로 실업 상태에 있는 것을 말한다.
⑤ 경기적 실업이란 경기침체에 수반하여 발생하는 실업이다.

23
실업에 대한 설명으로 옳지 않은 것은?

① 실업보험은 근로자의 소득을 보호해 주지만, 탐색실업을 증가시킬 수 있다.
② 마찰적 실업은 다른 실업에 비해 비교적 기간이 짧다.
③ 전업주부는 경제활동인구에 속하지 않는다.
④ 실망실업자들을 고려하면, 실제실업률은 통계상의 실업률보다 높다.
⑤ 설비자동화로 인한 실업을 경기적 실업이라고 한다.

| 해설 | 구조적 실업이란 기술혁신이나 자동화 등으로 인한 과거기술의 경쟁력 상실, 어떤 산업의 사양화 등으로 그 산업부문에서 발생하는 실업이다. 설비자동화로 인한 실업은 구조적 실업이다.

정답 20 ③ 21 ③ 22 ③ 23 ⑤

24 난이도 ■■□

표는 실업의 유형을 나타낸 것이다. 이에 대한 설명으로 옳은 것은?

유형	원인	대책
㉠	경기침체	㉣
㉡	자동화 등 산업구조 변화	인력개발, 기술교육
마찰적 실업	㉢	취업정보 제공
계절적 실업	계절에 따른 노동수요 감소	㉤

① 구직포기자의 증가는 ㉠의 증가 요인이다.
② 디플레이션을 경험할 때 ㉡보다 ㉠이 급속히 나타난다.
③ 새로운 일자리 탐색을 위해 직장을 그만두는 것은 ㉢에 해당한다.
④ 정부의 총수요 확장정책은 ㉣보다 ㉤에 해당한다.
⑤ 고용 없는 성장은 주로 마찰적 실업의 증가에 기인한다.

| 해설 | 마찰적 실업은 다른 직장으로 옮기는 과정에서 일시적으로 실업 상태에 있는 것이다. 이는 보다 나은 직장을 탐색하거나 이직을 위해 일시적이고 자발적으로 이루어지는 실업으로, 탐색적 실업에 해당한다.
| 오답해설 | ① 구직포기자가 증가하면 실업률이 낮아지므로 실업률이 과소평가된다.
② ㉠은 경기적 실업, ㉡은 구조적 실업이다. 디플레이션을 경험할 때 경기적 실업이 나타날 수 있다.
④ ㉠은 경기침체로 발생하는 경기적 실업이므로 확장적 총수요관리정책을 통한 경기확장정책(㉣)이 요구된다. 계절적 실업에 대한 대책은 농공단지 개설(㉤) 등을 들 수 있다.
⑤ 고용 없는 성장은 기술과 기계의 발달로 경제는 성장하지만 고용은 증가하지 않은 것으로, 이는 구조적 실업에 해당한다.

25 난이도 ■□□

생산기술의 발달로 기존 기술의 경쟁력 상실, 국가 간 교역 확대로 기존산업이 사양화하여 발생하는 실업은?

① 구조적 실업
② 계절적 실업
③ 경기적 실업
④ 자연실업
⑤ 탐색적 실업

| 해설 | 기술혁신이나 자동화 등으로 인한 과거기술의 경쟁력 상실, 국가 간 교역 확대로 인한 자국산업의 사양화 등으로 그 산업부문에서 발생하는 실업은 구조적 실업이다.

26 난이도 ■■□

마찰적 실업의 원인을 〈보기〉에서 모두 고른 것은?

보기
㉠ 노동자들이 자신에게 가장 적합한 직장을 찾는 데 시간이 소요된다.
㉡ 기업이 생산성을 제고하기 위해 시장균형임금보다 높은 수준의 임금을 지불하는 경향이 있다.
㉢ 노동조합의 존재로 인해 조합원의 임금이 생산성보다 높게 설정된다.

① ㉠
② ㉡
③ ㉢
④ ㉠, ㉡
⑤ ㉡, ㉢

| 해설 | 더 나은 직장을 탐색하는 과정이나 다른 직장으로 옮기는 과정에서 일시적으로 실업 상태에 있는 것을 마찰적 실업 또는 탐색적 실업이라고 한다.
| 오답해설 | ㉡㉢ 효율성 임금제도와 노동조합의 높은 임금 인상으로 인한 실업은 비자발적 실업과 관련 있다.

27 난이도 ■■□

실업에 대한 옳은 설명을 〈보기〉에서 모두 고른 것은?

보기
㉠ 실업급여의 확대는 탐색적 실업을 증가시킬 수 있다.
㉡ 일자리에 대한 정보가 많아질수록 자연실업률은 낮아질 수 있다.
㉢ 구직단념자(discouraged worker)는 비경제활동인구로 분류된다.

① ㉠
② ㉠, ㉡
③ ㉠, ㉡, ㉢
④ ㉡
⑤ ㉡, ㉢

| 해설 | ㉠ 실업급여제도와 실업보험제도는 근로의욕의 저하를 가져와 자연실업률을 증가시키는 원인으로 작용한다.
㉡ 노동시장에 대한 정보의 흐름을 촉진시키면 탐색적 실업이 줄어 자연실업률이 낮아질 수 있다.
㉢ 구직단념자(실망실업자)는 일할 의사가 없는 사람이므로 비경제활동인구로 분류된다.

정답 24 ③ 25 ① 26 ① 27 ③

28

물가지수에 대한 옳은 설명을 〈보기〉에서 고른 것은?

― 보기 ―
㉠ 소비자물가지수는 매년 변화하는 재화 바스켓에 기초하여 계산된 지수이다.
㉡ 소비자물가지수는 대용품 간의 대체성이 배제되어 생활비의 인상을 과대평가하는 경향이 있다.
㉢ GDP디플레이터에 수입물품은 반영되지 않는다.
㉣ GDP디플레이터는 새로운 상품의 도입에 따른 물가 수준을 반영한다.
㉤ 소비자물가지수와 생산자물가지수는 라스파이레스방식이 아닌 파셰방식으로 계산한다.

① ㉠, ㉡, ㉢
② ㉠, ㉢, ㉣
③ ㉡, ㉢, ㉣
④ ㉡, ㉢, ㉤
⑤ ㉢, ㉣, ㉤

| 해설 | ㉡ 소비자물가지수에서 가격이 상승하는 상품은 소비량이 감소하므로 가중치를 낮춰야 하지만 그대로 적용하므로 물가 상승이 과대평가되고, 가격이 하락하는 상품은 소비량이 증가하므로 가중치를 높여야 하지만 그대로 적용하므로 물가 하락은 과소평가된다.
㉢ GDP디플레이터는 국내에서 생산된 품목만을 대상으로 하기 때문에 수입상품의 가격 변동을 반영하지 못한다는 한계를 가지고 있다.
㉣ GDP디플레이터는 비교연도 거래량을 기준으로 하는 파셰지수(Paasche index)이므로 새로운 상품의 도입에 따른 물가 수준을 반영한다.
| 오답해설 | ㉠ 소비자물가지수는 기준연도의 품목을 고정시켜 놓고 구하는 라스파이레스 물가지수이다.
㉤ 소비자물가지수와 생산자물가지수는 기준연도의 품목을 고정시켜 놓고 구하는 라스파이레스방식이다.

29

소비자물가지수에 대한 설명으로 옳지 않은 것은?

① 라스파이레스 물가지수이다.
② 대체품목 등은 반영이 안 된다.
③ 수입품의 가격 변동이 반영된다.
④ 상품의 품질 변화가 반영되지 않는다.
⑤ 농산물과 석유 등 가격 변동이 큰 것도 반영된다.

| 해설 | 소비자물가지수는 지출목적별 분류와 특수 분류로 구분하여 작성한다. 특수 분류지수에는 농산물 및 석유류 제외지수가 있어 가격변동이 큰 농산물과 석유 등은 제외된다.
| 오답해설 | ① 소비자물가지수는 기준연도 거래량을 기준으로 하는 라스파이레스지수(Laspeyres index)이다.
② 소비자물가지수는 소비자의 대체 가능성을 무시하므로 물가 상승이 과대평가된다.
③ 소비자물가지수는 수입품의 가격 변동이 반영되지만, 생산자물가지수와 GDP디플레이터는 수입품의 가격 변동을 반영하지 않는다.
④ 상품의 품질이 점점 개선되고 있지만 소비자물가지수는 이러한 품질 변화를 반영하지 못하고 상품가격의 상승분만을 반영한다.

30

물가의 통계 및 측정에 대한 설명으로 옳지 않은 것은?

① GDP디플레이터는 명목GDP를 실질GDP로 나눈 값에 100을 곱한 값이다.
② 생산자물가지수(PPI)는 최종재에 대한 가격변화의 산술평균값이다.
③ 소비자물가지수(CPI)는 라스파이레스 방식으로 측정한 값이다.
④ 생산자물가지수는 주택임대료를 반영하지 않는다.
⑤ 소비자물가지수는 수입품의 가격을 반영한다.

| 해설 | 생산자물가지수(PPI)는 기업 간에 거래되는 모든 재화와 서비스의 가격변동을 측정하기 위한 물가지수이다. 생산자물가지수의 대상품목은 국내에서 생산된 상품과 기업서비스로, 국내시장에 출하되어 1차 거래단계에서 기업 상호 간에 거래되는 원자재 및 자본재이다.
| 오답해설 | ① GDP디플레이터는 명목가치를 실질가치로 환산할 때 사용하는 물가지수로, 명목GDP를 실질GDP로 나누어 사후적으로 측정되는 물가지수이다.
③ 소비자물가지수(CPI)는 기준연도 거래량을 기준으로 하는 라스파이레스지수(Laspeyres index)이다.
④ 주택임대료는 소비자물가지수의 대상품목이고, 생산자물가지수에는 사무실 임대료가 포함된다.
⑤ 소비자물가지수의 대상품목에 수입품이 포함되므로 소비자물가지수는 수입품의 가격을 반영한다.

| 정답 | 28 ③ | 29 ⑤ | 30 ② |

31 난이도 ■■□

GDP디플레이터와 소비자물가지수(CPI)에 대한 설명으로 옳지 않은 것은?

① 소비자물가지수(CPI)는 고정된 가중치를 사용하여 도출되고, GDP디플레이터는 변화하는 가중치를 사용하여 도출된다.
② 수입물품의 가격 상승은 GDP디플레이터에 반영되지 않는다.
③ 파셰(Paasche)지수인 소비자물가지수(CPI)는 생활비 인상을 과대평가하고, 라스파이레스(Laspeyres)지수인 GDP디플레이터는 물가상승률을 과소평가한다.
④ 소비자물가지수(CPI)는 신상품 도입이나 품질 향상을 반영하지 못하므로 인플레이션을 과장할 수 있다.
⑤ 생산자물가지수(PPI)는 소비자물가지수(CPI)의 변화에 선행한다.

| **해설** | 소비자물가지수(CPI)는 기준연도 거래량을 기준으로 하는 라스파이레스지수(Laspeyres index)이다. 가격이 상승하는 재화는 거래량이 감소하므로 가중치를 낮춰야 하지만 그대로 적용하므로 가격 상승이 과대평가되고, 가격이 하락하는 재화는 거래량이 증가하므로 가중치를 높여야 하지만 그대로 적용하므로 가격 하락이 과소평가된다.

| **오답해설** | ① 소비자물가지수(CPI)는 기준연도 거래량을 기준으로 하는 라스파이레스지수(Laspeyres index)이고, GDP디플레이터는 비교연도 거래량을 기준으로 하는 파셰지수(Paasche index)이다.
② GDP디플레이터는 국내에서 생산된 품목만을 대상으로 하기 때문에 수입상품의 가격 변동을 전혀 반영하지 못한다는 한계를 가지고 있다. 반면, 소비자물가지수에는 수입상품이 포함되므로 이들의 가격 동향을 적절하게 반영할 수 있다.
④ 소비자물가지수(CPI)는 소비자의 대체가능성을 무시하고 신제품의 등장을 반영하지 못하며 상품의 품질 변화를 미반영하므로 물가 상승을 과대평가한다.
⑤ 생산자물가가 먼저 오르면 생산자가 생산물가의 상승분을 상품가격에 반영하여 그것이 소비자물가까지 파급되는 데에는 시차가 존재하기 때문에 소비자물가는 나중에 오른다.

32 난이도 ■■□

거시경제지표에 대한 설명으로 옳지 않은 것은?

① 소비자물가지수는 대체 효과, 품질 변화 등으로 인해 실제 생활비 측정에 왜곡을 초래할 수 있다.
② 국민소득 지표로 가장 널리 사용되는 국내총생산은 시장경제에서 거래되지 않고 공급되는 정부서비스의 가치를 모두 제외하고 있기 때문에 문제점이 있다.
③ 실업률 지표는 잠재적으로 실업자에 가까운 실망실업자(discouraged worker)를 실업자에 포함하지 않기 때문에 문제점이 있다.
④ 소비자물가지수는 대표적인 소비자가 구입하는 재화와 서비스의 전반적인 비용을 나타내는 지표이므로 특정 가계의 생계비 변화와 괴리가 발생할 수 있다.
⑤ GDP디플레이터는 생산량 변화 효과는 제거하고 기준가격에 대한 경상가격의 변화분만 나타내는 지표이다.

| **해설** | 군인, 경찰관, 소방관, 국회의원 등의 정부서비스 가치는 시장에서 거래되지 않음에도 국내총생산에 포함되는 항목이다.

| **오답해설** | ① 소비자물가지수는 소비자의 대체 가능성을 무시하고 상품의 품질 변화를 반영하지 못하여 물가 상승을 과대평가한다.
③ 실망실업자는 실질적인 실업 상태에 있음에도 불구하고 비경제활동인구에 포함되므로 실업률을 과소평가하는 문제점이 발생한다.
⑤ GDP디플레이터는 비교연도의 품목을 고정시켜 구하는 파셰지수이므로 생산량 변화 효과는 제거하고 기준가격에 대한 경상가격의 변화분만 나타내는 지표이다.

정답 31 ③ 32 ②

33 난이도

A국의 명목 GDP는 t년 1,000억 달러에서 t+1년 3,000억 달러로 증가하였고, GDP디플레이터는 t년 100에서 t+1년 200으로 상승하였다. t년 대비 t+1년에 A국의 실질 GDP 증가율은?

① 5%
② 10%
③ 25%
④ 50%
⑤ 100%

| 해설 | · 실질 $GDP = \dfrac{명목 GDP}{GDP 디플레이터} \times 100$

· t년 실질 $GDP = \dfrac{1{,}000억\ 달러}{100} \times 100 = 1{,}000억\ 달러$

· t+1년 실질 $GDP = \dfrac{3{,}000억\ 달러}{200} \times 100 = 1{,}500억\ 달러$

따라서 실질 GDP는 1,000억 달러에서 1,500억 달러로 50% 증가하였다.

34 난이도

우리나라에서 산정되는 물가지수에 대한 설명으로 옳은 것은?

① 소비자물가지수 산정에 포함되는 재화와 용역은 해마다 달라진다.
② GDP디플레이터 산정에는 파셰지수(Paasche index) 산식을 사용한다.
③ 소비자물가지수 산정에는 국내에서 생산되는 재화와 용역만 포함된다.
④ 생산자물가지수 산정에 포함되는 재화와 용역은 해마다 달라진다.
⑤ GDP디플레이터 산정에 포함되는 재화와 용역은 5년마다 달라진다.

| 해설 | GDP디플레이터는 비교연도의 품목을 기준으로 구하는 파셰지수이다.
| 오답해설 | ①④ 소비자물가지수와 생산자물가지수는 기준연도의 품목을 기준으로 구하는 라스파이레스지수이다. 따라서 품목은 기준연도의 품목으로 고정된다.
③ 소비자물가지수 산정에는 수입품이 포함된다.
⑤ GDP디플레이터는 파셰지수이므로 그 산정에 포함되는 재화와 용역은 비교연도에 따라 달라진다.

35 난이도

표는 A국의 연도별 생산량을 나타낸 것이다. 이에 대한 설명으로 옳지 않은 것은? (단, A국은 쌀과 옷만 생산한다.)

(단위: 원, 개)

구분	기준연도		비교연도	
	가격	생산량	가격	생산량
쌀	100	10	150	10
옷	200	15	200	15

① 비교연도의 물가는 기준연도보다 상승했다.
② 비교연도의 명목 GDP는 4,500원이다.
③ 비교연도의 실질 GDP는 4,000원이다.
④ 비교연도의 기준연도 대비 경제성장률은 12.5%이다.
⑤ 비교연도의 실질 GDP는 기준연도의 명목 GDP와 같다.

| 해설 | 기준연도의 실질 GDP(명목 GDP) = (100원×10개) + (200원×15개) = 1,000원 + 3,000원 = 4,000원이고, 비교연도의 실질 GDP도 4,000원이므로 경제성장률은 0%이다.
| 오답해설 | ① 옷의 가격은 불변이지만 쌀의 가격이 상승하였으므로 비교연도의 물가는 기준연도보다 상승하였다.
② 비교연도 명목 GDP = (150원×10개) + (200원×15개) = 1,500원 + 3,000원 = 4,500원
③ 비교연도 실질 GDP = (100원×10개) + (200원×15개) = 1,000원 + 3,000원 = 4,000원
⑤ 비교연도의 실질 GDP와 기준연도의 명목 GDP는 4,000원으로 동일하다.

| 정답 | 33 ④ 34 ② 35 ④ |

36 난이도 ■■□

다음은 A국과 B국의 인플레이션의 원인을 분석한 것이다. 이에 대한 설명으로 옳은 것은?

> A국: 경기가 좋아질 것이라는 소비자와 기업의 기대가 소비와 투자로 이어졌기 때문이다.
> B국: 원자재 수출국에 발생한 기상이변으로 인해 원자재의 생산에 차질이 발생하였기 때문이다.

① A국에서는 인플레이션이 경기 불황과 함께 발생하였을 것이다.
② A국에서 발생한 인플레이션의 대책으로 경영혁신을 통한 비용 절감을 들 수 있다.
③ A국과 B국에서 모두 실물자산 소유자가 이득을 보았을 것이다.
④ A국과 달리 B국에서는 채권자가 불리해진다.
⑤ A국에서는 비용인상 인플레이션이 발생하였다.

| 해설 | A국에서는 소비와 투자, 즉 총수요가 증가하여 발생하는 수요견인 인플레이션이 발생하였고, B국에서는 원자재 가격 상승으로 인한 비용인상 인플레이션이 발생하였다. A국, B국 모두 물가가 상승했기 때문에 실물자산 소유자는 이득을 보고, 화폐자산 소유자는 손해를 본다.
| 오답해설 | ① 인플레이션이 경기불황과 함께 발생하는 경우는 B국의 비용인상 인플레이션이다. 비용인상 인플레이션은 경기침체 속에서도 물가가 상승하는 스태그플레이션을 유발한다.
② 경영혁신 등을 통한 비용절감은 비용인상 인플레이션의 대책에 해당한다.
④ A국, B국 모두 인플레이션이 발생하여 실질이자율이 하락하였으므로 채권자는 불리해지고, 채무자는 유리해진다.

37 난이도 ■■□

물가 상승 요인에 해당하지 않는 것은?

① 재정지출의 증가
② 간접세와 직접세의 인하
③ 중앙은행의 국공채 매입
④ 기준 금리 인하
⑤ 가계 소득의 감소

| 해설 | 가계 소득이 감소하면 소비가 감소하여 총수요곡선이 좌측으로 이동하므로 물가가 하락한다.
| 오답해설 | ① 재정지출이 증가하면 총수요가 증가하여 총수요곡선이 우측으로 이동하므로 물가가 상승한다.
② 조세를 인하하면 소비와 투자가 증가하여 총수요곡선이 우측으로 이동하므로 물가가 상승한다.
③ 중앙은행이 국공채를 매입하면 본원통화 증가를 통해 통화량이 증가하여 소비와 투자가 증가한다. 이때 총수요곡선이 우측으로 이동하여 물가가 상승한다.
④ 중앙은행이 기준금리를 인하하면 통화량이 증가하여 소비와 투자가 증가한다. 이때 총수요곡선이 우측으로 이동하여 물가가 상승한다.

38 난이도 ■■□

다음 (가), (나)의 인플레이션에 대한 설명으로 옳은 것은?

> (가) 총수요 변화에 따른 인플레이션
> (나) 총공급 변화에 따른 인플레이션

① (가)는 경제 불황기에 주로 나타난다.
② (가)는 스태그플레이션 현상을 설명할 수 있다.
③ (나)에 대한 일반적인 대책은 확대정책이다.
④ (나)는 단기적인 경기대책으로 대처할 수 있다.
⑤ (나)는 물가상승률과 실업률이 같은 방향으로 움직인다.

| 해설 | (가)는 수요견인 인플레이션, (나)는 비용인상 인플레이션이다. 스태그플레이션이 발생하면 물가 상승과 실업률 증가가 동시에 발생한다.
| 오답해설 | ① 수요견인 인플레이션은 주로 호경기에 나타난다.
② 스태그플레이션은 비용인상 인플레이션과 관련 있다.
③ 확대정책은 일반적으로 총수요를 증가시키는 정책을 말한다. 비용인상 인플레이션의 상태에서 확대정책을 실시하면 물가 수준이 더 높아진다.
④ 비용인상 인플레이션에 대한 대책은 총공급을 증가시키는 것이다. 이는 총수요를 증가시키는 것보다 많은 시간을 필요로 한다.

정답 36 ③ 37 ⑤ 38 ⑤

※ 다음을 읽고 물음에 답하시오. (39~40)

> 베네수엘라 돈이 도둑도 훔쳐가지 않을 정도로 가치가 추락했다. 국제통화기금(IMF)에 따르면 지난해 베네수엘라 인플레이션율이 720%에 달해 세계 최고 수준을 보일 것으로 전망된다. 베네수엘라 국민들이 경제와 정부에 대한 신뢰를 잃으면서 1달러는 1년 전에 암시장에서 100볼리바르였는데, 이제는 700볼리바르를 줘야 한다.
>
> — ○○신문 —

39 난이도 ■□□

위의 기사에 나타나 있는 경제 현상은?

① 피시플레이션
② 디플레이션
③ 하이퍼인플레이션
④ 아이언플레이션
⑤ 차이나플레이션

| 해설 | 하이퍼인플레이션이란 초(超)인플레이션이라고도 하며, 통제 상황을 벗어나 3년간 100%의 물가 상승을 초과하는 경우를 말한다.

| 오답해설 | ① 피시플레이션이란 수산물(fisheries)과 인플레이션(inflation)의 합성어로, 수산자원의 부족으로 인한 수산물의 지속적인 가격 상승을 말한다.
② 디플레이션이란 물가가 지속적으로 하락하는 현상을 말한다.
④ 아이언플레이션이란 철(iron)과 인플레이션(inflation)의 합성어로, 철의 가격이 지속적으로 상승한다는 의미를 갖는다.
⑤ 차이나플레이션은 중국(China)과 인플레이션(inflation)의 합성어로, 중국발 인플레이션을 말한다.

40 난이도 ■■□

위와 같은 상황에서 발생할 수 있는 경제 현상을 〈보기〉에서 고른 것은?

| 보기 |
㉠ 민간의 실물자산에 대한 선호 증가
㉡ 기업의 설비투자 감소
㉢ 민간의 부담세액 감소
㉣ 개인의 금융저축 증가

① ㉠, ㉡
② ㉠, ㉣
③ ㉡, ㉢
④ ㉡, ㉣
⑤ ㉢, ㉣

| 해설 | ㉠ 가격이 더 많이 오를 것으로 생각되는 상품(부동산, 골동품, 금, 외환)에 대한 투기가 성행하고 이는 자원배분의 비효율성을 초래한다.
㉡ 인플레이션하에서 기업들은 생산적인 자원에 투자하지 않고 실물자산에 대한 투기가 발생하므로 기업의 설비투자가 감소한다.

| 오답해설 | ㉢ 인플레이션하에서 실질임금과 실질이자율이 불변이라도 누진세제하에서는 명목임금과 명목이자소득이 증가할 때 더 높은 세율이 적용되므로 조세부담이 증가한다.
㉣ 인플레이션이 발생하면 명목자산의 실질가치가 하락하여 금융자산(현금, 예금, 공채, 어음)의 보유자는 손실을 보게 되므로 사람들은 화폐보다 실물을 선호하려고 경쟁하게 된다.

정답 39 ③ 40 ①

41 난이도 ■■□

다음은 인플레이션의 원인과 대책을 정리한 도식이다. 이에 대한 설명으로 옳지 않은 것은?

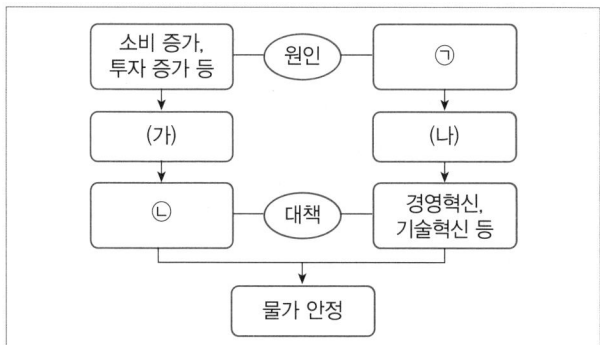

① ㉠에는 원자재 가격 상승이 들어갈 수 있다.
② 세율 인하, 정부지출 증대는 ㉡에 해당한다.
③ (가)와 달리 (나)는 경기침체를 동반한다.
④ (가)는 총수요 증가, (나)는 총공급 감소가 원인이다.
⑤ (나)의 경우 스태그플레이션이 발생한다.

| 해설 | (가)는 소비 증가와 투자 증가에 의한 인플레이션이므로 수요견인 인플레이션에 해당한다. 경영혁신과 기술혁신은 총공급 증가 정책에 해당하므로 공급견인 인플레이션에 대한 대책방안이다. 따라서 (나)는 공급견인 인플레이션에 해당한다. 총수요 증가로 인한 수요견인 인플레이션의 대책은 총수요를 억제하는 것이다. 따라서 세율 인상, 정부지출 감소가 ㉡에 해당한다.
| 오답해설 | ① 원자재 가격 상승은 비용인상 인플레이션의 원인으로, 이는 공급견인 인플레이션과 관련 있다.
③ 공급견인 인플레이션은 총공급곡선이 좌측으로 이동하여 물가 상승과 함께 경기침체가 나타난다.
④ (가)는 수요견인 인플레이션, (나)는 공급견인 인플레이션에 해당한다.
⑤ 공급견인 인플레이션하에서는 경기침체와 물가 상승이 동시에 나타나는 스태그플레이션이 발생한다.

42 난이도 ■■□

표는 발생 원인에 따른 인플레이션의 종류와 대책을 구분한 것이다. 이에 대한 설명으로 옳지 않은 것은?

종류	원인	대책
수요견인 인플레이션	㉠	㉡
㉢	㉣	경영 합리화, 기술혁신 등

① 이자율 인하는 ㉠에 들어갈 수 있다.
② 재정흑자정책은 ㉡에 들어갈 될 수 있다.
③ ㉢에는 비용인상 인플레이션이 들어갈 수 있다.
④ ㉣에는 원화 가치의 상승이 들어갈 수 있다.
⑤ ㉣의 경우 스태그플레이션이 발생한다.

| 해설 | 원화 가치가 상승하면 원화 표시 수입원자재 가격이 하락하므로 국내물가를 하락시켜 물가 안정을 가져온다. 수입원자재 가격이 하락하면 총공급곡선이 우측으로 이동하여 물가를 하락시키므로 공급견인 인플레이션이라고 할 수 없다.
| 오답해설 | ① 이자율 인하로 인한 소비와 투자의 증가는 수요견인 인플레이션의 원인이 될 수 있다.
② 정부지출을 축소하고 세금을 증가시키는 재정흑자정책은 수요견인 인플레이션의 대책이 된다.
③ 기술혁신 등을 통한 총공급의 증가는 공급견인 인플레이션(비용인상 인플레이션)의 대책이다. 따라서 ㉢은 공급견인 인플레이션이다.
⑤ 공급견인 인플레이션하에서는 경기침체와 물가 상승이 동시에 나타나는 스태그플레이션이 발생한다.

정답 41 ② 42 ④

43 난이도 ■■□

밑줄 친 ㉠~㉤에 대한 설명으로 옳지 않은 것은?

> 물가상승률이 정부가 예상했던 4%를 넘어설 조짐을 보이고 있다. 우선 경기회복에 따른 소득 증가로 ㉠ 소비가 증가 추세에 있으며 ㉡ 채소와 과일의 가격은 30% 이상 올랐다. ㉢ 국제 유가가 예상보다 가파르게 오르고 있으며 개발도상국의 급속한 경제성장에 따라 ㉣ 원자재가격이 급등세를 나타내고 있다. ㉤ 정책 당국의 대책 마련이 시급하다.

① ㉠은 총수요를 증가시키는 요인이다.
② ㉡은 지수 물가와 체감 물가의 괴리를 가져오는 원인이 될 수 있다.
③ ㉢은 스태그플레이션을 유발할 수 있다.
④ ㉣은 총공급곡선을 우측으로 이동시키는 요인이다.
⑤ ㉤의 사례로 공공요금 인하를 들 수 있다.

| 해설 | 국제 유가 상승과 원자재 가격의 상승은 총공급곡선을 좌측으로 이동시켜 국민소득의 감소와 물가 상승을 유발한다.
| 오답해설 | ① 소비의 증가는 총수요를 증가시킨다.
② 채소와 과일은 사람들이 자주 구입하는 품목이다. 사람들은 자주 구입하는 재화의 가격 상승을 전체 물가의 상승으로 오해하기도 한다.
③ 국제 유가의 상승과 원자재가격의 상승은 총공급을 감소시켜 스태그플레이션을 유발할 수 있다.
⑤ 공공요금의 인하는 물가 수준을 낮추는 정책이다.

44 난이도 ■■□

물가지수와 인플레이션에 대한 설명으로 않은 것은?

① 기대되는 인플레이션율이 높을수록 명목이자율은 높아진다.
② GDP디플레이터를 계산할 때 최종재가 아닌 중간재의 가격변화는 포함되지 않는다.
③ 예상보다 높은 인플레이션이 발생하였을 경우 실질이자율은 예상보다 낮게 나타난다.
④ 소비자물가지수 산정에 편입되어 있는 수입재의 가격 상승은 소비자물가지수에 직접적으로 영향을 미친다.
⑤ 명목이자율이 인플레이션에 연동되었다면 인플레이션율이 낮을수록 실질이자율이 낮아진다.

| 해설 | • 피셔방정식: 실질이자율 = 명목이자율 − (예상)인플레이션율
• 명목이자율이 인플레이션에 연동되어 있다면 명목이자율과 인플레이션율은 1 : 1로 변하게 되므로 실질이자율은 불변이다.

45 난이도 ■■□

인플레이션과 이자율에 대한 설명으로 옳지 않은 것은?

① 인플레이션이 기대보다 높을 경우 고정된 연금으로 생활하는 사람들은 유리하다.
② 피셔방정식(Fisher equation)에 의하면 명목이자율은 실질이자율과 인플레이션율을 합한 값이다.
③ 기대실질이자율은 명목이자율에서 기대인플레이션율을 뺀 값이다.
④ 예상치 못한 인플레이션으로 인해 부의 재분배 효과가 발생할 수 있는데, 이는 정부와 민간 사이에서도 적용된다.
⑤ 화폐수량설에 의하면 중앙은행이 통화공급을 안정시키면 물가 수준이 안정되지만 중앙은행이 통화공급을 급격히 증가시킬 경우 물가 수준도 급속히 상승한다.

| 해설 | 실제인플레이션이 기대인플레이션보다 높은 경우 고정된 연금으로 생활하는 사람들은 불리해진다.

정답 43 ④ 44 ⑤ 45 ①

46 난이도 ■■□

은행에 100만 원을 예금하고 1년 후 105만 원을 받으며, 같은 기간 중 소비자물가지수가 100에서 102로 상승할 경우 명목이자율과 실질이자율은?

	명목이자율	실질이자율
①	2%	5%
②	3%	5%
③	5%	2%
④	5%	3%
⑤	8%	5%

| 해설 | 은행에 100만 원을 예금하고 1년 후 105만 원을 받으므로 명목이자율은 5%이다. 소비자물가지수가 100에서 102로 상승하였으므로 물가상승률은 2%이다. 실질이자율은 명목이자율에서 물가상승률을 차감한 값이므로 5%−2%=3%이다.

47 난이도 ■■□

인플레이션율, 명목이자율, 실질이자율의 관계에 대한 설명으로 옳은 것은?

① 명목이자율과 실질이자율은 부(−)의 관계에 있다.
② 명목이자율은 항상 실질이자율보다 크다.
③ 인플레이션율이 높아질수록 실질이자율도 높아진다.
④ 인플레이션율이 낮아질수록 명목이자율도 높아진다.
⑤ 인플레이션율이 0이면 실질이자율과 명목이자율은 동일하다.

| 해설 | '실질이자율=명목이자율−물가상승률(인플레이션율)'에서 인플레이션율이 0이면 실질이자율과 명목이자율은 동일하다.
| 오답해설 | ① 일반적으로 명목이자율과 실질이자율은 정(+)의 관계에 있다.
② '실질이자율=명목이자율−인플레이션율'에서 인플레이션율이 음(−)의 값이면 실질이자율이 명목이자율보다 높다.
③ 인플레이션율이 높아질수록 실질이자율은 낮아진다.
④ 피셔방정식 '명목이자율=실질이자율+인플레이션율'에서 인플레이션율이 낮아질수록 명목이자율은 낮아진다.

48 난이도 ■■□

표는 A국과 B국의 주요 거시경제지표를 나타낸 것이다. 이에 대한 옳은 분석을 〈보기〉에서 모두 고른 것은? (단, 두 국가의 자연실업률은 모두 3%이다.)

구분	실질국민소득증가율	인플레이션율(물가상승률)	명목이자율	실업률
A국	3%	2%	3%	2%
B국	2%	−1%	1%	4%

─ 보기 ─
㉠ A국의 명목국민소득증가율이 B국보다 높다.
㉡ B국의 명목국민소득증가율은 실질국민소득증가율보다 높을 것이다.
㉢ B국의 실질이자율은 명목이자율보다 높을 것이다.
㉣ B국의 경우 금융부채의 상환 부담이 가중될 것이다.

① ㉠, ㉡
② ㉡, ㉢
③ ㉠, ㉢
④ ㉠, ㉡, ㉢
⑤ ㉠, ㉢, ㉣

| 해설 | • 명목국민소득증가율=실질국민소득증가율+물가상승률
• 실질이자율=명목이자율−물가상승률

구분	명목국민소득증가율	실질이자율
A국	3%+2%=5%	3%−2%=1%
B국	2%+(−1)=1%	1%−(−1)=2%

㉠ 명목국민소득증가율은 A국의 경우 5%이고, B국의 경우 1%이므로 A국이 B국보다 높다.
㉢ B국의 실질이자율은 2%이고, 명목이자율은 1%이므로 실질이자율은 명목이자율보다 높다.
㉣ B국의 경우 디플레이션이 발생하여 실질이자율이 명목이자율보다 높으므로 금융부채의 상환 부담이 증가할 것이다.
| 오답해설 | ㉡ B국의 경우 명목국민소득증가율은 1%이고, 실질국민소득증가율은 2%이므로 실질국민소득증가율이 명목국민소득증가율보다 높다.

정답 46 ④ 47 ⑤ 48 ⑤

49 난이도

예상하지 못한 인플레이션으로 인해 발생하는 경제현상과 거리가 먼 것은?

① 근로자가 받는 실질임금이 예상보다 적어진다.
② 고정된 이자를 지급하는 금융기관은 이득을 본다.
③ 명목이자율은 불변인 채 예금의 실질이자율이 높아진다.
④ 고정된 연금을 받아 생활하는 자나 봉급생활자의 생활비 부담이 증가한다.
⑤ 화폐보유에 대한 기회비용이 증가하여 고수익 금융상품의 수요가 늘어난다.

| 해설 | 예상하지 못한 인플레이션이 발생하면 실질이자율이 하락하여 원금과 이자를 합한 금액의 실질가치가 하락하므로 실질이자소득이 감소한다.
| 오답해설 | ① 예상하지 못한 인플레이션이 발생하면 근로자의 실질임금이 감소하여 근로자는 손해를 보고 기업은 이득을 본다.
② 예상하지 못한 인플레이션이 발생하면 실질이자율이 하락하므로 채권자는 손해를 보고 채무자는 이득을 본다. 따라서 고정이자를 지급하는 금융기관은 이득을 본다.
④ 예상하지 못한 인플레이션이 발생하면 고정된 명목임금을 받고 있는 근로자, 고정된 연금을 받아 생활하는 사람, 명목가치가 고정된 금융자산을 보유하고 있는 사람은 손해를 본다.
⑤ 예상하지 못한 인플레이션이 발생하면 화폐가치가 하락하므로 화폐보유의 기회비용이 증가한다.

50 난이도

인플레이션에 관한 옳은 설명을 〈보기〉에서 모두 고른 것은? (단, 피셔 효과가 성립한다.)

─ 보기 ─
㉠ 실질이자율은 명목이자율에서 인플레이션율을 뺀 것이다.
㉡ 예상보다 높은 인플레이션율은 채무자에게 유리하고, 채권자에게는 불리하다.
㉢ 예상되는 미래인플레이션율의 상승은 예상되는 실질이자율을 상승시킨다.

① ㉠
② ㉡
③ ㉠, ㉡
④ ㉠, ㉢
⑤ ㉡, ㉢

| 오답해설 | ㉢ 인플레이션이 예상되었다면 채권자가 실질이자율의 하락을 방지하고자 인플레이션율만큼의 더 높은 명목이자율을 요구하게 되므로 실질이자율은 불변이다. 이를 예상된 인플레이션하에서 발생하는 피셔가설이라고 한다.

51 난이도

어느 국민경제의 경제 상황이 다음과 같을 때, 이에 대한 분석으로 옳지 않은 것은?

> 물가상승이 가속화되면서 물가상승률이 예금이자율을 초과하였다. 경제전문가들은 이러한 추세는 앞으로 지속될 것으로 전망하고 있다.

① 실질이자율은 음(−)의 값일 것이다.
② 금융자산보다 실물자산에 대한 선호도가 높아질 것이다.
③ 예금자의 예금액에 대한 실질적인 가치가 하락할 것이다.
④ 중앙은행은 이를 해결하기 위해 확장적인 통화정책을 실시할 것이다.
⑤ 명목임금을 받는 노동자는 손해를 볼 것이다.

| 해설 | 중앙은행은 인플레이션을 억제하기 위해 긴축적인 통화정책을 실시할 것이다.
| 오답해설 | ① 인플레이션율이 명목이자율을 초과하면 '실질이자율 = 명목이자율 − 인플레이션율'에서 실질이자율은 음(−)의 값을 갖는다.
② 인플레이션이 발생하면 금융자산의 실질가치가 하락하므로 금융자산보다 실물자산에 대한 선호도가 높아질 것이다.
③ 실질이자율이 하락하면 예금액에 대한 실질적인 가치가 하락한다.
⑤ 인플레이션이 발생하면 실질임금이 하락하면 명목임금을 받는 노동자는 손해를 볼 것이다.

정답 49 ③ 50 ③ 51 ④

52 난이도 ■□□   약점진단 ○△×

다음 A~C에서 각각 설명하고 있는 인플레이션의 경제적 현상은 무엇인가?

> A: 인플레이션이 예상된 경우 가격 변동 시 가격 조정과 관련된 제반비용을 말한다.
> B: 인플레이션이 예상될 때 화폐가치의 하락을 염려하여 화폐를 덜 보유하기 위해 금융기관을 더욱 자주 방문해야 하는 데서 오는 거래비용을 말한다.
> C: 화폐공급의 증가를 통해 정부가 얻게 되는 추가적인 재정수입을 말한다.

	A	B	C
①	메뉴비용	구두창비용	인플레이션 조세
②	구두창비용	메뉴비용	인플레이션 조세
③	매몰비용	구두창비용	구두창비용
④	매몰비용	메뉴비용	구두창비용
⑤	기회비용	구두창비용	기회비용

| 해설 |
- 메뉴비용(menu cost)이란 인플레이션이 예상된 경우 가격 변동 시 가격 조정과 관련된 제반비용으로, 가격이 인쇄된 상품포장이나 카탈로그, 그리고 메뉴판을 새것으로 교체하거나 변경할 때 들어가는 비용이다.
- 구두창비용(shoe leather cost)이란 인플레이션이 예상될 때 금융기관을 더욱 자주 방문해야 하는 데서 오는 거래비용으로, 은행방문이 잦아지면 구두 바닥이 닳아진다는 것에서 유래하였다.
- 화폐발행이득(인플레이션 조세)란 화폐공급의 증가를 통해 정부가 얻게 되는 추가적인 재정수입을 말한다. 정부가 인플레이션을 유발하면 세금을 걷는 효과가 나타난다는 의미에서 민간이 보유한 화폐가 과세대상이 된다.

53 난이도 ■■□   약점진단 ○△×

인플레이션의 사회적 비용에 해당하는 것을 〈보기〉에서 모두 고른 것은?

> ─┤ 보기 ├─
> ㉠ 구두창비용(shoe leather cost)
> ㉡ 이자소득에 대한 조세 왜곡
> ㉢ 가격조정비용(menu cost)
> ㉣ 상대가격 변화로 인한 자원배분 왜곡

① ㉠, ㉡, ㉢
② ㉠, ㉡, ㉣
③ ㉠, ㉢, ㉣
④ ㉡, ㉢, ㉣
⑤ ㉠, ㉡, ㉢, ㉣

| 해설 |
㉠ 구두창비용(shoe leather cost)이란 인플레이션이 예상될 때 금융기관을 더욱 자주 방문해야 하는 데서 오는 거래비용을 말한다.
㉡ 피셔가설이 성립하는 경우 인플레이션은 실질변수에는 아무런 영향을 미치지 않으므로 예상된 인플레이션은 사회적 비용이 크지 않다고 할 수 있다. 하지만 예상된 인플레이션이라 하더라도 누진성을 갖고 있는 소득세가 존재하는 경우 실질소득에는 아무 변화가 없는 경우에도 더 많은 세금을 내야 하므로 실질처분가능소득이 줄어들게 된다.
㉢ 가격조정비용(menu cost)이란 인플레이션이 예상된 경우 가격 변동 시 가격 조정과 관련된 제반비용을 말한다.
㉣ 인플레이션하에서 상품 사이의 가격상승률 격차가 커지면서 상대가격의 변화가 확대되면 가격이 더 많이 오를 것이라고 생각되는 상품(부동산, 골동품, 금, 외환)에 대한 투기가 성행하고, 이는 자원배분의 효율성을 저하시킨다.

정답 52 ① 53 ⑤

54 난이도 ■□□   약점진단 ○△×

인플레이션 조세(inflation tax)에 대한 설명으로 옳은 것은?

① 물가가 상승함에 따라 납세자들이 더 높은 세율 등급을 적용받아 납부하는 소득세로 정의된다.
② 물가가 상승함에 따라 경제주체가 보유하고 있는 통화의 실질가치가 상승할 때 발생한다.
③ 세율이 인상됨에 따라 인플레이션율이 상승하는 것을 의미한다.
④ 정부가 정부채권을 시중 금융기관으로부터 매입함으로써 발생한 이자율 하락으로 인한 금융자산의 가격 하락을 의미한다.
⑤ 정부가 통화량을 증가시켜 재정자금을 조달할 때 발생한다.

| 해설 | 화폐발행이득이란 화폐공급의 증가를 통해 정부가 얻게 되는 추가적인 재정수입으로, 인플레이션 조세, 화폐주조세, 세뇨리지(seigniorage)라고도 한다. 통화증발을 통해 인플레이션이 발생하면 민간이 보유하고 있는 화폐의 실질가치가 하락한다. 화폐의 실질가치가 하락하면 민간이 구입 가능한 재화와 서비스의 양이 줄어드는데, 이는 정부가 그만큼 더 많은 재화와 서비스를 구입하여 각종 사업에 사용할 수 있음을 의미한다. 재정적자를 충당하기 위해 화폐를 발행함으로써 인플레이션이 발생하였다면 방만한 재정운영으로 인플레이션이 유발되었으므로 인플레이션은 화폐적 현상이라기보다 재정적 현상(fiscal problem)이라고도 할 수 있다.

55 난이도 ■□□   약점진단 ○△×

물가와 실업률 간의 관계를 나타내는 연관지수는?

① J-곡선
② 필립스곡선
③ 고용률
④ 희생률
⑤ 오쿤의 법칙

| 해설 | 필립스곡선이란 실업률과 인플레이션 사이의 상충관계를 나타내는 것을 의미한다. 즉, 인플레이션율과 실업률 사이에 존재하는 역(−)의 관계를 나타낸다.
| 오답해설 | ① J-곡선효과(J-curve effect)란 경상수지 적자 시 경상수지의 개선을 위해 환율 인상(평가절하)을 단행했을 때 일정 기간 경상수지가 개선되지 못하고 오히려 악화되다가 상당한 기간이 경과해야 비로소 경상수지가 개선되는 효과를 말한다.
③ 고용률이란 생산가능인구에서 취업자가 차지하는 비율을 말한다.
④ 희생률(sacrifice ratio)이란 1년 동안 인플레이션율을 1%포인트 낮추기 위해 감수해야 할 실질국민소득의 변화율을 의미한다.
⑤ 오쿤의 법칙(Okun's law)이란 한 나라의 산출량과 실업 사이에 관찰되는 안정적인 음(−)의 상관관계를 말한다.

56 난이도 ■□□   약점진단 ○△×

빈칸 (가)에 들어갈 수 있는 경제이론은?

> **'긱 이코노미(gig economy)' 급부상**
>
> 긱 이코노미는 필요할 때마다 임시로 인력을 고용해 일을 맡기는 경제시스템으로 정규직보다는 임시직이 중심이다. 월가 이코노미스트들은 실업률 급락에도 좀처럼 임금이 강하게 상승하지 않는 가장 큰 이유로 '저임금 일자리 급증'을 꼽고 있다. 바로 '긱(gig-임시직) 이코노미'의 급부상이다. 미 연준의 장도 기자회견장에서 "실업률이 완전고용 수준으로 뚝 떨어지는 등 노동시장이 상당 폭 개선됐는데도 임금 상승 신호가 약해 놀랐다."고 말했다. '실업률과 임금상승률은 역의 상관관계가 있다.'는 ___(가)___ 이(가) 먹혀들지 않아 미 샌프란시스코 연방준비은행은 '임금상승의 수수께끼'라고 표현했다.
>
> — ○○신문 —

① 로렌츠곡선
② 구축 효과
③ 필립스곡선
④ 실망노동자 효과
⑤ 리카도대등정리

| 해설 | 명목임금인상률과 실업률 사이의 음(−)의 상관관계를 나타낸 곡선이 최초의 필립스곡선(Philips curve)이다.
| 오답해설 | ① 로렌츠곡선(Lorenz curve)이란 인구의 누적비율을 가로축, 소득의 누적비율을 세로축으로 하는 정사각형에 계층별 소득분포를 표시한 곡선을 말한다.
② 구축 효과란 국공채 발행을 통한 확대재정정책이 이자율을 상승시켜 민간의 소비와 투자를 구축시키는 효과를 말한다.
④ 실망노동자 효과란 경기불황 시 실업자가 구직활동을 해도 취업이 되지 않아 이에 실망한 나머지 구직활동을 포기하고 비경제활동인구로 전환되는 현상을 말한다. 이는 실업률을 감소시키는 효과를 가져와 실제실업률이 과소평가되는 문제가 있다.
⑤ 리카도대등정리란 정부지출의 크기가 일정할 때 조세를 감면하고 국공채 발행을 통해 지출재원을 조달하더라도 경제의 실질변수에는 아무런 영향도 미치지 못한다는 이론이다.

정답 54 ⑤   55 ②   56 ③

57 난이도

그림은 甲국의 경제정책 실시에 따른 변화를 나타낸 것이다. A점에서 甲국의 정부와 중앙은행이 실시했을 정책으로 가장 적절한 것은?

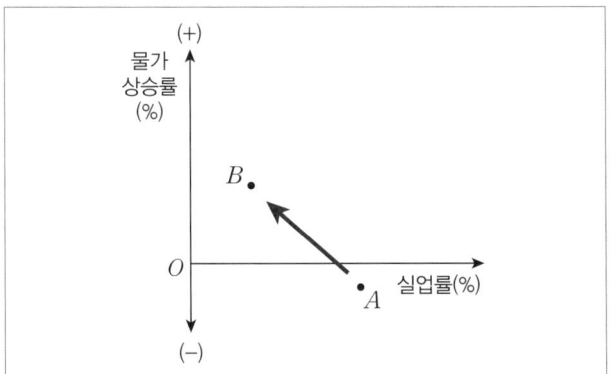

① 국공채를 매각하였다.
② 소득세율을 인상하였다.
③ 정부지출을 축소하였다.
④ 지급준비율을 인상하였다.
⑤ 공공투자 사업을 확대하였다.

| 해설 | 제시된 그림은 물가상승률과 실업률 간 음(-)의 상관관계를 나타내는 필립스곡선이다. 그림에서 실업률은 하락하는 대신 물가상승률이 상승하고 있으므로 이는 총수요를 증가시키는 확장적인 총수요관리정책과 관련 있다. 정부가 공공투자 사업을 확대하면 정부지출이 증가하므로 총수요가 증가한다.

| 오답해설 | ① 국공채를 매각하면 본원통화가 감소하여 통화량이 감소하므로 이자율이 상승한다. 이자율이 상승하면 소비와 투자가 감소하여 총수요가 감소하므로 물가상승률은 하락하고 실업률은 상승한다.
② 소득세율을 인상하면 처분가능소득이 감소하여 소비가 감소하므로 총수요가 감소한다. 총수요가 감소하면 물가상승률은 하락하고 실업률은 상승한다.
③ 정부지출을 축소하면 총수요가 감소하여 물가상승률은 하락하고 실업률은 상승한다.
④ 지급준비율을 인상하면 통화승수가 감소하여 통화량이 감소하므로 이자율이 상승한다. 이자율이 상승하면 소비와 투자가 감소하여 총수요가 감소하므로 물가상승률은 하락하고 실업률은 상승한다.

58 난이도

그림은 A국과 B국의 전년 대비 경제 상태의 변화를 나타낸 것이다. 각국의 변화 요인을 바르게 연결한 것은? (단, 두 국가는 산유국이 아니다.)

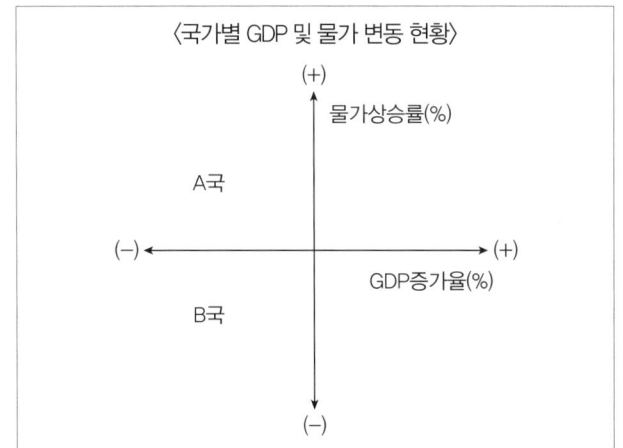

	A국	B국
①	원자재 가격 상승	소비와 투자의 감소
②	기술진보	소비와 투자의 감소
③	원자재 가격 하락	소비와 투자의 증가
④	원자재 가격 상승	순수출 증가
⑤	기술진보	순수출 감소

| 해설 |
• A국의 경우 GDP증가율은 음(-)의 값이고, 물가상승률은 양(+)의 값이므로 경기침체 속에서도 물가가 상승하는 스태그플레이션을 보이고 있다. 유가와 같은 원자재 가격이 상승하면 총공급곡선이 좌측으로 이동하여 스태그플레이션이 발생한다.
• B국의 경우 GDP증가율과 물가상승률이 모두 음(-)의 값이므로 총수요의 감소에 의한 경기침체이다. 소비가 감소하면 총수요곡선이 좌측으로 이동하여 국민소득이 감소하고 물가가 하락한다.

| 정답 | 57 ⑤ | 58 ① |

59

다음에서 설명하고 있는 경제학적 개념은?

> 정책당국이 추구하는 세 가지 경제정책의 목표는 환율 안정, 통화정책 독립성, 완전한 자본이동이다. 이 3대 정책목표 중에 두 가지를 달성하기 위해서는 다른 하나는 반드시 포기해야 하는 딜레마를 말한다.

① 오버슈팅
② 트릴레마
③ 구축 효과
④ 유동성 함정
⑤ 트리핀 딜레마

| 해설 | 트릴레마란 일반적으로 3중고(三重苦) 또는 3가지 딜레마라는 뜻으로 물가 안정, 경기 부양, 국제수지 개선의 3가지 목표를 모두 달성하기가 힘들다는 의미이다. 이 3가지는 3마리 토끼에도 비유되는데, 물가 안정에 치중하면 경기가 침체되기 쉽고, 경기 부양에 힘쓰면 인플레이션 유발과 국제수지 악화가 초래될 염려가 있는 등 서로 물리고 물려 정책 선택이 딜레마에 빠지게 된다는 뜻으로 사용된다.

| 오답해설 | ① 오버슈팅이란 경제에 어떤 충격이 가해졌을 때 환율·주가·금리 등의 가격변수가 장기균형가격에서 크게 벗어나 급등하거나 급락한 후 시간이 지남에 따라 장기균형가격 수준으로 회복되는 현상이다.
③ 구축 효과란 경기 부양을 위해 정부가 확대재정정책을 실시하면 이자율이 상승하여 민간부문 투자가 감소하는 현상이다.
④ 유동성 함정이란 중앙은행이 화폐공급을 증가시키더라도 이자율이 하락하지 않아 통화정책이 효과를 발휘하지 못하는 상황을 말한다.
⑤ 트리핀 딜레마란 기축통화가 국제경제에 원활히 쓰이기 위해 풀리려면 기축통화 발행국의 적자가 늘어나고, 반대로 기축통화 발행국이 무역흑자를 보면 기축통화가 덜 풀려 국제경제가 원활해지지 못하는 역설이다.

60

그림은 A국의 인플레이션율과 실업률 간 단기적 상충관계를 나타내는 필립스곡선이다. 이를 바탕으로 단기적으로 실업률을 낮추기 위한 정책 방향으로 옳은 것은?

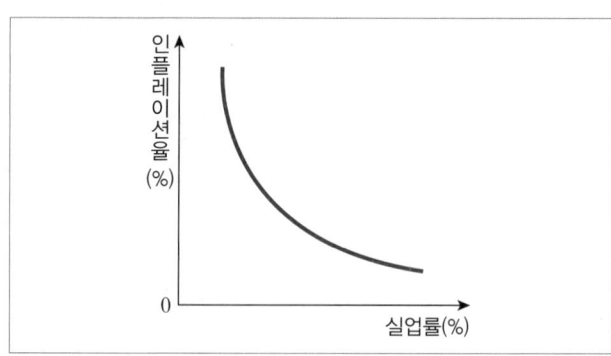

① 정부지출을 감소시킨다.
② 소득세를 인하한다.
③ 통화량을 감소시킨다.
④ 기준금리를 인상한다.
⑤ 법인세를 인상한다.

| 해설 | 소득세를 인하하면 처분가능소득이 증가하여 소비가 증가하므로 총수요가 증가한다. 총수요가 증가하여 총수요곡선이 우측으로 이동하면 국민소득이 증가하므로 실업률이 감소한다.

| 오답해설 | ① 정부지출이 감소하면 총수요가 감소하므로 실업률은 증가한다.
③ 통화량을 감소시키면 이자율이 상승하여 소비와 투자가 감소하므로 총수요가 감소하여 실업률은 증가한다.
④ 기준금리를 인상하면 시장이자율이 상승하여 소비와 투자가 감소하므로 총수요가 감소하여 실업률은 증가한다.
⑤ 법인세를 인상하면 투자가 감소하여 총수요가 감소하므로 실업률은 증가한다.

정답 59 ② 60 ②

61

밑줄 친 ㉠~㉣에 대한 설명으로 옳은 것은?

> 필립스곡선은 물가상승률과 실업률 간의 ㉠ 상충관계로 인해 물가 안정과 고용 문제를 동시에 해결하는 것이 얼마나 어려운지를 알려준다. 최근 미국발 금융위기가 ㉡ 세계적인 경기 침체로 확산되면서 주요국들은 ㉢ 다양한 정책을 통해 경기 부양에 힘쓰고 있다. 그러나 A국은 경기 부양 정책의 결과, 향후 ㉣ 더 큰 대가를 지불하게 될 것을 우려하고 있다.

① ㉠은 총공급의 변동에 따른 물가상승률과 실업률 간의 상충관계를 의미한다.
② ㉡은 실업률은 낮아지고 물가상승률이 높아진 경기 상황을 의미한다.
③ ㉢의 하나로 조세를 늘리면 총수요가 늘어나 국내총생산이 증가한다.
④ ㉢의 하나로 통화공급을 늘리면 총수요가 늘어나 국내총생산이 증가한다.
⑤ ㉣의 하나로 디플레이션의 문제를 들 수 있다.

| 해설 | 통화공급을 증가시키면 이자율이 하락하여 소비와 투자가 증가하므로 총수요가 증가한다. 총수요가 증가하면 총수요곡선이 우측으로 이동하여 국내총생산이 증가한다. 따라서 통화공급을 증가시키는 정책은 경기 부양 정책에 해당한다.

| 오답해설 | ① 총수요곡선이 우측으로 이동하면 필립스곡선상의 점이 좌상향점으로 이동하고, 총수요곡선이 좌측으로 이동하면 필립스곡선상의 점이 우하향점으로 이동하므로 필립스곡선은 총수요 변동에 따른 상충관계를 보여준다. ㉠은 총수요곡선의 이동으로 필립스곡선상의 변화를 가져온다.
② ㉡의 세계적인 경기침체는 총수요의 감소로 실업은 증가하고 물가는 낮아지는 상황이다.
③ 확대재정정책은 조세를 감소시키는 것이다. 조세를 증가시키면 처분가능소득이 감소하여 소비가 감소하므로 이는 긴축재정정책에 해당한다.
⑤ 총수요를 증가시키는 경기 부양 정책은 국민소득을 증가시키고 실업률을 감소시키지만 인플레이션을 유발한다. 따라서 ㉣은 인플레이션이다.

62

다음 (가)~(다)와 같은 경제적 현상이 발생하였을 때 거시경제 균형의 이동 방향을 바르게 연결한 것은? (단, 최초의 경제균형은 a점이다.)

> (가) 중앙은행이 예금은행을 대상으로 국공채를 매입하였다.
> (나) 원자재 가격이 상승하여 기업들의 생산비용이 증가하였다.
> (다) 가계부채를 억제하기 위해 부동산 담보대출을 규제하고, 소득세율을 인상하였다.

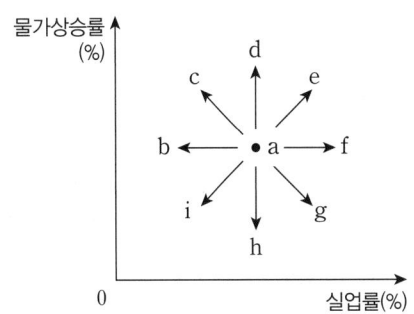

	(가)	(나)	(다)
①	c	e	g
②	b	d	f
③	g	h	i
④	c	e	f
⑤	b	e	g

| 해설 |
• 중앙은행이 국공채를 매입하면 통화량이 증가하므로 총수요가 증가한다. 총수요가 증가하면 물가가 상승하고 국민소득이 증가(실업 감소)하므로 c 방향으로 이동한다.
• 원자재 가격의 상승으로 기업들의 생산비용이 증가하면 총공급이 감소한다. 총공급이 감소하면 물가가 상승하고 국민소득이 감소(실업 증가)하므로 e 방향으로 이동한다.
• 부동산 담보대출을 규제하고, 소득세율을 인상하면 민간의 소비가 감소하므로 총수요가 감소한다. 총수요가 감소하면 물가가 하락하고 국민소득이 감소(실업 증가)하므로 g 방향으로 이동한다.

정답 61 ④ 62 ①

63 난이도 ■■□

스태그플레이션을 초래하는 요인으로 볼 수 없는 것은?

① 한국은행의 통화공급 감소
② 노동조합의 임금 인상
③ OPEC의 유가 인상
④ 전쟁으로 인한 공장시설 파괴
⑤ 이상 한파로 인한 농작물 피해

| 해설 | 스태그플레이션은 총공급곡선의 좌측 이동으로 발생한다. 총공급곡선을 좌측으로 이동시키는 요인에는 민간의 기대인플레이션율의 상승, 원자재 가격의 상승 등이 있다. 한국은행의 통화공급 감소는 총수요곡선을 좌측으로 이동시키는 요인이다.

64 난이도 ■■□

경제에 디플레이션이 발생하였을 때 나타나는 현상으로 적절하지 않은 것은?

① 실업률이 상승한다.
② 기업의 설비투자가 감소한다.
③ 원자재에 대한 수입액이 증가한다.
④ 경제성장률이 하락한다.
⑤ 자산가치가 하락한다.

| 해설 | 디플레이션으로 인한 경기침체로 국민소득이 감소하면 수입액이 감소한다.
| 오답해설 | ① 디플레이션으로 인한 경기침체로 국민소득이 감소하면 실업률이 상승한다.
② 디플레이션하에서는 실질이자율이 상승하므로 기업의 투자가 위축된다.
④ 디플레이션으로 경기침체가 발생하면 경제성장률이 하락한다.
⑤ 디플레이션하에서는 부동산이나 주식과 같은 자산가격이 폭락하여 소비억제로 이어지는데, 이를 '자산-디플레이션 효과'라고 한다.

65 난이도 ■■□

디플레이션이 경제에 미치는 영향으로 적절하지 않은 것은?

① 실업률이 상승한다.
② 자국의 화폐가치가 하락한다.
③ 기업의 설비투자가 감소한다.
④ 경제성장률이 하락한다.
⑤ 금융부채 부담이 증가한다.

| 해설 | 물가가 하락하는 디플레이션이 발생하면 자국의 화폐가치가 상승한다.

66 난이도 ■■□

다음 기사를 읽고 정부와 한국은행이 향후 실시할 경제정책을 〈보기〉에서 모두 고른 것은?

〈NEWS〉
경제고통지수는 경제학자 오쿤(A. Okun)이 고안한 개념이다. 최근 경제고통지수가 매우 높은 수준을 경신함에 따라 정부는 경기침체와 실업에 따른 부작용을 우려하고 있는 반면, 한국은행은 물가 상승의 심각성을 우려하고 있다.

〈보기〉
㉠ 정부지출을 증가시킬 것이다.
㉡ 소득세율을 인하할 것이다.
㉢ 국공채를 매각할 것이다.
㉣ 기준금리를 인상할 것이다.

① ㉠, ㉡
② ㉡, ㉢
③ ㉠, ㉡, ㉢
④ ㉡, ㉢, ㉣
⑤ ㉠, ㉡, ㉢, ㉣

| 해설 | 경제고통지수는 실업률과 인플레이션율을 합한 값으로, 이 값이 증가하고 있다면 실업률과 인플레이션율이 모두 상승하고 있다는 것이다. 경기침체와 동반된 실업률의 부작용을 우려하고 있는 정부는 확장적인 총수요관리정책을 시행할 것이므로 정부지출을 증가시키거나 조세를 감면할 것이다. 물가 상승의 심각성을 우려하고 있는 중앙은행은 긴축적인 총수요관리정책을 시행할 것이므로 통화량을 감소시키거나 금리를 인상할 것이다. 국공채를 매각하면 본원통화가 감소하므로 통화량이 감소한다.

67 난이도 ■■□

일본경제는 1990년대 경제성장의 둔화와 소비위축으로 장기간의 디플레이션을 경험하였다. 이러한 경제 현상이 기업에 미치는 영향을 바르게 연결한 것은?

	실물자산가치	실질채무 부담
①	하락	증가
②	하락	불변
③	하락	감소
④	상승	불변
⑤	상승	감소

| 해설 | 디플레이션이 발생하면 부동산 등의 실물자산의 가치가 하락한다. 디플레이션으로 실질이자율이 상승하면 실질채무 부담이 증가한다.

정답 63 ① 64 ③ 65 ② 66 ⑤ 67 ①

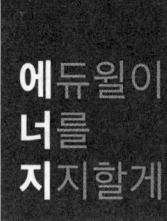

스스로 자신을 존경하면
다른 사람도 그대를 존경할 것이다.

– 공자

경제편

PART 03
국제경제

CHAPTER 01

국제무역론
한 나라가 모든 재화 생산에 절대우위가 있으면서 생산을 특화시켜 무역을 하는 이유는 무엇인가?
한 나라가 어떤 경우에 수출국 또는 수입국이 되는가?
무역을 통해 이득을 보는 경제주체와 손실을 보는 경제주체는 누구인가?
관세부과가 사회후생 측면에서 어떠한 영향을 미치는가?
관세부과와 수입수량할당제는 경제적 효과 측면에서 어떤 차이점이 있는가?

CHAPTER 02

국제금융론
환율 변동이 국제경제변수에 어떠한 영향을 미치는가?
환율은 어떻게 결정되고, 환율의 결정이론에는 어떤 것이 있는가?
환율제도가 갖는 장점과 단점은 무엇인가?
국제수지의 구성항목은 무엇인가?
경상수지 흑자가 갖는 의미는 무엇인가?
개방경제하에서 재정정책과 금융정책의 효과는 어떻게 달라지는가?

PART 03 국제경제

CHAPTER 01 국제무역론

1. 국제무역이론

1 비교우위론(비교생산비설): 리카도(D. Ricardo)

상품단위당 노동투입량		
구분	A국	B국
X재	1명	4명
Y재	1명	2명
부존노동량	100명	400명

▌상품 생산의 국내상대가격비에 의한 비교우위의 결정

- A국의 국내상대가격비: $\left(\dfrac{P_X}{P_Y}\right)^A = 1$
- B국의 국내상대가격비: $\left(\dfrac{P_X}{P_Y}\right)^B = 2$
- $\left(\dfrac{P_X}{P_Y}\right)^A = 1 < \left(\dfrac{P_X}{P_Y}\right)^B = 2$
- → A국은 X재 생산에 비교우위, B국은 Y재 생산에 비교우위

2 국제무역의 이득과 손실

(1) 수출국의 이득과 손실
① 무역 전 국내가격<국제가격 → 자유무역 시 국내 초과공급량만큼 수출
② 생산자잉여 증가, 소비자잉여 감소 → 총잉여 증가

(2) 수입국의 이득과 손실
① 무역 전 국내가격>국제가격 → 자유무역 시 국내 초과수요량만큼 수입
② 생산자잉여 감소, 소비자잉여 증가 → 총잉여 증가

3 교역조건 = $\dfrac{\text{수출가격}}{\text{수입가격}}$

① 환율 인상(자국 화폐가치의 평가절하) → 수출상품의 국제가격 하락 → 교역조건 악화
② 수입원자재 국제가격 상승 → 수입상품의 국제가격 상승 → 교역조건 악화
③ 기술진보 → 수출상품의 국제가격 하락 → 교역조건 악화
④ 경기변동과 수요·공급의 가격탄력성이 낮은 재화의 대량 생산 → 수출상품의 국제가격 하락 → 교역조건 악화
⑤ 덤핑 판매 → 수출상품의 국제가격 하락 → 교역조건 악화
⑥ 수입품에 대한 관세부과 → 수입물량 감소 → 초과공급 → 대국의 경우 수입상품의 국제가격 하락 → 교역조건 개선

2. 무역정책론

1 관세부과의 경제적 효과: 소국

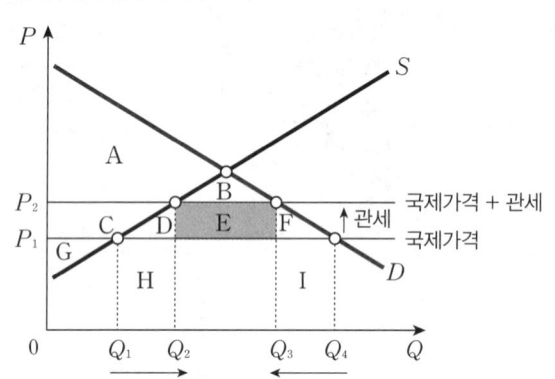

▌관세부과의 경제적 효과: 소국

- 소국이 관세를 부과하면 국제가격은 불변인 상태에서 관세만큼 국내가격이 상승한다.
- 관세부과 후 D+F만큼의 사회적 순후생손실이 발생한다.

구분	관세부과 이전	관세부과 이후	변화분
소비자잉여	A+B+C+D+E+F	A+B	−(C+D+E+F)
생산자잉여	G	C+G	C
정부재정수입	0	E	E
총잉여	A+B+C+D+E+F+G	A+B+C+E+G	−(D+F)

2 비관세장벽

(1) 수입수량할당제
① 수입수량할당제는 관세부과의 경우와 유사한 효과가 나타나지만, 사각형 E가 어느 경제주체에게 귀속되는지에 따라 차이점이 발생한다.
② 정부가 수입업자에게 무상으로 수입면허를 발행한다면 사각형 E는 수입업자의 이윤으로 이전된다.

(2) 수출자율규제(VER)
① 수입국이 수출국에 압력을 가해 수출국들이 자율적으로 수출물량을 일정 수준으로 제한하도록 하는 제도로, 회색지대 조치(grey area measure)라고도 한다.
② 수입수량할당제의 변형된 형태로, 수입수량할당제와 비슷한 효과를 보이는 무역장벽이다.

3 경제통합의 유형
① 자유무역지대: 관세 및 비관세장벽 철폐
② 관세동맹: 관세 및 비관세장벽 철폐 + 역외 공동관세
③ 공동시장: 관세 및 비관세장벽 철폐 + 역외 공동관세 + 생산요소의 자유이동
④ 경제동맹: 관세 및 비관세장벽 철폐 + 역외 공동관세 + 생산요소의 자유이동 + 경제정책의 협조
⑤ 완전경제통합: 관세 및 비관세장벽 철폐 + 역외 공동관세 + 생산요소의 자유이동 + 경제정책의 협조 + 경제정책의 통일

4 경제통합의 효과
① 무역창출 효과: 관세동맹으로 인해 관세가 철폐됨에 따라 가맹국 간에 새로운 무역기회가 발생하는 것을 말한다.
② 무역전환 효과: 관세동맹으로 인해 저비용의 역외국가에서 고비용의 역내국가(관세동맹국)로 수입국이 전환되는 현상을 말한다.

CHAPTER 02 국제금융론

1. 외환시장론

1 실질환율

| 실질환율

$$q = \frac{e \times P_f}{P}$$

- q: 실질환율
- e: 명목환율
- P_f: 외국물가 수준
- P: 국내물가 수준

① 실질환율은 우리나라 상품의 수량으로 표시한 외국상품 1단위의 가치를 나타낸다.
② 실질환율이 상승하면 우리나라 수출은 증가하고 수입은 감소하여 경상수지가 개선된다.
③ 실질환율은 교역조건의 역수가 된다.

2 환율 변동의 효과

(1) 환율 인상
① 원인
- 외환수요의 증가, 외환공급의 감소
- 수출 감소 → 외환공급의 감소
- 수입 증가 → 외환수요의 증가
- 외국으로의 송금 증가 → 외환수요의 증가
- 자본 도입의 감소 → 외환공급의 감소
- 이자율 하락으로 국내자본의 유출 → 외환수요의 증가
- 미래 예상환율의 상승으로 환차손이 기대되어 자본 유출 발생 → 외환수요의 증가

② 효과
- 수출 증가, 수입 감소 → 경상수지 개선
- 경상수지 개선 → 국제수지 개선
- 원화 표시 수입원자재 가격의 상승 → 국내의 물가 상승 초래
- 수출품의 국제가격 하락 → 교역조건 악화
- 외채 부담 증가
- 소득 재분배 효과: 수출업자 유리, 수입업자 불리

(2) 환율 인하
① 원인
- 외환수요의 감소, 외환공급의 증가
- 수출 증가 → 외환공급의 증가
- 수입 감소 → 외환수요의 감소
- 외국으로부터 송금 증가 → 외환공급의 증가

- 자본 도입의 증가 → 외환공급의 증가
- 이자율 상승으로 외국자본의 유입 → 외환공급의 증가
- 미래 예상환율의 하락으로 환차익이 기대되어 자본 유입 발생 → 외환공급의 증가

② 효과
- 수출 감소, 수입 증가 → 경상수지 악화
- 경상수지 악화 → 국제수지 악화
- 원화 표시 수입원자재 가격의 하락 → 국내 물가 안정에 기여
- 수출품의 국제가격 상승 → 교역조건 개선
- 외채 부담 감소
- 소득 재분배 효과: 수입업자 유리, 수출업자 불리

3 구매력평가설: 카셀(G. Cassel)

(1) 개요
① 구매력평가설은 국제생산물시장에서 일물일가의 법칙에 그 이론적 바탕을 두고 있다.
② 자유무역주의 사상을 반영하고 있다.
③ 경상수지의 변동에 초점이 주어져 있어 국가 간 자본의 이동자유화와 무관하다.

(2) 절대적 구매력평가설

> **절대적 구매력평가설**
>
> $$P = eP_f \qquad e = \frac{P}{P_f}$$
>
> - e: 명목환율
> - P: 국내물가 수준
> - P_f: 외국물가 수준

① $P = e \times P_f$ → 실질환율 $q = \frac{e \times P_f}{P} = 1$

② 구매력평가설이 성립하면 실질환율이 불변이므로 순수출(경상수지)도 불변한다.

(3) 상대적 구매력평가설

> **상대적 구매력평가설**
>
> $$\frac{\Delta e}{e} = \frac{\Delta P}{P} - \frac{\Delta P_f}{P_f}$$
>
> - $\frac{\Delta e}{e}$: 명목환율변동률
> - $\frac{\Delta P}{P}$: 국내물가상승률
> - $\frac{\Delta P_f}{P_f}$: 외국물가상승률

(4) 빅맥지수
① 빅맥지수는 자국의 빅맥가격을 달러화 가치로 환산한 것으로, 자국의 빅맥가격을 명목환율로 나누어 구한다.
② 빅맥환율(구매력평가환율)은 자국의 빅맥가격을 외국의 빅맥가격으로 나누어 구한다.
③ 빅맥지수가 미국의 빅맥가격보다 높거나, 빅맥환율(구매력평가환율)이 실제환율보다 높으면 시장환율은 원화 가치를 과대평가하고 있는 것이다.

(5) 장단점
① 단기적인 환율의 변동은 잘 설명하지 못하지만, 장기적인 환율의 변동 추세에는 비교적 설명력이 높다.
② 수송비용과 정부의 무역제한조치들은 국가 간의 재화이동에 비용을 발생시키고 이에 따라 이 이론의 기초가 되는 일물일가의 법칙의 성립을 약화시킨다.
③ 무역을 할 수 없는 비교역재의 비중이 클수록 구매력평가설은 성립하지 않는다.
④ 무역이 가능한 교역재의 경우에도 두 나라의 상품이 완전히 동질적이지 않기 때문에 완전대체관계가 성립하지 않아 구매력평가설은 성립하기 어렵다.

4 이자율평가설

(1) 개요
① 이자율평가설은 국제금융시장에서 일물일가의 법칙을 적용한 것이다.
  ▶ 국가 간 자본의 이동이 완전히 자유롭다면 국내투자수익률과 외국투자수익률이 동일해지는 과정에서 환율이 결정된다는 것이다.
② 구매력평가설은 자유무역하에서 경상수지의 변동에 분석의 초점이 주어져 있는 반면, 이자율평가설은 자본자유화하에서 자본수지의 변동에 분석의 초점이 맞추어져 있다.

(2) 유위험 이자율평가설

> **유위험 이자율평가설**
>
> $$i = i_f + \frac{e^e - e}{e} \qquad i = i_f + \frac{\Delta e}{e}$$
>
> $$\frac{e^e - e}{e} = i - i_f \qquad \frac{\Delta e}{e} = i - i_f$$
>
> - i: 국내명목이자율
> - i_f: 외국명목이자율
> - e: 현재명목환율
> - e^e: 미래기대환율

① 원화로 표시한 투자수익률
- 국내에 투자하는 경우: i
- 외국에 투자하는 경우: $i_f + \frac{\Delta e}{e}$

② 달러화로 표시한 투자수익률
- 국내에 투자하는 경우: $i - \dfrac{\Delta e}{e}$
- 외국에 투자하는 경우: i_f

(3) 평가

① 이자율평가설은 **환율의 단기적인 변동 추세에 대한 설명력**이 비교적 높다.

② 자본통제나 거래비용과 같은 제약이 존재하면 이자율평가설은 성립하지 않는다.

(4) 통화주의모형

> ▎통화주의모형
>
> $$\dfrac{\Delta e}{e} = \dfrac{\Delta M}{M} - \dfrac{\Delta M_f}{M_f}$$
>
> - M: 국내통화량
> - M_f: 외국통화량

① **통화주의모형**은 각국의 통화량 변동에 의해 환율이 결정된다는 이론이다.

② 구매력평가설에 의하면 환율은 양국의 물가 수준에 의해 결정되고, 통화주의모형에 의하면 그 물가 수준은 통화량 변동에 의해 발생한다.

③ 국내의 통화량 증가율이 외국의 통화량 증가율보다 높다면 그 차이만큼 국내화폐의 가치가 하락하므로 환율은 상승한다.

(5) 과잉조정모형

① 생산물시장의 불균형으로 물가가 경직적인 경우 **예상하지 못한 통화량의 증가**는 이자율의 즉각적인 하락을 통해 충격을 흡수하게 된다. 이때 물가의 경직성으로 인한 이자율의 즉각적인 하락은 외환의 즉각적인 외국유출을 유발시켜 환율을 급속하게 상승시키게 된다.

② 시간이 지나면서 장기적으로 과잉조정된 환율은 다시 균형 수준으로 접근한다.

5 환율제도

구분	고정환율제도	변동환율제도
환위험	작음	큼
국제투기자금의 이동	적음	많음
국제수지불균형	조정되지 않음	환율 변동을 통해 자율적 조정
국제무역과 국제투자	활성화	위축
외국교란 요인의 파급	쉽게 파급	쉽게 파급되지 않음
금융정책의 자율성	국제수지 변화에 따라 통화량 변동 → 금융정책의 자율성 제약	국제수지 불균형이 환율 변동에 따라 자동조절 → 금융정책의 자율성 확보
정책 효과	재정정책이 효과적	금융정책이 효과적
외환준비금	많이 필요	적게 필요
환율 변수	외생적 정책 변수	내생적 변수

6 국제통화제도

(1) 금본위제도(gold standard)

① 금을 본위화폐로 하여 각국 통화와 금의 교환비율을 통해 각국 통화 간의 교환비율인 환율을 결정하는 고정환율제도이다.

② 금이 유일한 국제통화이므로 국제수지의 불균형은 금의 자유로운 수출입을 통해 조정된다.

(2) 브레튼우즈체제(Bretton Woods system)

① 1944년 새로운 국제통화제도를 수립하기 위해 체결된 브레튼우즈협정(Bretton Woods agreement)에 의해 발족된 국제통화제도이다.

② 국제통화기금(IMF)과 국제부흥개발은행($IBRD$)이 설립되었다.

③ 미국의 달러화를 기축통화로 하는 고정환율제도이다.

(3) 스미소니언체제(Smithsonian system)

① 브레튼우즈체제가 붕괴하면서 고정환율제도로 복귀하고자 체결된 협정으로, 브레튼우즈체제와 동일하게 미국의 달러화를 기축통화로 하는 금환본위제도이다.

② 미국 달러화의 가치 평가절하, 환율의 변동폭의 확대, 각국 통화를 미국 달러화에 대해 평가절상하는 것이 기본골자이다.

(4) 킹스턴체제(Kingston system)
① 1976년 제5차 국제통화기금(IMF)의 잠정위원회가 자메이카의 수도 킹스턴(Kingston)에서 결의한 국제통화협력체제를 말한다.
② 회원국들은 그 나라의 경제여건에 맞춰 독자적으로 환율제도를 선택할 수 있는 재량권을 부여하였다.

2. 국제수지론

1 경상수지와 국내총생산

> ▌경상수지 = 국민소득 − 압솝션
> $$X_N = X - M$$
> $$\quad\;\; = Y - (C + I + G)$$
> $$\quad\;\; = Y - A$$

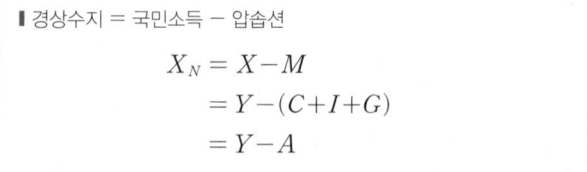

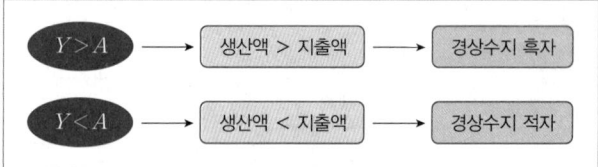

2 J-곡선 효과

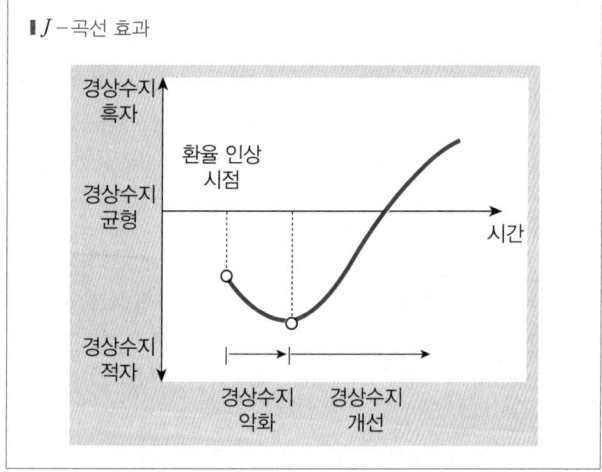

① 환율 인상(평가절하)을 실시하면 그 시점에서는 경상수지가 악화되다가 시간이 흐르면서 점차 경상수지가 개선되는 효과를 J-곡선 효과라고 한다.
② 환율 인상에 따른 수출입상품의 가격 변동과 수출입물량의 변동 간에 시차가 존재하기 때문에 J-곡선 효과가 발생한다.

3 개방경제하에서 총수요관리정책

(1) 고정환율제도하에서 총수요관리정책
① 확대재정정책
 • 정부지출 증가 → 총수요 증가
 • 정부지출 증가 → 국내이자율 상승 → 자본 유입 → 국제수지 흑자 → 통화량 증가 → 총수요 증가
② 확대금융정책
 • 화폐공급 증가 → 총수요 증가
 • 화폐공급 증가 → 국내이자율 하락 → 자본 유출 → 국제수지 적자 → 통화량 감소 → 총수요 감소

(2) 변동환율제도하에서 총수요관리정책
① 확대재정정책
 • 정부지출 증가 → 총수요 증가
 • 정부지출 증가 → 국내이자율 상승 → 자본 유입 → 국제수지 흑자 → 환율 하락 → 수출 감소, 수입 증가 → 총수요 감소
② 확대금융정책
 • 화폐공급 증가 → 총수요 증가
 • 화폐공급 증가 → 국내이자율 하락 → 자본 유출 → 국제수지 적자 → 환율 상승 → 수출 증가, 수입 감소 → 총수요 증가

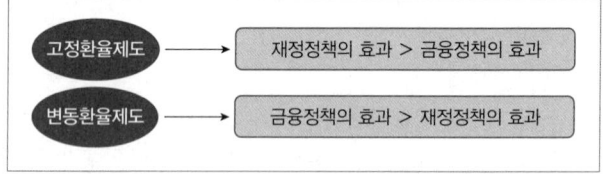

PART 03 기출변형 실전문제

CHAPTER 01 국제무역론

01 난이도 ■■□   약점진단 ○△×

두 국가 사이에 교역이 이루어지는 기본 원리에 관한 옳은 설명을 〈보기〉에서 고른 것은?

─ 보기 ─
㉠ 각국은 기회비용이 작은 재화를 생산한다.
㉡ 한 나라가 모든 재화의 생산에 절대우위가 있는 경우 교역은 이루어지지 않는다.
㉢ 교역이 이루어지는 경우 한 나라가 이득을 보면 다른 나라는 손해를 본다.
㉣ 기회비용의 크기는 비교우위를 결정한다.

① ㉠, ㉡   ② ㉠, ㉣
③ ㉡, ㉢   ④ ㉡, ㉣
⑤ ㉢, ㉣

| 해설 | ㉠ 한 나라가 다른 나라보다 어떤 상품을 상대적으로 작은 기회비용으로 생산할 수 있을 때 그 나라는 그 상품 생산에 비교우위가 있다고 말한다.
㉣ 상품 생산에 대한 기회비용을 이용하여 국가 간 비교우위를 결정한다. 교역조건은 각국의 국내상대가격비의 사이에서 결정되어야 양국 모두 무역의 이득을 얻는다.

| 오답해설 | ㉡ 한 나라가 모든 재화의 생산에 절대우위가 있더라도 상대가격의 차이에 의해 비교우위가 발생하므로 무역이 발생한다.
㉢ 각 나라는 비교우위가 있는 상품에 완전특화하여 무역을 하면 양국 모두 이득을 얻을 수 있다.

02 난이도 ■■□   약점진단 ○△×

표는 A국과 B국에서 주어진 생산요소를 이용하여 최대한 생산할 수 있는 쌀과 옷의 양을 나타낸다. 리카도의 비교우위론을 바탕으로 이에 대한 설명으로 옳지 않은 것은? (단, 노동이 유일한 생산요소이다.)

구분	A국	B국
쌀(섬)	5	4
옷(벌)	5	2

① 쌀과 옷 생산 모두 A국의 노동생산성이 B국보다 더 크다.
② A국은 쌀을 수출하고 옷을 수입한다.
③ A국의 쌀 1섬 생산의 기회비용은 옷 1벌이다.
④ B국의 옷 1벌 생산의 기회비용은 쌀 2섬이다.
⑤ B국의 쌀 생산의 기회비용은 A국보다 작다.

| 해설 | 쌀을 X재, 옷을 Y재라고 한다면 두 재화의 국내상대가격비가 A국은 $\left(\frac{P_X}{P_Y}\right)^A = \frac{5}{5} = 1$, B국은 $\left(\frac{P_X}{P_Y}\right)^B = \frac{2}{4} = 0.5$이므로 $\left(\frac{P_X}{P_Y}\right)^A > \left(\frac{P_X}{P_Y}\right)^B$의 관계식이 성립하여 A국은 옷(Y) 생산에, B국은 쌀(X) 생산에 각각 비교우위가 있다. 따라서 A국은 옷(Y)을 수출하고, 쌀(X)을 수입한다.

| 오답해설 | ① 동일한 기간에 생산할 수 있는 재화의 양에 있어 두 재화 모두 A국이 B국보다 더 많으므로 노동생산성은 A국이 B국보다 크다.
③ A국의 Y재 단위로 표시한 X재 1단위 생산의 기회비용은 $\left(\frac{P_X}{P_Y}\right)^A = 1$이므로 쌀 1섬 생산의 기회비용은 옷 1벌이다.
④ B국의 Y재 단위로 표시한 X재 1단위 생산의 기회비용은 $\left(\frac{P_X}{P_Y}\right)^B = 0.5$이므로 쌀 1섬 생산의 기회비용은 옷 0.5벌이다.
⑤ 옷(Y)의 단위로 표시한 쌀(X) 생산의 기회비용이 A국은 $\left(\frac{P_X}{P_Y}\right)^A = 1$이고, B국은 $\left(\frac{P_X}{P_Y}\right)^B = 0.5$이므로 B국이 A국보다 작다.

| 정답 | 01 ② | 02 ②

03

그림은 갑국의 선박과 자동차의 생산가능곡선을 나타낸 것이다. 이에 대한 설명으로 옳은 것은?

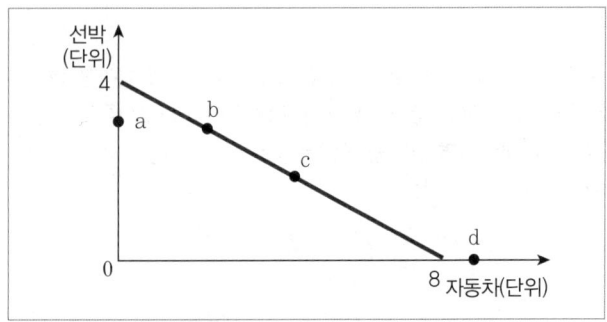

① 자동차 1단위 생산의 기회비용은 선박 2단위이다.
② a는 현재의 생산능력으로 생산이 불가능하다.
③ d는 현재의 기술 수준으로 생산이 가능하다.
④ 선박 1단위 생산의 기회비용은 b와 c가 동일하다.
⑤ 자동차 1단위당 국제교역조건이 1이라면 이 국가는 선박 생산에 비교우위가 있다.

| 해설 | 생산가능곡선이 직선인 경우 기회비용은 생산량에 상관없이 일정하다. 따라서 b와 c에서의 선박 1단위 생산의 기회비용은 동일하다.
| 오답해설 | ① 자동차 1단위 생산의 기회비용은 선박 0.5단위이다.
② a는 생산가능곡선 내부의 지점으로 현재의 생산능력으로 생산이 가능하지만, 비합리적인 생산점이다.
③ d는 생산가능곡선 외부의 지점이며, 현재의 기술 수준으로 생산이 불가능한 생산점이다.
⑤ 자동차 1단위 생산의 기회비용은 선박 0.5단위이므로 자동차 1단위당 국제교역 조건이 1이라면 이 국가는 자동차 생산에 비교우위가 있다.

04

표는 쌀과 우유만을 생산하는 A국과 B국에서 쌀 1kg과 우유 1L를 생산하는 데 소요되는 노동량을 나타낸 것이다. 이에 대한 설명으로 옳지 않은 것은? (단, 생산요소는 노동만 존재한다.)

구분	쌀	우유
A국	2명	3명
B국	4명	5명

① A국에서 우유로 표시한 쌀 1kg 생산의 기회비용은 우유 $\frac{2}{3}$L 이다.
② A국은 쌀 생산에 비교우위를 갖는다.
③ B국은 우유 생산에 비교우위를 갖는다.
④ A국은 쌀과 우유 생산 모두에 비교우위를 갖는다.
⑤ A국과 B국은 자유무역을 통해 무역의 이익을 얻을 수 있다.

| 해설 | 쌀을 X재, 우유를 Y재라고 한다면 우유로 표시한 쌀 1kg 생산의 기회비용은 두 국가 간 $\left(\frac{P_X}{P_Y}\right)^A = \frac{2}{3} < \frac{4}{5} = \left(\frac{P_X}{P_Y}\right)^B$의 관계가 성립한다. 따라서 A국은 쌀 생산에 비교우위가 있고, B국은 우유 생산에 비교우위가 있다.

정답 03 ④ 04 ④

05

그림은 A국과 B국의 생산가능곡선이다. 비교우위에 따라 교역을 할 경우 자동차 수출국과 교역조건으로 옳은 것은?

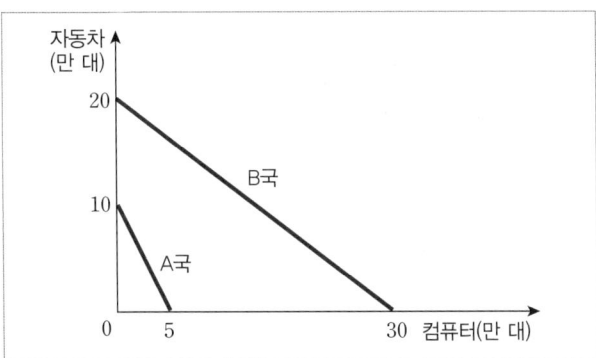

	자동차 수출국	자동차 1대와 교환되는 컴퓨터 수
①	A국	0.5대 초과 1.5대 미만
②	A국	2/3대 초과 2대 미만
③	B국	0.5대 초과 1.5대 미만
④	B국	2/3대 초과 2대 미만
⑤	B국	0.5대 초과 3/2대 미만

| 해설 | 자동차 1대 생산의 기회비용은 A국의 경우 컴퓨터 0.5대(= 5/10), B국의 경우 컴퓨터 1.5대(= 30/20)이다. 따라서 A국은 자동차를 생산하여 수출하고, 교역조건은 양국의 기회비용(컴퓨터 0.5~1.5대) 사이에서 결정된다.

06

다음 자료에 대한 설명으로 옳은 것은?

표는 각 재화 1단위 생산에 필요한 노동량을 나타낸 것이다. A국과 B국만 존재하며, 재화는 TV와 소고기, 생산요소는 노동뿐이다.

구분	A국	B국
TV	3명	2명
소고기	10명	4명

① B국은 TV와 소고기 모두를 A국에 수출한다.
② A국은 소고기를, B국은 TV를 수출한다.
③ 국제거래가격이 TV 1단위당 소고기 0.2단위이면, A국은 TV를 수출한다.
④ 국제거래가격은 소고기 1단위당 TV 0.3단위와 0.5단위 사이에서 결정된다.
⑤ 자유무역이 이루어질 경우 A국은 TV만 생산할 때 이익이 가장 크다.

| 해설 | TV를 X재, 소고기를 Y재라고 한다면 A국의 두 재화에 대한 상대가격비는 $\left(\frac{P_X}{P_Y}\right)^A = \frac{3}{10}$이고, B국의 두 재화에 대한 상대가격비는 $\left(\frac{P_X}{P_Y}\right)^B = \frac{2}{4}$이므로 $\left(\frac{P_X}{P_Y}\right)^A < \left(\frac{P_X}{P_Y}\right)^B$의 관계식이 성립한다. 따라서 A국은 TV 생산에 비교우위가 있으므로 TV의 수출국이 되고, B국은 소고기 생산에 비교우위가 있으므로 소고기의 수출국이 된다.

| 오답해설 | ① B국은 소고기 생산에 비교우위가 있으므로 소고기의 수출국이 된다.
② A국은 TV 생산에 비교우위가 있으므로 TV의 수출국이 되고, B국은 소고기 생산에 비교우위가 있으므로 소고기의 수출국이 된다.
③ 국제교역조건은 두 국가 간 두 재화의 상대가격비 사이에서 결정된다. 따라서 소고기의 단위로 표시한 TV 1단위의 교환비율은 0.3단위와 0.5단위 사이에서 결정된다.
④ TV의 단위로 표시한 소고기 1단위의 교환비율은 2~3.3단위 사이에서 결정된다.

정답 05 ① 06 ⑤

07

표는 A국과 B국에서 X재와 Y재의 한 단위 생산에 필요한 노동 시간을 나타낸 것이다. Y재 생산에 절대우위를 갖는 나라와 비교우위를 갖는 나라가 순서대로 나열된 것은? (단, X재와 Y재 생산에 필요한 노동시간은 생산량에 관계없이 일정하며, 두 국가 모두 노동부존량은 30단위이다.)

구분	X재	Y재
A국	1시간	6시간
B국	5시간	3시간

① A국, A국
② A국, B국
③ B국, B국
④ B국, A국
⑤ A국, 알 수 없음

| 해설 | Y재 생산에 있어 각국의 노동시간을 비교해 보면 B국이 3시간으로 A국의 6시간보다 작은 시간이 소요되므로 B국이 Y재 생산에 절대우위를 갖는다. Y재로 표시한 X재 생산의 기회비용을 비교해 보면 $\left(\frac{1}{6}\right)^A < \left(\frac{5}{3}\right)^B$이므로 A국은 X재 생산에 비교우위가 있고, B국은 Y재 생산에 비교우위가 있다.

08

비교우위론에 대한 설명으로 옳지 않은 것은?

① 대기업의 CEO가 화단에 직접 물을 주지 않고 정원사를 고용하는 것은 비교우위론에 부합한다.
② 한 국가에서 모든 산업이 비교열위에 있는 경우도 무역이 이루어진다.
③ 절대열위에 있는 산업이라도 비교우위를 가질 수 있다.
④ 국가 간의 무역뿐만 아니라 개인 간의 교역을 설명하는 데에도 응용된다.
⑤ 비교우위는 국가의 지원이나 인간의 투자에 의해 그 양상이 변할 수 있다.

| 해설 | 한 국가가 어떤 상품 한 단위를 생산하는 데 있어 다른 국가에 비해 상대적으로 적은 양의 생산요소를 사용할 때, 그 국가는 다른 국가에 비해 그 상품 생산에 비교우위(comparative advantage)를 가진다고 한다. 모든 재화의 생산에 있어 절대우위에 있거나 모든 재화의 생산에 있어 절대열위에 있더라도 두 국가는 각자 비교우위에 있는 상품이 존재한다. 모든 재화에 있어 한 국가가 모두 비교우위에 있거나 비교열위에 있을 수 없다.

09

다음 자료에 대한 옳은 설명을 〈보기〉에서 모두 고른 것은?

A국에서는 감자 1자루를 생산하는 데 노동 5단위가 필요하고, 스마트폰 1대를 생산하기 위해서는 노동 10단위가 필요하다. B국에서는 감자 1자루를 생산하는 데 노동 10단위가 필요하고, 스마트폰을 1대 생산하기 위해서는 노동 15단위가 필요하다.

─ 보기 ─
㉠ A국은 감자와 스마트폰 생산 모두에 절대우위를 갖는다.
㉡ B국은 감자와 스마트폰 생산 모두에 절대우위를 갖는다.
㉢ A국은 감자 생산에 비교우위를 갖고, 스마트폰 생산에 비교열위를 갖는다.
㉣ B국은 감자 생산에 비교우위를 갖고, 스마트폰 생산에 비교열위를 갖는다.

① ㉠, ㉢
② ㉠, ㉣
③ ㉡, ㉢
④ ㉡, ㉣
⑤ ㉠, ㉡, ㉢

| 해설 |

구분	A국	B국
감자(X)	5단위	10단위
스마트폰(Y)	10단위	15단위

㉠ A국이 감자와 스마트폰 생산 모두에 있어 B국보다 더 적은 생산요소를 투입하여 생산하므로 A국은 감자와 스마트폰 생산 모두에 절대우위를 갖고, B국은 감자와 스마트폰 생산 모두에 절대열위를 갖는다.
㉢ $\left(\frac{P_X}{P_Y}\right)^A = \frac{1}{2} < \left(\frac{P_X}{P_Y}\right)^B = \frac{2}{3}$이므로 A국은 감자 생산에, B국은 스마트폰 생산에 비교우위를 갖는다.

정답 07 ③ 08 ② 09 ①

10 난이도 ■■□ 약점진단 ○△×

표는 A, B 두 국가에서 자동차와 냉장고를 생산하는 데 필요한 노동시간을 나타낸 것이다. 이에 대한 분석으로 옳은 것은? (단, 두 국가의 생산자원은 동일하며, 동일한 상품에 대한 두 국가 국민들의 효용은 동일하다.)

국가 \ 품목	자동차	냉장고
A국	20시간	100시간
B국	10시간	80시간

① A국은 자동차 생산에 절대우위를 가지고 있다.
② B국은 냉장고를 특화하여 수출하는 것이 유리하다.
③ 시장이 개방되면 A국 냉장고 시장 종사자들의 일자리는 감소할 것이다.
④ A국은 냉장고에, B국은 자동차에 특화했을 때 양국의 GDP는 모두 증가할 수 있다.
⑤ A국은 B국보다 두 상품 모두 저렴하게 생산할 수 있으므로 무역을 하지 않는 것이 유리하다.

| 해설 | A국은 냉장고 생산에, B국은 자동차 생산에 비교우위가 있다. 비교우위가 있는 상품 생산에 특화하여 무역을 하면 양국의 GDP는 모두 증가할 수 있다.

| 오답해설 | ① A국은 자동차와 냉장고 생산에 있어 B국에 비해 더 많은 노동시간을 투입해야 하므로 절대열위를 가지고 있다.
② 자동차를 X재, 냉장고를 Y재라고 한다면 두 재화의 국내상대가격비는

A국이 $\left(\frac{P_X}{P_Y}\right)^A = \frac{20}{100} = 0.20$이고, B국이 $\left(\frac{P_X}{P_Y}\right)^B = \frac{10}{80} = 0.125$이다.

$\left(\frac{P_X}{P_Y}\right)^A > \left(\frac{P_X}{P_Y}\right)^B$이므로 A국은 냉장고 생산에, B국은 자동차 생산에 비교우위가 있다.
③ 시장이 개방되면 A국은 냉장고 생산에 특화할 것이므로 냉장고 시장 종사자들의 일자리는 증가할 것이다.
⑤ A국은 두 상품 생산에 모두 절대열위를 가지고 있지만 냉장고 생산에 비교우위가 있으므로 무역을 통해 이득을 얻을 수 있다.

11 난이도 ■■□ 약점진단 ○△×

A국은 세계 철강시장에서 무역을 시작하였다. 무역 이전과 비교하여 무역 이후에 A국 철강시장에서 발생하는 현상을 〈보기〉에서 고른 것은? (단, 세계 철강시장에서 A국은 가격수용자이고, 세계 철강가격은 무역 이전 A국의 국내가격보다 높으며, 무역 관련 거래비용은 없다.)

── 보기 ──
㉠ A국의 국내 철강가격은 세계 철강가격보다 높아진다.
㉡ A국의 국내 철강거래량은 감소한다.
㉢ 소비자잉여는 감소한다.
㉣ 생산자잉여는 증가한다.
㉤ 총잉여는 감소한다.

① ㉠, ㉡, ㉢ ② ㉠, ㉡, ㉣
③ ㉠, ㉢, ㉤ ④ ㉡, ㉢, ㉣
⑤ ㉢, ㉣, ㉤

| 해설 | ㉡ 국내가격이 상승하면 국내소비량이 감소하므로 국내거래량은 감소한다.
㉢ 국내가격이 상승하면 수요량이 감소하므로 소비자잉여는 감소한다.
㉣ 국내가격이 상승하면 공급량이 증가하므로 생산자잉여는 증가한다.
| 오답해설 | ㉠ 국제가격이 국내가격보다 높으면 가격수용자인 A국의 국내가격은 국제가격과 일치하게 되므로 수출국이 된다.
㉤ 생산자잉여의 증가분이 소비자잉여의 감소분보다 크기 때문에 총잉여는 증가한다.

정답 10 ④ 11 ④

12 난이도 ■■□

교역조건(terms of trade)에 대한 설명으로 옳지 않은 것은?

① 교역조건이란 한 단위의 수출상품과 수입상품이 교환되는 비율을 말한다.
② 자국의 화폐가 평가절하되면 교역조건은 악화된다.
③ 이론적으로 교역조건은 상품의 수출입뿐만 아니라 서비스거래까지 포함한다.
④ 한 국가의 수출상품 1단위와 교환될 수 있는 수입품의 양이 증가하면 교역조건은 개선된 것이다.
⑤ 교역조건이 악화되면 반드시 국제수지가 악화된다.

해설 환율이 상승하면 수출상품의 국제가격이 하락하므로 교역조건이 악화된다. 교역조건이 악화된다고 하여 경상수지가 악화되는 것은 아니다. 일반적으로 환율이 상승하면 수출품의 국제가격(달러화 표시)이 하락하여 수출이 증가하고 수입품의 국내가격(원화 표시)이 상승하여 수입이 감소하므로 경상수지는 개선된다. 다만, 수출입가격의 상대적 변화에도 불구하고 수출입물량이 크게 변하지 않는다면 교역조건의 악화가 경상수지의 악화를 가져올 수 있다. 환율 상승 시 경상수지가 개선되기 위해서는 경상수지의 개선조건인 마샬-러너조건이 충족되어야 한다.

오답해설 ① 교역조건(terms of trade)이란 수출상품 1단위와 교환되는 수입상품의 수량을 말한다. 즉, 수입상품의 개수로 표시한 수출상품 1단위의 교환가치를 의미한다.
② 자국의 화폐가 평가절하된다는 것은 원/달러 환율 상승을 의미한다. 환율이 인상되면 수출상품의 국제가격이 하락하므로 교역조건이 악화된다.
③ 교역조건은 상품의 수출입뿐만 아니라 서비스거래까지 포함한다.
④ 수출상품의 가격이 상대적으로 높아지거나 수입상품의 가격이 상대적으로 낮아지면 교역조건이 개선되었다고 한다. 교역조건이 개선되면 한 국가의 수출상품 1단위와 교환될 수 있는 수입품의 양이 증가한다.

13 난이도 ■□□

자유로운 국제교역이 주는 이득으로 적절하지 않은 것은?

① 시장규모의 확대로 인한 평균생산비의 하락
② 국가 간 기술의 전파로 기술발전 가속화
③ 경쟁의 촉진을 통한 효율성 제고
④ 수입대체산업의 발달로 국제수지 호전
⑤ 소비자 선택의 폭 확대

해설 수입대체산업(import substituting industry)이란 한 나라가 기존에 외국으로부터 수입하던 상품을 국내에서 부분적 또는 전면적으로 국산화하여 자급함으로써 수입을 대체하는 역할을 하는 산업을 말한다. 보호무역하에서 수입대체산업은 발달하지만, 자유무역이 이루어지면 수입대체산업은 쇠퇴한다.

14 난이도 ■■□

두 나라 간에 자유무역협정(FTA)이 체결되어 농산물 수입관세가 철폐되었다. 이 자유무역협정으로부터 이득을 보기 어려운 계층을 <보기>에서 모두 고른 것은?

| 보기 |
| ㉠ 농산물 수입국의 농가
| ㉡ 농산물 수입국의 소비자
| ㉢ 농산물 수입국의 정부
| ㉣ 농산물 수출국의 농가
| ㉤ 농산물 수출국의 소비자

① ㉠, ㉢
② ㉠, ㉤
③ ㉡, ㉣
④ ㉠, ㉢, ㉤
⑤ ㉡, ㉣, ㉤

해설 ㉠ 농산물 수입관세가 철폐되면 국내가격이 하락하고 국내생산과 생산자잉여가 감소하면서 농산물 수입국의 농가는 불리해진다.
㉢ 관세가 철폐되면서 정부의 재정수입이 감소하므로 농산물 수입국의 정부는 손해를 본다.
㉤ 수출국은 국내가격이 상승하여 수출국의 국내소비량이 감소하므로 수출국의 소비자잉여는 감소한다. 따라서 농산물 수출국의 소비자는 손해를 본다.

오답해설 ㉡ 수입국에서는 관세 철폐로 국내가격이 하락하여 국내소비자의 소비량이 증가한다. 국내소비자의 소비량이 증가하면 소비자잉여가 증가하므로 농산물 수입국의 소비자는 이득을 본다.
㉣ 수출국은 국내가격이 상승하므로 수출국의 국내생산량이 증가하여 수출국의 생산자잉여는 증가한다. 따라서 농산물 수출국의 농가는 이득을 본다.

정답 12 ⑤ 13 ④ 14 ④

15 난이도 ■■■　　약점진단 ○△×

다음 A국 정부의 정책에 대한 설명으로 옳지 않은 것은?

현재 X재의 국제가격은 P_0이며, 이 가격에서 A국의 국내시장에 무한정 공급이 가능하다. 이에 A국 정부는 두 가지 방안을 검토하고 있다.
- 1안: 관세부과 없이 X재 수입을 전면 허용한다.
- 2안: X재 수입은 허용하되 단위당 P_0P_1만큼의 관세를 부과한다.

〈A국의 시장 상황〉

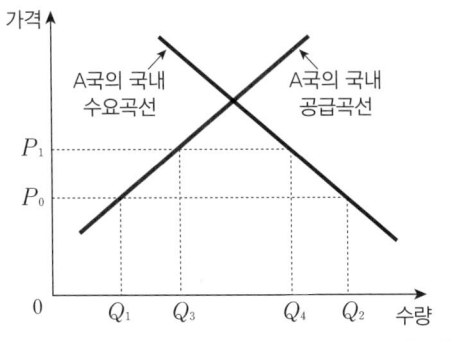

① 1안에서 X재의 국내거래량은 Q_2이다.
② 2안에서 X재의 국내거래량은 Q_4이다.
③ 1안에서 X재의 수입량은 $Q_1 \sim Q_2$이다.
④ 2안에서 X재의 수입량은 $Q_3 \sim Q_4$이다.
⑤ 2안에서 X재의 관세수입은 $P_1 \times Q_3Q_4$이다.

| 해설 | 정부의 관세수입은 관세가 부과될 때 수입되는 물량 $Q_3 \sim Q_4$에 관세 P_0P_1을 곱한 금액이다. 즉, $P_0P_1 \times Q_3Q_4$이다.
| 오답해설 | ①③ 관세부과 없이 수입하면 X재의 국내가격은 P_0로 하락한다. 따라서 P_0에서 Q_1만큼은 국내생산자들이 공급하는 물량으로, $Q_1 \sim Q_2$만큼은 수입 물량으로 채워진다. 따라서 국내거래량은 Q_2이다.
②④ 관세가 부과되면 수입되는 X재의 가격은 P_1이 된다. P_1에서 Q_3만큼은 국내생산자들이 공급하는 물량으로, $Q_3 \sim Q_4$만큼은 수입 물량으로 채워진다. 따라서 관세를 부과하면 국내거래량은 Q_4이다.

16 난이도 ■■□　　약점진단 ○△×

소규모 개방경제에서 수입소비재 A에 관세를 부과할 때, 이 시장에 나타날 경제적 효과로 옳은 것은? (단, 국내수요곡선은 우하향, 국내공급곡선은 우상향하며, A의 국제가격은 교역 이전의 국내가격보다 낮다.)

① 국내 소비자잉여는 증가한다.
② 국내 생산자잉여는 감소한다.
③ 국내소비는 감소한다.
④ 국내 생산자의 생산량은 감소한다.
⑤ 국내의 총잉여는 증가한다.

| 해설 | 경제소국이 수입상품에 대해 수입관세를 부과하면 국제가격은 불변인 상태에서 국내가격이 국제가격에 관세를 합한 것만큼 상승하여 국내소비가 감소한다.
| 오답해설 | ① 국내소비가 감소하여 소비자잉여가 감소한다.
②④ 관세부과 후 국내가격이 상승하고 국내생산이 증가하므로 생산자잉여가 증가한다.
⑤ 관세부과 후 무역량이 감소하면서 사회적 순후생손실이 발생한다.

17 난이도 ■■□　　약점진단 ○△×

최근 A국 정부는 B국과의 자유무역협정의 체결로 수입산 자동차 시장의 관세를 인하하였다. 수입산 자동차 시장의 관세 인하 이후 A국 경제에 나타날 수 있는 현상으로 적절하지 않은 것은?

① 자동차 소비량이 증가한다.
② 자동차 수입량이 증가한다.
③ 국내 생산자잉여가 감소한다.
④ 국내산 자동차 생산량은 감소한다.
⑤ 정부의 조세수입은 반드시 감소한다.

| 해설 | 관세 인하로 단위당 관세는 감소하지만 수입량이 증가하므로 단위당 관세의 크기와 수입량의 크기에 따라 관세수입의 증감 여부가 달라진다.
| 오답해설 | ① 관세 인하로 자동차의 국내가격이 하락하면 국내소비량이 증가한다.
② 관세 인하로 수입산 자동차의 국내가격이 하락하므로 수입량이 증가한다.
③ 자동차의 국내가격이 하락하면 국내생산량은 감소하므로 국내 생산자잉여는 감소한다.
④ 관세 인하로 국내가격이 하락하면 국내생산량은 감소한다.

정답 15 ⑤ 16 ③ 17 ⑤

18
무역장벽에 대한 설명으로 옳지 않은 것은?

① 수입수량할당제는 비관세 무역장벽에 속한다.
② 상계관세는 해당 제품의 수입국에서 수입가격과 국내가격의 차이만큼 관세를 부과하여 국내산업을 보호하려는 관세이다.
③ 수입수량할당제와 관세는 후생 측면에서 비슷한 결과를 보이지만 관세에 비해 수입수량할당제는 정부수입을 감소시킨다.
④ 수입식품 검사기준의 강화는 일종의 비관세 무역장벽이다.
⑤ 수출자율규제는 수입수량할당제와 매우 비슷한 효과를 보이는 무역장벽이다.

| 해설 | 상계관세는 상대국이 자국의 수출산업에 수출장려금이나 보조금을 지급할 때 이를 상계하기 위해 부과하는 관세로, WTO에서도 인정된다.
| 오답해설 | ① 수입수량할당제는 특정 상품의 수입에 대하여 일정량 이상의 수입을 허가하지 않는 수량제한제도로, 대표적인 비관세 무역장벽에 속한다.
③ 수입수량할당제는 관세부과의 경우와 유사한 효과가 나타나지만, 관세부과 시의 관세수입이 수입업자의 이윤으로 이전된다. 따라서 수입수량할당제와 관세는 후생 측면에서 비슷한 결과를 보이지만 관세에 비해 수입수량할당제는 정부수입을 감소시킨다.
④ 관세 이외의 무역장벽을 비관세장벽이라고 한다. 수입식품 검사기준의 강화는 비관세 무역장벽에 해당한다.
⑤ 수출자율규제는 수입수량할당제의 변형된 형태로, 수입수량할당제와 비슷한 효과를 보이는 무역장벽이다.

19
다음 (가)~(다)에 해당하는 경제통합 형태를 바르게 연결한 것은?

(가) 가맹국 간에는 상품에 대한 관세를 철폐하고, 역외 국가의 수입품에 대해서는 가맹국이 개별적으로 관세를 부과한다.
(나) 가맹국 간에는 상품뿐만 아니라 노동, 자원과 같은 생산요소의 자유로운 이동이 보장되며, 역외 국가의 수입품에 대해서는 공동관세를 부과한다.
(다) 가맹국 간에는 상품의 자유로운 이동이 보장되지만, 역외 국가의 수입품에 대해서는 공동관세를 부과한다.

	(가)	(나)	(다)
①	자유무역지대	관세동맹	공동시장
②	자유무역지대	공동시장	관세동맹
③	관세동맹	자유무역지역	공동시장
④	관세동맹	공동시장	자유무역지역
⑤	자유무역지대	공동시장	경제동맹

| 해설 | (가) 자유무역지대(Free Trade Area: FTA)란 가맹국 사이에는 관세 및 비관세장벽을 철폐하고, 비가맹국에 대해서는 각 가맹국이 독립적으로 관세 및 비관세장벽을 유지하는 제도이다.
(나) 공동시장(common market)이란 관세동맹에 추가로 가맹국 사이에 노동과 자본 등 생산요소의 자유로운 이동을 보장하는 제도이다.
(다) 관세동맹(customs union)이란 자유무역지대에 추가로 비가맹국에 대해서는 모든 가맹국이 관세를 공동으로 부과하는 제도이다.

정답 18 ② 19 ②

CHAPTER 02　국제금융론

01 난이도 ■■□

우리나라 화폐의 대외가치를 상승시키는 요인에 해당하는 것은?

① 자본시장이 개방된 우리나라에서의 이자율 상승
② 외국과 대비한 우리나라의 높은 물가상승률
③ 국가신인도 하락에 따른 자본 유출
④ 해외경기 위축에 따른 우리나라 수출품에 대한 수요 감소
⑤ 우리나라에서의 외국상품에 대한 수요 증대

| 해설 | 이자율이 상승하면 해외자본의 유입이 발생하므로 외환의 공급이 증가하여 환율이 하락한다. 환율 하락은 원화 가치의 상승을 의미한다.
| 오답해설 | ② 외국과 대비한 우리나라의 높은 물가상승률은 수출을 감소시키고 수입을 증가시켜 경상수지가 악화된다. 이는 환율을 상승시켜 원화 가치의 하락을 초래한다.
③ 국가신인도 하락에 따른 자본 유출은 환율을 상승시켜 원화 가치를 하락시킨다.
④ 해외경기 위축에 따라 우리나라 수출이 감소하면 환율이 상승한다.
⑤ 수입이 증가하면 외환의 수요가 증가하여 환율이 상승한다.

02 난이도 ■■□

원/달러 환율의 하락(원화 강세)을 야기하는 요인으로 옳은 것은?

① 재미교포의 한국으로의 송금 감소
② 미국인의 한국주식에 대한 투자 증가
③ 미국산 수입품에 대한 한국수요 증가
④ 미국 기준금리 상승
⑤ 미국인 관광객의 한국관광 감소로 인한 관광수입 감소

| 해설 | 미국인의 한국주식에 대한 투자 증가 → 자본 유입(외환의 공급) 증가 → 환율 하락
| 오답해설 | ① 재미교포의 한국으로의 송금 감소 → 자본 유입(외환의 공급) 감소 → 환율 상승
③ 미국산 수입품에 대한 한국수요 증가 → 자본 유출(외환의 수요) 증가 → 환율 상승
④ 미국 기준금리 상승 → 자본 유출(외환의 수요) 증가 → 환율 상승
⑤ 미국인 관광객의 한국관광 감소로 인한 관광수입 감소 → 자본 유입(외환의 공급) 감소 → 환율 상승

03 난이도 ■■□

우리나라의 대미 달러화 환율 상승의 원인에 대한 설명으로 옳지 않은 것은?

① 글로벌 금융위기로 인해 외국 기관투자가들이 우리나라 주식을 매각하였다.
② 우리나라 채권에 대한 미국 투자자들의 수요가 증가하였다.
③ 국제금융시장의 불확실성 증가로 인해 달러화 수요가 증가하였다.
④ 대미 달러화 환율 상승의 기대가 달러화에 대한 가수요를 부추겼다.
⑤ 외국인들이 우리나라에서 받은 배당금을 본국으로 송금하고 있다.

| 해설 | 우리나라 채권에 대한 미국 투자자들의 수요가 증가하면 채권수요액만큼 외환의 공급이 증가하여 환율이 하락한다.
| 오답해설 | ① 외국 기관투자가들이 우리나라 주식을 매각하면 자본 유출로 인해 환율이 상승한다.
③ 달러화 수요가 증가하면 외환의 수요가 증가하여 환율이 상승한다.
④ 달러화에 대한 가수요가 발생하면 달러화 가치가 상승하여 환율이 상승한다.
⑤ 배당금을 송금하면 자본 유출이 발생하여 환율이 상승한다.

04 난이도 ■■□

우리나라 총수요의 구성요소 중 순수출에 대한 설명으로 옳지 않은 것은? (단, 다른 조건이 일정하다.)

① 우리나라의 국민소득이 증가하면 순수출은 감소한다.
② 우리나라 물가가 다른 나라 물가보다 더 큰 폭으로 하락하면 순수출은 감소한다.
③ 원/달러 환율이 하락하면 순수출은 감소한다.
④ 우리나라 상품가격이 다른 나라 상품가격보다 비싸지면 순수출은 감소한다.
⑤ 다른 나라의 국민소득이 감소하면 순수출이 감소한다.

| 해설 | 우리나라 물가가 다른 나라 물가보다 더 큰 폭으로 하락하면 수출이 증가하고 수입이 감소하여 순수출은 증가한다.
| 오답해설 | ① 우리나라의 국민소득이 증가하면 수입이 증가하므로 순수출은 감소한다.
③ 원/달러 환율이 하락하면 수출이 감소하고 수입이 증가하여 순수출은 감소한다.
④ 우리나라 상품가격이 다른 나라 상품가격보다 비싸지면 수출이 감소하고 수입이 증가하여 순수출은 감소한다.
⑤ 다른 나라의 국민소득이 감소하면 외국의 수입이 감소하여 자국의 수출이 감소하므로 순수출이 감소한다.

정답 | 01 ① | 02 ② | 03 ② | 04 ② |

05 난이도 ■■□

환율(원/달러) 변동에 대한 옳은 설명을 〈보기〉에서 모두 고른 것은?

| 보기 |

㉠ 국내물가가 상승하면 국내산 재화의 가격이 올라 상대적으로 값이 싸진 외국제품의 수입이 증대하고, 이에 따라 외환 수요가 늘어 환율이 하락한다.
㉡ 국내실질이자율이 상승하면 원화 표시 금융자산의 예상수익률이 상승하고, 이에 따라 원화 표시 금융자산에 대한 수요가 증가하면서 외국자금의 유입이 증가하여 환율이 하락한다.
㉢ 환율이 상승하면 수출은 감소하고 수입은 증가하여 수출기업이 위축되면서 경제성장이 둔화되고 실업이 증가한다.
㉣ 환율이 상승하면 수입원자재 가격이 상승하고 외화부채를 가진 기업의 부담이 커지며 국내물가가 상승한다.

① ㉠, ㉢   ② ㉠, ㉣
③ ㉡, ㉢   ④ ㉡, ㉣
⑤ ㉡, ㉢, ㉣

| 오답해설 | ㉠ 외환의 수요가 증가하면 외환의 가격이 상승하여 환율은 상승(원화 가치 하락)한다.
㉢ 환율이 상승하면 달러화 표시 국내제품의 가격이 하락하여 수출은 증가하는 반면, 원화 표시 해외제품의 국내가격은 상승하여 수입은 감소한다.

06 난이도 ■□□

우리나라의 환율이 달러당 1,000원에서 1,100원으로 변화하였을 때 나타날 수 있는 현상으로 가장 적절한 것은?

① 해외여행이 증가할 것이다.
② 해외유학이 증가할 것이다.
③ 수출기업의 가격 경쟁력이 하락할 것이다.
④ 수입원자재를 사용하는 기업의 생산비용이 증가할 것이다.
⑤ 국민경제에서 수입이 차지하는 비중이 크다면 물가가 하락할 것이다.

| 해설 | 환율이 상승하면 수입품의 원화 표시 가격이 상승한다. 외국에서 수입하려는 재화가 1달러이고, 환율이 '1,000원/1달러'라면, 원화 표시 가격은 1,000원이다. 환율이 '2,000원/1달러'로 상승하면 원화 표시 가격은 2,000원으로 상승한다. 따라서 수입원자재를 사용하는 기업의 생산비용은 증가한다.
| 오답해설 | ①② 환율이 상승하면 해외여행과 해외유학이 감소할 것이다.
③ 환율이 상승하면 수출품의 달러화 표시 가격이 하락하여 수출기업의 가격 경쟁력은 상승한다.
⑤ 수입품도 국내 물가를 구성하는 품목이기 때문에 국민경제에서 수입이 차지하는 비중이 크다면 환율 상승 시 물가는 상승한다.

07 난이도 ■□□

국제 투기자본 유출입으로 인해 각국 통화가 급등락하는 것을 방지하기 위한 금융거래세로, 외환시장의 불확실성을 가중시키는 투기성 자금에 대한 규제장치의 필요성에 의해 등장한 것은?

① 버핏세   ② 토빈세
③ 핫머니세 ④ 소로스세
⑤ 금융투기세

| 해설 | 노벨 경제학상 수상자인 제임스 토빈은 모든 국가가 외환거래에 대해 일정 세율로 거래세를 부과하면 국제 투기자본 유출입으로 각국 통화가 급등락하는 것을 막을 수 있다고 주장했다. 이는 토빈세이다.

08 난이도 ■■□

그림은 우리나라 외환시장에서의 달러화의 수요곡선과 공급곡선을 나타낸 것이다. 균형점이 E에서 A 또는 B로 이동하는 원인으로 옳은 것은?

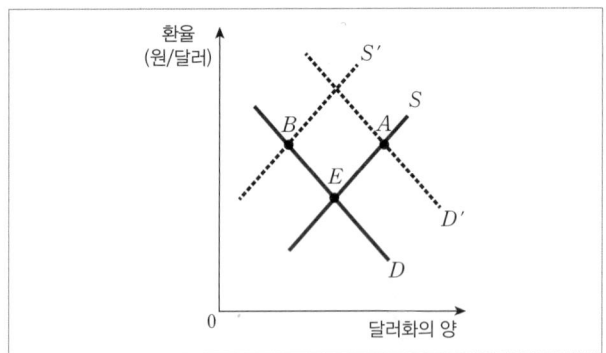

① $E \rightarrow A$: 외국 금융기관의 국내 투자액 증가
② $E \rightarrow A$: 한국산 선박에 대한 해외 수요 증가
③ $E \rightarrow A$: 국내 투자자들의 달러화 저축 증가
④ $E \rightarrow B$: 과거에 도입했던 외자의 상환액 감소
⑤ $E \rightarrow B$: 해외 유학생에 대한 송금액의 감소

| 해설 | A로의 이동은 외화의 수요가 증가한 경우이고, B로의 이동은 외화의 공급이 감소한 경우이다. 달러화 저축을 하기 위해서는 달러화를 구입해야 하므로 이는 외화의 수요를 증가시키는 요인이다.
| 오답해설 | ① 외국의 국내 투자액 증가는 외화공급의 증가 요인이다.
② 한국산 선박에 대한 해외 수요 증가는 수출 증가를 의미한다. 이는 외화공급의 증가 요인이다.
④ 외자 상환액의 감소는 외화수요의 감소 요인이다.
⑤ 해외 송금액의 감소는 외화수요의 감소 요인이다.

| 정답 | 05 ④ | 06 ④ | 07 ② | 08 ③ |

09

경상수지 흑자가 지속적으로 발생하였을 때 나타날 수 있는 현상으로 적절하지 않은 것은?

① 자국의 통화 가치가 상승한다.
② 수출기업의 투자가 증가한다.
③ 국가의 신용등급이 하락한다.
④ 교역국들과 무역마찰이 발생한다.
⑤ 중앙은행의 외환보유액이 증가한다.

| 해설 | 경상수지 흑자로 자국의 통화 가치가 상승하면 국가신인도는 상승한다.
| 오답해설 | ① 경상수지 흑자로 외환시장에 외환의 공급이 증가하면 외환의 가치는 하락하므로 자국의 통화 가치는 상승한다.
② 수출이 증가하면 수출기업의 투자가 증가한다.
④ 지속적으로 경상수지 흑자가 발생하면 무역 통상마찰 가능성이 존재한다.
⑤ 경상수지 흑자가 지속되면 외환의 공급이 증가하므로 외환보유액이 증가한다.

10

원/달러 환율이 상승했을 때 상대적으로 손해를 보는 경제주체는?

① 환율 헷지 상품 가입자
② 달러화로 임금을 받는 노동자
③ 자동차를 수출하는 수출기업
④ 외화 표시 자산을 보유하고 있는 사람
⑤ 미국 여행 후 달러화를 환전하지 않은 사람

| 해설 | 환율 헷지란 환율 변동에 따른 위험을 없애기 위해 현재 수준의 환율로 수출이나 수입, 투자에 따른 거래액을 고정시키는 것을 말한다. 따라서 환율이 상승했을 때 환율 상승분만큼 환차익을 얻을 수 있음에도 환율 헷지 상품을 가입하였다면 그만큼의 환차익을 포기하게 되므로 손실을 본다.
| 오답해설 | ② 원/달러 환율이 상승했다면 달러화의 가치가 상승한 것이므로 달러화로 임금을 받는 노동자는 이득을 얻는다.
③ 수출기업은 환율이 상승하면 환차익을 얻게 되어 이득을 얻는다.
④ 환율 상승은 외화의 가치가 상승한 것을 의미하므로 외화 표시 자산을 보유하고 있는 사람은 환차익을 얻게 되어 이득을 얻는다.
⑤ 달러화 가치가 상승하면 달러화를 아직 환전하지 않은 사람은 그만큼의 환차익을 얻게 되므로 이득을 얻는다.

11

환율(원/달러) 변동에 대한 옳은 설명을 〈보기〉에서 고른 것은?

― 보기 ―
㉠ 우리나라의 국가신용도가 상승하면 환율은 상승한다.
㉡ 국내이자율이 상승하면 원화표시 금융자산의 예상수익률이 상승하므로 외국자금의 유입이 증가하여 환율이 하락한다.
㉢ 환율이 상승하면 미국시장에서 한국산 제품의 가격경쟁력이 약화된다.
㉣ 환율이 상승하면 수입원자재 가격이 상승하고 외화부채를 가진 기업의 상환부담이 커지며 국내물가가 상승한다.

① ㉠, ㉡
② ㉠, ㉢
③ ㉠, ㉣
④ ㉡, ㉣
⑤ ㉢, ㉣

| 해설 | ㉡ 국내이자율이 상승하면 국내투자수익률이 커지므로 자본유입이 증가하여 환율이 하락한다.
㉣ 환율이 상승하면 원화 표시 수입원자재 가격이 상승하며 국내물가가 상승하고, 외화부채를 가진 기업의 부담이 커진다.
| 오답해설 | ㉠ 우리나라의 국가신용도가 상승하면 해외자본의 유입이 증가하므로 환율이 하락한다.
㉢ 환율이 상승하면 미국시장에서 한국산 제품의 가격경쟁력이 높아진다.

12

환율 상승(자국 통화 가치 하락)으로 나타날 수 있는 경제적 현상으로 적절하지 않은 것은?

① 외채의 상환 부담이 증가한다.
② 수출이 증가하고, 수입이 감소한다.
③ 국내에서 수입원자재 가격이 상승한다.
④ 내국인의 해외여행에 대한 경비가 증가한다.
⑤ 경상수지 악화로 인해 외환보유액이 감소한다.

| 해설 | 환율이 상승하면 경상수지 개선으로 인해 외환보유액이 증가한다.
| 오답해설 | ① 환율 상승은 외환의 가격이 상승하는 것이므로 외화로 지급하는 외채의 상환 부담이 증가한다.
② 환율이 상승하면 수출품의 국제가격이 하락하여 수출이 증가하고, 원화 표시 수입가격이 상승하여 수입이 감소한다.
③ 환율이 상승하면 원화 표시 수입원자재 가격이 상승한다.
④ 환율 상승은 외환의 가격이 상승하는 것이므로 내국인의 해외여행의 경비가 증가한다.

정답 09 ③ 10 ① 11 ④ 12 ⑤

13 난이도

변동환율하에서 가격 표시 명목환율(예를 들면, 미국 달러화의 원화 표시 가격)의 변화에 대한 설명으로 옳은 것은?

① 환율이 상승하면 해외에서 국내제품에 대한 수요가 감소한다.
② 환율이 상승하면 국내에서 외국제품에 대한 수요가 증가한다.
③ 다른 상황이 불변이고 환율이 하락하면 교역조건은 악화된다.
④ 다른 상황이 불변이고 환율 상승이 예상되면 자본의 해외 순유출이 증가한다.
⑤ 국내통화량이 증가하면 단기적으로 환율은 하락한다.

| 해설 | 환율 상승 예상 → 환차손 기대로 인해 자본의 해외유출 증가
| 오답해설 | ① 환율 상승 → 수출품의 국제시장가격 하락 → 수출 증가
② 환율 상승 → 수입품의 국내시장가격 상승 → 수입 감소
③ 환율 하락 → 수출품의 국제시장가격 상승 → 교역조건 개선
⑤ 가격변수가 경직적인 경우 통화량이 증가하면 이자율이 하락하여 자본의 해외유출이 발생한다. 이때 환율의 과잉상승반응이 나타난다.

14 난이도

구매력평가설에 대한 설명으로 옳지 않은 것은?

① 일물일가의 법칙이 국가 간에도 적용된다.
② 어떤 통화 1단위의 실질가치가 모든 나라에서 동일하다.
③ A국이 통화공급을 증가시키면 A국의 물가 수준은 상승하는 반면, A국의 통화는 평가절상된다.
④ 현실적으로 상당수의 상품이 비교역재이기 때문에 실제환율과 구매력평가에 의한 환율은 차이가 날 수 있다.
⑤ 환율의 장기적인 변동 추세를 잘 설명하는 이론이다.

| 해설 | 구매력평가설은 양국 화폐의 구매력 비율에 의해 장기적으로 환율이 결정된다는 이론이다. 따라서 상대적으로 물가가 많이 상승한 나라의 화폐가 상대적으로 구매력이 많이 하락했기 때문에 상대적으로 평가절하되어야 한다.
| 오답해설 | ① 구매력평가설은 국제생산물시장에서 일물일가의 법칙에 그 이론적 바탕을 두고 있다.
② 일체의 거래비용이 없다고 가정하면 구매력평가설은 통화 1단위의 실질가치, 즉 구매력이 모든 나라에서 동일해야 한다는 것이다.
④ 국가 간 교역이 불가능한 비교역재의 비중이 클수록 구매력평가설은 성립하지 않는다.
⑤ 구매력평가설은 단기적인 환율의 변동을 잘 설명하지 못하지만, 장기적인 환율의 변동 추세는 비교적 잘 설명한다.

15 난이도

환율결정이론에 대한 설명으로 옳지 않은 것은?

① 절대적 구매력평가설이 성립한다면 실질환율은 1이다.
② 경제통합의 정도가 커질수록 구매력평가설의 설명력은 높아진다.
③ 구매력평가설에 따르면 자국의 물가가 5% 오르고 외국의 물가가 7% 오를 경우 국내통화는 2% 평가절상된다.
④ 구매력평가설이 성립한다면 양국 간 무역에서 재정거래(arbitrage)에 의한 수익을 얻을 수 있다.
⑤ 구매력평가설은 경상수지에 초점을 맞추는 반면, 이자율평가설은 자본수지에 초점을 맞추어 균형환율을 설명한다.

| 해설 | 절대적 구매력평가설이 성립하면 국내상품의 가격(P)과 원화로 표시한 외국상품의 가격($e \times P_f$)이 동일하므로 차익거래가 발생할 수 없다.
| 오답해설 | ① 절대적 구매력평가설하에서 $P = e \times P_f$가 성립하므로 실질환율 $q = \frac{e \times P_f}{P} = 1$이 된다.
② 구매력평가설은 자유무역하에서 성립하는 것이므로 경제통합의 정도가 커질수록 구매력평가설의 설명력은 높아진다.
③ 상대적 구매력평가설에 의해 $\frac{\Delta e}{e} = \frac{\Delta P}{P} - \frac{\Delta P_f}{P_f}$이 성립한다. 국내물가상승률 $\frac{\Delta P}{P} \times 100 = 5\%$, 외국물가상승률 $\frac{\Delta P_f}{P_f} \times 100 = 7\%$이므로 환율변화율 $\frac{\Delta e}{e} \times 100 = 5\% - 7\% = -2\%$이다. 환율이 2%만큼 하락하므로 원화가치는 2%만큼 평가절상된다.
⑤ 구매력평가설은 국제수지의 항목에서 경상수지의 변동에 초점이 주어져 있어 국제생산물시장에서 일물일가의 법칙에 이론적 바탕을 두고 있다. 반면, 이자율평가설은 자본수지의 변동에 분석의 초점이 맞추어져 있어 국제금융시장에서 일물일가의 법칙을 적용한 것으로 볼 수 있다.

16 난이도

한국과 미국의 내년 예상물가상승률이 각각 4%와 6%이고, 현재 환율은 1,200원/달러이다. 상대적 구매력평가설이 적용된다면, 내년 환율은 얼마로 예측할 수 있는가?

① 1,080원/달러
② 1,176원/달러
③ 1,224원/달러
④ 1,260원/달러
⑤ 1,320원/달러

| 해설 | • 상대적 구매력평가설: $\frac{\Delta e}{e} = \frac{\Delta P}{P} - \frac{\Delta P_f}{P_f}$
• 명목환율변동률 = 국내물가상승률 − 외국물가상승률 = 4% − 6% = −2%
따라서 내년 환율은 1,200원의 2%인 24원이 하락하여 1,176원이 될 것이다.

정답 13 ④ 14 ③ 15 ④ 16 ②

17 난이도 ■■□

환율과 국제수지에 대한 설명으로 옳지 않은 것은?

① 구매력평가설에 따를 때, 다른 조건은 일정하고 우리나라의 통화량만 증가하는 경우 원/달러 환율은 하락한다.
② 원/달러 환율이 하락하는 경우 원화가 평가절상된 것이다.
③ 달러화 대비 원화 가치의 하락은 우리나라의 대미 수출 증가 요인으로 작용한다.
④ 자본이동이 자유로운 경우, 다른 조건은 일정하고 우리나라의 이자율만 상대적으로 상승하면 원화 가치가 상승한다.
⑤ 양국의 물가 수준이 일정할 때 명목환율이 상승(절하)하면 실질환율도 상승(절하)한다.

| 해설 | 상대적 구매력평가설 $\frac{\Delta e}{e} = \frac{\Delta P}{P} - \frac{\Delta P_f}{P_f}$에서 다른 조건은 일정하고 우리나라의 통화량이 증가하면 우리나라의 인플레이션이 발생한다. 이는 자국 화폐 가치의 하락을 유도하므로 원/달러 환율은 상승한다.

| 오답해설 | ② 환율 하락은 원화 가치의 상승을 의미하므로 원화가 평가절상된 것이다.
③ 환율이 상승(원화 가치 하락)하면 수출품의 국제가격이 하락하므로 수출이 증가한다.
④ 우리나라의 이자율이 상승하면 해외자본의 유입이 발생하므로 원화 가치가 상승하여 원/달러 환율은 하락한다.
⑤ 실질환율을 q, 명목환율을 e, 국내물가 수준을 P, 외국물가 수준을 P_f라고 한다면 실질환율 $q = \frac{e \times P_f}{P}$이다. 따라서 양국의 물가 수준이 일정할 때 명목환율이 상승하면 실질환율도 상승한다.

18 난이도 ■■□

환율 변동에 대한 설명으로 옳지 않은 것은?

① 환율이 1달러당 1,000원에서 1,200원으로 올랐다면 이는 달러화에 비해 원화 가치가 상대적으로 하락한 것을 의미한다.
② 구매력평가설이란 국가 간 자본거래가 환율을 결정하는 중요한 요인이 된다는 것이다.
③ 비교역재(non-tradable goods)가 많을수록 구매력평가설에 의한 환율 결정이 현실에서의 환율 변화를 잘 설명하지 못한다.
④ 금본위제도와 브레튼우즈체제는 고정환율제도의 대표적인 예이다.
⑤ 투자자들의 기대심리 때문에 환율이 변동할 가능성이 있다.

| 해설 | 구매력평가설은 자유무역하에서 성립하는 것으로 경상수지의 변동에 초점을 두고 있으므로 국가 간 무역자유화와 관련 있으나, 자본의 이동자유화와 관련이 없다. 국가 간 자본의 이동자유화는 자본수지의 변동에 초점을 둔 이자율평가설과 관련 있다.

19 난이도 ■■■

인천공항에 막 도착한 A씨는 미국에서 사먹던 빅맥 1개의 가격인 5달러를 원화로 환전한 5,500원을 들고 햄버거가게로 갔는데, A씨는 미국과 똑같은 빅맥 1개를 구입하고도 1,100원이 남았다. 이에 대한 옳은 설명을 〈보기〉에서 고른 것은?

┌─ 보기 ─────────────────┐
ㄱ. 한국의 빅맥가격을 달러화로 환산하면 4달러이다.
ㄴ. 구매력평가설에 의하면 원화의 대미 달러화 환율은 1,100원이다.
ㄷ. 빅맥가격을 기준으로 한 대미 실질환율은 880원이다.
ㄹ. 빅맥가격을 기준으로 볼 때, 현재의 명목환율은 원화의 구매력을 과소평가하고 있다.
└────────────────────────┘

① ㄱ, ㄴ
② ㄱ, ㄷ
③ ㄱ, ㄹ
④ ㄴ, ㄷ
⑤ ㄴ, ㄹ

| 해설 | ㄱ 5달러를 5,500원으로 환전하였다면 달러당 원화 환율 $e = \frac{5,500}{5} = 1,100$원이 된다. 한국에서 5,500원으로 빅맥 1개를 구입한 후 1,100원이 남았다면 한국의 빅맥가격은 4,400원이 되고, 이를 달러화로 환산하면 $\frac{4,400}{1,100} = 4$달러가 된다.
ㄹ 구매력평가설에 의한 환율 $\frac{P}{P_f} = 880$원이고, 실제환율 $e = 1,100$원이므로 $\frac{P}{P_f} < e$가 성립하여 현재의 명목환율은 원화의 구매력을 과소평가하고 있다.

| 오답해설 | ㄴ 구매력평가설에 의한 환율 $\frac{P}{P_f} = \frac{4,400}{5} = 880$원이 된다.
ㄷ 빅맥가격을 기준으로 한 대미 실질환율 $q = \frac{eP_f}{P} = \frac{1,100 \times 5}{4,400} = 1.25$가 되고, 구매력평가설이 성립한다면 $q = \frac{eP_f}{P} = \frac{880 \times 5}{4,400} = 1$이 된다.

정답 17 ① 18 ② 19 ③

20 난이도

현재 한국과 미국의 연간 이자율이 각각 4%와 2%이고, 1년 후의 예상환율이 1,122원/달러이다. 양국 간에 이자율평형 조건(interest parity condition)이 성립하기 위한 현재 환율은?

① 1,090원/달러
② 1,100원/달러
③ 1,110원/달러
④ 1,120원/달러
⑤ 1,130원/달러

| 해설 | 이자율평가설: $\frac{\Delta e}{e} = \frac{e^e - e}{e} = i - i_f$

- 국내이자율 $i = 0.04$이고, 미국이자율 $i_f = 0.02$이므로 환율의 변화율 $\frac{\Delta e}{e} = 0.02$이다. 예상환율 $e^e = 1,122$이므로 현재 환율 $e = 1,100$이다.

21 난이도

연간 수익률이 15%인 한국채권과 6%인 미국채권이 있다. 현재 한국의 투자자가 1년 후 만기가 도래하는 미국채권을 매입할 때, 매입시점의 환율이 달러당 1,000원이고 채권만기에는 1,100원으로 예상된다면 이 투자자의 기대수익률은?

① 6%
② 10%
③ 15%
④ 16%
⑤ 21%

| 해설 | 원화를 달러화로 환전한 후 만기 시 달러화를 원화로 다시 환전할 때 환율이 상승(달러화 가치 상승)하면 환차익을 얻게 되므로 환율상승률(달러화 가치 상승률)만큼 투자수익률이 상승한다. 따라서 원화 표시 외국투자수익률은 외국 이자율(i_f)에 환율변화율$\left(\frac{\Delta e}{e}\right)$을 더한 $i_f + \frac{\Delta e}{e}$가 된다. 미국채권을 매입할 때 투자자의 기대수익률은 미국채권의 수익률에 명목환율변동률을 더한 값이므로 $i_f + \frac{\Delta e}{e} = 0.06 + 0.1 = 0.16$이다. 따라서 이 투자자의 기대수익률은 16%이다.

22 난이도

현재 1년 만기 달러화예금의 이자율이 1%이고, 현재 원/달러 환율이 1,200원이며, 1년 후 원/달러 환율이 1,212원으로 예상된다. 이자율평가(interest rate parity) 조건에 따른 원화예금의 연간 기대수익률은?

① 1%
② 2%
③ 3%
④ 4%
⑤ 5%

| 해설 | • 현재 환율 $e = 1,200$이고, 예상 환율 $e^e = 1,212$이므로 환율변화율 $\frac{\Delta e}{e} = 0.01$, 즉 1%가 된다.

- 이자율평가설 $\frac{\Delta e}{e} = i - i_f$에서 명목환율의 변화율 $\frac{\Delta e}{e} = 0.01$과 달러화예금의 이자율 $i_f = 0.01$을 대입하면 원화예금의 이자율 $i = 0.02$, 즉 2%가 된다.

23 난이도

변동환율제도의 장점을 〈보기〉에서 고른 것은?

> 보기
> ㉠ 국제수지 불균형의 신속한 조정
> ㉡ 국내경제 안정을 위한 금융정책의 자유로운 사용
> ㉢ 국제결제상의 불확실성 축소

① ㉠, ㉡
② ㉠, ㉢
③ ㉡, ㉢
④ ㉢
⑤ ㉠, ㉡, ㉢

| 해설 | ㉠ 변동환율제도에서는 환율 변동에 의해 국제수지의 불균형이 자동으로 해소된다.
㉡ 변동환율제도하에서는 환율 고정을 위해 외환시장에 개입하지 않아도 되므로 외환의 매입과 매각을 통한 통화량의 변동이 발생하지 않는다. 따라서 국제수지의 변동은 환율의 자유로운 변동에 의해 흡수되므로 정책당국의 자율적인 금융정책이 가능하다.

| 오답해설 | ㉢ 변동환율제도에서는 환율 변동으로 인한 환위험이 존재하므로 무역의 안정성과 지속성이 보장되지 못하여 국외거래의 장애요인이 된다.

| 정답 | 20 ② | 21 ④ | 22 ② | 23 ① |

24
고정환율제도에서 나타날 수 있는 현상에 대한 옳은 설명을 <보기>에서 모두 고른 것은?

┤ 보기 ├
㉠ 국제수지 흑자가 발생할 경우 국내 통화공급이 감소한다.
㉡ 국제수지 적자가 발생할 경우 중앙은행이 외환을 매각해야 한다.
㉢ 고정환율제도는 해외에서 발생한 충격을 완화시켜 주는 역할을 한다.
㉣ 국내 정책목표를 달성하기 위한 금융정책이 제약을 받는다.

① ㉠, ㉢
② ㉠, ㉣
③ ㉡, ㉢
④ ㉡, ㉣
⑤ ㉠, ㉡, ㉣

| 해설 | ㉡ 국제수지 적자가 발생하면 환율 상승(원화 가치 하락)의 압력을 제거하기 위해 중앙은행이 외환시장에서 외환을 매각해야 한다. 이처럼 국제수지의 변화에 따라 국내통화량이 변동하므로 금융정책의 자율성이 제약된다.
㉣ 고정환율제도에서는 국제수지의 변화에 따라 국내통화량이 변동하므로 금융정책의 자율성이 제약된다.

| 오답해설 | ㉠ 국제수지 흑자가 발생하면 환율 하락(원화 가치 상승)의 압력을 받게 되는데, 고정환율제도에서는 환율을 일정 수준으로 유지해야 하므로 중앙은행은 외환시장에서 외환을 매입해야 한다. 외환을 매입하면 외환매입대금만큼 본원통화가 증가하여 통화공급이 증가한다.
㉢ 고정환율제도에서는 해외교란 요인이 국내에 쉽게 파급되지만, 변동환율제도에서는 환율이 시장원리에 의해 결정되므로 쉽게 파급되지 않는다.

25
변동환율제도(floating exchange rate system)에 대한 설명으로 옳지 않은 것은?

① 고정환율제도에 비해 상대적으로 통화정책의 자주성을 확보할 수 있다.
② 환율의 신속한 시장 수급 조절 기능은 대외균형을 유지하는 데 도움이 된다.
③ 환율 변동에 따른 교역당사자의 환위험 부담이 있다.
④ 각국의 정책당국들이 경쟁적으로 평가절상정책을 실시한다.
⑤ 각국의 이자율 수준이 환율 결정에 영향을 미친다.

| 해설 | 평가절상정책은 경상수지의 적자를 초래하기 때문에 각국의 정책당국들이 경쟁적으로 평가절상정책을 실시하지 않는다.
| 오답해설 | ① 변동환율제도하에서 국제수지의 변동은 환율의 자유로운 변동에 의해 흡수되므로 정책당국의 자율적인 금융정책이 가능하다.
② 변동환율제도하에서는 환율 변동에 의해 국제수지의 불균형은 자동적으로 해소된다.
③ 변동환율제도하에서는 환율의 변동에서 오는 환위험이 존재하기 때문에 무역의 안정성과 지속성이 보장되지 못해 대외거래의 장애요인이 된다.
⑤ 각국의 이자율 수준은 자본이동과 관련되어 환율 결정에 영향을 미친다.

26
우리나라 국제수지에 대한 설명으로 옳은 것은?

① 유학생에 대한 해외 송금액 증가는 자본수지의 적자 요인이다.
② 상품수지와 서비스수지는 동시에 적자를 기록할 수 없다.
③ 외국인의 우리나라 채권 보유 증가는 자본수지의 적자 요인이다.
④ 국내기업의 해외 건설수주액 증가는 경상수지의 적자 요인이다.
⑤ 외국인에 대한 주식배당금의 해외송금은 경상수지 적자 요인이다.

| 해설 | 외국인에 대한 주식배당금의 해외송금은 본원소득수지의 지급에 해당하므로 경상수지 적자 요인이 된다.
| 오답해설 | ① 유학생에 대한 해외송금액은 경상수지 중 이전수지에 해당한다.
② 경상수지를 구성하는 상품수지와 서비스수지는 독립적으로 변동하므로 동시에 적자 또는 동시에 흑자가 가능하다.
③ 외국인이 우리나라의 채권을 보유하면 해외자본의 유입이 발생하므로 이는 자본수지의 흑자 요인이 된다.
④ 해외 건설수주액 증가는 경상수지의 흑자 요인이다.

정답 24 ④ 25 ④ 26 ⑤

27 난이도 ■■□ 약점진단 ○△✕

우리나라의 경상수지 흑자를 증가시키는 경우는?

① 외국인이 우리나라 기업의 주식을 매입하였다.
② 우리나라 학생의 해외 유학이 증가하였다.
③ 미국 기업이 우리나라에 자동차 공장을 건설하였다.
④ 우리나라 기업이 중국 기업으로부터 특허료를 지급받았다.
⑤ 우리나라 기업이 외국인에게 주식투자에 대한 배당금을 지급하였다.

| 해설 | 특허권 사용료 등 각종 서비스의 거래는 서비스수지에 해당한다. 중국 기업으로부터 받은 특허료는 서비스수지의 수취에 해당한다.
| 오답해설 | ①③ 금융계정에 해당한다.
② 서비스수지의 지급에 해당한다.
⑤ 본원소득수지의 지급에 해당한다.

28 난이도 ■■□ 약점진단 ○△✕

자본 이동이 자유로운 소규모 개방경제가 변동환율제도를 채택하고 있으며, 정책 변화가 있기 전에는 균형상태를 유지하고 있다. 이 경우 먼델-플레밍(Mundell-Fleming) 모형에 의한 현상으로 옳은 것은?

① 통화량을 증가시키면 자본이 국내로 유입된다.
② 통화량을 증가시키면 국내통화의 대외가치가 상승한다.
③ 정부지출을 증가시키면 자본이 해외로 유출된다.
④ 정부지출을 증가시키면 국내통화의 대외가치가 상승한다.
⑤ 해외이자율이 인상되면 국내통화의 대외가치가 상승한다.

| 해설 | 정부지출이 증가하면 이자율이 상승하여 해외자본의 유입이 발생한다. 해외자본의 유입이 발생하면 환율이 하락하므로 국내통화의 대외가치가 상승한다.
| 오답해설 | ① 통화량을 증가시키면 국내이자율이 하락하므로 자본이 국내에서 유출된다.
② 통화량의 증가로 자본이 유출되면 환율이 상승하므로 국내통화의 대외가치가 하락한다.
③ 정부지출을 증가시키면 이자율이 상승하므로 해외자본의 유입이 발생한다.
⑤ 해외이자율이 인상되면 자본이 유출되어 환율이 상승하고, 국내통화의 대외가치가 하락한다.

29 난이도 ■■□ 약점진단 ○△✕

화폐수요가 이자율에 대해 완전탄력적이지는 않다고 할 때, 물가가 고정된 단기에 국내 중앙은행에 의한 화폐공급의 증가가 소득과 환율에 미치는 영향으로 옳은 것은? (단, 자본의 이동이 자유롭고, 변동환율제도를 채택하고 있는 소국을 가정한다.)

① 국내소득 증가, 국내화폐의 평가절상
② 국내소득 증가, 국내화폐의 평가절하
③ 국내소득 감소, 국내화폐의 평가절하
④ 국내소득 감소, 국내화폐의 평가절상
⑤ 국내소득 불변, 국내화폐의 평가절상

| 해설 | 화폐공급이 증가하면 국내이자율이 하락하여 투자수요가 증가하므로 국민소득은 증가한다. 이자율의 하락은 외환시장에서 자본 유출을 발생시키고 이에 따라 국제수지는 적자가 된다. 변동환율제도하에서 국제수지가 적자가 되면 환율이 상승(국내화폐의 평가절하)하고, 순수출이 증가하여 국내소득은 증가한다.

30 난이도 ■■□ 약점진단 ○△✕

정부지출이 증가할 때 국민소득 증가 효과가 가장 크게 나타나는 경우는?

① 폐쇄경제에서 물가 수준과 이자율이 모두 상승하는 경우
② 폐쇄경제에서 투자가 이자율에 민감하게 반응하는 경우
③ 폐쇄경제에서 이자율은 상승하지만 물가 수준이 상승하지 않는 경우
④ 자본이동이 완전히 자유로운 소규모 개방경제에서 변동환율제를 채택한 경우
⑤ 자본이동이 완전히 자유로운 소규모 개방경제에서 고정환율제를 채택한 경우

| 해설 | 고정환율제를 채택한 경우에는 자본 유입으로 인한 국내 통화 가치 상승 압력에 대응하여 중앙은행이 통화량을 공급하므로 국민소득 증가 효과가 가장 확대된다.
| 오답해설 | ①③ 폐쇄경제에서 정부지출의 증가로 이자율이 상승하면 민간투자가 감소하는 구축 효과가 나타나고, 물가 수준이 상승할 경우에도 자산 효과 등으로 국민소득 증가 효과가 감소한다.
② 폐쇄경제에서 투자가 이자율에 민감하게 반응할수록 구축 효과가 크게 나타나므로 국민소득 증가 효과가 낮게 나타난다.
④ 자본이동이 자유로운 소규모 개방경제에서 변동환율제를 채택한 경우 자본 유입으로 국내 통화 가치가 상승하여 순수출이 감소하는 효과가 추가적으로 발생한다.

정답 27 ④ 28 ④ 29 ② 30 ⑤

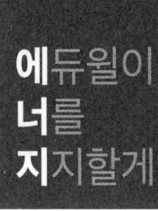

항상 맑으면 사막이 된다.
비가 내리고 바람이 불어야만
비옥한 땅이 된다.

– 스페인 속담

Test of Economic & Strategic business Thinking

2025 에듀윌

매경TEST
실전문제집

경영편

경영편

PART 01
기업경영과 조직

CHAPTER 01 경영과 기업
경영의 주체가 되는 기업을 이해하기 위해 경영활동의 구성요소를 살펴본다. 경영환경이 무엇인지, 어떻게 구분하는지를 이해하고 경영의사결정의 종류에 대해 알아본다. 또한 경영학이 어떤 역사적 흐름에 따라 발전해 왔는지 살펴본다.

CHAPTER 02 조직관리이론의 흐름
기업은 조직을 이루어 경영활동을 한다. 경영관리란 결국 조직관리의 연장선상에서 이해할 수 있는 이유이기도 하다. 조직관리를 발전시킨 주요 이론들과 특징을 알아본다.

CHAPTER 03 조직구조의 형태
기업을 이루는 조직구조는 어떤 형태를 가지고 있는지 알아보고, 효율적 경영을 하기 위한 조직은 과거부터 어떻게 발전해 왔는지 알아본다. 고전적 조직과 현대적 조직의 차이점과 특징에 대해 이해한다.

PART 01 기업경영과 조직

CHAPTER 01 경영과 기업

1 경영과 경영학

(1) 경영과 경영학의 개념

① 경영(administration)
- 조직을 조직화하여 감독하는 일련의 활동을 의미한다.
- 관리(management)의 개념을 포함하며, 관리란 기업을 운영하고 통제하는 활동을 의미한다.
- 조직을 운영하고 통제하는 관리의 차원을 넘어 재화와 서비스를 만들어 내기 위해 생산, 유통, 판매하는 일련의 활동을 계획, 조직, 조정, 지휘, 통제하는 과정을 말한다.

② 경영학(business management)
- 경영 현상을 이해하는 학문체계이다.
- 재화와 서비스를 생산하기 위해서는 한정된 자원의 최적 배분을 위한 의사결정이 중요하며, 일반적으로 인사/조직, 전략/국제경영, 생산관리, 마케팅, 경영정보시스템, 재무관리, 회계학 등으로 분류한다.

(2) 경영활동의 구성 요소

① 투입(input)
- 유형의 자원: 형태가 있는 자원으로, 토지, 인적자원, 건물, 기계, 재무자원 등
- 무형의 자원: 형태가 없는 자원으로, 전략, 지식, 정보, 기술 등

② 변환(transformation)
- 계획화(planning): 목표를 수립하고 이를 달성하기 위해 필요한 활동을 결정하는 과정
- 조직화(organizing): 설정된 목표를 달성하기 위해 기업이 가지고 있는 자원을 배분하고, 개인과 집단의 행동을 조정하는 과정
- 지휘(leading): 구성원들의 동기를 부여하고 목표를 달성하는 과정
- 통제(control): 목표와 성과를 비교하고 그 차이를 수정하는 과정

③ 산출(output)
- 재화(goods): 유형의 산출물이며, 재고의 형태로 수요에 대응할 수 있으나 생산과 소비 시점이 일치하지 않는다.
- 서비스(service): 무형의 산출이며, 재고의 형태로 수요에 대응할 수 없고, 생산과 소비 시점을 구분할 수 없다.

구분	재화	서비스
성질	유형	무형
재고 가능 여부	재고 가능	재고 불가능
시장 규모	넓은 시장	좁은 시장
설비 규모	대규모 설비	소규모 설비
품질 측정	품질 측정 용이	품질 측정 곤란
성격	자본 집약적	노동 집약적
반응 시간	긴 반응 시간	짧은 반응 시간
고객 접촉	낮은 고객 접촉	높은 고객 접촉

2 경영환경

(1) 경영환경(business environment)

① 경영환경이란 경영활동에 영향을 미치는 기업의 내부 및 외부환경을 의미한다. 즉, 경영활동에 영향을 미치는 상황적 요소를 포함한다.

② 경영환경은 내부 환경과 외부 환경, 미시적 환경과 거시적 환경으로 구분한다.
- 내부 환경: 조직이 갖고 있는 독특한 조직 분위기나 조직 문화를 의미하는 것으로, 조직 구성원이 조직의 성격, 가치, 규정, 스타일 및 특성을 의미한다.
- 외부 환경: 조직의 외부에 존재하면서 조직의 의사결정이나 전반적인 조직활동에 영향을 미치는 환경으로, 일반 환경과 과업 환경으로 구분되며, 과업 환경은 기업의 통제가 가능하지만, 일반 환경은 특정 대상으로 규정할 수 없기 때문에 통제가 불가능하다.
- 미시적 환경: 경쟁자, 소비자, 공급자를 비롯하여 기업의 내부환경 등과 같이 기업의 목표 달성에 직접적인 영향을 미치는 요인이다.
- 거시적 환경: 산업 외부에서 기업에 영향을 미치는 요인으로, 정치, 경제, 사회, 문화를 비롯하여 인구 통계학적 환경, 기술적 환경이 이에 해당한다.

(2) 경영환경의 불확실성(uncertainty)

① 경영환경은 불확실성으로 인해 의사결정자가 의사결정을 내리는 데 정보가 부족하다.

② 기업의 의사결정자는 다양한 환경에 직면하면서 불확실성을 경험하게 되는데, 이러한 불확실성은 환경의 복잡성, 환경의 동태성, 환경의 풍부성으로 인해 증폭되는 경향이 있다.

3 경영의사결정

(1) 경영의사결정의 이해
① 경영의사결정은 경영자가 현재의 상태(as-is)와 목표(to-be)의 차이(gap)를 인지하는 데서부터 시작한다.
② 차이를 경영학에서는 문제(problem)라고도 하는데, 경영의사결정을 문제해결이라고 하는 이유도 여기서 찾을 수 있다.

(2) 경영의사결정의 과정

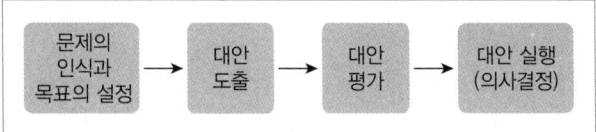
문제의 인식과 목표의 설정 → 대안 도출 → 대안 평가 → 대안 실행 (의사결정)

(3) 경영의사결정의 특징
① 경영의사결정과 관련된 문제는 다양한 요소들을 고려해야 하기 때문에 복잡하며, 의사결정자가 문제를 정확히 파악하는 것조차 쉽지 않을 때가 많다.
② 경영의사결정에는 경영환경의 불확실성을 비롯한 다양한 불확실성이 존재하며, 정확한 의사결정을 내리는 것이 어렵다.

(4) 경영의사결정의 종류

기준	종류
의사결정 상황	• 확실한 상황에서의 의사결정 • 불확실한 상황에서의 의사결정 • 위험한 상황에서의 의사결정 • 상충 상황에서의 의사결정
의사결정 수준	• 전략적 의사결정 • 전술적(관리적) 의사결정 • 운영적(기능적) 의사결정
의사결정 성격	• 정형적(구조적) 의사결정 • 비정형적(비구조적) 의사결정
정보의 유형	• 정량적 의사결정 • 성성적 의사결정

4 기업경영

(1) 기업경영의 의의
① 경영목적이란 기업이 경영행동을 통해 실현하고자 하는 바람직한 상태 또는 도달점을 의미한다.
② 일반적으로 경영목적은 경영이념을 바탕으로 경영목표를 추구하면서 달성하게 된다.
③ 기업의 목적과 목표를 수립할 때에는 효과성(effectiveness)과 효율성(efficiency)를 고려하는 것이 중요하다. 효과성은 바라던 결과를 이루어내는 것을 의미하며(Do right thing), 효율성은 최소의 투입으로 최대의 산출을 만들어 내는 것을 의미한다(Do things right).

(2) 기업경영의 구성 요소
일반적으로 기업경영의 구성 요소에는 경영 목적, 인적자원, 자본, 경영 전략이 있다.

(3) 페이욜(H. Fayol)의 경영활동과 경영관리 구성 요소
① 페이욜의 경영활동: 페이욜은 경영 활동을 다음과 같이 6가지로 구분하였다.

기술활동	생산, 제조, 가공
상업활동	구매, 판매, 교환
재무활동	자본의 조달과 운영
보호활동	재화와 종업원의 보호
회계활동	재산목록, 대차대조표, 원가, 통계
관리활동	계획, 조직, 지휘, 조정, 통제

② 페이욜의 경영관리 5요소: 페이욜은 경영관리활동을 계획·조직·지휘·조정·통제하는 것이라고 강조하면서 관리과정론을 주장하였다.

계획 (planning)	조직의 목표 수행을 위해 최선의 방법을 결정하는 것
조직 (organizing)	인적자원의 배치와 이들에 대해 평가하는 것
지휘 (commanding)	관리자가 조직의 목표 달성을 위해 과업의 시작을 알리는 것
조정 (coordinating)	조직의 개별 활동은 조정을 통해 조화롭게 하나의 통일체가 되어야 하는 것
통제 (controlling)	목표와 활동의 비교를 통해 조직이 계획된 방법으로 기능하도록 확보하는 것

5 기업의 개념과 종류

(1) 기업의 개념
① 기업이란 자원을 투입하여 변환 과정을 거치면서 가치를 증대하고, 산출물로서 재화와 서비스를 생산하여 고객에게 만족을 주는 행위의 주체이다.
② 이러한 활동을 통해 기업은 목표를 달성하고 이익을 얻을 수 있다.

(2) 기업의 목적
① 이익극대화 목적론: 과거 기업의 목적론을 대표하는 주장으로, 기업의 존재의 이유와 목적이 이익을 극대화하는 것에 있다고 본다
② 봉사 목적론: 포디즘(Fordism)에서 주장하는 고임금 저가격으로 대표되는 주장으로, 기업은 종업원에게 높은 임금을 주면서 고객들에게는 낮은 가격의 제품을 제공하는 것으로 이익을 얻는데, 그것은 봉사의 대가라고 주장한다.

③ 고객창조 목적론
- 피터 드러커는 포디즘에서 한 발 더 나아가 기업이 고객에게 봉사하는 것은 기업의 기능이며 진정한 기업의 목적은 고객을 창조하는 것이라고 주장한다.
- 기업은 사회로부터 부(wealth)를 창조하도록 많은 자원을 위탁받은 기관이므로 기업은 사업 활동을 통해 그 가치를 제공받는 누군가(고객)를 창조해야 함을 강조하는데, 이를 위해 마케팅과 혁신활동이 중요하다고 주장한다.

④ 경제성(생산성) 목적론: 기업은 생산경제의 주체로서 효율성을 높여야 한다는 것을 강조한다. 즉, 투입 대비 생산량을 증가시켜 생산성을 높이고 그 결과가 사회 구성원들에게 적절하게 분배되어야 함을 주장한다.

(3) 기업의 특징
① 기업은 협동성을 바탕으로 한 협동시스템의 성격을 가진다.
② 기업은 본질적으로 생산경제의 주체로서 생산 기능을 수행한다.
③ 기업은 실체(entity)로서 독립적 존재이다. 여기서 실체란 기업이 스스로 독자적, 영속적으로 존재하면서 기능을 수행하는 하나의 사회 경제적 제도 또는 기관을 의미한다.
④ 기업은 가계, 기업, 정부와 함께 개별경제의 단위로서 경제활동의 직접적인 주체이다.

6 주식회사

(1) 주식회사의 특징
① 유한책임제도
- 주식회사의 출자자는 자신의 출자액 한도 내에서만 책임을 진다.
- 출자자의 개인 자산과 회사 재산은 별개의 것으로 주주의 개인 자산은 보호된다.

② 자본의 증권화
- 주식회사는 출자의 단위를 소액 균등화하여 이를 증권화함으로써 대중자본을 쉽게 조달할 수 있다.
- 출자자의 주식은 주권의 형태로 증권화되어 매매 및 양도가 자유로운 유가증권의 성격을 가진다.

③ 소유와 경영의 분리
- 주식은 그 기업의 소유권을 상징적으로 나타내는 것으로, 소유 비율에 따라 주주는 의사결정권한을 나누어 가진다.
- 주식회사의 경우 자본의 증권화로 인해 주식의 분산이 많이 이루어지게 되면, 주주의 수가 많아지고 각 주주의 소유 비율이 미미한 수준이 되어 소액주주들은 현실적으로 의사결정권한을 행사하기 어렵게 된다.

(2) 주식회사의 구성요소
① 주식: 자본의 구성분자로서 주식회사의 물적 요소인 자본과 인적 요소인 주주를 결부시키는 개념이다.
② 자본: 발행 주식의 액면 총액을 의미한다. 기업 정관에는 기업이 발행한 총주식 수만 기재하면 되는데, 자본은 정관의 기재 사항은 아니지만 등기 사항에는 해당한다.
③ 주주의 유한책임: 주주는 회사에 대해 자기가 인수한 주식의 인수 가액을 한도로 재산상의 출자 의무를 지며, 그 밖에는 아무런 의무도 지지 않는다.

(3) 주식회사 주요 기관
① 주주총회: 회사의 의사를 결정하는 최고 의사결정기관으로, 주주로 구성되어 있고, 회사의 조직과 경영에 관한 중요사항을 결정하는 회의이다.
② 이사회: 기업 운영의 핵심기관으로, 이사는 회사의 실제 운영 기관인 이사회의 구성원으로, 경영에 대한 의사결정과정에 관여하고, 대표이사를 감독·견제하는 등 경영에 책임을 진다.
③ 감사 및 감사위원회: 주식회사의 주요 기관 중 하나로, 이사와 이사회의 직무 집행을 감사한다. 이사가 주어진 직무를 잘 수행하고 있는지 감사하는 기관이다.
④ 경영자: 주식회사의 직접적인 기관은 아니지만 기업의 운영에서 가장 큰 책임을 진다. 전문경영자의 경영 의사결정에 대한 정보가 소유주에게 충분히 공유되지 않는 정보비대칭으로 문제가 발생하는 경우가 생기는데, 이를 '대리인 문제'라고 한다.

7 기업의 역할

(1) 기업의 사회적 책임(Corporate Social Responsibility: CSR)
① 개념: 기업이 사회 구성원의 일원으로 기업활동을 하면서 발생하는 여러 문제들에 대해 기업 행동의 규범적인 체계를 수립하고 이를 준수하는 것을 의미한다.
② 종류
- 경제적 책임: 기업은 사회가 필요로 하는 재화와 서비스를 생산하고 이를 통해 경제적 이익을 달성하여 함께 일하는 직원들에게 임금을 지급하고 기업에 투자한 주주들에게 배당을 주어야 함을 의미한다.
- 법적 책임: 기업은 한 나라에 속하여 활동을 하게 되므로 소속된 국가가 제정한 법률을 준수할 책임을 져야 함을 의미한다.
- 윤리적 책임: 기업은 사회를 구성하는 일원으로서 법률에는 명시되어 있지 않더라도 사회 구성원의 윤리적 문제에 대해 무책임한 행동을 해서는 안 됨을 의미한다.
- 자선적 책임: 기업의 순수한 자유의지로서 사회에 공헌하는 책임을 의미한다.

(2) 기업의 지속가능경영(sustainability management)
① 개념: 기업이 '계속 기업(ongoing concern)'으로 존재하기 위해 미래 세대에 해를 끼치지 않고 현재 세대의 필요를 충족시키려는 기업활동을 의미한다.
② 지속가능경영의 구성 요소(삼중최저선)
- 경제적(재무적) 책임: 주주, 직원, 고객, 협력업체 등을 비롯하여 제품과 서비스의 생산을 위해 자금을 공급하거나, 임금 또는 대가를 받는 모든 주체의 경제적 요구를 다루는 요소로서의 책임
- 환경적 책임: 지구의 생태적 요구와, 서비스와 제품의 생산에 사용되는 자원에 관한 기업의 책임을 다루는 지속가능성의 요소로, 환경은 미래 세대의 것을 잠시 빌려 쓴다는 개념이 적극적으로 반영된 책임
- 사회적 책임: 지역 주민과 사회가 기업에 대해 가지는 도덕적, 윤리적, 박애주의적 기대를 다루는 지속가능성의 요소로서의 책임

(3) 공유가치창출(Creating Shared Value: CSV)
① 개념: 기업이 경제적 책임과 사회적 책임을 수행하면서 동시에 기업의 핵심 경쟁력을 강화하는 일련의 기업 정책 및 경영활동을 의미한다.
② 공유가치창출을 위한 조건
- 제품과 시장에 대한 재구상
- 가치사슬의 생산성 재정의
- 지역 클러스터 구축

(4) ESG 경영
① 개념: ESG는 환경(Environmental), 사회(Social), 지배구조(Governance)의 약칭으로, 기업의 비재무적 성과를 판단하는 기준으로 활용된다.
② ESG의 특성: 기업의 사회적 책임(Corporate Social Responsibility: CSR), 지속가능성(sustainability), 공유가치창출(created social value), 기업 시민의식(corporate citizenship), 지속가능한 발전(sustainable development) 등 다양한 특성을 내포하고 있다.

CHAPTER 02 조직관리이론의 흐름

1 테일러의 과학적 관리법

(1) 개념
① 테일러의 과학적 관리법은 테일러리즘(Taylorism)이라고 불리며, 20세기 초부터 주목받은 과업 수행의 분석과 혼합에 대한 관리 이론이다.
② 테일러의 과학적 관리법의 핵심 목표는 경제적 효율성, 특히 노동생산성 증진에 있다.
③ 테일러의 과학적 관리법

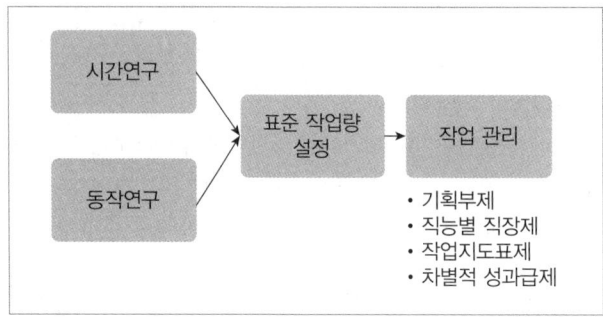

(2) 특징
① 시간연구와 동작연구: 기존에는 작업의 양을 과거의 경험에 의해 결정했지만, 테일러는 시간연구와 동작연구를 통해 표준화된 과업을 결정하고 작업의 양을 조절하였다.
② 기획부제(planning department): 작업의 변경과 조건을 표준화하고 시간연구에 따른 과업을 설정하며 작업에 대한 계획을 세우는 기획부를 만들어 과학적 관리법을 실행하였다.
③ 직능별 직장제(functional foremanship): 전문화된 직능별로 감독자, 즉 직장(foreman)을 두고 작업자를 전문적으로 관리, 감독, 지휘하게 하였다.
④ 작업지도표제(instruction card system): 시간연구와 동작연구를 통해 작성된 표준작업방법과 표순시간이 표시된 표로, 이는 직능별 직장들이 관리, 감독할 수 있는 기준을 제공하는 역할을 한다.
⑤ 차별적 성과급제: 시간연구와 동작연구를 통해 작성된 표준과업을 표준시간 내에 달성하는 작업자들과 그렇지 못한 작업자들에게 차별적으로 임금을 지급하여 작업자들의 작업의욕을 고취시키는 데 활용한다.

2 길브레스(Gilbreth)의 연구
① 길브레스는 테일러의 과학적 관리법을 발전시켜 작업 중 불필요한 동작을 줄이기 위한 여러 가지 연구를 진행하였다.
② 특히, 동작연구를 위해 마이크로미터(micrometer)라는 기계를 개발하여 활용하여 여러 과업에 활용되는 17가지 기본동작(therblig)을 제시하였다.

3 포드(Ford)의 연구

(1) 포디즘(Fordism)의 개념
① 포드는 테일러의 과학적 관리법을 발전시켜 컨베이어 시스템(conveyor system)을 자동차 생산에 도입하였으며, 이를 포디즘이라고 한다.
② 컨베이어 시스템은 포드가 자동차를 대량생산할 수 있는 기반을 제공하였다. 즉, 대량생산을 통한 규모의 경제를 달성하여 획기적으로 자동차의 가격을 낮추게 되어 미국 중산층이 자동차를 소유할 수 있는 기회를 주었다.
③ 포드 자신은 이를 자신의 경영이념으로 내세우고 기업은 단순한 이윤이 목적이 아닌 봉사를 하기 위한 조직이라고 주장하였으며, 이를 포드의 봉사주의라고 한다.

(2) 포디즘의 특징(3S)
① 포디즘은 컨베이어 시스템을 통한 대량생산으로 정리할 수 있으며, 이를 효율적으로 운영하기 위해 포드는 3S를 주장하였다. 3S는 단순화(simplification), 전문화(specialization), 표준화(standardization)이다.
② 컨베이어 시스템과 3S를 통해 대량생산을 하게 되고 증가된 생산량만큼 직원들에게 높은 임금을 주게 될 뿐만 아니라 규모의 경제 효과를 통해 비용을 절감하게 되어 낮은 가격으로 제품을 시장에 출시할 수 있게 되었다. 이러한 특징을 포드의 고임금 저가격으로 정리할 수 있다.

4 막스 베버(Max Weber)의 관료제(bureaucracy)이론

(1) 관료제의 개념
① 베버는 기존의 사회조직이 대부분 전통적이고 세습적이며 때로는 카리스마적 리더에 의해 관리·지배되어 왔기 때문에 효율성을 기대하기 어려웠으므로 이에 대한 대안으로 관료제를 주장하였다.
② 관료제란 명령, 복종, 합법적 권위(규범), 문서에 기반을 둔 이상적인 조직 형태를 의미한다.

(2) 관료제의 특징
관료제의 가장 핵심적인 특징은 공식화(formalization)로, 이외에도 다음과 같은 특징이 있다.
① 규칙의 명확화: 규칙을 통해 업무절차를 표준화할 수 있고, 모든 인간을 동일하게 취급할 수 있다.
② 노동의 분화: 인간은 잘 정의된 직무를 담당하고 있으며 직무를 수행하는 데 필요한 권한을 가진다.
③ 기술적 훈련, 역량 그리고 전문성에 근거한 인사: 특정 직무에 대한 자격요건이나 승진에 대한 객관적 기준을 마련한다.
④ 전문경영: 소유와 경영이 분리되는 관리시스템이다.
⑤ 계층의 원칙: 하위직급은 상위직급에 의해 직접적으로 감독과 통제를 받는다.
⑥ 문서화: 행동, 의사결정, 규칙 등은 문서로 기록·보관된다.

(3) 베버의 합법적 권한의 중요성과 유형
① 조직 내 권한은 다양한 원천에 의해 획득되지만, 권한의 행사가 상대방에 의해 수용될 때 합법성을 가지게 된다.
② 베버가 주장한 합법적 권한의 유형
   • 관습이나 전통에 의해 특정 지위를 가지게 되는 전제군주형
   • 개인적 매력을 통한 권한을 획득하는 카리스마형
   • 전문성과 법적으로 정의된 자격요건을 충족하여 획득하는 관료적 리더형

5 메이요(E. Mayo)의 인간관계론

(1) 개요
① 하버드 경영대학의 메이요 교수가 주축이 되어 진행한 호손공장연구(Hawthorne plant studies)는 조직이론 분야에 인간관계이론의 발전을 가져온 대표적인 실험이다.
② 호손공장에서는 당시 테일러의 과학적 관리법을 적용하여 운영하고 있었으나, 성과가 별로 좋지 못해 이에 대한 문제를 찾고 해결하기 위한 목적으로 호손연구가 시작되었다.
③ 호손공장연구는 모두 4회의 실험으로 구성되었으며, 조명시험, 계전기 작업장 실험, 면접 연구, 배전기 작업장 실험 순으로 진행되었다.

(2) 실험의 주요 내용
① 조명 실험
   • 조명 연구의 목적은 조명의 양과 질이 공장 근로자들의 작업능률과 어떤 관계를 갖고 있는지를 알아내는 데 있다.
   • 실험 결과, 공장 생산성과 작업장 조도 사이에는 아무 관계가 없다는 것이 증명되었다.
② 계전기 작업장 실험: 작업장 환경이나 근로시간이 근로자의 작업 행태, 즉 궁극적으로 생산성에 영향을 주는 중심변수가 아니라는 것으로, 당시 과학적 관리의 기본 가정과 배치되는 결과였다.
③ 면접 연구: 작업자의 작업의욕과 동기는 개인적인 감정이나 심리에도 영향을 받지만, 함께 일하는 동료와 소속된 집단의 분위기와 조건에 더욱 큰 영향을 받는다는 것을 확인하였다.
④ 배전기 작업장 실험
   • 작업자의 환경, 즉 사회적 조건 등이 작업 능률에 어떠한 영향을 미치는지 관찰한 실험이다.

- 조직의 공식집단과 별개로 존재하는 비공식집단의 존재를 확인하였으며, 비공식집단은 공식적으로 규정된 작업규범 외에 자체적으로 준수하고 있는 작업규범이 있고, 이러한 비공식집단의 작업규범은 생산성에 영향을 미치는 것을 확인하였다.

(3) 호손공장연구의 중요성
① 호손공장연구는 공식조직 구조와 과정 외에 생산성에 영향을 미치는 요인들이 있음을 확인하였다. 이는 사회 심리적 보상의 중요성을 확인한 것이다.
② 특히, 생산성 향상을 위해 근로자와 근로자 간의 관계라는 새로운 요소의 중요성을 확인하게 됨으로써 조직이론에서 인간관계학파(human relations school)가 생겨나는 계기가 되었다.

6 조직관리의 계량적 접근법

(1) 경영과학(계량경영학)
① 개념: 문제해결이나 의사결정을 위해 계량적 기법을 활용하는 접근법을 의미한다.
② 제2차 세계대전 군수물자의 효율적 전개와 작전 수행을 지원하기 위해 수립되어 발전하였다.

(2) 시스템이론
① 개념: 시스템이란 특정한 목표를 달성하기 위해 하나의 전체로 기능하는 상호관련성을 가지는 구성 요소들의 집합을 말한다.
② 시스템의 기본 속성
- 결과지향성: 시스템은 과정이 아닌 결과를 추구한다.
- 구조성: 구성인자가 유기적으로 연결되어 있다.
- 기능성: 구성인자는 목표를 달성하기 위해 상호작용한다.
- 전체성: 구성인자가 하나로 결합되어 있는 실체이다.
- 이인동과성: 시스템의 목표를 달성하기 위해서는 여러 가지 방법이 활용 될 수 있다.

(3) 상황적합이론
① 모든 상황에 적용하여 최선의 효과를 얻어내는 유일한 방법은 없으며, 좋은 결과를 얻었던 방법도 상황이나 환경이 변하면 그 효과를 거두지 못하는 경우도 많다.
② 상황에 따라 적합한 최선의 효과를 거두기 위한 관리 방법, 조직 형태 등이 달라져야 한다고 주장하는 이론이다.
③ 톰슨(Thompson)의 연구: 조직구조에 영향을 미치는 과업의 상호작용을 집합적 상호의존성(예 은행 등), 순차적 상호의존성(예 자동차 공장, 조선소 등), 교호적 상호의존성(예 병원 등)으로 구분하였다.

④ 페로우(Perrow)의 연구: 과업의 다양성과 문제의 분석 가능성에 따라 기술을 구분하였다.

구분		과업의 다양성	
		낮음	높음
문제의 분석 가능성	낮음	장인기술 (제화, 공예산업 등)	비일상적 기술 (기초과학, 신상품 개발 등)
		대체로 유기적, 중간 정도의 공식화와 집권화	유기적 구조, 낮은 공식화와 집권화
	높음	일상적 기술 (석유정제, 자동차 조립 등)	공학적 기술 (건축, 회계 등)
		기계적 구조, 높은 공식화와 집권화	대체로 기계적, 중간 정도의 공식화와 집권화

⑤ 우드워드(Woodward)의 연구: 생산기술의 복잡성에 따라 제조업의 기술을 단위소량생산기술(예 맞춤양복 등), 대량생산기술(예 자동차 및 전자제품의 조립라인 등), 연속공정생산기술(예 석유정제공장이나 정밀화학공장 등)로 구분하였다.
⑥ 로렌스(Lawrence)와 로쉬(Lorsch)의 연구: 여러 산업의 기업을 조사하면서 환경의 불확실성을 상황 변수로 하여 환경의 불확실성이 높을수록 더 많은 조직 분화가 필요하다는 것을 확인하였으며, 환경의 불확실성이 높아짐에 따라 조직 내 분화의 정도가 커져 그에 비례하여 통합의 필요성도 커지게 된다고 주장하였다.

CHAPTER 03 조직구조의 형태

1 고전적 조직화

(1) 개요
① 고전적 조직화는 맥그리거의 X형 인간에 근거하여 조직구조를 형성하는 것이다.
② 인간을 자율적 존재가 아닌 타율적으로 규정하고 조직구조를 형성하기 때문에 과업을 중심으로 조직구조가 형성된다. 이와 같은 조직구조를 기계적 조직구조라고 한다.

(2) 고전적 조직화의 원칙
① 분업과 전문화의 원칙: 분업과 전문화를 통해 조직의 구성원들은 직무수행에 필요한 지식과 기술을 쉽게 습득하고 효율적으로 생산 목표를 달성할 수 있다는 원칙이다.
② 권한과 책임의 원칙(직무, 책임, 권한의 삼면 등가 원칙): 각 조직 구성원들의 직무분담과 권한 및 책임의 상호관계를 명확히 해야 한다는 원칙이다. 모든 직위에는 직무가 할당되어 있으며 직무를 수행할 수 있는 권한이 주어지므로 해당 직위에 있는 구성원은 결과에 대한 책임을 져야 한다.
③ 권한이양의 원칙: 상급자가 하급자에게 직무를 위임할 경우에는 해당 직무를 수행할 수 있는 권한도 위양해야 한다는 원칙이다. 단, 책임은 위양되지 않는다.
④ 계층제의 원칙: 전체적인 조직구조가 계층을 이루는, 즉 피라미드 형태를 갖추어야 한다는 원칙이다. 이러한 계층제의 원칙으로 파생되는 원칙에는 명령일원화의 원칙, 감독범위의 원칙, 계층단축화의 원칙이 존재한다.
⑤ 스탭조직의 원칙: 상위 경영자의 관리능력을 보완하고 전문적 감독의 효과성을 높이기 위해서는 스탭(staff) 조직을 따로 마련하여 라인(line) 조직과 구분하여 운영해야 한다는 원칙이다.
⑥ 직능화(기능화)의 원칙: 업무의 종류와 성질에 따라 전문화를 높일 수 있도록 업무를 분류해야 한다는 원칙이다.
⑦ 조정의 원칙: 조직운영에 있어 효율적인 조정활동을 통해 여러 조직 간 마찰을 줄여야 한다는 원칙이다.

(3) 고전적 조직화의 한계
① 조직의 공식적 요인을 지나치게 중시하게 되어 비공식적 요인이 무시되는 경우가 많다.
② 조직 구성원의 자아실현, 창의성 등이 무시되고 하급자는 상급자의 명령을 따라야 하는 수동적 존재로서 인식된다.
③ 조직운영이 경직되기 쉽고 유연성이 떨어진다.
④ 조직 내 원활한 의사소통이 이루어지기 어렵다.
⑤ 계층제의 원칙에서 감독범위의 원칙과 계층단축화의 원칙은 상충관계를 형성한다.

(4) 고전적 조직화를 적용한 조직구조의 종류
① 라인(line) 조직
- 상급자의 명령과 지시가 직선적으로 하급자에게 전달되는 조직 형태이다.
- 권한과 책임의 소재와 한계가 명확하며, 의사결정을 신속하게 실행할 수 있고, 조직운영에 효율성을 높일 수 있으나, 업무 지시가 너무 독단적으로 이루어지며 라인 조직 외의 전문적 지식이나 기술이 활용되기 어려운 단점이 있다.

② 라인-스탭(line-staff) 조직
- 라인 관리자의 업무에 조언과 지원을 해주는 스탭의 기능이 추가된 조직 형태이다.
- 스탭은 직무에 대한 실제적인 집행이나 명령권은 없으나, 관리자의 의사결정과정에서 조언, 지원, 협조 등을 하는 조직으로서 조직의 목적을 더욱 효과적으로 달성할 수 있도록 기여한다.

③ 기능별(functional) 조직
- 상호관련성이 높고 비슷한 직무를 유형별로 통합하는 조직 형태이다.
- 유사한 업무를 반복적으로 수행하기 때문에 업무를 훈련하고 단순화하여 학습 효과를 높일 수 있으며 인력이나 자원이 중복되어 배치되지 않는 특징이 있다.

2 현대적 조직화

(1) 개요
① 현대적 조직화는 맥그리거의 Y형 인간에 근거하여 조직구조를 형성하는 것이다.
② 인간을 타율적 존재가 아닌 자율적으로 규정하고 조직구조를 형성하기 때문에 사람을 중심으로 조직구조가 형성된다. 이와 같은 조직구조를 유기적 조직구조라고 한다.

(2) 현대적 조직화의 원칙
① 통합의 원칙: 조직의 각 부문 간 통합이 중요하다는 원칙이다.
② 행동 자유의 원칙: 자율적 인간의 특징을 최대한 발휘하기 위해 구성원의 업무수행에 대한 제약은 최소한으로 해야 한다는 원칙이다.
③ 창의성의 원칙: 스스로 문제해결능력과 새로운 것을 창조할 수 있는 인간의 능력을 발휘하기 위해 안정성에 기반을 두기보다 새로운 것을 창조할 수 있는 조직화를 추구해야 한다는 원칙이다.
④ 업무흐름의 원칙: 고전적 조직화에서는 업무 자체를 중요시하였으나, 현대적 조직화에서는 업무의 흐름을 중심으로 조직화를 해야 한다는 원칙이다.

(3) 고전적 조직화와 현대적 조직화의 차이
① 고전적 조직화 이론은 조직의 구성원이 일을 하도록 압력을 가해야 한다고 보는 반면, 현대적 조직화 이론은 구성원이 일을 하면서 보람과 만족을 느낄 수 있도록 하여 일을 찾아서 할 수 있도록 조직분위기를 조성하는 것이 중요함을 강조한다.
② 이와 같은 관점에서 고전적 조직화 이론을 압력이론(push theory)이라고 하고, 현대적 조직화 이론을 견인이론(pull theory)이라고 한다.

(4) 현대적 조직화를 반영한 조직구조의 종류
① 위원회 조직(committee organization)
- 기업을 경영하면서 관련되는 다양한 문제들을 해결하기 위해 관련된 각 계층의 사람들을 선출하여 구성한 위원회가 조직 내에 상시적 기구로서 설치되어 있는 조직이다.
- 위원회 조직의 목적은 각 부문 간의 갈등과 마찰을 최소화로 줄이면서 구성원들이 민주적 절차에 따라 의사결정을 내리고 수행하는 데 있다.

② 프로젝트팀 조직(project team organization)
- 특정 과업이나 프로젝트를 수행하기 위해 임시적(일시적)으로 형성되며, 태스크 포스 팀(task force team)이라고도 한다.
- 환경 변화에 능동적으로 대처하기 위해 한시적이며 동태적인 성격을 가진 조직 형태이다.

③ 행렬 조직(matrix organization)

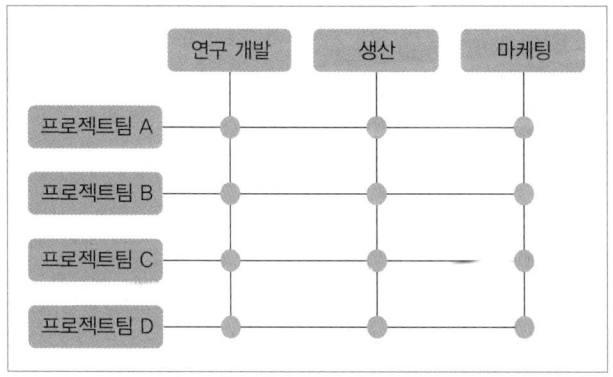

- 일반적으로 기능별 또는 부문별 조직 형태에 프로젝트팀 조직을 결합시킨 조직 형태로, 기능에 의해 편성된 조직과 목표에 의해 편성된 조직의 장점을 극대화할 수 있다.
- 조직의 성격상 조직 구성원은 최소한 두 개 이상의 공식적 집단에 속하게 되어 명령을 소속된 집단에서 받아야 하고 보고도 각각 해야 하기 때문에 행렬 조직에 속한 구성원은 다각적 역할 기대에 따른 역할 갈등을 경험할 가능성이 높다.

④ 사업부제(부문별) 조직(divisional organization)

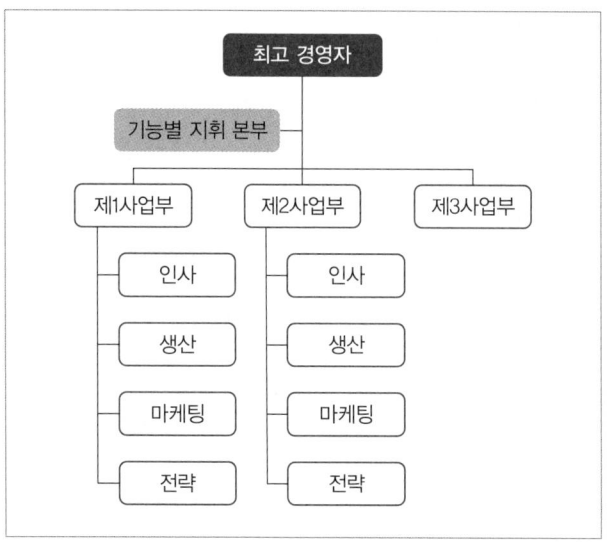

- 효율적 경영활동을 위해 조직을 제품별, 지역별 또는 고객별 등의 단위로 나누고 이렇게 나눈 사업부에게 권한과 책임을 부과하여 독립성을 유지함으로써 자주적 이익 중심점(profit center)으로 운영하고자 하는 조직 형태이다.
- 사업부 단위로 주어진 권한을 바탕으로 전략적 사업부(strategic business unit)로서 역할을 수행하여 상황과 여건에 맞는 사업운영으로 이익을 극대화할 수 있으나, 기업 전체적인 자원의 중복투자가 효율성을 저해할 수 있다.

⑤ 네트워크 조직(network organization)

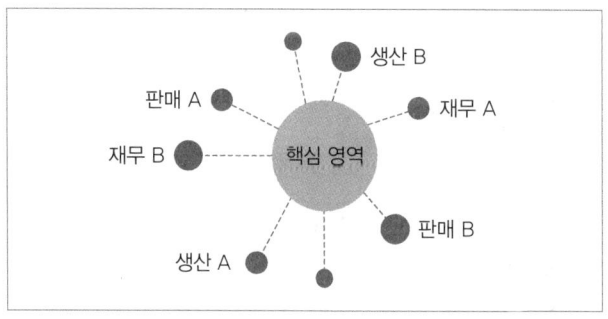

- 전통적 조직의 핵심 요소는 유지하면서 조직의 전통적 경계와 구조가 없는 조직 형태이다.
- 기업이 핵심역량만 보유하고 나머지는 아웃소싱을 통해 운영한다.

3 기계적 조직과 유기적 조직

(1) 조직구조와 외부 환경

① 번즈(Burns)와 스탈커(Stalker)는 영국의 20개 산업조직을 대상으로 조사한 결과, 외부 환경에 따라 조직의 구조가 다르다는 것을 발견하였다.
- 동태적 환경: 문서화된 규칙이나 절차가 거의 없으며, 의사결정 권한도 분권화되어 있고, 토론이나 상호작용으로 종업원들 간 갈등을 해결하고 있어 예상치 못한 상황에도 유연하게 대처할 수 있는 유기적 구조를 갖추고 있다.
- 안정적 환경: 의사소통을 주로 문서에 의존하며, 의사결정도 소수의 경영자에 의해 실행되고 정보의 흐름이 제한되어 있어 규정된 상황만 적절히 취급할 수 있는 기계적 구조를 갖추고 있다.

② 번즈와 스탈커는 기계적 구조와 유기적 구조의 상대적 우월성을 주장한 것이 아니라 조직 환경 특성에 따라 적합한 구조가 달라져야 함을 강조하였다.

③ 효과적인 조직 구조란 환경의 특성과 적합관계를 이루는 조직구조이기 때문에 환경과의 적합성에 따라 기계적 구조나 유기적 구조 모두 효과적인 조직구조가 될 수 있다고 주장하였다.

(2) 기계적 구조의 조직

① 대표적인 기계적 조직으로는 정부의 행정조직에서 볼 수 있는 관료제를 들 수 있다.

② 엄격한 규제와 절차를 통해 구성원들의 행동을 제한하고 공식적인 업무수행을 강조한다.

(3) 유기적 구조의 조직

① 업무가 주로 팀 중심으로 구성되어 활발한 의사소통과 상호이해로 조직 전체의 성과를 올릴 수 있다.

② 권한 이양이 많이 이루어지는 편이며, 업무 간의 조정은 비공식적으로 개인적인 융통성의 폭이 크다.

구분	기계적 조직	유기적 조직
권한이양	집권적	분권적
규칙과 절차	엄격하고 많은 편	융통성이 있고 적은 편
부서 간의 업무	매우 독립적	상호 의존적
관리의 폭	좁음	넓음
조직구조	공식적 관계	공식적/비공식적 관계
의사소통	수직적 관계	수직적/수평적 관계

PART 01 | 기출변형 실전문제

CHAPTER 01 경영과 기업

01 난이도
기업경영에 대한 설명으로 옳지 않은 것은?

① 페이욜은 경영관리를 계획·조직·지휘·조정·통제하는 것이라고 강조하면서 관리과정론을 주장하였다.
② 주식회사에서 주주총회는 주주로만 구성되어 있고, 회사의 조직과 경영에 관한 중요사항을 결정하는 회의이다.
③ 소유와 경영이 분리되는 경우에는 소유자와 경영자 간 추구하는 이익의 방향이 달라 '대리인 문제'가 발생한다.
④ 출자액을 한도로 기업채무에 대해 유한책임을 지는 사원(50인 이하)으로 구성된 기업을 유한회사라고 한다.
⑤ 기업의 목표를 달성하기 위해서는 효율성과 효과성을 고려하는 것이 중요한데, 효과성이란 가장 적은 비용으로 가장 많은 산출을 달성하는 것을 의미한다.

| 해설 | 효과성이란 목적을 달성하는 것을 의미한다(Do right thing). 효율성이란 가장 적은 비용으로 가장 많은 산출을 달성하는 것을 의미한다(Do things right).

02 난이도
다음 설명에 해당하는 기업의 형태는?

> 합명회사의 장점과 주식회사의 특색을 유기적으로 결합한 회사제도라고 평가받는다. 기업가의 입장에서는 무엇보다도 설립이 용이하고 외부감사 및 재무제표 공개 의무가 없는 것이 장점으로 인식되었으나, 외감법(주식회사 등의 외부감사에 관한 법률) 개정으로 재무제표를 공개해야 하며, 매출액 500억 원 이상의 기업은 외부감사를 받아야 한다.

① 주식회사
② 유한회사
③ 유한책임회사
④ 합자회사
⑤ 합명회사

| 해설 | 제시문은 유한회사에 대한 설명으로, 구글코리아, 애플코리아 등이 유한회사에 해당한다.

03 난이도
재화와 서비스에 대한 설명으로 옳지 않은 것은?

① 재화는 재고 관리가 가능하다.
② 서비스의 품질 평가가 재화보다 쉽다.
③ 재화의 반응 시간은 서비스의 반응 시간보다 길다.
④ 재화의 시장 규모는 서비스의 시장보다 넓다.
⑤ 재화는 생산과 소비 시점을 구분할 수 있다.

| 해설 | 서비스의 특징에는 무형성, 소멸성, 불가분성, 이질성 등이 있다. 이질성은 동일한 서비스에 대해 소비자들이 느끼는 품질의 정도가 다르다는 것을 의미한다. 따라서 재화보다 서비스의 품질 평가가 어렵다.

04 난이도
캐롤(Carroll) 교수가 주장한 기업의 사회적 책임(CSR)의 종류에 해당하지 않는 것은?

① 법적 책임
② 환경적 책임
③ 윤리적 책임
④ 경제적 책임
⑤ 자선적 책임

| 해설 | 미국 조지아대학의 캐롤(Carroll) 교수는 4가지 기업의 사회적 책임을 주장하였다.
- 법적 책임: 기업은 한 나라에 속하여 활동을 하게 되므로 소속된 국가가 제정한 법률을 준수할 책임을 진다. 경제적 책임을 준수하기 위해 법적인 책임을 무시해서는 안 된다.
- 윤리적 책임: 기업은 사회를 구성하는 일원으로서 비록 법률에는 명시되어 있지 않더라도 사회 구성원의 윤리적 문제에 대해 무책임한 행동을 해서는 안 된다.
- 경제적 책임: 기업은 사회가 필요로 하는 재화와 서비스를 생산하고 이를 통해 경제적 이익을 달성하여 함께 일하는 직원들의 봉급을 지급하고 기업에 투자한 주주들에게 배당을 주어야 한다.
- 자선적 책임: 기업의 순수한 자유의지로서 사회에 공헌하는 책임을 의미하며, 사회적 기부행위 등이 대표적이다.

정답 | 01 ⑤ | 02 ② | 03 ② | 04 ② |

05 난이도 ■□□

보통주와 일반주에 대한 설명으로 옳은 것은?

① 우선주는 보통주에 비해 많이 발행된다.
② 보통주는 기업 청산 시 잔여재산 분배 등에서 우선권을 갖는다.
③ 보통주는 주주총회에서 의결권이 없다.
④ 보통주는 우선적으로 배당을 받을 수 있다.
⑤ 우선주는 채권과 달리 배당 미지급에 대한 채무불이행을 지지 않는다.

| 오답해설 | ① 일반적으로 보통주가 우선주보다 많은 주식을 발생하기 때문에 우선주는 거래량이 적어 현금화하기 어렵다.
②④ 잔여재산 분배 등에서 우선권을 갖고 배당을 우선적으로 받을 수 있는 것은 우선주이다.
③ 우선주는 주주총회에서 의결권이 없다.

06 난이도 ■□□

주식회사에 대한 설명으로 옳지 않은 것은?

① 이사회의 주된 임무는 경영자를 견제하고 감시하여 주주들의 권리와 이익을 보호하는 것이다.
② 유통주식의 공정 가치 평가는 실제적으로 불가능하다.
③ 소유자와 전문경영인의 대리인 문제가 발생할 수 있다.
④ 자본의 증권화를 통해 대규모 자금 조달이 용이하다.
⑤ 주식회사를 청산할 경우 주주와 채권자 잔여재산 분배 청구권 행사가 가능하다.

| 해설 | 유통주식의 공정한 가치 평가는 주식시장에서 평가되는 가격을 통해 이루어진다.

07 난이도 ■■□

주주친화적인 경영과 거리가 먼 것은?

① 사외이사 소수주주 추천제 도입
② 경기 부양을 위한 자사주 취득 추진
③ 주주환원 확대를 위해 배당액 증액
④ 코로나19를 고려한 전자투표제 확대 도입
⑤ 계열사 확장을 위한 순환출자 강화

| 해설 | 순환출자란 기업집단이 계열사 간 고리를 연결하는 형태로 출자하여 지배구조를 유지하는 방법을 말한다. 순환출자는 지배구조를 파악하기 어렵게 만들기 때문에 순환출자를 강화하는 것은 주주친화적인 경영이라고 보기 어렵다.

08 난이도 ■□□

기업의 경영의사결정에 관한 설명으로 옳지 않은 것은?

① 경영의사결정은 미래의 상황을 예견하고 행동 방안을 선택 또는 결정하는 행위이다.
② 업무적 의사결정은 의사결정 내용이 단순하고 반복적이며 분권적이다.
③ 전략적 의사결정은 기업의 내부자원을 조직화하기 위한 의사결정의 성격이 강하다.
④ 비정형적 의사결정은 경영자의 창의력이나 직관에 의존하는 경우가 많다.
⑤ 일반적으로 전략적 의사결정은 장기적 성격을 가진다.

| 해설 | 일반적으로 전략적 의사결정은 기업의 최고경영자가 수행하는 의사결정으로서 기업과 외부 환경의 관계와 관련된 문제를 해결하는 경우가 많다. 따라서 전략적 의사결정은 기업의 전체적인 성격을 좌우하며 장기적인 성격을 가진다.

09 난이도 ■■□

다음 A기업의 효율성과 효과성에 대한 판단으로 옳은 것은?

> A기업은 2022년 매출목표 1,000억 원을 달성하기 위해 신기술과 새로운 장비를 도입하였다. 그 결과 전년 대비 생산량이 2배 증가하였으며 규모의 경제를 달성하여 생산원가가 줄어드는 효과를 보았다. 그러나 정작 신제품이 소비자들의 관심을 끌지 못하여 매출목표 1,000억 원을 달성하지 못하였다. 이에 A기업은 원인을 분석한 결과, 제품의 품질은 좋았으나 소비자들이 해당 제품을 인지하지 못하고 있음을 확인하고 2023년에는 마케팅 활동을 강화하기로 하였다.

① 효과적이고 효율적이었다.
② 효과적이나 효율적이지 않았다.
③ 효율적이나 효과적이지 않았다.
④ 2배 효과적이었다.
⑤ 효과적이지도 효율적이지도 않았다.

| 해설 | 효율성은 투입과 산출의 비율로, 자원의 활용 정도를 의미하고, 효과성은 목표 달성 정도를 의미한다. 생산원가를 절감하였다는 것은 투입을 줄인 것이므로 이는 효율성을 달성하였다고 볼 수 있다. 매출목표를 달성하지 못하였다는 것은 효과성을 달성하지 못한 것을 말한다.

정답 05 ⑤ 06 ② 07 ⑤ 08 ③ 09 ③

10 난이도 ■■□

경영의 효율성에 대한 설명으로 옳지 않은 것은?

① 투입량에 대한 산출량의 비율이다.
② 조직목표의 달성 정도와 관련 있다.
③ 자원의 낭비 없이 일을 올바르게 수행하는 것(Doing things right)을 의미한다.
④ 효율성이 높아도 목표를 달성하지 못하는 경우가 있다.
⑤ 효율성이 낮아도 목표를 달성할 수 있다.

| 해설 | 효율성은 투입과 산출의 비율을 의미하고, 효과성은 목표 달성 정도를 의미한다.

11 난이도 ■■□

다음 밑줄 친 A조항에 해당하는 용어는?

> 전자공시시스템에 따르면 10월에 열리는 삼영 S&F 임시주주총회 안건에서 적대적 M&A로부터 경영권을 방어하기 위해 기존 경영진에게 특권을 부여한 내용이 발견된다. 눈에 띄는 것은 이사가 임기 중 적대적 M&A에 의해 본인의 의사와 반하여 해임될 경우 통상적 퇴직금 외에 보상으로 대표이사에게는 500억 원, 이사에게는 100억 원을 해임된 날로부터 15일 이내에 지급한다는 조항이다. 이는 대주주 지분율이 낮아 적대적 세력으로부터 경영권 방어에 취약한 기업들이 M&A 비용을 높여 경영권을 방어하기 위한 대표적 <u>A 조항</u>에 해당한다고 할 수 있다.

① 황금낙하산　　② 역공개매수
③ 포이즌필　　　④ 이사임기교차제
⑤ 의결정족수특약

| 해설 | 적대적 M&A는 인수대상기업의 이사회 구성원들과 인수자 사이에 적대적 대립관계가 존재하여 기본적인 협상단계를 무시하고 인수대상기업의 의사와 무관하게 M&A가 진행되는 것을 의미한다. 적대적 M&A의 대표적 방어방법인 황금낙하산은 기존의 경영진이 타인에 의해 강제로 해임되는 경우 거액의 보상금을 지급하도록 하여 기업인수 시 인수비용이 증가하도록 하는 것을 말한다.

| 오답해설 | ② 역공개매수: 인수대상기업이 인수기업의 주식을 공개매수하여 정면대결을 하는 방법으로, 두 기업이 상호 10% 이상의 주식을 보유하는 경우 상호보유한 주식의 의결권이 제한되는 상법을 이용한 것이다.
③ 포이즌필: 적대적 M&A의 신호가 감지되었을 때, 주주들에게 싼 값으로 기업의 주식을 매도하거나 비싼 값으로 기업에 매수할 수 있는 권리를 주는 것을 말한다.
④ 이사임기교차제: 이사들의 임기만료시점을 다르게 분산시켜 인수기업이 기업 지배력을 확보하는 데 오랜 시간이 걸리도록 유도하는 방법을 말한다.
⑤ 의결정족수특약: M&A 승인을 위한 주주총회의 의결요건을 강화하는 것을 말한다.

12 난이도 ■■□

기업의 종류에 대한 설명으로 옳지 않은 것은?

① 2인 이상의 무한책임사원으로만 구성되어 있으며, 출자 지분을 양도하려면 구성원 모두의 동의가 필요한 기업의 형태는 합명회사이다.
② 2인 이상의 무한책임사원과 유한책임사원으로 구성된 기업의 형태는 합자회사이다.
③ 출자액을 한도로 기업 채무에 대해 유한책임을 지는 사원으로 구성된 기업의 형태는 유한회사이다.
④ 경제적으로 불리한 생산자나 소비자들이 경제적 약점을 보완하기 위해 공동으로 출자한 기업의 형태는 협동조합이다.
⑤ 사기업과 공기업의 장점만을 추구하기 위해 국가 또는 지방자치단체가 개인 또는 사적 단체와 공동으로 출자하여 경영하는 기업의 형태는 공기업이다.

| 해설 | 사기업과 공기업의 장점만을 추구하려는 목적으로 국가 또는 지방자치단체가 개인 또는 사적 단체와 공동으로 출자하여 경영하는 기업의 형태는 공사합동기업이다.

13 난이도 ■■□

ESG는 환경(Environment), 사회(Social), 지배구조(Governance)로 기업의 비재무적 성과를 평가하는 기준으로 많은 주목을 받고 있다. ESG 각 구성 요소와 사례의 연결이 옳지 않은 것은?

① E(환경) - 지구온난화 문제 해결을 위해 RE100을 선언한 A기업
② S(사회) - 종업원의 건강검진 혜택을 확대 적용하기로 한 B기업
③ G(지배구조) - 사회이사의 권한을 강화하여 이사회의 투명성을 높이기로 선언한 C기업
④ G(지배구조) - 산업 재해를 줄이기 위해 대표이사 직속의 최고안전책임자를 선임하기로 한 D기업
⑤ S(사회) - 코로나19로 인해 급식사업이 중단된 지역사회에 지원금을 늘리기로 결정한 E기업

| 해설 | ESG에서 'E'는 기업이 경영활동 과정에서 환경에 유의한 해를 끼치지 않는 활동, 'S'는 기업이 사회적 책임을 수행하는 주체로서 인권, 노동자의 안전과 처우, 지역사회에 대한 영향, 'G'는 기업의 의사결정 과정, 기업구조, 인사 등에서 투명성 있는 활동을 의미한다. 산업 재해를 줄이고자 하는 일련의 활동은 ESG에서 'S'에 해당한다.

| 정답 | 10 ② | 11 ① | 12 ⑤ | 13 ④ |

CHAPTER 02 조직관리이론의 흐름

01
경영이론에 관한 설명으로 옳지 않은 것은?

① 테일러의 과학적 관리론에서는 시간연구와 동작연구를 통해 작성한 표준시간과 표준작업을 기준으로 변동적 성과급제를 실시하였다.
② 사이먼(H. Simon)은 인간을 제한된 합리성을 갖는 의사결정자로 보았다.
③ 페이욜은 중요한 관리활동으로 계획 수립, 조직화, 지휘, 조정, 통제 등을 제시하였다.
④ 길브레스는 동작연구를 위해 마이크로미터(micrometer)라는 기계를 개발·활용하여 여러 과업에 활용되는 17가지 기본동작을 제시하였다.
⑤ 호손실험을 계기로 활발하게 전개된 인간관계론은 공식적 작업집단만이 작업자의 생산성에 큰 영향을 미친다고 주장하였다.

| **해설** | 호손실험 결과 비공식집단의 중요성에 대해 인식하게 되었고, 비공식집단의 작업규범이 생산성에 영향을 미치는 것을 확인하게 되었다.

02
다음 설명에 해당하는 경영관리법은?

- 차별적 성과급제 적용
- 시간 및 동작연구를 통해 과업 결정
- 근로자를 과학적으로 선발하여 교육
- 작업지도표 제작

① 테일러 관리법   ② 길브레스 관리법
③ 포디즘   ④ 베버의 관리법
⑤ 메이요의 관리법

| **해설** | 제시된 내용은 테일러의 과학적 관리법의 특징에 해당한다.

03
페이욜(H. Fayol)이 제시한 경영조직의 일반 원칙으로 옳지 않은 것은?

① 명령일원화의 원칙
② 분업의 원칙
③ 동작경제의 원칙
④ 권한과 책임의 원칙
⑤ 전체 이익에 대한 개인의 복종 원칙

| **해설** | 페이욜(H. Fayol)이 주장한 경영의 14원칙에는 업무의 분화, 권한과 책임, 규율, 명령체계의 단일화, 지휘방향의 단일화, 전체 이익에 대한 개인의 복종, 종업원에 대한 보상, 집중화, 계층연쇄, 질서, 공정성, 재직의 안정성, 주도권, 집단정신 등이 있다.

04
페로우(Perrow)의 연구에 대한 설명으로 옳은 것은?

① 과업의 분석 가능성과 문제의 다양성에 따라 기술을 구분하였다.
② 과업의 다양성이 높고 문제의 분석 가능성이 높은 경우는 비일상적 기술이다.
③ 과업의 다양성이 낮고 문제의 분석 가능성이 낮은 경우는 공학적 기술이다.
④ 과업의 다양성이 낮고 문제의 분석 가능성이 높은 경우는 장인기술이다.
⑤ 과업의 다양성이 높고 문제의 분석 가능성이 낮은 경우는 비일상적 기술이다.

| **오답해설** | ① 과업의 다양성과 문제의 분석 가능성에 따라 기술을 구분하였다.
② 과업의 다양성이 높고 문제의 분석 가능성이 높은 경우는 공학적 기술이다.
③ 과업의 다양성이 낮고 문제의 분석 가능성이 낮은 경우는 장인 기술이다.
④ 과업의 다양성이 낮고 문제의 분석 가능성이 높은 경우는 일상적 기술이다.

정답 01 ⑤   02 ①   03 ③   04 ⑤

05 난이도 ■■□

포드 시스템(Ford system)에서 현대적 대량생산공정의 원리에 해당하지 않는 것은?

① 제품의 단순화
② 기계의 전문화
③ 컨베이어 시스템
④ 부품의 표준화
⑤ 공장의 스마트화

| 해설 | 포드는 대량생산을 위한 컨베이어 시스템을 효과적으로 운영하기 위해 3S의 개념을 활용하였는데, 표준화(Standardization), 단순화(Simplification), 전문화(Specialization)가 이에 해당한다.

06 난이도 ■■□

베버(Wever)의 이상적 관료제의 특징으로 가장 적절한 것은?

① 명령보다 전체적 합의 도출의 강조
② 효율성을 강조한 회의 진행
③ 융통성을 강조한 규칙과 절차
④ 개인별 특성을 고려한 관리
⑤ 능력과 과업에 따른 선발과 승진

| 해설 | 베버는 사회조직이 전통적·세습적 또는 카리스마적 권력자에 의해 지배되어 왔기 때문에 비효율적으로 운영될 수밖에 없었다고 보고, 미리 정해진 규칙과 제도에 따라 조직을 운영하는 것이 가장 합법적이라고 주장하면서 가장 이상적인 조직 형태로서 관료제(bureaucracy)를 주장하였다. 베버가 주장한 관료제란 명령, 복종, 합법적 권위(규범), 문서에 기반을 둔 조직의 형태를 의미한다. 관료제의 특징으로는 규범의 명확화, 노동의 분화, 역량 및 전문성에 근거한 인사, 소유권의 분리, 계층의 원칙, 문서화 등이 있다. 관료제는 전문화를 통해 효율을 올릴 수 있으며, 직위에 대한 책임과 권한이 명시되어 있기 때문에 명령계통이 체계적으로 이루어져 있고, 예측 가능성과 안정성을 제공해 주는 장점이 있으나, 개인별 특성을 고려한 관리에는 적합하지 않다는 단점이 있다.

07 난이도 ■■□

호손연구에 대한 설명으로 옳은 것은?

① 계량적 접근법에 영향을 미쳤다.
② 산업관리에서는 사회 심리적 보상이 중요하다.
③ 인간의 감정은 생산능률에 영향을 미치는 요인이 아니다.
④ 구성원의 행동에 비공식적 규범은 큰 영향을 미치지 못한다.
⑤ 작업환경이나 근로시간이 작업자의 생산성에 절대적 영향을 미친다.

| 해설 | 호손연구는 테일러의 과학적 관리법의 문제를 찾고 해결하기 위한 목적으로 시작되었다. 이는 생산성 향상에 대한 고전적 접근법의 관점에서 벗어나 인간적인 측면에 초점을 맞추는 계기가 되었으며, 경영적 사고가 변환하는 전환점이 되었다.

| 오답해설 | ① 인간관계운동(human relations movement)의 등장에 기여하였다.
③ 인간의 감정은 생산능률에 영향을 미치는 요인이다.
④ 구성원의 행동은 비공식적 규범에 따라 이루어진다.
⑤ 작업환경이나 근로시간이 작업자의 생산성에 영향을 주는 주요 변수가 아니라고 보았다.

08 난이도 ■■□

호손공장 연구에서 실시한 호손공장실험 과정을 순서대로 나열한 것은?

| ㉠ 조명 실험 |
| ㉡ 면접 연구 |
| ㉢ 계전기 작업장 실험 |
| ㉣ 배전기 작업장 실험 |

① ㉠ - ㉡ - ㉢ - ㉣
② ㉠ - ㉢ - ㉡ - ㉣
③ ㉠ - ㉣ - ㉡ - ㉢
④ ㉡ - ㉢ - ㉣ - ㉠
⑤ ㉡ - ㉣ - ㉢ - ㉠

| 해설 | 호손공장실험은 '조명 실험 - 계전기 작업장 실험 - 면접 연구 - 배전기 작업장 실험' 순으로 진행되었다.

정답 05 ⑤ 06 ⑤ 07 ② 08 ②

CHAPTER 03 조직구조의 형태

01 난이도 ■■□
조직과 조직화에 대한 설명으로 옳은 것은?

① 직무는 부하에게 위양될 수 없다.
② 책임은 부하에게 위양될 수 없다.
③ 효율적 권한은 조직 내의 공식적인 승인만 있으면 된다.
④ 직위란 인적자원이 조직의 목표를 달성하기 위한 활동을 의미한다.
⑤ 조직구조를 조직의 목표와 자원 및 환경에 적합하도록 형성하는 과정을 사회화라고 한다.

| 오답해설 | ① 직무는 적절한 권한과 함께 부하에게 위양될 수 있다.
③ 효율적 권한은 필수적으로 조직 내의 공식적인 승인과 하급자의 수용이 수반되어야 한다.
④ 인적자원이 조직의 목표를 달성하기 위한 활동을 직무라고 한다.
⑤ 조직구조를 조직의 목표와 자원 및 환경에 적합하도록 형성하는 과정을 조직화라고 한다.

02 난이도 ■■□
그림과 같은 조직형태에 대한 설명으로 옳은 것은?

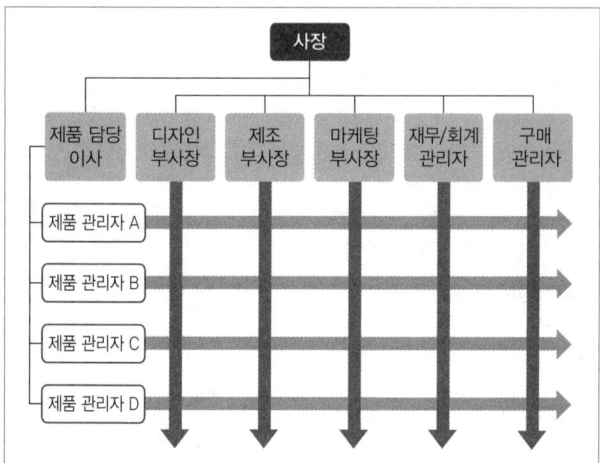

① 특정 지역의 틈새시장을 목표로 하는 기업에 적합하다.
② 기능부서 간 협조가 어렵기 때문에 리더의 카리스마가 필요하다.
③ 시장 변화에 유연하게 적응하기 어렵다.
④ 각 부서에 자원을 중복으로 투자한다는 비판을 받을 수 있다.
⑤ 명령의 이원화로 인한 책임 소재가 불명확할 가능성이 높다.

| 해설 | 그림은 매트릭스 조직이다. 매트릭스 조직은 명령의 이원화로 인한 책임 소재가 불명확하다.

03 난이도 ■■□
다음 설명에 해당하는 조직의 형태는?

- 상급자의 명령과 지시가 직선적으로 하급자에게 전달되는 조직 형태이다.
- 권한과 책임의 소재와 한계가 명확하다.
- 의사결정을 신속하게 실행할 수 있고, 조직 운영에 효율성을 높일 수 있다.
- 업무 지시가 너무 독단적으로 이루어질 가능성이 높다.

① 라인(line) 조직
② 행렬(matrix) 조직
③ 기능별(functional) 조직
④ 네트워크(network) 조직
⑤ 위원회(committee) 조직

| 해설 | 제시된 설명은 고전적 조직화를 적용한 조직구조의 형태 중 라인 조직에 해당한다.
| 오답해설 | ② 행렬 조직은 기능에 의해 편성된 조직과 목표에 의해 편성된 조직을 결합하여 두 조직 형태의 장점을 살리는 조직구조이다.
③ 기능별 조직은 상호관련성이 높고 비슷한 직무를 유형별로 통합하는 조직 형태이다.
④ 네트워크 조직은 기업이 핵심역량만 보유하고 나머지는 아웃소싱을 통해 운영하는 조직구조이다.
⑤ 위원회 조직은 기업경영과 관련한 문제를 해결하기 위해 관련 있는 각 계층의 사람을 선출하여 구성한 위원회가 조직 내에 상시기구로서 설치되어 있는 조직이다.

04 난이도 ■■□
다음 설명에 해당하는 조직의 형태는?

중국 기업인 S사는 스마트폰 사업을 위해 A사와 B사에 부품의 구매, 제품의 조립과 생산, 포장 및 배송까지 모두 맡기고 있다. 이러한 턴키 방식을 통한 스마트폰 사업 전략으로 S사는 제품의 생산비를 절감하고 경제 상황 및 시장 변동에 유연하게 대처하고 있다.

① 매트릭스 조직(matrix organization)
② 네트워크 조직(network organization)
③ 사업부제(부문별) 조직(divisional organization)
④ 프로젝트팀 조직(project team organization)
⑤ 위원회 조직(committee organization)

| 해설 | 제시된 설명은 아웃소싱을 활용한 네트워크 조직의 형태에 해당한다.

정답 01 ② 02 ⑤ 03 ① 04 ②

05 난이도 ■□□

다음에서 설명하고 있는 고전적 조직화의 원칙은?

> 전체적인 조직구조가 계층을 이루는, 즉 피라미드 형태를 갖추어야 한다는 원칙이다. 이 원칙으로 인해 명령일원화의 원칙, 감독범위의 원칙, 계층단축화의 원칙이 파생된다.

① 권한과 책임의 원칙
② 권한위양의 원칙
③ 계층제의 원칙
④ 스탭 조직의 원칙
⑤ 직능화(기능화)의 원칙

| 오답해설 | ① 권한과 책임의 원칙이란 각 조직 구성원들의 직무 분담과 권한 및 책임의 상호관계를 명확히 해야 함을 의미한다.
② 권한위양의 원칙이란 상급자가 하급자에게 직무를 위임할 경우에는 해당 직무를 수행할 수 있는 권한도 위양해야 함을 의미한다.
④ 스탭 조직의 원칙이란 상위경영자의 관리능력을 보완하고 전문적 감독의 효과성을 높이기 위해서는 스탭(staff) 조직을 따로 마련하고 라인(line)조직과 구분하여 운영해야 한다는 원칙이다.
⑤ 직능화(기능화)의 원칙이란 업무의 종류와 성질에 따라 전문화할 수 있도록 업무를 분류해야 한다는 원칙이다.

06 난이도 ■■■

다음의 조직 구조 A와 B를 비교한 설명으로 옳지 않은 것은?

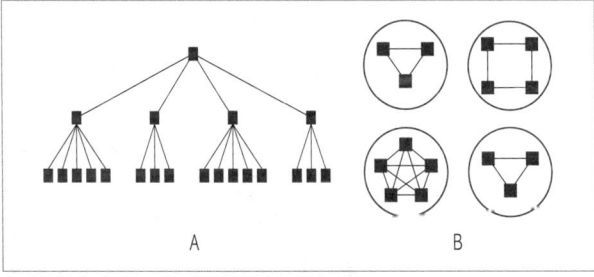

① A조직 구조는 B조직 구조보다 통제의 범위가 넓다.
② A조직 구조는 B조직 구조보다 상향식 보고 체계에 적합하다.
③ B조직 구조는 A조직 구조에 비해 유기적 협업에 적합하다.
④ B조직 구조는 A조직 구조에 비해 의사 결정이 분권화되어 있다.
⑤ B조직 구조는 A조직 구조에 비해 부서 간 업무에서 상호 의존적이다.

| 해설 | A는 기계적 구조의 조직, B는 유기적 구조의 조직이다. 기계적 조직은 복잡성, 공식화, 집권화 정도가 높은 유형의 조직으로, 수직적 의사소통을 특징으로 하며 행정 조직의 관료제가 대표적이다. 반면, 유기적 조직은 유연성과 환경 적응력이 뛰어난 조직구조로, 수평적 의사소통을 특징으로 한다. 기계적 조직은 유기적 조직보다 통제의 범위가 좁다.

07 난이도 ■■□

그림에 나타난 조직구조의 특징으로 옳은 것은?

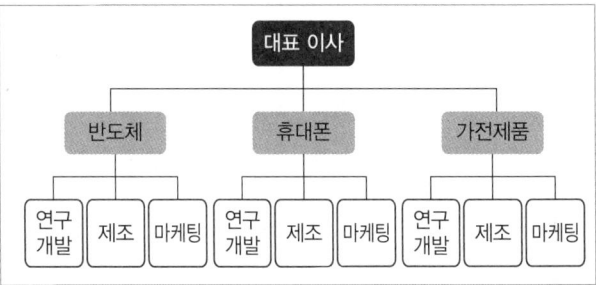

① 효율적 경영활동을 위해 사업부에게 권한과 책임을 부여하기보다 리더의 명령에 일원화된 기업경영을 수행한다.
② 사업부의 독립성보다 타 부서와의 협조를 강조한 조직의 형태이다.
③ 일반적으로 기업 설립 초기부터 사업부제(부문별) 조직을 도입하는 경우가 많다.
④ 규모의 경제를 실현하기 가장 적합한 조직의 형태로서 자원의 효율성을 높일 수 있다.
⑤ 전략적 사업부를 활용하여 상황에 맞는 이익을 극대화할 수 있다.

| 해설 | 그림은 사업부제 조직을 보여 준다. 사업부제 조직은 사업부별 권한과 책임을 부여한 전략적 사업부를 활용하여 상황과 실정에 맞는 이익을 극대화할 수 있다.

08 난이도 ■■□

맥그리거의 X이론에 해당하는 가정 또는 동기 부여 방식으로 가장 적절한 것은?

① 문제해결을 위한 창의적 능력 보유
② 직무 수행에 대한 분명한 지시 필요
③ 효과적인 조직목표 달성을 위한 자기 통제
④ 적극적인 성취감과 자아실현 추구
⑤ 스스로 목표 설정 및 달성을 위한 노력

| 해설 | 맥그리거가 주장한 X이론은 인간이 타율적 존재이기 때문에 외부 통제가 필요하다고 보는 관점이고, Y이론은 인간이 자율적 존재이기 때문에 스스로 목표를 세우고 이를 달성하려는 노력을 할 수 있다고 보는 관점이다.

정답 05 ③ 06 ① 07 ⑤ 08 ②

경영편

PART 02
인적자원관리

CHAPTER 01

인적자원관리의 이해
기업의 가장 중요한 자원 중 하나인 인적자원의 개념과 특징에 대해 알아본다. 또한 인적자원관리는 경영학의 발전과 더불어 어떻게 진화해 왔는지 살펴본다.

CHAPTER 02

인적자원관리 제도
인적자원을 효과적으로 관리하기 위한 제도에는 어떤 것이 있는지 알아본다. 직무분석의 개념을 알아보고, 직무분석의 방법과 직무분석 결과의 활용에 대해 이해한다. 또한 인적자원의 채용, 인적자원의 개발, 인사평가 및 보상에 대해 알아본다.

PART 02 인적자원관리

CHAPTER 01 인적자원관리의 이해

1 인적자원관리

(1) 인적자원관리의 개념

인적자원관리란 기업의 경제적 효율성과 종업원의 사회적 효율성을 극대화시키기 위해 필요한 인력의 확보, 개발, 평가, 보상, 유지, 방출을 계획하고 실천 및 통제하는 일련의 활동을 의미한다.

(2) 인적자원관리의 특징

① 인적자원관리는 조직 구성원을 조직경쟁력의 원천으로 본다는 점에서 조직의 경제적 효율성 달성에만 초점을 두어 개인의 욕구를 무시하고 통제하는 인사관리(Personal Management : PM)와 차이가 있다.
② 인사관리가 운용적인 측면을 강조하는 제도적 차원의 전통적인 개념이라면, 인적자원관리는 인적자원의 개발 측면이 강조되는 동태적 차원의 현대적 개념이라고 할 수 있다.
③ 인적(人的)인 경영자원을 관리의 대상이 아닌 전략의 대상으로 해야 한다는 의미에서 기업 전반의 전략적 관점에서 인적자원의 관리를 강조하는 전략적 인적자원관리(Strategic Human Resources Management : SHRM)로 발전하고 있다.

(3) 인적자원관리의 목표

① 인재를 양성하여 조직경쟁력을 강화하는 것이다.
② 인적자원관리 시스템을 설계하고 구축·운영하는 것이다.
③ 경제적 효율성과 사회적 효율성을 추구하는 것이다. 경제적 효율성과 사회적 효율성은 상호보완적인 동시에 상호경쟁적이다.
 • 경제적 효율성 추구: 기업의 경영활동에 필요한 요구에 부응하는 인적자원을 제공함으로써 노동에 대한 성과를 극대화하는 것
 • 사회적 효율성 추구: 기업이란 조직을 조직 구성원들과 함께 존속하고 발전하는 사회시스템으로 인식하고 인적자원의 만족을 극대화하는 것

(4) 인적자원관리 프로세스

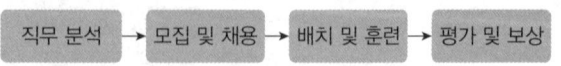

(5) 인적자원관리의 변천

인적자원관리는 생산 중심의 기계적 접근에서 인간 중심의 인간관계적 접근을 거쳐 균형을 갖춘 인적자원관리로 발전한다.

① 생산 중심의 기계적 접근
 • 인간(노동)을 생산요소로 간주하고, 인간은 경제적 동물이므로 경제적 이득이 극대화되는 방향으로 행동한다고 본다.
 • 테일러(Taylor)의 차별적 성과급제가 대표적이다.
② 인간 중심의 인간관계적 접근
 • 메이요(Mayo)의 호손공장 실험의 결과는 인간의 근본적인 욕구와 가치의 문제를 인식하는 계기가 된다.
 • 조직에서 일하는 사람들의 관계에 대해 관심을 기울이기 시작하면서 경제적인 면뿐만 아니라 사회적인 면까지 고려하는 것이 중요해졌다.
 • 인간을 경제인(경제적 동물)에서 사회인(사회적 동물)로 인식하는 인간관계적 접근이 이루어졌다.
③ 균형을 갖춘 인적자원적 접근: 인적자원을 기업경쟁력의 주요 요소로 인식하고 인적자원에게 동기를 부여하고 개발해야 한다고 보았다.

(6) 인적자원관리의 필요성(경쟁 우위의 원천으로서 인적자원)

① 하멜(Hamel) 교수는 조직의 경쟁 우위의 원천으로서 기업 외부 요소뿐만 아니라 기업 내부의 핵심역량을 강조하였다.
② 바니(Barney)는 조직 내부의 자원이 경쟁적 우위를 갖추기 위해서는 다음과 같은 특징이 있어야 한다고 주장하였다.
 • 경제적 가치(value): 기업이 보유한 자원이 경제적으로 가치를 인정받을 수 있어야 하는 것을 의미한다.
 • 희소성(rarity): 아무리 가치가 있는 자원이라 하더라도 희소성이 없으면 경쟁적 우위를 가져오기 어렵다.
 • 모방 가능성(inimitability): 가치가 있고 희소한 자원이라 하더라도 경쟁자가 쉽게 모방할 수 있다면 경쟁적 우위를 확보하기 어렵다.
 • 조직화(organization): 경제적 가치가 있고 희소성과 모방이 어려운 자원을 보유했다 하더라도 조직 내부에서 이러한 자원을 활용할 수 있도록 조직화되어 있어야 한다. 따라서 해당 자원을 제대로 활용할 수 있는 관리시스템, 프로세스, 조직구조, 문화 등이 중요하며, 이것이 바로 자원을 활용할 수 있는 능력이다.

2 전략적 인적자원관리

(1) 전략적 인적자원관리(Strategic Human Resources Management: SHRM)의 의의
① 인적자원을 기업의 가장 중요한 경쟁 요소로 인식하고 이 자원을 전략적으로 개발하고 잘 활용하는 것이 기업이 경쟁적 우위를 확보하고 유지할 수 있다고 주장한다.
② 이를 위해 경영전략을 수립할 때 인적자원관리를 충분히 고려하여 인적자원관리가 경영전략과 조화를 이루고 경영전략의 목표를 효율적으로 달성할 수 있어야 한다.

(2) 경영전략수립과 인적자원관리 연계
① 행정적 연계: 경영전략수립과 인적자원관리의 연계 수준이 가장 낮은 수준이며, 사업전략계획과 인적자원관리가 별도로 이루어진다.
② 일방적 연계: 기업이 전략계획을 수립하고 인사부서에 통보하며, 인적자원관리 부서에서는 전략실행을 지원한다. 전략실행 시 인적자원의 중요성을 고려하지만, 전략수립 시 인적자원의 이슈에 대해 고려하지 않는다.
③ 쌍방적 연계: 전략실행뿐만 아니라 수립에 있어서도 인적자원을 적극 고려하며 전략수립 기능과 인적자원관리 기능이 쌍방적으로 연계되어 상호작용을 한다.
④ 통합적 연계: 쌍방적 연계에서는 인적자원관리와 전략계획이 순차적으로 상호작용하지만, 통합적 연계에서는 동시적이고 지속적 상호작용이 이루어진다. 따라서 통합적 연계방식에서는 전략적 대안들을 검토할 때 인사 관련 이슈가 기타 마케팅이나 생산, 재무 부분과 함께 고려되고 검토된다. 통합적 연계는 전략적 인적자원관리에 가장 부합하다.

CHAPTER 02 인적자원관리 제도

1 직무분석

(1) 직무분석의 개념
① 직무분석이란 다양한 목적하에 조직 내 직무에 대한 정보를 얻기 위해 이루어지는 활동이다.
② 직무분석은 직무의 내용, 직무가 수행되는 맥락, 직무수행자의 인적 요건 등에 대한 정보를 수집하고 분석하기 위한 체계적인 과정이다.

(2) 직무분석의 기능과 역할
① 모집과 선발의 정보 제공: 조직 내에서 어떤 직무가 필요한지, 그리고 그 직무를 수행하는 데 필요한 사람은 어떤 지식, 기술, 경험 등을 가지고 있어야 하는지에 대한 정보를 제공한다.
② 책임과 권한의 확정: 직무분석을 통해 그 직무에 적합한 직위를 부여하고 그 직위에 맞는 책임과 권한을 명확히 할 수 있다.
③ 교육훈련 프로그램 개발 및 설계의 정보 제공: 직무수행에 필요한 지식과 기술의 요구사항을 구체적으로 제시해 주기 때문에 교육훈련 프로그램을 개발하는 데 중요한 정보로 활용할 수 있다.
④ 인사평가를 위한 자료 제공: 직무 분석을 통해 경영자는 표준성과 수준을 결정할 수 있으며, 이를 종업원의 실제 성과와의 비교를 통해 합리적인 인사평가를 실시할 수 있다.
⑤ 직무개선과 적정인력관리: 직무분석 정보를 이용하여 업무운영상 결점을 찾아내어 이를 개선하고 보완하여 종업원의 업무처리능력을 향상시킬 수 있다.
⑥ 보상 수준의 결정: 직무분석을 통해 직무의 상대적 중요도를 파악할 수 있으므로 능력에 맞는 보상 수준을 결정하는 데 도움을 줄 수 있다.
⑦ 합리적 급여체계 수립을 위한 기초자료 제공: 직무분석 자료는 직무급 산정의 기초자료로 활용되어 객관적 근거를 가진 합리적 급여체계의 수립이 용이하다.
⑧ 직무기술서와 직무명세서 작성: 통상 과업 중심의 분석 결과를 직무기술서로, 직무담당자 중심의 분석 결과를 직무명세서로 구분하여 정리한다. 이를 바탕으로 직무의 상대적 가치를 평가하는 직무평가 과정을 수행한다.

(3) 직무분석 방법
① 질문지법
  • 질문지를 배포하여 자신이 맡은 직무에 대해 응답하도록 하여 직무에 대한 정보를 수집하는 방법이다.
  • 직무에 대해 일시적으로 자료 확보가 용이하여 가장 일반적으로 활용된다.

- 직무에 대한 정보, 즉 숙련도, 지식 및 능력에 대한 서술을 대부분 직무수행자에게 의존한다.

② 관찰법
- 분석대상이 되는 조직 구성원을 직접 관찰하여 직무에 대한 정보를 획득하는 방법이다.
- 일이 단순하고 주기가 짧은 경우에 정확한 정보를 얻을 수 있지만, 일이 복잡하고 주기가 긴 경우에는 정확한 자료 수집이 곤란하다.
- 정신적 작업 및 집중을 요구하는 직무보다 생산직이나 기능직 직무에 적합하다.

③ 면접법
- 직무수행자에게 면접을 실시하여 직무에 대한 정보를 수집하는 방법이다.
- 관찰법의 보조방법으로 사용되는 것이 일반적이지만, 질문지법에 의해 수집된 자료를 분석 및 정리하는 과정에서 면접이 요구되는 경우가 많다.
- 직무수행이 오래 걸리는 경우에는 직무수행자가 이를 요약하여 설명해 줄 수 있으며, 직무수행자의 정신적·육체적 활동을 모두 파악할 수 있다.
- 직무수행자들이 직무분석 과정을 호의적이고 유의미한 것으로 받아들여야 정확한 정보를 얻을 수 있다.
- 직무분석 결과가 직무분석 대상자에게 피해가 될 것으로 판단된 경우에는 정확한 정보를 제공하지 않을 수 있다.

④ 작업기록법
- 직무수행자가 작성하는 작업일지, 업무일지를 분석하여 해당 직무수행자의 담당직무 정보를 얻는 방법이다.
- 장기간 지속적으로 작성된 작업일지는 그 내용에 대한 신뢰도가 높아 유용한 자료로 활용할 수 있지만, 작업일지의 내용이 불충분할 경우 정확한 직무분석을 하기 어렵다.
- 엔지니어, 과학자 등이 수행하는 직무와 같이 관찰하기 어려운 직무를 분석하는 데 주로 활용된다.

⑤ 중요사건기록법
- 직무수행에 결정적인 역할을 한 사건이나 사례를 중심으로 직무에 대한 정보를 수집하는 방법이다.
- 직무성과를 효과적으로 수행한 행동양식을 추출하여 분류하는 방식으로, 직무행동과 직무성 간의 관계를 직접적으로 파악할 수 있다.
- 수집된 직무행동을 분석하는 데 많은 시간과 노력이 필요하고 직무분석에서 필요로 하는 포괄적인 정보를 획득하는 데 한계가 있다.

(4) 직무분석 결과와 활용
① 직무기술서(job description): 직무의 내용, 작업 조건, 직무 수행 방법 및 절차 등을 직무특성 분석에 필요한 과업 요건에 중점을 두고 기록한다.

② 직무명세서(job specification): 인적자원이 직무를 수행하기 위해 필요한 최소한의 자격요건을 기록한다. 따라서 직무수행자에게 필요한 지식, 기술, 능력 등이 명시된다.

③ 직무평가(job evaluation)
- 직무기술서와 직무명세서를 바탕으로 직무 간 상대적 가치를 평가하는 것을 의미한다.
- 직무평가를 통해 직급체계의 중요도를 나눌 수 있고, 성과급 등의 임금 체계를 만들어 조직 구성원의 동기 부여를 유발하는 데 사용할 수 있다.
- 비계량적 방법: 포괄적인 판단에 의해 가치를 평가하는 방법이다. 예 서열법, 분류법 등
- 계량적 방법: 숫자를 사용하여 분석적 판단에 의해 평가하는 방법이다. 예 점수법, 요소비교법 등

2 채용관리

(1) 채용관리의 개념
채용관리란 인적자원계획에 따라 기업이 필요로 하는 인력자원의 질과 양을 확보하여 필요한 시간에 기업에서 활용할 수 있도록 모집, 선발, 배치하는 체계적인 활동을 의미한다.

(2) 모집의 개념
모집은 노동시장에서 조직에 적합한 인적자원을 유인하는 과정을 의미한다.

(3) 모집의 종류
모집할 인적자원의 원천에 따라 내부 인력을 대상으로 하는 내부 모집과 외부 노동시장을 대상으로 하는 외부 모집으로 구분한다.

구분	내부 모집	외부 모집
상황	• 외부 환경이 안정적일 때 • 시간과 비용이 한정적일 때	• 필요한 자원을 내부에서 확보하기 어려울 때 • 혁신이 필요할 때 • 외부 환경이 급변할 때
장점	• 정확한 평가 가능 • 적응 시간 단축 • 비용 절감 • 재직자에게 개인 발전의 동기 부여	• 조직 분위기 개선 • 내부에서 확보할 수 없는 새로운 지식 활용 가능 • 자격을 갖춘 자의 선발로 직무훈련비용 절감
단점	• 불합격자들의 불만으로 인한 조직 내 갈등 유발 • 과다경쟁 유발	• 적응 시간 필요 • 많은 비용 및 시간 소요 • 조직문화 마찰 가능성

① 내부 모집
- 기업 내부의 현직 종업원을 대상으로 한 모집 활동을 말한다.
- 내부 모집의 방법은 비공개 모집과 공개 모집으로 구분할 수 있다.
- 비공개 모집은 기능 목록(기술 목록, skill inventory) 또는 인력 배치표를 활용한 방법이 대표적이고, 공개 모집은 결원 공지 제도라고도 하며, 사보, 사내 게시판 등을 활용한다.
- 이 외에 조직 내부 추천을 받는 방법, 기타 이유로 일시 해고된 종업원을 이용하는 방법도 있다.

② 외부 모집
- 외부 인력시장에서 인적 자원을 모집하는 활동을 말한다.
- 광고, 인턴사원제도, 고용알선기관, 현직종업원의 추천, 헤드헌터 등을 활용한 방법이 있다.

(4) 선발의 개념
선발은 모집활동을 통해 지원한 다수의 취업희망자 중 조직과 직무가 요구하는 자격요건이 가장 우수한 인적자원을 선택하는 과정이다.

(5) 선발의 원칙
① 효율성(경제성)의 원칙: 채용 비용보다 큰 수익을 줄 수 있는 인적자원을 선발한다.
② 적합성의 원칙: 기업의 목표와 문화에 적합한 인적자원을 선발한다.
③ 형평성의 원칙: 조건이 동일한 인적자원을 선발기준에 없는 기준으로 차별해서는 안 된다.

(6) 선발도구의 종류
① 바이오 데이터 분석: 지원자의 모든 신상정보를 활용하는 방법이다.
② 선발 시험: 가장 널리 사용되고 있는 선발도구 중 하나로, 지원자들의 지적능력, 성격 등을 측정하기 위한 시험이다. 능력검사, 성격 및 흥미도 검사, 실무능력 검사가 이에 해당한다.
③ 선발 면접: 선발 시험과 함께 가장 널리 사용된다. 집단 면접, 위원회 면접, 스트레스 면접, 블라인드 면접, 행동관찰법 등이 있으며, 두 가지 방법 이상을 혼합해서 사용하는 경우도 있다.
④ 평가센터법: 다수의 대상자를 특정 장소에서 일정 기간 여러 종류의 다양한 선발도구를 적용하는 방법이다. 지원자의 능력뿐만 아니라 성격 및 특성까지 파악할 수 있어 다른 선발도구보다 효과적이지만, 오랜 시간과 많은 비용이 발생한다.

(7) 선발도구의 적용 방법
① 종합적 평가법: 다수의 선발도구를 적용한 결과에 따라 합격자를 결정하는 방법으로, 특정 선발도구에서의 실수를 다른 선발도구가 만회해 줄 수 있기 때문에 보완적 방법이다. 시간과 비용이 많이 소요되지만, 우수한 지원자가 탈락될 위험이 적다.
② 단계적 제거법: 여러 선발도구의 단계를 정하고 다음 단계로 가기 위해서는 그 전 단계의 선발도구에서 합격해야 하는 방법으로, 한 선발도구에서의 실수를 만회할 수 없기 때문에 비보완적 방법이다. 종합적 평가법에 비해 시간과 비용은 적게 들지만, 우수한 인재가 탈락될 위험이 증가한다.

(8) 선발도구의 평가
① 신뢰도(reliability)
- 선발도구 측정에 오류가 없고 일관된 결과를 기대할 수 있어야 한다.
- 여러 번을 측정하는 경우, 시간의 흐름에 따라 측정하는 경우, 또는 다른 장소에서 측정하는 경우에도 같거나 비슷한 결과가 나와야 신뢰성이 높다고 할 수 있다.
- 신뢰성 측정에는 시험-재시험법, 대체 형식법 또는 반분법 등이 사용된다.

② 타당도(validity)
- 선발도구가 최초 측정하려고 했던 것을 얼마나 정확하게 측정하는지를 나타내는 정도를 나타낸다.
- 타당도의 종류에는 기준타당도, 내용타당도, 구성타당도가 있다.
- 직무분석의 결과를 기준으로 선발도구의 점수인 예측치와 선발 후 성과를 평가한 기준점수를 비교한 타당도 계수를 많이 활용하여 타당도를 분석한다.

③ 타당도 계수 분석

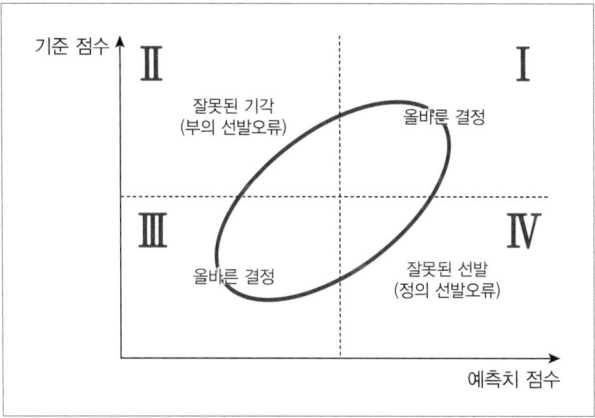

- A라는 인력자원이 선발 과정에서 획득한 선발시험점수(예측치 점수)와 선발 후 근무평점(기준점수)을 비교하면 선발도구의 타당성을 평가할 수 있다.

- 예측치 점수가 낮은 경우 기준점수가 높거나, 예측치 점수가 높은 경우 기준점수가 낮다면, 선발도구의 타당성이 떨어진다는 의미가 될 수 있다.
- 따라서 선발도구는 올바른 결정을 내릴 수 있는 Ⅰ, Ⅲ사분면에 타당도 계수가 위치할 수 있도록 하는 것이 좋다.

3 인적자원의 개발

(1) 교육훈련
① 개념: 교육훈련은 조직의 목적을 달성하는 데 도움이 되는 역량을 구성원들이 획득하도록 하는 과정이다. 즉, 교육훈련이란 구성원 개개인이 맡는 직무에 쓰이는 구체적 기술과 지식을 습득하는 과정을 의미한다.
② 목적: 종업원의 환경 변화에 대한 적응력을 향상시키고, 조직의 목표를 달성할 수 있도록 효과성을 증대시키며, 직무만족을 극대화하는 것을 목적으로 한다.

(2) 교육훈련의 유형
① OJT(On the Job Training, 직장 내 훈련)
- 직무수행과 교육훈련이 동시에 이루어지는 형태의 교육훈련이다.
- 일을 실제로 수행하면서 학습이 가능하고, 훈련자와 피훈련자 간 의사소통이 원활하게 이루어질 수 있으며, 훈련받은 내용을 즉시 활용하여 성과에 반영할 수 있을 뿐만 아니라 훈련 비용이 절감되는 장점이 있다.
- 현재의 관행을 반복적으로 후임자에게 전수함으로 피훈련자는 잘못된 교육내용을 무비판적으로 답습할 가능성이 높고, 훈련자의 역량에 따라 훈련의 효과는 달라질 수 있으며, 업무우수자가 반드시 우수한 훈련자는 아니라는 점과 훈련자가 전문가가 아니므로 훈련의 효과를 믿기 어렵다는 단점이 있다.

② OFF-JT(Off the Job Training): 직장 외 훈련
- 직무가 수행되는 장소를 벗어나 시간적, 공간적으로 격리된 상태에서 교육훈련을 받는 것을 말한다.
- 기업 연수원이나 외부 위탁교육 등이 대표적이다.
- OFF-JT의 장단점은 OJT의 단장점으로 치환하여 이해할 수 있다.

③ 멘토링
- 일반적으로 우수한 경험을 가진 선임자 혹은 전문가가 신입사원의 직무능력을 향상시키고 고충 상담 등의 역할을 통해 조직에 잘 적응할 수 있도록 하는 제도이다.
- 신입사원의 이직률을 낮추고 조직 내 소통을 원활하게 하는 효과가 있다.

4 인사평가

(1) 인사평가의 개념
① 성과평가라고도 하며, 직무분석을 통한 직무기술서와 직무명세서를 바탕으로 선발된 직원의 직무수행 결과를 평가하는 것을 의미한다.
② 인사평가 결과는 인적자원의 임금 교섭이나 성과급 등을 결정하는 중요한 기준이 된다.

(2) 인사평가방법
① 전통적 평가기법에는 서열법, 강제할당법, 평정척도법, 대조표법이 있으며, 근대적 평가기법에는 목표관리제도, 행동기준척도법, 인적평가센터법이 있다.
② 강제할당법
- 대표적인 전통적 평가방법으로, 직원들의 성과가 정규분포를 이룬다는 가정에 기초한 평가방법이다.
- 상대평가에 의해 평가결과가 구분되기 때문에 평가자의 주관에 의한 평가오류(관대화, 혹독화, 중심화의 오류 등)를 방지할 수 있다.
- 평가집단이 정규분포를 이루지 않고 전체적으로 우수하거나 열등할 경우에는 적합하지 않다.

③ 목표관리법(Management By Objective: MBO)
- 상사와 부하가 상호 논의 과정을 거쳐 개인적인 목표를 설정하고 업무를 수행한 후 평가를 진행하는 방법이다.
- 일방적 업무 지시에 따른 소통의 단절과 업무의 비효율성을 낮출 수 있다.
- 상사와 부하 간 정보비대칭에 따른 비효율성을 줄이고 성과평가의 효과성을 높이는 데 적합하다.

④ 다면평가제
- 피평가자를 상관뿐만 아니라 동료와 하급자 및 고객, 외부 전문가 등이 평가자가 되어 평가하는 방법이다.
- 360° 성과피드백이라고도 하며, 각 평가자의 관점이 다양하게 반영되어 평가대상자의 성과를 입체적으로 평가할 수 있다.

⑤ 행동기준척도법(Behaviorally Anchored Rating Scale: BARS)
- 업무수행 과정상의 수많은 중요 사실들을 추출하여 몇 개의 범주 또는 차원으로 나눈 다음, 각 범주의 중요한 사실을 척도에 의해 평가하는 방법이다.
- 다양하고 구체적인 직무에 적용이 가능하고, 이해가 쉽기 때문에 인사평가에 대한 적극적인 관심과 참여를 유도할 수 있으나, 시간과 비용이 많이 소요되고 평가자의 편견이 개입할 수 있다.

5 보상관리

(1) 보상의 개념 및 중요성
① 보상이란 종업원이 기업에게 노동을 제공하는 대가로 지급받는 모든 경제적/비경제적 반대급부를 의미한다.
② 기업이 인적자원을 사용한 대가로 지급하는 모든 형태의 반대급부라고 할 수 있다.
③ 기업의 입장에서는 비용이며, 인적자원의 입장에서는 수입이 되는, 입장에 따라 서로 상반된 성격을 가지고 있다.
④ 기업은 종업원의 경제적 생활안정과 기업의 경영안정을 달성할 수 있도록 적당한 균형을 유지해야 한다. 이를 위해 생활균형의 원칙, 노동대가의 원칙, 고정임금과 변동임금의 원칙 등을 지켜야 한다.

(2) 보상의 종류
① 경제적 보상
 - 직접보상: 기본급, 성과급, 인센티브적 요소
 - 간접보상: 복리후생, 연금, 보험, 유급휴일, 체력단련실 등의 부대시설
② 비경제적 보상
 - 조직 내에서 업무를 수행하는 과정에서 발생되는 심리적 요소들이 포함된다.
 - 경력상의 보상, 고용보장, 사회·심리적 보상, 리더십, 업무의 성취감, 상사 및 동료와의 관계 등이 해당한다.
 - 경제적 보상과 상호작용하면서 형성하는 것이 일반적이다.

(3) 임금체계의 종류

결정 기준	임금체계
종업원 가치	연공급, 스킬 위주의 임금, 역량 위주의 임금
직무 가치	직무급
결과 가치	개인별 인센티브, 팀별 인센티브 등

① 종업원 가치 기준 임금체계
 - 국내에서 대표적으로 사용하는 연공급이 종업원 가치 기준 임금체계의 대표적 사례라고 할 수 있다.
 - 일반적으로 조직 내에서 근로자가 오래 근무할수록 조직에 대한 이해도와 기여도가 높을 것이라는 기대가 있는 경우 근속연수에 비례하여 임금은 상승한다.
② 직무 가치 기준 임금체계
 - 직무분석에 따른 상대적 가치가 정해지고 그에 상응하는 임금을 책정하여 지급하는 직무급이 대표적이다.
 - 직무기술서나 직무명세서에 근거하여 근로자가 조직에 기여하고 있다고 판단하는 임금체계이다.
③ 결과 가치 기준 임금체계
 - 기대 수준 이상의 성과를 달성했을 경우 기본급에 더하여 지급되는 실적급 또는 보너스 등이 대표적이다.
 - 실적급은 기본급에 추가되어 계속 받을 수 있지만, 보너스는 기본급에 반영되지 않으므로 일회성 지급에 그친다.

6 내부인력 관리 및 이직

(1) 전환배치
① 배치된 종업원을 필요에 따라 현재의 직무에서 다른 직무로 바꾸어 재배치하는 것을 전환(transfer)이라고 한다.
② 전환은 특별한 사정이 없는 한 같은 수준의 직급으로 수평이동하는 것으로, 임금이나 직책 또는 지위에는 변화가 없지만, 직무의 성격이나 작업조건의 변화는 있을 수 있다.

(2) 전환배치의 원칙
① 적재적소의 원칙: 인적자원을 배치함에 있어 해당 인적자원의 능력(적성)-직무-시간의 세 가지 측면을 모두 고려하여 이들 간의 적합성을 극대화해야 한다는 원칙이다.
② 인재육성의 원칙: 전환배치를 통해 인적자원이 다양한 능력을 갖출 수 있어야 한다는 원칙이다.
③ 균형의 원칙: 적재적소의 원칙과 인재육성의 원칙을 적용함에 있어 조직 전체의 상황을 고려하여 전환배치를 실행해야 한다는 원칙이다.

(3) 전환배치의 목적별 분류
① 생산 상황 및 생산기술 변화에 따른 전환: 새로운 기술의 발달로 노동에 대한 수요가 감소하고 있는 분야에서 증대되는 직무로의 전환 또는 이직으로 인해 발생한 직무로의 전환을 의미한다.
② 기업 안정을 위한 전환
 - 다기능을 보유한 유능한 종업원에 대한 일시해고를 방지하는 것을 목적으로 실시하는 전환이다.
 - 경험이 많고 다양한 기능을 보유한 종업원은 그 수가 적을지라도 생산에 필요한 공정을 모두 소화할 수 있으므로 줄어든 생산 수요를 적은 종업원 수로 해결이 가능하여 어려운 기업 상황 속에서 안정을 도모할 수 있다.
③ 다기능공 양성을 위한 전환
 - 기업 안정을 위한 전환의 준비단계로서 사용될 수 있는 전환이다.
 - 중소기업에서는 한사람에서 충분한 작업량이 없을 경우 작업의 탄력성을 유지하기 위해 실시하기도 한다.
④ 근무교대를 위한 전환: 2교대 또는 3교대를 실시하는 작업장에서 선호하는 시간대의 공평한 배분을 위한 전환을 하는 유형이다.
⑤ 교정적 전환: 최초 잘못된 직무배치를 수정하거나 선배 또는 동료관계의 문제가 발생하였을 경우 등 작업 유형이나 작업 조건이 부적합할 때 다른 직무로 전환을 하는 유형이다.

(4) 승진(promotion)
① 개념: 종업원이 상위 직급/직위로 수직이동하는 것으로, 일반적으로 조직 내에서 권한, 보상, 책임이 함께 수반되는 신분상의 상승을 의미한다.
② 승진의 기준
- 연공주의(seniority system): 종업원을 승진시킬 때 근속연수를 중요한 기준으로 삼는 것을 의미한다.
- 능력주의(competence system): 기업의 목표 달성에 기여하는 종업원의 능력에 따라 승진시키는 것으로, 합리주의에 기반을 두고 있다.

③ 승진의 원칙
- 적정성의 원칙: 인적자원의 공헌 정도에 따라 어느 정도의 승진 기회를 부여해야 하는지의 정도로, 승진 기회의 적정성을 의미한다.
- 공정성의 원칙: 승진 기회를 올바른 인적자원에게 배분했는지를 의미하는 것으로, 인적자원 승진 선발의 절차적 공정성을 의미한다.
- 합리성의 원칙: 인적자원의 여러 공헌 중 조직의 목표 달성으로 인정할 수 있는 공헌의 선택 기준을 나타내는 것으로, 승진 기준의 합리성을 의미한다.

④ 승진의 종류
- 직급승진: 해당 직무의 적격자를 선정하여 상위계층으로 이동시키는 것으로, 상위직급이 공석이 되어야 승진할 수 있으므로 인적자원 간 경쟁이 발생하게 되고 상대평가를 실시하게 된다.
- 자격승진: 각 종업원에게 갖추어진 개인적 자격 요건에 따라 기업 내의 공식적인 자격을 인정하고 상급의 대우를 해 주는 것으로, 직계승진 또는 직급승진과 달리 절대평가에 의해 승진하게 되어 인적자원 간 경쟁이 발생하지 않는다.
- 대용승진: 직무내용이나 보상 등의 실질적인 변동 없이 직급 명칭만 변경되는 승진을 의미하며, 준승진, 건조승진이라고도 한다.
- 조직변화승진: 승진 대상에 비해 직위가 부족할 경우 조직변화를 통해 인적자원들을 승진시키는 형태이다.

(5) 이직
① 개념: 근로자와 사용자 사이의 체결된 근로관계의 종료, 즉 근로자와 회사 간의 관계가 단절됨을 의미한다.
② 자발적 이직
- 일반적으로 기업에서 낮은 능력과 성과를 가진 사람보다 유능하고 높은 성과를 내는 직원들이 자발적 이직을 한다.
- 자의에 따라 다른 직장으로 이동하는 전직(turnover)과 개인 사정으로 인한 사직(resign)으로 분류된다.
- 일반적으로 자발적 이직은 미리 알기 어려우므로 비자발적 이직보다 큰 비용을 수반하게 된다.
- 공석에 따른 인원 선발 비용이나 신입사원의 적응 비용뿐만 아니라 경쟁자로 이직하게 되는 경우에는 조직의 정보와 역량의 유출에 따른 비용도 고려해야 한다.

③ 비자발적 이직
- 비자발적 이직: 종업원의 의사와 상관없이 종업원을 강제로 이직시키는 것을 의미한다. 비자발적 이직을 제대로 관리하지 않을 경우 기업 이미지에 부정적인 영향을 미칠 수 있다.
- 해고: 개인적인 일탈 행위나 직무능력 부족 등이 원인이 되어 발생한다.
- 정리해고: 조직구조의 변경으로 조직 규모를 감축하게 되면서 발생한다.
- 퇴직: 인적자원이 일정한 연령에 도달하게 되었을 때 고용관계가 종료되는 것을 의미한다.

④ 이직률
- 기업의 적정이직률은 기업이 부담해야 하는 이직비용과 인력보유비용의 합이 최소가 되는, 즉 총이직비용이 최저가 되는 곳에 존재한다.
- 해당 기업의 이직률이 적정이직률을 초과하게 되면 이직 관련 총비용이 증가하여 결국 조직 유효성이 저하된다.

PART 02 기출변형 실전문제

CHAPTER 01 인적자원관리의 이해

01 난이도 ■■□
인적자원관리에 대한 설명으로 옳지 않은 것은?

① 인적자원관리가 조직 구성원을 조직경쟁력의 원천으로 본다는 점에서 조직의 경제적 효율성 달성에 초점을 두어 개인의 욕구를 무시하고 통제하는 인사관리와 차이가 있다.
② 인적자원관리의 경제적 효율성과 사회적 효율성은 상호보완적이면서 동시에 경쟁적이다.
③ 메이요(Mayo)의 호손공장 실험의 결과는 인간의 근본적인 욕구와 가치의 문제를 인식하는 계기가 되었다.
④ 경영전략수립과 인적자원관리의 연계 수준이 가장 낮은 수준은 일방적 연계이다.
⑤ 전략실행뿐만 아니라 수립에 있어서도 인적자원을 적극 고려하며 전략수립 기능과 인적자원관리 기능이 쌍방적으로 연계되어 상호작용을 한다.

| 해설 | 경영전략수립과 인적자원관리의 연계 수준이 가장 낮은 수준은 행정적 연계이다.

02 난이도 ■■□
바니(Barney)의 자원기반이론(Resource Based View)의 관점에 따라 경쟁 우위의 가능성을 판단하는 기준으로 적절하지 않은 것은?

① 내가 가진 자원이 가치가 있는가?
② 자원을 활용하기 위한 실제적 방법이 준비되어 있는가?
③ 내가 보유한 자원을 보유한 기업은 소수인가?
④ 내가 가진 자원을 모방하려는 기업에 경제적 부담을 줄 수 있는가?
⑤ 내가 가진 자원으로 급변하는 환경에 적응할 수 있는가?

| 해설 | 바니의 VRIO 모형은 자원의 가치, 희소성, 모방 가능성, 조직화로 구성된다. 핵심역량을 통한 경쟁 우위의 개념은 조직 내부의 자원에 대한 가능성과 차별성을 고려하는 관점이므로 외부 환경에의 적용 가능성을 고려하는 것은 적절하지 않다.

03 난이도 ■■□
인적자원관리의 특징으로 옳지 않은 것은?

① 전략적 요소: 인적자원은 조직의 성과와 가장 밀접한 관련을 가지고 있으므로 전략적으로 관리해야 한다.
② 능동성: 인적자원의 성과는 구성원의 욕구, 동기, 태도 등에 따라 달라지는 능동성을 가지고 있다.
③ 개발 가능성: 인적자원의 개발은 장시간에 걸쳐 성장과 성숙을 반복하면서 개발되며 많은 잠재력을 가지고 있다.
④ 비소진성: 인적자원을 조직 내에 머물게 함으로써 능력을 유지시킬 수 있다.
⑤ 존엄성: 인적자원은 단순한 기계나 대가를 치루고 구입할 수 있는 상품이 아닌 생명을 가진 하나의 인격체이다.

| 해설 | 인적자원의 특징으로는 존엄성, 능동성, 개발 가능성, 전략적 요소 및 소진성을 들 수 있다. 소진성이란 인적자원의 능력은 사용되지 않으면 소진된다는 것을 말한다.

04 난이도 ■□□
인적자원관리 발전 과정 중 빈칸에 들어갈 내용으로 가장 적절한 것은?

기계적 접근 → 인간관계적 접근 → (   )

① 합리적 접근
② 종합적 접근
③ 노무적 접근
④ 민주적 접근
⑤ 인적자원적 접근

| 해설 | 인적자원관리는 생산 중심의 기계적 접근에서 인간 중심의 인간관계적 접근을 지나 균형을 갖춘 인적자원적 접근으로 발전하였다. 테일러의 생산 중심의 기계적 관점, 호손의 인간 중심의 인간관계 관점 모두 조직의 목표 또는 개인의 목표가 어느 한쪽으로 치우쳐 있다는 문제를 내포하고 있다. 이러한 문제점을 극복하기 위해 일과 인간, 성과와 만족이 동시적이고 조화로워야 한다는 관점인 인적자원적 접근법이 등장하였다.

| 정답 | 01 ④ | 02 ⑤ | 03 ④ | 04 ⑤ |

05

다음에서 설명하는 인적자원관리의 기능으로 옳은 것은?

- 조직이 확보한 경쟁적 우위를 지속하기 위해서는 구성원이(인적자원) 성과 창출 의지, 동기부여(motivation)와 능력을 유지하도록 하는 것이 무엇보다 중요하다.
- 인적자원의 성과 창출 의지는 개인 수준에서 직무의 내용, 상사의 리더십, 조직 목표에의 동의, 보상에 대한 만족 등에 의해 결정되고, 집단 수준에서는 기업과 노조의 관계에 의해 영향을 받는다.

① 인적자원의 확보
② 인적자원의 개발
③ 인적자원의 평가와 보상
④ 인적자원의 유지
⑤ 인적자원의 방출

| 해설 | 제시문에서 설명하는 인적자원관리의 기능은 인적자원의 유지이다.

06

다음 설명에 해당하는 것은?

- 인적자원을 기업의 가장 중요한 경쟁요소로 인식하고 이 자원을 전략적으로 개발하고 잘 활용하는 것이 기업이 경쟁적 우위를 확보하고 유지할 수 있다고 주장한다.
- 경영전략을 수립할 때 인적자원관리를 충분히 고려하여 인적자원관리가 경영전략과 조화를 이루고 경영전략의 목표를 효율적으로 달성할 수 있어야 한다.

① 통합적 인적자원관리
② 전략적 인적자원관리
③ 경쟁 우위 인적자원관리
④ 효과적 인적자원관리
⑤ 효율적 인적자원관리

| 해설 | 제시된 설명은 전략적 인적자원관리에 해당한다.

07

인적자원관리의 기능에 해당하지 않는 것은?

① 인적자원의 개발
② 인적자원의 확보
③ 인적자원의 보상
④ 인적자원의 평가
⑤ 인적자원의 연계

| 해설 | 인적자원의 다섯 가지 기능에는 인적자원의 확보, 인적자원의 개발, 인적자원의 평가, 인적자원의 보상, 인적자원의 유지 및 인적자원의 방출이 있다.

08

인사관리와 인적자원관리의 차이점으로 가장 적절한 것은?

① 조직의 자원으로서 활용 가능성 여부
② 인적 노동을 생산의 한 요소로 보는지 여부
③ 인적자원을 조직경쟁력의 원천으로 보는지 여부
④ 인적자원의 평가 방법
⑤ 인적자원의 대체 가능성 여부

| 해설 | 인적자원관리는 인사관리와 달리 인간을 조직경쟁력의 원천으로 본다.

09

인적자원관리에 대한 설명으로 옳지 않은 것은?

① 인적자원관리에서 개인의 목표와 조직의 목표 사이의 균형을 유지하는 것은 중요하다.
② 인적자원관리의 목표 중 경제적 효율성의 추구는 인적자원을 제공하여 노동의 성과를 극대화하는 데 있다.
③ 인적자원관리의 목표 중 사회적 효율성의 추구는 조직을 구성원과 함께 존속, 발전하는 사회시스템으로 바라보는 관점에서 시작한다.
④ 인적자원의 방출은 조직을 떠나는 것이므로 인적자원관리에서 고려하지 않는다.
⑤ 인적자원관리의 핵심은 조직이 경쟁적 우위를 확보하는 데 인적자원이 중요한 역할을 한다고 생각하는 것이다.

| 해설 | 인적자원의 대표적 활동에는 인적자원의 확보, 인적자원의 개발, 인적자원의 평가, 인적자원의 보상, 인적자원의 유지 및 인적자원의 방출까지 포함한다.

정답 05 ④ 06 ② 07 ⑤ 08 ③ 09 ④

CHAPTER 02 인적자원관리 제도

01 난이도 ■■□

인적자원관리에 대한 설명으로 옳지 않은 것은?

① 직무분석의 결과로 직무기술서와 직무명세서를 작성한다.
② 직무기술서에는 직무의 내용, 작업 조건, 직무 수행 방법 및 절차 등을 직무특성 분석에 필요한 과업 요건에 중점을 두고 기록한다.
③ OJT는 직무수행자와 교육훈련이 동시에 이루어지는 형태의 교육훈련이다.
④ 종업원 가치 기준 임금체계의 대표적인 예는 연공급이다.
⑤ 자격승진은 상대평가를 한다.

| 해설 | 자격승진은 절대평가를 하고, 직급승진은 상대평가를 한다.

02 난이도 ■■■

직무관리는 직무분석, 직무평가, 직무설계로 구분할 수 있다. 직무관리에 관한 설명으로 옳은 것은?

① 직무평가의 결과로 직무기술서와 직무명세서가 작성된다.
② 직무평가는 직무에 대한 절대적 가치를 결정하는 것이다.
③ 직무평가는 직무분석의 연장이고 합리적 임금 격차를 결정하는 데 목적이 있다.
④ 직무설계는 개인의 직무 또는 과업의 수를 결정하는 과정이기 때문에 집단 수준에 적용하기에 적절하지 않다.
⑤ 직무기술서는 하나의 직무를 수행하기 위해 필요한 최소한 인적자원이 갖추어야 할 요건을 기술한 문서이다.

| 오답해설 | ① 직무분석의 결과로 직무기술서와 직무명세서가 작성된다.
② 직무평가는 직무에 대한 상대적 가치를 결정하는 것이다.
④ 직무설계는 직무 또는 과업의 수를 결정하는 과정이기 때문에 개인 수준과 집단 수준에도 적용할 수 있다.
⑤ 하나의 직무를 수행하기 위해 필요한 최소한 인적자원이 갖추어야 할 요건을 기술한 문서를 직무명세서라고 한다.

03 난이도 ■□□

직무분석에 대한 설명으로 옳지 않은 것은?

① 모집과 선발의 정보를 제공한다.
② 인적자원의 책임과 권한을 확정한다.
③ 교육 훈련 프로그램의 개발과 설계 정보를 제공한다.
④ 인사평가의 결과를 바탕으로 직무분석을 실시한다.
⑤ 합리적 급여 체계 수립을 위한 기초 자료를 제공한다.

| 해설 | 직무분석은 인사평가를 위한 자료를 제공한다. 직무분석을 통해 경영자는 표준성과 수준을 결정할 수 있으며, 이를 종업원의 실제 성과와 비교하여 합리적인 인사평가를 실시할 수 있다.

04 난이도 ■■□

다음에서 설명하는 직무분석의 방법은?

- 일이 단순하고 주기가 짧은 경우에 정확한 정보를 얻을 수 있지만, 일이 복잡하고 주기가 긴 경우에는 정확한 자료 수집이 곤란하다.
- 정신적 작업 및 집중을 요구하는 직무보다 생산직이나 기능직 직무에 적합하다.

① 관찰법
② 질문지법
③ 면접법
④ 작업 기록법
⑤ 중요 사건 기록법

| 해설 | 관찰법은 분석 대상이 되는 조직 구성원을 직접 관찰하여 직무에 대한 정보를 획득하는 방법이다. 관찰법은 일이 단순하고 주기가 짧은 경우에 정확한 정보를 얻을 수 있지만, 일이 복잡하고 주기가 긴 경우에는 정확한 자료 수집이 곤란하다. 따라서 정신적 작업 및 집중을 요구하는 직무보다 생산직이나 기능직 직무에 적합하다.

05 난이도 ■■□

내부 모집의 장점으로 옳지 않은 것은?

① 지원자에 대한 정확한 평가가 가능하다.
② 적응 시간이 단축된다.
③ 비용이 절감된다.
④ 조직 내 갈등이 감소된다.
⑤ 현 재직자의 개인 발전에 동기를 부여할 수 있다.

| 해설 | 내부 모집을 통한 불합격자들이 불만을 가지면 조직 내 갈등이 유발된다.

| 정답 | 01 ⑤ | 02 ③ | 03 ④ | 04 ① | 05 ④ |

06 난이도

내부 모집과 외부 모집에 대한 설명으로 옳지 않은 것은?

① 내부 모집 중 비공개 모집은 기능 목록 또는 인력 배치표를 활용한 방법이 대표적이다.
② 내부 모집 중 공개 모집은 '결원 공지 제도'라고도 하며, 사보, 사내 게시판 등을 활용한다.
③ 외부 모집은 과다 경쟁을 유발할 수 있다.
④ 대표적인 외부 모집 방법에는 광고, 인턴사원제도, 고용알선기관, 현직 종업원의 추천, 헤드헌터 등을 활용한 방법이 있다.
⑤ 조직 내부의 혁신이 필요할 경우 외부 모집이 내부 모집보다 효과적이다.

| 해설 | 과다 경쟁은 내부 모집의 단점이다. 이 외에 불합격자들의 불만으로 조직 내 갈등을 유발할 수 있다는 단점이 있다.

07 난이도

다음과 같은 채용 방식 활용 시, 이에 대한 설명으로 옳은 것은?

- 대상: 각 부서 인력 교류 희망자
- 신청 기간: 2023년 3월 2일 ~ 3월 9일(7일)
- 신청 방법: 사내 인트라넷 '2023년 사내 인력 교류'란에 직접 신청
- 신청 서류: 신청서 1부, 직무계획서 1부, 관련자격증 1부, 공인 영어성적 1부

① 조직의 혁신이 필요할 때 효과적이다.
② 외부 환경이 급변할 때 효과적이다.
③ 회사가 주도적으로 인력을 배치할 수 있다.
④ 조직 분위기를 새롭게 개선할 수 있다.
⑤ 직무 훈련 시간이 짧다.

| 해설 | 제시된 채용 방식은 사내 공개 채용 방식으로, 내부 모집에 해당한다. 내부 모집은 종업원의 적응 시간을 단축할 수 있다는 장점이 있다.
| 오답해설 | ①②③④ 외부 모집에 대한 설명이다.

08 난이도

선발도구 효과성을 측정하는 기준이 아닌 것은?

① 신뢰도
② 타당도
③ 특수성
④ 효용성
⑤ 법적 타당성

| 해설 | 인적자원의 선발도구 효과성을 측정하는 기준에는 신뢰도, 타당도, 일반화 가능성, 효용성, 법적 타당성 등이 있다.

09 난이도

목표관리법(MBO)에 대한 설명으로 옳지 않은 것은?

① 상급자의 카리스마적 리더십이 가장 중요하다.
② 하급자의 입장에서는 목표를 달성하려는 의지가 높아질 수 있다.
③ 상·하급자 사이의 의사소통 촉진을 통해 목표 달성의 공감대를 높일 수 있다.
④ 목표에 대한 성과를 명확히 할 수 있다.
⑤ 개인의 목표와 연계하여 조직 목표 달성의 몰입을 높일 수 있다.

| 해설 | 목표관리법(MBO)은 상급자의 강력한 리더십보다 상·하 간의 원활한 의사소통을 중시한다.

10 난이도

다음에서 설명하는 용어는?

T기업에서는 신규 직원이 입사하면 약 3개월 정도의 교육 기간을 거친다. T기업은 기존 직원과 신규 직원이 '메이트'를 맺어 1:1로 시간을 갖고 더욱 빠르게 T기업 문화에 적응할 수 있도록 하며, 팀 리더와의 티타임, 타운홀 미팅 등을 통해 구성원 간의 커넥션을 중시한다.

① 온보딩(onboarding)
② 오프보딩(offboarding)
③ 인턴십(internship)
④ 엑스턴십(externship)
⑤ OFF-JT(Off the Job Training)

| 해설 | 온보딩은 '배에 탄다.'라는 뜻으로 신규 직원이 조직에 잘 적응할 수 있도록 업무에 필요한 지식이나 기술 등을 안내·교육하는 과정이다. 기업이 우수 직원을 선발하더라도 조직에서 실제 역량을 발휘하지 못하면 효과적인 선발이 아니기 때문에 신규 직원의 역량이 최대한 발휘되도록 프로그램을 운영한다.

정답 06 ③ 07 ⑤ 08 ③ 09 ① 10 ①

11 난이도 ■□□

직장 외 훈련(OFF-JT)에 대한 설명으로 옳은 것은?

① 통일된 내용으로 교육시키는 데 효과적이다.
② 경제적인 교육훈련이 가능하다.
③ 피훈련자 개인적 능력에 따른 교육훈련이 가능하지만, 작업 수행의 지장을 초래할 위험도 있다.
④ 많은 피훈련자를 한번에 훈련시키기 어렵지만, 실제적인 교육이 가능하다.
⑤ 대표적인 예로서 직무순환이 있다.

| 해설 | 직장 외 훈련은 직무가 수행되는 장소를 벗어나 시간적·공간적으로 격리된 상태에서 교육훈련을 받는 것으로, 통일된 내용으로 교육시키는 데 효과적이다. 기업 연수원이나 외부 위탁교육 등이 대표적이다.

12 난이도 ■■□

다음에서 설명하는 직무평가방법은?

- 서열법에서 발전된 형태로서 직무의 상대적 가치를 임금으로 평가하는 것이 특징이다.
- 평가의 기준이 구체적이고 명확하기 때문에 비교가 용이하나, 기준 직무를 선정하는 것이 쉽지 않다.

① 요소 비교법(factor comparison method)
② 관찰법(observation method)
③ 점수법(point method)
④ 서열법(ranking method)
⑤ 분류법(job-classification method)

| 해설 | 요소 비교법은 조직 내의 직무를 평가 요소별로 구분하고, 가장 핵심이 되는 기준 직무(key job)를 선정하여 타 직무의 평가 요소를 기준 직무의 평가 요소에 결부시켜 상호 비교함으로써 조직 내에서 이들이 차지하는 상대적 가치를 결정하는 방법이다. 서열법에서 발전된 형태로서 직무의 상대적 가치를 임금으로 평가하는 것이 특징이다.

13 난이도 ■■□

조직이 구성원에게 다양한 보상을 제공하는 목적으로 적절하지 않은 것은?

① 높은 성과를 달성하기 위한 동기 부여
② 업무 결과에 대한 책임의식 부여
③ 직무 관련 역량 개발 유도
④ 필요한 인재 확보 및 유지
⑤ 조직 내부의 구성원 간 동질감 및 공감대 형성

| 해설 | 보상은 피고용자가 고용계약에 따른 근로를 제공하고 고용자에게 받는 경제적 또는 비경제적 대가를 의미한다. 보상을 통해 높은 성과에 대한 동기부여를 유발할 수 있으며, 조직에서 필요한 인재를 확보 및 유지한다. 또한 개인의 직무 관련 역량 개발을 유인할 뿐만 아니라 업무 성과에 대한 책임의식을 고취할 수 있다.

14 난이도 ■■□

비자발적 이직에 대한 옳은 설명을 〈보기〉에서 고른 것은?

┤ 보기 ├
㉠ 개인보다 조직에 유리한 측면이 있다.
㉡ 근로자가 주도하여 고용관계가 끝나는 상황이다.
㉢ 일반적으로 자발적 이직보다 많은 비용이 든다.
㉣ 정리해고, 퇴직의 형태가 대표적이다.

① ㉠, ㉡
② ㉡, ㉢
③ ㉢, ㉣
④ ㉠, ㉣
⑤ ㉡, ㉣

| 해설 | 비자발적 이직의 대표적 형태에는 정리해고, 퇴직 등이 있다. 비자발적 이직은 조직이 필요한 상황에서 인원을 감축하기 때문에 근로자의 주도로 고용관계가 끝나는 자발적 이직보다 조직에 유리하다. 즉, 조직은 미리 준비할 수 있기 때문에 일반적으로 자발적 이직보다 비용이 적게 든다.

정답 11 ① 12 ① 13 ⑤ 14 ④

경영편

PART 03
조직행동

CHAPTER 01 조직행동의 이해
기업은 결국 조직의 형태를 가지고, 기업활동을 이해하기 위해서는 조직행동을 이해하는 것이 중요하므로 조직행동의 개념과 여러 가지 조직행동 연구에 대해 알아본다.

CHAPTER 02 동기부여이론
기업을 구성하고 있는 것은 인적자원이며 인적자원을 움직이기 위해서는 적절한 동기부여가 필수적이므로 동기부여의 개념 및 중요성과 다양한 동기부여 이론에 대해 알아본다.

CHAPTER 03 리더십이론과 유형
리더십은 조직의 목적을 달성하고 구성원을 일정한 방향으로 이끌어 성과를 창출하는 능력이다. 경영학에서 매우 중요한 분야이므로 리더십의 개념을 이해하고 종류에 대해 알아본다.

PART 03 조직행동

CHAPTER 01 조직행동의 이해

1 조직행동의 개념

(1) 조직행동 연구의 발전 과정

① 맥그리거의 XY이론: 맥그리거는 1960년 인간의 유형을 두 가지, 즉 인간을 부정적으로 바라보고 인간은 본성적으로 게으르고 책임을 지기 싫어하는 존재라는 X형 인간과, 인간 본성에 대해 긍정적으로 바라보고 자신의 일에 책임을 질 줄 아는 존재라는 Y형 인간으로 구분하였다.

② 베버의 관료제와 테일러의 과학적 관리
- 베버는 조직의 구조화 원칙이 효과적으로 작용하기 위해 조직 내 합법적 권한의 중요성을 강조하였다.
- 테일러는 조직 구성원들이 시간연구 및 동작연구를 통해 최대로 일할 수 있도록 능률을 극대화하는 것을 추구하였다.

③ 호손공장 실험
- 베버와 테일러의 연구를 통해 조직의 단위에 관심을 가지고 연구를 시작하였다.
- 조직의 목표를 달성하면서 조직을 이루는 구성원, 즉 개개인의 특성과 비공식집단을 고려하는 것이 조직 전체의 성과를 향상시키는 데 도움을 줄 수 있음을 알게 되면서 조직행동의 중요성을 본격적으로 인식하였다.

(2) 조직행동을 연구하는 학문

① 조직행동론의 개념: 조직을 이루고 있는 개인, 그리고 개인, 집단과 더불어 조직과정에 대한 체계적 연구를 통해 조직에 있어 인간행동과 태도에 대한 지식을 추구하여 조직 효과와 인간복지를 강화하는 이론이다.

② 조직행동론의 관심 대상
- 개인의 태도, 동기, 지각뿐만 아니라 개인의 성격 분류, 인지 과정 등의 심리학적 요소까지를 포함한다.
- 최근 개인의 인권과 복지에 관심이 높아지면서 일과 삶의 균형에 대한 문제, 조직 내의 구성원 간 세대문제와 이를 반영한 조직문화 등으로까지 영역이 넓어지고 있다.

③ 조직행동론의 한계
- 조직을 이루고 있는 개인들의 심리적 요소들에 대한 연구 결과가 조직 차원으로 확대·적용할 경우 일반화의 문제가 제기될 수 있다.
- 개인의 심리 상태를 정확하게 특정하여 검증하는 문제와 더불어 개인의 특정 행동 또는 결과가 조직행동의 요소 때문에 발생하였다고 증명하는 것이 쉽지 않기 때문에 학문의 엄격성에 대한 비판이 존재한다.

2 조직행동 연구의 목표

(1) 조직몰입의 개념 및 중요성

① 조직몰입의 개념: 직무에 대한 반응 이상으로 조직에 대한 애착을 나타내는 광범위한 개념이다. 몰입(commitment)이란 개인의 태도와 행동의지의 결합으로, 개인이 가지는 특정 대상에 대한 가치관의 일치를 통해 심리적인 애착이나 소속의 욕구를 유발시켜 특정 대상에 대한 정체성을 소유하거나 특정 대상에 공헌하는 것을 의미한다.

② 조직몰입의 중요성
- 조직몰입은 조직 구성원의 태도와 행동 사이의 관계를 잘 나타내 준다.
- 조직몰입 수준이 조직관리의 효율성 수준을 나타내는 가장 보편적인 개념일 뿐만 아니라 구성원들의 행동을 예측할 수 있는 사전지표로 활용될 수 있다.

(2) 마이어와 알렌(Meyer & Allen)의 조직몰입의 구성 요소

마이어(Meyer)와 알렌(Allen)은 1991년 정서적 몰입, 규범적 몰입, 지속적 몰입 등 세 가지로 구성된 '조직몰입(organizational commitment)'의 개념을 제시하며, 이직, 조직 구성원의 행위, 직무 성과 등을 연구하는 데 분석 틀을 제공하였고, 세 가지 요소 중 정서적 몰입이 가장 중요하다고 주장하였다.

① 정서적 몰입(감정적 몰입)
- 조직 구성원과의 정서적 유대나 조직 목표와의 동일시에 의해 형성된 조직을 위해 일하고 싶은 욕구, 즉 조직에 대한 애착이다.
- 감정적 몰입이 증가하면 조직을 자신의 확장된 개념으로 느끼게 되는 조직동일시(organization identification)까지 진행된다.

② 지속적 몰입
- 직원과 조직의 관계를 특징짓는 심리적 상태이다.
- 조직 구성원이 회사에 남을지 아니면 떠날지를 결정하게 되며, 조직을 떠나는 것이 이득보다 손실이 크다고 판단하면 조직에 남는다.
- 조직은 동종업계 시장에서 형성되는 평균임금보다 높은 임금을 제시하는 효율임금 등의 방식을 활용하여 조직 구성원들의 지속적 몰입을 유도한다.
- 상황에 따라 다르게 나타난다. 이직에 대한 대안이 없는 경우 조직에 대한 애착이 크지 않더라도 지속적 몰입은 높아진다.
- 거래적이고 경제적인 성격이 강하다.

③ 규범적 몰입
- 조직에 대한 책임감을 바탕으로 조직 구성원 스스로 신념이나 가치관을 갖는 것에서 기인한 몰입 상태이다.

- 조직에 남아 일하는 것이 도덕적 의무이며 윤리적이라고 여기게 된다.
- 조직 구성원이 조직 규범의 내재화를 통해 의무감과 사명감 등의 심리 상태를 바탕으로 조직에 기여하게 되는 것이다.

3 가치(value)와 조직행동

(1) 가치와 가치체계
① 가치란 특정한 형태의 행동이나 존재 양식이 다른 형태의 행동이나 존재 양식보다 더 좋을 것이라는 기본적인 믿음이나 신념을 나타낸다.
② 사람들은 누구나 여러 가지 가치를 가지고 있고 가치마다 각각 다른 중요성을 부여하는데, 이를 가치의 내용(content)과 강도(intensity)라고 한다. 내용이란 특정한 행동이나 존재 양식이 중요하다는 것을 나타내고, 강도는 얼마나 중요한지를 나타낸다.
③ 가치체계란 개인이 가지고 있는 여러 가지 가치와 이들 가치의 상대적 중요도를 계층화한 것으로 이해할 수 있다.

(2) 가치관의 특징과 중요성
① 가치관은 상대적으로 안정적이고 지속적이므로 쉽게 변화하지 않는다.
② 가치관은 개인의 태도나 동기를 이해하는 기초가 되고, 개인의 지각에 영향을 미치므로 조직행동을 이해하는 데 중요하다.

(3) 가치의 유형
① 가치는 최종가치(terminal value)와 도구가치(수단적 가치, instrumental value)로 구분할 수 있다.
② 최종가치와 도구가치는 집단에 따라 다를 수 있으며, 같은 직업이나 계층에 속하는 사람들은 일반적으로 유사한 가치를 갖는 경향이 있다.
  - 최종가치: 개인이 일생을 통해 달성하고 싶어 하는 목적(goal)으로, 바람직한 최종 상태를 의미한다.
  - 도구가치: 최종가치를 성취하는 데 필요한 바람직한 행동이나 수단을 의미한다.

(4) 홉스테드(Hofstede)의 문화차원이론
① 특정 사회의 문화가 사회 구성원의 가치관에 미치는 영향과 그 가치관과 행동의 연관성을 요인분석으로 설명하는 이론이다.
② 비교문화심리학, 국제경영학, 문화 간 의사소통 등 여러 분야의 연구에서 실험 패러다임으로 널리 사용되고 있다.
③ 홉스테드는 1960년대와 1970년대에 IBM이 수행한 세계고용인 가치관 조사 결과를 검토하기 위해 요인분석법을 사용하여 처음으로 이 모델을 만들었다. 관측되는 문화 간 차이점을 수치화하여 설명하고자 한 최초의 시도이다.

(5) 홉스테드(Hofstede)의 국가문화의 다섯 가지 차원
① 권력 격차(사회 계급의 견고성, power distance)
  - 조직이나 단체에서 권력이 작은 구성원이 권력의 불평등한 분배를 수용하고 기대하는 정도를 의미한다.
  - 권력 격차가 작은 문화에서는 권력 관계가 보다 민주적일 것이라고 기대할 수 있다.
  - 권력 거리가 큰 나라에서는 권력이 작은 측이 전제적이고 가부장적인 권력 관계를 그대로 수용하기 용이하다.
  - 홉스테드의 권력 거리 지수는 객관적인 권력 분포 차이를 반영하는 것이 아니라, 권력 불평등을 사람이 어떻게 받아들이느냐에 관한 것이라고 할 수 있다.
② 개인주의-집단주의(individualism-collectivism)
  - 개인주의적 사회에서는 개인의 성취와 권리를 강조한다.
  - 사람들이 자기 자신과 자기 직계 가족을 스스로 책임질 것을 요구받고 자신의 소속을 스스로 결정한다.
③ 불확실성 회피(uncertainty avoidance)
  - 불확실성과 애매성에 대한 사회적 저항력이라고 할 수 있으며, 사회 구성원이 불확실성을 최소화함으로써 불안에 대처하고자 하는 정도를 반영한다.
  - 회피지수가 높은 문화의 사람들은 보다 감정적인 경향이 있으며, 알 수 없거나 이례적인 환경의 발생을 최소화하고, 사회 변화에 있어 계획과 규범, 법과 규제를 이용한 신중하고 점진적인 태도를 취한다.
  - 회피지수가 낮은 문화에서는 비체계적인 상황이나 가변적인 환경을 편안히 받아들이고, 규칙을 되도록 적게 만들려고 한다.
④ 남성성-여성성(masculinity-femininity, 과업 지향성-인간 지향성)
  - 남성적 문화의 가치관은 경쟁력, 자기주장, 유물론, 야망, 권력과 같은 것을 중시하며, 여성적 문화에서는 대인관계, 삶의 질과 같은 것을 보다 높게 평가한다.
  - 남성적인 문화에서는 성역할의 차이가 크고 유동성이 작으며, 여성적인 문화에서는 정숙이나 헌신과 같은 개념을 남녀 모두가 똑같이 강요받는다.
⑤ 장기 지향성(long-term orientation)
  - 사회의 시간범위를 설명한다.
  - 장기 지향적인 사회에서는 미래에 더 많은 중요성을 부여하며, 지속성, 절약, 적응능력 등 보상을 지향하는 실용적 가치를 조성한다.
  - 단기 지향적인 사회에서는 끈기, 전통에 대한 존중, 호혜성, 사회적 책임의 준수 등 과거와 현재에 관련된 가치가 고취된다.

4 태도(attitude)와 조직행동

(1) 태도의 개념
① 태도란 어떤 대상·상황에 대해 가지고 있는 믿음이나 느낌의 결합체라고 할 수 있으며, 이러한 대상이나 상황에 대해 일관성 있게 반응하려는 준비 상태를 의미한다.
② 태도는 개인의 내면에 존재하는 것이므로 직접 관찰하기가 불가능하지만, 태도의 결과로 나타난 행동은 관찰할 수 있으므로 행동으로 태도를 유추할 수 있다.

(2) 태도와 가치관
① 개념의 차이
- 태도가 구체적인 개념이라면, 가치관은 태도에 비해 보다 광범위하고 포괄적인 개념이다.
- 가치관과 태도는 조화를 이루는 것이 일반적이지만, 반드시 그러한 것은 아니다.

② 영향력의 차이
- 태도가 가치관보다 개인의 행동에 더 큰 영향력을 미친다.
- 가치관이 더 넓은 개념이므로 모든 상황에 영향력을 미치는 일반적인 믿음이라고 볼 수 있는 반면, 태도는 특정 상황에 대해 직접적으로 행동에 영향을 미친다.

③ 변화 가능성의 차이
- 일반적으로 한번 정립된 가치관은 변하기 어렵다.
- 태도는 상황이나 기타 이유에 따라 자주 변할 수 있다.

④ 성격의 차이
- 태도는 가치관을 기반으로 형성된다.
- 같은 태도라 하더라도 각각 다른 가치관에서 나올 수 있으므로 같은 태도가 반드시 같은 가치관에서 출발했다고 할 수 없다.

(3) 태도의 구성 요소
① 인지적 요소(cognitive component)
- 어떤 대상에 대해 가지고 있는 일종의 믿음을 의미한다.
- 어떤 대상에 대한 정보처리의 결과인 지식으로 구성되며 그 대상에 대한 지식이 축적되어 개인의 믿음이나 가치를 형성하게 된다.

② 정서적 요소(affective component)
- 특정 대상에 대한 느낌을 의미한다.
- 개인이 의식적인 통제가 수반되지 않는다는 점에서 감정(emotion)과 유사하지만, 부모, 친구 및 동료 그룹으로부터 학습되기도 한다.
- 정서적 요소는 인지적 요소에 대한 반응이므로 인지적 요소의 영향을 받는다.

③ 행동적 요소(behavioral component)
- 특정 대상에 대한 느낌의 결과를 행동으로 옮기려는 의도를 말한다.
- 인지적 및 정서적 요소는 모두 행동적 요소에 영향을 미친다.
- 이해관계 및 상황 여건 등 다양한 요인으로 인해 행동적 요소가 직접 행동으로 옮겨지는 것은 아니다.

(4) 태도 형성의 영향 요인
① 개인적 경험(individual experience): 같은 경험을 하더라도 개인적 경험을 통해 얻는 인지적 요소가 다르므로 서로 다른 태도를 형성한다.
② 연상(association): 어떤 대상에 대한 태도를 다른 대상으로 이전하는 데 활용되는 태도 형성 방식이다.
③ 사회적 학습(social learning): 다른 사람들이나 매체에 의해 제공되는 정보를 통해 태도를 형성할 수 있다.

(5) 태도 변화의 방법
① 설득: 논리적 주장과 사실 확인 등을 통해 변화시키는 방법으로, 가장 직접적인 방법이다.
② 공포 유발 및 감축: 개인의 공포감을 자극할 수 있도록 유발하거나 줄여줌으로써 태도 변화를 유도하는 방법이다.
③ 참여 제도: 태도 변화가 필요한 사람을 직접 의사결정 과정에 참여시켜 태도 변화를 유도하는 방법이다.
④ 여론지도자 활용: 사회의 여론에 영향을 미칠 수 있는 여론지도자를 활용하여 태도 변화를 유도하는 방법이다.

(6) 페스팅거의 인지부조화(cognitive dissonance)이론
① 인지부조화란 두 가지 이상의 반대되는 믿음, 생각, 가치를 동시에 지닐 때 또는 기존에 가지고 있던 것과 반대되는 새로운 정보를 접했을 때 개인이 받는 정신적 스트레스나 불편한 경험 등을 의미한다.
② 페스팅거(Festinger)의 인지부조화이론은 사람들의 내적일관성에 초점을 맞춘다. 불일치를 겪고 있는 개인은 심리적으로 불편해질 것이며, 이런 불일치를 줄이고자 하거나, 불일치를 증가시키는 행동을 피할 것이다. 개인은 이러한 인지부조화를 겪을 때 공격적, 합리화, 퇴행, 고착, 체념과 같은 증상을 보일 수 있다.
③ 인지부조화를 감소시키는 방법: 어떤 사람이 더 이상 술을 먹지 않겠다는 다짐했다고 하면, 맥주 한 병을 마시게 되었을 때 그 사람은 인지부조화를 줄이기 위해 다음과 같은 노력을 할 수 있다.
- 첫째, 행동을 바꾼다(맥주를 더 이상 마시지 않는다).
- 둘째, 인지를 바꾼다(행동을 정당화하는 것이다. 즉, 맥주는 마셔도 상관없다).
- 셋째, 새로운 인지를 통해 행동이나 인지를 정당화한다(적당량의 술은 오히려 건강에 좋다).
- 넷째, 가지고 있는 믿음에 의한 정보를 무시하거나 부정한다(맥주는 술이 아니다).

(7) 레빈(Lewin)의 장(field)이론

① 장(field)이란 개념은 물리학의 개념을 활용하였으며, 공간 정도로 해석할 수 있다. 우리가 접하는 공간은 물리적일뿐만 아니라 심리적 공간이다. 즉, 장(field)이란 사람들의 생활공간을 의미한다.

② 생활공간에서 사람들이 상호의존적으로 살아가고 서로에 의해 영향을 받고 행동이 변화하는 현상을 장(field)이론으로 설명할 수 있다.

③ 태도 변화 과정: 레빈은 사람들이 특정 태도를 형성할 때 '해빙(unfreezing) – 변화(change) – 재동결(refreezing)'의 단계를 거친다고 주장하였다.
- 해빙: 과거의 고정관념이나 과거 방식을 깨뜨리는 과정으로, 태도 변화를 위한 해빙 과정을 강조하였다.
- 변화: 새로운 방식으로 변화를 위해 순응(compliance), 동일화(identification) 및 내면화(internalization)가 나타나는 과정이다.
- 재동결: 새롭게 변화된 태도, 새로 획득한 지식 등이 개인의 성격이나 정서에 통합·확립되는 과정이다.

(8) 하이더의 균형이론(balance theory)

① 하이더(Heider)가 제시한 심리적 평형에 대한 이론 중 하나로, 자신(P: Person)과 상대방(O: Other) 그리고 둘 사이의 연관있는 사물(X: Object)에 대한 상호관계를 설명한 이론이다.

② 세 요소는 각각의 관계를 맺을 수 있는데, 긍정적 관계(+)일 수도 있고, 부정적 관계(−)일 수도 있다.

③ 세 요소 관계의 곱이 '+'일 경우 균형 상태이며, 세 요소 관계의 곱이 '−'가 되면 불균형 상태가 된다. 불균형 상태가 되면 기존의 태도를 변화시키게 된다.

(9) 인지반응이론(cognitive response theory)

① 인지반응이론에서는 개인의 태도를 변화하기 위한 메시지에 대해 메시지 자체보다 오히려 다른 자극들을 인지적으로 분석하고 이에 대해 반응하는 것을 강조한다.

② 인간은 단지 수동적으로 메시지를 받아들여 태도를 변화하는 것이 아니라 능동적으로 메시지를 분석한 다음 수용 여부를 결정한다.

③ 메시지의 수용은 곧 태도의 변화를 의미하고, 메시지의 거부는 태도의 변화가 없음을 의미한다.

④ 메시지의 수용 여부에는 전달자의 신뢰성, 메시지의 반복, 메시지의 난이도 및 청자의 몰입도 등이 중요한 영향을 미친다.

(10) 인지평가이론(cognitive evaluation theory)

① 내재적으로 동기가 부여된 행동을 잘 하고 있는 상황에서 외재적 보상을 주면 오히려 내재적 동기가 감소하는 현상을 설명하는 이론이다.

② 우리나라 속담의 '하던 일도 멍석 깔아 놓으니 안 한다.'는 말이 이를 잘 설명해 준다.

(11) 조직시민행동(organizational citizenship behavior)

① 공식적 역할과 관련된 의무나 그에 따른 정형화된 계약이나 보상 체계와 직접적인 관련이 없지만 조직 전반에 도움을 주려는 조직 구성원의 자발적 행위를 의미한다.

② 동료들의 일에 개인적 관심을 보이거나, 건설적인 계약을 하고, 신입사원을 교육시키며, 조직의 자산을 보호하려고 하고, 정해진 기준 이상으로 시간을 잘 지키는 것과 같은 조직에 대한 비공식적 공헌이라고 할 수 있다.

③ 공식적 보상시스템에 의해 직접적으로 명백히 인식되지는 않으나 총체적으로 조직 유효성을 증진시키는 데 기여하는 구성원들의 자유재량적 행동이 조직시민행동이라고 할 수 있다.

④ 오간(Organ)은 조직시민행동을 이타주의(altruism), 예의(courtesy), 성실성(conscientiousness), 시민적 미덕(civic virtue), 스포츠맨십(sportsmanship)의 다섯 가지 하위영역으로 세분화하였다.

CHAPTER 02 동기부여이론

1 동기부여의 이해

(1) 동기부여의 개념
동기부여는 동기, 즉 개인의 욕구를 자극하여 특정 목표를 달성하고자 하는 심리적 상태가 형성되도록 하는 것을 의미한다.

(2) 조직행동과 동기부여의 중요성
① 동기부여는 조직의 목표를 달성하도록 개인을 유도하는 것이므로 직무몰입과 밀접하게 연관되어 있다.
② 동기부여 자체는 심리학에서 출발하였지만, 조직행동론에서는 경영학적 관점에서 조직 구성원들이 어떻게 동기부여가 되는지를 이해하여 조직의 생산성 향상 등과 같은 조직 목표 달성에 활용하고자 하였다.
③ 동기를 유발시키는 욕구에 대한 연구(내용이론)와 어떠한 과정을 통해 동기부여가 발생하는지에 대한 연구(과정이론)로 구분할 수 있다.

내용이론	과정이론
• 매슬로우의 욕구단계이론	• 아담스의 공정성이론
• 알더퍼의 ERG이론	• 로크의 목표설정이론
• 맥그리거의 XY이론	• 브룸의 기대이론
• 허츠버그의 2요인이론	• 데시의 자기결정이론
• 맥클리랜드의 성취동기이론	

2 동기부여의 내용이론

(1) 매슬로우(Maslow)의 욕구단계이론(theory of need hierarchy)
① 매슬로우가 주장한 다섯 가지 욕구
- 생리적 욕구: 가장 최하위 단계의 욕구이며, 기본적 의식주와 관련된 욕구
- 안전 및 안정 욕구: 육체적 안전과 심리적 안정을 추구하는 욕구
- 사회적 욕구(소속 욕구): 정서적 애정, 우정 등 타인과의 관계 욕구
- 자존 및 존경 욕구: 자신을 존중하며, 자존심을 지니고 타인으로부터 바라는 욕구
- 자아실현의 욕구: 매슬로우의 욕구단계 중 최고 수준의 욕구로, 자기완성에 대한 갈망을 의미하며 인간의 잠재력을 발휘하고 실현하고자 하는 욕구

② 매슬로우 욕구단계이론의 특징
- 다섯 가지 욕구는 단계를 이루고 있다.
- 인간은 욕구가 충족되지 않으면 불만족을 경험하게 되고, 이러한 욕구를 충족시키기 위해 동기유발이 되며 이에 따라 행동하게 된다.
- 욕구가 충족될 때 인간은 만족을 경험하게 된다.
- 일단 만족된 욕구는 더 이상 동기유발이 되지 않는다.

(2) 알더퍼(Alderfer)의 ERG이론
① ERG이론은 매슬로우의 욕구단계이론을 단순화하여 세 수준의 욕구를 제시하였다.
- 존재 욕구: 인간이 존재하기 위해 필요한 모든 다양한 형태의 물질적·생리적 요소들이 포함되며, 매슬로우의 생리적 욕구와 물리적 안전 욕구에 해당한다.
- 관계 욕구: 모든 사회 지향적인 욕구를 통합한 것으로, 매슬로우의 안정 욕구, 사회적 욕구와 존경의 욕구에 해당한다.
- 성장 욕구: 자신의 잠재력 개발과 관련된 욕구로, 매슬로우의 자아실현 욕구 및 자기존중 욕구에 해당한다.

② ERG이론의 특징
- 둘 이상의 욕구가 동시에 발생할 수 있다고 주장한다.
- 욕구에 대한 동기가 상위로 올라가는 것뿐만 아니라 하위로도 이동할 수 있다고 주장한다.

③ 매슬로우와 알더퍼의 욕구단계 비교

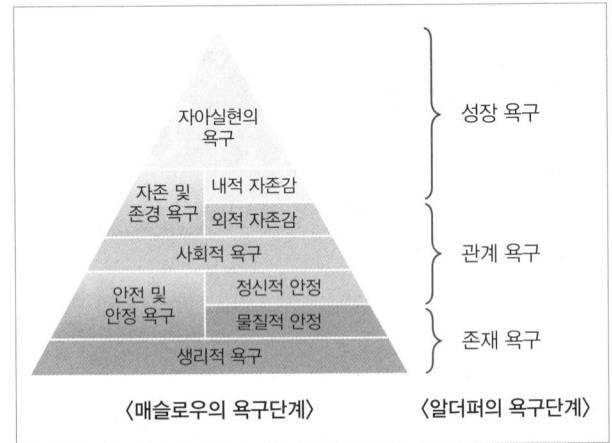

〈매슬로우의 욕구단계〉　〈알더퍼의 욕구단계〉

(3) 허츠버그의 2요인이론(two-factor theory)
① 허츠버그(Herzberg)는 만족과 불만족이 대립적 의미로 생각하면 안 된다고 주장하였다. 불만족 요인을 감소시켜 주는 요인과 만족을 증가시켜 주는 요인을 구분해야 한다고 주장하였으며, 불만족 요인을 감소시켜 주는 요인을 위생 요인(hygiene factor), 만족을 증가시켜 주는 요인을 동기 요인(motivator)이라고 하였다.
- 위생 요인: 작업장의 안전, 신분의 안정, 급여, 직무환경 등
- 동기 요인: 승진, 개인의 발전, 책임감, 직무 내용, 인정 등

② 2요인이론의 한계점
- 연구대상이 회계사, 전문 엔지니어 등을 대상으로 하였으므로 그 결과를 일반화하기 어렵다.
- 인간의 동기 요소를 지나치게 단순화하였다.

(4) 맥클리랜드(David McClelland)의 성취동기이론

① 맥클리랜드는 개인과 환경의 상호작용을 통해 욕구가 일어나고, 이러한 욕구를 통해 개인의 동기유발이 형성됨을 주장하였다.

② 성취 욕구, 권력 욕구, 친화 욕구로 구분되며, 세 가지 욕구의 분류에 따라 인재를 알맞은 직무에 배치할 수 있다.
- 성취 욕구: 어려운 일을 성취하려는 것, 물질·인간·사상을 지배하고 조종하고 관리하려는 것, 그러한 일을 신속히 그리고 독자적으로 해내려는 것, 스스로의 능력을 성공적으로 발휘함으로써 자긍심을 높이려는 것 등에 관한 욕구이다.
- 권력 욕구: 권력 욕구가 높은 사람은 리더가 되어 남을 통제하는 위치에 서는 것을 선호하며 타인들로 하여금 자기가 바라는 대로 행동하도록 강요하는 경향이 크다.
- 친화(친교) 욕구: 친화 욕구가 높은 사람은 다른 사람들과 좋은 관계를 유지하려고 노력하며 타인들에게 친절하고 동정심이 많고 타인을 도우며 즐겁게 살려는 경향이 크다.

3 동기부여의 과정이론

(1) 아담스의 공정성이론(equity theory)

① 페스팅거(Festinger)의 인지부조화이론에서 발전하였으며, 개인과 개인 또는 개인과 조직 간의 교환 과정에서 지각된 불균형이 갖는 동기적 효과를 설명하는 이론이다.

② 인간은 자신의 노력 대비 보상 비율을 상대와 비교하여 얼마나 비슷한지에 따라 공정성의 정도를 인지한다고 주장한다.

③ 공정성의 세 가지 측면: 분배적 공정성, 절차적 공정성, 상호적 공정성

④ 불공정 해결 방법
- 환경의 변화: 직무환경에 불공정성을 느낀 사람은 다른 직무로 전환하거나 회사를 그만둠으로써 불공정성을 없애려고 한다. 예 이직 등
- 비교대상의 변화: 비교대상이 되는 인물, 집단과 같은 준거 대상을 자신과 비슷한 수준의 대상으로 변경함으로써 공정성 지각을 회복하려 시도한다.
- 투입의 변화: 직무에 투여하는 시간과 노력, 또 다른 형태의 투입인 신뢰성, 협동, 창의성, 그리고 책임의 수용을 회피한다.
- 산출의 변화: 임금이나 작업조건의 개선 등을 통해 개인의 산출을 증대시켜 불평등을 해결하는데, 이때 임금의 인상이나 휴가 혹은 보다 나은 직무를 요구할 수 있다.
- 태도의 변화: 투입과 산출을 실제로 변화시키기보다 자신 또는 타인의 투입이나 산출에 대한 인지 자체를 변화시킴으로써 불평등을 해소한다.

```
자신의 투입/산출 비율(S)과
준거 인물의 투입/산출(R)의 비교
         │
  ┌──────┼──────┐
S < R   S = R   S > R
불공정   공정성   불공정
(과소 보상) 성립  (과대 보상)
 │              │
┌┴┐            ┌┴┐
산출 투입       산출 투입
상향 하향  만족  하향 상향
```

(2) 로크의 목표설정이론(goal setting theory)

① 인간이 합리적으로 행동한다는 기본적인 가정에 기초하여, 개인이 의식적으로 얻으려고 설정한 목표가 동기와 행동에 영향을 미친다는 이론이다.

② 목표는 개인이 의식적으로 얻고자 하는 사물이나 혹은 상태로, 장래 어떤 시점에 달성하려고 시도하는 것이다. 즉, 목표는 성과와 관련된 작업행동의 가장 직접적인 선행조건이다.

③ 목표는 동기의 기초를 제공하며, 행동의 지표가 된다.

(3) 브룸의 기대이론(expectancy theory)

① 개인의 동기는 그 자신의 노력이 어떤 성과가 날 것이라는 기대와 그러한 성과가 보상을 가져다줄 것이라는 수단성에 대한 기대감의 복합적 함수에 의해 결정된다는 이론이다.

② 인간은 여러 행동 대안이나 행동 전략을 평가해서 자신이 원하는 결과를 최대한으로 가져올 만한 것을 의식적으로 선택한다고 본다.

③ 동기부여 공식

> 동기부여의 강도 = 기대감 × 수단성 × 유의성

④ 전개

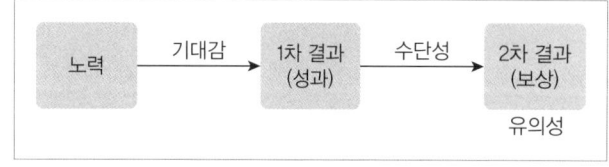

- 기대감: 목적달성을 위해 자기 능력과 가능성에 대해 자신이 가지고 있는 인지 정도를 말하는 것으로, 기대는 노력 대 성과의 관계이며, 이는 확률로 표현한다. 기대감(e)은 0보다 같거나 크고 1보다 작거나 같다.
- 수단성: 1차 결과물이 2차 결과물을 유도할 것이라는 믿음의 정도를 나타낸다. 1차 결과인 성과와 2차 결과인 보상에 대한 상관관계를 의미하며, 수단성(i)은 −1보다 크거나 같고 1보다 작거나 같다.

- 유의성: 개인에게 있어 2차 결과물의 중요성이나 가치의 정도를 의미하며, 결과물에 대한 개인의 선호도 또는 만족도라고 할 수 있다. 보상, 승진, 인정과 같은 적극적 유의성과, 과업 수행 과정에서 압력, 처벌 등의 부정적 유의성으로 구분할 수 있다.
- 브룸의 기대이론에 따르면 동기부여의 정도는 0이 될 수도 있으며, 때로는 음(-)의 값을 가질 수 있다.

(4) 데시의 자기결정이론(Self-determination theory)
① 인간의 타고난 성장 경향 및 심리적 욕구에 대한 동기부여와 성격에 대해 설명하는 이론으로, 인지적 평가이론에서 발전되었다.
② 인간의 동기는 개인 스스로 완전히 내적 통제(흥미, 호기심)에 의해 행동하게 되었을 때 가장 높고, 내적인 이유가 전혀 없이 외적 통제(강제, 강요)에 의해 행동하게 되었을 때 제일 낮다고 주장하였다.

CHAPTER 03 리더십이론과 유형

1 리더십이론

(1) 리더십의 이해
① 리더십이란 조직의 목적을 달성하려고 구성원을 일정한 방향으로 이끌어 성과를 창출하는 능력을 의미한다. 즉, 특정 상황에서 조직의 목적 달성을 위해 리더가 개인이나 집단의 행동에 힘을 행사하는 과정 또는 능력을 말한다.
② 리더십은 리더와 부하 간 영향을 주고받는 영향 과정에 의존하게 되고, 이러한 영향 과정에 의해 목표 달성과 부하의 만족도가 결정된다. 이러한 리더와 구성원의 관계는 쌍방성, 상대성, 가변성의 속성을 가진다.

(2) 프렌치(French)와 레이븐(Raven)의 리더십의 권력 유형
① 준거적 권력(reference power)
- 개인의 힘 또는 능력이 다른 사람들에게 영향을 주고 충성심을 형성하게 하는 것을 의미한다.
- 권력자의 카리스마와 대인관계 능력이 기반이 된다.
- 개인은 특정한 개인적 성향 때문에 존경받을 수 있는데, 그 존경은 대인관계의 영향을 주는 기회를 만들어 내기도 한다.
- 권력을 받아들이는 사람이 권력을 가지고 있는 사람과 동일화가 조성될 때 준거적 권력이 형성된다.

② 전문적 권력(expert power)
- 기술 또는 전문지식으로부터 나오는 권력을 의미한다.
- 전문적 권력은 다른 권력들과 달리 매우 구체적이고, 그 전문가가 훈련받고 자격을 인정받은 특정한 분야에 한정된다.
- 누군가가 어떠한 상황을 이해하고 해결책을 제안할 수 있으며, 확실한 판단을 내리고 다른 사람들을 능가할 수 있다면 사람들은 그 개인의 말을 들을 합당한 이유를 가지게 된다.
- 전문적 권력은 어느 조직계층에서나 발생할 수 있다.

③ 강압적 권력(coercive power)
- 부정적인 영향력의 적용으로 이해할 수 있다.
- 강등시키거나 보상을 주지 않을 수 있는 능력을 포함하고 있으며, 처벌이나 위협, 공포를 전제로 하는 권력을 의미한다.
- 강압적 권력은 가장 확실하지만, 이를 경험한 사람들이 분한 감정을 느끼고 저항이 있을 수 있으므로 권력의 종류 중 가장 효과적이지 않다.

④ 보상적 권력(reward power)
- 권력 행사자의 가치 있는 물질적인 보상을 수여하는 능력에 의존한다.

- 권력자가 이익이나 휴식, 희망했던 선물, 승진 또는 임금 상승과 같은 약간의 보상을 다른 사람들에게 줄 수 있는 정도에 따라 달라진다.
- 보상적 권력은 명백하지만 남용될 경우 비효율적이기도 하다.

⑤ 합법적 권력(legitimate power)
- 조직의 규범을 원천으로 하는 권력이며 권력행사에 대한 권리를 조직의 규범으로부터 위임받기 때문에 위치권력이라고도 한다.
- 합법적 권력은 위치 소유자의 위임된 공식적인 권위라고 할 수 있으며, 권한과 유사한 개념으로 볼 수 있다.

2 리더십 유형

(1) 특성이론
① 위대한 리더들은 일반인들과 다른 특성이 있다는 이론으로, 위인이론이 대표적이다.
② 신체적 특성, 지능과 능력, 사회적 배경, 인간관계 능력, 성격 특성 등이 있다.
③ 특성이론의 한계점
- 성공적 리더의 특성은 무한정 증가한다.
- 리더의 특성을 이론적으로 정립하기에는 요소가 많다.
- 리더십의 효율성에 영향을 미치는 요인이 많다.

(2) 행동이론(리더 행동의 특정 패턴 연구, behavior approach)
① 행동이론은 특성이론과 달리 성공적인 리더의 행동이 모방과 학습될 수 있으므로 리더십 개발이 가능하다는 점을 주장하였다.
② 블레이크(Blake)와 모튼(Mouton)의 관리격자 모형: 생산(과업)에 대한 관심과 인간에 대한 관심을 두 축으로 하고 있으며, 각 축은 1에서 9까지의 값을 가진다.

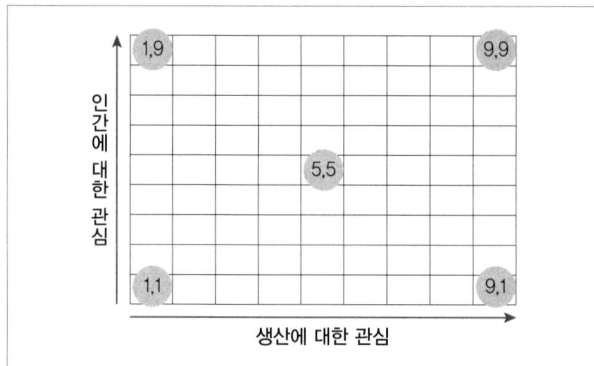

- 무관심형(1.1형): 생산(과업)과 인간에 대한 관심이 모두 낮은 유형으로, 리더는 자기 자신의 직분 유지에 필요한 최소한의 노력만을 투입한다.
- 인기형 또는 컨트리클럽형(1.9형): 인간에 대한 관심은 대단히 높으나 생산(과업)에 대한 관심이 극히 낮은 유형으로, 리더는 어떤 방향에서 구성원끼리의 원만한 관계 및 친밀한 분위기 조성에 주력한다.
- 과업형(9.1형): 생산(과업)에 대한 관심은 매우 높지만 인간에 대한 관심이 극히 낮은 유형으로, 리더는 일의 효율을 높이기 위해 인간적 요소를 최소화하도록 작업조건을 정비하는 등 과업상의 능력을 우선으로 생각한다.
- 이상형 또는 팀형(9.9형): 인간과 생산(과업)에 대한 관심이 모두 매우 높은 유형으로, 리더는 상호의존 관계와 조직의 공동목표를 강조하고 상호신뢰적 관계에서 구성원들의 몰입을 통해 과업을 달성한다.
- 타협형 또는 중도형(5.5형): 인간과 생산(과업)에 적당한 관심을 갖는 유형으로, 리더는 과업능률과 인간적 요소를 절충하여 적절한 수준의 성과를 지향한다.

(3) 상황이론
① 리더가 처한 상황에서 조직의 목표를 달성하는 리더의 특성, 능력, 행동 등에 초점을 맞춘 이론이다.
② 여러 상황적 요소를 고려하므로 특성이론과 행동이론을 아우른다는 평가를 받는다.
③ 피들러(Fiedler)의 상황적합이론
- 피들러의 상황적합이론은 리더 및 부하의 행동적 특성, 과업과 집단구조, 조직 요소를 중심으로 리더십 상황을 유형화하고 리더십 과정에서 이들 요소의 역할과 리더의 효과를 분석하는 연구이다.
- 피들러는 리더십 효과가 리더의 유형(스타일)과 리더십 상황의 적합성에 달려 있다고 주장한다.

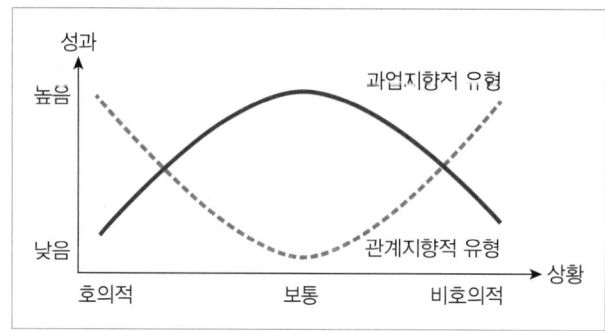

상황 요인	리더- 구성원 관계	좋은 관계				나쁜 관계			
	과업구조	구조적		비구조적		구조적		비구조적	
	리더의 직위권력	강	약	강	약	강	약	강	약

④ 허쉬와 블랜차드(Hersey & Blanchard)의 상황이론
- 리더의 가장 중요한 임무로서 부하의 성숙도를 향상시키는 것이라고 본다.
- 효과적 리더십은 리더의 스타일과 부하들의 준비(성숙도)의 적합관계에 의해 결정된다고 보고, 리더십의 유형을 과업지향적 행동과 관계지향적 행동의 정도에 따라 지시형(telling), 설득형(selling), 참여형(particiopating), 위임형(delegating)으로 구분하였다.

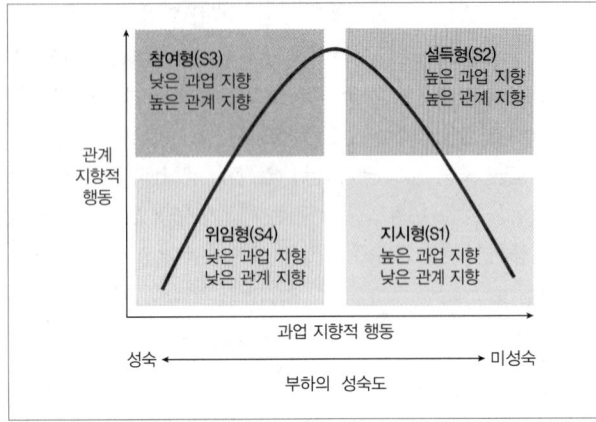

- 지시형(S1)
  - 부하가 일할 의욕이 없고 일을 하는 방식을 모르는 경우에 적합한다.
  - 리더가 과업을 명확하게 지시하고 지속해서 감독하는 것이 필요하다.
- 설득형(S2)
  - 부하가 일할 의욕이 있으나 일을 하는 방식을 모르는 경우에 적합하다.
  - 리더는 부하직원에게 원하는 요인들을 충분히 설명하고 이를 숙련할 수 있는 교육 기회를 보장해야 한다.
- 참여형(S3)
  - 부하가 일할 의욕은 없으나 일을 하는 방식을 아는 경우에 적합하다.
  - 리더는 업무에 관련된 지시를 내리기보다 부하직원과의 적극적인 소통을 통해 정보를 공유하면서 부하직원의 동기를 유발할 수 있도록 하는 것이 중요하다.
- 위임형(S4)
  - 부하가 일할 의욕이 있으며 일을 하는 방식을 아는 경우에 적합하다.
  - 리더는 부하직원에게 권한을 위임하고 직접적 관여를 하지 않는 것이 중요하다.
  - 부하의 성숙도가 미성숙에서 발전함에 따라 리더의 유형은 지시형에서 위임형의 방향으로 변화하는 것이 적절하다고 주장한다.

PART 03 기출변형 실전문제

CHAPTER 01 조직행동의 이해

01 난이도 ■■□　　　약점진단 ○△×
맥그리거의 XY이론 중 Y이론에 대한 설명으로 옳지 않은 것은?

① 효과적인 목표 달성을 위한 높은 책임감 수반
② 적극적인 관리와 통제에 기반을 둔 안정성 추구
③ 자발적 노력을 통한 자기계발 추구
④ 스스로 높은 잠재능력에 대한 믿음
⑤ 창의적인 아이디어를 통한 문제 해결 추구

| 해설 | 맥그리거의 XY이론 중 X이론은 인간은 기본적으로 게으르고 일에 대한 책임감이 없으며, 자율적으로 목표를 설정하지 못해 관리와 통제가 필요하다고 보는 이론이다. Y이론은 인간의 자율성과 창의성을 강조하며, 스스로 목표를 세우고 추구하는 존재로 본다.

02 난이도 ■■□　　　약점진단 ○△×
레빈(Lewin)의 장(field)이론에 대한 설명으로 옳지 않은 것은?

① 생활공간에서 사람들은 상호의존적으로 살아가고 서로에 의해 영향을 받고 행동이 변화하는 현상을 장이론으로 설명하였다.
② 사람들이 특정 태도를 형성할 때 '해빙(unfreezing)-재동결(refreezing)-변화(change)'의 단계를 거친다고 주장하였다.
③ 과거의 고정관념이나 과거 방식을 깨뜨리는 과정을 해빙이라고 하고, 레빈은 태도 변화를 위한 해빙 과정을 강조하였다.
④ 새롭게 변화된 태도, 새로 획득한 지식 등이 개인의 성격이나 정서에 통합되어 확립되어가는 과정을 재동결이라고 한다.
⑤ 새로운 방식으로 변화를 위해 순응(compliance), 동일화(identification) 및 내면화(internalization)가 나타나는 과정이 변화에 해당한다.

| 해설 | 레빈은 사람들이 특정 태도를 형성할 때 '해빙(unfreezing)-변화(change)-재동결(refreezing)'의 단계를 거친다고 주장하였다.

03 난이도 ■■■　　　약점진단 ○△×
성격(personality)에 대한 설명으로 옳지 않은 것은?

① 개인의 성격을 결정하는 중요 요인에는 유전적 요인, 상황적 요인, 문화적 요인, 사회적 요인 등이 있다.
② 한 사람의 성격은 환경 또는 학습에 의해 변화하기 전까지는 일관되게 지속적으로 나타나는 경향이 있다.
③ 외향성을 가진 사람은 폭넓은 활동력을 보이며, 내향성을 가진 사람은 내적인 면을 중요시한다.
④ 내재론자와 외재론자의 구분 기준은 인간의 성격 차이에서 유발된다.
⑤ 내재론자는 일반적으로 맥그리거의 Y이론적 성향을 가진다.

| 해설 | 내재론자와 외재론자의 구분은 인간의 통제 위치에 따라 분류된다.

04 난이도 ■■■　　　약점진단 ○△×
페스팅거(Festinger)의 인지부조화이론에 대한 설명으로 옳지 않은 것은?

① 인지부조화를 겪을 때 공격적, 합리화, 퇴행 등과 같은 증상을 보인다고 알려져 있다.
② 아담스의 공정성이론은 페스팅거의 인지부조화이론의 영향을 받았다.
③ 불일치를 겪고 있는 개인은 불일치를 줄이고자 하거나, 불일치를 증가시키는 행동을 피할 것이다.
④ 인지부조화란 두 가지 이상의 반대되는 믿음, 생각, 가치를 동시에 지닐 때 개인이 받는 정신적 스트레스 등을 말한다.
⑤ 사람들의 내적 일관성보다 외적으로 표현되는 일관성에 초점을 맞춘다.

| 해설 | 페스팅거의 인지부조화이론은 사람들의 내적 일관성에 초점을 맞춘 이론이다.

| 정답 | 01 ② | 02 ② | 03 ④ | 04 ⑤ |

05

가치관, 감정, 태도에 대한 설명으로 옳지 않은 것은?

① 일반적으로 태도는 인지적 요소, 정서적 요소, 행동적 요소로 구성되어 있다.
② 가치는 최종적 가치와 수단적 가치로 구분할 수 있다.
③ 감정노동 중 강도가 가장 낮은 것은 가식적 행동이다.
④ 조직시민행동은 이타주의, 성실성, 시민의식, 스포츠맨십과 같은 구성 요소로 이루어져 있다.
⑤ 조직몰입에는 지속적 몰입, 정서적 몰입, 규범적 몰입이 있다.

| 해설 | 감정노동은 효과적인 직무수행을 위해 개인이 실제로 경험하는 감정 상태와 요구되는 감정의 표현 사이에 차이가 발생할 때 자신의 감정을 조절하고자 하는 노력을 의미한다. 감정노동의 형태에는 가식적 행동, 내면화 행동, 진실 행동이 있으며, 이중 감정노동 중 강도가 가장 낮은 것은 자신의 본 모습을 보여 주는 진실 행동이다.

06

홉스테드의 문화차원이론에 대한 내용으로 옳지 않은 것은?

① 장기 지향적인 사회에서는 지속성, 절약, 적응 능력 등 보상을 지향하는 실용적 가치를 중요하게 생각한다.
② 불확실성 회피지수가 높은 문화의 사람들은 보다 실용적인 경향이 있으며, 변화에 관용적이다.
③ 불확실성 회피지수가 낮은 문화에서는 비체계적인 상황을 편안히 받아들이고, 규칙은 되도록 적게 만들려고 한다.
④ 불확실성 회피는 사회 구성원이 불안에 대처하려고 하는 정도를 반영한다.
⑤ 권력 거리 지수는 권력 불평등을 사람이 어떻게 받아들이느냐에 관한 것이다.

| 해설 | 불확실성 회피지수가 낮은 문화의 사람들은 보다 실용적인 경향이 있으며, 변화에 관용적이다.

07

다음 설명에 해당하는 개념은?

> 개인의 태도와 행동의지의 결합으로서 개인이 가지는 특정 대상에 대한 가치관의 일치를 통해 심리적인 애착이나 소속의 욕구를 유발시켜 특정한 대상에 대한 정체성을 소유하거나 특정한 대상에 공헌하는 것을 의미한다.

① 회복탄력성　　② 태도
③ 몰입　　　　　④ 감정
⑤ 문화

| 해설 | 제시문은 몰입에 대한 설명이다. 개인의 몰입은 조직몰입의 형태로 나타날 수 있는데, 조직몰입이란 직무에 대한 반응 이상으로 조직에 대한 애착을 나타내는 광범위한 개념이다.

08

홉스테드의 문화차원에 대한 설명으로 옳지 않은 것은?

① 권력 격차: 사회 계급의 견고성
② 개인주의 - 집단주의: 개인적 성취와 개인의 권리
③ 불확실성 회피: 사회 구조의 불평등 정도
④ 남성성 - 여성성: 남녀 간의 성평등 정도
⑤ 장기 지향성: 미래 사회에 대한 중요성 부여 정도

| 해설 | 불확실성 회피(uncertainty avoidance)란 불확실성과 애매성에 대한 사회적 저항력이라고 할 수 있다. 불확실성 회피는 사회 구성원이 불확실성을 최소화함으로써 불안에 대처하려고 하는 정도를 반영한다. 불확실성 회피 지수가 높은 문화의 사람들은 보다 감정적인 경향이 있으며, 알 수 없거나 이례적인 환경의 발생을 최소화하고, 사회 변화에 있어 계획과 규범, 법과 규제를 이용한 신중하고 점진적인 태도를 취한다. 불확실성 회피 지수가 낮은 문화에서는 비체계적인 상황이나 가변적인 환경을 편안히 받아들이고, 규칙은 되도록 적게 만들려고 한다.

정답 05 ③　06 ②　07 ③　08 ③

2025 최신판
에듀윌 매경TEST 실전문제집
무료특강+모의고사 4회분

경영/경제/정책/IT/트렌드 분야
핵심용어만 모았다!

시사상식 용어북

특별부록

시사상식 용어북

001 AI 워싱
Artificial Intelligence Washing

기업들이 자사 제품이나 서비스가 인공지능(AI)을 사용한다고 주장하지만, 실제로는 인공지능(AI)이 거의 사용되지 않거나 그 역할을 과장해서 말하는 기업의 부정직한 행위를 일컫는다. 최근 많은 기업들이 소비자의 관심을 끌거나 대규모 투자 유치 등을 목적으로 AI를 내세우고 있지만, 마케팅 효과를 노리는 무늬만 AI인 경우가 대부분이다. 실제로 AI 기반이라고 주장하는 유럽 스타트업 2,830곳 중 약 44%는 AI 활용에 대한 어떠한 증거도 제출하지 못하였다.

002 BIS 자기자본비율
BIS Capital Adequacy Ratio

국제결제은행(BIS)이 정하는 은행의 위험자산 대비 자기자본비율을 의미한다. 국제적인 은행시스템의 건전성과 안정성을 확보하고 은행 간 경쟁조건상의 형평성을 기하기 위해 국제결제은행의 은행감독규제위원회에서 정한 기준이다. BIS 자기자본비율을 유지해야 한다는 것은 은행이 자기자본의 몇 배 이상을 빌려주지 못하도록 하는 것을 말한다. BIS 권고를 달성하기 위해서는 자기자본을 늘리거나 위험가중자산을 줄여야 한다.

003 C2M
Customer To Manufacturer

플랫폼 사업자가 고객의 니즈를 반영하여 제품 생산을 요청하면 공장이 맞춤형 제품을 만들어 내는 방식으로, 중간 상인, 브랜드 없이 생산자가 만든 제품이 곧바로 고객에게 전달되는 유통 방식이다.

004 CBDC
Central Bank Digital Currency

중앙은행이 발행하는 디지털 화폐로, 가상화폐의 영향력이 커지면서 전 세계적으로 CBDC 도입이 논의되고 있다. 현재 한국에서는 한국은행의 CBDC 시스템에서 이뤄지는 토큰 기반 지급·이체 서비스를 혁신금융서비스로 신규 지정했다.

005 CDS 프리미엄

CDS는 신용부도스와프(Credit Default Swap)의 약자이다. 채권을 발행한 기업이나 국가에 부도가 발생할 때 채권 보유자에게 원금을 보전해 주도록 설계된 파생 금융 상품을 의미한다. 채권의 채무 불이행 위험을 교환(Swap)한다는 의미에서 붙은 명칭으로 마치 보험과 유사한 성격을 갖는다. CDS 구매에 대한 수수료를 CDS 프리미엄이라고 하며, 이는 부도 위험이 높은 채권일수록 상승한다. 국채에 대한 CDS 프리미엄은 국가의 신용도를 평가하는 주요 지표로 사용되고 있다.

006 C테크
Climate·Clean·Carbon Technology

'기후(Climate)', '탄소(Carbon)', '청정(Clean)'의 첫 글자인 C와 기술을 의미하는 테크(Tech)를 합성한 용어로, 탄소 배출 감축을 비롯한 기후 변화에 대응하고 적응하는 기술을 통칭한다. 최근 구글 등 세계적 빅테크 기업이 대규모 투자를 하고 있다.

007 D2C Direct To Consumer

기업이 중간 유통 단계를 지우고 자사 온라인 플랫폼에서 직접 고객에게 상품을 판매하는 방식으로, 유통 비용을 절감할 수 있고 고객 데이터를 직접 확보하여 이를 바탕으로 고객 만족도를 향상시킬 수 있다. 나이키, 와비 파커, 달러 쉐이브 클럽 등이 D2C 전략을 활용하고 있다. 나이키는 2019년 아마존에서의 제품 판매 중단을 발표하고 자사 온라인 플랫폼에서 소비자와 직접 유대 관계를 형성하여 소비자 경험을 향상시키는 데 중점을 두고 있다.

008 DID Decentralized Identifier

정부기관이 통제하는 기존 신원증명 방식과 달리 개인이 자신의 정보를 단말기(스마트폰 등)에 저장해 놓고 직접 관리하는 탈중앙화 신원증명을 의미한다. 블록체인 기술을 기반으로 신뢰성을 보장받으며 기존의 공인인증서 발급 방식보다 절차가 간단하다. 또한 개인정보를 저장하고 있는 사업자로부터 발생할 수 있는 개인정보 유출 사고를 원천적으로 방지할 수 있다.

009 DLS Derivative Linked Securities

기초자산인 금리, 통화(환율), 실물자산(금, 은, 원유 등), 신용위험 등의 가격과 연동돼 투자수익이 결정되는 유가증권이다. 주가연계증권(ELS)은 투자대상이 되는 기초자산을 주가나 주가지수 등으로 제한하고 있으나, 파생결합증권(DLS)은 주가나 주가지수 외에 다양한 형태의 기초자산을 투자대상으로 하고 있다는 차이점이 있다.

010 DTI / DSR / LTV

DTI(Debt to Income, 총부채 상환 비율)와 DSR(Debt Service Ratio, 총부채 원리금 상환 비율)은 채무자의 연 소득 대비 '빚'의 비율을 나타내며, 이 수치가 낮을수록 채무자의 상환 능력이 좋은 것으로 간주한다. DTI는 주택 대출 연간 원리금 상환액에 기타 대출 연간 이자 상환액을 더한 것으로 빚을 계산하며, DSR은 차주가 보유한 모든 대출의 연간 원리금 상환액으로 빚을 계산한다. 즉, DSR이 DTI에 비해 채무자의 부채 상환 비율을 더 엄격하게 평가한다고 볼 수 있다. 한편, LTV(Loan to Value ratio, 주택 담보 대출 비율)는 주택 담보 대출 시 인정되는 자산 가치의 비율이다. LTV 30%일 때 6억 원의 주택을 담보로 돈을 빌린다면 1억 8,000만 원(=6억 원×0.3)까지 빌릴 수 있다.

011 ELF Equity Linked Fund

주가 지수나 개별 종목의 주가에 연동되는 투자 신탁 상품이다. ELS(주가연계증권)에 투자하는 펀드 상품으로 볼 수 있으며, 국공채 등의 유가증권에 투자한 ELS에 투자하는 상품이 ELF가 되는 것이다.

012 ESG

기업의 비재무적 요소인 환경(Environment), 사회(Social), 지배구조(Governance)를 뜻하는 단어이다. 기업의 재무적 성과만을 판단하던 전통적 방식과 달리 지속 가능한 성장을 위해 기업의 환경 보호, 사회적 책임 수행, 경영 투명성이 중요하다는 공감대를 기반으로, 투자에도 기업의 ESG를 반영하는 책임투자가 강조되고 있다. 기업의 ESG 반영을 통한 투자 방식은 투자자들의 장기적 수익과 사회 이익이 되는 기업 행동에 영향을 줄 수 있다.

013 ETF Exchange Traded Fund

ETF(상장지수펀드)는 주식시장에서 거래가 가능한 거래 목적의 투자신탁(펀드) 상품이다. 일반적인 펀드와 같이 여러 자산을 묶어 놓았지만 주식시장에서 일반 주식과 같이 거래할 수 있다는 차이가 있다. 주식, 원자재, 채권 등 자산으로 구성되며, 거래되면서 순자산가치로 수렴한다.

014 ETN Exchange Traded Note

원자재, 환율, 주가지수 등 기초자산의 가격 변동에 따라 수익을 얻도록 설계한 채권 형태의 상품(파생결합증권)이다. ETN(상장지수증권)은 ETF(상장지수펀드)보다 기초자산과 수익률 간의 차이가 작지만, 운용성과와 상관없이 발행 증권사가 파산하면 투자 금액을 잃을 수 있다. 확정 수익률을 지급하는 채권(Bond)이나 특정 조건에 따라 수익률을 지급하는 ELS와는 다르다.

015 FDI Foreign Direct Investment

외국인직접투자라고도 한다. 외국인이 단순히 자산을 국내에서 운용하는 것이 아니라 국내에 설립된 기존 사업체를 인수하거나 신규 사업체를 설립하여 장기적으로 경영 참가와 기술제휴 등의 실질적인 영향력을 행사할 목적으로 행하는 투자이다.

016 FDPR Foreign Direct Product Rules

미국 외 국가에서 생산한 제품이 미국의 기술이나 소프트웨어를 사용하면 미국산 제품으로 간주하여 미국 정부가 특정 국가로의 수출을 금지할 수 있는 제재 조항이다. 현재 FDPR이 적용되는 품목은 반도체, 컴퓨터, 통신 정보 보안 등의 분야이며, 소비재는 예외이다.

017 FOMO Fear of Missing Out

포모증후군은 세상의 흐름에서 소외되거나 다른 사람이 누리는 것을 놓치게 될까 봐 두려워하는 불안 심리를 뜻한다. 공급을 줄여 소비자를 조급하게 만드는 마케팅기법으로 쓰인다. 매진 임박, 한정 수량 등이 이의 사례에 해당한다. 최근 주식, 비트코인 등 자산시장의 가격 상승세로 인해 투자에 뛰어드는 것도 FOMO 현상이라고 볼 수 있다.

018 IFA Internationale Funkausstellung

세계 3대 가전박람회의 하나로, 2년에 한 번씩 유럽 업체들 중심으로 개최되어 왔으나 관심도가 커지면서 매년 9월 독일 베를린에서 개최하고 있다. 단순히 제품과 기술을 소개하기보다 비즈니스 미팅이 함께 시행되는 특징을 갖는다. 사물인터넷(IoT)과 인공지능(AI)의 가전 도입으로 인해 전 세계 IT 기술업체들의 신제품과 기술경쟁의 장이 되고 있어 큰 주목을 받고 있다.

019 IRP Individual Retirement Pension

IRP(개인형 퇴직연금)는 근로자가 이직하거나 조기 퇴직했을 경우 은퇴할 때까지 퇴직금을 보관·운용할 수 있는 제도이다. 최근 자영업자와 공무원 등도 개인형 퇴직연금에 가입할 수 있게 되었다.

020 ISA Individual Savings Account

개인종합자산관리계좌를 뜻하는 것으로, 예금, 적금, 펀드, 상장지수펀드, 주식 등 다양한 금융상품을 한 계좌에서 운용할 수 있는 만능통장이다. 3년 의무 보유 기간이 있으며, 장기투자 장려를 위해 투자 시 매매차익의 200만 원(서민, 농어민형은 400만 원 한도)까지 비과세 혜택을 준다. 비과세한도 초과분에 대해서도 9.9% 저율 분리과세가 적용된다.

021 ISD Investor State Dispute Settlement

투자자-국가 간 소송 제도를 말하며, 국제무역 조약에서 외국인 투자자의 권리로서 조항에 포함된다. 외국인 투자자가 해당 국가의 정책에 의해 비합리적이고 차별적인 손해를 보았을 때, 국제 중재 기관에 중재를 신청할 수 있다. 우리나라는 한미 FTA를 체결하면서 ISD 조항이 도입되었으며, 2019년 다야니 가문과의 소송에서 첫 패소를 기록했다.

022 K-OTC Korea Over-The-Counter

비상장주식의 원활한 매매를 위해 한국금융투자협회가 개설·운영하는 제도화·조직화된 장외시장을 말한다. 이전에는 장외 거래에 대해 대주주나 소액 주주 모두 양도 소득에 과세를 했으나, 관련 법이 개정되어 소액 주주에 한해 K-OTC에서 거래하는 중소·중견기업의 주식에 대해서는 양도 소득세를 면제하기로 했다.

023 KRX300

유가증권시장과 코스닥시장의 통합지수이다. 거래소는 코스피와 코스닥을 통틀어 시가총액 상위 700개 기업 가운데 거래 규모가 상위 85%인 종목들 대상으로 심사하여 코스피 231종목과 코스닥 69종목을 선정하고 총 300종목으로 구성된 지수를 개발했다. 2017년 12월 정기 변경 기준으로 300종목을 선정했으나 지수 내 5종목이 분할·재상장함에 따라 당초 발표보다 늘어난 총 305종목으로 구성했으며, 2018년 6월 정기 변경 때 300종목으로 조정했다.

024 MaaS Mobility as a Service

개별 이동 수단을 소유하지 않고 서비스로 소비하는 개념으로, 개인 교통수단과 열차, 택시, 버스, 차량 공유, 자전거에 이르기까지의 모든 교통수단을 하나의 통합된 서비스로 제공한다.

025 MOT 마케팅 MOT Marketing

소비자의 일상생활로 파고드는 마케팅 기법을 가리킨다. 소비자와 접촉하는 짧은 시간이 제품과 기업에 대한 인상을 좌우하는 중요한 순간이라는 점을 강조하기 위해 MOT 마케팅이라는 명칭이 붙었다. 이 용어는 스웨덴 마케팅 전문가인 리처드 노만이 처음 사용했고, 이후 1987년 얀 칼슨 스칸디나비아항공(SAS) 사장이 1987년 『진실의 순간』이라는 책을 내면서 널리 알려졌다.

026 MSCI선진국 지수

미국의 모건스탠리 캐피털 인터내셔널사가 작성하여 발표하며 글로벌 펀드의 투자 기준 역할을 하는 주가지수이다. 우리나라의 삼성전자, SK하이닉스, 네이버 등의 대형 우량주가 MSCI에 포함되어 있다. 미국이나 유럽 등의 선진국 지수와 아시아·중남미 지역의 신흥국 지수, 프런티어시장으로 구분한다. 우리나라는 기존 신흥국 지수에서 벗어나 선진국 지수에 편입되기 위해 노력 중이며, 성공한다면 18~61조 원 가량의 외국인 자금이 추가 유입되어 코스피 지수 상승에 도움이 될 것이라고 보고 있다.

027 MWC Mobile World Congress

통신장비업체의 연합기구인 GSM협회가 주관하며, 매년 2월 스페인 바르셀로나에서 열리는 모바일 산업 및 콘퍼런스를 위한 세계 최대 박람회이다. 무선통신과 관련된 모든 분야와 모바일 콘텐츠 등 이동통신 분야의 다양한 기술이 소개되며 '모바일 올림픽'이라고 불린다. 삼성, 애플, 구글 등의 기업이 신제품 발매 시 독자적인 제품설명회 대신 MWC에서 자신들의 제품을 공개하고 있다.

028 NFT Non-Fungible Token

대체 불가능 토큰으로, 디지털 자산의 소유주를 증명할 목적으로 만들어진 블록체인 기반의 고유한 암호 화폐이다. 개별 토큰이 서로 구별 없이 동등하게 취급받는 기존 암호 화폐와 달리 NFT는 개별 토큰 하나하나가 고유한 것으로 서로 대체가 불가능하다. 예를 들어, 비트코인과 같은 암호 화폐는 동일한 가치로 교환이 가능한 반면, NFT는 특정 예술 작품, 부동산, 게임 아이템 등 고유한 디지털 콘텐츠의 소유권을 나타내기 때문에 동일한 가치로 교환할 수 없다. NFT는 블록체인 기술을 기반으로 하고 있어 소유권의 투명성과 안전성을 보장하며, 디지털 파일 자체는 복제될 수 있지만 NFT는 소유권이 유일하다는 점에서 차별화된다. 이를 통해 예술가, 창작자, 콘텐츠 제작자는 자신들의 작품을 NFT로 발행해 수익을 창출하고, 구매자는 해당 디지털 자산의 소유권을 입증할 수 있다.

029 NPL Non Performing Loan

NPL은 금융회사가 통상 3개월 이상 원금이나 이자를 회수하지 못한 부실채권을 의미하며, NPL비율은 총대출금 중에서 부실채권이 차지하는 비중으로 금융회사의 자산건전성을 나타내는 지표이다. NPL비율이 높아졌다는 것은 금융회사의 자산건전성이 악화된 것을 의미한다.

030 O4O Online for Offline

온라인을 통해 축적한 기술과 데이터, 상품을 배송과 큐레이션을 접목하여 오프라인으로 사업을 확장하는 비즈니스 모델을 의미한다. 아마존이 전자상거래시장에서 쌓은 노하우로 오프라인 매장인 '아마존 고'를 운영하는 것이 이에 해당한다. O4O는 오프라인 매장 운영에 더 중점을 둔 개념으로, 단순히 온라인과 오프라인을 연결하는 서비스인 O2O와 구분된다.

031 OEM 펀드

자산운용사가 증권사 등 펀드 판매사로부터 요청을 받고 만든 펀드로, 주문자 상표 부착 생산을 뜻하는 OEM 방식과 유사하여 OEM 펀드라고 한다. 자체 위험관리기준 마련 없이 판매사의 관여에 따라 펀드를 설정·운용하여 불공정거래가 발생할 수 있으므로 금융당국은 부작용을 우려하여 '자본시장법'을 통해 금지하고 있다.

032 P2P 대출 Peer to Peer Lending

온라인에서 불특정 다수로부터 투자금을 모아 대출을 원하는 사람들에게 빌려주는 서비스로, 일종의 크라우드 펀딩이다. 핀테크 붐을 타고 이 시장이 급속히 커지고 있어 은행에서 대출을 받기 어려운 소상공인들이 자금을 마련하는 수단으로 활용하고 있다. 금리가 높고 위험도가 높다는 단점이 있다.

033 PIIGS

유로존에 속한 5개국(포르투갈, 아일랜드, 이탈리아, 그리스, 스페인)을 가리킨다. 2007~2010년 재정 적자 등으로 경제 위기를 겪었다는 공통점이 있으며, 이들 국가의 경제 상황 악화가 장기적으로 글로벌 금융 시장에 악영향을 미치기도 했다.

034 PIR Price to Income Ratio

주택 가격을 가구당 연간소득으로 나눈 배수로 나타내며, 각국 주택 가격을 비교할 수 있는 지수이다. 예를 들어, PIR이 10배라면 10년치 가구소득을 모두 모아야 집 한 채를 살 수 있음을 의미한다.

035 P플랜 Pre-packaged Plan

사전회생계획안(Pre-packaged Plan)의 약자로, 법원 주도 법정관리와 채권단 중심 워크아웃의 장점을 합친 기업 구조조정 방식이다. 법원이 강제 채무조정을 한 뒤 채권단이 신규 자금을 투입하는 방식으로 대우조선해양이 P플랜에 들어가기도 했다.

036 RE100 Renewable Energy 100%

기업이 필요한 전력량의 100%를 태양광, 풍력 등 친환경 재생 에너지원을 통해 발전된 전력으로 충당하겠다는 캠페인이다. 2014년 국제 비영리단체인 The Climate Group과 탄소 정보 공개 프로젝트(Carbon Disclosure Project, CDP)가 연합하여 발족하였고, 2021년 말 기준 전 세계 350여 개 기업들이 동참하고 있다.

037 RED Renewable Energy Directive

'재생 에너지 지침'으로 EU 차원에서 화석 에너지 의존도를 낮추기 위해 2009년에 설정한 목표이다. 2020년까지 재생 에너지 비중을 20% 이상으로 늘리는 것을 주요 내용으로 하였으나, 2030년까지 42.5%로 상향 조정하도록 개정되었다. 냉난방 부분의 재생 에너지 이용 확대 및 수송 부문의 바이오 연료 사용에 대한 조항도 추가되었다.

038 TRS Total Return Swap

기초 자산의 위험을 모두 이전하는 대가로 수수료를 받는 거래 방식이다. 자산운용사가 증권사에 증거금을 내고 자산을 매입하여 손익을 이전받는다. 일종의 대출 형태로 계약이 이루어지면 TRS 계약을 맺은 증권사는 자금 회수에 있어 우선권을 갖게 된다.

039 VIX Volatility Index

주식시장의 변동성에 대한 기대를 지수화한 것으로, 시카고옵션거래소에 상장된 S&P 500 주가지수 옵션을 기반으로 향후 30일간의 변동성에 대한 시장의 기대를 나타낸다. 증시 지수와 반대로 움직인다.

040 10%룰

개인이나 기관이 특정종목 발행주식의 10%를 초과해 단 한 주라도 더 취득할 경우 해당 내역을 5거래일 이내에 감독당국에 보고해야 한다는 제도이다.

041 30-50클럽

1인당 국민소득이 3만 달러이면서 인구가 5,000만 명 이상인 국가를 가리킨다. 우리나라는 2018년 1인당 국민소득 3만 1,349달러를 기록하여 7번째로 가입하였다.

042 가산금리

기준금리에 신용도 등의 조건에 따라 덧붙이는 금리를 말한다. 신용도가 높으면 가산금리가 낮아지고, 신용도가 낮으면 가산금리는 높아진다.

043 개츠비 곡선

부의 불균등이 심각했던 1920년대 미국 사회를 배경으로 한 소설 『위대한 개츠비』에서 주인공 이름을 인용하여 만든 크루거 교수의 이론이다. 부의 불평등 정도가 심화될수록 사회·경제적으로 계층 간 이동이 어려워짐을 보여주는 곡선이다.

044 건화물지수 Baltic Dry Index

세계 해운업계의 경기 현황을 나타내는 지수로, 영국의 발틱해운 거래소가 85.1.4.의 운임 수준을 기준(BDI=1,000)으로 발표하는 종합운임지수이다. 주로 석탄, 광석, 건축 자재 등 포장 없이 벌크선으로 운송되는 원자재의 운임을 비교 평가한다. 건화물지수가 상승한다는 것은 해운업의 경기가 개선됨을 의미하며, 원자재 이동이 많아져 세계 경제가 활성화되고 있다는 의미로 해석되기도 한다.

045 게이미피케이션 Gamification

게임 외의 분야에 게임적 사고나 기법을 적용하는 것으로, 사용자의 관심을 유도하거나 몰입시키는 과정이다. 스마트폰 대중화 등으로 인해 정책, 교육, 마케팅 등 여러 형태로 활용되고 있다. 국내 대표적인 사례로는 내공을 통해 등급과 활동 지수를 부여하는 네이버 지식in, 매너온도 기능이 있는 당근마켓, 운전점수로 성취감과 경쟁을 붙이는 티맵, 달리기 미션으로 운동 습관을 만들어주는 런데이 등이 있다.

046 고대역 메모리
High Bandwidth Memory, HBM

고성능 컴퓨터, 그래픽 카드, 인공지능(AI) 처리 장치 등에서 사용되는 차세대 메모리 기술이다. HBM은 기존의 DDR(Dynamic Random Access Memory)보다 더 높은 대역폭을 제공하면서도 전력 소비가 적고, 물리적 공간을 절약할 수 있다는 장점이 있다.

047 고용유지지원금

사업자가 경영 어려움으로 고용 조정이 불가피할 경우 사업자가 휴업, 휴직 등 고용유지조치를 실시하면 정부가 지원금을 지급하는 제도이다. 실업의 급증을 예방하는 효과가 있다.

048 고용탄성치

한 산업의 성장이 창출하는 고용의 양을 측정하는 지표로, '취업자 증가율 ÷ 국내총생산 증가율'로 구한다. 고용탄성치가 높을수록 산업 성장에 비해 취업자 수가 많다는 것을 의미한다. 최근 우리나라는 고용탄성치가 지속적으로 하락하고 있다.

049 고향올래 Go鄕All來

주민등록상 정주인구가 아닌 체류형 생활인구 유입을 통한 지역 활성화를 지원하기 위해 2023년부터 시행된 사업으로, 대한민국 사회에서 지속적으로 대두되는 지방 소멸 위기나 인구 이동성 증가 등의 인구 관련 정책을 반영한 사업이다. 2024년 대구광역시에서 진행한 '대굴대굴 대구온나', 강원도 홍천에서 진행한 '삼생(三生)에서 상생(相生)하기' 등이 고향올래 사업의 일환이다.

050 공매도

가까운 미래에 주가가 하락할 것으로 보이는 종목의 주식을 빌려 매도한 후 주가가 하락하면 싼값에 다시 사들여(숏 커버링) 빌린 주식을 갚음으로써 차익을 얻는 매매 기법이다. 공매도는 주식시장에 유동성을 공급하지만, 불공정 거래의 수단으로 악용되기도 한다.

051 공유경제 Sharing Economy

집이나 자동차 등 자산은 물론 지식이나 경험을 공유하며 합리적 소비, 새로운 가치 창출을 구현하는 경제 트렌드이다. 공유경제를 통해 물건의 소유자들은 자주 이용하지 않는 물건으로부터 수익을 창출할 수 있으며, 대여하는 사람은 물건을 직접 구매하거나 전통적인 서비스 업체를 이용할 때보다 적은 비용으로 서비스를 이용할 수 있다.

052 과밀부담금 제도

수도권 집중을 억제하기 위해 일정 규모 이상의 인구집중 유발시설에 대해 사업비(토지비와 건축비 등) 중 일정액을 부담금으로 부과하는 제도를 가리킨다. 수도권 과밀화 해소 및 지역 균형 개발 도모를 위한 재원 확충을 위해 1994년 도입됐다.

053 관리재정수지

정부의 총수입과 총지출의 차이인 통합재정수지에서 4대 사회보장성기금(국민연금기금, 사학연금기금, 산재보험기금, 고용보험기금)을 제외한 것으로 정부의 순재정상황을 보여 주는 지표이다. 정부의 재정 건전성을 판단할 수 있다.

054 구독경제 Subscription Economy

소비자가 기업의 회원으로 가입하고 매달 일정 금액을 지불하면 정기적으로 물건을 배송받거나 서비스를 이용하는 경제 모델이다. 과거 신문이나 잡지에 한정되어 있던 서비스가 최근 자동차나 명품 의류, 식료품의 영역까지 확장되고 있다. 소비자는 상품을 고르는 시간을 절약할 수 있고, 공급자는 상품 홍보 효과를 누릴 수 있다.

055 규제샌드박스 規制 Sandbox

어린이들이 안전하게 놀 수 있는 놀이터의 모래 구역인 'Sandbox'에서 유래한 용어로, 신산업·신기술 분야에서 새로운 제품이나 서비스를 출시할 때 일정 기간 동안 기존의 규제를 면제 또는 유예시켜주는 제도이다.

056 그린 본드 Green Bond

친환경 관련 사업 투자로 사용 목적이 제한되는 특수목적채권으로, 채권으로 조달한 자금은 녹색산업(재생에너지, 전기차, 고효율 에너지 등) 관련 용도로만 사용이 제한된다. 최근 ESG 투자에 대한 관심이 높아지며 전세계적으로 그린 본드 발행 규모가 성장하고 있다.

057 그린 수소 Green Hydrogen

태양광 및 풍력 등의 재생 에너지를 통해 얻은 전력으로 물을 전기 분해해 생산한 수소를 일컫는다. 수소는 생산 방식에 따라 그린 수소, 그레이 수소, 브라운 수소, 블루 수소로 구분되며, 그린 수소는 생산 과정에서 탄소 배출이 없어 탄소 중립 시대에 적합한 에너지 기술로 평가받고 있다. 하지만 그린 수소 생산 시 필요한 전기를 만드는 비용이 많이 들어 생산 단가가 높다.

058 그린플레이션 Greenflation

최근 국제 사회에서는 기후 변화에 대응하기 위한 전 세계적 차원의 친환경 정책을 추진하고 있다. 탄소 배출량 제한을 위한 탄소세나 탄소 국경세 등이 그것이다. 하지만 탄소 배출량이 많은 산업에 대한 규제는 필수 원자재 생산 감소와 이에 따른 가격 상승으로 이어져 인플레이션을 유발한다. 예를 들어 전기차 생산에는 내연 기관 자동차에 비해 더 많은 알루미늄이 필요한데, 탄소 배출량을 줄이기 위해 알루미늄 생산에 제한을 두면 알루미늄 가격이 급등한다. 또한, 태양광과 풍력 발전은 화석 연료보다 구리가 많이 필요한데 친환경 정책에 따라 공급량이 제한되면서 가격이 상승하게 된다.

059 글로벌 가치사슬 Global Value Chain

가치사슬은 기획, 연구개발, 디자인, 부품 및 소재 조달, 제조, 판매, A/S 등에 이르는 가치 창출 활동의 모든 과정을 아우르는 개념이다. 가치사슬 개념을 국가 단위의 생산 활동(국제 분업 체계)으로 확장한 개념이 글로벌 가치사슬이다. 한때 중국이 세계의 공장 역할을 하며 선진국의 앞선 기술을 빠르게 습득할 수 있었으나, 기술 유출에 대한 경계가 커지면서 중국이 글로벌 가치사슬에서 소외되고 있다.

060 글로벌 본드 Global Bond

세계 주요 금융시장에서 동시에 발행되어 유통되는 국제 채권이다. 미국 금융시장에서만 발행되는 양키 본드(Yankee Bond)와 반대 개념으로 쓰이기도 한다. 발행에 수반되는 부대 비용이 많이 들지만, 분산 발행에 따른 지역시장 간 경쟁으로 발행 금리를 낮출 수 있다는 장점이 있으며, 대규모 국채 모집이 가능하다. 우리나라는 KDB 산업은행이 전세계 투자자들을 대상으로 총 15억 달러 규모의 글로벌 본드를 발행하기도 했다.

061 금융 마이데이터 MyData

고객의 동의가 있으면, 여러 금융 회사에 흩어져 있는 정보를 한 번에 모아 확인하거나, 해당 정보를 기반으로 맞춤형 금융 서비스를 제공하는 사업이다. 마이데이터의 제도적 기반은 개인 신용 정보 전송 요구권(신용 정보의 이용 및 보호에 관한 법률 제33조의2)으로, 개인이 자신의 데이터에 대한 관리와 통제 권한을 가지는 것이다. 2022년 1월 5일부터 전면 시행되었다.

062 금융안정지수 Financial Stress Index, FSI

한국은행이 개발해 매달 산출하는 지표로, 은행, 주식·채권·외환시장 등의 부문에서 금융불안 및 금융시스템 리스크 발생 가능성을 측정하고 평가한다. 0에서 100 사이 값으로 산출하며, 8 이상은 주의, 22 이상을 위기로 평가한다.

063 금융소비자보호법

금융상품 판매 시 소비자에게 상품의 기본 내용, 투자의 위험 등을 제대로 설명하지 않고 판매함으로써 일어나는 금융 사고를 방지하고 소비자를 보호하기 위해 2021년 3월에 시행되었다. 금융회사는 영업 행위 시 6대 판매 원칙, 즉 적합성 원칙, 적정성 원칙, 설명의무, 불공정 영업 금지, 부당 권유 금지, 광고 규제를 지켜야 한다.

064 금융정보분석원(FIU)

금융기관을 이용한 범죄 자금의 자금세탁행위와 외화의 불법 유출을 막기 위해 2001년 11월 설립된 금융위원회 산하 기관이다. 금융기관으로부터 의심스러운 금융거래 내용을 보고 받고 금융정보를 수집·분석하여 법집행기관에 제공하는 금융위원회 소속의 국가기관으로, 단일의 중앙행정조직이다.

065 금융취약성지수 Financial Vulnerability Index, FVI

금융시스템의 중장기적인 잠재적 취약성을 측정하는 지수이다. 한국은행이 개발하여 2021년 6월에 처음 그 결과를 발표했다. 대출 증감률, 자산 가격 상승률, 신용 축적, 금융회사의 건전성 등을 종합하여 중장기적인 상황을 평가하며, 외환위기 당시를 100으로 하여 산출한다. 지수 범위는 0에서 100까지이며 값이 클수록 대내외적 충격에 취약하다는 의미이다.

066 금융통화위원회 Monetary Policy Board

통화신용정책 수립 및 한국은행 운영에 관한 최고 의사결정기구로서, 7명의 위원으로 구성된다. 한국은행 총재와 부총재는 금융통화위원회의 당연직 위원이 되고, 총재는 의장을 겸임한다.

067 금융투자소득세

소득세의 일종으로, 주식·채권·펀드·파생상품 등 금융투자와 관련해 발생한 소득에 대해 과세하는 세제이다. 2020년 12월 말 정부안이 발의되어 소득세법 개정안이 통과된 후 2023년부터 도입될 예정이었으나 실효성과 부작용에 대한 문제가 지속적으로 대두되며 도입이 유예되었고, 시행할지 폐지할지에 관한 내용이 지속적으로 논의 중이다.

068 기업경기실사지수
Business Survey Index, BSI

한 나라의 전체 경기는 기업과 소비자들이 느끼는 경기를 종합한 것이다. 따라서 전반적인 경기 상황을 판단하는 데 도움을 얻고자 기업 및 소비자들을 대상으로 경제에 대한 인식을 조사한다. 이를 경제심리지수 (ESI)라고 하며, 여기에는 기업가를 대상으로 하는 기업경기실사지수(BSI)와 소비자를 대상으로 하는 소비자동향지수(CSI)가 있다.

069 기업 분할

기업의 특정 사업 부문을 분리하여 새로운 회사를 만드는 것이다. 기업 분할은 분할 후 신설되는 회사의 주식을 누가 가지느냐에 따라 인적 분할과 물적 분할로 나뉜다. 인적 분할은 기업이 수평적으로 분할되는 것으로 분할 후 신설되는 자회사의 주식을 분할 전 회사의 주주 지분율대로 배정하는 것이다. 반면 물적 분할은 분할 전 회사가 분할 신설 회사의 주식을 100% 보유하는 것이다. 신설 법인의 발행 신주를 모두 분할 존속 회사가 법인 형태로 100% 가지므로 분할 비율이 없고 자본금을 나누지 않는다.

070 기저 효과 Base Effect

경제지표 증가율을 해석할 때 기준시점과 비교시점의 상대적인 위치에 따라 경제상황에 대한 평가가 실제보다 위축되거나 부풀려지는 등의 왜곡이 일어나는 것을 말한다. 지표를 절대적으로 해석하지 않고 기준시점을 바탕으로 비교시점의 수치를 판단하는 상대적인 해석이므로, 전기의 실적이 좋았다면 이번 기의 실적이 안 좋게 해석되는 반면 전기의 실적이 저조했다면 이번 기에는 조금만 실적이 개선돼도 훨씬 양호하게 해석되는 심리적인 측면이 가미됐다.

071 기축통화 Key Currency

여러 국가의 암묵적인 동의하에 국제거래에서 중심적인 역할을 하는 통화를 지칭한다. 국제무역 결제 및 환율 평가의 기준이 되며, 대외준비자산으로 사용되는 통화이다. 제2차 세계 대전 이후에는 영국의 파운드화, 그 이후에는 미국의 달러화가 기축통화로 인정받고 있다.

072 깡통전세 / 역전세

깡통전세는 세입자 전세금과 집주인의 주택담보대출금액의 합계가 집값에 육박하거나 더 높은 경우를 말한다. 집값이 떨어지면 세입자 전세금 반환이 어려워질 위험이 있다. 세입자 전세금과 집주인의 주택담보대출금액의 합계가 집값의 70~80% 선이면 깡통전세 위험이 있다고 본다. 역전세는 계약 이후 전세 시세가 하락해 임차인에게 보증금을 돌려주는 것이 어려워지는 경우를 말한다. 전세 시세가 계약 당시보다 떨어져 있다면 계약이 만료되어 새 세입자를 구할 때 집주인은 급락한 전세 시세로 기존 세입자의 보증금을 충당할 수 없는 것이다.

073 낙수 효과 / 분수 효과
Trickle-down Effect / Trickle-up Effect

낙수 효과는 대기업 및 부유층의 소득과 부를 증가시킨다면 결과적으로 전체 경제활동이 활발해지며 중소기업과 저소득층도 혜택을 볼 수 있다는 주장이다. 반면, 분수 효과는 정부가 경제정책으로 저소득층과 중산층의 소득을 먼저 늘려주면 이들의 소비 확대가 생산과 투자로 이어지면서 전체 경제활동이 되살아나고 이로 인해 고소득층의 소득도 늘어날 수 있다는 주장이다.

074 넛지마케팅 Nudge Marketing

넛지(Nudge)는 타인의 행동을 유도하는 부드러운 개입을 뜻하는 말이다. 넛지마케팅은 강제와 지시에 의한 억압보다 부드러운 개입으로 특정 행동을 유도하는 것이 더 효과적임을 이용한다. 마트의 계산대 앞에 가격 부담이 적은 상품을 진열함으로써 계산을 하러 가는 과정에서 자연스럽게 구매를 유도하는 것을 예로 들 수 있다.

075 니치 마켓 Niche Market

니치는 틈새란 뜻으로, 니치 마켓은 틈새시장을 말한다. 수요가 비어 있는 시장을 의미하며, 치밀한 시장 조사 후에 이 시장에 경영 자원을 집중적으로 투입하는 전략을 니치 전략이라고 한다. 다양성을 중시하는 현대 사회에서 소비자는 다양한 욕구를 가지고, 이 독특한 기호를 공략하기 위한 전략을 사용한다.

076 다이내믹 프라이싱 Dynamic Pricing

빅데이터를 활용해 구매자 반응을 실시간으로 반영하여 지불의사의 심리적 상한선에 가깝게 가격을 책정한다. 구매자들의 구매의사를 시시각각 확인해 더 비싼 가격을 지불할 의사가 있는 구매자에게 판매하는 것이다. 동일한 상품 가격을 구매자 별로 다르게 받는 가격차별의 일환으로, 호텔, 항공권 예매 시 광범위하게 활용된다.

077 다크 패턴 Dark Pattern

사용자를 은밀히 유도해 물건을 구매하거나 서비스에 가입하게 하는 등 원치 않는 행동을 하게 하는 온라인 인터페이스를 말한다. 영국의 독립 디자이너 해리 브링널이 개념화한 용어로, 대표 유형으로는 위장 광고, 거짓 할인, 유인 판매, 순차 공개 가격책정, 특정 옵션 사전선택, 숨은 갱신 등이 있다. 소비자는 다크패턴으로 인해 상품구매와 무관한 멤버십에 가입하거나 서비스를 이용하는 등 예상치 못한 지출을 하게 된다. 공정거래위원회는 '다크패턴 자율관리 가이드라인'을 발표하여 각 유형에 대해 사업자가 자율적으로 준수하도록 했지만, 법적 구속력은 없다.

078 닥터 코퍼 Dr. Copper

구리 가격이 마치 의사처럼 경제의 전반적인 상태를 진단하고 예측한다는 점에서 구리(Copper)를 의인화하여 표현한 말이다. 구리는 송전·공장 설비·건축자재·기계장비 등 제조업 전반에 재료로 사용된다는 특성 덕분에 경기 상황에 민감하게 반응하는 한편, 원유나 금에 비해 지정학적·정치적 영향을 덜 받기 때문에 실물경제의 경기를 예측하는 선행지표로 활용된다.

079 달러라이제이션 Dollarization

미국이 아닌 다른 국가에서 미 달러화를 공식적으로 유일한 자국 통화 혹은 다른 화폐와 함께 공식 화폐로 이용하는 현상이다. 미국의 통화정책에 의해 자국 경제가 큰 영향을 받는 중남미 국가에서 도입하고 있다. 화폐가치가 안정된 달러화를 공식 화폐로 사용하면 통화가치가 급락할 염려가 없고 환율 변동으로 인한 환위험을 줄일 수 있어 외국 기업의 투자 유도와 국채 발행 시 유리하다는 장점이 있다. 반면, 미국에 정치·경제적으로 예속되어 경제주권과 국가정체성을 상실할 수 있다는 우려가 있다.

080 대손충당금

금융기관이 채권에 대한 미수금, 상환 불이행 등의 위험으로 인해 예상되는 손실 대비로 마련한 예비 자금이다. 국제회계기준(IFRS)에 따라 산출하며, 금융기관 재무 건전성 유지에 중요한 역할을 한다. 대출의 건전성에 따라 대손충당금은 변화되며 대출이 부실할수록 충당금을 더 많이 쌓아야 한다.

081 대체거래 시스템

Alternative Trading System, ATS

증권거래소나 코스닥증권시장과 같은 정규 증권거래소의 기능을 대체하는 다양한 형태의 증권 거래 시스템을 의미한다. 장외 시장과 같이 기존 거래소와 별도로 주식을 사고 팔 수 있으며, 우리나라 '자본시장법'상 다자간 매매 체결 회사로 정의된다.

082 더블 딥 Double Dip

경제가 2분기 연속 마이너스 성장을 기록할 경우를 경기침체로 규정하는데, 이러한 경기침체가 두 번 계속되는 경우를 말한다. 즉, 경기침체 후 일시적으로 회복 기미를 보이다가 다시 침체로 빠져드는 현상이다. 두 번의 경기침체를 겪어야 회복기로 돌아선다는 점에서 'W자형' 경제구조라고도 한다.

083 데드캣 바운스 Dead Cat Bounce

주가가 떨어지다가 잠깐 반등하는 상황을 비유하는 말로, '죽은 고양이도 높은 곳에서 떨어뜨리면 잠깐이나마 튀어 오른다.'는 월스트리트 문장에서 유래했다. 주식 급락 시 특정 시점에서 저점에 주식을 매수해 단기 이익을 보려는 심리가 형성되기 때문에 발생한다.

084 데드 크로스, 인구 절벽

Dead Cross

데드 크로스란 출생자보다 사망자가 더 많아지는 시점을 말하는 것으로 인구의 자연 감소가 시작되었음을 의미한다. 두 지표를 그래프로 나타냈을 때 교차점이 발생하기 때문에 이와 같은 이름이 붙여졌다. 한편 인구 절벽은 생산 가능 인구(15세 이상~65세 미만 인구), 특히 소비를 가장 많이 하는 40대 후반 인구가 감소하면서 인구 피라미드에 절벽 모양이 나타나는 현상이다. 한국은 2020년 데드 크로스가 발생하였다.

085 디깅소비 Digging Consumption

개인이 선호하는 영역에 깊은 관심을 가지고 소비를 이어가는 것을 뜻한다. 코로나19 유행 이후 실내 활동이 크게 늘어남에 따라 신발 소비도 위축될 것으로 예상했으나 운동을 취미로 삼는 젊은 세대가 늘면서 오히려 운동용 신발 수요가 늘어난 것이 그 사례이다.

086 디레버리징 Deleveraging

보유한 자산을 상회하는 부채를 끌어들여 이를 지렛대로 삼아 투자 수익률을 높이는

'레버리지'의 반대말로, 부채를 줄여나가는 것을 의미한다. 코로나19 이후 미(美) 연준(Fed)이 테이퍼링 가속화 의지를 보이며 금리를 인상하였고 한국 또한 금리인상과 더불어 대출 규제 한도를 높여 담보 대출과 신용 대출을 통해 부동산과 주식에 투자한 가계의 이자 상환 부담이 가중되며 디레버리징이 주요 화두로 떠올랐다. 한편, 급격한 디레버리징은 경제의 총수요를 줄여 경기 회복을 더디게 하는데 이를 '디레버리징의 역설'이라고 한다.

087 디지털세 Digital Tax

구글, 애플 등 글로벌 빅테크 기업의 조세회피 행위를 해결하기 위한 목적으로 도입된 세금이다. 이들 기업은 세율이 낮은 국가에 법인을 설치함으로써 미국, 유럽 등 대규모 시장에서 발행한 이익에 대한 세금을 피할 수 있었다. 이에 경제협력개발기구(OECD) 및 주요 20개국(G20) 주도로 일정 규모 이상인 다국적 기업이 매출이 발생한 국가에 세금을 내도록 하는 디지털세 합의를 도출했고, 각국의 입법과정을 거쳐 2023년부터 적용됐다.

088 니지털 시장법 Digital Markets Act

유럽연합(EU)이 빅테크 기업(아마존, 애플, 마이크로소프트, 메타 등)의 시장 지배력 남용을 방지하고자 제정한 법으로, 일정 규모 이상의 빅테크 기업을 게이트키퍼로 지정해 인앱 결제 강제 금지, 사이드로딩 허용, 자사 우대 금지 등의 의무를 이행하도록 규정했다.

089 디지털 트윈 Digital Twin

현실 세계의 물리적 사물의 복제물(Twin)을 가상 세계(Digital)에 만들고 가상 세계의 복제물과 실제 물리적 사물의 데이터를 연동하여 현실 세계 상황을 가상 세계에 재현하는 기술이다. 현실 세계의 제품, 생산 시설, 시스템 등을 가상 세계에서 시뮬레이션함으로써 현실 세계의 문제점을 예측하거나 발견하여 실제 의사 결정에 활용하는 것이다. 기업은 디지털 트윈 기술을 통해 제품과 생산 공정을 빠르게 조정할 수 있어 생산성 향상과 비용 절감 효과를 기대할 수 있으며 현재 제조, 에너지, 건설, 물류 등 다양한 분야에서 활용되고 있다.

090 디파이 Decentralized Finance, DeFi

블록체인기술을 기반으로 이루어지며 가상화폐를 담보로 하는 예금과 대출 등의 금융서비스이다. 기존 금융 거래처럼 은행, 카드사 등이 필요하지 않으며, 신용 관련 서류를 제출하고 대출 심사를 받는 번거로운 절차 없이 인터넷 연결만 가능하면 서비스를 받을 수 있다.

091 딥러닝 Deep Learning

인공지능 기술의 구현을 위한 대표적 학습 방식이다. 기존에는 의사결정을 위한 구체적 지침을 소프트웨어에 직접 코딩해서 넣었다면, 현재는 대량의 데이터와 알고리즘을 컴퓨터가 직접 학습하도록 하는데, 이러한 학습 과정을 머신 러닝이라고 한다. 딥러닝은 머신 러닝의 한 종류로, 인공신경망 방식을 통해 이미지의 형태로 알고리즘을 학습한다. 구글의 알파고가 이 방식을 통해 바둑을 정복하여 대중에게 널리 알려졌다.

092 딥보이스 Deepvoice

딥러닝(Deep Learning)과 목소리(Voice)의 합성어로, 인공지능(AI) 기술을 활용한 음성합성기술을 통해 특정 인물의 목소리를 복제하여 해당 인물이 실제로 말한 것처럼 만들어내는 기술이다.

093 딥페이크 Deepfakes

인공지능 기술을 사용하여 특정 인물의 얼굴이나 신체를 원하는 영상에 정교하게 합성한 편집물이다. 유명인부터 일반인까지 편집 대상에 제약을 받지 않으며, 온라인에서 공유되는 소스 코드 및 머신 러닝 알고리즘으로 쉽게 제작되고 확산될 수 있어 사회 문제로 대두되고 있다.

094 라스트 마일 Last Mile

마라톤과 같은 스포츠 경기에서 목표에 다다르기 직전의 가장 힘든 마지막 구간을 의미하는 용어로, 금융시장에서는 정부가 물가안정 정책을 수행하는 과정에서 물가 목표치 달성을 위한 마지막 구간이라는 의미로 사용한다.

095 라이브커머스 Live Commerce

실시간 동영상 스트리밍 서비스를 통해 소비자와 소통하면서 제품 홍보와 판매를 진행하는 것이다. 네이버의 쇼핑라이브, CJ올리브영의 올라이브 등이 대표적인 라이브커머스 플랫폼이다. 방송이 진행되는 동안 실시간 댓글을 통해 질문과 호스트의 피드백이 가능하므로 비대면 온라인 쇼핑의 단점을 보완할 수 있다.

096 라이파이(Li-Fi)

라이트 피델리티(Light-Fidelity)의 줄임말로, 빛의 파장을 이용하는 가시광 통신 기술을 가리킨다. 속도가 빠르고 전자파가 발생하지 않아 인체에 무해하다. 글로벌 시장 조사 업체는 라이파이 시장이 2028년 약 150억 달러 규모로 성장할 것이라고 예측하기도 했다.

097 래플마케팅 Raffle Marketing

Raffle은 추첨 복권을 의미하는데, 제품에 대해 응모·추첨을 통해 소비자에게 구매 자격을 부여하는 것을 말한다. 주로 패션 업계에서 래플마케팅을 이용하고 있으며, 희소성 있는 제품을 통해 자신을 표현하는 것을 선호하는 MZ세대에게 관심이 높다.

098 러스트벨트 Rust Belt

미국의 대표적 공업지대였으나 철강, 석탄 등 주요 산업들이 쇠퇴하면서 추락한 미국 중서부와 북동부 지역을 일컫는다. 자동차 산업의 중심지인 디트로이트를 비롯하여 철강산업의 메카인 피츠버그 등이 이에 속하며, 미국 제조업의 몰락을 상징하는 의미로 사용되기도 한다.

099 런치플레이션 Lunchflation

런치(Lunch)와 인플레이션(Inflation)의 합성어로, 고물가로 직장인들의 점심값 지출이 늘어난 상황을 나타내는 말이다. 코로나19와 러시아 우크라이나 전쟁 등으로 세계 공급망이 불안정해지면서 주요 식자재의 가격이 폭등했고, 이에 따라 외식 물가가 크게 상승했다. 실제로 코로나19가 감소세로 들어선 뒤 다시 출근을 하게 된 직장인들이 점심값으로 이전보다 더 많은 지출을 하게 되는 상황이 오자 도시락을 싸오거나 상대적으로 저렴한 점심 메뉴를 선택하며 지출을 줄이기 시작했다.

100 레그테크 Regtech

규제(Regulation)와 기술(Technology)의 합성어로, 비대면·자동화 등을 통해 금융회사의 내부 통제와 법규 준수가 쉽도록 하는 정보기술(IT)을 말한다.

101 로보어드바이저 Robo-Advisor

로봇(Robot)과 투자전문가(Advisor)의 합성어로, 빅데이터를 바탕으로 고도화된 알고리즘으로 투자 전략을 짜고, 모바일 기기나 PC를 통해 제공하는 온라인 프라이빗 뱅킹 서비스이다. 고객이 직접 입력한 정보를 바탕으로 포트폴리오를 자동으로 만들어 주고 인간의 판단과 개입을 최소화하는 특징을 가지고 있다.

102 로코노미 Loconomy

지역특색을 상품에 녹이는 마케팅 트렌드로, 시역(local)과 경제(economy)의 합성어이다. 한국맥도날드에서 한국의 맛 프로젝트를 추진하며, 창녕갈릭버거, 보성녹돈버거, 진도대파버거를 출시한 것이 대표적인 예로, 개성과 재미로 MZ세대에서 인기를 끌고 있다. 로코노미 마케팅은 지역 상생이라는 사회적 책임을 이행할 수 있게 하여 가치 소비 욕구를 충족시킬뿐만 아니라, 다량 수매로 지역 경제를 활성화시키고 나아가 관광객 유치에 도움을 주고 있다.

103 루이스 전환점

경제 발전 초기 농촌에서 도시로의 급격한 인구 이동이 일어나면서 저렴한 도시 노동자의 임금을 바탕으로 빠르게 경제가 성장하지만, 도시로 유입되는 신규 노동자 수가 급감하면 임금이 상승하고 고비용─저임금 구조로 인해 성장이 둔화되는 것을 말한다.

104 리니언시 제도 Leniency Program

담합을 자진신고한 최초 사업자들에 대해 과징금을 감면해주고, 제재 대상에서 제외해 주는 담합 자진신고자 감면제도이다. 소수의 판매자가 시장지배력을 행사하는 과점 시장에서 판매자들 간 담합을 방지하기 위한 것으로, 담합 결성 유인을 구조적으로 약하게 하는 순기능이 있다. 즉, 판매자들을 죄수의 딜레마와 같은 상황에 처하게 하여 담합을 사전 예방한다.

105 리디노미네이션 Redenomination

화폐 단위를 현재 화폐와 일정한 교환 비율로 교환하여 일률적으로 조정하는 것을 의미한다. 예를 들면, 현재의 1,000원이 리디노미네이션 후에는 1원의 가치를 갖는 셈이다. 지속적 인플레이션으로 화폐의 표시 단위가 커지면서 나타나는 불편함을 해결하고 자국 통화의 대외적 위상 제고를 위해 실시한다.

106 리버스 펀드 Reverse Fund

주가 지수가 하락할 때 수익이 나는 파생상품에 투자하는 펀드이다. 리버스 펀드는 단기에 주가가 하락하면 높은 수익을 얻을 수도 있지만 개인이 매수·매도 타이밍을 포착하기 어려워 주로 기관 투자가나 투자전문가가 리스크 헤지 상품으로 활용한다.

107 리쇼어링 Reshoring

해외에 진출한 자국의 제조 기업을 다시 국내로 돌아오도록 하는 정책으로, 저렴한 인건비를 이유로 해외로 공장을 옮기는 오프쇼어링과 반대되는 말이다. 리쇼어링의 주요 요인은 오프쇼어링한 국가의 임금 상승이나 운송비용의 증가 등으로 비용 절감 효과가 감소하는 것이다. 그 외에도 환율 변동, 제품의 품질 저하, 거리로 인한 배송 지연, 수요에 대한 유연성 저하, 세금 문제 등의 이유로 리쇼어링을 결정한다.

108 리츠 REITs

'Real Estate Investment Trusts'의 약자로, 부동산투자신탁을 의미한다. 다수의 투자자들로부터 자금을 조달하여 부동산에 투자하고 수익을 배당하는 회사나 투자신탁을 말한다. 리츠는 증시에 상장하여 주식 매매가 가능하므로 일반인도 소액으로 부동산에 투자할 수 있는 기회를 제공하며, 언제든 사고 팔 수 있다. 또한 실물자산에 투자하기 때문에 안정적이다.

109 리픽싱 Refixing

주가가 낮아지면 전환사채의 전환가격을 낮추어 가격을 재조정할 수 있도록 하는 계약을 말한다. 전환가격은 전환사채를 주식으로 바꿀 때의 가격이며, 발행사는 전환사채의 전환가격을 낮추어 투자자의 이익을 보장함으로써 투자를 유도한다.

110 마이크로 크레딧 Micro Credit

은행과 같은 전통적인 금융기관으로부터 금융서비스를 받을 수 없는 빈곤계층에게 소액의 대출과 여타의 지원 활동을 제공함으로써 이들이 빈곤에서 벗어날 수 있도록 돕는 소액대출사업을 말한다. 창업을 위한 자금지원은 물론 경영자문 및 운영 등의 다양한 접근을 통해 빈곤층이 자립할 수 있도록 한다는 점에서 일반 시중은행과 차이가 있으며, 대출금의 원금과 이자를 받는다는 점에서 일반적인 기부 또는 자선사업과도 구분된다.

111 마진콜 Margin Call

증권사가 선물 투자자에게 추가 증거금(Margin)을 내라는 요청(Call)을 의미한다. 선물(Futures)거래는 거래 상대방의 계약 불이행으로부터 매입자와 매도자를 보호하기 위한 방법으로 증거금 제도를 운영한다. 일일 정산 결과 손실이 발생하여 개시 증거금이 유지 증거금 미만으로 떨어지면, 증권회사는 투자자에게 개시 증거 수준까지 증거금을 추가로 납부하도록 요구한다.

112 망 중립성

2003년 미국 컬럼비아 로스쿨의 팀 우(Tim Wu) 교수가 제시한 개념이다. 통신망은 중립적이어야 한다, 즉 인터넷에서 전송되는 데이터 트래픽은 그 양이나 내용, 유형과 관계없이 동등하게 처리되어야 한다는 원칙으로, 인터넷망을 도로, 철도, 전기, 수도와 같은 인프라로서 누구나 이용할 수 있는 공공 서비스로 본 것이다. 그러나 실시간 동영상 스트리밍처럼 많은 트래픽을 일으키는 서비스가 나타나면서 통신망 제공 사업자

(ISP)와 콘텐츠 사업자(CP) 사이에 갈등이 발생하였다. 통신사 측에서는 트래픽을 많이 유발하는 콘텐츠 사업자는 통신사에게 추가로 망 사용료를 내야 한다는 입장이고, 콘텐츠 사업자는 망 사용에 대한 추가 요금은 망 중립성을 위배하는 것이라는 입장이다. 동영상 OTT 기업 넷플릭스와 국내 통신망 제공 사업자 SK브로드밴드는 지난 2019년부터 현재까지 쭉 갈등을 이어오고 있었으나, 극적으로 전략적 파트너십을 체결하였다.

113 머니 마켓 펀드
Money Market Fund, MMF

고객의 일시적인 여유자금을 금리 위험과 신용 위험이 적은 국공채, 어음 등에 운용하고 발생하는 수익을 배당하는 펀드의 일종으로, 대표적인 단기금융상품이다. 위험성이 적어 단기 여유자금을 MMF로 돌리는 경우가 많다.

114 멀티 호밍 Multi-homing

소비자들이 여러 플랫폼을 이용 목적에 따라 동시에 사용하는 현상이다. 소비자들은 각자의 니즈에 따라 여러 플랫폼을 이용할 수 있어 합리적 선택이 용이해신다. 시장의 경쟁을 유발하기 때문에 플랫폼 기업들이 독점적 지위에 안주하지 않고 지속적으로 서비스를 개선하도록 촉구할 수 있다.

115 메기 효과 Catfish Effect

막강한 경쟁자의 등장으로 기존 경쟁자의 활동 수준이 높아져 시장 전체의 분위기가 활성화되는 현상이다. 정어리가 천적인 메기를 보면 활발히 움직이는 현상에서 유래했다. 쿠팡이 365일 주말 상관없이 당일·익일 배송을 시작한 뒤 각종 국내 이커머스 업계에서 배송속도에 따른 고민을 비롯해 여러 경쟁력 강화를 위한 조치를 취하고 있는 것을 메기 효과의 한 예로 볼 수 있다.

116 메디치 효과 Medici Effect

이질적인 분야의 요소들이 결합할 때 요소들이 갖는 에너지의 합보다 더 큰 에너지를 분출하게 되어 뛰어난 생산성과 시너지를 창출할 수 있다는 경영이론이다. 건축가 믹 피어스가 설계한 짐바브웨의 이스트게이트 쇼핑센터는 생물학과 건축학이라는 이질적인 분야의 협업을 통해 이룩한 메디치 효과의 대표적인 사례이다. 피어스는 흰개미집의 공기 순환 구조에서 영감을 받아 이 건물을 설계했는데, 흰개미집은 지면 위와 아래에 통풍구를 가진 모래 탑을 세운 뒤 맨 위쪽의 통풍창을 조절하여 내부 온도를 조절하는 특징이 있다. 피어스는 이러한 자연의 원리를 도입해 전력이 부족한 지역에서도 에어컨 없이 실내를 시원하게 유지할 수 있는 건축물을 만들어냈고, 40도 이상으로 치솟는 더위 속에서도 쇼핑센터 내부를 서늘하게 유지할 수 있게 됐다.

117 메자닌 펀드 Mezzanine Fund

'메자닌'은 건물 1층과 2층 사이에 있는 라운지 공간을 의미하는 이탈리아어로, 채권과 주식을 혼합하여 만든 중간 위험 단계의 상품에 투자하는 펀드를 말한다. 메자닌 펀드는 안전자산인 선순위대출과 위험자산인 보통주 사이의 중간단계에 있는 전환사채(CB), 신주인수권부사채(BW), 교환사채(EB) 등 주식 관련 채권에 투자한다.

118 메타버스 Metaverse

3차원 가상 세계로 가공 또는 추상을 의미하는 '메타'와 우주 또는 세계를 의미하는 '유니버스'의 합성어이다. 메타버스에서는 이용자가 만드는 가상 세계 상품인 UGC가 가상 통화를 통해 유통되고, 이용자는 아바타를 통해 소통하며 다양한 체험을 한다. 2020년 코로나19의 확산으로 비대면 소통이 늘어나자 메타버스가 주목을 받았다.

119 모기지론 Mortgage Loan

부동산을 담보로 제공하고 금융기관으로부터 자금을 대출받는 제도이다. 대출자는 부동산을 담보로 설정하고 금융기관으로부터 장기적으로 자금을 빌려 부동산을 구입하거나 자금을 조달할 수 있다. 모기지론은 대출 상환 기간이 길고 이자율이 상대적으로 낮아 부동산 구입에 부담을 덜어줄 수 있다는 장점이 있다. 대출자는 정해진 기간 동안 일정한 원리금을 금융기관에 상환하게 되며, 상환이 완료될 때까지 금융기관은 해당 부동산에 대한 저당권을 유지한다. 만약 대출자가 대출금을 상환하지 못할 경우, 금융기관은 저당권을 행사해 해당 부동산을 압류하고 매각하여 대출금을 회수할 수 있다.

120 무디스 Moody's

채권 평가 업무를 시작으로, 기업 및 국가의 신용도를 평가하는 기관이다. 1929년 세계 대공황 때 무디스가 '투자 적격'으로 평가한 기업들이 채무를 100% 이행하면서 높은 신뢰와 명성을 획득한 이후 세계적인 투자자문회사로 성장하였으며, S&P, Fitch와 함께 세계 3대 국제신용평가기관으로 인정받고 있다.

121 미닝아웃 Meaning Out

신념을 뜻하는 미닝(Meaning)과 벽장 속에서 나온다는 뜻의 커밍아웃(Coming Out)이 결합된 용어로, 과거에는 타인에게 함부로 보이지 않았던 정치적·사회적 신념을 소비 행위를 통해 적극적으로 표출하는 것을 의미한다. 소셜네트워크서비스(SNS) 활성화 등의 영향으로 전통적인 소비자 운동보다 적극적이고 다양한 양상으로 나타난다.

122 민스키 모멘트 Minsky Moment

미국의 경제학자인 하이먼 민스키(Hyman Minsky)가 주장한 이론으로, 누적된 부채가 임계점을 넘어 자산 가치의 붕괴와 경제 위기를 초래하는 순간을 말한다. 부채의 확대가 금융시장의 호황으로 이어지지만, 호황이 끝나면 빚을 낸 채무자들의 부채 상환 능력이 나빠지고 결국 채무자들은 빚을 갚기 위해 건전한 자산을 매각하며 금융 시스템이 붕괴되고 금융 위기를 초래할 수 있다.

123 바나듐 Vanadium

차세대 에너지 저장 장치(ESS)로 각광받고 있는 배터리 소재이다. 기존 소재와 비교하여 수명이 길고 화재 위험이 적으며, 산업통상자원부의 안전 진단을 통해 바나듐을 이용한 배터리의 안정성을 확인한 바 있다.

124 반대매매

고객은 투자 자금이 부족할 경우 구매할 주식을 담보로 제공하는 조건으로 증권사에게 돈을 빌리거나 신용융자금으로 주식을 매수할 수 있다. 이때 만기 내에 변제하지 못할 경우 또는 주가가 크게 하락하여 담보가치가 일정 비율 이하로 하락할 경우에는 증권사가 고객의 동의 없이 담보 주식을 임의로 매도(반대매매)하면서 큰 손실을 입을 수 있다.

125 배당락

배당 기준일이 경과하여 배당금을 받을 권리가 없어지는 것을 말한다. 일반적으로 한국에서 배당을 받을 권리는 사업 연도가 끝나는 날을 기준으로 주식을 보유한 주주에게 한정된다. 주식을 매수하면 매수일을 포함하여 3거래일 후에 주주명부에 이름이 올라간다. 12월 결산 법인의 경우 12월 31일은 결산일이며, 바로 전날 거래일인 12월 30일이 배당락일에 해당하므로, 12월 29일에 주식을 구매해도 배당을 받을 수 있다.

126 배당성향 Payout Ratio

기업의 배당금 지급능력을 나타내는 지표로, 배당지급률 또는 사외분배율이라고도 한다. 당기순이익에 대한 현금배당액의 비율로 나타내는데, 이 비율이 높을수록 배당금 지급비율이 높다.

127 배드뱅크 Bad Bank

금융사고 등으로 금융회사의 자산 중 일부가 부실화되었을 때, 부실 자산을 인수 시켜 처리하는 임시 기구이다. 손실을 입은 기관은 부실 자산을 배드뱅크에 넘겨주면서 굿뱅크(Good Bank)가 됨으로써 신용도를 제고하고 정상적 영업 활동을 유지할 수 있다.

128 밴드왜건 효과 Bandwagon Effect

소비자가 대중적으로 유행하는 정보를 쫓아 상품을 구매하는 소비 현상을 뜻하는 경제 용어로, 유행에 동조함으로써 타인들과의 관계에서 소외되지 않으려는 심리에서 비롯된다. 곡예나 퍼레이드의 맨 앞에서 행렬을 선도하는 악대차가 사람들의 관심을 끄는 효과를 내는 데에서 유래했으며, 밴드왜건 효과를 기업에서는 충동구매를 유도하는 마케팅 활동으로, 정치계에서는 특정 유력 후보를 위한 선전용으로 활용하기도 한다.

129 뱅크런 Bank Run

은행의 대규모 예금 인출 사태를 가리키는 말이다. 금융시장 상황이 불안하거나 은행의 경영 및 건전성 등에 문제가 발생하면 예금자들은 은행에 맡긴 돈을 보장받을 수 없을 것이라는 불안감에 저축한 돈을 인출하게 되고 은행은 지급할 수 있는 자금이 부족하게 되어 패닉 상태에 빠질 수 있다. 우리나라는 예금보험공사를 통해 「예금자보호법」에 의해 5,000만 원까지는 예금을 보장함으로써 금융소비자의 불안감을 감소시켜 뱅크런을 방지하고 있다.

130 버거 코인 Burger Coin

해외에서 발행됐으나 국내 가상자산 거래소에 상장된 가상화폐로, 한국에서 발행된 가상화폐인 김치코인과 구분된다. 버거코인은 시세 조종이나 유통량 불투명성 등의 문제로 투자자 보호 측면에서 우려를 받고 있다. 2023년 메타 출신 코인 개발팀이 제작한 가상화폐 '수이(SUI)'가 국내 가상화폐 거래소에 상장하였는데, 상장 직후 가격이 1,500%까지 급등하던 수이는 유통하지 않아야 할 물량을 보상으로 유통되는 등의 문제가 발생하여 가격이 급락했으며, 내부자 매도 논란이 지속되는 등 여러 문제점이 제기되고 있다.

131 버추얼 프로덕션
Virtual Production

실사 이미지와 가상 이미지를 실시간으로 결합하는 것을 의미한다. 촬영 기술, 디스플레이 및 IT 기술의 발전으로 생동감 있는 가상화면을 낮은 비용으로 만들 수 있게 되었고, 버추얼 프로덕션을 통해 콘텐츠 제작 과정에서 혁신이 일어나 소비자가 양질의 콘텐츠를 소비할 수 있다.

132 버핏지수 Buffett Indicator

버크셔해서웨이의 회장 워렌버핏(Warren Buffett)이 적정한 주가 수준을 측정할 수 있는 최고의 단일 척도라고 평가하며, 버핏지수라고 부르게 되었다. 주식시장의 과열 정도를 측정하기 위한 지표로, GDP 대비 시가총액 비율이 80% 보다 낮으면 저평가이고, 100%를 넘으면 주식시장이 과열된 것으로 판단한다.

133 번들플레이션 Bundleflation

묶음(Bundle)과 인플레이션(Inflation)의 합성어로, 묶음 상품이 낱개 상품보다 더 비싼 값으로 책정되는 현상을 말한다. 대량으로 구매하면 가격을 할인해 주는 시장 원리처럼 묶음 상품이 더 저렴할 것이라는 소비자들의 일반적인 인식을 뒤집는 현상으로, 일각에서는 번들플레이션에 대해 기업들이 마진을 많이 남기기 위해 묶음 제품이 더 쌀 것이라는 소비자들의 기대 심리를 교묘하게 이용한 것이라고 비판하기도 한다.

134 베블런 효과 Veblen Effect

가격이 상승하면 수요량이 감소하는 수요 법칙에 반하는 재화를 베블런재라고 한다. 사치재, 명품 등이 이에 해당하는데, 이러한 재화는 가격이 비쌀수록 소비가 증가하는 경향이 있다. 이러한 과시성 소비가 나타나는 이유를 베블런(Veblen)이 발견하여 명명하였다.

135 베어마켓 랠리 Bear-market Rally

약세장을 의미하는 '베어마켓'과 상승장을 의미하는 '랠리'의 합성어로, 전반적인 약세장 속에서 일시적으로 주가가 반등하는 현상을 가리킨다. 베어마켓 랠리는 하락세가 완전히 끝나지 않았다는 시장의 잠재적 심리가 공존하고 있는 상태이므로 제한된 상승력을 바탕으로 주가 반등 흐름이 전개되는 특징이 있으며, 베어마켓 랠리가 진행되는 동안에는 일정한 수준에서 매수세가 살아나는 듯한 착각을 일으킨다.

136 베이지북 Beige Book

미국 연방준비제도이사회(FRB)가 연간 8차례 발표하는 미국 경제동향보고서이다. 연준 산하 12개 지역 연방준비은행이 기업인, 경제학자 등 전문가들의 의견과 각 지역 경제를 조사·분석한 결과를 모은 것이다. 연방공개시장위원회(FOMC) 회의에 앞서 발간되며 금리정책 논의 시 가장 많이 참고되는 자료로, 책 표지가 베이지색인 것에 유래하여 베이지북이라고 불린다.

137 브러싱스캠 Brushing Scam

'털어버린다'를 의미하는 브러싱(brushing)과 '사기'를 의미하는 스캠(scam)의 합성어로, 마케팅 사기의 일종이다. 온라인 쇼핑몰 판매자들이 주문하지 않은 물건을 불특정 다수에게 무작위 발송해 판매 실적을 부풀리고, 평점을 조작하는 행위를 의미한다.

138 블록딜 Block Deal

증권시장에서 기관이나 대주주와 같은 큰손이 한번에 대량의 주식을 매매하는 것을 말한다. 일반적으로 시장에 대량의 주식이 동시에 나오면 해당 주식의 가격은 급락하고, 추가적인 효과를 불러오기도 한다. 따라서 주식을 대량으로 보유한 주주와 매수자는 시장에 충격을 주지 않고 주식을 제값에 거래하기 위해 정규 시간 이후에 매매를 한다.

139 블록체인 Block Chain

기존 금융 회사들이 중앙 집중형 서버에만 거래를 기록했던 것과는 달리 다수의 노드에 동일한 기록을 동기화시키는 구조이다. 노드 간의 기록에 차이가 발생한 경우 일정한 규칙에 따라 다수결에 의해 정통 기록을 결정한다. 이러한 특징으로 인해 온라인 금융 거래에서 해킹을 막을 수 있다. 온라인 가상 화폐인 비트코인 거래를 위한 보안 기술로 활용됐다.

140 블루본드 Blue Bond

채권 발행으로 확보한 자금 용도를 해양생태계와 관련된 사업에 한정시키는 특수목적 채권이다. 국제해사기구에서 해운업계 노후 선박 교체와 친환경 선박 확보를 위한 자금 수요가 커짐에 따라 발행되었다.

141 비체계적 위험

개별 주식 투자에 수반되는 총위험은 '체계적 위험'과 '비체계적 위험'의 합으로 볼 수 있다. 비체계적 위험은 경영진의 변동, 파업, 법적 소송, 해외 판로 개척 등과 같이 어떤 기업의 개별적 특성에서 기인하는 위험을 말한다.

142 빅 배스 Big Bath

누적된 회계 손실뿐만 아니라 잠재적 손실까지 한 회계연도에 처리하는 회계 기법이다. 이를 통해 다음 회계연도의 이익 상승 효과를 기대할 수 있다.

143 빅블러 Big Blur

빠른 변화로 인해 비즈니스 영역에서 경계가 모호하고 희미해짐을 의미하는 용어이다. 과거에는 기업체의 활동이 산업 내에서 이루어져 업종 간 경계가 명확하였으나, 사회가 급변하고 IT기술이 발전하면서 기업들이 기존의 영역을 넘어서고 있다. 대표적 기업인 카카오는 ICT(정보통신기술)를 매개로 전자상거래, 은행, 게임 등 산업 간 경계가 무너지는 현상을 보여 주고 있다.

144 사모 펀드

비공개로 소수 투자자에게 사모방식으로 자금을 모아 주식이나 채권에 투자하는 펀드로, 고수익·고위험 투자를 추구하는 경향이 있다. 사모 펀드는 소수 투자자로부터 단순 투자 목적의 자금을 모아 펀드로 운용하는 주식형 사모펀드(일반 사모 펀드)와 특정 기업 주식을 대량으로 인수하여 기업 경영에 참여하는 방식으로, 기업 가치를 높인 후 주식을 되팔아 수익을 남기는 사모 투자 전문 회사로 구분할 수 있다. 공모 펀드와 달리 운용에 제한 없이 자유롭게 투자할 수 있다는 장점이 있으나, '옵티머스 사태'처럼 비대칭 정보로 인한 도덕적 해이가 발생할 수 있다.

145 사물인터넷 Internet of Things, IoT

IoT는 사물(물리적 장치, 차량, 건물 및 기타 사물)에 센서와 통신 기능을 내장하여 인터넷에 연결하고 상호네트워킹하여 관련 데이터를 수집하고 교환할 수 있는 기술을 의미한다. 1999년 MIT대학의 캐빈 애시턴이 전자태그와 기타 센서를 일상생활에서 사용하는 사물을 탑재한 사물인터넷이 구축될 것이라고 전망하면서 처음 사용된 것으로 이후 시장분석 자료 등에 사용되면서 대중화되었다.

146 사이드카 Side Car

선물시장의 급등락에 따라 현물시장의 가격이 급변하는 것을 막기 위한 가격 안정화 장치로, 선물가격이 전일 종가 대비 5%(코스닥은 6%) 이상 변동한 시세가 1분간 지속될 경우 주식시장의 프로그램 매매 호가는 5분간 효력이 정지된다.

147 사이버불링 Cyber Bullying

가상 공간을 뜻하는 사이버(Cyber)와 집단 따돌림을 뜻하는 불링(Bullying)에서 생겨난 신조어로, 사이버상에서 특정인을 집단으로 따돌리거나 집요하게 괴롭히는 행위를 말한다.

148 산타랠리 Santa Rally

크리스마스 전후 연말 보너스가 집중되고 소비가 증가하면서 내수가 늘어나고 매출이 증대된다. 이에 따라 기업의 실적이 개선되면서 연말과 신년 초 주가가 강세를 보이는 현상이다.

149 삼의 법칙 Sahm's rule

최근 3개월의 실업률 평균이 지난 12개월의 최저치보다 0.5%p 이상 높으면 경제 침체로 판단한다는 이론이다. 삼의 법칙은 미국 국립경제연구소(NBER)에서 경기 침체 증후를 사전에 파악하는 지표로 활용하고 있으며, 1950년 이후 일어난 11번의 경기 침체 중 1번을 제외하고는 모두 맞았을 정도로 높은 정확도를 지니고 있다.

150 서머랠리 Summer Rally

초여름 6월 말부터 7월까지 휴가기간 동안 주가가 상승하는 경향을 말하는 것으로, 여름휴가가 긴 국가들에서 펀드매니저들이 휴가를 앞두고 미리 주식을 사놓기 때문에 발생하는 현상이다.

151 서킷 브레이커 Circuit Breakers

주가가 갑자기 급락할 때 증시 전반에 미치는 충격을 완화하기 위해 주식 거래를 일정 시간 정지하는 제도이다. 미국은 S&P 500 지수가 7% 하락하면 서킷 브레이커가 발동해 15분 동안 거래가 중단되고, 한국은 코스피 지수나 코스닥 지수가 전일 종가지수 대비 8% 이상 폭락한 상태가 1분 이상 지속하면 서킷 브레이커가 발동해 20분 동안 거래가 중단된다. 2020년 3월 코로나19로 인해 증시가 급락했을 때 한국과 미국 모두 서킷 브레이커가 발동되었고, 최근 2024년 8월에는 미국의 실업률 수치가 예상치를 상회하며 나스닥이 하락하는 과정에서 한국 증시에 서킷 브레이커가 발동되기도 했다.

152 선출원주의

동일한 발명에 대해 둘 이상의 출원이 있는 경우 먼저 출원한 자에게 특허권을 부여하는 것이다. 가장 먼저 발명한 자에게 우선권을 부여하는 선발명주의와 대비된다. 동일한 발명이 동일한 날에 출원될 경우 합의 명령이 내려지며, 합의가 이루어지지 않으면 두 출원이 모두 거절된다.

153 세계경제포럼
World Economic Forum, WEF

세계적인 기업가, 경제학자, 저널리스트, 정치인들이 참석하여 세계경제에 대해 토론하고 연구하는 모임으로, 매년 1~2월 스위스 다보스에서 개최되어 다보스포럼이라고도 한다.

154 세이프가드 Safeguard

특정 품목의 수입 급증으로 자국 업체에 중대한 손실이 발생하거나 발생할 우려가 있을 경우 GATT 가맹국이 발동하는 긴급 수입제한조치로, 수입국이 관세인상이나 수입량 제한 등을 통해 수입품에 대한 규제를 할 수 있는 무역장벽이다. 미국 국제무역위원회는 미국 가전업체 '월풀'의 세이프가드 발동 청원으로 삼성과 LG 세탁기의 수입을 제한하여 이슈가 된 적이 있었다.

155 소니 보노법 Sony Bono Law

저자 사후의 저작권 보호 기간을 50년에서 70년으로 연장하는 저작권법이다. 연예인 출신인 소니 보노 하원 의원의 이름을 따 '소니 보노 저작권 연장법'이라고도 한다. 디즈니의 '미키 마우스' 저작권이 2003년에 소멸될 예정이었으나, 이 법으로 인해 2023년까지 권리를 보호받았다.

156 소버린 AI Sovereign AI

각 국가나 조직이 자체 데이터와 인프라를 활용해 자국의 언어, 문화, 가치관 등을 정확하게 이해하는 맞춤형 인공지능(AI)을 개발하고 운영하는 전략이다. 특정 국가나 대형 기업들의 영향력에서 벗어나 자유롭게 기술을 발전시키고, 인공지능(AI) 기술 주권을 확보할 수 있는 핵심적인 접근 방식으로 주목받고 있다.

157 소비기한

「식품 등의 표시 광고에 관한 법률」 개정안이 국회 본회의를 통과하여 2023년 1월 1일부터 식품의 '유통기한' 표시가 '소비기한'으로 변경된다. 유통기한은 제품 제조일로부터 소비자에게 유통판매가 허용되는 기간이며, 소비기한은 소비자가 식품을 소비할 수 있는 기한으로 표시된 보관기간을 준수했을 경우 소비자가 식품을 먹어도 안전에 이상이 없다고 판단되는 최종 소비기한이다. 전문가들은 소비기한 도입 시 음식물 섭취 가능 기간이 유통기한과 비교해 20~30% 정도 늘어날 것으로 예상하고 있다.

158 소비자심리지수
Consumer Composite Sentiment Index, CCSI

우리나라 가계부문의 생활형편, 가계수입, 소비지출 등 6개의 주요 개별지수를 표준화하여 합성한 종합지수로, 한국은행이 매월 집계하여 작성한다. 100을 기준으로 100보다 크면 장기 평균보다 낙관적, 100보다 작으면 비관적임을 의미한다. 2020년 4월 코로나19 1차 대유행 당시 31.5p가 떨어지기도 하였다.

159 숏 스퀴즈 Short Squeeze

투자자가 주가 하락을 예상하고 공매도했으나 오히려 주가가 상승할 때 투자자는 손실을 커버하기 위해 주식을 매수하는 것이다. 이로 인해 주식 가격이 또 한 번 치솟는다.

160 숏 커버링 Short Covering

공매도(Short Stock Selling) 후 매수하는 전략이다. 주가 하락이 예상될 때 주식시장에서 주식을 빌려 먼저 파는 공매도 후 주가가 예상대로 하락하면 다시 환매수하는 숏 커버링을 해 주식 수량만큼 갚는다.

161 순자산부채비율

부채 총액을 순자산(자기자본)으로 나눈 비율로, 기업이 채무를 상환할 수 있는 능력을 의미한다. 부채가 순자산보다 많아 순자산부채비율이 100%를 넘는다면 이 기업은 자기자본을 모두 처분하더라도 모든 부채를 일시에 상환할 수 없는 상태이다.

162 슈퍼사이클 Super-cycle

공급이 제한된 상품의 장기적인 가격 상승 추세를 의미한다. 주로 원자재의 전방산업에서 수요가 폭발적으로 늘지만 공급이 이를 따라가지 못해 가격이 오르는 경우가 많다.

163 슈퍼주총데이

주주총회가 특정일에 몰리는 날을 말한다. 주로 매년 3월 주주총회가 특정일에 몰리는 현상을 말한다. 같은 날 주주총회가 열릴 경우 소액 주주들은 동시에 여러 주주총회에 참석하기 어려워 주주권을 제대로 행사할 수 없다는 논란이 있었으나, 2024년 3월부터 온라인 주주총회의 전면 도입되어 당일 전자투표가 가능해진다. 모든 주주가 온라인 주주총회에 출석해 투표에 참석하는 '완전 전자주총'과 온·오프라인을 동시에 열어 각자 희망하는 방식으로 출석 및 투표를 진행하는 '병행 전자주총'이 법적으로 허용되어 소액 주주(개인투자자)들의 의결권 파워가 세질 것이라는 전망이다.

164 스놉 효과 Snob Effect

개성을 추구하는 이들은 밴드왜건효과와는 반대로 남이 자신과 같은 행동을 하면 더 이상 그 행동을 하지 않으려 한다. 명품브랜드 소비에서 흔히 일어나는 일로, 속물들이 자신의 재산과 지위로 남들과 자신을 차별화하려고 함으로써 나타나는 현상이다.

165 스마트 팩토리 Smart Factory

생산 공장의 혁신적인 변화로, 설계·개발, 제조 및 유통·물류 등 생산 과정에 디지털 자동화 솔루션이 결합된 정보통신기술(ICT)을 적용하여 생산성, 품질, 고객만족도를 향상시키는 지능형 생산 공장을 의미한다.

166 스위프트노믹스 Swiftnomics

미국 팝가수 테일러 스위프트(Swift)와 경제학(Economics)의 합성어로, 테일러 스위프트의 활동이 경제에 미치는 영향을 의미한다. 2023년 테일러 스위프트의 세계 순회공연인 '에라스 투어' 당시, 공연이 이뤄지는 도시마다 팬들이 몰려들면서 교통·식당·호텔 등의 매출이 급증하며 지역 경제가 활성화되는 효과가 나타났다. 또한, 테일러 스위프트가 미식축구 경기를 관람하며 얼굴에 붙인 주근깨 스티커의 매출은 24시간 만에 3,500% 상승하기도 했다.

167 스크루플레이션 Screwflation

물가 상승과 실질 임금 감소로 중산층의 가처분 소득이 줄고 체감 물가가 올라가는 현상이다. 일상생활에서 중산층의 생활 여건 악화로 쥐어짜내야 할 만큼 힘들어지는 상황을 비유적으로 표현한 것이다.

168 스태그플레이션 Stagflation

경기 침체와 물가 상승이 동시에 나타나는 현상이다. 원자재 가격 상승, 공급망 붕괴 등 총공급 요인에서 충격이 생겼을 때 생산량은 줄고 물가는 올라가는 스태그플레이션이 나타날 가능성이 높아진다.

169 스테이블 코인 Stable Coin

가격 변동성이 최소화되도록 설계된 암호화폐로, 법정화폐와 1대 1로 교환되도록 가치가 고정되어 있다. 통상 1코인이 1달러와 교환되며, 테더(Tother), 테라(Terra), 트루(True USD) 등 다양한 스테이블 코인이 발행됐다.

170 스테이케이션 Staycation

머물다(Stay)와 휴가(Vacation)의 합성어로, 휴가 중에 먼 곳으로 이동하지 않고 집 또는 집 근처에서 휴가를 보내는 현상을 일컫는 말이다.

171 스토킹 호스 Stalking Horse

사냥꾼이 몸을 숨기고 사냥감에 접근하기 위해 가짜 말 또는 자신이 타던 말의 뒤에 숨는다는 것에서 유래된 말로, 회생 기업이 공개 입찰 전에 인수 의향자를 수의 계약으로 미리 선정하는 방식을 가리킨다. 이후 실시한 공개 입찰에서 경쟁자가 나타나지 않으면 인수 의향자가 매수권을 갖는다.

172 스튜어드십 코드 Stewardship Code

집안일을 담당하는 집사(Steward)처럼 기관투자가도 고객 재산을 선량하게 관리해야 할 의무가 있다는 뜻으로, 기관투자가의 의결권 행사를 적극적으로 유도하기 위한 자율 지침이다. 기업들의 배당 확대와 지배구조 개선을 통해 주주 이익을 극대화하자는 차원에서 도입했다.

173 스트레스 DSR

총부채 원리금 상환 비율(DSR, Debt Service Ratio) 산정 시 일정 수준의 가산금리(스트레스 금리)를 부과하는 것을 말한다. 변동금리 대출을 이용하는 차주가 대출 이용 기간 중 금리 상승으로 인해 원리금 상환 부담이 상승할 가능성을 감안하여 차주의 대출 한도를 줄이는 데 목적을 두고 있다.

174 스트림플레이션 Streamflation

스트리밍(streaming)과 인플레이션(inflation)의 합성어로, 온라인 동영상 서비스(OTT) 업체들이 구독료를 올리는 현상을 말한다. OTT 업체들은 서비스 출시 초반 저렴한 구독료를 통해 많은 사람들의 가입을 유도했지만, 이용자 수의 정체, 시장 내 경쟁의 심화, 콘텐츠 제작비 상승 등의 이유로 인해 점차 구독료를 인상하고 있다.

175 스트레스 테스트

'금융 시스템 스트레스 테스트'의 준말로, 예외적이지만 실현 가능성이 있는 거시 경제 충격에 대한 금융 시스템의 잠재적 취약성을 측정하는 것이다. 생산, 환율 등 특정 변수의 급격한 변동에 대해 금융 시스템이 얼마나 안정적인지를 알 수 있다.

176 스티키 인플레이션 Sticky Inflation

끈적하다(Sticky)와 인플레이션(Inflation)의 합성어로, 한번 높아진 물가상승률이 일시적인 현상에 그치지 않고 지속적으로 상승하는 것을 의미한다. 미국 애틀랜타 연방준비은행(Fed)이 상대적으로 낮은 변동성을 가진 재화와 서비스에 가중치를 두고 집계하는 '스티키 소비자물가지수(Sticky Consumer Price Index)'에서 유래했다.

177 스푸핑 Spoofing

초단타 매매로 시세를 조작하여 차익을 남기는 거래이다. 2018년 미국 시카고상품거래소(CME)가 하나금융투자의 시세 조작 행위에 대해 과태료를 부과하기도 하였다. IT에서는 웹사이트를 통해 이용자 정보를 빼 가는 해킹 수법을 말하기도 한다.

178 스피어 피싱 Spear Phishing

특정 개인이나 회사를 대상으로 한 피싱(Phishing) 공격을 의미한다. 사전에 공격 대상에 관한 정보를 수집·분석하여 공격 성공률을 높인다는 점에서 일반적인 피싱과 다르다.

179 신경망 처리장치

반도체가 인간의 뇌 신경망과 비슷한 기능을 할 수 있게 하는 기술을 말한다. 인공지능(AI)의 핵심 기술인 딥러닝 알고리즘 구현에 최적화되어 있다. 스마트폰 AI서비스, 사물인터넷(IoT) 등 적용 범위가 넓다.

180 셰일가스

탄화수소가 풍부한 퇴적암(셰일) 층에 매장되어 있는 천연가스이다. 기존 천연가스보다 훨씬 깊은 곳에 존재하고, 암석의 미세한 틈새에 넓게 퍼져 있어 수평시추를 통해서만 채굴할 수 있다는 기술적 제약 때문에 1800년대에 발견되었음에도 오랫동안 채굴이 이뤄지지 못하다가, 2000년대 들어 수평시추가 상용화되며 신에너지원으로 급부상하게 됐다.

181 씬 파일러 Thin Filer

직역하면 '얇은 파일'로, 금융 거래 정보가 거의 없어 관련 서류가 얇은 사람을 말한다. 주로 사회초년생이나 주부, 노약자 등 금융 거래 이력이 없거나 부족한 사람들이 이에 해당한다.

182 아트슈머 Artsumer

문화(art)와 소비자(consumer)의 합성어로, 제품의 가격 대비 성능이나 이름값보다는 전시회나 예술 작품과 같이 자신이 추구하는 문화적 가치와 경험을 만족시키는 제품을 소비하는 소비자층을 가리킨다. 다양한 기업들이 아트슈머를 겨냥해 유명 예술가들과 협업한 상품을 출시하거나 예술 인프라를 활용한 아트 마케팅을 펼치며 브랜드에 대한 관심을 높이고 있으며, 국내 화장품 브랜드 중 하나는 미국 메트로폴리탄 미술관과 파트너십을 맺는 등 아트 마케팅을 통한 리브랜딩을 시도하며 지속적으로 소비자와의 감성적인 연결을 강화하기 위해 노력하고 있다.

183 알고리즘 사피엔스
Algorism Sapiens

인공지능(AI)과 빅데이터가 발전하면서 알고리즘이 인간의 행동과 결정을 지배하는 현상으로, 인간과 기술의 융합에 의해 만들어진 새로운 형태의 인간을 가리키는 말이다. 인간의 사고·학습·의사결정 등의 과정이 고도로 발전된 알고리즘에 의해 모방되고, 그 알고리즘이 인간의 역할을 대체하거나 심지어 인간을 뛰어넘을 수 있다는 개념이다.

184 알고리즘 트레이딩
Algorithmic Trading

일정한 논리 구조에 따라 이루어지는 컴퓨터 시스템 거래를 말한다. 거래 대상은 주식, 주가 지수 선물, 옵션 등 다양하며, 가격, 거래량, 경제 지표 등을 조합하여 논리 구조를 만들어 이를 기반으로 시장을 분석하여 자동 매매를 결정한다.

185 압축도시 Compact city

도시 외곽으로의 무분별한 확산을 억제하고, 도시 내부를 고밀도 개발하여 공간의 효율성과 자연환경의 보전을 동시에 추구하는 도시 모델을 의미한다. 압축도시의 주요 특징은 대중교통의 활성화, 보행과 자전거 중심의 이동, 혼합 용도 개발(주거, 상업, 업무 시설을 가까운 거리 내에 배치), 도시 외곽 및 녹지지역의 개발 억제 등이 있다.

186 애자일 Agile

'민첩한'이란 뜻으로, IT 산업에서 정해진 계획보다 고객이나 시장의 피드백을 빨리 반영하여 신속하고 유연하게 소프트웨어 제품을 개발하는 방식을 말한다. 애자일은 시장 변화에 유동적으로 반응할 수 있는 최적의 조직 운영 방식으로 평가받고 있어 최근 기업이 조직 체계를 개편·운영하는 데 반영하고 있다.

187 앰부시 마케팅 Ambush Marketing

대형 스포츠 이벤트에서 공식 후원업체가 아니면서도 광고 문구 등을 통해 매복(Ambush)하듯이 후원 업체라는 인상을 교묘히 심어 고객의 시선을 모으는 판촉 전략으로, 매복 마케팅이라고도 한다. 올림픽 공식 후원업체가 아님에도 불구하고 응원 영상 등을 광고로 사용하는 경우가 이에 해당한다. IOC는 올림픽 브랜드를 관리하기 위해 올림픽 특별법에서 앰부시 마케팅을 금지하도록 요구하는 경우도 있는데, 이에 따라 평창 올림픽 특별법에서도 앰부시 마케팅을 금지하는 규정을 도입한 사례가 있다.

188 앰비슈머 Ambisumer

양면성(Ambivalent)과 소비자(Consumer)의 합성어로, 이중 잣대를 가진 소비자를 말한다. 가치관의 우선순위에 있는 것에는 돈을 아끼지 않지만 뒷순위에 있는 것에는 최대한 돈을 아낀다. 앰비슈머는 가성비를 추구하는 동시에 중요하다고 생각하는 가치에는 아낌없이 투자하는 경향을 보인다.

189 양자암호통신

빛 알갱이 입자인 광자(光子)를 이용한 통신으로 현재까지 해킹이 불가능하다고 알려져 있다. 인텔, 구글, 마이크로소프트, 알리바바, 바이두 등 세계적인 IT업체들이 이 기술을 바탕으로 양자 컴퓨터 개발을 위해 경쟁하고 있다.

190 양자컴퓨터

양자역학의 원리를 이용하여 정보를 저장하고 처리하는 컴퓨터이다. 기존 컴퓨터의 데이터는 0 또는 1로 나타내지만 양자컴퓨터는 데이터가 0과 1을 동시에 쓸 수 있어 슈퍼컴퓨터가 수백 년이 걸려도 풀기 힘든 문제를 몇 초 이내의 속도로 풀 수 있을 것으로 예상하고 있다.

191 양적 긴축

중앙은행이 보유자산을 축소하는 조치로 시중 유동성을 거두어들이는 효과를 낸다. 중앙은행이 보유 채권을 시장에 매각하는 방식이 대표적이며, 시중 금융기관이 채권을 사면 매수대금을 중앙은행에 지불하여 시중의 돈이 중앙은행으로 다시 회수된다.

192 업사이클링 Up-Cycling

버려지거나 사용하지 않는 물건에 새로운 가치를 부여해 다른 제품으로 재탄생시키는 방식이다. 일반적인 재활용(recycling)이 한번 사용한 물건을 다시 만들거나 그대로 다시 사용하는 것이라면, 업사이클링은 기존의 형태를 유지하면서 더 창의적이고 가치 있는 제품으로 변형하는 것이다. 자전거 타이어를 활용해 장바구니를 만들거나 나무 팔레트를 활용해 테이블이나 의자를 만드는 것 등이 해당되며, 버려진 천막이나 방수포 등을 통해 가방을 만들어 판매하는 업사이클링 브랜드도 존재한다.

193 업틱룰 Up-tick Rule

주식시장에서 공매도에 따른 주가 하락을 막기 위한 제도로, 공매도할 때 직전 체결가격보다 높은 가격으로 주문을 내도록 규정하고 있다. 공매도 행위 자체로 인한 주가 급락을 예방하기 위해 1996년부터 도입되어 왔으나, 차익 거래나 헤지 거래를 목적으로 할 때에는 예외로 처리하고 있다.

194 에스크로 Escrow

원래 '조건부 양도증서'를 의미하는 법률 용어로, 구매자와 판매자 사이에 신용 관계가 불확실할 경우 상거래가 원활히 이루어질 수 있도록 제3자가 중계하는 매매 보호 서비스를 말한다. 전자상거래에서는 '결제 대금 예치'를 뜻하는 용어로 사용한다.

195 에코플레이션 Ecoflation

태풍, 가뭄, 산불 등 예측 불가능한 환경 요인으로 물가가 상승하는 현상이다. 특히 지구온난화로 이상 기후 현상이 심화되면서 기업의 생산 활동에 지장이 생기고 물가가 상승할 것이란 전망이 나오고 있다.

196 엣지 AI Edge AI

인공지능(AI) 기술을 데이터 생성과 가까운 장치(엣지 디바이스)에서 처리하는 기술로, 온 디바이스 AI(On-Device AI)라고도 부른다. 외부 서버나 클라우드에 연결되어 데이터와 연산을 지원받았던 기존의 클라우드 기반에서 벗어나, 데이터를 생성하는 기기 자체에 인공지능(AI)이 탑재되어 직접 연산이 이루어지기에 통신 상태의 제약을 받지 않으며 보안성이 높고 정보 처리 속도가 빠르다. 자율주행 자동차, 인공지능 로봇, IoT(사물인터넷) 기기, 드론, 스마트 가전 등에 필요한 차세대 핵심 기술로 주목받고 있다.

197 역환율전쟁

수출 경쟁력을 높이기 위해서 자국 통화가치를 의도적으로 낮추는 것을 환율전쟁이라고 한다. 역환율전쟁은 이와 반대로 자국 통화가치 하락으로 인한 수입물가 상승과 달러 유출을 방어하기 위해 의도적으로 통화가치를 높이는 것이다.

198 오버행 Overhang

기둥 너머로 튀어나온 지붕이나 발코니 등의 놀출된 부분을 말하며, 주식시장에서는 언제든지 매물로 쏟아질 수 있는 잠재적 과잉 물량을 의미한다. 일반적으로 주가에 악재로 작용하며 의무 보호 예수 해제, 채권단이나 기관이 차익 실현을 위해 대량의 주식을 매도하는 경우 발생한다.

199 온디맨드 경제 On-demand Economy

모바일 및 온라인 네트워크를 통해 소비자의 수요를 즉각적으로 반영하여 재화 및 서비스를 제공하는 경제활동을 말한다. 정보통신기술이 발전함에 따라 거래 비용이 감소하고 수요자가 가격 결정의 주도권을 갖는 것이 특징이다.

200 온보딩 On-boarding

'배에 탄다.'는 뜻으로 신규 직원이 조직에 잘 적응할 수 있도록 업무에 필요한 지식이나 기술 등을 안내·교육하는 과정이다. 기업이 우수 직원을 선발하더라도 조직에서 실제 역량을 발휘하지 못하면 효과적인 선발이 아니기 때문에 신규 직원의 역량이 최대한 발휘되도록 프로그램을 운영한다.

201 온실가스 배출권거래제 Emission Trading Scheme

정부가 기업에게 특정 기간 동안 온실가스를 일정 수준까지 배출할 수 있는 권리를 배정하고, 이를 초과하는 부분은 기업 자체적으로 온실가스를 감축하거나 온실가스를 적게 배출하는 기업으로부터 온실가스 배출권리를 구매할 수 있도록 하는 제도이다. 온실가스를 줄이는 데 비용이 많이 드는 기업은 자체적인 감축 대신 시장에서 배출권을 구입하고, 감축 비용이 적게 드는 기업은 남은 배출권을 시장에 팔아 수익을 얻을 수 있으며, 자율적으로 온실가스 배출 할당량을 준수할 수 있다.

202 온택트 Ontact

비대면을 일컫는 언택트(Untact)와 온라인을 통한 외부와의 연결(On)을 결합한 개념으로 '온라인을 통한 대면'이다. 이는 코로나19 확산 장기화에 따라 사회적 거리 두기가 일상화되면서 생활 반경이 제한된 사람들이 온라인을 통해 외부와 연결되어 각종 활동을 하는 새로운 트렌드를 의미한다.

203 옴니채널 Omni Channel

'모든 것, 모든 방식'을 뜻하는 옴니(Omni)와 유통경로를 뜻하는 채널(Channel)의 합성어로, 소비자가 온라인, 오프라인, 모바일 등 성격이 다른 다양한 유통채널을 손쉽게 넘나들며 상품을 검색하고 구매할 수 있도록 제공하는 서비스를 말한다. 어떤 채널에서든지 같은 매장을 이용한다는 느낌을 주도록 조성한다.

204 윈도 드레싱 Window Dressing

기관투자자들이 성과평가를 앞둔 분기말이나 연말에 운용 펀드의 수익률을 상승시키기 위해 보유종목 주식을 인위적으로 사고파는 행위를 일컫는 말이다. 자신의 보수가 평가시점의 운용실적에 영향을 받기 때문에 실적이 좋은 종목은 매입하여 주가를 올리거나, 실적이 저조한 종목은 처분하는 것이다. 상점에서 호객을 위해 쇼윈도를 멋지게 꾸미는 일과 비슷하여 붙여진 이름이다.

205 유니콘 기업

설립한 지 10년 이하의 비상장 스타트업 중 기업 가치가 10억 달러, 즉 1조 원 이상에 달하는 기업을 의미한다. 상장 전부터 기업 가치 1조 원 이상을 실현하기 쉽지 않기 때문에 유니콘이라는 용어를 사용한다.

206 유상증자

기업이 주식을 추가로 발행하여 자본금을 확보하는 것을 말한다. 이때 신주의 발행이 기존 주주의 지분율을 낮추어 그들에게 피해를 입힐 수 있는데, 이를 방지하기 위해 기존 주주에게 신주를 인수할 권리를 준다. 이런 신주인수권은 기준일까지 주식을 보유한 주주에게만 주어지며 기준일이 지나면 해당 주식은 전체 주식 공급량의 증가로 가치가 일정 부분 하락하는데 이를 권리락이라고 한다.

207 유효구인배율

노동시장에서 기업이 채용하고자 하는 구인자 수를 구직자 수로 나눈 지표이다. 1을 기준으로 작을수록 구직자가 일자리보다 많아 취업 경쟁이 치열한 상태이다.

208 은행 대리업 제도

제3자가 은행 업무를 대신할 수 있도록 하는 제도로, 우체국, 보험대리점 등 비은행 금융기관 등에서 은행 업무를 볼 수 있다. 대리 가능한 은행 업무 범위는 단순한 계좌업무, 예금, 적금, 대출로 은행 영업점 밖에서 업무 처리가 가능하다. 은행권의 디지털 전환이 가속화됨에 따라 고령 소비자의 금융 접근성 제고 취지에서 시작되었으나, 대리점과 은행의 이중마진 발생으로 소비자 부담이 가중되고, 금융사고 발생 시 은행과 대리점 간 책임 문제가 있는 등 금융당국이 도입을 망설이고 있다.

209 의무공개매수제도

기업의 인수합병(M&A)이나 지배권을 확보할 수 있는 정도의 주식을 매입할 때, 전부 또는 일정 비율 이상의 주식을 의무적으로 공개 매수하도록 하는 제도이다. 소수 주주에게도 지배 주주와 동일한 조건으로 주식을 매각할 수 있는 기회가 주어진다.

210 이상금융거래탐지시스템(FDS)

금융 거래를 분석하여 평소와 다른 의심 거래, 즉 부정 결제나 사기 등 이상 징후가 있을 때 사전에 탐지하여 사고를 예방하는 시스템이다. 현재 은행권을 중심으로 이상금융거래탐지시스템(FDS)을 자체 구축해 운영하고 있지만, 금융거래에 대한 외부 위협이 계속해서 확대·지능화되면서 공동으로 대응할 필요성이 커지고 있다.

211 인공 일반 지능
Artificial General Intelligence, AGI

인간과 유사한 수준의 지능과 학습능력을 갖춘 인공지능이다. 특정 작업만 수행하는 좁은 인공지능(ANI, Artificial Narrow Intelligence)과는 달리 다양한 문제를 해결할 수 있고, 스스로 새로운 상황에 적응하며, 학습한 내용을 여러 분야에 걸쳐 적용할 수 있는 범용적인 능력을 갖춘 인공지능이다.

212 인구 오너스 Demographic Onus

생산가능인구가 전체 인구에서 차지하는 비중이 낮아지면서 경제활동참가율이 떨어지고 경제성장이 둔화되는 현상으로 고령화가 진행되고 있는 국가에서 주로 나타난다.

213 인슈어테크 Insurtech

보험(Insurance)과 기술(Technology)을 합친 신조어로, 데이터 분석, 인공 지능 등의 IT 기술을 활용한 보험 혁신 서비스를 말한다. 보험사들은 인슈어테크의 일환으로 계약자의 건강 상태를 반영하여 보험료를 할인·할증하거나 건강 상담을 해주는 서비스를 시행하고 있다.

214 인앱결제

스마트폰 앱 안에서 결제하는 방식으로 구글이나 애플이 자체 개발한 시스템이다. 앱 안에서 신용카드, 간편결제, 핸드폰 소액결제 등으로 결제하는 방식으로, 게임 아이템이나 음악 스트리밍을 결제하는 경우가 대표적이다.

215 인오가닉 Inorganic

농약과 비료를 동원하는 농법의 농산물을 의미하는 기업의 성장 방식으로, 새로운 시장 진출 시 지분투자, 인수합병 등 외부 기업의 역량을 이용해 성장동력을 확보하는 전략이다. 기술력·인력을 빠르게 확보해 단시간에 수익과 시장점유율을 높일 수 있다는 장점이 있으나, 많은 자금을 필요로 하므로 재무건전성 악화의 위험이 존재한다는 단점이 있다.

216 인포데믹 Infordemic

잘못된 정보가 온라인을 통해 전염병처럼 급속히 퍼져 오히려 혼란을 초래하는 현상으로, 정보(Information)와 유행병(Epidemic)의 합성어이다. 가짜뉴스나 허위정보 등이 무차별적으로 전파되는 양상을 일컫는다.

217 임금-물가 소용돌이

비용인상인플레이션은 생산 비용을 상승시키는 요인에 의해 발생한다. 이때 물가상승률이 높아지고 실질경제성장률이 저하되는 슬로플레이션을 거쳐 스태그플레이션이 발생한다. 가까운 미래 인플레이션이 심화될 것이라는 기대 심리는 임금인상 요구로 이어지고, 임금인상은 또 다른 비용인상 요인이 되어 비용인상인플레이션을 불러올 수 있다. 이 악순환을 임금-물가 소용돌이라고 한다.

218 임금피크제 Salary Peak

일정 연령이 된 근로자의 임금을 삭감하는 대신 정년까지 고용을 보장하는 제도이다. 정부는 정년 연장에 따라 모든 공공기관에 임금피크제 도입을 의무화하고 있다.

219 임베디드 금융 Embedded Finance

비금융회사가 본업을 수행하면서 금융상품과 서비스를 제공하고 자사 플랫폼에 핀테크 기능을 내장하는 것을 의미한다. 네이버 파이낸셜은 네이버 스마트스토어 입점 사업자를 대상으로 신용대출상품을 출시하기도 했다.

220 자물쇠 효과 Lock-in effect

소비자가 특정 제품이나 서비스에 익숙해지면 다른 유사한 제품이나 서비스로 쉽게 전환하지 못하게 되는 현상으로, 고객을 가둔다는 의미에서 자물쇠 효과라고 한다. 예를 들어 A 스마트폰에서 S 스마트폰으로 전환을 하게 되면 새로운 IOS 환경에 적응해야 하고, 메시지·사진·연락처 등 데이터를 옮기는 번거로운 과정을 거쳐야 한다. 또한 A 스마트폰에서 사용하던 유료 애플리케이션, 페이 시스템, 클라우드 동기화 등 다양한 서비스가 해제되는 불편한 과정 때문에, 결국 고객들은 쉽사리 스마트폰을 바꾸지 못하게 된다.

221 잘파(ZALPHA)세대

1990년대 중반~2000년대 초반에 출생한 Z세대와 2010년 이후 출생한 알파세대를 합친 용어이다. '디지털 네이티브'인 Z세대가 '디지털 온리' 알파세대와 더 가깝다고 보는 시각이 있어 마케팅 시장에서 유아동 시기부터 콘텐츠 소비자가 되는 잘파세대를 소비자 집단으로 보면서 등장하였다. 금융업계가 브이로그 등 디지털 콘텐츠를 제작해 잘파세대를 미래 고객으로 만들기 위해 나서고 있다.

222 잠재 GDP

경제의 생산능력을 나타내는 지표로, 한 나라의 경제가 물가 상승을 유발하지 않고 경제 내의 노동력, 자본, 기술 등의 생산요소가 최대한 활용될 때 달성할 수 있는 생산량을 의미한다. 잠재 GDP는 실제 GDP와 비교하여 경제성장률을 측정하는 데 사용되며, 경제 성장률이 잠재 GDP를 초과할 시 인플레이션 위험을 고려하여 경제정책을 적절하게 조정해야 한다.

223 잡 저글링 Job Juggling

정규직, 프리랜서, 아르바이트 등 동시에 두 개 이상의 직업을 가진 것을 의미한다. 잡 저글링이 유행하는 이유는 기존의 직장 생활에 안주하지 않고 다양한 경험과 기회를 추구하는 개인의 삶의 가치 변화, 취업난과 불안정한 경제 상황으로 인한 안정적인 수입원 확보, 기술의 발전으로 프리랜서·온라인 사업 등에 대한 접근성 증가 등이 있다.

224 적대적 M&A

인수 기업이 피인수 기업의 반대에도 인수·합병을 추진하는 것이다. 적대적 M&A에 대응하는 전략에는 경영진에게 우호적인 주주인 백기사가 지분을 늘리는 방법이 있다. 또한 적대적 M&A가 발생했을 때 경영진이 임기 전에 물러날 경우 일반적인 퇴직금 외에 거액의 특별상여금을 주는 황금낙하산 제도와 기존 주주에게 회사 신주를 시가보다 싼 가격에 매입할 수 있는 권리를 부여하는 포이즌 필이 있다.

225 제로 레이팅 Zero Rating

특정 어플이나 인터넷 서비스를 이용할 때 발생하는 데이터 비용을 사업자가 부담하는 방식이다. 이동통신사가 제공하는 동영상 스트리밍 서비스를 이용할 경우 데이터 요금이 면제되거나 할인된다.

226 제론테크 Gerontech

노인학(Gerelogy)과 기술(Technology)의 합성어로서, 건강, 주거 등의 생활에서 노년층에게 필요한 기술을 신체적·정신적 웰빙을 위해 접목하는 것이다. 1990년대 노인문제를 공학적으로 해결하기 위해 미국과 유럽에서 등장했다. 보건복지부와 산업통상자원부 등 여러 정부 부처에서는 '고령화 대응산업기본계획'을 마련해 고령친화 산업을 체계적으로 발전시키기 위한 법적·제도

적 지원 방안, 원격 의료와 헬스 케어 서비스 확장, 정보통신기술(ICT)을 활용한 의료 서비스 확대 등을 추진하고 있다. 또한, 사물인터넷(IoT) 분야에서는 노년층의 활동적인 노화(active ageing)를 지원하는 스마트 리빙 서비스를 통해 인공지능 돌봄, 원격 진료, 위급상황 시 도움 요청 연계 등의 서비스를 제공하며 노년층의 고립을 예방하고 일상생활을 돕는 중요한 역할을 하고 있다.

227 젠트리피케이션 gentrification

낙후했던 도심이 재개발되거나 활성화되면서 중산층 이상의 사람들이 해당 지역으로 유입되고, 그로 인해 기존의 원주민들이 높아진 임대료나 생활비를 감당하지 못해 밀려나는 현상을 말한다. 대표적인 사례로 홍익대학교 인근이나 성수동, 경리단길 등 임대료가 저렴한 지역에 독특한 분위기의 카페, 소품 숍, 게스트하우스, 공방 등이 들어서면서 입소문을 타고 유동인구와 자본이 유입되었고, 치솟은 임대료를 감당할 수 없게 된 기존의 소규모 상인들은 결국 밀려나게 됐다.

228 주택구입부담지수 K-HAI

중간 소득을 가진 도시 근로 가구가 표준대출을 받아 중간 가격 주택을 살 때의 상환 부담을 뜻하는 지표이다. 가계의 주택 매입 부담 정도와 추이를 파악하기 위해 만들어졌다. 지수가 높을수록 주택구입에 대한 부담이 크다는 것을 의미한다.

229 증강 현실 Augmented Reality

가상 현실의 한 분야로, 실제 환경에 가상의 정보나 그래픽을 합성하여 원래 환경에

존재하는 것처럼 보이게 하는 컴퓨터 그래픽 기법이다. 방송, 제조공정관리, 건축설계 등에서 활용되고 있고, 스마트폰의 보급으로 여행가이드나 '포켓몬 고'와 같은 게임에서도 사용되고 있다.

230 증권거래세

주식이나 채권과 같은 유가증권을 거래할 때 부과되는 세금으로, 국가가 자본시장에서 발생하는 거래에 대해 일정한 세수를 확보하기 위해 도입되었다. 국내에서는 세수 증대와 자본시장에서의 단기성 투기행위를 억제하기 위해 시행하고 있는데, 소득이 있는 곳에 과세한다는 조세의 기본 원칙에 맞지 않는다는 지적에 따라 폐지에 대한 주장이 커지고 있다.

231 지급여력비율
Risk Based Capital, RBC

보험사의 필요자본에서 가용자본이 차지하는 비율로, 보험회사의 자본 건전성을 측정하는 대표적인 지표이다. 보험계약자가 보험금을 요청했을 때 보험금을 제때 지급할 수 있는지를 나타내며, 보험사의 경영 상태를 가늠할 수 있는 지표이다. 감독 규정에는 지급여력비율이 100%일 때를 정상 상태로 본다.

232 차등의결권제도

경영권 방어를 목적으로 일부 주식에 대해 보유하고 있는 지분율 이상으로 의결권을 행사할 수 있도록 하는 제도이다. 스타트업 기업은 성장 과정에서 외부 자본 유치가 중요한 역할을 하지만 이 과정에서 창업자의 경영권이 희석되는 문제가 발생하는데, 이를 보완하는 역할을 한다. 경영진이 일부 지분만으로 전횡을 일삼을 수 있고 무능한 경영진을 교체하는 데 장애가 되기도 한다. 최근 쿠팡의 뉴욕증시 상장 시 국내에서 허용되지 않는 차등의결권을 부여받아 주목받은 바 있다.

233 차액결제거래
Contract For Difference, CFD

기초자산을 실제로 보유하지 않고도 진입가격과 청산가격의 차액만 현금으로 결제하는 장외파생상품 거래 방식이다. CFD를 매수하는 시점의 가격(진입가격)보다 계약종료 시점의 가격(청산가격)이 높을 경우 그 차액을 CFD 발행자가 매수자에게 현금으로 지급한다. 매수자는 기초자산을 직접 구매하는 비용 없이도 직접 투자한 것과 같은 수익을 얻을 수 있으므로 레버리지 효과를 갖지만, 손실 가능성 또한 높다.

234 차일드 패널티 Child Penalty

여성이 아이를 낳고 기르면서 겪게 되는 경력 단절, 승진 기회 상실, 소득 감소 등의 고용상 불이익을 의미한다. 차일드 페널티의 주요 원인으로는 육아와 가사 노동의 불균형한 분담, 유연한 근무 조건의 부족, 그리고 기업의 출산과 육아에 대한 지원 부족 등이 있다.

235 채널 홀 에칭 Channel Hole Etching

낸드플래시메모리 제조에 사용되는 기술로, 삼성전자가 다른 업체들에 앞서 이 기술로 136단의 V낸드를 상용화하기도 했다. 반도체 제조 시 칩의 크기를 줄여 생산성을 향상할 수 있는데, 반도체의 선로 폭을 줄이는 데 한계에 도달하면서 반도체를 수직으로 쌓는 방식이 사용되고 있다.

236 채찍 효과

소비자 수요의 작은 변동이 공급망인 제조업체에 전달되면서 변동이 확대되는 현상을 의미한다. 수요 감소를 예상한 회사가 현재 재고를 감안하여 생산 계획을 대폭 축소하고 상부 공급단계로 전달이 되면서 단계마다 정보가 왜곡되어 재고가 쌓이게 되는 것이다. 소를 모는 긴 채찍을 휘두를 때 손잡이에 힘을 적게 주어도 채찍 끝에는 큰 힘이 생기는 데에서 유래하였다.

237 챗봇 Chatbot

사용자를 대화 상대로 텍스트나 음성 기반의 대화를 수행하는 소프트웨어로, 고객서비스나 정보수집 용도로 활용되고 있다. 채터봇(Chatterbot)으로도 불리며, 인공지능 비서(Artificial Assitance)와 혼용·사용되고 있다.

238 초광대역 Ultra-Wideband, UWB

매우 넓은 대역폭(3.1~10.6GHz)을 사용하는 무선 통신 기술로, 근거리 통신을 주목적으로 한다. 소비 전력이 적으며 통신 속도가 빠르다. 초광대역 기술을 활용한 파일 공유 기능이 탑재된 스마트폰이 출시되기도 했다.

239 초세분화 Micro Segmentation

세분화는 시장을 고객의 특성, 욕구, 구매행동 등에 따라서 구분하는 것이고, 초세분화는 세분화보다 더욱 세밀하게 고객 개인의 상황과 행동을 예측하여 시장을 나누는 것이다. 기술 발달로 고객 데이터가 실시간으로 수집·분석되면서 개인의 특성에 맞춰 시장을 초세분화하고, 고객 구매 여정에서 고객 감동 실현의 중요성이 강조되고 있다.

240 카니발라이제이션 Cannibalization

기능이나 디자인이 탁월한 후속 제품이 해당 기업이 먼저 내놓은 비슷한 제품의 시장을 깎아 먹는 경우로, 자기 시장 잠식이라는 의미이다. 해외의 값싼 노동력으로 제작한 저가 상품이 국내의 고가 제품을 밀어내는 상황을 말한다.

241 캐즘 Chasm

새로운 기술과 혁신이 초기 시장에서 주류 시장으로 넘어가는 과정에서 발생하는 격차나 장애물을 의미한다. 이 용어는 주로 혁신 제품이 초기 수용자들(Early Adopters)에게는 잘 받아들여지지만, 일반 대중(주류 시장)에게 확산되는 과정에서 겪는 어려움을 설명할 때 사용된다. 캐즘을 넘어서는 제품은 대중화되지만 그렇지 못한 제품은 초기 수용자들의 전유물로 남는다.

242 종속제품 가격전략 Captive Product Pricing Strategy

주된 제품과 연계하여 사용해야 하는 제품이 있을 때, 주제품은 저렴하게 판매하고 부수적인 제품은 고가에 판매하여 수익성을 올리는 전략이다. 프린터는 저렴하게 판매하면서 계속 사용해야 하는 잉크 가격을 비싸게 설정하여 이익을 추구하는 것이 이 사례에 해당한다.

243 커촹반

중국의 첨단 기술 기업을 키우고 외국 자본에 대한 의존을 낮추려는 목적으로 상하이증권거래소에 개설된 주식시장이다. 적자 기업의 상장을 처음으로 허용했으며 상장 신청 절차를 간소화했다.

244 코너스톤 제도

Cornertstone은 주춧돌이라는 의미로, 기업 공개(IPO)시장에서 가격이 확정되기 전에 공모 물량 일부를 기관 투자가에게 배정하는 제도이다. 한국거래소가 상장 공모 이전에 핵심 투자자를 유치해 주식을 배정하면 공모 시장 안정성을 높일 수 있다.

245 코즈마케팅 Cause Marketing

기업이 환경이나 보건, 빈곤 등의 사회적 이슈를 활용하는 마케팅 기법이다. 사회적 문제를 해결하려는 노력이 기업의 긍정적 이미지 구축에 기여하여, 소비자의 구매 행동으로 이어지는 관계를 통해 사익과 공익을 동시에 달성하는 것을 목표로 한다.

246 코픽스 Cost of Fund Index, COFIX

국내 8개 은행의 정기 예·적금, 상호부금, 주택부금, 양도성예금증서(CD) 금리 등을 가중평균하여 산출하는 자금조달비용 지수이다. 대출금리는 시장금리에 은행이 정한 가산금리를 더하여 결정되는데, 변동금리형 주택담보대출에 적용되는 시장금리가 코픽스이다. 한국은행이 기준금리를 높이면, 은행들은 예·적금 금리를 올리고, 이에 따라 코픽스 상승과 주택담보대출 변동금리 상승으로 이어진다.

247 콜드월렛 Cold Wallet

암호화폐 소유권을 증명하기 위한 공개키와 개인키를 보관하는 방식이다. 온라인에 연결하지 않고 USB와 같은 별도 저장 장치에 보관하므로 보안성이 높다. 2017년 암호화폐 거래소가 해킹을 당해 암호화폐가 탈취된 사건이 발생한 이후 과학기술정보통신부는 콜드월렛의 사용을 권고하고 있다.

248 콜러블채권 Callable Bond

콜옵션부 채권, 수의상환사채라고도 하며, 발행자가 채권 만기일 이전에 원리금을 조기상환할 수 있는 권리를 갖는 채권이다. 평소에는 이자를 지급하지 않으며 발행사가 콜옵션을 행사할 경우 누적된 이자와 원금을 일시에 지급한다. 채권 발행 후 시장이자율이 하락하면 발행자는 콜옵션을 행사하여 기발행한 액면이자율이 높은 채권을 매입하고, 낮은 이자율로 채권을 다시 발행하여 조달비용을 절약할 수 있다. 시중은행들이 콜러블채권을 발행하는 것은 미래 금리 하락에 대한 전망이 반영되어 있다고 볼 수 있다.

249 콜옵션 Call Option

특정한 기초 자산을 만기일 혹은 만기일 이전에 미리 계약한 행사 가격으로 살 수 있는 권리이다. 만기일 기초 자산 가격이 행사 가격보다 높으면 가격 차이만큼 수익을 얻을 수 있는 구조이다. 특정한 기초 자산을 장래 특정 시기에 미리 정한 가격으로 팔 수 있는 권리를 뜻하는 풋옵션(Put Option)과 대비된다.

250 큐싱 Qshing

QR코드와 낚시다(Fishing)의 합성어로, QR코드를 통해 악성 링크로 접속을 유도하거나 직접 악성코드를 심는 방법이 이에 해당한다. 스미싱(Smishing)에서 진화된 금융 사기 기법으로 QR코드를 통해 악성 애플리케이션을 내려받도록 유도한 뒤 보안카드, 전화번호 등 정보를 탈취하여 소액결제, 자금이체 등으로 돈을 빼간다.

251 크런치 모드 Crunch Mode

프로젝트 마감을 앞두고 집중적으로 근무하는 관행을 의미하며, 주로 IT 혹은 게임업계에서 사용된 용어이다. 제품 출시 초반의 완성도가 프로젝트 성공을 좌우하는 게임업계의 특성상 출시 직전에 각종 테스트나 버그 수정을 위한 야근과 철야가 당연하게 받아들여졌다. 그러나 이와 같은 근로 관행이 직원을 혹사시킨다는 비판을 받고 있다.

252 크리에이터 이코노미 Creator Economy

개인 창작자(크리에이터)들이 온라인·모바일 플랫폼을 통해 콘텐츠를 제작하여 부가가치를 창출하는 경제 생태계를 말한다. 자신의 콘텐츠를 통해 직접적인 수익을 얻거나 광고, 후원, 구독료, 상품 판매 등의 방식으로 수익을 창출할 수 있다.

253 클래시 페이크 Classy Fake

고급(Classy)과 가짜(Fake)가 결합된 용어로, 진짜를 압도할 만큼 매우 멋진 가짜 상품 혹은 그러한 상품을 소비하는 추세를 의미한다. 가짜를 부정적으로 인식하던 과거와 달리 최근 소비자는 사회·문화·기술뿐만 아니라 의식주 전반에 걸쳐 가짜의 가치를 높게 평가해 클래시 페이크 시장이 성장하고 있다. 채식주의자를 위한 콩으로 만든 스테이크나 동물 보호를 위한 고품질의 인조 모피·가죽 등이 대표적인 예이다.

254 키 테넌트 Key Tenant

대형 쇼핑몰이나 상가에서 고객을 끌어들이는 핵심 점포를 의미한다. 키 테넌트의 존재로 쇼핑몰 전체의 유동인구를 늘릴 수 있으므로 전체 상권 활성화에 중요한 요인이 된다. 예를 들어 낙후된 골목길에 유명한 카페가 들어서며 골목길이 활성화되고, 상권이 만들어지는 경우이다.

255 탄소중립

이산화탄소 배출량을 흡수량으로 상쇄하여 실질적인 배출량을 0으로 만드는 것으로, 대기 중으로 배출된 이산화탄소를 다시 흡수해 이산화탄소 총량을 중립 상태로 만드는 것을 목표로 한다. 이를 위해 이산화탄소 배출량만큼 숲을 조성해 산소를 공급하거나, 태양열·태양광·풍력 등 무공해 재생에너지에 투자하는 방법이 있다.

256 태그 얼롱 & 드래그 얼롱 Tag-along & Drag-along

태그 얼롱은 개인 투자자(소액 주주)가 벤처 기업에 투자할 때 요구할 수 있는 권리로 대주주가 주식을 매각할 때 개인 투자자가 본인 주식까지 함께 판매하도록 요구할 수 있는 권리이다. 드래그 얼롱은 개인 투자자가 주식을 매각할 때 대주주의 지분까지 함께 팔도록 요구할 수 있는 권리이다. 태그 얼롱과 드래그 얼롱은 모두 투자자의 자금 회수를 유리하게 하여 신규 사업의 재원 마련을 돕는 역할을 한다.

257 터널링 Tunneling

회사 창고까지 몰래 터널을 파서 회사 소유의 보물을 도둑질해 간다는 말에서 유래했다. 기업의 물적 분할 이후 존속 회사의 개인 투자자는 신설 회사에 대한 직접적인 지분이 없다. 따라서 신설 회사의 중요한 재무 의사 결정 과정에 참여할 수 없고, 이로 인해 존속 회사 지배 주주와 개인 투자자 간 이해 상충 문제가 발생할 수 있다. 존속 회사의 지배 주주가 자신에게 유리한 방향으로 신설 회사를 경영하도록 영향력을 행사하면 개인 투자자는 피해를 볼 수 있다. 이와 같은 문제를 터널링이라고 한다.

258 텀론 Term Loan

LBO(Leveraged Buy Out) 자금 조달 방법 중 하나이다. 만기(1~10년)를 정해 놓고 일정에 따라 원금 상환을 요구하는 중장기 기업 대출로, 특정 시설 구입, 기업 인수 자금 등 중장기적 자금을 목적으로 시행된다.

259 테뉴어 보팅 Tenure Voting

장기 보유 주식에 더 많은 의결권을 부여하는 것으로, 차등 의결권 제도 중 하나이다. 장기 주식 투자자에 대한 인센티브 제공과 적대적 인수·합병(M&A)으로부터 경영권을 방어할 수 있고, 경영자는 지속 가능한 경영을 통해 단기 사업보다 장기 사업에 집중할 수 있다.

260 테이퍼 탠트럼 Taper Tantrum

선진국의 양적 완화 축소 정책이 신흥국의 통화 가치, 증시 등의 급락으로 이어지는 현상을 가리킨다. 2013년 당시 벤 버냉키 미국 연방준비제도(Fed) 의장이 테이퍼링(양적 완화 축소) 가능성을 시사하면서 신흥국의 통화, 채권, 주식이 급락하는 트리플 약세가 일어나기도 하였다.

261 테일러 준칙

1992년 스탠퍼드대 존 테일러(John Taylor) 교수가 제안한 것으로 중앙은행이 기준 금리를 결정하는 일정한 원칙을 말한다. 테일러 준칙에 따르면 중앙은행은 GDP 갭과 인플레이션갭에 가중치를 부여하여 금리를 조정해야 한다. 중앙은행의 재량으로 통화정책을 시행할 때 경기 변동을 심화시킬 수 있는 부작용을 방지하기 위한 정책으로 각국 중앙은행이 통화정책을 평가하는 지표로 테일러 준칙을 활용하고 있다.

262 트래블 룰 Travel Rule

코인 금융 실명제라고도 불리는 트래블 룰은 가상 자산을 전송하는 과정에서 거래소가 송신인에 대한 정보를 제공하도록 하는 의무이다. 이에 따르면 거래소 간 비트코인 등의 암호 화폐를 보낼 때 송신인의 이름, 가상 자산 주소 등의 정보를 제공하고 기록해야 한다. 현재 암호 화폐 거래는 누가 보냈고 누가 받았는지 알기 어렵기 때문에 범죄 행위나 자금 세탁에 악용되기도 하는데, 트래블 룰은 이러한 가상 자산의 악용 사례를 방지하기 위해 도입되었다. 정부는 2021년 9월 가상 자산 거래소에 은행 실명 계좌 확보를 의무화하는 한편, 2022년 3월부터 트래블 룰을 시행해 가상자산사업자가 다른 가상자산사업자에게 가상자산을 100만 원 이상 전송하는 경우 송수신인의 신원정보를 의무적으로 제공·보관 하도록 했다.

263 트리핀 딜레마 Triffin's Dilemma

달러를 기축통화로 하는 현행 국제금융 시스템의 근본적인 모순을 뜻하는 말로, 로버트 트리핀 교수가 1944년 출범한 브레턴우즈 체제의 모순을 설명하며 널리 인용되었다. 달러화가 기축통화의 역할을 하기 위해서는 미국이 국제수지 적자를 통해 국외에 끊임없이 유동성을 공급해야 하지만, 미국의 적자 상태가 장기간 지속되면 유동성 과잉으로 인해 달러화의 가치가 흔들린다. 반대로 미국의 국제수지 흑자를 통해 국제 유동성이 축소되면 달러화의 가치는 안정시킬 수 있으나 국제 교역과 자본 흐름에 부정적인 영향을 주어 기축통화에 대한 신뢰도가 떨어진다. 적자와 흑자의 상황에도 연출될 수밖에 없는 기축통화국의 어쩔 수 없는 모순을 가리켜 트리핀 딜레마라고 한다.

264 파운드리 Foundry

반도체 제조를 위탁받아 생산하는 전문 기업으로, 대만의 TSMC와 한국의 삼성전자가 대표적이다. 파운드리 업체는 생산 능력의 한계로 납품을 충분히 할 수 없을 경우 반도체 수급 차질 문제가 생기기도 한다.

265 판다 본드 Panda Bond

외국 정부 또는 기관이 중국 본토에 발행하는 위안화 표시 채권으로, 홍콩시장에서 발행하는 위안화 표시 채권인 딤섬 본드와 구별된다. 중국은 2005년에 외국 기관의 위안화 채권 발행을 허가했다. 한편 딤섬본드는 홍콩 채권시장에서 발행하는 위안화채권으로, 중국 본토에서 발행되는 판다본드와 구분된다.

266 판호

중국 내 게임 서비스 허가권으로, 중국의 미디어 정책을 총괄하는 국가신문출판광전총국이 발급한다. 중국 게임사의 경우 내자판호, 해외 게임사의 경우 외자판호가 발급되며 선정성, 폭력성 등 심의를 거쳐 매달 1회 이상 신규 판호 발급 현황이 발표된다. 우리나라의 경우 사드 배치 이후 한한령 기조가 이어지며 판호 발급을 제한받고 있어 발급이 쉽지 않았다. 그러나, 2018~2019년 0건이었던 판호 발급이 한한령 이완 조짐을 보이며 2020년과 2021년 각각 1건을 기록한 뒤 2022년 7건으로 껑충 뛰었다.

267 팔라듐 Palladium

백금족 원소로, 전성과 연성이 우수하여 거의 모든 금속과 합금을 이루며, 자동차의 배기가스용 촉매로도 쓰인다. 전 세계적으로 자동차 배기가스 규제가 강화되면서 자동차 매연 서감 상지의 수요가 급증하여 팔라듐의 가격이 백금보다 비싸졌다.

268 패스트 트랙 Fast Track

신속하게 처리해야 하는 중요 사항에 관해 절차 등을 간소화하여 빠른 결정을 하도록 하는 방식이다. 정치에서는 교섭단체 간 이견으로 법안 통과가 어려운 경우, 전체 또는 상임위원회 재적 의원 5분의 3 이상 의원의 동의를 바탕으로 법안을 신속하게 처리하는 제도이다.

269 팩토링 Factoring

기업이 외상으로 제품을 판매한 후 받은 매출 채권이나 어음을 할인된 금액으로 미리 현금화하는 방법이다. 주로 금융회사(또는 채권관리회사)에 채권을 만기 이전에 양도하여 자금의 수급을 원활하게 해주는 장점이 있다.

270 팻 테일 리스크 Fat Tail Risk

통계 분포에서 흔히 나타나지 않는 극단적인 사건이 발생할 가능성을 뜻하는 용어이다. 일반적인 정규분포는 평균값을 중심으로 종 모양으로 배치가 되어 가운데가 두껍고 꼬리 부분이 얇은데, 이는 평균값이 나타날 가능성이 가장 높다는 것을 의미한다. 하지만 끝부분 즉, 테일(Tail) 부분이 두껍게(Fat) 나타난다면 평균에서 크게 벗어난, 보통의 분포에서는 보기 드문 비정상적 사건 발생 가능성이 높아 큰 손실이나 이익이 발생할 확률이 높아지고, 일반적인 리스크 관리 방법으로는 대응하기 어렵다는 특징이 있다.

271 팻 핑거 Fat Finger

인간이 저지르는 기기 조작 실수로 인한 문제들을 말한다. 손가락에 살이 쪄서 키가 두 개씩 눌리는 바람에 잘못 입력되었다는 농담에서 시작된 용어이다. 특히 증권 매매 시 주문 정보를 실수로 잘못 입력하게 되는 경우 개인 투자자는 물론이고 거대 금융회사도 엄청난 손실을 볼 수 있다.

272 퍼펙트 스톰 Perfect Storm

개별적으로는 위력이 크지 않은 자연재해가 다른 자연재해와 동시에 발생하면서 그 영향력이 매우 커지는 현상이다. 경제 분야에서는 두 가지 이상의 악재가 겹쳐 심각한 경제 위기가 나타나는 현상을 의미한다. 국제 유가 등 원자재 가격 상승과 각국의 양적 완화 정책 등이 복합적으로 작용하여 세계적인 인플레이션 현상이 장기간 지속될 것으로 예측되면서 언급되기도 하였다.

273 페이턴트 트롤 Patent Troll

특허 괴물이라고도 하며, 기술을 직접 개발하지는 않고 개인·소규모 연구소 등에서 헐값으로 기술을 사들여 시장에서 비슷한 기술이 나타나면 손해배상을 받거나 라이선스 계약 체결을 통해 이윤을 창출하는 특허 전문기업을 말한다.

274 펜트업 효과 Pent-up Effect

외부 영향으로 수요가 억눌렸다가 급속도로 살아나는 현상이다. 2020년 코로나19 확산으로 사회적 거리두기가 시행되며 경제활동이 급격히 위축됐으나, 이후 각국이 점차 봉쇄조치를 해제하고 확진자 수가 줄어들면서 펜트업 효과가 나타날 것이라는 전망이 제기되기도 했다.

275 포괄적 주식 교환

회사 간의 주식 교환계약을 통해 자회사가 되는 회사의 발행 주식 총수를 지주회사로 이전하고, 자회사가 되는 회사의 주주들은 지주회사가 발행하는 신주를 배정받아 지주회사로 전환할 수 있는 제도이다. 비상장 기업이 우회상장을 하는 방법으로도 사용된다.

276 포워드 가이던스
Forward Guidance

중앙은행이 경제 상황을 토대로 향후의 통화정책 기조에 대한 정보를 시장에 제공하는 통화정책 커뮤니케이션 수단으로, 2008년 글로벌 금융 위기 이후 미국 등 선진국의 중앙은행이 도입했다. 포워드 가이던스는 중앙은행이 정책 방침을 미리 약속하는 '오디세우스 방식'과 중앙은행이 미리 경제 전망을 공표하여 정책을 예측할 수 있도록 하는 '델포이 방식', 통화정책 변경 시점을 제시하거나 제시하지 않는 '기간조건부'와 '상황조건부', 구체적 수치나 표현으로 정책금리 전망을 전달하는 '정량적 방식'과 특정 용어 등을 활용해 통화정책의 의도와 방향을 제시하는 '정성적 방식' 등이 있다.

277 폰지 사기 Ponzi Scheme

투자 사기 수법의 하나로, 실제 아무런 이윤 창출 없이 투자자들이 투자한 돈을 다른 투자자들에게 수익으로 지급하는 방식이다. 새로운 투자자의 돈으로 기존 투자자에게 배당금을 지급하므로 결국 원금은 줄어들게 되고, 기존보다 더 많은 투자금이 계속 유입되지 않으면 지속이 불가능한 투자 형태이다.

278 풀필먼트 Fulfillment

물건을 판매하는 업체들의 위탁을 받아 물품의 포장, 배송, 반품, 재고 관리를 총괄하는 물류일괄대행 서비스이다. 판매자 대신 주문에 맞춰 제품을 선택하고 포장한 뒤 배송하는 것으로, 풀필먼트를 통해 안정적 배송서비스를 달성할 수 있다. 우리나라에서는 쿠팡이 2014년 로켓배송 서비스를 본격화하면서 도입했다.

279 프레카리아트 Precariat

이탈리아어 '불안정하다(Precario)'와 독일어 '하층 노동자 계급(Proletariat)'의 합성어로, 안정된 직업 없이 저임금·저숙련 노동에 시달리는 노동자 계층을 의미한다. 주로 단기 계약직, 임시직, 시간제 근로자 등 지속적 고용 안정성이 낮고 사회적 안전망의 보호를 충분히 받지 못하는 노동자들이 이에 해당한다.

280 프로슈머 Prosumer

생산자(Producer)와 소비자(Consumer)의 합성어로, 생산에 참여하는 소비자를 의미한다. 프로슈머들은 단순히 만들어진 제품이나 서비스를 구매하는 수동적인 소비자가 아니라 자신의 취향에 맞게 직접 제품이나 서비스를 창조해나가는 능동적 소비자라고 볼 수 있다. 전자회사에서 주부들을 모집하여 제품에 대한 품평과 아이디어를 제공받고, 공식 홍보대사로 임명하여 다양한 신제품 및 마케팅 소식을 SNS에 홍보하는 것이 대표적인 프로슈머의 일환이다.

281 프로토콜 경제

블록체인 기술을 핵심으로 프로토콜(약속)을 정해 특정 플랫폼 운영자 없이도 거래가 이루어지도록 하는 탈중앙화·탈독점화를 특징으로 한다. 플랫폼 경제의 승자독식이라는 구조적 문제점이 지속적으로 거론되면서 이를 극복할 새로운 경제 체계로 거론되었다.

282 프롭테크 Proptech

모바일 채널, 빅데이터, VR(가상 현실) 등 IT 기술이 부동산 거래에 접목되어 제공되는 서비스로, 부동산(Property)과 기술(Technology)의 합성어이다. 지도 위에 부동산 시세를 표현해 주면서 거래를 중계해 주는 서비스로 시작되었으며, 위치 기반 스마트기기의 접근성 확대, 블록체인, VR 기술이 접목되어 빠르게 성장 중이다. 우리나라에서는 네이버 부동산, 직방, 다방 등과 같은 부동산 중개 관련 애플리케이션 업체들이 대표적이다.

283 플라이휠 전략 Flywheel Strategy

기업의 성장을 일련의 순환 과정으로 인식하는 것으로 아마존의 성장 전략이자 선순환 효과의 대표적인 모델이다. 아마존의 창업자 제프 베이조스는 "가격을 낮춰 고객을 모은다. 고객이 늘면 매출이 커진다. 매출이 커지면 고정 비용이 낮아지고 효율성이 높아진다. 그러면 가격을 더 낮출 수 있다."라고 주장하였다.

284 플랫폼 노동

디지털 플랫폼에서 나타나는 노동을 의미한다. 주업이 아니더라도 남는 시간을 쪼개어 일할 수 있는 쿠팡이츠, 배민라이더스 등의 배달 서비스가 대표적이다. 플랫폼 노동자는 대부분 자영업자로 분류되며 자유롭게 일하고 틈새 부가가치를 창출하는 장점이 있지만, 노동자들의 처우가 낮고 사고 위험을 감당해야 한다는 점에서 비판도 크다.

285 피마레포 Foreign and International Monetary Authority Repo Facility

미국 연준이 외국 중앙은행이 보유한 미국 국채를 환매조건부로 매입해 달러화 자금을 공급하는 제도이다. 우리나라 입장에서는 미국 국채를 팔지 않고도 연준으로부터 달러화를 빌릴 수 있다는 장점이 있다. 한국은행은 외화보유액 중 절반 이상을 미국 국채로 보유하고 있기 때문에, 피마레포를 활용한다면 상당한 규모의 달러화 자금을 확보할 수 있고, 해당 자금을 기업이나 금융회사에 대한 단기 외화 대출자금 등으로 활용할 수도 있다.

286 피보팅 Pivoting

기업이 자사의 핵심 역량은 유지한 채로 아이템이나 모델의 방향을 바꾸는 것을 말한다. 물체의 중심축을 한쪽 발에서 다른 쪽 발로 이동시킨다는 체육 용어 피봇(Pivot)에서 파생되었다. 완전히 새로운 사업을 시작하는 것이 아니라 전략만 수정하여 사업의 방향을 전환하는 것이다. 신제품을 출시 후 전망이 밝지 않을 경우, 시장 상황이 예상과 다르거나 성과가 저조할 경우, 일정이 지연될 경우 등에서 비상수단이 될 수 있다.

287 피셔 효과 Fisher Effect

물가상승률(또는 물가상승률 기대감)과 명목이자율의 1대 1 대응 관계를 나타내는 식으로, '명목이자율＝실질이자율＋물가상승률'로 표현한다. 장기에 물가상승률 변화가 명목이자율 변화에 반영됨을 알 수 있다.

288 피지털 Phygital

오프라인 공간을 의미하는 피지컬(Physical)과 온라인을 의미하는 디지털(Digital)의 합성어로, 디지털의 편리함을 활용하여 오프라인 공간에서 소비 경험을 더욱 편리하게 한다는 것을 의미한다. 온라인 서비스 중 소비자가 편리함을 체감하는 것을 오프라인 매장에 도입하는 것이다. 오프라인 매장에서 마음에 드는 물건을 찾은 후 부착된 QR 코드를 통해 상품 정보, 리뷰 등을 찾을 수 있게 하는 것이 이 사례에 해당한다.

289 핀테크 FinTech

금융(Finance)과 기술(Technology)의 합성어로, 금융과 IT의 결합을 통해 새롭게 등장한 산업 및 서비스 분야를 말한다. 모바일, SNS, 빅데이터 등 새로운 IT 기술을 활용하여 기존 금융기법과 차별화된 기술 기반 금융서비스 혁신이 대표적이다.

290 필터 버블 Filter Bubble

인터넷 정보기술 업체가 개인의 성향에 맞춘 정보를 개별 사용자에게 제공하여 유사한 성향의 이용자를 편향된 정보에 가두는 현상을 의미한다. 미국의 온라인 시민단체인 무브온의 이사장 일리 프레이저가 제시한 개념이다.

291 하둡 Hadoop

여러 개의 저렴한 컴퓨터를 마치 하나인 것처럼 묶어 대용량 데이터를 처리하는 기술로, 빅 데이터를 서상하고 분산 처리할 수 있는 오픈 소스 자바 프레임워크이다. 오픈 소스이므로 라이선스 비용이 들지 않고 서버 비용만 들어 다른 시스템보다 저렴하다. 뉴욕 증권거래소, 메타(페이스북), SK 등 다양한 기업들이 하둡을 이용해 데이터를 처리하고 있다.

292 할당관세

할당관세는 일정 기간 일정 수량의 수입품에 대해 일시적으로 기본 관세율에 추가 적용되는 관세이다. 관세율을 기존보다 높이거나 낮춰서 수입물량을 조절하는 것이 그 목적이다. 수급이 어렵거나 가격이 폭등하는 수입품은 관세 인하를 통해 시장 공급량을 증가시켜 유동적인 시장 상황에 대처할 수 있다.

293 해커톤 Hackathon

한정된 시간과 장소에서 기획자나 개발자, 디자이너 등이 팀을 구성하여 아이디어를 도출하고 이를 바탕으로 결과물을 만들어 내는 행사를 의미하며, 해킹(Hacking)과 마라톤(Marathon)의 합성어이다. 프로그램 개발이나 신규 아이템 발굴 등 다양한 목적을 가지고 개최되며, 결과물을 발표하여 심사하고 우승팀에게 시상한다.

294 해피콜

소비자가 충분히 이해하고 금융상품을 구매할 수 있도록 판매 과정에서 상품 설명을 제대로 했는지 사후 점검하는 제도이다. 그동안 보험사만 의무적으로 실시했으나, 증권사를 포함한 금융회사 모두 전반적으로 해피콜 제도가 적용된다.

295 핵심성과지표
Key Performance Indicator, KPI

목표를 성공적으로 달성하기 위해 핵심적으로 관리해야 하는 요소들에 대한 성과지표로, 목표를 얼마나 잘 달성하고 있는지 판단하기 위해 사용하는 정량적인 척도이다.

예를 들어 마케팅 팀에서 웹 사이트 및 SNS 트래픽을 통한 고객 유입·구독자·조회·월별 콘텐츠 발행 수 등을 핵심성과지표로 설정하여 마케팅이 목표한 것처럼 잘 이루어지고 있는지를 판단할 수 있다.

296 헝거마케팅 Hunger Marketing

정해진 시간에 한정된 물량만 판매하는 마케팅 기법으로, 소비자를 배고프게 하거나 갈증나게 해 즉각적인 구매를 촉진하는 전략이다. 기업이 의도적으로 일정 기간 동안 제품을 소량 판매하거나 한정판을 판매하는 것이 이 사례에 해당한다.

297 헬시 플레저 Healthy Pleasure

건강을 의미하는 헬시(Healthy)와 즐거움을 뜻하는 플레저(Pleasure)의 합성어로, 건강을 추구하는 동시에 즐거움을 잃지 않는다는 의미이다. 과거처럼 쾌락을 절제하거나 포기하는 방식의 건강관리 방식이 아닌 건강관리에도 즐거움을 부여해 지속 가능한 건강관리를 추구하는 것으로, 러닝 크루에 참여하여 지인들과 함께 즐겁게 운동하거나 곤약 떡볶이·두부면 파스타 등 칼로리는 낮으면서도 맛있는 음식을 즐기는 것이 대표적인 예이다.

298 확장실업률(고용보조지표 3)

체감실업률을 제대로 반영하기 위해 고용의 질적인 면을 실업률 통계에 반영한 지표이다. 시간 관련 추가 취업가능자(근로 시간이 주당 36시간 이하이면서 추가로 취업을 원하는 사람)와 잠재경제활동인구(구직활동 여부에 관계없이 취업을 희망하고 취업이 즉시 가능한 사람)를 포함하여 산출한다.

299 환매조건부채권 Repurchase Agreements

금융기관이 일정 기간 후 확정금리를 보태어 되사는 조건으로 발행하는 채권으로, 경과 기간에 따라 확정이자를 지급한다. 주로 금융기관이 보유한 국공채, 특수채, 신용우량채권 등을 담보로 발행되어 환금성이 보장된다. 채권을 실물거래하는 것이 아니며, 중앙은행에 맡겨 둔 기준예치금을 대차하는 형태로 거래가 이루어진다. 현재 한국은행은 환매조건부채권 금리를 기준금리로 삼고 있다.

300 효율성 임금

임금의 크기가 생산성을 결정하는 요인이 된다는 이론이다. 임금이 근로자의 생산성에 따라 결정된다는 전통적인 임금이론에 대해 정반대로 설명한다. 만약 기업이 높은 임금을 지급할 경우, 근로자는 근무태만으로 해고되었을 때 감당할 손실이 더 크므로 근무를 열심히 하게 되며, 이로 인해 노동생산성이 향상되면 기업은 인건비 부담 이상으로 산출량 증가를 달성할 수 있다는 것이다.

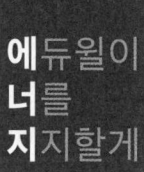

비가 와야 무지개가 뜨고
밤이 깊어야 새벽이 오고
산고를 겪어야 아기가 태어납니다.
감동은 고난의 열매입니다.

– 조정민, 「인생은 선물이다」, 두란노

09 난이도 ■□□

가치관과 태도에 대한 설명으로 옳은 것은?

① 태도는 가치관에 비해 광범위하고 포괄적 개념이다.
② 가치관과 태도는 반드시 일치한다.
③ 태도는 가치관보다 개인의 행동에 큰 영향을 미친다.
④ 가치관은 태도를 기반으로 형성된다.
⑤ 가치관이란 어떤 대상 상황에 대해 가지고 있는 믿음이나 느낌의 결합체이다.

| 해설 | 태도는 가치관보다 개인의 행동에 큰 영향을 미친다. 가치관은 더 넓은 개념으로 모든 상황에 있어 영향력을 미치는 일반적인 믿음이라고 볼 수 있는 반면, 태도는 특정 상황에 대해 직접적으로 행동에 영향을 미치기 때문이다.

| 오답해설 | ① 가치관이 태도에 비해 광범위하고 포괄적 개념이다.
② 가치관과 태도는 일반적으로 일치하지만, 반드시 그런 것은 아니다.
④ 태도는 가치관을 기반으로 형성된다.
⑤ 어떤 대상 상황에 대해 가지고 있는 믿음이나 느낌의 결합체는 태도이다.

10 난이도 ■■□

페스팅거(Festinger)의 인지부조화에 대한 설명으로 옳지 않은 것은?

① 인지부조화란 두 가지 이상의 반대되는 믿음, 생각, 가치를 동시에 지닐 때 또는 기존에 가지고 있던 것과 반대되는 새로운 정보를 접했을 때 개인이 받는 정신적 스트레스나 불편한 경험 등을 말한다.
② 사람들의 내적 일관성에 초점을 맞춘다.
③ 불일치를 겪고 있는 개인은 심리적으로 불편해질 것이며 이런 불일치를 줄이고자 하거나, 불일치를 증가시키는 행동을 피할 것이다.
④ 개인이 인지부조화를 겪을 때 공격적, 합리화, 퇴행, 고착, 체념과 같은 증상을 보인다고 알려져 있다.
⑤ 인지부조화를 감소시키는 방법은 개인적인 가치와 태도를 변화시키는 것이 유일하다.

| 해설 | 페스팅거는 행동을 바꾸거나, 인지를 바꾸거나, 인지를 정당화하거나 또는 믿음에 의한 정보를 무시함으로써 인지부조화를 감소시킬 수 있다고 주장하였다.

11 난이도 ■■□

레빈(Lewin)의 장(field)이론에 대한 설명으로 옳지 않은 것은?

① 레빈은 사람들이 특정 태도를 형성할 때 '해빙 - 변화 - 재동결'의 과정을 거친다고 주장하였다.
② 레빈이 주장한 장(field)이론에서 장이란 물리적 공간뿐만 아니라 심리적 공간까지 포함하는 개념이다.
③ 해빙은 과거의 고정관념이나 과거 방식을 깨뜨리는 과정이다.
④ 새로운 방식의 변화를 위해 순응, 동일화 및 외면화의 단계가 일어나는 과정이 변화이다.
⑤ 재동결은 새롭게 변화된 태도, 지식 등이 개인의 성격이나 정서에 통합되어 확립되어 가는 과정이다.

| 해설 | 변화의 단계에서는 새로운 방식의 변화를 위해 순응, 동일화 및 내면화가 발생한다.

12 난이도 ■■□

다음 설명에 해당하는 이론은?

> 내재적으로 동기부여된 행동을 잘 하고 있는 상태에서 외재적 보상을 주게 되면 오히려 내재적 동기가 감소하게 되는 현상을 설명한다.

① 인지반응이론
② 인지평가이론
③ 인지부조화이론
④ 동기부여이론
⑤ 균형이론

| 해설 | 제시문은 인지평가이론에 대한 설명이다.

정답 09 ③　10 ⑤　11 ④　12 ②

13 난이도

조직행동에 대한 설명으로 옳지 않은 것은?

① 조직시민행동이란 공식적 역할과 관련된 의무나 그에 따른 정형화된 계약이나 보상 체계와는 직접적으로 관련이 없지만 조직 전반에 도움을 주려는 조직 구성원의 자발적 행위이다.
② 조직몰입은 조직 구성원의 태도와 행동 사이의 관계를 잘 나타내주므로 중요하다.
③ 마이어와 알렌은 조직몰입의 개념을 제시하여 이직, 조직 구성원의 행위, 직무 성과 등을 연구하는 분석 틀을 제공했다.
④ 마이어와 알렌은 조직몰입의 구성 요소로서 감정적 몰입, 규범적 몰입, 지속적 몰입을 제시하였으며, 세 가지 요소 중 지속적 몰입이 가장 중요하다고 주장하였다.
⑤ 오간(Organ)은 조직시민행동을 이타주의, 예의, 성실함, 시민적 미덕, 스포츠맨십으로 세분하였다.

| 해설 | 마이어(Mayer)와 알렌(Allen)은 1991년 감정적 몰입, 규범적 몰입, 지속적 몰입으로 구성된 조직몰입의 개념을 제시하여 이직, 조직 구성원의 행위, 직무 성과 등을 연구하는 분석 틀을 제공하였고, 세 가지 요소 중 감정적 몰입이 가장 중요하다고 주장하였다.

CHAPTER 02 동기부여이론

01 난이도

동기부여이론에 대한 설명으로 옳지 않은 것은?

① 동기부여이론은 내용이론과 과정이론으로 구분할 수 있다.
② 매슬로우는 인간은 다섯 가지 보편적 욕구인 생리적 욕구, 안전 및 안정 욕구, 사회적 욕구, 자존 및 존경의 욕구, 자아실현의 욕구를 가지고 있다고 주장하였다.
③ 허츠버그(Herzberg)는 만족과 불만족이 대립적 관계임을 강조하면서 2요인이론을 제시하였다.
④ 브룸의 기대이론에서 동기부여의 강도는 0이 될 수 있으며, 음(−)의 값을 가질 수 있다.
⑤ 위생 요인에는 작업장의 안전, 신분의 안정, 급여, 직무환경 등이 있으며, 동기 요인에는 승진, 개인의 발전, 책임감, 직무 내용, 인정 등이 있다.

| 해설 | 허츠버그는 만족과 불만족이 대립적 성격이 아님을 주장하면서 불만족 요인을 없앤다고 만족이 증가하는 것은 아니며, 반대로 만족 요인을 감소시킨다고 불만족이 증가하는 것은 아니라고 주장하였다.

02 난이도

다음은 ○○기업이 직원들에게 제시한 보상 체계이다. 매슬로우의 욕구 5단계이론에 따라 상위 욕구부터 하위 단계 순으로 나열한 것은?

| A. 회사 소속감 확립을 위해 사내 동아리에 경제적 지원 |
| B. 자기계발을 위한 학원비 지원 |
| C. 근무지 안전성 점검 및 근로자와 가족들의 건강검진 지원 |

① A − B − C　　② A − C − B
③ B − A − C　　④ C − A − B
⑤ C − B − A

| 해설 | 매슬로우의 욕구 5단계이론은 하위 욕구부터 생리적 욕구, 안전 및 안정 욕구, 사회적 욕구, 자존 및 존경 욕구, 자아실현의 욕구로 발전된다. A는 사회적 욕구, B는 자아실현의 욕구, C는 안전 및 안정 욕구에 적절한 내용이다.

정답 13 ④　01 ③　02 ③

03 난이도 ■■□
다음은 브룸의 기대이론 구성 요소를 나타낸다. A~C에 들어갈 용어를 바르게 연결한 것은?

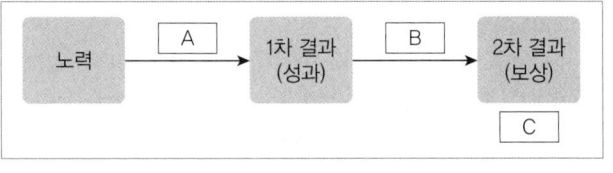

	A	B	C
①	기대감	유의성	수단성
②	유의성	기대감	수단성
③	수단성	유의성	기대감
④	효과성	효율성	유의성
⑤	기대감	수단성	유의성

| 해설 | 브룸의 기대이론은 자신의 노력이 1차 결과인 성과를 달성할 수 있을 것이라는 기대감, 1차 결과인 성과가 2차 결과인 보상에 어떠한 수단으로서 역할을 할지의 수단성, 그리고 2차 보상이 나에게 어떠한 의미를 가지는지에 대한 유의성을 곱해 동기부여의 강도를 나타낸다.

04 난이도 ■■□
다음 A~D를 허츠버그(Herzberg)의 2요인이론에 따라 바르게 연결한 것은?

A. 업무의 성취감
B. 프로젝트에서의 책임감
C. 급여
D. 직원들과의 관계

	동기 요인	위생 요인
①	A, B	C, D
②	A, C	B, D
③	A, D	B, C
④	C, D	A, B
⑤	B, C	A, D

| 해설 | 허츠버그는 만족과 불만족이 대립적 의미로 생각하면 안 된다고 주장하였다. 즉, 만족과 불만족을 동시에 하나의 선상에 표현하는 것은 적절하지 않다는 것이다. 따라서 불만족 요인을 감소시켜 주는 요인과 만족을 증가시켜 주는 요인을 구분해야 한다고 주장하였다. 불만족 요인을 감소시켜 주는 요인을 위생 요인(hygiene factor), 만족을 증가시켜 주는 요인을 동기 요인(motivator)이라고 하였다. 동기 요인에는 승진, 개인의 발전, 성취감, 책임감, 직무 내용, 인정 등이 있으며, 위생 요인에는 작업장의 안전, 신분의 안정, 급여, 직무환경 등이 있다.

05 난이도 ■■■
다음은 직원 A와 B의 근로계약서 일부를 나타내고 있다. 직원 A가 직원 B의 근로계약 내용을 우연히 알게 되었다면, 아담스의 공정성이론에 따라 취할 행동으로 적절하지 않은 것은? (단, 근로계약서의 다른 내용은 모두 동일하다.)

직원 A: 주 40시간 근무에 연봉 3,300만 원
직원 B: 주 40시간 근무에 연봉 3,800만 원

① 사장에게 근로시간의 단축을 요구한다.
② 근무시간에 업무를 대충 수행한다.
③ 다른 기업으로 이직한다.
④ 자신보다 더 낮은 조건으로 계약한 직원을 찾는다.
⑤ 연봉 협상을 통해 급여 상승을 요구한다.

| 해설 | 아담스가 주장한 불공정 해결 방법은 환경의 변화(이직 등), 비교대상의 변화(비슷한 사람으로 비교대상을 바꾼다 등), 투입의 변화(근무태만 등으로 자신의 노력을 줄인다 등), 산출의 변화(임금 인상 요구를 통해 보상을 늘린다 등), 태도의 변화(자신의 노력을 줄인다 등)이다. 따라서 비교대상으로 자신보다 못한 사람이 아닌 비슷한 조건의 사람을 찾는다.

06 난이도 ■■□
동기부여이론 중 내용이론과 과정이론에 해당하는 것을 바르게 나열한 것은?

A. 매슬로우의 욕구단계이론
B. 허츠버그의 2요인이론
C. 아담스의 공정성이론
D. 로크의 목표설정이론

	내용이론	과정이론
①	A, B	C, D
②	A, C	B, D
③	A, D	B, C
④	C, D	A, B
⑤	B, C	A, D

| 해설 | 동기부여이론은 내용이론과 과정이론으로 구분한다. 내용이론에는 매슬로우의 욕구단계이론, 알더퍼의 ERG이론, 맥그리거의 XY이론, 허츠버그의 2요인이론, 맥클리랜드의 성취동기이론 등이 있고, 과정이론에는 아담스의 공정성이론, 로크의 목표설정이론, 브룸의 기대이론, 데시의 자기결정이론 등이 있다.

07 난이도 ■■□

매슬로우의 욕구이론에 대한 설명으로 옳지 않은 것은?

① 상위 욕구로 올라가기 위해서는 반드시 하위 욕구가 충족되어야 한다.
② 인간의 욕구를 5단계로 구분하였다.
③ 한번 상위 욕구로 올라가면 하위 욕구는 더 이상 동기유발의 역할을 하지 못한다.
④ 인간의 욕구에 대해 체계적인 인식을 갖게 한 최초의 연구로 알려져 있다.
⑤ 상위 욕구를 더 이상 충족시키지 못하면 하위 욕구로 내려오며 그곳에서 머무른다.

| 해설 | 매슬로우의 이론에서 5가지 욕구는 계층을 이루며 존재하고, 하위 단계의 욕구가 충족되면 다음 단계로 올라간다. 그러나 상위 단계의 욕구가 충족되지 못한다고 해서 하위 욕구로 내려오지는 않는다. 하위 욕구로 내려온다고 주장한 것은 알더퍼의 ERG이론이다.

08 난이도 ■■□

동기이론에 대한 설명으로 옳지 않은 것은?

① 매슬로우의 욕구5단계이론은 각 수준의 욕구가 동시에 발생할 수 있다는 점을 간과하였다.
② 알더퍼의 ERG이론에 따르면, 상위 욕구가 충족되지 않을 경우 하위 욕구에 더욱 집착한다.
③ 브룸의 기대이론은 동기부여의 강도가 기대감, 수단성, 유의성의 합이라고 주장한다.
④ 맥클리랜드의 성취동기이론은 개인의 욕구를 친교 욕구, 권력 욕구, 성취 욕구로 구분하였다.
⑤ 아담스의 공정성이론은 인지부조화이론을 바탕으로 발전된 이론이다.

| 해설 | 브룸의 기대이론은 동기부여의 강도가 기대감, 수단성, 유의성의 곱으로 이루어져 있다고 주장하였다. 따라서 브룸의 이론에 의하면 동기부여의 강도는 '0'이 될 수도 있고, '-'의 값을 가질 수도 있다.

09 난이도 ■■□

동기부여이론 중 과정이론에 대한 설명으로 옳지 않은 것은?

① 알더퍼의 ERG이론은 존재 욕구, 관계 욕구, 성장 욕구를 다루고 있다.
② 아담스의 공정성이론에서 공정성의 세 가지 측면은 분배적 공정성, 절차적 공정성, 상호적 공정성을 의미한다.
③ 로크의 목표설정이론은 인간이 합리적으로 행동한다는 가정에 기초하여 연구를 진행한다.
④ 브룸의 기대이론은 동기부여의 강도가 '-' 값이 나올 수 있다고 주장한다.
⑤ 데시의 자기결정이론은 개인 스스로 완전히 내적 통제에 의해 행동하게 되었을 때 동기부여의 정도가 가장 높다고 주장한다.

| 해설 | 알더퍼의 ERG이론은 존재 욕구, 관계 욕구, 성장 욕구를 다루고 있으나, 알더퍼의 ERG이론은 동기부여이론 중 내용이론에 해당한다.

정답 07 ⑤ 08 ③ 09 ①

CHAPTER 03   리더십이론과 유형

※ 다음을 읽고 허쉬-블렌차드의 상황이론 모델에 따라 물음에 답하시오. (01~02)

> 최근 A팀장은 입사한지 1년이 다 되어가는 B직원이 일을 할 의욕은 있으나, 일을 하는 방식을 모르는 것 같아서 매우 답답하다.

01
위의 상황에서 리더십의 위치로 옳은 것은?

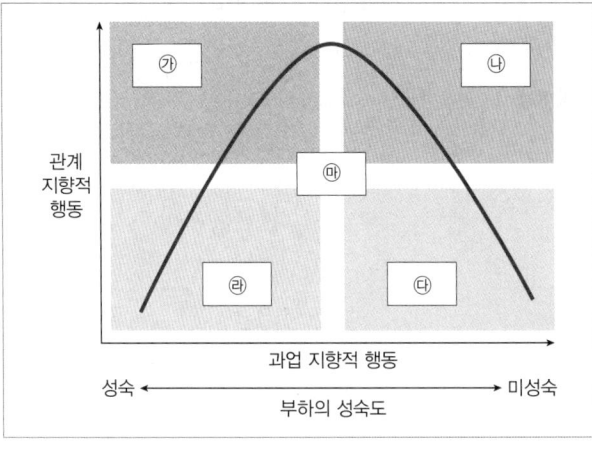

① ㉮ ② ㉯ ③ ㉰ ④ ㉱ ⑤ ㉲

| 해설 | B직원은 능력은 우수하지만 의지가 부족한 경우에 해당하므로 팀장은 설득형 리더십을 발휘하는 것이 효과적이다. 즉, A팀장은 B직원에게 원하는 요인들을 충분히 설명하고 이를 숙련할 수 있는 교육 기회를 보장해야 한다.

02
A팀장이 B직원에게 해야 할 리더십의 역할로 적절한 것은?

① 직원에게 권한을 대폭 위임하고 자율권을 보장한다.
② 명확한 과업 지시와 함께 업무 상황에 대한 철저한 보고를 받는다.
③ 직원과 적극적인 소통을 통해 의사결정을 공유하면서 직원의 동기를 유발할 수 있도록 한다.
④ 직원에게 업무할당량을 부여하고 목표 달성 여부에 따른 업무를 지시한다.
⑤ 원하는 업무과제에 대해 충분히 설명하고, 숙련할 수 있는 교육 기회를 제공한다.

| 오답해설 | ① 위임형에 대한 설명이다.
②④ 지시형에 대한 설명이다.
③ 참여형에 대한 설명이다.

03
리더십에 대한 설명으로 옳지 않은 것은?

① 리더와 구성원의 관계는 쌍방성, 상대성, 가변성의 속성을 가진다.
② 프렌치와 레이븐은 권력의 유형을 크게 조직의 공식적 지위로부터 유래하는 강압적 권력, 보상적 권력, 합법적 권력과 리더 개인의 특성에 기반을 두고 있는 준거적 권력, 전문적 권력으로 구분하였다.
③ 블레이크와 모튼의 관리격자이론은 생산(과업)에 대한 관심과 인간에 대한 관심을 두 축으로 하고 있으며, 각 축은 1에서 9까지의 값을 가진다.
④ 인기형 또는 컨트리클럽형은 인간에 대한 관심은 대단히 높으나 생산(과업)에 대한 관심이 극히 낮은 유형으로, 격자에서 (1,9)에 해당한다.
⑤ 피들러는 리더십 효과는 리더십 상황에 상관없이 발휘되어야 진정한 리더십이라고 주장한다.

| 해설 | 피들러는 리더십 효과가 리더의 유형(스타일)과 리더십 상황의 적합성에 달려 있다고 주장한다.

04
프렌치(French)와 레이븐(Raven)의 권력 유형 중 다음 설명에 해당하는 유형은?

- 개인의 힘 또는 능력이 다른 사람들에게 영향을 주고 충성심을 갖도록 하는 특징이 있다.
- 권력자의 카리스마와 대인관계 능력이 기반이 된다. 개인은 특정한 개인적 성향 때문에 존경받을 수 있는데, 그 존경은 대인관계의 영향을 주는 기회를 만들어 내기도 한다.
- 권력을 받아들이는 사람이 권력을 가지고 있는 사람과 동일화가 조성될 때 영향력은 더욱 커진다.

① 강압적 권력(coercive power)
② 보상적 권력(reward power)
③ 준거적 권력(reference power)
④ 전문적 권력(expert power)
⑤ 합법적 권력(legitimate power)

| 해설 | 프렌치와 레이븐은 권력의 유형을 크게 조직의 공식적 지위로부터 유래하는 강압적 권력, 보상적 권력, 합법적 권력과 리더 개인의 특성에 기반을 두고 있는 준거적 권력, 전문적 권력으로 구분하였다. 제시문에서 설명하고 있는 권력 유형은 준거적 권력이다.

정답   01 ②   02 ⑤   03 ⑤   04 ③

05

허시와 블랜차드(Hersey & Blanchard)의 리더십 유형 중 높은 지시 행동과 높은 지원 행동을 보이는 유형은?

① 지시형 리더 ② 설득형 리더
③ 참여형 리더 ④ 위임형 리더
⑤ 방임형 리더

| 해설 | 허시와 블랜차드의 수명주기이론은 과업지향적 행동(지시 행동)과 관계지향적 행동(지원 행동)을 기준으로 리더의 유형을 지시형, 설득형, 참여형, 위임형으로 구분한다. 높은 지시 행동과 높은 지원 행동은 설득형이고, 낮은 지시 행동과 낮은 지원 행동을 보이는 유형은 위임형이다. 낮은 지시 행동과 높은 지원 행동은 참여형이며, 높은 지시 행동과 낮은 지원 행동은 지시형이다.

06

블레이크와 모튼의 리더십 관리격자모델의 리더 유형에 관한 설명으로 옳지 않은 것은?

① 업무에 대한 관심과 사람에 대한 관심이 모두 높은 팀형(이상형)은 (9, 9)이다.
② 과업의 능률과 인간적 요소를 절충하여 적당한 수준에서 성과를 추구하는 절충형(타협형) 리더는 (5, 5)이다.
③ 과업상의 능력을 우선적으로 생각하는 과업형 리더는 (9, 1)이다.
④ 구조주도행동을 보이는 컨트리클럽형(인기형) 리더는 (1, 9)이다.
⑤ 조직 구성원으로서 자리를 유지하는 데 필요한 최소한의 노력만을 투입하는 무관심형 리더는 (1, 1)이다.

| 해설 | 관리격자이론은 생산에 대한 관심과 인간에 대한 관심을 두 축으로 하여 리더의 유형을 구분하였다. (1, 9)형은 생산에 대한 관심은 매우 낮고 인간에 대한 관심은 매우 높은 컨트리클럽형(인기형) 리더이다. 구조주도의 의미는 리더의 역할과 부하의 역할을 명확히 구분하여 업무를 효율적으로 처리하기 위해 구조화되었다는 것을 의미한다.

07

허쉬와 블랜차드(Hersey & Blanchard)의 상황적 리더십이론에 관한 설명으로 옳지 않은 것은?

① 아지리스의 미성숙-성숙이론을 참고하여 발전시킨 이론이다.
② 리더는 부하의 성숙도에 맞는 리더십을 행사함으로써 리더십 유효성을 높일 수 있다.
③ 리더십에 영향을 줄 수 있는 상황적 요소는 부하의 성숙도이다.
④ 리더십 유형은 지시형, 설득형, 참여형, 위임형의 네 가지로 구분된다.
⑤ 리더십의 유효성을 높이기 위해서는 무엇보다도 효과적인 비전을 제시하는 것이 중요하다.

| 오답해설 | 허쉬와 블랜차드의 상황적 리더십이론은 리더가 부하의 성숙도에 맞는 리더십을 행사하여 리더십의 유효성을 높일 수 있다고 주장한다.

08

다음 설명에 해당하는 프렌치와 레이븐의 권력 유형은?

- 조직의 규범을 원천으로 하는 권력이며, 권력행사에 대한 권리를 조직의 규범으로부터 위임받는다.
- 조직 내에서 위치 소유자의 위치와 의무에 관련한 개인의 권력이다.
- 조직 내에서 위치 소유자의 위임된 공식적인 권위라고 할 수 있다.

① 합법적 권력(legitimate power)
② 보상적 권력(reward power)
③ 전문적 권력(expert power)
④ 강압적 권력(coercive power)
⑤ 준거적 권력(reference power)

| 해설 | 제시문은 합법적 권력에 대한 설명이다.

정답 05 ② 06 ④ 07 ⑤ 08 ①

에너지 ENERGY

사막이 아름다운 것은
어딘가에 샘이 숨겨져 있기 때문이다.

– 생텍쥐페리(Antoine Marie Roger De Saint Exupery)

경영편

PART 04
경영전략과 국제경영

CHAPTER 01
경영전략의 이해
경영전략은 제한된 경영자원을 배분하여 기업에게 경쟁우위를 확보하고 유지시켜 줄 수 있는 일련의 의사결정이라고 할 수 있으므로 이러한 경영전략의 개념을 이해하고 특징과 프로세스를 알아본다.

CHAPTER 02
환경 분석
기업이 적합한 환경에서 사업을 시작하고 경쟁하는 것은 기업의 생존과 성장을 위해 매우 중요하므로 기업이 환경에 적응하기 위해 외부환경을 분석하는 여러 가지 방법에 대해 알아본다.

CHAPTER 03
기업 수준과 사업부 수준의 전략
기업의 전략은 다양한 수준에서 계획되고 집행되므로 기업 수준에서는 어떠한 전략이 이루어지며 사업부 수준에서는 어떠한 전략을 고민하는지 알아본다.

CHAPTER 04
다국적 기업과 글로벌 경영
기업은 성장을 거듭하면서 그 영역을 확장하므로 해외에 진출하는 기업들의 다양한 방식에 대해 알아보고 각각의 특성에 대해 알아본다.

PART 04 경영전략과 국제경영

CHAPTER 01 경영전략의 이해

1 경영전략의 필요성

(1) 경영전략의 개념
경영전략이란 제한된 경영자원을 배분하여 기업에게 경쟁적 우위를 확보하고 유지시켜 줄 수 있는 일련의 의사결정이다.

(2) 경영전략의 특징
① 경영전략은 반드시 조직의 목적과 결부되어 있어야 한다.
② 경영전략은 기업의 다른 계획을 세우는 기초가 되며, 준거 틀의 역할을 수행한다.

(3) 경영전략의 수준

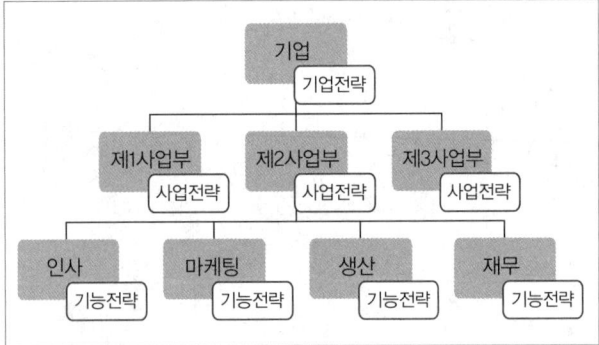

① 기업전략(corporate strategy)
- 기업 전체의 목적을 달성하기 위해 기업이 나아가야 할 방향을 설정하기 위해 수립되는 성격의 전략을 의미한다.
- 어떤 사업 분야에 들어가서 경쟁을 할 것인지를 결정하고 기업 전체의 자원 배분과 관련된 전반적 지침을 결정한다.
- 구체적으로 해당 기업이 경쟁하는 시장과 산업의 범위를 결정하는 것이다.
- 다각화, 수직적 통합, 기업의 인수합병, 해외진출 산업 등과 같은 문제들이 바로 기업전략 차원에서 다루어지는 주제가 된다.
- 기업전략은 일반적으로 최고경영자와 임원 수준에서 수립된다.

② 사업부(또는 사업)전략(business strategy)
- 기업전략이 어떤 사업에 들어가 경쟁을 할 것인지를 결정하는 것이라면, 사업부전략은 기업전략에서 결정된 사업 분야에서 어떻게 이익을 낼 것인지를 결정하는 전략이다.
- 특정 시장이나 산업에서 경쟁하기 위한 재화와 서비스를 결정하는 문제, 생산능력 입지 선정 문제, 신기술 도입 등의 문제를 다룬다.
- 일반적으로 규모가 큰 기업에서는 다수의 사업부(전략사업단위, strategic business unit)를 보유하고 각 사업부는 자신의 사업전략을 수립한다.
- 사업부전략은 일반적으로 각 사업부 단위에서 수립되고 시행된다.

③ 기능전략(functional strategy)
- 개별 사업부 내에 있는 기능별 조직이라고 할 수 있는 인사, 마케팅, 생산 등의 기능별 전략을 의미한다.
- 기업전략과 사업전략이 수립된 이후 각각의 영업활동, 제품기획 등 기능별 분야에서 세부적인 수행 방법을 결정한다.
- 사업부전략 수립 이후 각각의 기능별 조직에서 수립되고 시행된다.

2 경영전략 프로세스

경영전략 프로세스는 '목표 설정 → 환경 분석 → 전략 수립 → 실행 및 평가' 순으로 진행된다.

(1) 목표 설정

① 미션(mission)
- 기업이나 조직의 근본적 존재 이유를 나타내며, 간결하고 기억하기 쉬우며 경쟁자와는 차별적인 것으로 인식될 수 있어야 한다.
- 미션은 'why'에 대한 답이 될 수 있어야 한다. 즉, 기업이 왜 존재하는지에 대한 답으로 제시될 수 있다.

② 비전(vision)
- 비전은 'what'에 대한 답이 될 수 있다.
- 조직이 목표로 하는 구체적인 미래상, 지향점 또는 갈망하는 바를 드러내고 기업의 목표와 의사결정을 이끌 수 있어야 한다.

③ 가치(value)
- 가치는 'how'에 대한 답이 될 수 있다.
- 기업은 핵심가치(core value)로 표현하며 조직이 어떠한 신조를 가지고 활동할 것인지를 표현한다.
- 핵심가치는 조직의 비전을 지원하고 진정한 핵심가치를 반영하는 문화를 형성하는 원칙이나 신념, 철학 등의 개념이다.

(2) 환경 분석
내부 환경, 외부 환경, 미시 환경 및 거시 환경 모두 분석대상이 된다.

(3) 전략 수립

① 조직의 외부 및 내부 환경 분석이 끝난 후 조직의 현재 상황에 적합한 방향을 정하고 선택하는 과정이 전략 수립 과정에 해당한다.
② 조직 내부 자원의 효율적이고 효과적인 배분을 위해서는 명확한 전략이 수립되어야 하며, 전략적 방향이 명확해야 구체적인 세부 전략을 세울 수 있다.
③ 전략 수립은 크게 기업 단위 전략과 기능 단위 전략으로 구분할 수 있는데, 기업 단위 전략에서는 다각화, 전략적 제휴 등이 있으며, 기능 단위에서는 집중화, 차별화, 원가 우위 등을 고려하게 된다.

(4) 실행 및 평가

① 수립된 전략과 초기 목표 수립 단계에서 설정했던 미션, 비전, 가치와 비교하여 조직의 성과를 측정하여 전략 프로세스를 평가한다.
② 일반적으로 성과 측정의 지표는 조직의 외부 상황이나 기업의 성장 단계 등에 따라 달라지지만, 대표적으로 통용되는 지표에는 시장점유율, 투자자본수익률(Return On Invest : ROI) 등이 있다.

3 전략통제: 균형성과표

(1) 균형성과표(Balanced Score Card: BSC)의 개념

① 균형성과표란 카플란(Kaplan)이 제시한 개념으로, 과거 재무적인 관점에만 의존했던 기업의 성과 측정을 비재무적 관점(고객 관점, 내부프로세스 관점, 학습과 성장의 관점)을 추가함으로써 균형 잡힌 기업의 성과를 측정하는 것을 의미한다.
② 성과 측정을 위한 목표와 측정치는 각 사업 단위의 비전과 전략에 따라 도출되어야 하며, 각각의 목표와 측정치는 균형을 이루어야 함을 강조한다.

(2) 균형성과표의 구성 요소

① 재무적 성과: 주주의 입장에서 성장, 수익성 및 위험과 관련된 전략을 수립하는 것이며, 실제로 기업의 영업이익, 순이익과 같은 재무 성과의 개선을 측정하는 것이다.
② 고객 성과: 고객의 입장에서 고객 가치 창출과 차별화를 위한 것과 관련 있으며, 고객과 관련된 성과가 얼마나 개선되었는지를 측정하는 것이다.
③ 내부프로세스 혁신 성과: 기업은 고객과 주주를 만족시키기 위해 어떤 내부 프로세스를 갖추어야 하는지, 기업 내부에서 가치를 창출하기 위한 프로세스가 얼마나 개선되었는지를 측정하는 것이다.
④ 학습 성과: 전략을 실행하고 장기적인 성장과 발전을 위해 인적 자원과 정보 시스템 등의 조직 절차가 개선되었는지를 측정하는 것이다.

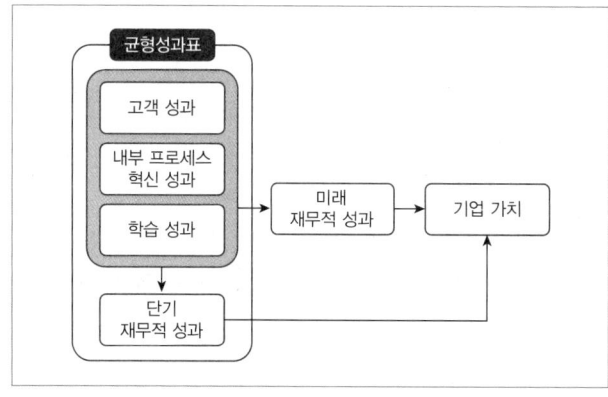

(3) 균형성과표에서 균형의 의미

① 외부적 측정치와 내부 측정치의 균형: 주주와 고객을 위한 외부 측정치와 내부 프로세스의 개선 및 학습과 성장의 균형을 이루어야 한다.
② 단기적 성과와 장기적 성과 간의 균형: 재무적 관점과 고객 관점, 내부프로세스 관점, 학습과 성장의 관점이 균형을 이루어야 한다.
③ 과거 노력의 산출물과 미래 성과를 창출할 측정치의 균형을 이루어야 한다.
④ 객관적으로 계량화되는 측정치와 주관적으로 판단되는 비계량적 측정치 간 균형을 이루어야 한다.

4 지식경영(knowledge management)

(1) 지식경영의 개념

① 지식경영은 지식의 창출과 공유를 통해 조직 내 개인과 조직이 보유한 지식을 활용하여 가치를 창출하는 경영기업을 말한다.
② 노나카(Nonaka)는 SECI모형을 제시하고 형식지(explicit knowledge)와 암묵지(tacit knowledge)의 상호작용을 통한 지식 경영을 주장하였다. 조직 내 지식은 '사회화-표출화-연결화-내재화-사회화-표출화'의 과정을 통해 지식의 창출과 공유 과정이 일어나며, 지식의 창출과 공유는 독립된 현상이 아니라 동시에 발생함을 강조하였다.

▎노나카의 지식경영 프로세스

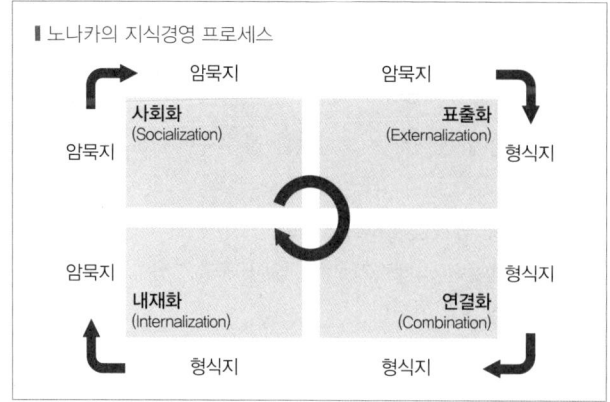

(2) 지식경영의 구성 요소
① 사회화(socialization)
- 암묵지가 높은 차원의 암묵지로 변환되는 과정을 의미한다.
- 한 사람의 암묵지가 조직 내 구성원들 간 경험 공유 등을 통해 새로운 암묵지가 창출되는 과정이다.
- 조직원 간 초보적인 경험과 인식을 공유하여 모델이나 기술 등의 한 차원 높은 암묵지를 창조하는 것이 사회화에 해당한다.

② 표출화(externalization)
- 개인 또는 집단의 암묵지가 공유되는 과정을 통해 형식지로 변환되는 것을 의미한다.
- 암묵지가 구체적인 개념으로 전환되고 언어로 표현되어 공식화되는 것을 말한다.

③ 연결화(combination)
- 개인 간 분산된 형식지의 단편들을 수집하고 분류 및 통합하여 새로운 형식지를 창조하는 과정을 의미한다.
- 개념 또는 지식을 체계화하여 지식 체계로 전환시켜 새로운 지식을 창조하는 것이다.

④ 내재화(internalization)
- 형식지를 다시 암묵지로 전환하는 과정을 의미한다.
- 사회화, 표출화, 연결화를 통해 검증받은 모델이나 기술적 노하우가 개인의 암묵지로 체화되어 가치 있는 무형자산으로 전환되는 과정이라고 할 수 있다.

5 블루오션전략과 레드오션전략

(1) 블루오션(blue ocean)전략의 개념
① 블루오션이란 시장 가치가 높지만 경쟁자가 없거나 미약하여 고부가가치 창출과 비용 절감 등을 추구할 수 있는 새로운 형태의 시장을 의미한다.
② 블루오션전략이란 기존 경쟁의 틀을 벗어나 새로운 시장을 개척하는 전략을 의미한다.
③ 블루오션에서 시장 수요는 경쟁이 아닌 창조에 의해 획득할 수 있으며 높은 수익과 빠른 성장을 가능하게 하는 기회가 존재한다. 즉, 게임의 법칙이 정해져 있지 않으므로 경쟁은 무의미하다.
④ 블루오션에 존재하는 소비자를 블루슈머(bluesumer)라고 한다.

(2) 레드오션(red ocean)전략의 개념
① 레드오션이란 경쟁자가 너무 많아 출혈경쟁이 이루어지는 기존 시장을 의미한다.
② 레드오션에서는 경쟁에 의해 수요가 창출되고 경쟁을 통해 승리한 자만이 이익을 획득하기 때문에 경쟁기업으로부터 우위를 확보하는 것이 중요하다.

(3) 블루오션전략과 레드오션전략

구분	블루오션전략	레드오션전략
시장의 개념	경쟁자 없는 신시장 창출	기존 시장에서 경쟁
경쟁의 의미	경쟁이 무의미	경쟁에서 승리를 통해 이윤 창출
수요의 의미	새로운 수요 창출	기존의 수요시장 공략
가치 추구	차별화와 저비용 동시 추구	차별화 또는 저비용 선택

6 시간기반 경쟁전략(time based competition strategy)

(1) 시간기반 경쟁전략의 개념
① 시장에 제품을 빠르게 출시하여 경쟁자들보다 우위를 점하기 위한 전략을 의미한다.
② 품질, 비용, 시간이라는 경영자원 중 시간을 가장 중요한 경쟁자원으로 활용하여 급변하는 고객의 요구에 대해 신속하게 대응하는 것을 중요한 경영목표로 설정한다.
③ 시간의 부가가치를 높이면 자연히 제품과 서비스의 품질은 향상되고 장기적으로는 비용 절감의 효과를 추구한다.

(2) 시간기반 경쟁전략의 특성
① 규모의 경제 대신 속도의 경제를 강조한다.
② 시간을 단축하면 비용이 증가하여 효과적이지 않을 것이라는 주장은 실제로 시간기반 경쟁전략을 적용하면서 의미가 퇴색되었다.

7 경제적 부가가치 경영

(1) 경제적 부가가치의 개념
① 경제적 부가가치(Economic Value Added : EVA)란 기업이 영업활동을 통해 얻은 영업이익에서 법인세, 금융, 자본비용 등을 제외한 금액이다.
② 투자된 자본을 빼고 실제로 얼마나 이익을 냈는지를 보여주는 경영지표로, EVA 값이 클수록 기업의 투자가치가 높음을 의미한다.

경제적 부가가치(EVA)
= 세후영업이익 − 자본비용
= (영업이익 − 법인세) − (자기자본비용 + 타인자본비용)
= (투하자본 수익률 − 가중평균자본비용) × 투하자본

(2) 경제적 부가가치 경영의 특징

① 영업이익의 중시
- EVA는 영업활동을 통해 달성한 이익을 분석의 기준으로 하여 기업의 투자활동이나 재무활동 등에서 이익을 창출하더라도 기업의 근본적인 영업활동에서 이익 창출을 못하였다면 기업의 수익창출능력에 문제가 있다고 판단하는 지표이다.
- EVA는 당기순이익의 전통적인 회계 개념의 이익보다 기업의 영업이익을 경영성과로 판단하는 유용한 지표이다.

② 자기자본비용 고려
- 일정 기간 동안의 기업 경영성과를 파악하기 위해 이자비용뿐만 아니라 자기자본에 대한 기회비용도 반영되어야 진정한 의미의 경영성과를 파악할 수 있다.
- 주주의 입장에서는 경영활동에 투입된 자기자본에 대한 기회비용을 반영한 손익의 결과로 일정 기간 동안의 경영성과를 반영하는 것이 합리적일 수 있다.
- 당기순이익이 흑자 기록을 하고 있어도 자기자본에 대한 기회비용을 생각했을 때 실제로 순손실을 초래하여 기업가치를 감소시킬 수 있는 가능성이 있기 때문이다.

8 리엔지니어링, 구조조정, 그리고 다운사이징

(1) 리엔지니어링(Business Process Re-engineering: BPR)
① 업무 방식을 근본적으로 개선하여 업무 프로세스 자체를 바꾸어 경영의 효율성을 높이는 전략을 의미한다.
② 기존의 관행을 고려하지 않고 제로 베이스(zero base)에서 모든 것을 검토한다. 단순한 업무 방식의 개선이나 보완과 성격이 다른 접근방법이다.

(2) 구조조정(restructuring)
기업이 경쟁적 우위를 확보하기 위해 제품이나 사업부 등을 다시 편성하거나 사업의 생산 및 판매 시스템을 구조적으로 변화시켜 사업구조를 재편성하는 것을 의미한다.

(3) 다운사이징(downsizing)
① 기업의 효율적 운영을 위해 잉여인력이나 경비를 줄여 낭비 요소를 제거하는 일련의 활동이다.
② 낭비를 줄여 효율성을 높이므로 감량경영기법과 비슷하다.
③ 조직이 쇠퇴하면서 규모가 자연스럽게 줄어드는 것과 달리 다운사이징은 의도적이며 적극적으로 실시한다는 측면에서 그 특징을 찾을 수 있다.
④ 다운사이징은 위기에서 벗어나는 방어적 전략으로 사용될 뿐만 아니라 효율성 향상을 통한 성과 창출의 공격적 전략으로도 활용된다.

CHAPTER 02 환경 분석

1 기업의 외부 환경
① 기업이 외부 환경을 정확히 분석하여 자신에게 적합한 환경에서 사업을 시작하고 경쟁했을 때 기업이 생존과 성장을 할 수 있는 가능성이 더욱 높아진다.
② 일반적으로 가장 널리 기초적으로 활용되고 있는 외부 환경 분석 방법은 마이클 포터 교수의 산업구조분석 모형이다.

2 산업구조분석 모형

(1) 산업구조분석 모형의 개념
① 마이클 포터(Micheal Porter)는 기업의 외부 환경을 분석하기 위해 산업구조분석 모형을 제안하였다.
② 분석의 틀(five forces model)에 의하면 다섯 가지 경쟁적인 세력에 의해 사업의 수익률이 정해진다. 다섯 가지 힘은 다시 수평적인 힘과 수직적인 힘으로 구분되는데, 수평적인 힘으로는 대체재의 위협, 잠재적 진입자의 위협, 기존 사업자와의 경쟁이 있고, 수직적인 힘으로는 공급자의 교섭력, 구매자의 교섭력이 있다.

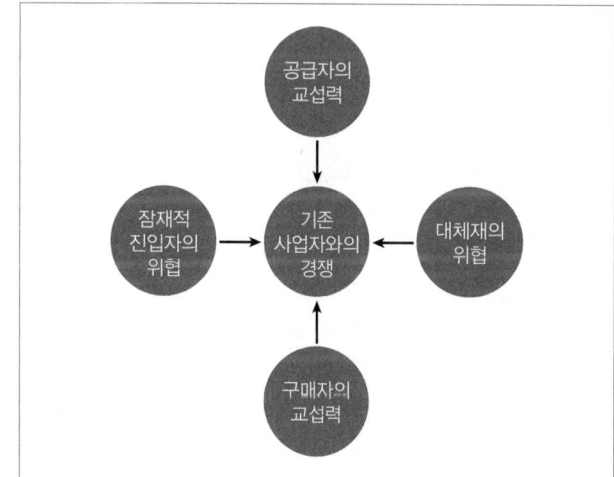

(2) 기존 사업자와의 경쟁(산업 내 경쟁)
기존 사업자와의 경쟁은 산업 내 경쟁을 의미한다.
① 산업의 집중도
- 집중도란 동일 산업에 속하는 기업의 수와 그 개별 기업의 규모를 의미한다.
- 산업이 집중되어 있다는 것은 그 산업에 참여하고 있는 기업의 수가 적다는 것을 의미하므로 전반적인 산업수익률은 높아진다.

② 제품의 차별화
- 제품의 차별화가 없을 경우에는 결국 가격으로 경쟁을 할 수 밖에 없다.

- 가격 경쟁이 심할 경우 수익률은 떨어질 수밖에 없다.
- 제품의 차별화 정도가 높으면 산업수익률은 높아지고, 차별화 정도가 낮으면 산업수익률은 낮아진다.

③ 초과생산능력
- 초과생산능력이란 수요에 비해 더 많은 생산능력을 보유하고 있다는 것을 의미한다.
- 초과생산능력이 많을수록 산업수익률은 낮아진다.
- 수요가 급격히 증가할 경우 초과생산능력은 진입장벽의 역할을 하게 되어 산업수익률이 높아질 수 있다.

④ 비용구조
- 산업 내 비용구조는 고정비와 변동비의 구조를 의미한다.
- 일반적으로 고정비의 비중이 높은 경우 고정비용을 회수하기 위해 생산량을 늘리게 되는데, 이런 경우에는 심한 경쟁으로 산업 내 수익률이 낮아진다.
- 높은 고정비용이 진입장벽의 역할을 하는 경우에는 오히려 산업수익률이 높아질 수 있다.

⑤ 퇴거(철수)장벽
- 퇴거장벽이란 산업에서 철수하는 데 어려움이 있음을 의미한다.
- 퇴거장벽이 높은 경우에는 다른 산업으로 이동하기가 어렵고, 구조적 불황을 이겨내기 위해 손해를 보면서까지 경쟁을 하게 되는 경우가 있으므로 산업수익률은 낮아진다.

(3) 잠재적(신규) 진입자의 위협(진입장벽)
진입장벽(entry barrier)이란 신규 진입자들이 기존 기업들에 대해 부담하는 상대적 불리함, 즉 기존 기업들이 신규 진입자들에 대해 갖는 상대적 우위라고 할 수 있다.

① 자본소요량: 신규 기업이 산업에 진입할 경우 막대한 자본이 소요된다면, 소수의 기업을 제외하고는 진입이 어렵다.
  예) 상업용 항공기 산업: 보잉(Boeing)과 에어버스(Airbus), 반도체 산업 등

② 규모의 경제
- 규모의 경제란 생산량이 증가하면서 단위당 생산비용은 줄어드는 현상을 의미한다.
- 규모의 경제 효과를 낼 수 있는 기업은 같은 제품을 생산하더라도 가격을 낮출 수 있지만 규모의 경제 효과를 낼 수 없는 신규 진입자들은 가격 경쟁력이 떨어질 수밖에 없다.

③ 절대적 비용우위
- 경험 효과란 경험이 누적될수록 비용이 줄어드는 효과를 의미한다.
- 경험 효과로 줄어든 비용은 초기 진입자들에게 가격 경쟁력을 가져다주며, 이는 신규 진입자들이 극복하기 어려운 장벽이 될 수 있다.

④ 제품의 차별화
- 제품의 차별화가 가능한 산업에서는 기존의 기업들이 신규 진입자들보다 상표 충성도나 브랜드 인지도 측면에서 이점이 있다.
- 신규 진입자들이 제품의 차별화를 위해서는 초기에 많은 자본을 투자하여 소비자들이 차별화된 제품을 인지하도록 해야 하는데, 이것이 진입장벽의 역할을 한다.

⑤ 정부규제
- 정부는 특정 산업에 일정한 규제를 함으로써 기존의 사업자들을 보호하기도 한다.
- 정부가 제도적으로 진입장벽을 만들 경우 신규 진입이 매우 어렵다.

(4) 대체재의 위협
① 대체재가 많은 경우 기업들은 자신의 제품이나 서비스에 대해 높은 가격을 받을 수 없다. 대체재의 존재는 가격 민감도에 큰 영향을 미치기 때문이다.
② 대체재가 있는 경우에는 가격 민감도가 커져 높은 가격을 받을 수 없게 되므로 대체재가 있는 산업의 경우에는 산업수익률이 낮아진다.

(5) 공급자의 교섭력
① 공급자가 차별화된 제품을 만드는 기술을 가진 경우, 공급자의 수가 제한적일 경우(예) 독점적으로 제품을 공급하는 공급자와 거래할 수밖에 없는 산업의 경우)에는 공급자의 교섭력이 강하다.
② 공급자의 교섭력이 강한 산업에서는 산업수익률이 낮다.

(6) 구매자의 교섭력
① 구매자의 교섭력이 큰 산업에서는 산업수익률이 낮다. 구매자의 의존률이 높은 경우에는 구매자의 요구에 따를 수밖에 없기 때문이다.
② 구매자가 제품에 대한 정보를 많이 가진 경우 산업수익률은 낮아진다.
③ 구매자들이 공급처를 바꾸는 데 많은 비용이 든다면, 즉 전환비용이 높은 경우에는 구매자의 교섭력은 낮아진다.

(7) 산업구조분석의 장단점
① 산업구조분석은 산업구조의 이해를 통해 전체 산업의 수익률을 효과적으로 설명할 수 있으며, 이를 통해 각 개별 산업의 미래 수익성을 예측할 수 있다.
② 산업구조분석 모형은 산업구조의 동태성을 적절하게 반영하지 못한다는 비판을 받을 수 있다.

3 내부 자원과 핵심 역량

(1) 기업의 내부 환경
① 기업 외부 환경만으로는 기업의 경쟁 우위를 설명하는 것은 한계가 있다. 이러한 한계점을 극복하기 위해 기업 내부 자원에 관심을 가지게 되었다. 대표적으로 바니(Barny)는 자원기반이론(Resource Based View: RBV)를 주장하였다.
② 이와 더불어 마이클 포터의 가치사슬 분석, SWOT 분석 등이 대표적인 내부 환경을 분석하는 주요 도구로 활용되고 있다.

(2) 가치사슬(value chain) 분석
① 가치사슬은 기업의 부가가치 창출에 관련된 활동들을 연계한 것이다.
② 마이클 포터(Michael Porter)는 가치사슬 분석을 통해 기업이 전반적인 생산활동을 본원적 활동(primary activities)과 지원적 활동(support activities)으로 구분하여 기업의 가치 창출 활동을 설명하였다.
③ 가치사슬 분석을 통해 기업은 가치를 창출하는 기준으로 경쟁 우위를 가져오는 핵심역량(core competence)을 파악할 수 있다. 이렇게 파악된 핵심역량은 더욱 발전시켜 경쟁적 우위를 발전시키고 가치를 창출하지 못하는 부분은 아웃소싱(outsourcing)을 고려하게 된다.
④ 가치사슬의 구성 요소

- 본원적 활동: 기업의 제품과 서비스의 생산과 분배에 직접적으로 관련된 활동을 의미하며, 내부물류(inbound logistics), 생산 및 운영(operations), 외부물류(outbound logistics), 마케팅 및 판매(marketing and sales), 사후 서비스(after service) 활동이 있다.
- 지원적 활동: 본원적 활동을 지원하는 활동을 의미하며, 기업의 하부구조(firm infrastructure), 인적자원관리(human resource management), 연구/기술 개발(research and development), 구매/조달(procurement) 활동이 있다.

(3) SWOT 분석
① 기업 내부 환경으로 강점(strength)과 약점(weakness)을, 외부 환경으로는 기회(opportunity)와 위협(threat)을 분석하여 기업이 가지고 있는 자원과 역량을 분석하는 방법이다.
② 이러한 분석을 통해 기업은 경쟁 기업과 비교하여 해당 기업의 핵심역량(core competence)을 발견할 수 있다.

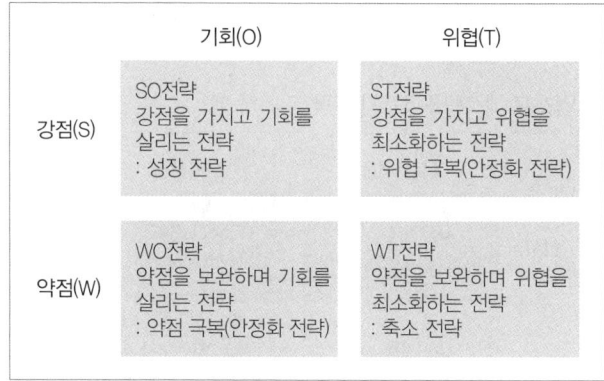

③ SWOT 분석의 장단점
- SWOT 분석은 기업의 내부 환경과 외부 환경을 전체적인 관점에서 파악하여 적용할 수 있을 뿐만 아니라 이해하기가 용이하다.
- 전체적인 분석부터 세부적 분석 수준까지 수준을 조절하는 것도 가능하다.
- 각 요인에 대한 균형 잡힌 충분한 정보가 선행되어야 효과적인 분석 결과를 얻을 수 있다.

(4) VRIO 분석
① 바니(Barney)는 자원기반이론에서 기업이 시장에서 경쟁적 우위를 확보하고 유지하는 것이 중요함을 강조하면서 특별한 자원(resource)의 보유 여부에 따라 기업의 경쟁적 우위가 결정된다고 주장하였다.
② 경쟁적 우위에 영향을 미치는 자원의 특징은 가치가 있어야 하고(value), 드물어야 하며(rare), 모방이 불가능해야 하고(inimitable), 대체가 어려워야 한다(non-substitution)고 강조하였다.
③ VRIO 분석의 구성 요소: VRIO 분석은 기업이 가지고 있는 내부 자원의 경쟁력을 분석하는 틀로서 내부 보유가치(value), 보유한 자원의 희소성(rarity), 모방 가능성(imitability), 그리고 조직에서 해당 자원의 활용 가능성(organization)을 확인한다.

CHAPTER 03 기업 수준과 사업부 수준의 전략

1 앤소프 매트릭스

(1) 앤소프 매트릭스(제품-시장 매트릭스)의 4가지 성장 전략
규모를 확대하기 위해 투자를 늘리면 그만큼 위험(risk)이 증가하는데, 앤소프(Ansoff)는 기존 사업과의 연계성과 상승 효과를 활용하여 기업을 성장시키는 것을 주장하면서 4가지 성장 전략을 제시하였다.

(2) 앤소프 매트릭스 4가지 전략

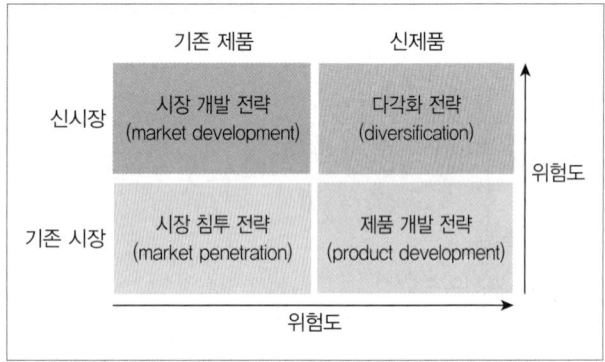

① 시장개발전략(market development)
- 기존 제품을 새로운 시장에 판매함으로써 성장을 달성하려는 전략이다.
- 수출 및 새로운 시장 개척 등이 활용될 수 있다.

② 시장침투전략(market penetration)
- 기존 제품을 기존 시장에 판매하여 시장의 지배력과 시장 점유율을 높이기 위한 전략이다.
- 경쟁사로부터 고객을 유도하거나 기존 고객으로 하여금 더 많은 구매를 유도하는 방법이 대표적이다.

③ 다각화 전략(differentiation)
- 새로운 제품을 새로운 시장에 제공하여 성장을 유도하는 전략으로, 가장 높은 위험이 존재하지만 가장 높은 이익을 얻을 수 있다.
- 다각화에는 크게 시장이나 제품이 기존 제품과 유사한 사업을 전개하는 관련 다각화와 기존 제품이 시장과 상관없는 비관련 다각화의 2가지 유형이 존재한다.

④ 제품개발전략(product development)
- 기존 시장을 위한 새로운 제품을 만들어 출시하는 전략이다.
- 신제품은 향상된 기능, 품질을 제공하거나 기존 제품을 보완하는 등 다양한 형태로 공급될 수 있다.

2 기업의 결합

(1) 기업결합의 개념
① 기업결합(combination of enterprise)이란 기업 간의 자본적, 인적, 조직적 결합을 통해 경제적으로 단일한 지배관계를 형성하는 과정 및 형태를 말한다.

② 수단이나 시장에 미치는 효과에 따라 다양한 유형으로 분류될 수 있으며, 이러한 기업결합은 당사자들 중 최소한 하나의 경제적 독립성을 상실시켜 시장에서의 경쟁을 침해할 가능성이 있기 때문에 각국 독점규제법의 주요 규제 대상이 되고 있다.

(2) 시장 형태에 따른 분류

① 수평적 결합
- 수평적 결합은 동일 시장 내에서 경쟁관계에 있는 회사 간의 결합을 의미한다.
- 그들 사이의 경쟁이 바로 사라지게 된다는 점에서 수직 결합과 혼합 결합에 비해 경쟁 제한의 발생 가능성이 높은 유형의 기업결합이라고 할 수 있다.
- 수평적 기업결합은 규모의 경제를 창출한다는 점에서 수직적 기업결합이나 혼합 기업결합 등 다른 형태의 기업결합보다 높은 잠재적인 효율성을 가질 수도 있다.

② 수직적 결합
- 수직적 결합은 수직적인 거래 관계에서 현재 또는 잠재적으로 고객과 공급자 관계에 있는 기업들이 하나의 기업으로 결합하는 것을 의미한다.
- 결합 방향에 따라 공급 기업이 구매 기업을 결합하는 전방 결합(⑩ 자동차 부품회사가 자동차 조립·생산회사를 결합)과 구매 기업이 공급 기업을 결합하는 후방 결합(⑩ 자동차 조립·생산회사가 자동차 부품회사를 결합)으로 구분할 수 있다.
- 수직적 기업결합은 생산과 유통 과정에서 비용을 절감할 수 있지만, 경쟁 관계에 있는 사업자의 구매선이나 판매선을 봉쇄하거나 경쟁자에 대한 차별 등의 방법으로 경쟁에 악영향을 미칠 수 있다.

(3) 독립성에 따른 분류
기업결합 시 기업의 독립성은 크게 법적 독립성과 경제적 독립성으로 구분한다. 법적 독립성과 경제적 독립성의 유무에 따라 크게 다음과 같은 3가지 유형이 있다.

① 카르텔(Kartel or Cartel): 담합으로서 동종 또는 유사업종의 기업들 간 협정을 통해 이루어지는 수평적 결합의 유형이다.

② 콘체른(Konzern or Concern): 다수의 개별 기업들이 법적 독립성은 유지하지만 경제적 독립성은 상실한 기업결합의 유형이다.

③ 트러스트(Trust): 법적, 경제적으로 모두 독립성을 상실한 채 하나의 기업처럼 자본적으로 결합하는 기업결합의 유형이다. 카르텔보다 강력하게 시장을 지배할 목적으로 또는 시장 독점을 목적으로 실시한다.

구분	카르텔	콘체른	트러스트
법적 독립성	유지	유지	상실
경제적 독립성	유지	상실	상실
결합 방법	수평적 결합	수평적/수직적 결합	수평적/수직적 결합
구속 정도	제한적	경영활동 구속	내부 간섭

3 통합의 형태

(1) 전략적 제휴
① 전략적 제휴는 다양한 전략적 방향성을 추구하면서 수직적 또는 수평적 결합을 실행하는 것이다.
② 기업 간 상호협력을 바탕으로 기술 또는 지식의 이전 또는 새로운 시장으로의 진출을 목적으로 하는 경우가 많다.

(2) 기업의 인수(acquisition)
① 인수는 하나의 기업이 다른 기업의 경영권을 얻는 것을 말한다.
② 일반적으로 다른 기업의 의결권이 있는 주식의 일부 또는 전부를 취득하여 해당 기업의 경영권을 획득한다.

(3) 기업의 합병(merger)
① 합병은 둘 이상의 기업이 하나의 기업으로 합쳐지는 것으로, 2개 이상의 회사가 「상법」의 절차에 따라 청산 절차를 거치지 않고 합쳐지면서 최소 1개 이상 회사의 법인격을 소멸시킨다.
② 합병 이후에 존속하는 회사 또는 합병으로 인해 신설되는 회사가 소멸하는 회사의 권리의무를 포괄적으로 승계하고 그의 사원을 수용하는 회사법상의 법률 사실을 포함한다.
③ 합병의 종류
  - 흡수합병
  - 신설합병

(4) 적대적 인수합병
적대적 인수합병이란 인수기업이 피인수기업의 의사와 반해 인수 및 합병을 시도하는 것을 의미한다. 적대적 인수합병 방법은 인수기업에서 사용하는 공격 방법과 피인수기업에서 사용하는 방어 방법으로 구분할 수 있다.
① 적대적 인수합병 공격 방법
  - 주식공개매수(Tender Offer, Take Over Bid: TOB)
  - 차입매수(Leverage Buy-Out: LBO)
  - 백지위임장투쟁(proxy contest)
② 적대적 인수합병 방어 방법
  - 백기사(white knight)
  - 의결정족수특약(super majority voting provision)
  - 독소조항(poison pill)
  - 불가침협정(standstill agreement)
  - 왕관의 보석(crown jewel)
  - 자사주 매입
  - 역공개 매수(counter tender offer)
  - 이사임기제 교체(staggered terms for directors)
  - 황금낙하산(golden parachute)

4 사업부 수준의 전략 종류

(1) 일반적 경영전략의 유형
① 성장 전략(growth strategy): 기업의 규모와 영업범위를 확대하는 전략이다.
② 축소 전략(retrenchment strategy): 효율성을 높이거나 단기적으로 성과를 향상시키기 위해 규모를 축소하는 전략이다.
③ 안정화 전략(stability strategy): 현재 상태를 유지하는 것을 중점으로 하는 전략이다.
④ 협력 전략(cooperate strategy): 일반적으로 전략적 제휴라고도 하며, 둘 이상의 기업이 공동의 목표를 달성하기 위해 상호 협력하는 전략이다.

5 마이클 포터(Michael Porter)의 본원적 전략

(1) 본원적 전략의 개념
① 마이클 포터는 기업이 경쟁 기업에 비해 높은 수익을 내는 방법에는 비용을 낮추어 싼 가격에 파는 것(비용 우위)과, 차별화된 제품으로 소비자의 선택을 받는 것(차별화)이 있다고 하였다.
② 포터는 비용 우위와 차별화는 상반된 전략으로 상충 관계에 있으므로 둘 중 하나를 선택하지 않으면, 비용 우위도 놓치고 차별화도 추구하지 못하는 애매한 위치에 놓이게 된다고 보았다.
③ 포터는 본원적 전략의 유형으로 비용 우위와 차별화 그리고 그 제품의 경쟁 범위가 얼마나 넓은지에 따른 집중화로 구분하였으며, 이를 다시 집중화된 원가 우위 전략과 집중화된 차별화 전략으로 구분하였다.

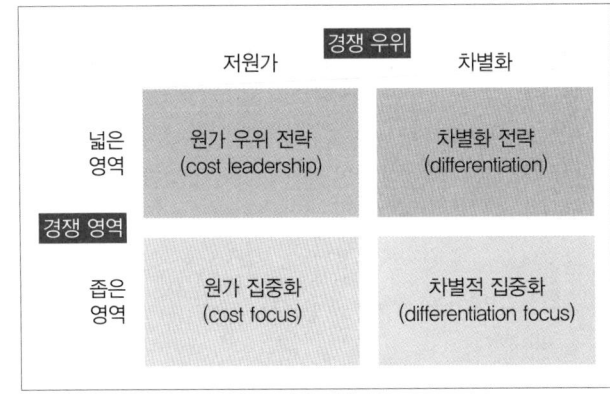

(2) 본원적 전략의 종류
① 원가 우위 전략(cost leadership strategy): 기업은 규모의 경제, 학습 효과 및 효율적인 프로세스 등을 통해 낮은 원가를 달성할 수 있고, 낮은 원가를 통해 경쟁자보다 낮은 가격으로 경쟁 우위를 달성하는 전략이다.
② 차별화 전략(differentiation strategy): 경쟁 기업과 다른 재화나 서비스를 제공함으로써 경쟁 우위를 확보하는 전략이다.
③ 집중화 전략(focus strategy): 경쟁 범위를 좁혀 특정 지역 또는 특정 제품군에서만 경쟁을 하는 전략이다.

(3) 본원적 전략에 따른 위험요소
① 본원적 전략을 구사하면서 차별화, 집중화 또는 원가 우위 전략을 분명하게 선택하지 못하면 애매모호한 상황에 처할 수 있다.
② 집중적 차별화와 비용 우위를 동시에 추구하다 보면 시장점유율과 투자수익률이 모두 안 좋은 상황으로 될 수 있으므로 주의해야 한다.

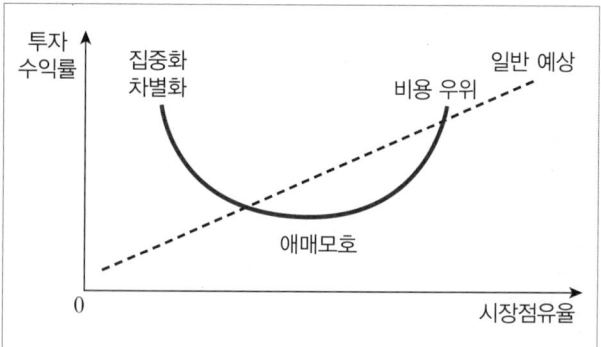

6 마일즈(Miles)와 스노우(Snow)의 전략

(1) 공격형(개척형, prospectors)
① 신제품 및 신시장을 적극적으로 개척하는 기업군을 의미한다.
② 높은 전문지식과 첨단기술을 보유하고 조직 내 수평적 의사소통을 통한 혁신적인 형태를 갖추고 있는 경우가 많아 주변 환경이 급변하는 기업에게 적합한 전략 유형이다.

(2) 방어형(defenders)
① 현재 기업의 안정성과 효율성을 강조하는 기업군을 의미한다.
② 재화와 서비스의 생산 효율성이 매우 중요하며 쇠퇴기에 접어든 산업군이나 안정적인 환경의 조직에 적합한 전략 유형이다.

(3) 분석형(analyzers)
① 공격형과 방어형 전략을 적절히 혼합하여 사용하는 기업군을 의미한다.

② 변화하는 기술환경에 효과적으로 대응하는 동시에 전통적 사업에도 충실하게 접근하는 특징이 있다.
③ 안정적인 시장에서는 효율성 극대화를 통해 자본을 확보하는 동시에 새로운 시장을 개척하려는 조직에 적합한 전략 유형이다.

(4) 반응형(낙오형, reactors)
① 전략을 주체적으로 수립하지 못하고 단순히 시장이나 경쟁 기업의 전략에 따라 반응하며 움직이는 기업군을 의미한다.
② 전략 형성에 실패한 기업군이라고 할 수 있다.

7 BCG 매트릭스

(1) BCG 매트릭스의 개념
① 보스톤 컨설팅 그룹에서 고안한 사업포트폴리오 분석 방법으로, 사업의 상대적 시장점유율과 사업 단위가 속한 시장의 성장률을 두 축으로 하여 2×2 매트릭스로 표현하면서 사업 추진에 따른 현금 흐름도 고려한다.
② 두 축을 기준으로 각 전략적 사업 단위(Strategic Business Unit: SBU)의 경쟁적 위치를 파악할 수 있기 때문에 어떤 전략적 사업 단위에 자원을 할당하고, 또 어떤 사업 단위를 퇴출해야 할지 명확히 알 수 있다.
③ BCG 매트릭스 두 축의 의미
  • 상대적 시장점유율: 동일 시장에서 가장 성공적 경쟁자의 매출액에 대한 해당 전략적 사업 단위의 매출액 비율로 계산한다. 상대적 시장점유율은 1을 기준으로 고·저로 구분하며, 상대적 시장점유율이 1보다 크다는 것은 해당 시장에서 가장 높은 시장점유율을 차지하고 있다는 것을 의미한다.
  • 시장(산업)성장률: 전략적 사업 단위가 속한 시장(산업)의 연간 성장률을 의미하며, 10%를 기준으로 고·저로 구분한다.

(2) BCG 매트릭스 영역

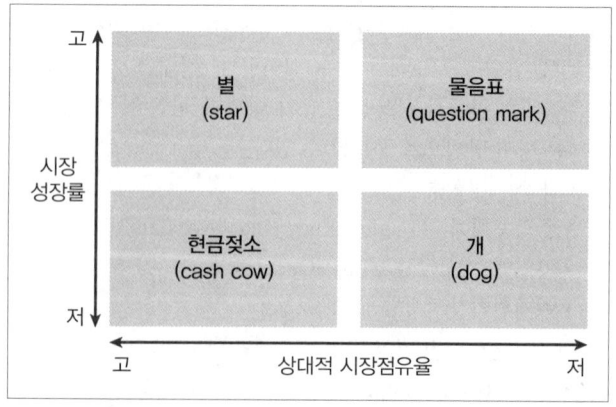

① 물음표(question mark)
- 시장성장률은 높고 상대적 시장점유율은 낮은 경우를 의미한다.
- 성장하는 산업에서 열등한 경쟁적 지위를 가지는 경우이며, 제품수명주기상 도입기에 해당한다.
- 경영자가 성공적으로 물음표 사업의 점유율을 증가시키면 별로 이동할 수 있으나, 반대로 실패하면 개의 위치로 이동한다.

② 별 또는 스타(star)
- 시장성장률이 높으면서 동시에 상대적 시장점유율이 높은 경우에 해당한다.
- 제품수명주기에서 성장기에 해당하며, 시장 예측에 기반하여 사업을 확대하고 추가적인 지원을 하는 것이 적절하다.
- 산업 내 가능성이 큰 만큼 경쟁자를 이기기 위한 많은 투자가 발생하여 현금 흐름은 중립적이라고 할 수 있다.
- 산업이 성숙기에 들어서면 현금젖소로 이동한다.

③ 현금젖소(cash cow)
- 시장성장률은 낮으나 상대적 시장점유율은 높은 경우에 해당한다.
- 제품수명주기상 성숙기에 해당하며, 현금 흐름이 좋고 수익을 발생시키므로 현금젖소라고 한다.
- 추가적인 자본 투자는 필요 없으며 현상유지 전략 또는 점진적 성장 전략이 적절하다.
- 현금젖소에서 확보한 자금을 별과 물음표 사업에 투자할 수 있다.

④ 개(dog)
- 시장성장률이 낮으면서 상대적 시장점유율도 낮은 경우에 해당한다.
- 제품수명주기상 쇠퇴기에 해당하며, 철수 전략을 선택하는 것이 일반적이다.

8 GE 매트릭스(전략적 사업계획 그리드)

(1) GE 매트릭스의 개념
① 맥킨지 컨설팅에서 만든 사업포트폴리오 분석 방법으로, 전략적 사업 단위의 강점과 산업의 매력도를 기준으로 한다.
② 기술적 요구, 시장점유율, 경쟁 상태, 산업에서의 종업원 충성도 등을 기준으로 해당 산업을 평가한다.
③ 두 축(전략적 사업 단위의 강점과 산업의 매력도)상에 위치시켜 사업 포트폴리오 의사결정 정보를 제공한다.

(2) GE 매트릭스 영역

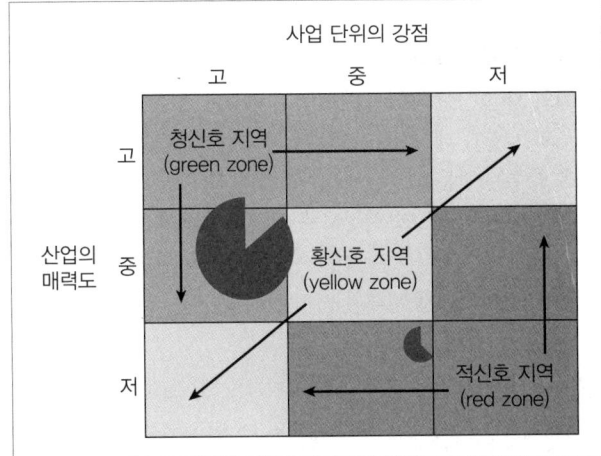

① GE 매트릭스는 사업 단위의 강점과 산업의 매력도에 따라 9개의 영역으로 만들어지는데, 각 영역을 세 가지 색깔로 구분한다.
- 청신호 지역(green zone): 산업의 매력도와 사업 단위의 강점이 모두 높은 지역
- 황신호 지역(yellow zone): 산업의 매력도와 사업 단위의 강점이 모두 중간 정도인 지역
- 적신호 지역(red zone): 산업의 매력도와 사업 단위의 강점이 모두 낮은 지역

② 원의 크기는 전략적 사업 단위가 포함된 시장의 크기이며, 원의 내부에 존재하는 부채꼴 모양은 해당 사업 단위의 시장점유율을 나타내고, 원의 위치는 투자수익률(ROI)를 반영한다.

CHAPTER 04 다국적 기업과 글로벌 경영

1 해외 시장 진출 방식

(1) 해외 시장 진출 방식의 이해
① 해외 시장을 대상으로 조직 단위의 경영전략을 구성하는 것을 다루는 학문을 국제경영이라고 한다.
② 경영전략은 글로벌 시장으로 자연스럽게 확장되어 발전하고 있으며, 다른 국가에서의 경영활동을 위한 수출, 계약, 투자 등의 형태를 이해하는 것은 중요하다.

(2) 해외 시장 진출의 종류
활동 규모와 해외 시장 몰입도 크기를 기준으로 '간접 수출 → 직접 수출 → 라이선싱 → 판매법인 → 합작투자 → 직접투자' 순으로 진행된다.

구분	특징	종류
수출	가장 단순한 방식인 일회성 거래의 형태로, 단기적이며 위험도가 낮음	간접 수출, 직접 수출
계약 방식	주로 현지 기업의 계약에 의해 운영함	라이선싱, 프랜차이징, 계약 생산, 관리 생산, 턴키 생산, BOT 방식
해외 직접투자	통제의 강도가 가장 큰 형태로, 많은 자금과 인력을 투입하고 위험이 높음	단독 투자, 합작 투자, 신설, 인수 및 합병

2 국가경쟁 우위 다이아몬드 모델

(1) 국가경쟁 다이아몬드 모델의 개요
① 마이클 포터(Michael Porter) 교수는 국가경쟁력을 설명하는 다이아몬드(diamond) 모델을 통해 200여년간 지속되던 전통 경제학의 패러다임을 뒤집는 새로운 개념의 국가경쟁력 분석 방법을 제시하였다.

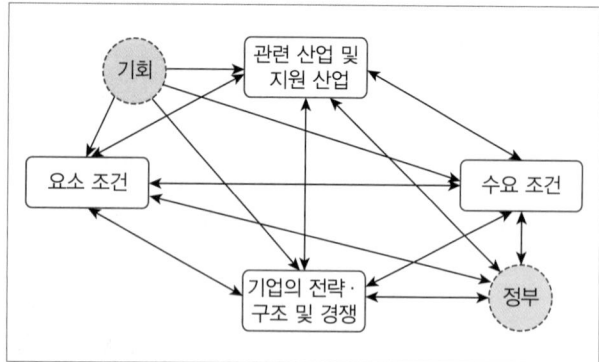

② 포터는 국가경쟁력이 국내 산업의 생산성에 의해 결정된다고 보았다.
③ 국가경쟁력이 높은 국가란 국내 산업이 높은 생산성을 달성하고 이를 계속 향상시킬 수 있는 국내 여건을 조성해 주는 국가를 의미한다고 주장하였다.
④ 결국 국가경쟁력이란 이러한 국내 여건을 조성하는 능력이다.

(2) 국가경쟁 우위 다이아몬드 모델의 구성 요소
① 요소 조건(factor conditions)
- 자본과 노동의 질을 단순한 양보다 중시한다.
- 한 국가가 경쟁력을 보유하기 위해서는 다른 국가가 쉽게 모방할 수 없는 선진적이고 전문적인 생산 요소를 갖추어야 한다고 보고, 특히 질적 우위의 생산요소를 위해서는 연구 개발에 대한 투자가 매우 중요하다고 본다.

② 수요 조건(demand conditions)
- 소비자의 민감도를 중요시한다. 이는 내수 소비자가 공급자의 경쟁력을 제고하는 주요 요인이 된다고 판단했기 때문이다.
- 내수시장의 확장 및 성장 속도가 빠르고 포화 상태의 정도가 높을수록 기업의 혁신이 더 많이 창출된다고 본다.

③ 관련 및 지원 산업(related and supporting industries)
- 관련 및 지원 산업의 경쟁력이 높을수록 해당 산업의 경쟁력이 높아진다고 본다.
- 자국 지원 산업의 경쟁력이 해외 산업의 경쟁력보다 중요하다고 판단한다.
- 유관산업 간의 지리적 접근성이 매우 중요하며 특정 산업이 경쟁력을 가지기 위해서는 해당 산업을 중심으로 하는 클러스터(cluster) 형성이 중요하다고 본다.

④ 기업의 전략·구조 및 경쟁 관계(firm strategy·structure and rivalry)
- 국내 기업 간의 시장 경쟁이 국제 경쟁력의 원천이 된다고 본다.
- 특히, 국내에서 세계적 경쟁력을 가진 기업이 있을 때 후발 주자도 국제경쟁력을 갖추기가 용이할 수 있다.
- 경쟁과 혁신을 효율적으로 소화할 수 있는 기업 환경이 매우 중요하다고 본다.

(3) 국가경쟁 우위 다이아몬드 모델의 특징과 한계점
① 국가경쟁력을 동적인 관점에서 접근하였다.
② 전통 경제학에서 주장하는 국가경쟁력 변수를 모두 포함하면서 당시까지 알려지지 않았던 새로운 변수들을 포함하는 다이아몬드 모델을 제시함으로써 국가경쟁력 평가를 매우 포괄적으로 접근하였다.
③ 포터의 다이아몬드 모델은 너무 국내에 치중되어 있고 정부의 역할이 과소평가되었다는 논쟁을 불러일으켰다.

PART 04 기출변형 실전문제

CHAPTER 01 경영전략의 이해

01 난이도 ■■□
약점진단 ○△×

경영전략에 대한 설명으로 옳지 않은 것은?

① 경영전략이란 제한된 경영자원을 배분하여 기업에게 경쟁적 우위를 확보하고 유지시켜 줄 수 있는 일련의 의사결정이라고 할 수 있다.
② 경영전략은 기업의 다른 계획을 세우는 기초가 되며 준거틀의 역할을 수행한다.
③ 경영전략 프로세스는 '목표 설정 → 환경 분석 → 전략 수립 → 실행 및 평가' 순으로 진행된다.
④ 기업의 목표는 미션, 비전, 가치로 구성되는 것이 일반적이다.
⑤ 기업전략에서는 특정 시장이나 산업에서 경쟁하기 위한 재화와 서비스를 결정하는 문제, 생산 능력 입지 선정 문제, 신기술 도입 등의 문제를 다룬다.

| 해설 | 특정 시장이나 산업에서 경쟁하기 위한 재화와 서비스를 결정하는 문제, 생산 능력 입지 선정 문제, 신기술 도입 등의 문제를 다루는 전략은 사업부전략이다.

02 난이도 ■■□
약점진단 ○△×

경영전략 프로세스 중 (가) 단계에 대한 설명으로 옳지 않은 것은?

(가) → 환경 분석 → 전략 수립 → 실행 및 평가

① 일반적으로 미션, 비전, 가치를 설정하는 단계이다.
② 미션은 기업이나 조직의 근본적 존재 이유를 나타내는 것으로서 간결하고 기억하기 쉬우며 경쟁자와는 차별적인 것으로 인식될 수 있어야 한다.
③ 미션은 'why'에 대한 답이 될 수 있어야 한다. 즉, 기업이 왜 존재하는가에 대한 답으로 제시될 수 있는 것이 미션이다.
④ 미션이 'why'에 대한 답이라면, 비전은 'what'에 대한 답이 될 수 있다.
⑤ 가치는 조직이 목표로 하는 구체적인 미래상, 지향점 또는 갈망하는 바를 드러내고 기업의 목표와 의사결정을 이끌 수 있어야 한다.

| 해설 | (가)는 경영전략 프로세스 중 목표 설정에 해당한다. 조직이 목표로 하는 구체적인 미래상, 지향점 또는 갈망하는 바를 드러내고 기업의 목표와 의사결정을 이끌 수 있는 것은 비전이다. (핵심)가치는 조직의 비전을 지원하고 진정한 가치를 반영하는 문화를 형성하는 원칙이나 신념, 철학 등을 말한다.

정답 01 ⑤ 02 ⑤

03 난이도 ■■□

노나카의 지식 경영(knowledge management)에 대한 설명으로 옳은 것은?

① 사회화(socialization)란 암묵지가 높은 차원의 형식지로 변환되는 과정을 의미한다.
② 표출화(externalization)란 개인 또는 집단의 암묵지가 공유되는 과정을 통해 암묵지로 변환되는 것을 의미한다.
③ 연결화(combination)란 개인 간 분산된 암묵지의 단편들을 수집하고 분류 및 통합하여 새로운 암묵지를 창조하는 과정을 의미한다.
④ 내재화(internalization)란 암묵지를 다시 암묵지로 전환하는 과정이다.
⑤ 지식의 창출과 공유는 각각 발생하는 독립된 현상이 아닌 동시에 발생한다는 점을 강조하였다.

| 오답해설 | ① 사회화란 암묵지가 높은 차원의 암묵지로 변환되는 과정을 의미한다.
② 표출화란 개인 또는 집단의 암묵지가 공유되는 과정을 통해 형식지로 변환되는 것을 의미한다.
③ 연결화란 개인 간 분산된 형식지의 단편들을 수집하고 분류 및 통합하여 새로운 형식지를 창조하는 과정을 의미한다.
④ 내재화란 형식지를 다시 암묵지로 전환하는 과정이다.

04 난이도 ■■□

카플란의 균형성과표에 대한 설명으로 옳은 것은?

① 과거 노력의 산출물과 미래 성과를 창출할 측정치의 균형을 이루어야 한다.
② 주주와 고객을 위한 내실 있는 성장을 위해 외부 측정치보다 내부 프로세스의 개선에 관심을 기울이는 것이 좋다.
③ 과거 정성적 측정의 문제점을 극복하기 위해 객관적으로 계량화되는 정량적 측정이 중심이 되어 평가한다.
④ 단기적 성과에 매몰되기보다 장기적 성과를 거둘 수 있는 비전 확립이 중요하다.
⑤ 기업의 이익을 위해 학습보다 성장에 관심을 기울여야 한다.

| 해설 | 카플란의 균형성과표는 과거 재무적인 관점에만 의존했던 기업의 성과 측정을 비재무적 관점(고객 관점, 내부 프로세스 관점, 학습과 성장의 관점)을 추가함으로써 균형 잡힌 기업의 성과를 측정하는 것을 말한다. 성과 측정을 위한 목표와 측정치는 각 사업 단위의 비전과 전략에 따라 도출되어야 하며, 각각의 목표와 측정치는 균형을 이루어야 함을 강조하였다.

05 난이도 ■■□

다음 설명에 해당하는 전략은?

- 시장 가치가 높지만 경쟁자가 없거나 미약하여 고부가가치 창출과 비용 절감 등을 추구할 수 있는 새로운 형태의 시장에서의 전략을 의미하며, 기존 경쟁의 틀을 벗어나 새로운 시장을 개척하는 전략을 의미한다.
- 시장 수요는 경쟁에 의해 획득하는 것이 아니라 창조에 의해 획득할 수 있으며 높은 수익과 빠른 성장을 가능하게 하는 기회가 존재한다고 생각한다.
- 현재 게임의 법칙이 정해져 있지 않기 때문에 경쟁은 무의미하다고 할 수 있다.

① ESG전략
② SWOT전략
③ 창조경영전략
④ 시간기반경쟁전략
⑤ 블루오션전략

| 해설 | 제시된 설명은 블루오션전략에 해당한다.

구분	블루오션전략	레드오션전략
시장의 개념	경쟁자 없는 신시장 창출	기존 시장에서 경쟁
경쟁의 의미	경쟁이 무의미	경쟁에서 승리를 통해 이윤 창출
수요의 의미	새로운 수요 창출	기존의 수요 시장 공략
가치 추구	차별화와 저비용 동시 추구	차별화 또는 저비용 선택

정답 03 ⑤ 04 ① 05 ⑤

06 난이도

노나카 이쿠지로의 지식경영이론에서 형식지와 암묵지의 변환 과정에 대한 단계로 옳은 것은?

① 암묵지 → 형식지: 조직화(socialization)
② 암묵지 → 암묵지: 내재화(internalization)
③ 형식지 → 암묵지: 사회화(socialization)
④ 형식지 → 암묵지: 외재화(externalization)
⑤ 형식지 → 형식지: 연결화(combination)

| 오답해설 | ① 암묵지가 형식지로 변환되는 것을 외재화(표출화)라고 한다.
② 암묵지가 암묵지로 변환되는 것을 사회화라고 한다.
③④ 형식지가 암묵지로 변환되는 것을 내재화라고 한다.

07 난이도

다음 설명과 관련 있는 경영 방식은?

- 기업이 가지고 있는 지적 자산뿐만 아니라 구성원 개개인의 지식이나 노하우를 체계적으로 발굴한다.
- 발굴된 지식을 조직 내부의 보편적인 지식으로 공유한다.
- 공유된 지식의 활용을 통해 조직 전체의 문제해결능력과 기업 가치를 향상한다.

① 공급사슬관리
② 전사적 자원관리
③ 지식경영
④ 경제적 부가가치 경영
⑤ ESG 경영

| 해설 | 기업이 가지고 있는 지적 자산뿐만 아니라 구성원 개개인의 지식이나 노하우를 체계적으로 발굴하여 조직 내부의 보편적인 지식으로 공유하고, 공유지식의 활용을 통해 조직 전체의 문제해결능력과 기업 가치를 향상시키는 경영방식은 지식경영이다.

08 난이도

노나카의 지식경영 중 다음 설명에 해당하는 것은?

- 개인 간의 직접적인 상호작용을 통해 암묵지가 암묵지 그대로 전달되는 경우를 말한다.
- 장인들이 관찰, 모방, 지도와 같은 도제관계를 통해 장기적으로 지식을 전수하는 경우를 말한다.

① 연결화(combination)
② 외부화(externalization)
③ 사회화(socialization)
④ 내면화(internalization)
⑤ 조직화(organization)

| 해설 | 노나카(Nonaka Ikuziro)는 SECI 모형을 통해 지식경영을 주장했다. 암묵지가 암묵지로 전달되는 경우는 사회화에 해당한다.
| 오답해설 | ① 연결화는 형식지가 다른 형식지로 전환되는 경우이다.
② 외부화는 암묵지가 형식지로 전환되는 경우이다.
④ 내면화는 형식지가 암묵지로 전환되는 경우이다.

09 난이도

장기적인 조직의 임무, 목표, 자원배분에 관한 의사결정을 수행하는 과정은?

① 운영적 계획
② 전술적 계획
③ 전략적 계획
④ 지속적 계획
⑤ 종합적 계획

| 해설 | 장기적인 조직의 임무, 목표, 자원배분에 관한 의사결정을 수행하는 과정은 최고경영자와 기업의 임원급에서 다루어져야 할 주제이며, 이는 전략적 계획을 의미한다.

정답 06 ⑤ 07 ③ 08 ③ 09 ③

10 난이도 ■□□

다음 기사에 나타난 상황에 해당하는 개념은?

중국산 반도체기업 ZTC가 메모리 반도체 시장에 본격적으로 진입하면서 관련 업체들의 귀추가 주목되고 있다. ZTC는 글로벌 스마트폰 제조업체 Orange사에서 개발한 2023년 최신형 모델에 낸드플래시를 납품할 예정이라고 밝혔으나 구체적인 물량을 공개하지 않았다. 아직까지 중국기업들의 반도체 시장점유율이 미비하지만 저가 경쟁력을 앞세운 물량공세가 이어 질 경우 반도체 시장은 큰 위기를 맞을 수 있다는 분석이 나오고 있다.

① 카르텔
② 치킨게임
③ 도덕적 해이
④ 규모의 경제
⑤ 멧칼프 법칙

| 해설 | 치킨게임이란 어느 한쪽이 이길 때까지 피해를 감내하며 경쟁하는 것을 의미한다.

| 오답해설 | ① 카르텔은 시장을 통제하려는 목적으로 동일 산업의 기업들이 연합하는 형태를 의미한다.
③ 도적적 해이란 정보의 비대칭으로 서로에 대한 의무를 소홀히 하는 현상을 의미한다.
④ 규모의 경제란 생산량이 증가할수록 한계비용이 줄어드는 현상을 의미한다.
⑤ 멧칼프(Metcalfe) 법칙이란 네트워크의 규모가 증가하면 비용은 산술적으로 증가하지만 가치는 기하급수적으로 증가한다는 법칙을 의미한다.

CHAPTER 02 환경 분석

01 난이도 ■■□

마이클 포터의 가치사슬 모형에 대한 설명으로 옳지 않은 것은?

① 가치사슬 분석을 통해 기업의 핵심역량(core competence)을 파악할 수 있다.
② 기업의 부가가치 창출에 관련된 활동의 연계를 가치사슬(value chain)이라고 한다.
③ 지원적 활동은 본원적 활동을 지원하는 활동을 의미하며, 대표적으로 사후 서비스가 있다.
④ 기업의 제품과 서비스의 생산과 분배에 직접적으로 관련된 활동을 본원적 활동이라고 한다.
⑤ 가치사슬 분석을 통해 가치를 창출하지 못하는 부분은 아웃소싱(outsourcing)을 고려한다.

| 해설 | 마이클 포터의 가치사슬 모형에서 본원적 활동은 내부 물류, 생산 및 운영, 외부 물류, 마케팅 및 판매, 사후 서비스가 해당하며, 지원적 활동은 기업의 하부구조, 인적자원관리, R&D, 구매 및 조달이 해당한다.

정답 10 ② 01 ③

02

다음은 마이클 포터의 산업구조 분석 모형을 나타낸 것이다. (가)에 대한 설명으로 옳지 않은 것은?

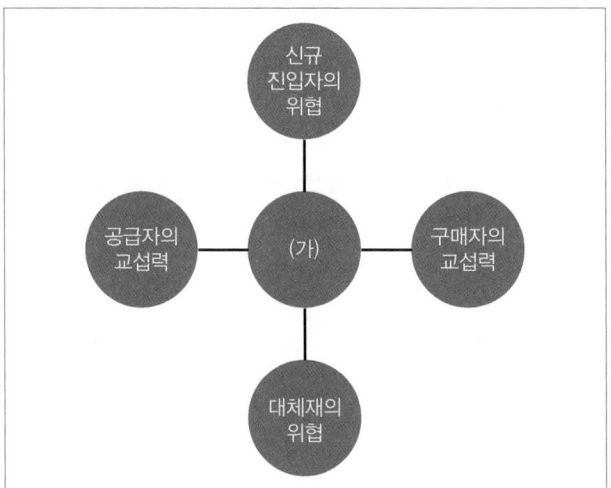

① 산업의 집중도가 낮을수록 산업의 수익률은 낮아진다.
② 제품의 차별화 정도가 높으면 산업수익률은 높아진다.
③ 초과생산능력이 많을수록 산업수익률은 낮아진다.
④ 일반적으로 고정비의 비중이 높은 경우에는 생산량을 늘리게 되어 산업 내 수익률은 낮아진다.
⑤ 퇴거장벽이 높은 경우에는 산업수익률이 높아진다.

| 해설 | (가)는 기존 사업자와의 경쟁을 의미한다. 퇴거장벽이 낮다는 것은 구조적 불황기에 기업들이 다른 산업으로 이동할 수 있다는 것을 의미하므로 경쟁이 심하게 나타나지 않는다. 그러나 퇴거장벽이 높은 경우에는 다른 산업으로 이동하기가 어렵게 되고 구조적 불황을 이겨내기 위해 손해를 보면서까지도 경쟁을 하게 되는 경우가 발생할 수 있다. 이런 경우에는 산업수익률이 낮아진다.

03

다음에서 설명하는 조직의 내부 환경 분석 방법은?

- 기업의 전반적인 활동을 본원적 활동과 지원적 활동으로 구분하였다.
- 기업은 가치를 창출하는 기준으로 경쟁 우위를 가져오는 핵심역량(core competence)을 파악한다.
- 핵심역량이 아니라고 판단된 부분은 아웃소싱의 대상이 된다.

① SWOT 분석
② STP 분석
③ VRIO 분석
④ 산업구조 분석
⑤ 가치사슬 분석

| 해설 | 제시된 설명은 가치사슬 분석에 해당한다.
| 오답해설 | ① SWOT 분석은 내부 환경 및 외부 환경을 분석을 하는 기법이다. 기업 내부 환경으로 강점(strength)과 약점(weakness)을, 외부 환경으로 기회(opportunity)와 위협(threat)을 분석하여 기업이 가지고 있는 자원과 역량을 분석하는 방법이다.
② STP 분석은 마케팅에서 시장의 세분화(segmentation), 타깃팅(targeting), 포지셔닝(positioning)을 의미한다.
③ VRIO 분석은 기업이 가지고 있는 내부 자원의 경쟁력을 분석하는 틀로서 내부 보유가치(value), 보유한 자원의 희소성(rarity), 모방 가능성(imitability), 조직에서 해당 자원의 활용 가능성(organization)을 확인하는 것이다.
④ 산업구조 분석은 기업의 외부 환경을 분석한다.

04

포터(M. Porter)가 기업의 가치 분석 틀로 제시한 가치사슬(value chain) 중 본원적 활동(primary activities)에 해당하지 않는 것은?

① 사후 서비스(after service)
② 마케팅 및 판매(marketing & sales)
③ 물류 투입 활동(inbound logistics)
④ 인적자원관리(human resource management)
⑤ 생산 및 운영 활동(production and operations management)

| 해설 | 포터의 가치사슬은 5가지의 본원적 활동과 4가지의 지원적 활동으로 구분된다. 본원적 활동은 내부 물류(물류 투입 활동), 생산 및 운영, 외부 물류, 마케팅 및 판매, 사후 서비스이며, 지원적 활동은 기업의 하부구조, 인적지원관리, 연구개발, 구매 및 조달로 구성되어 있다.

05

다음은 마이클 포터의 산업구조 분석 모형을 나타낸 것이다. (가)가 높은 상황으로 가장 적절한 것은?

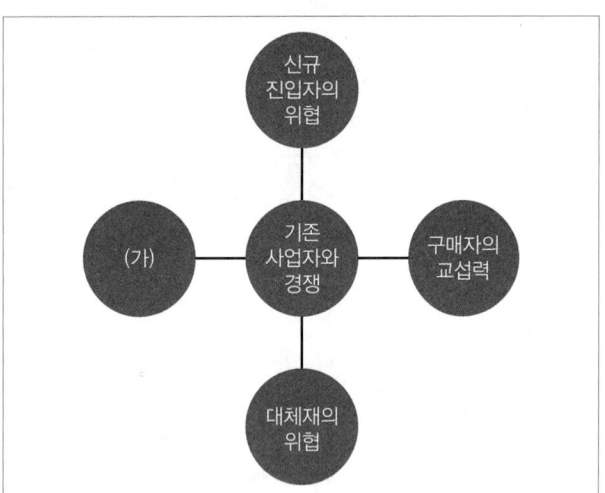

① 자본과 기술을 갖춘 구매자가 제품을 자체적으로 생산할 수 있다.
② 구매자는 제품의 비용에 대한 자세한 정보를 획득할 수 있다.
③ 공급자보다 구매자의 규모가 더 크다.
④ 구매자가 공급자를 변경할 때 발생하는 전환 비용은 무시해도 좋다.
⑤ 공급자는 차별성이 높고, 희소성이 높은 제품을 독점적으로 공급한다.

| 해설 | (가)는 공급자의 교섭력에 해당한다. 공급자의 교섭력이 높다는 것은 차별적 제품을 공급하거나 희소성이 높은 제품을 제공할 수 있는 경우를 의미한다.

06

다음은 A기업 신입사원 발령 공고문이다. 마이클 포터의 가치사슬 모형을 적용할 경우 활동의 성격이 다른 업무를 담당하게 되는 사원은?

〈신입사원 발령 공고〉

2023-03

신규채용에 따른 인사발령 사항을 아래와 같이 공고합니다.

대상자	발령 사항
신입사원 A	마케팅본부(온라인 홍보팀)
신입사원 B	기술본부(소프트웨어 연구팀)
신입사원 C	인사부(인력관리팀)
신입사원 D	구매부(해외구매팀)
신입사원 E	설비부(인프라구축팀)

① 신입사원 A
② 신입사원 B
③ 신입사원 C
④ 신입사원 D
⑤ 신입사원 E

| 해설 | 가치사슬 모형에서의 주요(본원적) 활동은 원자재 투입, 생산, 물류, 마케팅, 고객 서비스 활동을 의미하고, 보조(지원적)활동은 인적자원관리, 기술개발, 기업인프라 구매 및 조달 등이 해당한다. 온라인 홍보팀에 발령받은 신입사원 A는 주요(본원적) 활동에 속한다.

정답 05 ⑤ 06 ①

07 난이도 ■■□

경영환경분석에 대한 설명으로 옳지 않은 것은?

① 가치사슬 분석을 통해 기업이 전반적인 생산활동을 본원적 활동(primary activities)과 지원적 활동(support activities)으로 구분하여 기업의 가치창출 활동을 설명하였다.
② 가치사슬 분석에서 본원적 활동이란 기업의 제품과 서비스의 생산과 분배에 직접적으로 관련된 활동을 의미한다.
③ SWOT 분석을 통해 기업은 경쟁 기업과 비교한 후 해당 기업의 핵심역량(core competence)을 발견하는 것은 무리가 있다.
④ 바니(Barney)는 자원기반이론에서 기업이 시장에서 경쟁적 우위를 확보하고 유지하는 것이 중요함을 강조하면서 특별한 자원(resource)의 보유 여부에 따라 기업의 경쟁적 우위가 결정된다고 주장하였다.
⑤ SWOT 분석은 기업의 내부 환경과 외부 환경을 전체적인 관점에서 파악하여 적용할 수 있을 뿐만 아니라 이해하기가 용이하다.

| 해설 | SWOT 분석을 통해 기업 내부의 강점과 약점 그리고 외부의 기회와 위협을 분석하고 경쟁 기업과 비교하여 해당 기업의 핵심역량(core competence)을 발견할 수 있다.

CHAPTER 03 기업 수준과 사업부 수준의 전략

01 난이도 ■■□

기업전략에 대한 설명으로 옳지 않은 것은?

① 다각화에는 크게 시장이나 제품이 기존 제품과 유사한 사업을 전개하는 관련 다각화와 기존 제품과 시장과 전혀 상관없는 비관련 다각화 2가지 유형이 존재한다.
② 수평적 통합(horizontal combination)이란 동일 업종의 기업이 동등한 조건에서 합병·제휴하는 것을 의미한다.
③ 수평적 통합은 통합을 통해 원가를 낮출 수 있다.
④ 전략적 제휴는 다양한 전략적 방향성을 추구하면서 수직적 또는 수평적 통합을 실행하는 것이다.
⑤ 일반적인 경영전략 유형은 성장 전략, 축소 전략, 안정화 전략 및 협력 전략으로 구분할 수 있다.

| 해설 | 통합을 통해 원가를 낮출 수 있는 것은 수직적 통합이다.

02 난이도 ■■□

다음 기사를 앤소프 매트릭스 관점에서 분석할 경우, A기업이 추진한 기업 수준의 전략은?

〈NEWS〉
A기업은 연결재무제표 기준 2023년 상반기 매출액이 3,254억 원, 영업이익 182억 원을 기록했다고 16일 공시하였다. 이는 각각 전년 동기 대비 6.5%, 22.8% 증가한 수치이다.
A기업은 올해 상반기 주력 사업인 건축용, 중방식용, 바닥방수용, 공업용, 자동차보수용 도료 부문에서 고르게 성장했을 뿐 아니라 신규 사업으로 진행하고 있는 기업과 소비자 간 거래(B2C) 사업 부문인 컬러인테리어 시공서비스, 생활용품 상품 라인업 확대, 홈쇼핑 등 유통채널 다변화 등이 맞물리면서 높은 성장률을 기록했다. 또 다양한 기능성 도료인 쿨루프, 쿨로드, 에어프레쉬, 난연바닥재 등 신제품 등을 선보이며 흑자행진을 지속하였다.

① 시장침투전략
② 시장개발전략
③ 비관련 다각화 전략
④ 관련 다각화 전략
⑤ 제품개발전략

| 해설 | 제시된 기사에는 A기업의 관련 다각화 전략이 나타나 있다. A기업은 새로운 시장에 신제품을 가지고 진입하고 있으므로 이는 다각화 전략에 해당하며, 전통적 도료 사업의 노하우를 활용할 수 있는 사업 부문으로 확장하기 때문에 이는 관련 다각화에 해당한다.

| 정답 | 07 ③ | 01 ③ | 02 ④ |

03 난이도

다음 BCG 매트릭스를 활용하여 A기업의 사업을 분석한 것으로 옳은 것은?

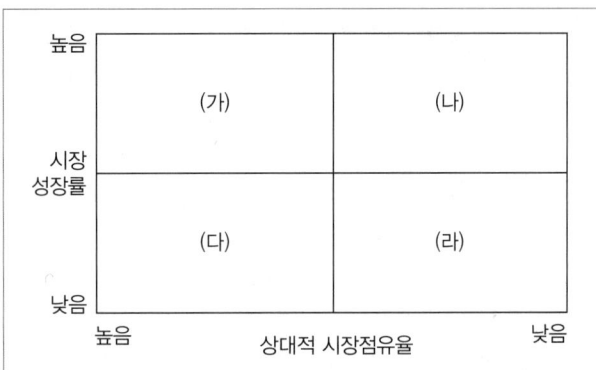

- A기업은 국내 최초로 옷의 구김을 없애고, 먼지 제거, 살균, 건조까지 원스톱으로 할 수 있는 신개념 의류관리기를 선보이며 시장공고화에 나섰다.
- 국내 의류관리기기 시장은 10만여 대 규모로 추정되며, A기업은 시장점유율 65%로 1위를 지키고 있다.
- 현재 국내 의류관리기기 보급률은 15%에 불과하여 미세먼지와 코로나19 등의 유해 환경 속에서 새로운 필수 가전제품으로 자리 잡을 가능성이 매우 높다.

① 투자 규모를 확대를 통한 시장점유율 상승으로 (나) 영역으로 이동해야 한다.
② 가능한 빠른 시일 내 인수합병을 통해 (가) 영역으로 이동하는 것이 중요하다.
③ 시장의 성장 동력이 꺼지기 전에 시장에서 신속하게 철수하는 것을 고려해야 한다.
④ 시장포화 상태에 이르게 되면 시장점유율을 유지하여 (다) 영역으로 이동해야 한다.
⑤ 지속해서 자원을 확보하는 것이 중요하므로 (라) 영역에서 현상유지에 집중하는 것이 바람직하다.

| 해설 | (가) 영역은 스타, (나) 영역은 물음표, (다) 영역은 현금젖소, (라) 영역은 개에 해당한다. 현재 A기업의 의류관리기기는 스타 영역이므로 미래에 시장포화 시 시장점유율을 안정적으로 유지하여 현금젖소 영역으로 이동하는 것이 바람직하다.

04 난이도

BCG 매트릭스의 제품 포트폴리오 전략 중 추가적인 자본 투자가 필요 없으며 현상유지 전략 또는 점진적 성장 전략이 적절한 것은?

① 물음표(question mark)
② 스타(star)
③ 현금젖소(cash cow)
④ 개(dog)
⑤ 야생고양이(wild cat)

| 해설 | BCG 매트릭스의 포트폴리오 전략 중 추가적인 자본 투자가 필요 없으며 현상유지 전략 또는 점진적 성장 전략이 적절한 것은 현금젖소이다.

05 난이도

BCG 매트릭스에 대한 옳은 설명을 〈보기〉에서 고른 것은?

┤ 보기 ├
㉠ 시장성장률이 높다는 것은 그 시장에 속한 사업부의 매력도가 높다는 것을 의미한다.
㉡ 매트릭스상에서 원의 크기는 전체 시장 규모를 의미한다.
㉢ 유망한 신규 사업에 대한 투자 재원으로 활용되는 사업부는 현금젖소(cash cow) 사업으로 분류된다.
㉣ 상대적 시장점유율은 시장리더기업의 경우 항상 1.0이 넘으며, 나머지 기업은 1.0이 되지 않는다.

① ㉠, ㉡
② ㉠, ㉢
③ ㉡, ㉣
④ ㉢, ㉣
⑤ ㉠, ㉣

| 오답해설 | ㉠ 시장성장률이 높다는 것은 그 시장에 속한 사업부의 매력도가 높다는 것이 아니라 시장 자체의 매력도가 높다는 것을 의미한다.
㉡ BCG 매트릭스상에서 원의 크기는 해당 사업부의 규모를 의미한다. GE 매트릭스에서는 원의 크기가 전체 시장의 규모, 즉 시장의 크기를 의미한다.

정답 03 ④ 04 ③ 05 ④

06 난이도

제품수명주기에 따른 BCG 매트릭스 영역을 순서대로 나열한 것은?

| A. 별(star) | B. 현금젖소(cash cow) |
| C. 개(dog) | D. 물음표(question mark) |

① A – B – C – D
② B – C – D – A
③ C – D – A – B
④ D – A – B – C
⑤ D – B – A – C

| 해설 | BCG 매트릭스는 제품수명주기에 따라 '물음표 → 별 → 현금젖소 → 개'의 순서로 이동한다. 물음표는 제품수명주기의 도입기에 해당하며, 별은 성장기, 현금젖소는 성숙기, 개는 쇠퇴기에 해당한다.

07 난이도

다음은 A사가 추진하고 있는 신제품 사업과 관련된 정보이다. BCG 매트릭스에서 해당하는 영역을 고른 것은?

2023년 상대적 시장점유율	• A사: 0.1 • B사: 0.4 • C사: 0.5 • D사: 2.0
산업성장율 추세	• 2019년: 10% • 2020년: 15% • 2021년: 20% • 2022년: 25%
산업매력도	상

① 별(star)
② 개(dog)
③ 캐시카우(cash cow)
④ 물음표(question)
⑤ 달(moon)

| 해설 | BCG 매트릭스에서 시장성장률이 높고 상대적 시장점유율이 높은 영역은 별(star), 시장성장률이 높고 상대적 시장점유율이 낮으면 물음표(question) 또는 문제아(problem child), 시장성장률이 낮고 상대적 시장점유율이 높으면 캐시카우(cash cow), 시장성장률이 낮고 상대적 시장점유율도 낮으면 개(dog)의 영역에 속한다. A사가 추진하고 있는 신제품 사업은 A사의 시장점유율이 낮고 산업성장율은 높은 경우이므로 물음표(question)에 해당한다.

08 난이도

다음 설명에 해당하는 BCG 매트리스 영역은?

- 시장성장률이 높고 상대적 시장점유율이 낮은 경우이다.
- 성장하는 산업에서 열등한 경쟁적 지위를 가지는 경우이며, 제품수명주기상 도입기에 해당한다.

① 물음표(question mark)
② 별(star)
③ 현금젖소(cash cow)
④ 개(dog)
⑤ 느낌표(exclamation mark)

| 해설 | 제시된 설명에 해당하는 영역은 물음표이다. 물음표 영역은 야생 고양이(wild cat) 또는 문제아(problem child)라고도 한다.
| 오답해설 | ② 별(star) 영역은 시장성장률이 높으면서 상대적 시장점유율도 높은 경우로, 제품수명주기에서 성장기에 해당한다.
③ 현금젖소(cash cow) 영역은 시장성장률은 낮으나 상대적 시장점유율이 높은 경우로, 제품수명주기상 성숙기에 해당한다.
④ 개(dog) 영역은 시장성장률이 낮으면서 상대적 시장점유율도 낮은 경우로, 제품수명주기상 쇠퇴기에 해당한다.

09 난이도

마일즈와 스노우의 전략 유형에 속하지 않는 것은?

① 방어형(defenders)
② 공격형(prospectors)
③ 분석형(analyzers)
④ 모방형(imitators)
⑤ 반응형(reactors)

| 해설 | 마일즈와 스노우의 전략 유형은 공격형, 방어형, 분석형, 반응형으로 구분된다.

정답 06 ④ 07 ④ 08 ① 09 ④

10 난이도 ■■□

포터가 제시한 기업의 본원적 경쟁전략에 대한 설명으로 옳지 않은 것은?

① 특정 고객들에게 낮은 가격의 제품을 제공한다.
② 새로운 시장에 진입하거나 기존 시장에서 철수하여 시장 다각화를 추구한다.
③ 특화된 기능을 제공하기 위해 추가 비용을 지불한다.
④ 특정 고객에 집중된 전문 상품을 개발한다.
⑤ 낮은 원가를 유지하기 위해 표준화된 제품을 제공한다.

| 해설 | 포터(M. Porter)는 본원적 전략으로서 경쟁 우위의 원천을 저원가 제조 및 차별화로 구분하고 경쟁의 범위를 기준으로 하여 원가 우위 전략, 차별화 전략, 집중화 전략으로 제시하였다.

11 난이도 ■■□

본원적 경쟁전략의 하나인 원가 우위 전략에서 원가의 차이를 발생시키는 요인이 아닌 것은?

① 학습 및 경험곡선 효과
② 경비에 대한 엄격한 통제
③ 적정규모의 설비
④ 디자인의 차별화
⑤ 규모의 경제 효과

| 해설 | 포터의 본원적 경쟁전략 중 원가 우위 전략은 낮은 비용으로서 제품을 생산하는 것을 기반으로 하고 있다. 따라서 원가 우위를 달성할 수 있는 방법으로는 (적정규모의 설비를 통한) 규모의 경제, 학습 및 경험곡선 효과, 경비의 통제, 효율적인 프로세스 등이 있다. 디자인 차별화는 원가 우위 전략이 아닌 차별화 전략에 해당한다.

CHAPTER 04 다국적 기업과 글로벌 경영

01 난이도 ■■□

글로벌 경영에 대한 설명으로 옳은 것은?

① 해외 시장 진출은 '간접 수출 → 라이선싱 → 판매법인 → 합작투자 → 직접 수출 → 직접투자' 순으로 활동 규모와 해외 시장 몰입도가 커진다.
② 라이선싱과 프랜차이징 등은 해외 진출 방법 중 간접 수출 방식에 속한다.
③ 포터의 다이아몬드 모델의 요소 조건(factor conditions)은 자본과 노동의 질을 단순한 양보다 중시하였다.
④ 포터의 다이아몬드 모델은 정부의 역할을 과대평가한다는 한계점이 있다.
⑤ 포터의 다이아몬드 모델에서 기업의 전략·조직과 경쟁 양상에서는 국내 기업 간의 시장 경쟁이 국제 경쟁력을 약화시키는 요인으로 보았다.

| 오답해설 | ① 해외 시장 진출은 '간접 수출 → 직접 수출 → 라이선싱 → 판매법인 → 합작투자 → 직접투자' 순으로 활동 규모와 해외 시장 몰입도가 커진다.
② 라이선싱과 프랜차이징 등은 해외 진출 방법 중 계약 방식에 속한다.
④ 포터의 다이아몬드 모델은 정부의 역할이 과소평가되었다는 한계점이 있다.
⑤ 포터의 다이아몬드 모델에서 기업의 전략·조직과 경쟁 양상에서는 국내 기업 간의 시장 경쟁이 국제 경쟁력의 원천이 된다고 보았다.

02 난이도 ■□□

가장 위험도가 낮은 해외 시장 진출의 형태는?

① 직접 수출
② 라이선싱
③ 프랜차이징
④ 턴키생산
⑤ 합작투자

| 해설 | 수출은 가장 단순한 해외 진출 방식으로, 일회성 거래의 형태로 단기적이고 위험도가 가장 낮다.

| 정답 | 10 ② | 11 ④ | 01 ③ | 02 ① |

03 난이도 ■□□

다음 사례에 나타난 계약 구조로 옳은 것은?

> 최근 주식회사 B와 사업자 P는 계약을 체결하였다. 주식회사 B가 사업자 P에게 상표 및 판매권, 품질 및 인사관리, 운영 기법 및 교육을 해주면 사업자 K가 주식회사 B에게 가맹비와 로열티, 광고비, 각종 수수료를 지급하기로 하였다.

① 아웃소싱
② 라이선싱
③ 턴키방식
④ OEM계약
⑤ 프랜차이징

| 해설 | 넓은 의미에서 라이센스의 한 형태로 본점인 본사(franchiser)가 상호, 상표, 기술 등의 사용권을 특정 기업이나 개인에게 허락해 주고 가맹점(franchisee)에 대해 조직, 마케팅 및 운영과 관련한 지원을 지속적으로 제공하는 해외진출 시스템을 의미하는 것은 프랜차이징이다.

04 난이도 ■□□

통제의 강도가 가장 큰 해외 진출 형태는?

① 간접 수출
② 직접 수출
③ 프랜차이징
④ 라이선싱
⑤ 단독투자

| 해설 | 통제의 강도가 가장 큰 해외 진출 형태는 해외 직접투자로, 이에는 단독투자, 합작투자, 신설, 인수 및 합병 등이 있다.
| 오답해설 | ③④ 프랜차이징과 라이선싱은 모두 계약 방식이다.

05 난이도 ■□□

다음 중 성격이 다른 것은?

① BOT 방식
② 라이선싱
③ 턴키생산
④ M&A
⑤ 프랜차이징

| 해설 | ④ 해외 직접투자 방식에 해당한다.
| 오답해설 | ①②③⑤ 계약 방식에 해당한다.

06 난이도 ■■□

국가경쟁 우위 다이아몬드 모델의 주요 요소에 해당하지 않는 것은?

① 관련 및 지원 산업
② 요소 조건
③ 수요 조건
④ 기업전략, 구조 및 경쟁
⑤ 정부

| 해설 | 포터는 다이아몬드를 형성하는 요소 조건, 시장 수요 조건, 관련 및 지원 산업, 기업의 전략·구조 및 경쟁 관계를 국가 간의 능력, 즉 국가경쟁력을 결정하는 4가지 근본 요소로 제시하는 한편, 정부(government)와 기회(chance)라는 2가지 변수를 국가경쟁력에 간접적으로 영향을 미치는 외생 변수로 제시하였다.

07 난이도 ■■□

마이클 포터의 국가경쟁 우위 다이아몬드 모델에 대한 설명으로 옳지 않은 것은?

① 수요 조건에 관해서는 소비자의 구매력을 중시하였다.
② 국가경쟁력은 국내 산업의 생산성에 의해 결정된다고 주장하였다.
③ 국가경쟁력을 결정하는 4가지 근본 요소로 요소 조건, 시장 수요 조건, 관련 및 지원 산업, 기업의 전략·구조 및 경쟁 관계를 제시하였다.
④ 국내 산업이 높은 생산성을 달성하고 이를 계속 향상시킬 수 있는 국내 여건을 조성해 주는 국가가 국가경쟁력이 높은 국가라고 주장하였다.
⑤ 국가경쟁 우위 다이아몬드 모델의 경쟁력의 주체는 기업이다.

| 해설 | 두 번째 결정 요인인 수요 조건에 관해서는 소비자의 구매력보다 민감도를 중요시했다.

08 난이도 ■□□

국외로 생산시설을 옮겼던 자국 기업이 다시 국내로 돌아오는 현상을 무엇이라고 하는가?

① 사일로
② 벤치마킹
③ 리쇼어링
④ 샌드박스
⑤ 테이퍼링

| 해설 | 리쇼어링(Reshoring)은 해외에 진출한 자국의 제조 기업을 다시 국내로 돌아오도록 하는 정책으로, 저렴한 인건비를 이유로 해외로 공장을 옮기는 오프쇼어링과 반대되는 말이다.

정답 03 ⑤ 04 ⑤ 05 ④ 06 ⑤ 07 ① 08 ③

경영편

PART 05
마케팅

CHAPTER 01

마케팅에 대한 이해와 소비자 행동

마케팅이란 소비자의 니즈를 파악하고 소비자의 필요를 예측하여 이를 반영한 제품이나 서비스라는 가치를 창출하며, 창출된 가치를 소비자에게 알리고 구매를 유도하는 전반적인 활동이므로 마케팅에 대한 전반적 이해와 소비자의 구매결정과 관여도 등에 대해 알아본다.

CHAPTER 02

STP전략

STP전략은 시장세분화(Segmentation), 표적시장 선정(Targeting), 포지셔닝(Positioning)의 첫자를 딴 대표적인 마케팅 전략으로, STP전략의 개념과 각 단계별 주요사항에 대해 알아본다.

CHAPTER 03

마케팅 믹스 4P

STP전략과 4P는 마케팅 전략에 가장 기본이 되는 전략이므로 마케팅 믹스의 개념과 제품(Product), 가격(Pricing), 유통(Place), 촉진(Promotion)으로 대표되는 4P에 대해 알아본다.

PART 05 마케팅

CHAPTER 01 마케팅에 대한 이해와 소비자 행동

1 마케팅의 중요성

(1) 마케팅의 개념
① 마케팅이란 생산자가 상품 또는 서비스를 소비자에게 전달하는 데 관련된 모든 체계적 경영활동을 의미한다.
② 소비자의 니즈를 파악하고 소비자의 필요를 예측하여 이를 반영한 제품이나 서비스라는 가치를 창출하며, 창출된 가치를 소비자에게 알리고 구매를 유도하는 전반적인 활동이다.

(2) 마케팅 개념의 변화
① 시간의 흐름에 따른 변화: 시간의 흐름에 따라 생산 개념의 마케팅에서 사회적 개념의 마케팅으로 변화되었다.
② 마케팅 개념의 발전: 생산 개념 마케팅 → 제품 개념 마케팅 → 판매 개념 마케팅 → 마케팅 개념 마케팅 → 사회적 개념 마케팅

2 마케팅 유형

(1) 소비재 마케팅과 산업재 마케팅
① 소비재 마케팅: 구매자의 욕구 충족을 위한 최종 소비를 위해 구매하는 제품, 즉 소비재를 대상으로 하는 마케팅 활동을 의미한다.
② 산업재 마케팅: 다른 제품을 생산할 것을 목적으로 하는 제품, 즉 산업재를 대상으로 하는 마케팅 활동을 의미한다. 일반적으로 B2B(Business To Business) 마케팅으로 인식된다.

구분	소비재 시장	산업재 시장
시장 개수	많음	적음
시장 규모	작음	큼
고객 집중도	낮음	높음
수요	최종 소비자 수요	최종 소비자 수요로부터 도출
가격 탄력성	탄력적	비탄력적
의사결정 참여자	적음	많음
전문성	비전문적 노력	전문적 노력
의사결정 과정	단순	복잡
구매절차 공식화	비공식	공식
판매자와의 관계	단기적	장기적

(2) 고압적 마케팅과 저압적 마케팅
① 고압적 마케팅(push marketing): 소비자의 욕구보다 기업의 생산 능력에 따라 표준화, 규격화된 제품을 생산하고 판촉 활동을 통해 판매하는 마케팅 활동을 의미한다.
② 저압적 마케팅(pull marketing): 소비자의 욕구를 파악하는 것에 관심을 가지고 제품의 기획단계에서부터 고객의 참여를 유도하는 마케팅을 의미한다.

구분	고압적 마케팅	저압적 마케팅
전략	판매 개념 전략	마케팅 개념 전략
유형	선형 마케팅	순환 마케팅
중점 활동	후행적 마케팅 (가격, 판촉, 유통 활동)	순환적 마케팅 (마케팅 조사, 마케팅 계획 활동)

3 마케팅 구성요소

(1) 마케팅 구성요소의 개념
① 소비자 측면
- 니즈(needs): 소비자들의 본원적 필요, 즉 기본적 만족이 결핍된 상태
- 원츠(wants): 니즈를 충족할 수 있는 수단적 욕구
- 수요(demands): 소비자들의 구매 능력과 의지를 반영한 욕구

② 기업 측면
- 시장 제공물: 기업의 생존과 성장을 달성하기 위해 소비자들에게 제공하는 것
- 교환: 기업과 소비자 간 거래
- 시장: 교환이 이루어지는 장소

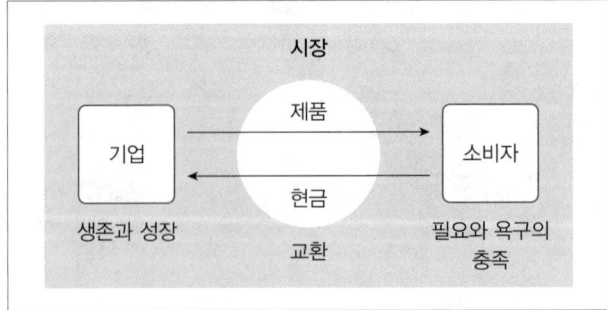

(2) 니즈, 원츠 및 수요

니즈 (needs)	기본적으로 어떤 결핍을 느끼는 것으로, 인간이므로 자연스럽게 공통적으로 나타나는 현상이며, 근본적 욕구라고도 한다.
원츠 (wants)	필요가 구체적 대상을 갖게 되는 것으로, 필요를 만족시킬 수 있는 어떤 제품이나 서비스를 바라는 것으로 문화, 개인적 취향, 상황에 따라 다르다.
수요 (demands)	욕구를 실현하기 위해 구매력이 뒷받침될 때 수요가 있다고 한다.

① 니즈와 원츠
- 원츠는 니즈를 해결할 수 있는 수단적 욕구, 구체적 욕구가 된다.
- 니즈가 배고픔, 갈증이라면, 원츠는 배고픔을 해결할 수 있는 햄버거, 콜라가 될 수 있다.

② 원츠와 수요
- 모든 소비자가 원츠를 만족시킬 수 없다.
- 소비자의 원츠 중 자신의 구매 의지와 구매 능력이 뒷받침되는 수단이 있어야 원츠를 충족할 수 있으며, 이러한 조건을 만족해야 수요라고 할 수 있다.

4 소비자 구매 결정 과정

일반적으로 문제 인식, 정보 탐색, 대안 평가, 구매, 구매 후 행동을 거친다.

(1) 문제 인식
① 소비자가 원하는 상태와 자신의 실제 소비 상황의 차이를 느낌으로써 발생한다.
② 소비자 구매 행동의 첫 단계를 문제 인식으로 보는 이유는 소비자의 구매 과정 자체가 문제해결의 과정이라고 보기 때문이다.
③ 니즈 자체로는 구매에 이르지 못하며, 내부적인 강력한 추진력이 있어야만 구매가 발생할 수 있다.

(2) 정보 탐색
① 소비자의 욕구를 충족시킬 수 있는 상품 대안을 찾기 위해 내적, 외적 정보를 탐색한다.
② 인식된 문제를 해결할 수 있는 대안을 찾기 위한 정보를 탐색하는 단계이다.

(3) 대안 평가
① 소비자가 수집한 여러 요인을 검토하여 평가기준에 의해 가장 나은 제품을 선택하기 위한 단계이다.
② 대안을 평가할 때 중요한 고려사항은 평가기준과 평가방식이다.
③ 평가기준은 제품 내재적 정보와 외재적 정보로 구분할 수 있다.

④ 대안 평가 규칙에는 보완적 방식(compensatory rule), 비보완적 방식(non-compensatory rule), 휴리스틱 방식(Heuristics)이 있다.

(4) 구매
① 대안을 결정한 후에 나타나는 구매 행동 단계로, 소비자의 구매 의사결정 과정에서 기업의 매출과 직접 관련이 있는 단계이다.
② 구매는 소비자에게 구매하는 상품이 주는 효용과 쇼핑 행위 자체가 주는 효용을 제공한다.
③ 계획적 구매
- 쇼핑 전에 구매할 제품 범주뿐만 아니라 구체적인 상표까지 미리 결정되어 있기 때문에 구매 상황에 의해 영향을 크게 받지 않는다.
- 고관여 상황에서는 '문제 인식 → 정보 탐색 → 대안의 평가 → 구매 → 구매 후 만족·불만족' 등의 과정을 거치며, 상황에 따라 이보다 단순한 방식이 적용되기도 한다.
④ 비계획적 구매
- 비계획적 구매에서는 구매 상황이 구매 의도보다 더 지배적인 역할을 한다.
- 특히, 저관여 제품에서 많이 나타난다.

(5) 구매 후 행동
소비자들의 평가에 의해 제품에 대한 태도 조정과 다른 사람들에게 피드백을 하는 것이다.
① 고객만족: 구매 후 기업이 가장 중요시 여기는 것으로, 제품의 품질이나 성능이, 고객이 사전에 갖고 있던 기대와 얼마나 차이가 나는지에 따라 결정된다.
② 구매 후 부조화
- 구매 후 심리적인 불안감을 말한다.
- 심리적 긴장을 고조시키므로 소비자는 이를 해소하기 위해 노력을 기울인다.
③ 귀인(attribution) 행동
- 귀인은 문제의 원인을 어디로 돌리느냐를 의미하며, 문제의 원인을 누구의 탓으로 돌리느냐에 따라 소비자는 만족할 수도 불만족할 수도 있다.
- 원인을 내부의 성향에 돌리는 내적 귀인과, 원인을 어떤 상황의 탓으로 돌리는 외적 귀인이 있다.

5 구매 결정에 영향을 주는 요인

(1) 사회 문화적 요인
① 문화 및 하위문화: 소비자의 행동에 영향을 미치는 요인들 중 가장 근원적인 것으로, 사회 구성원들이 공유하고 있는 문화적 가치는 소비활동을 비롯한 여러 일상적인 행동에 영향을 준다.

② 준거집단: 소비자는 구매 결정을 내릴 때 자기 주위 사람들이 무엇을 갖고 있는지 혹은 자기에 대해 어떻게 생각할지를 생각하는 경우가 많은데, 소비자가 구매 결정을 할 때 비교의 기준으로 삼는 집단을 준거집단이라고 한다.
③ 가족: 가족 구성원 개개인이 구매 결정에 서로 다른 영향을 미칠 수 있다.
④ 사회계층: 사회 내 유사한 가치관과 비슷한 행동 양식 등을 공유하는 사람들의 집단을 의미한다.

(2) 개인적 요인
① 연령 및 패밀리 라이프사이클: 소비자가 나이를 먹어감에 따라 소비하는 상품의 종류가 달라지며, 동일한 상품이라도 취향이 바뀐다.
② 라이프스타일: 비슷한 패턴을 갖고 있는 사람들을 묶어 하나의 라이프스타일 집단으로 구분한다.

(3) 소득
① 소득과 직업은 모두 소비자의 소비 패턴에 영향을 주는 변수이다.
② 우리나라 사람들은 자신이나 가계의 소득을 정확히 밝히는 것을 꺼려하므로 소득을 정확히 파악하기가 어렵다.

(4) 직업
직업은 소득보다 파악하기 쉬울 뿐만이 아니라, 소득 및 사회적 지위와 밀접한 관계를 맺고 있기 때문에 사회계층을 분류하는 기준으로 유용하게 이용된다.

6 관여도

(1) 관여도의 개념
① 관여도는 제품이나 구매에 대해 소비자가 부여하는 관심이나 중요성의 정도를 의미한다.
② 관여도는 상대적인 개념이다. 예를 들어, 커피 구매의 경우 커피 애호가에게는 관여도가 높지만, 커피의 맛이나 상표에 신경을 쓰지 않는 소비자에게는 관여도가 낮을 수 있다.

(2) 관여도에 영향을 미치는 요인
① 가격: 가격이 높을수록 관여도는 높게 나타난다. 예) 자동차
② 타인의 의식: 사회적으로 다른 사람들을 의식하는 제품일수록 관여도가 높을 수 있다. 예) 패션
③ 지각된 위험: 지각된 위험이 높을수록 관여도는 높게 나타난다. 예) 성형
④ 특정한 상황: 특정한 상황에 따라 관여도가 높을 수 있다.
   예) 소중한 사람에게 선물하는 경우

(3) 관여도의 유형
① 지속성과 관련된 관여도
   • 지속적 관여도: 이전부터 대상에 대해 인지적, 정서적 태도가 있는 것을 의미한다.
   • 상황적 관여도: 소비자가 생각하는 대상의 중요성이 개인보다 주위 상황이나 환경에 따라 달라진다.
② 제품에 따른 분류
   • 고관여도: 아파트, 자동차와 같은 고가 제품의 중요성이 높은 경우, 구매 빈도가 낮은 경우, 오랜 기간 사용하는 경우
   • 저관여도: 중요성이 낮은 제품, 가격이 저렴한 제품, 자주 사용하는 제품인 경우

(4) 관여도에 따른 소비자 행동과 유형
소비자의 관심이나 중요성이 높은 제품은 고관여 제품이라고 하고, 소비자의 관심이나 중요성이 낮은 제품은 저관여 제품이라고 한다.
① 관여도에 다른 소비자 행동

구분	고관여	저관여
정보 탐색	탐색 동기가 높으며, 소비자가 다양한 정보원을 이용하여 능동적으로 제품 및 상표 정보를 탐색함	탐색 동기가 낮고, 소비자의 제품 및 상표 탐색이 제한적이며 구매 시점의 광고에 영향을 받음
인지적 반응	정보가 불일치하면 소비자가 정보에 저항하고 반박함	소비자는 불일치 정보를 수동적으로 받아들여 제한적으로 반박함
정보처리 과정	철저하게 수행	대충 수행
구매	의사결정으로 점포 선정, 비교 쇼핑 선호	판매 촉진에 끌려 구매, 셀프 서비스 선호
구매 후 행동	자신의 구매를 인정받고 싶어 함	불만족한 경우 다른 상표 구매
인지적 부조화	일반적으로 구매 후 부조화	구매 후 부조화가 적음

② 제품과 브랜드 관여도에 따른 소비자 유형

구분		제품에 대한 관여도	
		고관여	저관여
상표에 대한 관여도	고관여	상표충성자 • 제품과 상표 모두에 관심 • 선호 상표 존재 • 타상표 사용 안 함	일상적인 상표구매자 • 상표에만 관심 • 선호 상표 존재 • 낮은 수준의 감정 결부
	저관여	정보 탐색자 • 제품에만 관심 • 상표에 의미 부여 안 함 • 정보 탐색	상표 전환자 • 제품과 상표 모두 무관심 • 감정 결부 없음 • 가격에 반응함

(5) 관여도에 따른 문제해결 유형과 구매 결정 과정
① 일상적 반응 행동
   • 구매에 관련된 문제가 인식되면 노력 없이 바로 구매한다.

- 단순하고, 외부적 정보탐색이 생략되는 경우가 많으며, 구매자의 정신적 노력을 최소화할 수 있다.
- 치약이 없는 경우 거의 자동적으로 자신의 기억 속에 있는 치약 상표를 생각하여 구매하는 경우가 해당한다.

② 포괄적 문제해결
- 소비자가 상당한 정신적 노력을 투입하고 많은 정보탐색이 수반되는 의사결정이다.
- 주로 고관여도 구매 시, 즉 고가격의 복잡한 제품 구매 시 발생되는 경우가 많다.

③ 제한된 문제해결
- 일상적 반응 행동과 포괄적 문제해결의 중간 정도에 위치해 있는 의사결정이다.
- 소비자가 잘 알고 있는 제품군에서 새로운 상표에 직면할 때 이러한 의사결정을 하게 된다.

7 로열티

(1) 로열티의 개념
① 로열티는 다른 기업의 제품이나 서비스를 구입하도록 하는 잠재적인 상황적 요인, 혹은 다른 기업의 적극적인 마케팅 활동에도 불구하고 고객이 특정 제품이나 서비스를 일관되게 재구매하고 반복적으로 구매하고자 하는 고객의 깊은 몰입의 정도를 의미한다.

② 로열티의 특성(상호성)
- 로열티는 일방적으로 생성되는 것이 아니다.
- 로열티는 거래하는 대상에 따라 다양하다.
- 산업별 유형에 따라 로열티는 달라질 수 있다.
- 대체재의 유무에 따라 로열티는 달라질 수 있다.

(2) 상대적 애착 정도와 반복구매에 따른 로열티 유형

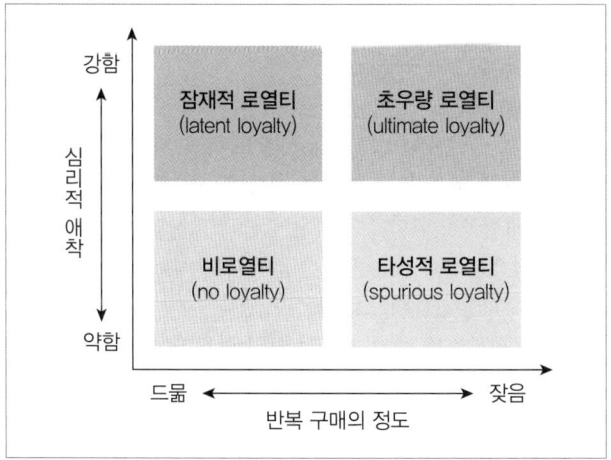

① 비로열티: 상대적 애착이 낮으며 반복구매의 정도도 낮은 유형이다.
② 타성적 로열티: 단지 타성에 젖어 습관적으로 구매를 하는 고객이 해당한다.
③ 잠재적 로열티: 반복구매의 수준은 낮으나 호감(애착)을 가지고 있는 경우에 속한다.
④ 초우량 로열티: 특정 제품이나 브랜드에 대해 높은 심리적 애착과 지속적 반복을 하는 고객이 해당한다.

(3) 로열티의 경제적 효과
① 구매로써 생기는 기본적 수입
② 재구매 등으로 발생하는 수익 증대
③ 단골 현상으로 익숙함이 증대되어 추가적 비용의 감소
④ 구전 마케팅 효과
⑤ 경쟁자의 가격 전술에 받는 영향 적음

(4) 고착(lock-in)과 로열티의 차이
① 고착이란 어느 정도 시간이 지나 심리적·물질적 전환 장벽으로 인한 전환 비용이 발생하여 다른 제품으로 변경하기가 어려운 경우를 의미한다.
② 다른 제품으로 변경할 때 발생하는 비용을 전환 비용(switching cost)이라고 하며, 기존에 익숙해졌던 사용법을 새롭게 배워야 하는 경우 발생하는 시간 등이 이에 해당한다.

   예 아이폰 - 갤럭시, MS 워드 - 한글워드 등

③ 고착은 자발적인 것이 아니므로 기회만 주어진다면 다른 제품으로 옮겨갈 수 있다는 점에서 자발적으로 생성된 로열티와 다르다.

8 고객생애가치(Customer Lifetime Value: CLV)

(1) 고객생애가치의 개념
① 고객생애가치는 고객의 과거 또는 미래에 예상되는 구매액을 기반으로 브랜드 또는 회사의 현재 고객의 가치를 정의하는 것이다.
② 충성고객으로부터 얻는 이익 흐름의 현재가치로, 한 명의 고객이 특정한 상품을 구매하여 기업에 제공하는 이익의 총합을 의미한다.

(2) 고객생애가치의 중요성
① 기업이 고객생애가치를 알 수 있다면 현재 브랜드나 기업의 고객 관여가 미래에 갖게 될 브랜드 또는 기업과 고객의 관계에 대한 가치를 예측할 수 있다.
② 기업은 상대적으로 가치가 높은 고객을 정의할 수 있게 되어 마케팅 비용을 고객에 따라 차별적으로 사용하는 데에 관한 가이드라인을 확보할 수 있다.
③ 기업이 보유한 모든 고객의 고객생애가치를 합하면 고객자산(customer equity)이 된다.
④ 고객자산은 고객 기반의 총가치이며, 고객생애가치를 높이려는 노력도 궁극적으로는 고객자산을 상승시키기 위한 것이다.

(3) 고객생애가치의 추정
① Life Time Value를 통한 방법이 많이 쓰인다.
② 개별 고객의 1회 거래에서 기업의 수익성×거래 빈도(연 또는 월 기준)×거래하는 기간으로 추정할 수 있다.

(4) 고객생애가치의 향상 방법
① 고객 획득
② 고객 유지
③ 판매 전략

9 소비재와 산업재

(1) 소비재
① 편의품(convenience goods): 소비자가 많은 노력을 기울이지 않고 쉽게 구매하는 제품으로, 비교적 가격이 저렴한 제품이 많다. ⓔ 대부분의 편의점 제품들
② 선매품(shopping goods): 소비자가 제품의 품질, 디자인, 가격 등을 비교하면서 구매하는 제품이다. ⓔ TV, 냉장고 등
③ 전문품(specialty goods): 소비자가 많은 노력을 기울이는 제품으로, 높은 제품의 차별성, 높은 관여도, 강한 상표 애호도 등의 특징이 있다. ⓔ 스포츠카, 고급시계 등

특성	소비재 유형		
	편의품	선매품	전문품
구매 전 지식	많음	적음	많음
구매 노력	적음	보통	많음
대체품 수용도	높음	보통	없음
구매 빈도	높음	보통	다양함
정보 탐색 정도	낮음	높음	낮음
구매 경향	손쉽게 구할 수 있는 제품을 구매	구매 시점에서 비교를 통한 최적 구매	특정 상표의 높은 충성도에 의한 구매

(2) 산업재(industrial goods)
① 자재와 부품(materials and parts): 제조업자가 완제품을 생산하기 위해 제품의 한 부품으로 투입되는 제품이다.
② 자본재(capital item): 제품의 일부를 구성하지는 않지만 제품 생산을 원활히 하기 위해 투입되는 제품이다.
③ 소모품(supplies): 완제품 제조에 투입되지 않고 기업 운영에 사용되는 제품이다.

(3) 소비재와 산업재 마케팅
① 소비재 마케팅: 구매자의 욕구 충족을 위한 최종 소비를 위해 구매하는 제품, 즉 소비재를 대상으로 하는 마케팅 활동이다.
② 산업재 마케팅: 다른 제품을 생산할 것을 목적으로 하는 제품, 즉 산업재를 대상으로 하는 마케팅 활동이다.

CHAPTER 02 STP전략

1 STP(Segmentation, Targeting, Position Strategy)의 이해

(1) STP의 개념
① 시장세분화(Segmentation), 표적시장 선정(Targeting), 포지셔닝(Positioning)의 첫자를 딴 마케팅 전략 중 하나이다.
② 제품 범주와 소비자 욕구에 근거하여 동질적인 여러 고객집단을 나누고 경쟁 상황과 여러 자원을 고려하여 가장 자신 있는 시장을 선정하는 것이다.

(2) STP의 흐름

시장 세분화	타깃팅	포지셔닝
▶▶▶ 시장 세분화의 기준	▶▶▶ 목표 시장 평가 요인	▶▶▶ 포지셔닝 방법
1. 인구 통계학적 기준 2. 사회 경제적 기준 3. 심리학적 기준 4. 지리적 기준 5. 소비자 행위 기준 6. 소비자 편익 기준	1. 목표 시장의 규모 및 크기 2. 목표 시장의 접근 가능성 3. 목표 시장의 측정 가능성 ▶▶▶ 시장 리커버지 전략 1. 비차별화 전략 2. 차별화 전략 3. 집중화 전략	1. 상품 및 서비스의 속성 2. 상품 및 서비스의 용도 3. 가격 대 품질 4. 경쟁자 5. 포지셔닝 맵

(3) STP전략 핵심 고려사항(3C)
① 고객(Customer): 시장 규모와 시장성 및 고객이 최대로 지불하고자 하는 가격이 어느 정도인지 고려해야 한다.
② 경쟁(Competition): 경쟁의 강도 및 경쟁 우위 요소는 무엇인지 확인해야 한다.
③ 기업(Company): 기업의 가용한 자원과 현재 운영 중인 사업의 시너지 효과를 고려해야 한다.

2 STP전략

(1) 시장세분화(Segmentation)
① 시장세분화의 개념
- 다양한 욕구를 가진 전체 시장을 특정 제품에 대한 태도나 구매 행동 등이 비슷한 성향의 소비자 집단으로 나누는 과정을 말한다.
- 시장세분화는 기존 시장뿐만 아니라 비어 있는 시장이나 잠재 시장을 대상으로 할 수도 있다.
- 시장세분화를 통해 한정된 자원을 효과적으로 활용할 수 있다.
- 시장세분화를 효과적으로 할 경우 경쟁 우위와 차별화를 통한 경쟁 우위를 확보할 수 있으며, 마케팅 기회의 발견으로 경쟁력을 강화할 수 있다.

② 효과적인 시장세분화 조건
- 차별성이 있어야 한다.
- 접근이 가능해야 한다.
- 규모가 있어야 한다.
- 실현이 가능해야 한다.
- 측정이 가능해야 한다.

(2) 타깃팅(Targeting)

타깃팅이란 구분된 세분시장 중 한 개 또는 다수의 세분시장을 선정하고 마케팅 역량을 집중하는 것을 의미한다.

① 비차별화 마케팅(undifferentiated marketing)
- 전체 세분시장에 대해 하나의 마케팅 프로그램을 적용하는 방법이다.
- 대량생산/광고/유통: 규모의 경제성, 도입기나 규모가 큰 세분시장 공략

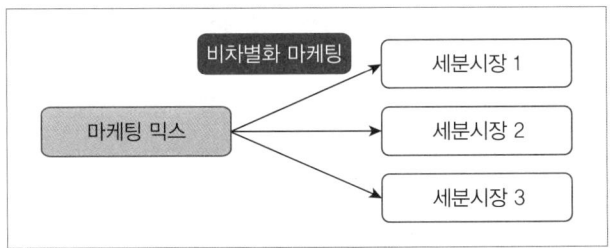

② 차별화 마케팅(differentiated marketing)
- 각 세분시장에 대해 서로 다른 제품과 마케팅 프로그램을 제시하는 방법이다.
- 차별화 마케팅을 통해 소비자의 욕구를 충족시킬 수 있고, 위험 분산의 효과를 얻을 수 있다.
- 주로 시장지배력이 높은 기업에서 활용한다.

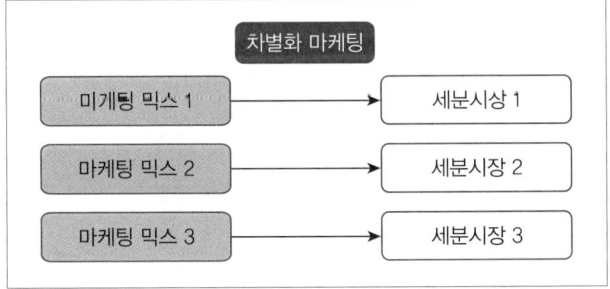

③ 집중화 마케팅
- 자원이 제한된 기업이 하나의 세분시장에 집중하는 전략이다.
- 니치(niche) 마케팅과 유사하다.
- 마케팅 믹스를 수행하는 비용을 절감할 수 있어 자원이나 역량이 적은 기업에 효과적이다.

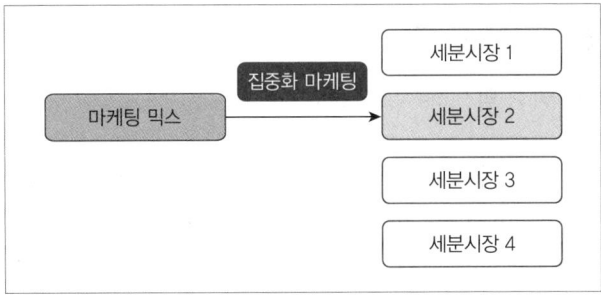

3 포지셔닝(Positioning)

(1) 포지셔닝의 개념
① 포지셔닝이란 세분시장 내에서 특정 상품이나 브랜드가 특별하고도 가치 있는 것으로 자리잡을 수 있도록 하는 전략적 절차이다.
② 소비자의 마음 속에 자신의 브랜드나 상품과 관련한 특정한 이미지를 떠올리게 하는 총체적인 전략 과정이다.
③ 고객에게 경쟁자와 어떤 차별성을 어떻게 전달할 것인지를 결정하는 것이 핵심이다.

(2) 포지셔닝 차별화 유형
① 제품 속성에 의한 포지셔닝
② 이미지에 의한 포지셔닝
③ 사용 상황에 따른 포지셔닝
④ 제품 사용자에 의한 포지셔닝
⑤ 재포지셔닝

(3) 포지셔닝 전략 수행 과정
① 고객 분석
② 포지셔닝 맵 작성
③ 자사 제품의 포지셔닝 개발
④ 마케팅 믹스 기획 및 실행
⑤ 포지셔닝 파악

(4) 포지셔닝 기법
① 정성적 방법
- 소비자들의 상품에 대한 구매 행동이나 서비스에 대한 반응을 관찰하거나 표적집단면접법 또는 심층면접법 등을 사용하여 파악할 수 있다.
- 마케팅 관리자가 생각지 못한 소비자의 새로운 지각 정도를 알 수 있으나 주관적 해석에 의존하여 객관성이 결여될 수 있다.

② 정량적 방법
- 다차원 척도법: 제품의 포지션을 결정지을 수 있는 핵심적 차원 및 속성들과 이들 차원에 대한 소비자들의 인지 상태를 바탕으로 지각도(perceptual map)를 작성하는 기법으로, 지각도를 포지셔닝 맵이라고도 한다.
- 컨조인트 분석

CHAPTER 03 마케팅 믹스 4P

1 마케팅 믹스(marketing mix)의 이해

(1) 마케팅 믹스의 개념
마케팅 믹스란 일정한 환경적 조건과 일정한 시점 내에서 여러 가지 형태의 마케팅 수단들을 경영자가 적절하게 결합 내지 조화해서 사용하는 전략을 의미한다.

(2) 마케팅 믹스와 4P
① 제품(Product), 가격(Pricing), 유통(Place), 촉진(Promotion)으로, 크게 4가지로 나뉘는 마케팅 전략을 적절하게 섞어 사용해야 한다.
② 일반적으로 기업은 시장환경을 분석하고 STP전략을 세운 후 마케팅 믹스로 마케팅 전략을 구현한다.
③ 마케팅 전략 구현 순서

2 제품(product)

(1) 제품의 개념
① 필립 코틀러(Phillip Kotler)는 제품의 정의를 소비자의 필요나 욕구를 충족시킬 수 있는 모든 것이라고 하였다.
② 물리적인 재화뿐만 아니라 서비스까지 확대하여 제품에 대한 개념을 정립해야 한다.

(2) 제품의 개념 수준
① 핵심제품(core product)
- 고객이 제품을 구매할 때 만족하는 근본적 필요 또는 욕구를 충족시켜 주는 제품 개념이다.
- 고객이 실제로 제품을 구매하여 얻는 근본적인 편익이나 이익이 된다.

② 실제제품(tangible product): 구매자가 실물적 차원에서 인식하는 제품으로, 핵심제품에 포장, 상표 등이 추가된 제품 형태이다.
③ 확장제품(augmented product): 실제제품에 추가되는 혜택을 포함하는, 즉 실제제품에 사후서비스, 보증, 설치 등이 추가된 제품 개념이다.

(3) 제품의 유형
① 소비자가 추구하는 효익에 따른 분류: 기능적/상징적/경험적
② 제품의 사용 기간에 따른 분류: 내구재/비내구재
③ 품질 평가에 따른 분류: 탐색재/경험재/신뢰재
④ 소비자의 구매 목적에 따른 분류: 소비재/산업재
⑤ 물질적 형태에 따른 분류: 유형재/무형재

(4) 서비스의 특징
① 무형성
② 소멸성
③ 불가분성
④ 이질성

(5) 제품믹스(product mix)
① 기업이 판매하는 제품들의 제품군 배합(믹스) 전략을 의미한다.
② 제품믹스는 일반적으로 제품의 폭(넓이), 길이, 깊이로 구성되어 있다.
- 제품믹스의 폭: 기업이 취급하는 모든 제품의 계열 수
- 제품믹스의 길이: 각 제품 계열 내의 제품의 개수
- 제품믹스의 깊이: 특정 제품 내의 제품의 개수

(6) 브랜드(상표, brand)
① 브랜드의 개념
- 자사의 제품이나 서비스를 소비자에게 인식시키고 경쟁자와 차별화하기 위해 사용되는 이름, 기호, 디자인 및 이들을 결합한 상징물들의 조합을 의미한다.
- 브랜드는 무형의 자산을 가지게 되며, 이를 브랜드 자산(brand equity)이라고 한다.

② 브랜드 자산
- 특정 브랜드에 대한 인지도와 연상 등에 의해 형성되는 브랜드 자산은 제품에 브랜드가 포함되면서 발생하는 추가적인 가치를 의미한다.
- 제품과 서비스의 가치를 높여주는 무형적이고 부가가치가 큰 자산이 될 수 있다.
- 브랜드 자산이 추상적이지만, 일반적으로 브랜드 인지도(brand awareness)와 브랜드 이미지(brand image)로 구분된다.
- 브랜드 인지도란 특정 브랜드를 재인식하거나 회상할 수 있는 능력을 의미하고, 브랜드 이미지는 긍정적 이미지와 부정적 이미지로 구분되며, 기업들은 긍정적 이미지를 확보하기 위해 노력한다.

③ 브랜드 자산의 구성: 데이비드 아커(D. Aaker)는 브랜드 자산이 브랜드 충성도, 브랜드 인지도, 지각된 품질, 브랜드 이미지 및 기타 독점적 브랜드 자산으로 구성되어 있다고 주장하였다.

- 브랜드 충성도: 특정 브랜드에 대한 소비자의 지속적인 재구매 성향을 의미한다.
- 브랜드 인지도: 잠재 구매자가 어떤 제품군에 속한 특정 브랜드를 회상 또는 재인할 수 있는 능력, 즉 얼마나 쉽게 떠올리고 기억할 수 있느냐를 의미한다.
- 지각된 품질: 해당 브랜드의 제품에 대한 품질을 어떻게 인식하고 있느냐를 의미한다.
- 브랜드 연상 이미지: 특정 브랜드가 소비자의 감각기관을 통해 받아들여져 해석되는 의미를 말한다.
- 기타 독점적인 브랜드 자산: 특허, 등록상표 등과 같은 기타 독점적인 브랜드 자산은 경쟁사들이 고객과 브랜드 충성도를 잠식하는 것을 막아줄 수 있을 때 가장 가치가 크다.

④ 브랜드 개발

구분		제품	
		기존 제품	새로운 제품
브랜드	기존 브랜드	계열(라인) 확장	브랜드 확장
	신규 브랜드	복수 브랜드	신규 브랜드 (신상표)

- 계열(라인) 확장(line extension): 제품 범주 내에서 새로운 형태, 색상 추가 성분 등과 같은 새로운 특성을 가진 제품을 도입하는 경우 기존의 브랜드를 사용하는 전략, 즉 동일 브랜드로 동일 제품 범주의 제품 추가 도입
  ⓔ 다양한 형태와 크기의 포카리 스웨트 등
- 브랜드 확장(brand extension): 새로운 범주에 전혀 다른 상품, 즉 신상품을 출시하면서 기존의 브랜드를 사용하는 전략 ⓔ 샘표 간장, 샘표 커피타임, 샘표 오렌지 주스
- 복수 브랜드(multi-brand): 동일 제품 범주에서 다수의 브랜드를 도입하는 전략 ⓔ 마일드 세븐, 마일드 세븐 라이트 등
- 신규 브랜드(new brand): 새로운 제품 범주에 새로운 브랜드를 활용하는 전략

(7) 제품의 수명주기
제품의 수명주기는 제품이 개발되어 도입기, 성장기, 성숙기, 쇠퇴기를 거쳐 시장에서 퇴출되는 과정이다.

① 도입기
- 시장에 처음 진출한 시기나 시장이 형성된지 얼마 안 되어 신제품에 대한 소비자의 인지도가 낮다.
- 일반적으로 제품의 판매량이 적고, 경쟁자가 없으며 유통 비용이 많이 소요되기 때문에 이익이 거의 없거나 혹은 적자가 발생하는 시기이다.

② 성장기
- 신제품이 대중화에 실패하는 단계인 캐즘(chasm)을 넘어서면 급격한 성장기에 접어들게 된다.
- 경쟁자들의 시장 진입이 증가하는 시기이다.

③ 성숙기
- 판매 성장이 둔화하는 시기이다.
- 시장의 판매는 정점에 도달하지만 비용도 함께 증가하여 이익은 감소한다.

④ 쇠퇴기
- 판매가 급격히 감소하는 시기이다.
- 소비자 욕구의 변화, 새로운 기술의 개발, 경쟁 기업의 활동, 환경 요인 변화 등과 같은 기업 내외의 여러 가지 요인으로 인해 제품의 판매량이 지속적으로 감소한다.

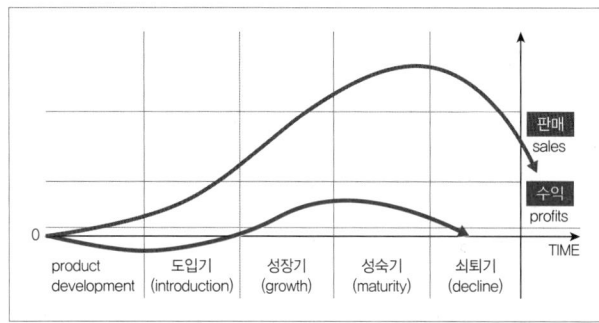

(8) 제품수명주기에 따른 특징과 전략
① 도입기
- 일반적으로 기업은 원가가산법을 통한 가격 책정을 한다.
- 높은 기술이나 차별성을 가진 경우에는 스키밍가격전략(초기 고가전략)을 활용할 수 있다.
② 성장기: 경쟁 제품과 차별성이 없을 경우 낮은 가격을 책정하는 시장침투가격전략을 활용한 시장점유율 확대가 효과적이다.
③ 성숙기: 일반적으로 경쟁자에 맞게 대응할 수 있는 가격을 책정한다.
④ 쇠퇴기: 시장에 남아 있는 기업은 가격을 인하하거나 유지하는 전략을 적용한다.

구분		도입기	성장기	성숙기	쇠퇴기
특징	매출	낮음	급속 성장	최대 판매	감소
	비용	고객당 비용 높음	평균	고객당 비용 낮음	고객당 비용 낮음
	이익	적음	점차 증가	높음	감소
	고객	혁신층	조기 수용층	조기 다수층 후기 다수층	최후 수용층
	경쟁자	소수	점차 증대	많음	감소
마케팅 목적		제품 인지와 비용 창출	시장점유율의 극대화	이익 극대화와 시장점유율 방어	비용 절감과 상표 가치 증진
마케팅 전략	제품	기초 제품의 제공	제품 확장, 서비스 및 보증의 제공	상표와 모델의 다양화	취약 제품의 폐기
	가격	원가 가산 가격	시장 침투 가격	경쟁 대등 가격	가격 인하
	유통	선택적 유통	개방적 유통	개방적인 유통 강화	선택적 유통
	광고	조기 수용층과 유통 상태에 대한 제품 인지 형성	시장에서의 제품 인지와 관심의 형성	상표 차이와 편익의 강조	핵심 고객 유지를 위한 최소 수준
	판매 촉진	사용을 강조하는 판촉 강화	수요 확대에 따른 판촉 감소	상표 전환을 유도하기 위한 판촉 증대	최저 수준으로 축소

(9) 신제품 수용
① 신제품 수용 과정 5단계: 인지 → 관심 → 평가 → 사용 → 수용
② 신제품 수용 시점에 따른 소비자 분류(로저스, Rogers)

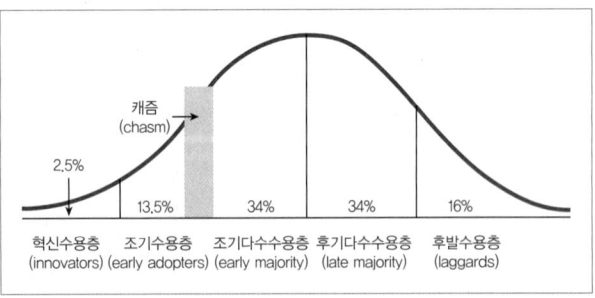

(10) 시장 수요를 고려한 마케팅 전략

수요 형태	해결 방향	마케팅 전략
부정적 수요	수요 전환	전환마케팅
무수요	수요 창출	자극마케팅
잠재적 수요	수요 개발	개발마케팅
감퇴적 수요	수요 부활	재마케팅
불규칙적 수요	수요-공급 시기 일치	동시마케팅
완전 수요	수요 유지	유지마케팅
초과 수요	수요 감소	역(디)마케팅
불건전 수요	수요 소멸	대항마케팅

3 가격

(1) 가격(price)전략
① 가격은 제품이나 서비스를 구매 및 사용하는 대가로서 지불하는 금전적 가치를 의미한다.
② 가격은 소비자가 재화나 서비스의 가치를 측정하는 기준이 된다.

(2) 가격의 종류
① 준거가격(reference pricing): 소비자들의 제품 간 비교 기준이 되는 가격을 의미한다.
② 유보가격(reservation price): 판매자 입장에서 판매를 포기하지 않는 가장 낮은 가격인 동시에 구매자가 구매를 포기하지 않을 가장 높은 가격을 의미한다.

(3) 원가 중심 가격전략
① 원가가산 가격 결정(cost-plus or mark up pricing) 방법
  • 단위당 원가에 일정 비율의 이윤(margin)을 더해 판매가격을 결정하는 것을 말한다.
  • 계산이 비교적 용이하고 원가 상승으로부터 판매자를 보호해 주는 장점이 있지만, 수요의 가격탄력성을 고려하지 않는다는 단점도 있다.
② 손익분기점 가격 결정 방법: 고정비를 회수하는 데 중점을 두고 목표이익률을 달성할 수 있도록 가격을 책정하는 대표적인 방법을 의미한다.

(4) 수요 중심 가격전략
① 지각가치 가격 결정(perceived-value pricing) 방법
  • 고객의 지각하고 있는 제품의 가치를 기준으로 가격을 결정하는 방법으로, 가격의 개념을 가장 잘 반영한 방법으로 평가받는다.
  • 고객의 지각된 가치를 측정하기가 어렵다는 것이 한계점으로 지적된다.

(5) 심리를 활용한 가격전략

① 단수가격전략(odd pricing): 가격의 마지막 자리를 홀수로 하여, 실제 가격 차이는 별로 나지 않지만, 소비자들이 심리적으로 느껴지는 가격의 차이로 인해 판매량에 변화가 발생하도록 하는 가격전략이다. ⓔ 199,900원 등

② 종속상품가격전략(캡티브 프로덕트 가격, captive-product pricing): 주요 상품의 가격을 낮게 책정하고 높은 마진율로 종속상품의 가격을 높게 책정하는 방법이다.
ⓔ 프린터와 토너, 면도기와 면도날 등

③ 이분가격전략(two-part pricing): 기본 가격에 변동사용 수수료를 추가하는 방법이다.
ⓔ 놀이공원 입장료+이용료 또는 자유이용권 등

④ 묶음제품가격전략(product bundle pricing): 두 개 이상의 재화나 서비스를 묶어 개별 가격의 합보다 저렴한 가격으로 판매하는 전략이다.

(6) 신제품 출시에 따른 가격전략

① 스키밍가격전략(초기고가전략, market-skimming strategy): 신제품 가격을 처음에는 높이 설정했다가 시간이 지나면서 차츰 내리는 것으로, 단기이익을 실현하는 것이 목적인 전략이다.

② 시장침투가격전략(초기저가전략, market-penetration pricing): 스키밍전략과 반대로 낮은 가격으로 제품을 출시하여 짧은 시간 내에 시장에서의 교두보를 확보하는 방법이다.

③ 초기고가전략과 초기저가전략

시장 요인	초기고가전략	초기저가전략
가격탄력성	비탄력적	탄력적
시장 진입 장벽	높음	낮음
생산 및 마케팅 비용	높음	낮음
소비자 인지도	새로운 이미지	기존 이미지
가격에 의한 시장 세분화	점차로 세분화 가능	대량 판매만 가능
제품의 확산 속도	느림	빠름

(7) 차이식역(Just Noticeable Difference)과 웨버(Weber)의 법칙

① 차이식역(Just Noticeable Difference: JND)이란 자극의 차이를 감지할 수 있는 최소의 차이를 의미한다. 즉, 최소인식가능차이를 말한다.

② 가격의 차이가 발생했을 경우 소비자가 주관적으로 느낀 가격 변화의 크기 또는 변화를 감지할 수 있는 변화의 증가율로 설명할 수 있다.

③ 가격을 인상할 경우에는 차이식역보다 작게 하고, 가격을 인하할 경우에는 차이식역보다 크게 해야 효과가 있다.

4 유통

(1) 유통전략

① 유통(place)과 유통전략의 개념
- 유통: 제품을 생산자로부터 소비자에게 전달하는 모든 과정과 경로, 즉 공급자로부터 소비자로 이전되는 과정을 말한다.
- 유통전략: 제품을 판매하는 경로나 제품이 고객에게 노출되는 장소를 결정하는 것을 말한다.

② 마케팅유통 경로에 대한 특징
- 유통업자의 기능: 거래 기능, 거래 촉진 기능, 정보교환 기능 등
- 소비자가 갖는 효용: 시간 효용, 장소 효용, 소유 효용 등
- 제조업자가 갖는 이점: 총거래 수 최소의 원리, 분업의 원리, 핵심역량 집중 원리 등

(2) 유통의 기능

① 상적 유통 기능
- 소유권이 이전되는 기능이다.
- 생산자를 대신하는 판매 기능과 소비자를 대신하는 구매 기능으로 구분할 수 있다.

② 물적 유통 기능: 운송 기능 및 보관 기능으로, 재고의 이전과 관련된 기능이다.

③ 조성 기능: 상적 및 물적유통이 원활하게 진행될 수 있도록 지원하는 보조 기능이다.

(3) 유통기관의 역할

① 고객들이 원하는 시간과 장소에서 쉽게 제품을 구매할 수 있도록 지원한다.

② 소비자가 원하는 제품의 구색으로 전환한다.

③ 거래의 집중화에 의한 거래접촉의 효율성을 달성하여 총거래수 최소의 원칙을 실현한다.

④ 유통기관과 총거래수 최소의 법칙

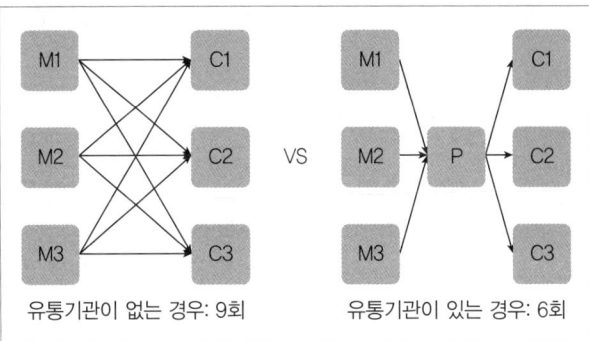

(4) 유통의 종류

① 직접 유통: 생산자와 소비자가 직접 거래하는 유형이다.

② 간접 유통: 생산자와 소비자 사이에 유통기관이 존재하는 유형으로, 제조업자와 소비자 사이에 소매상이 있는 구조(유형 2), 도매상과 소매상이 있는 구조(유형 3), 도매상, 중간 도매상, 소매상(유형 4)이 있는 구조로 구분할 수 있다.

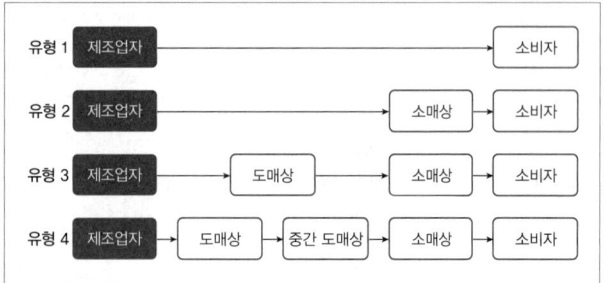

(5) 유통 범위에 따른 마케팅 유통 경로 전략

① 집약적(집중적) 유통 경로
- 일정 지역 내 최대한 많은 중간상을 확보하여 높은 유통 커버리지를 획득할 수 있는 전략이다.
- 생활필수품과 편의품의 경우, 수요가 많지 않은 성장기, 성숙기일 때 효과적이다.
- 소비자들의 구매를 쉽고 편리하게 하여 판매를 증대시킬 수 있다.

② 선택적 유통 경로
- 전속적 유통 경로와 집약적 유통 경로의 중간 수준으로 일정 지역 내 일정 수의 중간상을 확보하는 전략이다.
- 선매품인 가구, 의류, 가전제품 등에 많이 활용되며, 수요가 적고 비용의 부담을 줄이기 위한 도입기나 쇠퇴기에 효과적이다.

③ 전속적 유통 경로
- 일정 상권 내에서 한 개 또는 소수의 중간상에게 자사 제품만을 독점 취급하는 독점권을 부여하는 전략이다.
- 전문품, 고가의 상품, 명품 의류 등의 상품일 때 효과적이다.
- 중간상에 대한 통제가 용이하고 이미지를 높일 수 있다.

(6) 유통 경로 구조

① 전통적 유통 경로 시스템(conventional distribution channel system)
② 수직적 마케팅 시스템(Vertical Marketing System : VMS)
③ 수평적 마케팅 시스템(Horizontal Marketing System : HMS)
④ 기타 유통 경로 시스템: 복수 유통 경로 시스템, 역유통 경로 시스템 등

5 촉진

(1) 촉진(promotion)의 개념
① 촉진이란 고객에게 제품이나 서비스에 대한 정보를 제공하고 호감을 가질 수 있도록 유도하여 구매하게 하는 일련의 활동을 의미한다.
② 촉진은 기본적으로 정보를 전달하는 개념을 바탕으로 하므로 마케팅 커뮤니케이션이라고도 한다.

(2) 촉진전략의 종류
① 광고(advertising): 단기적인 이익 추구를 목적으로 하는 촉진 활동으로, 쌍방향 커뮤니케이션의 특징을 가지고 있는 홍보(PR)와 달리 설득적이고 일방적인 특성을 가진다.
② 홍보(Public Relation: PR): 광고가 'Buy me!'라면, 홍보는 'Love me!'의 성격이라고 할 수 있다. 즉, 대중과 상호 간 호의를 형성하고 수요를 자극하기 위한 전략이다.
③ 판매촉진(sales promotion): 재화나 서비스의 판매를 촉진하기 위해 비교적 단기간의 동기 부여 수단을 활용하는 것이다.
④ 인적판매(personal selling): 판매원이 구매자와 직접적으로 대면하여 구매를 설득하는 행위이다.

(3) 촉진전략의 결정 요인
① 제품 유형: 소비재는 광고의 중요성이 크고, 산업재는 상대적으로 광고의 중요성이 낮다.
② 구매 의사결정 과정: 정보탐색 과정에서는 광고나 홍보(PR)가 효과적인 촉진 수단이 된다.
③ 제품수명주기
- 도입기와 성장기에는 신규 구매자를 대상으로 하는 광고나 홍보(PR)가 적합하다.
- 성숙기에는 기존 구매자를 대상으로 하는 판매 촉진이 효과적이다.
- 쇠퇴기에는 판매 촉진을 지속적으로 수행하지만, 광고는 소비자들이 잊지 않을 정도로만 실시하면 된다.

④ 풀(pull)전략과 푸시(push)전략
- 풀전략은 제조업자가 직접 최종 소비자에게 촉진 활동을 하는 전략을 의미하며, 브랜드 인지도가 높은 제조업자는 광고를 활용하여 촉진의 효과를 높일 수 있다.
- 푸시전략은 제조업자가 인지도가 낮아 풀전략을 사용하는 것이 효과가 없을 때 유통업자를 통해 촉진하는 방법이다.

(4) 광고의 소구 방식
① 이성적 소구: 정보광고(informational ad)라고도 하는데, 소비자의 반응 단계를 '인지-감정-행동'으로 보고 인지단계에서 태도의 변화를 주고자 하는 방법이다.
② 감성적 소구: 이성적인 판단보다 광고를 통해 긍정적인 느낌이나 감정을 경험하도록 광고컨셉을 표현하는 것이다.

PART 05 기출변형 실전문제

CHAPTER 01 | 마케팅에 대한 이해와 소비자 행동

01 난이도 ■■□
마케팅에 대한 설명으로 옳지 않은 것은?

① 대안평가규칙에는 보완적 방식(compensatory rule), 비보완적 방식(non-compensatory rule), 휴리스틱 방식(Heuristics)이 있다.
② 비계획적 구매에서는 구매 의도가 구매 상황보다 더 지배적인 역할을 한다.
③ 소비자가 구매 결정을 할 때 비교의 기준으로 삼는 집단을 준거집단이라고 한다.
④ 관여도는 제품이나 구매에 대해 소비자가 부여하는 관심이나 중요성의 정도를 의미한다.
⑤ 고객생애가치는 고객의 과거 또는 미래에 예상되는 구매액을 기반으로 브랜드 또는 회사의 현재 고객의 가치를 정의하는 것이다.

| 해설 | 비계획적 구매에서는 구매 상황이 구매 의도보다 더 지배적인 역할을 한다.

02 난이도 ■■□
다음에서 설명하는 소비자 문제해결의 유형은?

- 소비자가 상당한 정신적 노력을 투입하고 많은 정보탐색이 수반되는 의사결정이다.
- 주로 고관여도 구매 시, 즉 고가격의 복잡한 제품구매 시 발생되는 경우가 많다.

① 포괄적 문제해결
② 일상적 문제해결
③ 일과적 문제해결
④ 제한적 문제해결
⑤ 직관적 문제해결

| 해설 | 제시문은 포괄적 문제해결 유형에 대한 것이다.

03 난이도 ■■□
고객생애가치를 높이는 방법으로 적절하지 않은 것은?

① 고객별 맞춤 서비스를 제공한다.
② 멤버십 혜택을 늘린다.
③ 브랜드 충성도를 제고시킨다.
④ 소비자상담실을 강화시킨다.
⑤ 전환 장벽을 낮춘다.

| 해설 | 마케팅에서는 고객의 가치를 고객생애가치라는 관점으로 바라본다. 고객생애가치란 고객 한 명이 특정 제품이나 서비스에 대해 충성고객으로서 존재하는 기간에 기업에 지불하는 이익의 합을 의미한다. 고객생애가치를 높이기 위해서는 고객이 경쟁사로 옮겨가지 못하도록 전환 장벽을 높여야 한다. 전환 장벽이란 고객이 경쟁사 제품으로 쉽게 전환하지 못하게 하는 유·무형의 장벽으로, 강력한 브랜드, 고유한 기술 등이 이에 해당한다.

| 정답 | 01 ② | 02 ① | 03 ⑤ |

04 난이도 ■■□

영화나 드라마에 상품을 노출시키는 PPL광고가 마케팅의 주요 수단으로 떠오르고 있다. PPL광고의 장점을 〈보기〉에서 고른 것은?

┌─ 보기 ─────────────────────────────┐
│ ㉠ 일반적으로 광고 비용이 TV 광고에 비해 저렴하다. │
│ ㉡ 소비자에게 자연스럽게 제품을 인식시킬 수 있다. │
│ ㉢ 원하는 시간에 반복적으로 브랜드 노출시킬 수 있다. │
│ ㉣ 전하고자 하는 메시지를 직접적으로 전달할 수 있다. │
└──────────────────────────────────┘

① ㉠, ㉡
② ㉠, ㉢
③ ㉡, ㉢
④ ㉡, ㉣
⑤ ㉢, ㉣

| 해설 | PPL이 주목받는 가장 큰 이유는 자연스러운 브랜드 노출 효과에 있다. TV 광고처럼 원하는 시간에 직접적으로 전하고자 하는 메시지를 설명하지 않지만 극중 이야기로 자연스럽게 다가갈 수 있어 소비자에게 특별한 부담감 없이 브랜드를 인식시킬 수 있다. 또한 비용도 TV 광고보다 상대적으로 저렴하고, 해당 드라마나 영화가 흥행하게 되면 PPL 제품 인지도가 상승하는 효과가 있으므로 매출 상승에 도움이 된다.

05 난이도 ■■□

마케팅의 개념에 대한 설명으로 옳지 않은 것은?

① 마케팅이란 상품 또는 서비스를 소비자에게 전달하는 데 관련된 모든 체계적 경영활동이다.
② 시간의 흐름에 따라 생산 개념의 마케팅에서 사회적 개념의 마케팅으로 변화하였다.
③ 생산 개념의 마케팅에서는 제품의 차별화가 중요하다.
④ 판매 개념의 마케팅에서는 제품의 차별화만으로는 경쟁력을 갖추기 어려워 판매 전략의 개념이 등장한다.
⑤ 사회적 개념의 마케팅에서는 기업의 사회적 책임이 강조되기 시작한다.

| 해설 | 제품의 차별화가 강조되기 시작한 것은 제품 개념의 마케팅이며, 제품의 차별화만으로는 경쟁력을 가지기 어려워 판매 전략의 개념이 등장하기 시작한 것은 판매 개념의 마케팅이다. 생산 개념의 마케팅에서는 수요에 비해 공급이 부족하므로 제품의 차별화나 판매 전략의 개념은 나타나지 않는다.

06 난이도 ■■□

소비재 시장과 산업재 시장에 대한 설명으로 옳지 않은 것은?

① 소비재 시장이 산업재 시장보다 시장의 규모는 작으나 시장의 수는 많다.
② 소비재 시장은 최종 소비자 수요가 직접적인 수요로써 작용하고, 산업재 시장은 최종 소비자 수요로부터 수요가 도출된다.
③ 소비재 시장보다 산업재 시장의 가격탄력성이 높다.
④ 소비재 시장보다 산업재 시장의 전문성이 높다.
⑤ 소비재 시장의 의사결정 과정이 산업재 시장의 의사결정 과정보다 단순하다.

| 해설 | 소비재 시장의 제품이 산업재 시장의 제품보다 가격탄력성이 높다.

07 난이도 ■■□

고압적 마케팅(push marketing)과 저압적 마케팅(pull marketing)에 대한 설명으로 옳지 않은 것은?

① 고압적 마케팅은 기업의 생산 능력에 따라 표준화, 규격화된 제품을 생산하고 판촉 활동을 통해 판매하는 마케팅 활동을 의미한다.
② 고압적 마케팅의 전략은 판매 개념 전략이다.
③ 저압적 마케팅의 전략은 마케팅 개념 전략이다.
④ 고압적 마케팅은 선형 마케팅, 선행적 마케팅의 성격을 가진다.
⑤ 저압적 마케팅은 순환 마케팅, 순환적 마케팅의 성격을 가진다.

| 해설 | 고압적 마케팅은 선형 마케팅의 유형이며, 가격, 판촉, 유통 활동이 중심이 되는 후행적 마케팅의 성격을 가진다.

구분	고압적 마케팅	저압적 마케팅
전략	판매 개념 전략	마케팅 개념 전략
유형	선형 마케팅	순환 마케팅
중점 활동	후행적 마케팅 (가격, 판촉, 유통 활동)	순환적 마케팅 (마케팅 조사, 마케팅 계획 활동)

정답 04 ① 05 ③ 06 ③ 07 ④

08 난이도 ■■□

다음 사례에 나타난 마케팅 용어는?

> C사는 생수 제품의 마케팅을 위해 새로운 캠페인을 진행하였다. 소비자가 제품을 구매하면 기부금과 적립금이 모여 아프리카 물 부족 국가에 이를 전달하는 캠페인이었다. 이 캠페인으로 C사의 매출은 전년 대비 3.5배 증가하였고, 생수 제품을 통해 물 부족 국가를 위한 공익을 추구한다는 이미지까지 얻게 되었다.

① 감성마케팅
② 니치마케팅
③ 버즈마케팅
④ 코즈마케팅
⑤ 앰부시마케팅

| 해설 | 코즈 마케팅(Cause Marketing)은 기업이 환경이나 빈곤 등의 사회적 이슈를 활용하는 마케팅 기법이다. 사회적 문제를 해결하려는 노력이 기업의 긍정적 이미지 구축에 기여하여 소비자의 구매 행동으로 이어지는 관계를 통해 사익과 공익을 동시에 달성하는 것을 목표로 한다.

CHAPTER 02 STP전략

01 난이도 ■■□

STP에 대한 설명으로 옳지 않은 것은?

① STP전략은 시장세분화(Segmentation), 표적시장 선정(Targeting), 포지셔닝(Positioning)의 첫 글자를 딴 마케팅 전략 중 하나이다.
② 시장세분화란 다양한 욕구를 가진 전체 시장을 특정 제품에 대한 태도나 구매 행동 등이 비슷한 성향의 소비자 집단으로 나누는 과정을 의미한다.
③ 타깃팅은 구분된 세분시장 중 한 개 또는 다수의 세분시장을 선정하고 마케팅 역량을 집중하는 것을 의미한다.
④ 제품 속성에 의한 포지셔닝이란 자사 브랜드/제품의 중요한 속성을 소비자가 원하는 욕구, 편익과 연결시키는 것이다.
⑤ 시장세분화를 효과적으로 실시하면 현재 자사의 위치, 자사의 강점이나 약점, 경쟁 제품의 위치나 시장의 경쟁 강도와 경쟁 기업이나 경쟁 제품과의 유사 정도를 파악할 수 있다.

| 해설 | 현재 자사의 위치, 자사의 강점이나 약점, 경쟁 제품의 위치나 시장의 경쟁 강도와 경쟁 기업이나 경쟁 제품과의 유사 정도를 파악하기 위해서는 포지셔닝 맵을 사용해야 한다.

02 난이도 ■□□

효과적인 시장세분화(market segmentation)에 대한 설명으로 옳지 않은 것은?

① 실현 가능해야 한다.
② 세분된 시장의 규모나 특성이 측정이 가능해야 한다.
③ 어느 정도 규모가 있어야 한다.
④ 보편성이 있어야 한다.
⑤ 실질적 접근이 가능해야 한다.

| 해설 | 효과적인 시장세분화를 위해 가장 먼저 고려해야 할 것은 각 세분시장 간에 차이가 있어야 한다. 즉, 보편성보다 차별성이 있어야 한다.

정답 08 ④ | 01 ⑤ | 02 ④

03

다음 설명에 해당하는 목표 시장 선정 전략의 유형은?

- 수개의 연관성 낮은 세분시장을 동시에 공략하는 전략을 의미한다.
- 기업의 자원이 분산되는 단점이 있다.
- 예상되는 위험을 분산시킬 수 있는 장점이 있다.

① 상품전문화 전략
② 단일세분시장 집중 전략
③ 전체시장 대응 전략
④ 선택적 전문화 전략
⑤ 시장전문화 전략

| 해설 | 제시된 설명에 해당하는 목표 시장 선정 전략의 유형은 선택적 전문화 전략이다.

04

목표 시장 선정에 대한 설명으로 옳지 않은 것은?

① 단일세분시장 집중 전략은 해당 시장에서 경쟁력, 전문성 및 경제성을 달성할 수 있지만, 해당 시장이 쇠퇴할 경우 큰 타격을 입을 수 있다.
② 집중할 하나의 세분시장을 선정하고 그 시장에 집중하는 전략은 단일세분시장 집중전략을 의미한다.
③ 상품전문화 전략은 하나의 상품으로 여러 세분시장을 공략하는 전략으로서 해당 제품의 보완재가 나올 경우 심각한 타격을 받을 수 있으므로 주의해야 한다.
④ 선택적 전문화 전략은 몇 개의 연관성 낮은 세분시장을 동시에 공략하는 전략으로 기업의 자원이 분산되기도 하지만 위험을 분산시키는 효과도 기대할 수 있다.
⑤ 시장전문화 전략은 하나의 시장을 선정하고 그 시장에서 필요한 모든 상품을 제공하는 전략으로 고객 집단을 효과적으로 대응할 경우 전문적 명성을 얻을 수 있다.

| 해설 | 하나의 상품으로 여러 세분시장을 공략하는 전략은 상품전문화 전략으로, 상품에 대한 전문적 명성을 얻을 수 있으나, 해당 제품의 대체재가 나올 경우 심한 타격을 받을 수 있다.

05

포지셔닝에 대한 설명으로 옳지 않은 것은?

① 세분시장에서 특정 상품이나 브랜드가 유의미한 것으로 자리 잡을 수 있도록 하는 전략적 절차를 포지셔닝이라고 한다.
② 다차원 척도법은 포지셔닝의 대표적인 정량적 방법이다.
③ 포지셔닝이란 조사 대상 상품의 다양한 속성과 각 속성 수준의 상대적 매력도를 평가하여 최적의 속성 조합을 도출하여 상품 간의 관계를 파악하는 방법이다.
④ 자사의 강점이나 약점, 경쟁 제품의 위치나 시장의 경쟁 강도와 경쟁 기업이나 경쟁 제품과의 유사 정도를 파악하기 위해 지각도를 활용한다.
⑤ 포지셔닝의 대표적인 정성적 방법에는 객관성을 확보할 가능성이 매우 높은 표적집단면접법이 있다.

| 해설 | 포지셔닝의 정성적 방법으로 표적집단면접법과 심층면접법 등을 사용한다. 이 방법은 마케팅 관리자가 생각지 못한 소비자의 새로운 지각 정도를 알 수 있으나, 주관적 해석에 의존하여 객관성이 결여될 가능성이 있다.

06

STP전략에 대한 설명으로 옳지 않은 것은?

① 시장세분화의 대상은 기존 시장, 비어있는 시장, 그리고 잠재시장이 된다.
② STP전략을 수행하는 데 있어 가장 중요하게 고려해야 할 사항으로는 고객, 경쟁, 기업이 있다.
③ 차별화 마케팅은 전략 실행의 유사성으로 인해 니치 마케팅과 유사한 개념으로 인식할 수 있다.
④ 한정된 자원을 효과적으로 활용하기 위해서는 효과적인 시장세분화를 해야 한다.
⑤ 제품 범주와 소비자 욕구에 근거하여 동질적인 여러 고객 집단을 나누고 경쟁 상황과 여러 자원을 고려하여 가장 자신 있는 시장을 선정하는 것이 STP의 핵심 내용이다.

| 해설 | 니치 마케팅과 유사한 개념의 마케팅은 집중화 마케팅이다.

정답 03 ④ 04 ③ 05 ⑤ 06 ③

CHAPTER 03 마케팅 믹스 4P

01 난이도 ■□□
마케팅에 대한 설명으로 옳지 않은 것은?

① 마케팅 믹스 4P는 제품, 가격, 유통, 촉진에 관한 전략을 의미한다.
② 서비스의 대표적인 특징으로는 무형성, 소멸성, 불가분성, 이질성이 있다.
③ 제품의 수명주기는 도입기, 성장기, 성숙기, 쇠퇴기의 과정을 거친다.
④ 신제품 가격전략 중 스키밍가격전략은 초기에 낮은 가격을 책정하여 시장에 진출하는 방법이다.
⑤ 소비자가 상품의 가격을 판단하는 기준이 되는 가격을 표준가격이라고 한다.

| 해설 | 신제품 가격전략 중 스키밍가격전략은 초기에 높은 가격을 책정하여 시장에 진출하는 방법이다.

02 난이도 ■■□
다음의 프린터 회사에서 광고하는 가격전략은?

> 최첨단 레이저 프린터가 무료!
> 카트리지만 구매하시면 고급 프린터를 무료로 드립니다.

① 종속상품가격전략(captive-product pricing)
② 시장침투가격전략(market-penetration pricing)
③ 스키밍가격전략(market-skimming pricing)
④ 묶음제품가격전략(product bundle pricing)
⑤ 이분가격전략(two-part pricing)

| 해설 | 프린터가 주제품이고, 카트리지는 종속제품이다. 종속제품을 구매하면 주제품을 무료로 주는 전략은 종속상품가격전략이다. 이때 종속제품은 지속적인 구매를 통해 수익을 창출할 수 있어야 한다.

03 난이도 ■■□
다음 그래프의 제품수명주기에서 C 단계의 특징으로 옳은 것은?

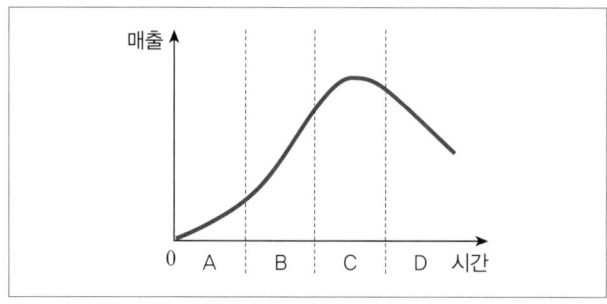

① 원가가산 가격전략이 적합하다.
② 시장침투 가격전략이 적절하다.
③ 경쟁자 대응 가격전략이 효과적이다.
④ 시장철수 전략을 고려해야 한다.
⑤ 시장 확대가 매우 중요하다.

| 해설 | C 단계는 제품의 수명주기에서 성숙기에 해당한다. 성숙기에는 시장이 포화 상태가 되어 경쟁자가 많으며, 소비자 대부분이 제품을 인지하고 있는 상태이다. 이 단계에서는 경쟁자에 맞게 대응할 수 있는 가격을 책정한다.

04 난이도 ■■□
제품의 수명주기와 유통전략이 가장 적절하게 짝지어진 것은?

> • 제품수명주기
>   ㉠ 도입기   ㉡ 성장기   ㉢ 성숙기   ㉣ 쇠퇴기
> • 유통전략
>   Ⓐ 개방적 유통   Ⓑ 전속적 유통   Ⓒ 선택적 유통

① ㉠ – Ⓐ
② ㉡ – Ⓑ
③ ㉢ – Ⓐ
④ ㉣ – Ⓒ
⑤ ㉡ – Ⓒ

| 해설 | 도입기에는 선택적 유통과 원가가산가격 전략이 유용하며, 성장기에는 개방적 유통과 시장침투가격전략이, 성숙기에는 전속적 유통과 경쟁대응가격전략이 쇠퇴기에는 선택적 유통과 가격인하 전략이 효과적이다.

정답 01 ④ 02 ① 03 ③ 04 ④

05
라인 확장(line extension)에 대한 설명으로 옳지 않은 것은?

① 라인 확장은 새로운 브랜드명을 도입·구축하는 데 드는 마케팅 비용을 절감시켜 준다.
② 하향적 라인 확장의 경우 모브랜드(parent brand)의 자기잠식(cannibalization) 위험성이 낮다.
③ 라인 확장이 시장에서 실패할 경우 모브랜드의 이미지에 부정적인 영향을 줄 수 있다.
④ 라인 확장은 신제품에 대한 소비자의 지각된 위험을 줄여준다.
⑤ 라인 확장은 동일 브랜드로 동일 제품 범주의 제품 추가 도입을 의미한다.

| 해설 | 하향적 라인 확장을 하게 되면 모브랜드의 자기잠식 위험성이 높아진다.

06
신제품 가격전략에 대한 설명으로 옳지 않은 것은?

① 스키밍가격전략(market-skimming pricing)은 신제품 출시 초기 높은 가격에도 잠재 수요가 충분히 형성되어 있는 경우에 적합하다.
② 시장침투가격전략(market-penetration pricing)은 시장진입장벽이 높아 경쟁자의 진입이 어려운 경우 효과적이다.
③ 시장침투가격전략은 목표 소비자들의 가격 민감도가 높은 경우 효과적이다.
④ 스키밍가격전략은 초기 투자비를 빨리 회수하기에 적합하고 경쟁자가 없거나 수요의 가격탄력성이 낮은 경우에 적합하다.
⑤ 스키밍가격전략은 특허기술 등의 이유로 제품이 보호되는 경우에 주로 활용된다.

| 해설 | 시장진입장벽이 높아 경쟁자의 진입이 어려운 경우 스키밍가격전략을 사용한다. 시장침투가격은 시장진입장벽이 낮아 경쟁자의 진입이 쉬운 경우에 많이 활용된다.

07
브랜드에 대한 설명으로 옳지 않은 것은?

① 브랜드는 무형의 자산을 가지게 되며 이를 브랜드 자산(brand equity)이라고 한다.
② 브랜드 자산은 제품과 서비스의 가치를 높여주는 유형적이고 부가가치가 큰 자산이 될 수 있다.
③ 데이비드 아커(D. Aaker)는 브랜드 자산은 브랜드 충성도, 브랜드 인지도, 지각된 품질, 브랜드 이미지 및 기타 독점적 브랜드 자산으로 구성되어 있다고 주장하였다.
④ 브랜드 인지도란 특정 브랜드를 재인식하거나 회상할 수 있는 능력을 의미한다.
⑤ 브랜드 이미지는 긍정적 이미자와 부정적 이미지로 다시 구분된다.

| 해설 | 브랜드 자산은 제품과 서비스의 가치를 높여주는 무형적이고 부가가치가 큰 자산이 될 수 있다.

08
데이비드 아커(David Aaker)의 브랜드 자산에 대한 설명으로 옳지 않은 것은?

① 브랜드 충성도는 특정 브랜드에 얼마나 충성스러운지를 나타내는 정도이다.
② 브랜드 충성도는 특정 브랜드의 지속적인 재구매 성향을 나타낸다.
③ 잠재 구매자가 어떤 제품군에 속한 특정 브랜드를 회상할 수 있는 능력은 브랜드 인지도이다.
④ 지각된 품질이 높으면 가격 프리미엄을 붙여 고가 정책을 사용할 수 있다.
⑤ 브랜드 연상은 관점에 따라 제품 이미지, 사람 이미지, 조직 이미지로 구분되며, 이중 가장 중요한 것은 제품 이미지이다.

| 해설 | 데이비드 아커가 브랜드 연상을 관점에 따라 제품, 사람, 조직 이미지로 구분하였으나, 제품 이미지가 가장 중요하다고 주장하지는 않았다. 오히려 세 가지 이미지의 조합을 강조하였다.

정답 05 ② 06 ② 07 ② 08 ⑤

09 난이도 ■■□

가격전략에 대한 설명으로 옳지 않은 것은?

① 준거가격이란 소비자들이 제품 간 가격을 비교할 때 기준이 되는 가격이다.
② 유보가격이란 판매자 입장에서 판매를 포기하지 않는 가장 낮은 선의 가격인 동시에 구매자가 구매를 포기하지 않을 가장 높은 가격을 의미한다.
③ 원가가산 가격 결정 방법은 단위당 원가에 일정 비율의 이윤(margin)을 더해 판매가격을 결정하는 것을 의미하며, 변동비를 회수하는 데 중점을 두고 가격을 책정한다.
④ 수요 중심 가격전략은 가격의 개념을 가장 잘 반영한 방법으로 평가받지만, 고객의 지각된 가치를 측정하기가 어렵다는 한계가 있다.
⑤ 가격은 소비자가 재화나 서비스의 가치를 측정하는 기준이 되며, 가격 결정에 영향을 미치는 주요 요인은 원가, 수요, 경쟁 환경 등이 있다.

| 해설 | 원가가산 가격 결정 방법은 고정비를 회수하는 데 중점을 두고 가격을 책정한다.

10 난이도 ■■■

다음 문화회관 멤버십 정책에 대한 설명으로 옳지 않은 것은?

> **알림**
> 2023년 새해를 맞아 멤버십 회원을 모집합니다. 멤버십 회원은 문화회관 지정석을 비롯한 다양한 추가 혜택을 누리실 수 있습니다. 다만, 기존 단일 등급제(10만 원)에서 연회비 혜택에 따라 세분화한 멤버십 등급제를 시행하는 점 참고바랍니다. 개편된 멤버십 등급에 관한 내용은 다음과 같습니다.
>
> 멤버십 등급제 개편 안내
>
> | 등급 | 연회비 |
> | --- | --- |
> | S등급 | 40만 원 |
> | A등급 | 25만 원 |
> | B등급 | 10만 원 |

① 가격 민감도가 다를 때 효과적이다.
② 지난해 지불했던 연회비가 클수록 효과적이다.
③ 등급별 혜택의 내용과 규모에 차이가 존재할 때 효과적이다.
④ 등급별 수요가 동일할수록 효과적이다.
⑤ 유보가격이 높을수록 효과적이다.

| 해설 | 기존 연회비(10만 원)보다 높은 S등급과 A등급의 가입을 위해서는 유보가격이 높아야 하며, 등급별 혜택이 상이해야 한다. 가격 차별 전략은 소비자가 등급에 따른 차별적 수요를 가질 때 효과가 발휘된다. 또한 준거가격이 높을수록 가격에 대한 민감도는 낮아지게 되어 기존 연회비가 높을수록 가격 상승에 대한 저항은 크지 않을 것이다.

정답 09 ③ 10 ④

11 난이도 ■■□

유통의 기능에 대한 설명으로 옳지 않은 것은?

① 상적 유통 기능은 소유권이 이전되는 기능을 의미한다.
② 물적 유통 기능은 운송기능 및 보관기능으로서 재고의 이전과 관련된 기능이다.
③ 조성 기능은 상적 및 물적 유통이 원활하게 진행될 수 있도록 지원하는 보조 기능을 의미한다.
④ 물적 유통 기능은 생산자를 대신하는 판매 기능과 소비자를 대신하는 구매 기능으로 구분할 수 있다.
⑤ 조성 기능에는 위험 부담 기능, 금융 기능, 정보 수집 기능 등이 포함된다.

| 해설 | 생산자를 대신하는 판매 기능과 소비자를 대신하는 구매 기능으로 구분하는 기능은 상적 유통 기능이다.

12 난이도 ■□□

다음에서 설명하는 촉진 전략은?

- 재화나 서비스의 판매를 촉진하기 위해 비교적 단기간의 동기 부여 수단을 활용하는 것을 의미한다.
- 한시적인 마케팅 이벤트의 성격이 강하기 때문에 소비자 행동에 직접적으로 영향을 미치게 된다.

① 광고
② 홍보
③ 판매 촉진
④ 인적 판매
⑤ PR(Public Relation)

| 해설 | 제시된 설명에 해당하는 것은 판매 촉진이다. 판매 촉진은 소지자들로 하여금 지금 구매할 적절하고 강력한 이유를 제공하는 것이 목적이다. 촉진 대상에 따라 소비자 판매 촉진과 유통기관 판매 촉진으로 구분할 수 있다.

13 난이도 ■■□

작은 고객군들과의 거래를 끊고, 우량고객에게 차별화된 서비스를 제공하여 비용을 절감하며 수익을 극대화하는 '선택과 집중' 전략의 대표적 전략으로, 제품의 수요가 공급보다 많아 수요를 감소시키기 위해 사용되는 마케팅 방법은?

① 전환 마케팅(conversional marketing)
② 동시화 마케팅(synchro marketing)
③ 개발 마케팅(development marketing)
④ 자극 마케팅(stimulational marketing)
⑤ 디마케팅(demarketing)

| 해설 | 디마케팅은 수요가 공급보다 초과했을 때 수요를 감소시키기 위한 마케팅 방법이다.

14 난이도 ■■□

데이터베이스 마케팅에 관한 설명으로 옳지 않은 것은?

① 시장 세분화의 정확도를 향상하여 마케팅 믹스를 결정함에 있어서 어려움 경감
② 마케팅 기획의 실행에 대한 정확한 측정과 통제 가능
③ 데이터베이스 마케팅의 목적 중 하나는 고객과의 관계 구축을 통한 고객 평생가치의 극대화
④ 고객 특성을 실제 구매행동과 연결시킴으로써 과학적인 분석을 위한 시장 모형을 원활하게 함
⑤ 인터넷, 모바일 등 IT의 발전은 데이터베이스 마케팅의 고객에 대한 정확한 이해 방해

| 해설 | 데이터베이스 마케팅이란 고객과의 거래 및 의사소통을 원활하게 하기 위해 고객, 제품, 원료 공급자, 유통업자 등에 대한 정보를 체계적으로 수집, 보관 및 관리하고 이를 마케팅 의사결정에 적극적으로 활용하는 것이다. 데이터베이스 마케팅의 주요 목적은 고객과의 관계 구축을 통한 고객 평생가치의 극대화, 새로운 유통채널 및 서비스 수행 체제의 구축, 장기 전략의 수립, 마케팅 리서치의 자동화, 매출 증가, 비용 절감 등이 있다. 인터넷, 모바일 커뮤니케이션 등의 IT 발전은 데이터베이스 마케팅의 고객에 대한 보다 정확한 이해를 가능하게 하여 마케팅의 효율성을 높이는 데 공헌하고 있다.

정답 11 ④ 12 ③ 13 ⑤ 14 ⑤

15 난이도 ■■□

서비스 마케팅 제품 전략에 관한 설명으로 옳지 않은 것은?

① 서비스 마케팅 담당자들은 서비스의 무형성으로 인한 소비자들의 불안감을 해소시키는 것이 중요하다.
② 새로운 서비스의 구매와 관련하여 소비자가 인식하는 위험 부담이 큰 시장일수록 브랜드 관리의 중요성은 커진다.
③ 서비스 마케팅에 있어 고객에게 기업의 브랜드를 효과적으로 전달하는 수단 중 하나는 고객을 가장 근거리에서 접하는 기업의 종업원이다.
④ 서비스 마케팅에서는 새 브랜드의 도입과 같은 혁신이 효과가 큰 것으로 알려져 있다.
⑤ 일반적으로 개별 서비스 제품에 브랜드를 도입하기가 쉽지 않기 때문에 서비스 마케팅에서는 기업 자체의 브랜드가 큰 의미를 갖는다.

| 해설 | 서비스 마케팅에서는 높은 브랜드 인지도를 형성하고 유지하는 데 큰 투자가 선행되는 것이 일반적이다. 이러한 특징 때문에 가능하다면 현존하는 브랜드를 개선하는 것이 새로운 브랜드를 도입하는 것보다 효과적인 경우가 많다. 이미 존재하는 브랜드에 현재의 새로운 마케팅 노력을 접목할 때, 과거의 투자 자산을 손상시키지 않으면서 미래에 대한 기대를 갖게 하는 이점을 활용할 수 있기 때문이다.

16 난이도 ■■□

다음 설명에 해당하는 마케팅 방법은?

> 블로그나 카페, SNS 등을 통해 소비자들에게 자연스럽게 정보를 제공하여 소비자들이 자발적으로 기업이나 제품을 홍보하기 위해 널리 퍼뜨리는 마케팅이다.

① 고객경험관리
② 바이럴 마케팅
③ 니치 마케팅
④ 엠부시 마케팅
⑤ 뉴로 마케팅

| 해설 | 바이럴 마케팅(viral marketing)은 입소문이 바이러스처럼 빠르고 널리 퍼진다는 뜻으로 바이러스(virus)와 입소문(oral), 마케팅(marketing)의 합성어이다. 소비자가 SNS 등 확산 가능한 수단을 통해 자발적으로 어떤 기업이나 기업 제품을 홍보해 널리 퍼지게 하는 마케팅 기법이다.

17 난이도 ■■□

고객관계관리에 대한 설명으로 옳지 않은 것은?

① 고객관계관리의 주요 목적은 고객들의 정보를 활용하여 장기적인 관계를 형성하고 이를 바탕으로 고객 충성도를 향상시켜 고객생애가치를 극대화하는 것이다.
② 기업 모든 고객들의 고객생애가치의 합을 고객 자산이라고 한다. 따라서 고객관계관리에 기반한 고객 자산 구축과 강화는 매우 중요한 마케팅 목표가 된다.
③ 애호도 전략이란 신규 고객을 우량 고객으로 전환시키기 위한 전략의 하나로 고객의 이탈을 막는 전략을 의미한다.
④ 교차판매전략이란 하나의 제품과 연관된 보완재를 함께 판매하여 구매자의 효용을 극대화하는 것을 의미한다.
⑤ 상향판매전략(up-selling strategy)은 교차판매전략의 한 형태로 더 상향된 기능을 가진 제품 구매를 유도하는 것이다.

| 해설 | 교차판매전략이란 하나의 제품으로부터 얻어진 고객 데이터베이스를 다른 제품의 판매를 위해 사용하는 것을 의미한다.

18 난이도 ■■□

야구장은 관객들에게 좋은 경기를 보여 주는 서비스 이외에 관객들에게 훌륭한 경험을 제공하는 것이 고객만족을 통한 기업의 수익 창출에 중요하다. 이러한 서비스에서 고객에게 훌륭한 경험을 제공하는 핵심 요인의 사례로 적절하지 않은 것은?

① 고급 음향설비와 같은 시설을 통해 고객의 오감 만족 증대
② 파도타기와 같은 집단 응원을 통한 고객 참여 확대
③ 경기 시작 전 팬들에게 사인과 사진을 찍게 해주는 프로그램
④ 티셔츠 및 모자와 같은 기념품 판매로 고객의 추억을 지속함
⑤ 마일리지 프로그램을 활용하여 지속적인 고객 유인

| 해설 | 고객경험관리는 기업의 모든 고객 접점에서 고객이 긍정적 경험(good experience)을 느끼도록 관리하는 것을 의미한다. 즉, 고객이 직·간접으로 접한 기업 활동으로부터 느끼는 주관적 감정을 고객경험이라고 한다면 이러한 고객경험을 긍정적인 방향으로 전개되도록 관리하는 것이다. 고객을 지속적으로 유인하기 위한 마일리지 프로그램은 고객활성화전략으로 보는 것이 적절하다.

| 정답 | 15 ④ | 16 ② | 17 ④ | 18 ⑤ |

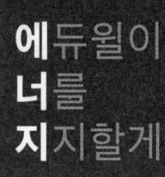

간절히 원하는 사람은 결코 핑계를 찾지 않고
반드시 방도를 찾습니다.

– 조정민, 『인생은 선물이다』, 두란노

경영편

PART 06
회계

CHAPTER 01
회계와 재무회계의 개념
회계는 회계정보이용자의 경제적 의사결정에 유용한 기업의 재무정보를 제공하므로 회계의 개념에 대해 이해하고 회계의 분류방법에 대해 알아본다.

CHAPTER 02
재무제표의 이해
회계에서 재무제표가 매우 중요한 역할을 담당하므로 재무제표의 개념과 재무제표를 구성하는 요인들에 대해 알아본다.

CHAPTER 03
원가 · 관리회계
원가회계와 관리회계의 개념을 이해하고 중요 요소들에 대해 알아본다.

PART 06 회계

CHAPTER 01 회계와 재무회계의 개념

1 회계의 개념 및 분류

(1) 회계의 이해
① 회계란 회계정보이용자의 경제적 의사결정에 유용한 기업의 재무정보를 생산 및 제공하는 일련의 활동이다.
② 회계정보자는 크게 외부 이해관계자(투자자, 대여자, 기타 채권자 등)와 내부 이해관계자(경영자)로 구분할 수 있다.
③ 재무정보란 기업의 경제활동(거래)을 식별, 측정, 기록, 분류, 요약한 것으로, 주요 장부와 재무제표가 이에 해당한다.

(2) 회계의 분류
① 재무회계
  - 기업 외부의 정보이용자(현재 및 잠재적 투자자, 대여자 및 기타 채권자)가 필요로 하는 정보를 재무제표를 통해 제공하는 회계이다.
  - 재무제표 작성을 위한 장부 기록(분개 및 전기)이 가장 중요한 활동이며, 재무제표의 공시와 외부감사제도를 담당한다.
② 관리회계
  - 기업 내부의 정보이용자(경영자)가 필요로 하는 정보를 제공하는 회계이다.
  - 원가 등의 회계정보를 이용하여 다양한 경영상의 의사결정을 한다.
  - 제품과 서비스의 원가 계산, 원가의 추정과 분석 및 의사결정과 성과 평가에 활용한다.
③ 세무회계
  - 개인 또는 기업이 부담할 세액을 산정하기 위한 회계이다.
  - 세법의 규정에 따라 과세소득의 계산 파악이 목적이다.

(3) 국제회계기준(International Financial Reporting Standard: IFRS)
① '국제적으로 통일된 고품질의 회계기준 제정'이라는 목표 아래 감독기구와는 독립적으로 운영되는 국제적인 회계제정기구인 국제회계기준위원회가 설립되었다.
② 국제회계기준을 준수함으로써 국가마다 다른 회계정보 보고에 대한 규제를 표준화할 수 있어 기업의 교차상장의 부담은 감소하고 자본시장의 국제화 수준은 더 높이는 효과가 있다.

2 재무제표 작성에 필요한 가정

(1) 발생주의
① 발생주의란 현금의 수령 및 지급은 이루어지지 않았다고 하더라도 수익이 발생(향후 현금을 수령할 수 있는 사건 발생)되고 해당 수익에 대응되는 지출이 발생(향후 현금 등을 지급할 사건 발생)된 사실에 기초하여 장부에 기록하는 것을 의미한다.
② 현금주의에 비해 발생주의는 기업의 자산과 부채의 변동에 대해 더 정확한 정보를 제공한다.
③ 현금주의에 비해 복잡하고, 회계 전문가가 필요해 비용이 많이 발생한다.

(2) 계속기업
① 재무제표는 기업이 계속해서 영업을 할 것이라는 가정하에 작성해야 한다.
② 이 가정이 성립하지 않는다면 재무제표 자체가 의미가 없어지고 외부 감사인도 감사 의견을 낼 필요가 없다.

3 유용한 재무제표가 되기 위한 질적 특성

구분	질적 특성		세부 항목
한국채택 국제회계기준	근본적 질적 특성	목적 적합성	예측 가치, 확인 가치, 중요성
		충실한 표현	완전한 서술, 중립적 서술, 오류 없는 서술
	보강적 질적 특성		비교 가능성, 검증 가능성, 적시성, 이해 가능성

4 재무제표 요소의 정의, 인식 및 측정

(1) 재무제표 요소의 정의
① 재무제표는 거래나 그 밖의 사건의 재무적 영향을 경제적 특성에 따라 대분류할 수 있다.
② 이러한 대분류를 재무제표의 요소라고 정의한다. 재무상태표에서 재무상태의 측정과 직접 관련된 요소에는 자산, 부채, 자본이 있다.
③ 재무제표는 재무상태표, 포괄손익계산서, 자본변동표, 현금흐름표와 이와 관련된 보충 정보를 제공하는 주석으로 구성되어 있다.

(2) 재무상태표 요소

① 자산(asset)
- 과거 사건의 결과로 기업이 통제하고 있고 미래 경제적 효익이 기업에 유입될 것으로 기대되는 자원을 의미한다.
- 자산은 유동 자산과 비유동 자산으로 구분하는데, 유동 자산은 1년 이내에 현금화할 수 있는 자산이며, 그 외에는 비유동 자산으로 구분한다.

② 자본(capital): 기업의 자산에서 모든 부채를 차감한 후의 잔여지분을 의미한다.

③ 부채(liabilities)
- 과거 사건에 의해 발생하였으며 경제적 효익을 갖는 자원이 기업으로부터 유출됨으로써 이행될 것으로 기대되는 현재 의무를 의미한다.
- 현재 의무와 미래의 약속은 구별되며 미래에 특정 자산을 취득하겠다는 경영자의 의사결정 그 자체만으로는 현재 의무가 발생하지 않는다.
- 부채는 1년 이내에 결제해야 하는 유동 부채와 그 외의 비유동 부채로 구분할 수 있다.

(3) 손익계산서 요소

① 수익(revenue)
- 특정 회계기간 동안에 발생한 경제적 효익의 증가로, 지분참여자에 의한 출연과 관련된 것은 제외한다.
- 손익계산서에서 수익의 개념은 영업 수익(매출액)과 영업 외 수익의 합이 된다.

② 비용(expense)
- 특정 회계기간 동안에 발생한 경제적 효익의 감소로, 지분참여자에 대한 분배와 관련된 것은 제외한다.
- 제품 제조와 서비스에 들어간 매출 원가, 제품과 서비스 판매 또는 회사 관리와 유지에 들어간 판매비 및 일반관리비 등이 있다.

③ 이익(income): 수익에서 비용을 차감한 최종적 이윤을 의미한다.

(4) 인식 및 측정

① 인식(recognition): 기업의 여러 활동 중 회계기록의 대상이 되는 거래 활동을 식별하는 것을 의미한다.

② 측정(measurement): 회계거래 활동에 대해 구체적인 화폐 금액을 부여하는 것을 의미한다.

③ 회계의 측정 대상은 기업의 경영활동이지만, 기업의 모든 경영활동이 객관적으로 측정되어 화폐 금액으로 기록될 수 없다.

④ 매우 중요한 기업의 경영활동이지만 객관적으로 측정하기 어려울 경우에는 회계기록의 대상이 될 수 없다.

⑤ 즉, 기업의 경영활동이라도 객관적 화폐 금액으로 측정할 수 없으면 회계거래로 인식되지 않는다.

5 회계정보의 신뢰성 제고 수단

(1) 회계감사의 개념

① 회계감사는 타인이 작성한 회계기록에 대해 독립적 제3자가 분석적으로 검토하여 그의 적정 여부에 관한 의견을 표명하는 절차이다.

② 회계기록이라 함은 회계장표만을 의미하는 것이 아니고, 회계장표의 객관적 사실을 뒷받침해 주는 각종 증빙서류와 회계기록의 내용을 명백히 하는 사실 모두를 포괄하는 개념이다.

③ 외부감사법에 따르면 외부감사인의 독립성 유지를 위해 외부감사인이 기업의 재무제표를 작성하거나 재무제표 작성에 자문을 줄 수 없다.

(2) 회계감사의 한계

① 재무제표에 대한 감사인의 의견이 회사의 재무상태 또는 경영성과의 양호 여부를 평가하거나 장래를 보장하는 것은 아니다.

② 회계감사의 의견은 회사가 주장하는 재무제표의 사실이 회계감사기준에 따라 감사한 결과 회계기준상 어떠한지를 나타낼 뿐이다.

③ 재무제표에 의한 감사인의 의견은 합리적 확신 개념에 기초한다. 즉, 감사인은 부정이나 오류에 대한 중요한 왜곡 표시가 적발될 것을 보장하지는 않는다.

④ 임직원에 의한 내부공모, 위조 또는 변조 등 문서의 허위성 여부에 대한 조사판단은 재무제표 감사의 범위에 속하지 않는다.

(3) 회계감사의견의 종류

① 적정: 회사가 기업회계 기준에 맞게 재무제표를 작성했으며, 감사에 필요한 자료를 회사로부터 충분히 제공받았다는 의미로, 적정이라고 해서 반드시 회사의 재무 상태가 양호하다는 뜻은 아니다.

② 한정: 감사 범위가 제한되고 회계기준 위반 사항은 있지만, '부적정'이나 '의견 거절'까지 갈 수준은 아니라는 의미이다.

③ 부적정: 중요한 사안에 대해 기업회계 기준을 위배하여 재무제표를 작성한 경우에 해당한다.

④ 의견 거절: 감사인이 감사보고서를 만드는 데 필요한 증거를 얻지 못해 재무제표 전체에 대한 의견 표명이 불가능하거나, 기업의 존립에 의문이 들거나, 감사인의 독립성 결여 등으로 회계 감사가 불가능한 상황일 경우이다.

CHAPTER 02 재무제표의 이해

1 재무제표(financial statement)의 이해

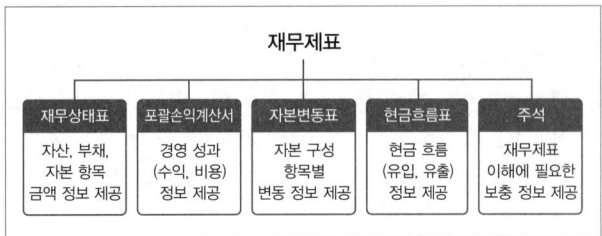

2 재무상태표(balanced sheet)

(1) 재무상태표의 개념
① 일정 시점에서 기업의 자산과 부채 및 자본을 일정한 구분·배열·분류에 따라 기재함으로써 기업의 재무 상태를 총괄적으로 표시하는 재무제표를 의미한다.
② 재무상태표는 자산, 부채, 자본으로 구성되어 있으며, '자산 = 부채 + 자본'의 관계가 있다.

(2) 재무상태표의 구성 항목
① 자산(asset)
- 과거 사건의 결과로 기업이 통제하고 있고 미래 경제적 효익이 기업에 유입될 것으로 기대되는 자원을 의미한다.
- 1년 이내 현금화 가능성에 따라 가능할 경우 유동 자산으로 구분하고, 불가능할 경우 비유동 자산으로 구분한다.

② 부채(liabilities)
- 과거 거래나 사건의 결과로서, 현재 기업 실체가 부담하고 그 행위에 자원의 유출이 예상되는 의무를 의미한다.
- 법적인 의무에만 국한하지 않으며, 상관습이나 관행 등에 의한 것까지도 포함한다.
- 퇴직급여충당부채 등과 같이 추정에 의해 부채를 계상할 수 있다는 점에서 법률적인 의미의 부채와 다르다.
- 부채의 상환일 기준으로 유동 부채와 비유동 부채로 구분할 수 있다.

③ 자본(equity)
- 기업이 소유하고 있는 자산에서 부채를 차감한 잔여액 또는 순자산을 의미한다.
- 재무상태상의 자본 총액은 자산에서 부채를 뺀 금액이다.
- 자본 총액이 당해 기업 주식의 시가 총액이나 기업 순자산의 처분가액과 일치하는 것은 아니다.
- 크게 자본금, 자본잉여금, 자본조정, 기타포괄손익, 이익잉여금으로 분류할 수 있다.

3 포괄손익계산서(statement of comprehensive income)

(1) 포괄손익계산서의 개념
일정 기간 기업의 성과, 수익과 비용에 관한 정보를 제공하는 재무보고서를 의미한다.

(2) 포괄손익계산서의 기본 요소
① 수익(profit): 특정 회계기간에 발생한 경제적 효익의 증가를 의미하며, 일반적으로 매출액(영업 수익)과 기타수익(영업외 수익)으로 구분한다.
② 비용(expense): 특정 회계기간 동안 발생한 경제적 효익의 감소를 의미하며, 매출 원가, 판매비와 관리비, 금융 비용, 법인세 비용 등이 해당한다.
③ 이익(income): 매출에서 매출 원가를 차감한 후의 매출 총이익과 판매비와 관리비라는 영업 비용을 차감한 영업 이익, 그리고 영업외 비용과 수익을 고려한 법인세 차감 전 이익과 법인세 비용을 차감한 당기 순이익이 있다.

4 자본변동표

① 자본변동표는 일정 기간 발생한 자본의 변동 내역을 보여주는 재무제표를 의미한다.
② 자본금, 자본조정, 자본잉여금, 이익잉여금, 기타포괄손익누계액의 변동에 대해 알 수 있다.
③ 소유주의 출자 내역에 관한 정보, 현금배당에 대한 정보 및 보유하고 있는 매도 가능 금융자산과 토지 등의 가치 변동에 관한 정보를 알 수 있다.

5 현금흐름표

(1) 현금흐름표의 개념
① 영업활동, 투자활동, 재무활동별로 기업의 일정 기간 동안 현금성 자산의 변동에 관한 정보를 제공하는 재무제표를 의미한다.
② 포괄손익계산서가 이익을 중심으로 만들어진다면, 현금흐름표는 현금을 중심으로 만들어진다.

(2) 현금흐름정보의 중요성
① 포괄손익계산서에 표시되지 않는 영업성과를 파악할 수 있다.
② 이익의 질을 평가할 수 있다.
③ 채무상환능력과 미래현금흐름에 대한 정보를 제공한다.

(3) 현금흐름표의 구성 항목
① 영업활동 현금흐름
- 영업활동은 기업의 주요 수익창출활동을 의미하며, 투자활동과 재무활동이 아닌 기타의 모든 활동을 포괄한다.
- 기업의 수익창출활동으로부터 현금을 창출할 수 있는 능력을 보여 주는 경영성과의 지표가 된다.

현금 유입	현금 유출
• 제품 등의 판매	• 상품 등의 구입
• 로열티, 수수료, 기타 수익	• 공급자와 종업원에 대한 지출
• 이자 수취, 배당금 수취	• 이자 지급, 법인세 납부

② 투자활동 현금흐름
- 장기성 자산 및 현금성 자산에 속하지 않는 기타투자자산의 취득과 처분에 관련된 현금흐름을 의미한다.
- 대부분 비유동자산의 취득과 처분이 해당한다.

현금 유입	현금 유출
• 대여금 회수	• 현금의 대여
• 금융상품의 처분	• 금융상품의 취득
• 유·무형자산의 처분	• 유·무형자산의 취득

③ 재무활동 현금흐름: 기업이 경영활동에 필요한 자금을 조달하고 이에 대한 대가를 지급함으로써 발생하는 현금흐름을 의미한다.

현금 유입	현금 유출
• 현금의 차입	• 차입금 상환, 배당금 지급
• 사채 발행(어음 발행 포함)	• 유상감자 및 자기주식 취득
• 주식 발행	• 배당금 지급

6 주석

(1) 주석의 개요
① 주석은 재무제표 본문에 표시하기는 어려우나 회계정보 이용자의 정확한 해석을 위해 정보를 추가적으로 제공한다.
② 주석이 제외된 재무제표는 완전한 재무제표라고 할 수 없다.

(2) 주석의 표시내용
① 기업회계기준에 따라 재무제표를 작성했다는 사실을 명시한다.
② 재무제표 작성에 적용된 중요한 회계 정책을 요약한다.
③ 재무제표 본문에 표시된 항목에 대한 정보를 보충한다.
④ 기타 우발 상황이나 약정 사항 등에 대한 계량적인 정보와 비계량적인 정보를 제공한다.

CHAPTER 03 원가·관리회계

1 원가·관리회계의 개념

(1) 원가·관리회계의 의의
원가·관리회계는 원가회계와 관리회계를 포함하는 개념이며, 외부보고용 재무제표의 작성을 위한 제품원가계산과 경영자가 기업의 목표를 달성하기 위한 계획 수립(의사결정)과 통제(성과평가)에 유용한 경제적 정보를 제공하려는 것을 목적으로 하는 회계를 의미한다.

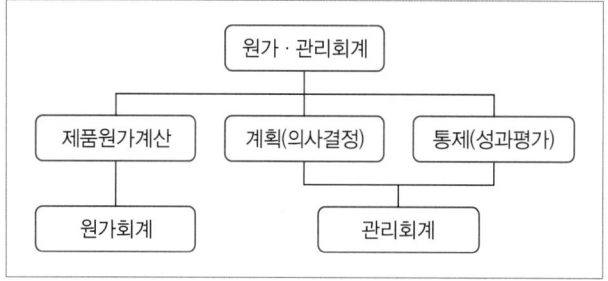

(2) 원가(cost)의 개념과 특징
① 원가란 특정 목적을 달성하기 위해 정상적인 상태에서 소비된 재화나 용역과 같은 경제적 자원을 화폐 단위로 측정한 것을 의미한다.
② 따라서 비정상적인 원인에 의해 소비된 것은 원가가 아닌 손실에 해당한다.
③ 원가(cost)와 비용(expense)
- 원가는 자원을 매입하는 시점에 발생하지만, 비용은 자원의 사용 시점에 발생한다.
- 예를 들어, 제조 공장을 구입할 때에는 취득원가가 발생하지만, 이 공장에서 제품을 생산하여 기업의 수익 창출에 기여하면서 이용될 때에는 감가상각비라는 비용이 발생한다.

(3) 원가의 분류
① 발생 형태에 따른 분류: 재료비, 노무비, 경비
- 재료비: 원재료의 소비에 따른 발생 원가
- 노무비: 노동력의 소비에 따른 발생 원가
- 경비: 재료비와 노무비를 제외한 원가의 소비에 따른 발생 원가

② 제조 활동에 따른 분류: 제조원가와 비제조원가(총원가 = 제조원가 + 비제조원가)
- 제조원가: 제조 활동에 발생하는 원가 또는 제품 제조에 소비되거나 공헌하는 원가
- 비제조원가: 기업의 제조활동과 관계없이 발생되는 원가 (판매 및 관리비)

③ 자산화 여부에 따른 분류: 제품원가와 기간원가
- 제품원가: 제품원가 계산에 반영해야 하는 원가로, 재고자산에 할당되는 모든 원가(재고가능원가라고도 함)
- 기간원가: 제품 생산과 관련 없이 발생되므로 항상 발생된 기간에 비용으로 처리되는 원가

④ 추적 가능성에 따른 분류: 직접원가와 간접원가
- 직접원가: 특정 원가 대상에서 개별적으로 소비한 원가로 특정 원가 대상에 직접 추적할 수 있는 원가
- 간접원가: 여러 원가 대상에서 소비한 원가로 특정 원가 대상에 직접 추적할 수 없는 원가이며, 추적할 수 있더라도 추적하는 것이 비경제적인 원가

⑤ 원가의 형태에 따른 분류
- 고정원가: 생산량과 무관하게 일정하게 발생하는 원가(경영자 임원의 임금 등)
- 변동원가: 생산량에 따라 변동하는 원가(직접 재료비 등)

2 원가-조업도-이익 분석

(1) 원가-조업도-이익 분석의 개념

① 원가-조업도-이익 분석은 CVP(Cost, Volume, Profit)-분석 또는 손익분기분석이라고도 하는데, 원가, 조업도 및 이익의 상호관계를 분석하며 원가, 조업도, 이익 중 어느 하나가 변화하면 다른 요인은 어떠한 영향을 받는지 알아보는 것이다.

② 회사가 설정한 이익 목표를 달성하기 위해 제품을 얼마나 생산하고 판매해야 하는지 알 수 있는 정보를 제공한다.

(2) 원가-조업도-이익 분석으로 판단할 수 있는 정보

① 이익을 0으로 하는 조업도(판매량)
② 일정한 판매량에서 얻을 수 있는 이익
③ 일정한 목표 이익을 얻는 데 필요한 매출액
④ 제품의 가격 결정
⑤ 기업의 생산 및 판매계획 수립
⑥ 가격 변화 및 원가 변화가 이익과 손익분기점에 미치는 영향
⑦ 특정 생산부문의 확장 또는 폐지 여부 결정

(3) 원가-조업도-이익 분석의 기본 개념

변동원가계산은 원가를 원가 행태에 따라 변동원가와 고정원가로 구분하므로 변동원가계산의 손익계산서를 이용하면 조업도 변화가 원가와 이익에 미치는 영향을 파악할 수 있어 원가-조업도-이익 분석에도 유용하게 활용될 수 있다.

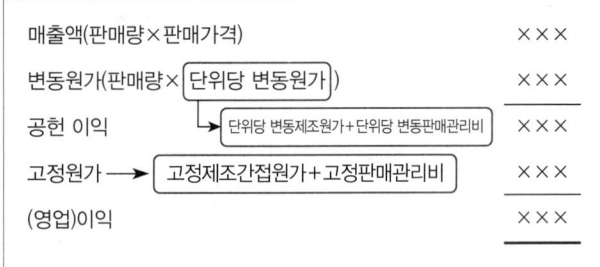

① 총수익(Total Revenue: TR) 또는 매출액(Sales: S): 제품 한 단위를 추가로 판매하면 총수익은 단위당 판매가격만큼 증가한다.

$$총수익(매출액) = 단위당\ 판매가격(p) \times 판매량(x)$$

② 총비용(Total Cost: TC)
- 제품 한 단위를 추가로 판매하면 변동원가는 단위당 변동원가만큼 증가하고 이로 인해 총비용도 단위당 변동원가만큼 증가한다.
- 변동원가는 원칙적으로 단위당 변동원가와 생산량을 곱한 값이지만, 기본가정에 따라 생산량과 판매량이 같으므로 판매량으로 표시하면 다음과 같다.

$$총비용 = 변동원가 + 고정원가$$
$$= 단위당\ 변동원가(b) \times 판매량(x) + 고정원가(a)$$

③ 영업이익(operating income): 총수익에서 총비용을 차감한 금액으로 정의하며, 법인세가 없을 경우의 영업이익 또는 세전영업이익은 다음과 같이 표현할 수 있다.

$$\begin{aligned}영업이익 &= 총수익 - 총비용 \\ &= (판매가격 \times 판매량) - (단위당\ 변동원가 \times 판매량) - 고정원가 \\ &= 판매량 \times (판매가격 - 단위당\ 변동원가) - 고정원가 \\ &= 판매량 \times 단위당\ 공헌이익 - 고정원가 \\ &= 공헌이익 - 고정원가\end{aligned}$$

④ 공헌이익(contribution income)과 공헌이익률(contribution margin ratio or percentage)
- 공헌이익은 매출액에서 변동원가를 차감한 금액으로, 이 금액이 증가함에 따라 고정원가가 회수되어 이익이 증가한다.
- 공헌이익이 고정원가보다 클 경우에는 이익이 발생하고, 반대로 고정원가보다 작을 경우에는 손실이 발생한다.

> 공헌이익
> =매출액－변동원가
> =(단위당 판매가격×판매량)－(단위당 변동원가×판매량)
> =판매량×(단위당 판매가격－단위당 변동원가)
> =고정원가＋영업(이익)

- 공헌이익률은 공헌이익을 매출액으로 나누어 계산한 비율로, 매출액 중 공헌이익이 몇 %를 차지하는지 나타낸다.

> 공헌이익률=공헌이익/매출액
> =(단위당 공헌이익×판매량)/(단위당 판매가격×판매량)
> =단위당 공헌이익/단위당 판매가격

(4) 원가－조업도－이익 분석의 예시

> A사는 마스크를 생산하고 판매하는 기업이다. A사의 경영자는 올해 목표이익을 4억 원으로 책정하고 이를 위해 마스크를 얼마나 생산하고 판매해야 하는지 알기를 원한다. 이를 위해 원가－조업도－이익 분석 방법을 사용하려고 한다.
>
> 마스크의 개당 변동원가는 500원이고, 이를 생산하기 위한 총 고정원가는 5억 원이라고 하면, 마스크를 생산하는 총 예상원가는 다음과 같이 구할 수 있다.
> - 총원가=(500원/개×판매량)+5억 원
> - 매출액은 판매량과 판매가격의 곱으로 구할 수 있으므로
>   총매출액=단위당 판매가격×판매량
> - 마스크를 1,000원에 판매하면
>   총매출액=1,000원×판매량
> - 이익은 총매출액과 총원가(총비용)의 차이가 되므로
>   이익=총매출액－총원가
>   =(1,000원－500원)×판매량－5억 원
>
> ※ 여기서 원가와 비용의 개념은 다르지만, 원가－조업도－이익 모형에서는 생산량과 판매량이 같다고 가정하므로 구분할 필요는 없다.

3 손익분기점 분석

(1) 손익분기점(Break-Even Point: BEP)의 개념
① 손익분기점이란 총수익과 총비용이 일치하여 이익도 손실도 발생하지 않는 판매량 또는 매출액을 의미한다.
② 손익분기점에서는 '총수익 = 총비용'이므로 '영업이익 = 0'이 된다.
③ 즉, 손익분기점을 기준으로 손실과 이익이 나뉜다.

(2) 공헌이익률 계산 및 해석

① A기업에서 마스크를 1개 더 생산할 때마다 단위당 판매가인 1,000원이 추가적으로 발생하고, 단위당 변동원가인 500원이 추가 원가가 발생하므로 단위당 매출액－단위당 변동원가의 차이인 500원의 이익이 창출된다고 할 수 있다.

> - 단위당 공헌이익=단위당 판매가 － 단위당 변동원가
> - 공헌이익률
>   =공헌이익/매출액
>   =(단위당 공헌이익×판매량)/(단위당 판매가×판매량)
>   =500원/1,000원=0.5

② 이를 해석하면 마스크의 공헌이익률은 50%이며, 매출의 절반이 공헌이익이며 나머지 절반은 변동원가이다.
③ 총공헌이익은 단위당 공헌이익에 판매량을 곱한다.
④ 공헌이익은 고정원가를 고려하기 전의 이익이므로 영업이익은 공헌이익에서 고정원가를 차감한 값이 된다.

(3) 손익분기점 분석

A기업의 손익분기점은 공헌이익이 고정원가와 같아지는 지점, 즉 공헌이익이 5억 원이 되는 판매량을 구하면 된다.

> - 손익분기점은 총공헌이익－고정원가=0이 되는 지점
> - 고정원가=(단위당 공헌이익×판매량)
>   따라서, 손익분기점 판매량=고정원가/단위당 공헌이익
>   =5억 원/500원=100만 개
> - 손익분기점 매출액
>   =손익분기점 판매량×단위당 판매가격
>   =100만개×1,000원=10억 원
>   또는
>   손익분기점 매출액
>   =고정원가/공헌이익률
>   =고정원가/(1－변동비율)
>   =5억 원/0.5=10억 원
> - 변동비율=변동비/매출액

(4) 목표이익을 달성하기 위한 판매량 분석

① A기업의 올해 이익 목표를 25억 원을 달성하고자 한다면 마스크를 얼마나 팔아야 하는지에 대해 다음과 같이 구할 수 있다.

> - 이익=단위당 공헌이익×판매량－고정원가
> - 이익＋고정원가=단위당 공헌이익×판매량
> - 판매량=(이익＋고정원가)/단위당 공헌이익
>   =(25억 원＋5억 원)/500원
>   =600만 개

② A기업이 올해 목표 이익 25억 원을 달성하기 위해서는 마스크를 600만 개 판매해야 한다.
③ 이는 손익분기점 판매량 100만 개에서 추가적으로 500만 개를 더 판매해야 한다는 의미이다.

4 레버리지

(1) 레버리지의 이해

① 레버리지 효과란 고정원가의 특성으로 인해 판매량의 변화율보다 영업이익의 변화율이 높아지는 현상을 의미한다.

> - A기업에서 마스크 판매량이 10% 증가하여 총 660만 개를 판매하면 영업이익의 증가는 10%보다 더 증가한다.
> - 판매량이 10% 증가함에 따라 변동원가가 10% 증가하지만, 고정원가는 판매량과 상관없이 일정하므로 영업이익은 10% 이상 증가한다.
> - 판매량이 감소할 때에는 영업이익의 감소비율이 더 커진다.
> - A기업에서 10% 판매량의 증가가 영업이익의 12%의 증가를 가져온다면, 이는 레버리지 효과에 해당한다.

② 판매량이 변화할 때 고정원가의 특성으로 인해 영업이익이 더 큰 비율로 변화하므로 레버리지 효과는 사업의 위험을 증대시킬 수 있다. 특히, 초기투자 비용이 큰 사업일 경우 심하다.
③ 레버리지 효과는 고정원가가 클수록, 판매량 수준이 손익분기점에 가까울수록 크다.
④ 레버리지 효과 정도를 '레버리지도'라고 한다.

> 레버리지도
> =이익변화율/판매량 변화율
> =공헌이익/영업이익

5 전략적 원가관리(품질원가)

(1) 품질원가의 중요성

불확실한 경영환경과 소비자의 다양한 요구에 직면한 기업들은 전략적 경영의 중요성을 인식하고 품질을 계량화하기 위한 품질원가의 측정과 관리를 강조하기 시작하였다.

(2) 전략적 원가관리를 위한 원가의 종류

① 예방원가(prevention cost)
- 결함이 발생하기 전에 이를 방지하는 것과 관련된 원가이다.
- 불량 원인을 제거하기 위한 업무프로세스의 재설계비용, 생산이 용이하게 제품을 설계하는 비용, 지속적인 개선 활동을 위해 종업원을 교육시키는 비용 및 품질 향상을 위해 공급자와 협력하는 비용 등을 포함한다.

② 평가원가(appraisal cost)
- 생산시스템에서 얻은 품질 수준을 평가하는 데 필요한 원가이다.
- 품질예방활동을 통해 품질이 향상되면 평가비용이 감소하게 된다.

③ 실패원가(failure cost): 실제로 불량이 발견됨으로써 발생하는 원가이다.

PART 06 기출변형 실전문제

CHAPTER 01 회계와 재무회계의 개념

01 난이도 ■■□

회계에 대한 설명으로 옳지 않은 것은?

① 재무회계는 기업 외부의 정보이용자(현재 및 잠재적 투자자, 대여자 및 기타 채권자)가 필요로 하는 정보를 재무제표를 통해 제공하는 회계를 의미한다.
② 재무제표를 작성하기 위한 기본 가정으로는 발생주의와 계속기업을 전제하고 있다.
③ 재무제표는 재무상태표, 포괄손익계산서, 자본변동표, 현금흐름표와 이와 관련된 보충 정보를 제공하는 주석으로 구성된다.
④ 감사의견은 감사인이 기업을 감사하여 그 내용이 회계정보로서 적절한 가치를 지니는지에 관해 감사보고서에서 표명하는 의견으로, 적정, 한정, 부적정, 의견 거절 등이 있다.
⑤ 기업의 경영활동이 객관적 화폐금액으로 측정할 수 없더라도 회계거래로 인식되는 것이 적절하다.

| 해설 | 기업의 경영활동이라도 객관적 화폐금액으로 측정할 수 없으면 회계거래로 인식되지 않는다.

02 난이도 ■■□

회계정보의 질적 특성에 대한 설명으로 옳지 않은 것은?

① 예측가치는 일반회계기준 목적 적합성의 하부 속성이다.
② 회계정보가 갖추어야 할 가장 중요한 질적 특성으로는 목적 적합성과 신뢰성이 있다.
③ 일반회계기준의 중립성은 신뢰성의 하부 속성이다.
④ 일반회계기준의 검증 가능성은 목적 적합성의 하부 속성이다.
⑤ 재무제표에 특정 정보를 표시함으로써 회계정보이용자의 의사결정에 영향을 미치게 되면 이는 회계정보의 중립성이 회손된 것이다.

| 해설 | 회계정보의 질적 특성은 다음과 같다.

구분	질적 특성	세부 항목
일반 회계 기준	목적 적합성	예측 가치, 피드백 가치, 적시성
	신뢰성	표현의 충실성, 검증 가능성, 중립성

검증 가능성은 신뢰성의 하부 속성이다.

03 난이도 ■■□

회계정보에 대한 설명으로 옳지 않은 것은?

① 표현의 충실성은 모든 면에서 정확하다는 것을 의미한다.
② 검증 가능성은 정보가 나타내고자 하는 경제적 현상이 충실히 표현되었는지를 정보이용자가 확인하는 데 도움을 준다.
③ 정보를 정확하고 간결하게 분류하고, 표시하는 것은 정보를 이해하기 쉽게 한다.
④ 적시성은 의사결정자가 의사결정을 내릴 때 필요한 정보를 제때에 이용할 수 있도록 하는 것을 의미한다.
⑤ 이해 가능성은 정보를 명확하고 간결하게 분류하고 특징지으며 표시해야 함을 의미한다.

| 해설 | 표현의 충실성이 모든 면에서 정확하다는 것을 의미하는 것은 아니다.

04 난이도 ■□□

회계에 대한 설명으로 옳지 않은 것은?

① 외부 이용자는 재무회계정보를 이용하고, 내부 이용자는 관리회계정보를 활용한다.
② 재무회계와 관리회계의 정보는 객관적 정보만을 활용해야 한다.
③ 세무회계의 목적은 과세소득이다.
④ 재무회계는 정기적으로 보고하지만, 관리회계는 수시로 할 수 있다.
⑤ 관리회계는 일정한 양식이 없다.

| 해설 | 재무회계정보는 객관적이어야 하지만, 관리회계는 재무회계에 비해 주관적이며 미래 지향적인 정보를 활용한다. 따라서 관리회계는 화폐와 비화폐적 정보를 모두 활용한다.

정답 01 ⑤ 02 ④ 03 ① 04 ②

05 난이도

재무제표에 대한 설명으로 옳지 않은 것은?

① 재무제표는 발생주의와 계속기업을 기본 가정으로 한다.
② 현금주의란 실제 현금을 수령·지급하는 시점에서 수익과 비용이 이루어진 것으로 보고 기록하는 것을 의미한다.
③ 발생주의 회계 처리가 현금주의 회계 처리보다 저렴하다.
④ 일반적으로 현금주의에 비해 발생주의는 기업의 자산과 부채의 변동에 대해 더 정확한 정보를 제공할 수 있다.
⑤ 발생주의란 수익이 발생되고 해당 수익에 대응되는 지출이 발생된 사실에 기초하여 장부에 기록하는 것을 의미한다.

| 해설 | 발생주의 회계 처리는 현금주의에 비해 복잡하고, 회계 전문가가 필요하므로 비용이 많이 발생한다.

06 난이도

재무제표에 대한 설명으로 옳지 않은 것은?

① 유동 자산은 1년 이내에 현금화할 수 있는 자산이며, 그 외에는 비유동 자산으로 구분한다.
② 재무상태의 측정과 직접 관련된 요소로는 자산, 부채, 자본이 있다.
③ 부채란 과거 사건에 의해 발생하였으며 경제적 효익을 갖는 자원이 기업으로부터 유출됨으로써 이행될 것으로 기대되는 현재의무를 의미한다.
④ 1년 이내에 결제해야 하는 유동 부채와 그 외의 비유동 부채로 구분할 수 있다.
⑤ 발생주의 원칙에 의하면 미래에 특정 자산을 취득하겠다는 경영자의 명확한 의사결정 자체만으로 부채의 현재의무가 발생한다.

| 해설 | 현재의무와 미래의 약속은 구별되며 미래에 특정 자산을 취득하겠다는 경영자의 의사결정 그 자체만으로는 현재의무가 발생하지 않는다.

07 난이도

회계의 일반사항에 대한 설명으로 옳지 않은 것은?

① 수익은 특정 회계기간 동안에 발생한 경제적 효익의 증가를 의미하며, 지분참여자에 의한 출연과 관련된 것은 제외한다.
② 손익계산서에서 수익의 개념은 영업 수익(매출액)과 영업외 수익의 합이라고 할 수 있다.
③ 기업의 경영활동을 화폐금액으로 측정할 수 없더라도 중요한 활동이라고 판단하면 회계 거래로 인식하여 처리할 수 있다.
④ 기업의 모든 경영활동이 객관적으로 측정되어 화폐금액으로 기록될 수는 없다.
⑤ 비용에는 제품 제조와 서비스에 들어간 매출 원가, 제품과 서비스 판매 등이 있다.

| 해설 | 기업의 경영활동이라도 객관적 화폐금액으로 측정할 수 없으면 회계 거래로 인식되지 않는다.

08 난이도

회계감사에 대한 설명으로 옳지 않은 것은?

① 타인이 작성한 회계기록에 대해 독립적 제3자가 분석적으로 검토하여 그의 적정 여부에 관한 의견을 표명하는 절차를 회계감사라고 한다.
② 정확하고 전문적인 재무제표 작성을 위해 외부감사인의 자문을 재무제표 작성에 적극 활용하는 것이 좋다.
③ 회계기록이라 함은 회계장표와 함께 회계장표의 객관적 사실을 뒷받침해 주는 각종 증빙서류와 회계기록의 내용을 명백히 하는 사실 모두를 포괄하는 개념이다.
④ 재무제표에 대한 감사인의 의견은 기업의 경영성과의 양호 여부를 평가하거나 기업의 장래를 보장하는 것은 아니다.
⑤ 임직원에 의한 위조 또는 변조 등 문서의 허위성 여부에 대한 조사 판단은 재무제표 감사에서 다루지 않는다.

| 해설 | 외부감사법에 따르면 외부감사인의 독립성 유지를 위해 외부감사인이 기업의 재무제표를 작성하거나 재무제표 작성에 자문을 줄 수 없다.

정답 05 ③ 06 ⑤ 07 ③ 08 ②

CHAPTER 02 재무제표의 이해

01 난이도 ■■□
유상증자 활동의 결과로 예상되는 것으로 옳은 것은? (단, 이 외의 수익, 주가 흐름은 고려하지 않는 것으로 한다.)

① 유상증자를 하면 기존 주주의 지분 영향력이 커진다.
② 유상증자 후에는 자본금이 감소한다.
③ 유상증자로 인해 발행주식 수가 감소한다.
④ 유상증자로 인해 현금이 유출된다.
⑤ 유상증자로 인해 주당순이익이 감소한다.

| 해설 | 유상증자란 기업이 신주를 발행하여 자금을 조달하는 행위를 의미한다. 유상증자는 자본금이 증가할 뿐만 아니라 자본총계도 증가한다. 현금 유입으로 차입금의 상환 또는 설비투자를 위한 자금확보가 가능해진다는 장점도 있다. 반면, 신주 발행을 하게 되면 발행주식수가 증가해 기존 주주들의 지분이 희석되어 주당순이익은 감소하게 된다.

02 난이도 ■■□
다음 사례에서 원화 가치가 상승하는 경우 우리나라 기업에 미치는 영향으로 옳은 것은?

> 코로나19 상황에서 글로벌 공급사슬의 붕괴는 자국의 이익을 위한 공급사슬 재편으로 향하고 있다. 이에 대해 미국의 금리 영향을 받아 우리나라 원화의 강세가 이어질 전망이다.

① 해외 직원에게 외화 표시 급여를 지급하는 기업에게는 인건비 부담이 증가한다.
② 해외에서 원재료를 구매하는 기업의 원가 부담이 감소한다.
③ 수출 비중이 높은 기업은 매출 증가 효과가 있다.
④ 외화 금융 부채가 있는 기업의 상환 부담이 증가한다.
⑤ 외화 표시 자산이 많은 기업의 외화 평가 이익이 증가한다.

| 해설 | 원화 가치가 상승하면 해외에서 원재료를 구매하는 기업은 원화의 구매력이 증가하여 원재료 구매에 대한 원가 부담이 줄어들고, 해외 직원에게 보내는 인건비의 부담은 감소한다. 또한 일반적으로 우리나라의 상품 수출 가격은 상승하고 수입 상품 가격은 하락하므로 수출 비중이 높은 기업은 가격 경쟁력 약화로 인해 매출이 하락할 수 있다. 외화 금융 부채가 있는 기업의 경우 상환 부담이 감소하고, 외화 표시 자산이 많은 기업은 외화 평가 이익이 감소한다.

03 난이도 ■■□
다음 기업의 상황에 대한 전망으로 옳은 것은?

> NEWS
> 러시아의 우크라이나 침공 이후 국제유가가 배럴당 90달러 아래로 떨어졌다. 올해 초 배럴당 130달러를 위협하며 가파르게 상승하던 국제유가는 OPEC의 추가 증산 결정으로 추가적인 감소세를 이어갔다.

① 항공사 수익 감소
② 해운사 수익 감소
③ 완성차 업체 수익 감소
④ 화학회사 수익 감소
⑤ 정유사 수익 감소

| 해설 | 유가가 하락하면 정유사가 비싸게 구매했던 원유로 제품을 만들어 팔 시점에 제품가격이 낮아질 수 있기 때문에 수익성이 감소할 것으로 예상된다.
| 오답해설 | ①②④ 항공사, 해운사, 화학회사 등 원유가 전체 비용에서 차지하는 비중이 높은 기업은 유가가 하락할 때 이익 증가를 예상할 수 있다.
③ 완성차 업체는 수익 증가를 기대할 수 있다.

04 난이도 ■■□
'과거 사건의 결과로 기업이 통제하고 있고 미래 경제적 효익이 기업에 유입될 것으로 기대되는 자원'을 의미하는 재무상태표의 요소는?

① 부채
② 자산
③ 비용
④ 수익
⑤ 자본

| 해설 | 자산은 과거 사건의 결과로 기업이 통제하고 있고 미래 경제적 효익이 기업에 유입될 것으로 기대되는 자원으로, 유동 자산과 비유동 자산으로 구분할 수 있다. 유동 자산은 1년 이내에 현금화할 수 있는 자산이며, 그 외에는 비유동 자산으로 구분한다.

정답 01 ⑤ 02 ② 03 ⑤ 04 ②

05

감가상각에 대한 설명으로 옳은 것은?

① 정률법은 간단하다는 장점 때문에 가장 많이 쓰이고 있다.
② 감가상각이란 경제학의 관점으로 볼 때 취득한 자산의 원가를 자산의 사용 기간에 걸쳐 비용으로 배분하는 과정이다.
③ 시간이 지날수록 감가상각비가 증가하는 특징은 연수합계법에서 발견할 수 있다.
④ 일반적인 유형 자산보다 광산 또는 유전 등의 자연자원의 감모상각 방법에 적절한 방법은 생산량 비례법이다.
⑤ 정액법은 감가상각 첫해에 가장 많은 상각비가 계산되지만, 마지막 해에는 가장 적은 감가상각비가 계산되는 특징이 있다.

| 오답해설 | ① 정액법은 각 기간마다 일정액을 감가상각하는 방법으로, 간단하다는 장점 때문에 가장 많이 쓰이고 있다.
② 감가상각의 개념을 취득한 자산의 원가(취득원가)를 자산의 사용 기간에 걸쳐 비용으로 배분하는 과정(allocation)으로 이해하는 것은 회계학 관점이다.
③ 연수합계법은 기간이 지날수록 감가상각비가 감소하는 특징이 있다.
⑤ 감가상각 첫해에 가장 많은 상각비가 계산되지만, 점차 상각비가 감소하여 감가상각 마지막 해에는 가장 적은 감가상각비가 계산되는 특징이 있는 감가상각법은 정률법이다.

06

현금흐름표(Statement of cash flow)는 일정 기간 동안 기업의 현금흐름을 나타내는 재무제표로서 기업의 활동을 영업활동, 재무활동, 투자활동으로 구분하여 관리할 수 있다. 〈보기〉에서 현금흐름표의 재무활동으로 인한 현금흐름에 해당하는 거래를 고른 것은?

┤ 보기 ├
㉠ 재고자산 구입   ㉡ 대여금 회수
㉢ 회사채 발행   ㉣ 배당금 지급

① ㉠, ㉡
② ㉠, ㉢
③ ㉡, ㉣
④ ㉡, ㉣
⑤ ㉢, ㉣

| 해설 | 재무활동 현금흐름은 기업이 경영활동에 필요한 자금을 조달하고 이에 대한 대가를 지급함으로써 발생하는 현금흐름이다. 회사채 발행, 배당금 지급이 이에 해당한다.
| 오답해설 | ㉠ 영업활동 현금흐름에 해당한다.
㉡ 투자활동 현금흐름에 해당한다.

07

포괄손익계산서에 대한 설명으로 옳지 않은 것은?

① 일정 기간 기업의 성과, 수익과 비용에 관한 정보를 제공하는 재무보고서를 포괄손익계산서라고 한다.
② 유형자산재평가잉여금을 이익잉여금으로 대체할 때에는 그 금액을 당기손익으로 인식하지 않음에 주의해야 한다.
③ 재분류조정을 주석에 표시하기 위해서는 관련 재분류조정을 반영한 다음 당기손익의 항목을 표시해야 한다.
④ 수익과 비용의 어느 항목도 당기손익과 기타포괄손익을 표시하는 보고서나 주석에 특별손익 항목으로 표시하면 안 된다.
⑤ 비용을 기능별로 분류하는 기업에서는 감가상각비, 기타 상각비와 종업원 급여 비용을 포함하여 비용의 성격에 대한 추가 정보를 공시하는 것이 일반적이다.

| 해설 | 재분류조정은 포괄손익계산서나 주석에 표시할 수 있다. 단, 재분류조정을 주석에 표시하는 경우에는 관련 재분류조정을 반영한 후에 당기손익의 항목이 아닌 기타포괄손익의 항목을 표시한다.

정답 05 ④ 06 ⑤ 07 ③

CHAPTER 03 원가 · 관리회계

01 난이도 ■■□
회계에 대한 설명으로 옳지 않은 것은?

① 원가란 특정 목적을 달성하기 위해 정상적인 상태에서 소비된 재화나 용역과 같은 경제적 자원을 화폐 단위로 측정한 것을 의미한다.
② 직접원가와 간접원가의 분류 기준은 추적 가능성이다.
③ 영업이익은 총수익에서 총비용을 차감한 금액으로, 공헌이익에서 고정원가를 차감한 것과 같은 개념이다.
④ 레버리지 효과란 변동원가의 특성으로 인해 판매량의 변화율보다 영업이익의 변화율이 높아지는 현상이다.
⑤ 전략적 원가관리를 위한 원가의 종류에는 예방원가, 평가원가, 내부 실패원가 및 외부 실패원가가 있다.

| 해설 | 레버리지 효과란 고정원가의 특성으로 인해 판매량의 변화율보다 영업이익의 변화율이 높아지는 현상이다.

02 난이도 ■■■
다음은 단일 제품을 제조하고 판매하는 A사의 원가 자료이다. A사의 고정원가는 400만 원이며 현재 1,000단위 판매를 실시하고 있다. A사가 변동원가 1,200원을 증가시키는 부품을 제품에 추가하면 현재보다 500단위의 판매량 증가가 예상된다. 이때 영업이익은 1,000단위 판매 시보다 얼마나 증가하는가? (단, 판매가격과 고정원가는 변동이 없으며, 기초재고와 기말재고는 동일하다고 가정한다.)

구분	단위당 가격	매출액 비율
판매원가	10,000원	100%
변동원가	2,000원	30%
공헌이익	5,600원	70%

① 100만 원
② 120만 원
③ 220만 원
④ 300만 원
⑤ 320만 원

| 해설 | 영업이익(OI)은 단위당 판매가격(P), 단위당 변동원가(VC), 판매량(Q), 고정원가(FC)의 관계식을 통해 구할 수 있다.
OI = (P − VC) × Q − FC
기존 변동원가를 적용할 경우의 영업이익은
(10,000원 − 2,000원) × 1,000 − 4,000,000원 = 4,000,000원이다. 변동원가가 1,200원 증가할 경우의 영업이익은 (10,000원 − 3,200원) × 1,500 − 4,000,000원 = 6,200,000원이다. 따라서 영업이익 증가는 220만 원(620만 원 − 400만 원)이다.

03 난이도 ■■□
다음은 A사의 2022년 제조원가 및 재고 자산과 관련된 자료이다. 2022년의 매출원가는? (단, A사는 2021년 초에 설립되었다.)

직접재료원가	1,300원
직접노무원가	1,100원
제조간접원가	1,900원
기초재공품	800원
기말재공품	700원
기초제품	400원
기말제품	200원

① 3,800원
② 3,900원
③ 4,400원
④ 4,600원
⑤ 5,100원

| 해설 |
• 당기총제조원가 = 직접재료원가 + 직접노무원가 + 제조간접원가
• 당기제품제조원가 = 기초재공품 + 당기총제조원가 − 기말재공품
• 매출원가 = 기초제품 + 당기제품제조원가 − 기말제품
당기총제조원가는 4,300원, 당기제품제조원가는 4,400원, 매출원가는 4,600원이다.

정답 01 ④ 02 ③ 03 ④

04 난이도

다음은 2022년 초에 영업을 시작한 A사의 원가 관련 자료이다. 제품의 단위당 판매가격이 200원인 경우 A사의 2022년 말 변동원가계산에 의한 영업이익과 기말제품 재고액은?

- 생산량: 10,000개
- 판매량: 9,000개
- 단위당 변동제조원가: 100원
- 단위당 변동판매관리비: 50원
- 고정제조간접원가: 200,000원
- 고정판매관리비: 85,000원

	영업이익	기말제품 재고액
①	165,000원	110,000원
②	285,000원	110,000원
③	285,000원	100,000원
④	165,000원	100,000원
⑤	175,000원	110,000원

|해설|
- 단위당 변동비: 100원 + 50원 = 150원
- 단위당 공헌이익: 200원 − 150원 = 50원
- 총고정원가: 200,000원 + 85,000원 = 285,000원
- 영업이익: (50원 × 9,000개) − 285,000원 = 165,000원
- 기말제품 재고액: 100원 × (10,000개 − 9,000개) = 100,000원

05 난이도

A사의 경우 2022년 초 재고자산은 30,000원이고, 당기매입액은 90,000원이다. A사의 2022년 말 유동비율은 150%, 당좌비율은 60%, 유동부채는 90,000원일 때, 2022년 매출원가는? (단, 재고자산은 상품으로만 구성되어 있다.)

① 30,000원 ② 36,000원
③ 39,000원 ④ 43,000원
⑤ 45,000원

|해설|
- 유동비율 = 유동자산/유동부채
- 당좌비율 = (유동자산 − 재고자산)/유동부채
- 유동자산 = 유동비율 × 유동부채 = (당좌비율 × 유동부채) + 재고자산
- 재고자산 = 유동자산 − (당좌비율 × 유동부채)
  = 135,000원 − 54,000원 = 81,000원
- 매출원가 = 기초재고 + 당기매입 − 기말재고
  = 30,000원 + 90,000원 − 81,000원 = 39,000원

06 난이도

다음은 2022년 제조기업 A사의 자료이다. A사의 영업손익은?

- 매출액: 180,000원
- 이자 수익: 10,000원
- 감가상각비: 12,000원
- 매도가능금융자산평가이익: 10,000원
- 이자 비용: 5,000원
- 매출원가: 60,000원
- 종업원 급여: 7,000원
- 광고선전비: 4,000원

① 영업이익 90,000원
② 영업손실 90,000원
③ 영업이익 97,000원
④ 영업손실 92,000원
⑤ 영업이익 99,000원

|해설|
- 영업손익 = 매출액 − 매출원가 − 판관비
- A사의 영업손익 = 매출액 − 매출원가 − 감가상각비 − 종업원 급여 − 광고선전비 = 180,000원 − 60,000원 − 12,000원 − 7,000원 − 4,000원 = 97,000원

07 난이도

다음은 A기업의 2022년 재무제표 자료이다. A기업의 매출원가는?

- 기초재고자산: 30,000원
- 기말매입채무: 45,000원
- 매입채무 현금상환: 650,000원
- 기말재고자산: 27,000원
- 기초매입채무: 43,000원

① 643,000원 ② 644,000원
③ 655,000원 ④ 656,000원
⑤ 675,000원

|해설|
- 매입액 = 기말매입채무 + 매입채무상환 − 기초매입채무
  = 45,000원 + 650,000원 − 43,000원
  = 652,000원
- 매출원가 = 기초재고 + 매입 − 기말재고
  = 30,000원 + 652,000원 − 27,000원 = 655,000원

정답 04 ④ 05 ③ 06 ③ 07 ③

08 난이도 ■■■

공헌이익을 구하는 수식으로 옳은 것은?

① 매출액 - 고정비
② 영업이익 - 고정비
③ 매출액 - 변동비
④ 영업이익 - 변동비
⑤ 매출액 - 영업이익

| 해설 | 공헌이익은 매출액에서 변동비를 제외한 이익을 의미한다.
| 오답해설 | ②④⑤ 공헌이익에서 고정비를 빼면 영업이익이 된다.

09 난이도 ■■■

다음은 K기업의 제품에 대한 정보이다. K기업의 손익분기점 판매량은?

판매가격: 50,000원
제품 단위당 변동비: 10,000원
고정비: 4,000,000원

① 50개 ② 100개
③ 150개 ④ 200개
⑤ 300개

| 해설 | 영업손익분기점 판매량 = 고정비/(판매가격 - 단위당 변동비)이므로 K기업의 손익분기점 판매량은 4,000,000원 / (50,000원-10,000원) = 100개이다.

10 난이도 ■■□

다음은 A기업의 신상품에 대한 정보이다. A기업의 손익분기점 매출액은?

- 매출액: 6억 원
- 고정비: 5천만 원
- 변동비: 3억 원

① 1억 원 ② 1억 5천만 원
③ 2억 원 ④ 2억 5천만 원
⑤ 3억 원

| 해설 | 손익분기점 매출액은 매출액에서 변동비를 뺀 값(공헌이익)과 고정비가 같아지는 지점의 매출액이다. 이 지점은 순이익이 0이 되므로 이 점을 지나면 이윤이 발생하고 이 점을 지나지 못하면 손해가 나는 분기점이다. 이때 공헌이익은 고정비를 회수하고 순이익을 증가시키는 데 역할을 하는 이익을 의미하며, 공헌이익률은 공헌이익을 매출액으로 나눈 값이다. 따라서 공헌이익률은 3억 원/6억 원, 즉 0.5가 된다. A기업의 손익분기점 매출액은 고정비를 공헌이익률로 나눈 1억 원이다.

11 난이도 ■■□

다음은 상장기업 A사에 대한 애널리스트 보고서의 일부를 발췌한 내용이다. A사의 영업레버리지 확대 효과에 대한 추론으로 옳은 것은?

A기업에 대해 '2022년 영업이익 2,500억 원, 순이익 3,200억 원을 기록하며 시장 컨센서스 대폭 상회. 판매량 증가에 따른 영업레버리지 확대 효과와 코로나19 백신 매출 증가에 기인한 결과'라고 분석하였다.

① 설비자산 리스 확대
② 생산설비 확대
③ 아웃소싱 확대
④ 비정규직 확대
⑤ 구조조정

| 해설 | 영업레버리지는 고정자산 등을 보유함으로 고정비로 발생하는 손익 효과를 의미하므로 고정비의 비중이 높을수록 그 효과가 크게 나타난다. 생산설비 확대는 고정비를 높이는 효과가 있으므로 영업레버리지 확대 효과가 나타난다.

정답 08 ③ 09 ② 10 ① 11 ②

경영편

PART 07
기업 재무관리의 기초

CHAPTER 01
재무관리의 주요 원리
재무의 개념에 대해 이해하고 재무관리의 기능에 대해 알아본다.

CHAPTER 02
재무관리의 개요
투자의사결정에 대해 알아본다. 특히, 투자안의 성격에 따른 분류, 투자안의 경제성 분석 및 자본비용과 자본구조 등의 개념에 대해 이해하는 것이 중요하다.

CHAPTER 03
파생상품
파생상품의 개념에 대해 이해하고 다양한 파생상품의 종류에 대해 알아본다.

PART 07 기업 재무관리의 기초

CHAPTER 01 재무관리의 주요 원리

1 재무관리의 이해

(1) 재무관리의 개념
재무관리란 기업의 자금흐름과 관련된 활동들을 효율적으로 수행하여 기업의 목표를 달성할 수 있도록 한정된 재무적 자원에 대한 의사결정에 관련된 활동을 의미한다.

(2) 재무관리의 기능
① 투자 결정
 - 기업가치를 극대화하는 자산 형태를 구성하기 위해 어떠한 자산에 투자할 것인지를 결정한다.
 - 올바른 투자안을 선택하기 위해서는 투자안의 미래가치와 현재가치, 위험과 수익률을 고려해야 한다.
② 자본 조달 결정: 기업이 부담해야 할 자본비용을 최소화하는 자본 구조를 구성하기 위해 타인자본과 자기자본의 구성 비율을 결정한다.
③ 배당 결정: 순이익 배분과 결정된 의사결정으로 순이익 중 얼마를 주주에 배당하고 얼마를 기업 내부에 유보할 것인지를 결정한다.
④ 재무 분석: 재무 관련 의사결정에 필요한 정보를 제공하기 위해 재무제표를 작성하고 분석한다.

2 미래가치와 현재가치

(1) 미래가치와 현재가치의 개념
① 현금의 가치는 시간에 따라 달라진다.
② 일반적으로 기업의 재무의사결정은 현재 시점에서 이루어지고, 그에 따른 대가(현금흐름)는 미래의 여러 기간에 걸쳐 실현된다.

(2) 단일현금의 미래가치와 현재가치
① 단일현금의 미래가치
 - 미래가치(Future Value: FV)는 현재 시점에 발생한 현금을 미래 시점의 가치로 환산한 것이다.
 - 매기 적용되는 이자율이 r로 일정하면 현재 시점의 일정 금액(P_0)에 대한 n 기간 후의 미래가치(P_n)는 다음과 같다.

$$P_1 = 원금 + 이자 = P_0 + P_0 \times r = P_0(1+r)$$
$$P_2 = P_1 + P_1 \times r = P_0(1+r)(1+r) = P_0(1+r)^2$$
$$\vdots$$
$$P_n = P_0(1+r)^n = P_0 \times \text{CVIF}(r, n)$$

② 단일현금흐름의 현재가치
 - 현재가치(Present Value: PV)는 미래의 일정 금액을 현재 시점에서 평가한 가치로, 미래의 일정 금액과 동일한 가치인 현재의 금액을 의미한다.
 - 미래의 금액을 현재가치로 환산하는 것을 할인이라고 하며, 이자율을 할인율이라고 한다.
 - 매기 적용되는 이자율이 r로 일정하면 n 기간 후의 일정 금액(P_n)에 대한 현재가치(P_0)는 다음과 같다.

$$P_0 = P_n/(1+r)^n = P_n \times 1/(1+r)^n = P_n \times \text{PVIF}(r, n)$$

(3) 연금의 미래가치와 현재가치
① 연금의 미래가치(Future Value of Annuity: FVA)
 - 연금은 여러 기간에 걸쳐 매 기간 동일한 현금흐름이 발생한다.
 - 연금의 미래가치는 동일한 현금흐름이 일정 기간 계속하여 매기 반복 발생할 경우 매 기간 현금흐름의 미래가치를 모두 합한 금액이다.

$$P_n = C + C(1+r) + C(1+r)^2 + \cdots + C(1+r)^{n-1}$$
$$= C[\{(1+r)^n - 1\}/r]$$

② 연금의 현재가치(Present Value of Annuity: PVA)
 - 미래 일정 기간 동안 매년 일정 금액을 받는 경우 미래에 받게 될 금액들 전체의 현재가치이다.
 - 연금의 미래가치는 연금 수령이 끝나는 미래 시점을 기준으로 계산한 금액이고, 연금의 현재가치는 미래에 받을 현금을 현재 시점에서 평가한 금액이다.

$$P_0 = C/(1+r) + C/(1+r)^2 + \cdots + C/(1+r)^{n-1}$$
$$\quad + C/(1+r)^n$$
$$= C[\{1 - 1/(1+r)^n\}/r]$$

(4) 투자기회의 현재가치
① 여러 투자안 중 특정 투자안을 선택하는 기준으로 투자안의 현재가치를 고려할 수 있다.
② 시장이자율은 자본의 기회비용 개념으로 미래가치의 계산에 있어 이자율로, 현재가치의 계산에서는 할인율로 사용된다.
③ 기회비용이란 동일한 위험이 있는 대체적인 투자안으로부터 얻을 수 있는 수익률이다.

(5) 순현재가치(Net Present Value: NPV)
① 순현재가치란 투자에서 창출되는 미래의 현금흐름을 현재가치로 계산한 후 최초 투자액을 차감한 금액이다.
② 순현재가치가 0보다 크면 투자가치가 있다는 것을 의미하고, 0보다 작으면 투자가치가 없다는 것을 의미한다.

3 위험과 수익률

(1) 위험의 개념
① 재무관리에서 위험이란 미래수익률이 기대수익률에 미달하거나 투자 손실로 나타날 가능성이다.
② 위험은 자산가치의 변동 가능성을 의미하며, 이러한 불확실성이 높은 경우 위험도 높다.
③ 위험이 높은 경우에는 기대수익률이 높다고 하더라도 투자 결정은 쉽지 않다.

(2) 포트폴리오와 위험
① 포트폴리오의 개념
- 포트폴리오란 투자자들이 여러 종류의 자산에 분산투자할 때 소유하는 여러 자산의 집합을 의미한다.
- 투자자들은 위험을 감소시키려고 포트폴리오를 한다.
- 포트폴리오를 구성하는 자산의 수가 증가할수록 위험은 체계적으로 감소하지만, 일정한 수준 이하로는 내려가지 않으므로 포트폴리오를 잘 구성하더라도 위험을 0으로 만드는 것은 불가능하다.

② 체계적 위험
- 분산투자에 의해 제거될 수 없는 위험, 즉 분산불가능 위험을 말한다.
- 일반적으로 시장 전반적인 상황과 관련하여 발생하는 위험으로 인식하여 시장 위험(market risk) 또는 베타 위험(beta risk)이라고도 한다.
- 금리나 환율 변동, 전쟁 등이 이에 해당한다.
- 체계적 위험은 베타(β)로 특정하며, 베타는 시장 움직임에 대해 개별 증원이 얼마나 민감하게 반응하는지를 나타내는 민감도를 의미한다.

4 자본자산가격결정모형

(1) 자본자산가격결정모형의 개념
① 자본자산가격결정모형(Capital Asset Pricing Model: CAPM)은 자본시장의 균형하에서 위험이 존재하는 자산의 균형수익률을 도출해 내는 모형이다.
② 자산의 위험에 따라 기대수익률이 어떻게 결정되는지를 보여 주는 균형이론이라고 할 수 있다.

(2) 자본자산가격결정모형의 가정
① 위험을 회피하면서도 높은 만족을 얻으려는 투자자를 가정한다.
② 기대수익과 위험은 평균 – 분산 모형에 따라 포트폴리오를 선택한다.
③ 완전자본시장을 가정한다.
④ 무위험 자산이 존재하며 모든 투자자가 무위험이자율로 차입 및 대출이 가능하다고 가정한다.
⑤ 모든 투자자들의 투자 기간은 단일 기간으로 가정한다.
⑥ 모든 투자자들의 위험자산의 수익률 분포에 대해 동질적 기대를 한다고 가정한다.

(3) 자본자산가격모형의 한계
① 완전자본시장을 가정하는 것은 비현실적인 가정이다.
② 시장포트폴리오 구성은 거의 불가능하다. 따라서 시장포트폴리오의 대용치로 종합주가지수를 활용한다.
③ 베타계수가 장기적으로 안정적이어야 활용할 수 있다.

(4) 자본자산가격결정모형과 베타(β)값
① 자본자산가격결정모형에 따르면 개별자산 또는 포트폴리오의 체계적 위험은 베타값으로 측정한다.
② 특정 주식의 β가 1.5라는 것은 시장포트폴리오의 수익률이 1% 증감할 때 평균적으로 개별자산 포트폴리오 수익률은 1.5% 변동한다는 것을 의미한다.
③ 시장 전반의 수익률 변화에 대한 민감도를 나타내는 β가 1보다 클수록 해당 주식의 수익률 변동성이 시장 평균보다 크다는 것으로, 이는 경기 변동에 민감한 경기민감주에 속하게 된다.
④ β가 1보다 작으면 경기 변동에 영향을 덜 받는 경기방어주로 분류된다.

CHAPTER 02 재무관리의 개요

1 투자의사 결정

(1) 투자안의 성격에 따른 분류

① 독립적 투자안: 여러 투자안 중 하나의 투자안에 대한 의사결정이 다른 투자안의 의사결정에 영향을 미치지 않는 투자안이다.

② 상호배타적 투자안: 여러 투자안 중 하나의 투자안에 대한 의사결정, 즉 투자할지 기각할지에 대한 결정이 다른 투자안의 의사결정에 영향을 미치는 투자안이다.

(2) 투자안의 경제성 평가 방법

① 순현재가치법(Net Present Value: NPV): 투자안으로부터 예상되는 현금 유입의 현재가치에서 현금 유출의 현재가치를 차감한 값으로, 다음과 같이 구할 수 있다.

$$NPV = \sum_{t=i}^{n} \frac{CF_t}{(1+r)^t} - I_0$$

CF_t = 투자수명 기간별 현금흐름
r = 할인율(자본비용)
I_0 = 초기투자금액

② 내부수익률법(Internal Rate of Return: IRR): 투자안의 미래 현금 유입의 현재가치를 현금 유출의 현재가치와 같게 만드는 할인율로, 다음과 같이 구할 수 있다.

$$\sum_{t=i}^{n} \frac{CF_t}{(1+r)^t} = I_0, \ r = IRR$$

CF_t = 투자수명 기간별 현금흐름
r = 할인율(자본비용)
I_0 = 초기투자금액

③ 수익성 지수법(Profitability Index Method: PIM): 순현가의 유사한 개념으로, 다음과 같이 현금 유입의 현재가치를 현금 유출의 현재가치로 나누어 구할 수 있다.

$$PI = \frac{\sum_{t=i}^{n} \frac{CF_t}{(1+r)^t}}{I_0}$$

CF_t = 투자수명 기간별 현금흐름
r = 할인율(자본비용)
I_0 = 초기투자금액

2 자본비용과 자본구조

(1) 자본비용(cost of capital)의 개념

① 자본비용이란 기업이 자본사용(자기자본 및 타인자본)의 대가로 부담하는 비용으로, 자본 제공자의 입장에서는 요구수익률 또는 기대수익률(expected rate of return)로 볼 수 있다.

② 자본비용은 이자율 또는 할인율로 측정이 되고, 자본을 조달한 기업의 입장에서는 최소한의 수익률의 의미가 된다.

(2) 자본비용의 구분

① 자기자본비용(cost of equity)
 • 자기자본을 조달할 경우 부담해야 하는 비용이다.
 • 이론적으로는 자본자산가격결정모형(CAPM)에 의해 구한 주식의 기대수익률을 자기자본비용으로 간주한다.

② 타인자본비용(cost of debt)
 • 부채로 자금을 조달할 경우 기업이 부담해야 하는 비용으로, 명시적 이자 외에 조달에 수반된 각종 비용을 포함한다.
 • 기업의 이자비용은 법인세 계산 시 비용으로 처리되어 세금부담을 줄이므로 세후 기준으로 타인자본비용을 측정한다.

(3) 자본구조

① 자본구조의 개념
 • 자기자본과 타인자본의 구성 비율이다.
 • 일반적으로 부채사용기업의 자본비용은 가중평균자본비용(Weighted Average Cost of Capital: WACC)이란 개념을 활용한다.
 • 가중평균자본비용이란 기업의 자본구조를 반영한 기업 전체의 자본비용이며, 우선적으로 측정된 원천별 자본비용을 각 비중별로 가중평균하여 계산한다.

 • 총자산 = 총자본 + 총부채
 • 가중평균자본비용(WACC)

 $$= 자기자본비용 \times \frac{자기자본}{자기자본+타인자본}$$
 $$+ 타인자본비용 \times (1-법인세율) \times \frac{타인자본}{자기자본+타인자본}$$

② 타인자본(부채)과 WACC
 • 일반적으로 타인자본비용이 자기자본비용보다 낮다.
 • 타인자본의 비중을 늘리면 가중평균자본비용을 낮출 수 있고 기업가치는 상승한다.
 • 타인자본, 즉 부채의 비중을 늘려나가면 재무위험이 증가하게 된다.

(4) 기타 자본 조달 방법
① 기업어음(Commercial Paper: CP): 기업이 자금 조달을 목적으로 발행하는 어음 형식의 단기채권이다.
② 전환사채(Convertible Bond: CB): 일반적 사채와 달리 주식전환권이 포함되어 있는 사채이다.
③ 신주인수권부사채(Bond with Warrant: BW): 사채에 신주를 배정받을 수 있는 권리가 부여된 사채이다.
④ 교환사채(Exchange Bond: EB): 일정 기간 경과 후 발행사가 보유하고 있는 다른 회사 주식으로 교환할 수 있는 권리가 부여된 사채이다.
⑤ 영구채(Perpetual Bond)
  - 영구채와 일반 사채 모두 만기가 매우 길다.
  - 형식상 채권이지만 만기가 길고 상환 우선순위도 채권보다 뒤처진다는 점에서 국제회계기준상 자본으로 인정된다.

3 배당 의사결정

(1) 배당정책의 이해
① 기업은 채권자로부터 부채의 형태로 또는 주주로부터 자본의 형태로 자금을 조달하며 이에 대해 대가를 지불해야 한다.
② 자본에 대한 대가는 배당으로 나타나는데, 배당의 종류에는 현금배당과 주식배당이 있다.

(2) 배당정책의 특징
기업의 배당 수준의 결정은 법률적으로 주주총회의 의결사항이다.

(3) 배당의 지급 절차
① 기업의 배당은 주주 가치의 증대, 향후 배당 압박 등을 고려하여 주주총회의 의결사항으로 진행한다.
② 일반적인 배당지급 절차는 다음과 같다.

> 배당락일 → 배당기준일 → 배당공시일 → 배당지급일

- 배당락일: 배당받을 권리가 상실되는 날로, 배당기준일 바로 직전 영업일
- 배당기준일: 배당을 지급받을 주주를 확정하기 위해 주주명부를 폐쇄하는 날로, 일반적으로 결산일, 사업연도의 마지막 날
- 배당공시일: 배당에 대한 구체적 결정사항을 공시하는 날로, 일반적으로 사업 종료 90일 이내 공시해야 한다.
- 배당지급일: 현 주주들에게 배당금을 지급하기 시작하는 날로, 주주총회 의결 후 2개월 이내에 실시되어야 한다.

CHAPTER 03 파생상품

1 파생상품의 이해

(1) 파생상품의 개념
① 파생상품(derivatives)이란 농산물·비철금속·귀금속·에너지 등의 실물자산 및 통화·주식·채권 등의 금융자산과 같은 기초자산(underlying assets)의 가격 또는 그 지수 등으로부터 경제적 가치가 파생(derive)되도록 만들어진 상품 또는 계약이다.
② 파생상품시장은 미래의 일정 시점 또는 일정 요건이 충족되면 행사할 수 있는 권리를 매매하는 시장을 의미한다.

(2) 파생상품의 성격
파생상품은 위험 헤지(risk hedge) 기회를 제공한다. 따라서 투자자는 자신의 위험 선호도에 따라 자산을 구성할 수 있다.

(3) 파생상품의 종류
① 옵션(option)
  - 특정일에 미리 정한 가격으로 해당 대상을 매입이나 매도할 수 있는 권리를 계약하는 것(right to sell or buy)을 의미한다.
  - 매입할 수 있는 권리는 콜옵션(call option)이라고 하며, 매도할 수 있는 권리를 풋옵션(put option)이라고 한다.
  - 선물계약은 미리 지정한 가격에 반드시 매입이나 매도를 해야 하지만, 옵션계약은 매입자(매도자)가 자신에게 불리한 가격이 형성된 경우 그 계약을 포기할 수 있는 권리가 있으므로 반드시 계약을 이행할 필요가 없다.
② 선도거래
  - 미래에 있을 재화와 화폐의 거래를 현시점에서 하는 것을 말한다.
  - 흔히 밭떼기 거래라고 하는 것이 선도거래의 일종이 될 수 있다.
③ 선물(future)
  - 미래의 일정 시점에 정해진 가격으로 특정 자산을 매수 또는 매도하기로 현재 시점에 약정한 거래 형태를 의미한다.
  - 이때 지정된 거래소에서 표준화한 조건을 바탕으로 거래하게 함으로써 계약 불이행 등의 위험을 최소화할 수 있다.
  - 장외거래는 선도계약, 장내거래는 선물계약으로 구분한다.

2 스톡옵션(주식매수선택권, stock option)

(1) 스톡옵션의 개념
① 스톡옵션은 회사가 임직원 등에게 부여하는 권리로, 일정 기간이 지난 후에 회사의 주식을 미리 정해둔 가격으로 신주를 인수하거나 회사의 자기 주식을 매수할 수 있는 권리이다.
② 실무에서는 스타트업이 우수한 인재를 영입할 때 연봉이나 복지 수준을 맞추기 어려워 스톡옵션을 부여하는 방식으로 연봉 협상을 하는 경우가 많다.

(2) 스톡옵션의 장점
① 근로자의 근로 의욕 상승 및 기업의 생산성 향상
② 고급인력 채용 및 이탈 방지 도움
③ 상여금 현금 지급의 부담 감소

(3) 스톡옵션의 단점
① 불황 등의 이유로 경영 노력이 주가에 반영되지 않는 상황 및 스톡옵션의 부여 기준이 불명확한 상황인 경우 직원의 사기 저하가 발생할 수 있다.
② 주식 가치가 희석됨에 따라 기존 주주의 경제적 손실의 가능성이 있다.
③ 주가 급등 후 고급인력 퇴사의 가능성 등이 있다.

PART 07 기출변형 실전문제

CHAPTER 01 재무관리의 주요 원리

01 난이도 ■■□   약점진단 ○△×

다음은 코스닥에 상장된 5개 기업들의 베타를 표시한 자료이다. 이에 대한 분석으로 옳은 것은?

기업	A	B	C	D	E
베타	1.4	0	−1	0.5	0.9

① 주식 A는 시장 변동에 가장 민감하게 반응한다.
② 주식 B는 시장 변동과 반대로 움직인다.
③ 주식 C는 시장 변동에 상관없이 개별적으로 움직인다.
④ 주식 D는 상승장에서 시장지표 상승률과 일치할 가능성이 높다.
⑤ 주식 E는 시장 변동 비율과 정확하게 일치하며 움직인다.

| 해설 | 주식의 베타란 주식의 수익률이 시장수익률의 변동에 얼마만큼 민감하게 반응하는지를 나타내는 지표이다. 베타값이 클수록 해당 주식이 시장수익률에 따라 변동하는 정도가 크다고 할 수 있다. 이때 베타값이 마이너스(−)를 나타내는 경우는 해당 주식이 시장수익률과 반대로 움직인다고 할 수 있다. 베타값이 0일 경우 해당 주식은 시장수익률과 상관없이 움직인다고 볼 수 있다. 즉, 상관관계가 없다.

02 난이도 ■■□   약점진단 ○△×

일반적으로 동일한 금액일 경우 미래의 현금보다 현재의 현금을 더 선호하는 이유로 옳지 않은 것은?

① 물가 상승의 위험 때문이다.
② 미래 현금 유입의 불확실성 때문이다.
③ 현재의 현금에는 투자할 수 있는 기회가 존재할 수 있기 때문이다.
④ 현재 소비에서 얻는 효용이 미래 소비의 효용보다 작기 때문이다.
⑤ 사람들이 일반적으로 가지고 있는 위험 회피 성향 때문이다.

| 해설 | 동일한 금액일 경우 현재의 현금을 더 선호하는 이유는 현재의 소비로 인한 소비자 효용의 증가가 미래 소비의 효용보다 크기 때문이다.

03 난이도 ■■□   약점진단 ○△×

분산투자에 대한 옳은 설명을 〈보기〉에서 고른 것은?

| 보기 |
㉠ 분산투자할 때 위험을 최소화할 수 있는 자산의 투자 비율이 존재한다.
㉡ 투자 위험은 포트폴리오 수익률의 분산으로 알 수 있다.
㉢ 헤지 펀드와 같은 대체 투자 상품을 포트폴리오에 포함시키는 이유는 다른 상품과 상관 계수가 낮기 때문이다.
㉣ 아무리 분산투자를 하더라도 개별 기업이 보유하고 있는 고유 위험은 사라지지 않는다.
㉤ 공매와 차입이 허용되면 자산 간 상관계수가 낮을수록 위험 감소 효과는 더 크게 나타난다.

① ㉠, ㉡, ㉢
② ㉠, ㉡, ㉣
③ ㉡, ㉢, ㉣
④ ㉡, ㉢, ㉤
⑤ ㉢, ㉣, ㉤

| 해설 | 포트폴리오를 구성하는 가장 큰 이유는 위험을 줄이는 것이다. 위험은 구성 자산 수익률의 분산(표준편차)을 통해 계산되며 자산 간 상관계수가 낮을수록 위험 감소 효과가 높아진다. 헤지 펀드와 같은 대체 투자 상품이 포트폴리오의 한 방면으로 각광받는 이유도 다른 투자 자산과 상관계수가 낮기 때문이다.
| 오답해설 | ㉣ 분산투자를 하면 기업 고유의 위험이 제거되는 반면, 모든 기업에 공통적으로 적용되는 요인(체계적 요인)에 대한 위험은 제거되지 않는다.
㉤ 자산의 공매와 차입이 허용될 때에는 상관계수가 낮을수록 위험이 증대된다.

| 정답 | 01 ① | 02 ④ | 03 ① |

04 난이도

다음은 포트폴리오의 분산 효과를 나타낸 것이다. B의 특징을 〈보기〉에서 모두 고른 것은?

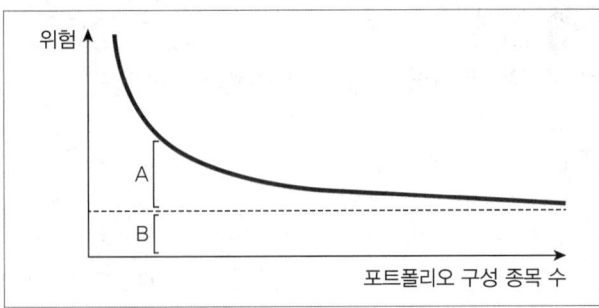

─┤ 보기 ├─
㉠ 체계적 위험
㉡ 비체계적 위험
㉢ 시장 위험
㉣ 기업 고유 위험
㉤ 분산 가능한 위험
㉥ 분산 불가능한 위험

① ㉠, ㉢, ㉤
② ㉠, ㉢, ㉥
③ ㉡, ㉢, ㉣
④ ㉡, ㉢, ㉤
⑤ ㉢, ㉣, ㉥

| 해설 | 제시된 그래프의 A는 비체계적 위험, B는 체계적 위험이다. 체계적 위험은 분산 투자(포트폴리오)에 의해 제거될 수 없는 위험을 말하며 분산 불가능 위험이라고 할 수 있다. 일반적으로 이러한 위험은 시장 전반적인 상황과 관련하여 발생하는 위험으로 인식하여 시장 위험(market risk) 또는 베타 위험(beta risk)이라고도 한다. 체계적 위험의 대표적 예에는 금리나 환율 변동, 전쟁 등이 있다.

| 오답해설 | 비체계적 위험은 분산 투자(포트폴리오)에 의해 제거될 수 있는 위험을 의미한다. 분산 가능 위험, 기업 특유 위험이라고도 한다. 비체계적 위험의 대표적인 예에는 특정 기업만이 가지고 있는 사건이나 상황으로서의 경영 분쟁, 파업, 법적 소송 및 신규 해외 진출 등이 있다.

05 난이도

다음은 포트폴리오를 구성하는 종목의 수와 포트폴리오 위험의 관계를 나타낸 것이다. A에 해당하는 사례로 적절한 것은?

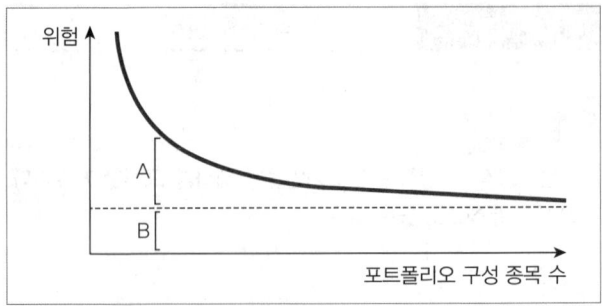

① 대표이사의 배임 및 횡령으로 검찰에 고발당했다.
② 코로나19로 인해 경기가 침체하였다.
③ 경기 부양책의 실패로 인플레이션이 발생하였다.
④ 유동성 악화로 환율이 급등하였다.
⑤ 기상이변으로 디플레이션이 발생하였다.

| 해설 | A는 비체계적 위험, B는 체계적 위험을 나타낸다. 비체계적 위험에는 제품 리콜, 노사분규, 경영진의 배임이나 횡령 혐의, 매출 감소, 기타 법정 소송 등이 있고, 체계적 위험에는 환율 변동, 인플레이션, 경기 침체 등이 있다.

06 난이도

다음 자료에서 A사와 B사의 기대수익률은? (단, 현재 주식시장에서 A사는 5,000원, B사는 8,000원에 거래되고 있다.)

경기상황	발생 확률	A사	B사
호황	40%	9,000원	10,000원
불황	60%	4,000원	6,000원

	A사	B사
①	0.1%	0.2%
②	0.2%	0.1%
③	0.1%	-0.05%
④	0.2%	-0.1%
⑤	0.2%	-0.05%

| 해설 |
• A사의 기대수익률 = (0.4 × 0.8) + (0.6 × -0.2) = 0.2%
• B사의 기대수익률 = (0.4 × 0.25) + (0.6 × -0.25) = -0.05%

정답 04 ② 05 ① 06 ⑤

07
현재 주식시장의 기대수익률은 20%이며, 국고채 수익률은 12%이다. A기업 주식 베타는 2.4이고, B기업 주식 베타는 1.7일 때 A기업과 B기업의 적정 기대수익률? (단, 소수 셋째 자리에서 반올림한다.)

	A	B
①	30%	24%
②	31%	24%
③	31%	26%
④	32%	26%
⑤	42%	28%

| 해설 |
- A기업 주식 적정 기대수익률 = 0.12 + 2.4(0.2 − 0.12) = 0.3120이므로 31%이다.
- B기업 주식 적정 기대수익률 = 0.12 + 1.7(0.2 − 0.12) = 0.2560이므로 26%이다.

08
주식투자위험 중 비체계적 위험과 관련 있는 것을 〈보기〉에서 고른 것은?

보기
- ㉠ "노르웨이 발 악재... 환율 8.1원 급등"
- ㉡ "고객 돈 유용 M 보험 설계사 등록 취소"
- ㉢ "치솟는 국제 유가... 경기 둔화 부담 가중"
- ㉣ "K사 5일간 셧다운... 노조 파업에 초강수"

① ㉠, ㉡
② ㉠, ㉢
③ ㉡, ㉣
④ ㉠, ㉣
⑤ ㉡, ㉢

| 해설 | 포트폴리오(분산투자)를 통해 감소하는 위험을 비체계적 위험이라고 하고, 감소되지 않는 위험을 체계적 위험이라고 한다. 체계적 위험에는 경기 변동, 환율, 국제유가, 정부 정책 등이 있으며, 비체계적 위험에는 기업의 경영 성과, 노조 문제, 재무 구조 등이 있다.

CHAPTER 02 재무관리의 개요

01
다음은 주식시장에 상장한 A기업의 재무 상태를 나타낸 자료이다. A기업 전체가 부담하는 자본 비용은? (단, 세금은 고려하지 않는다.)

- 자기자본 비용: 16억 원
- 타인자본 비용: 19억 원
- 순자산 부채비율: 400%

① 16.5억 원
② 17.3억 원
③ 18.4억 원
④ 18.2억 원
⑤ 16.8억 원

| 해설 | 자본 비용 = 자기자본 비용 + 타인자본 비용이다. A기업의 부채 비율이 400%이므로 이는 타인자본이 자기자본보다 4배 더 많다는 것을 의미한다. 즉, 전체 100%에서 타인자본이 80%를 차지하고 자기자본이 20%를 차지하고 있다. A기업 전체의 자본 비용은 (80% × 19억 원) + (20% × 16억 원) = 18.4억 원이다.

02
주식에 대한 설명으로 옳지 않은 것은?

① 주식 배당으로는 이익 배당을 한 것과 동일한 효과는 기대할 수 없다.
② 자기 주식을 취득하게 되면 주가가 상승하는 효과가 있다.
③ 주식 배당, 무상 증자, 주식 분할의 공통점은 모두 거래량이 증대된다는 점이다.
④ 원칙적으로 주식 분할로는 아무런 이득이 생기지 않지만 주가가 오르는 효과도 얻을 수 있다.
⑤ 주식 병합은 주가의 조정이나 주주 관리비의 절감 효과 등이 발생할 수 있다.

| 해설 | 주식 배당은 배당 지급에 소요되는 자금의 외부 유출을 막을 수 있으며, 이익 배당을 한 것과 동일한 효과가 발생할 수 있다.

03 난이도 ■□□

기업이 기존 주주 등에게 신주를 발행하여 자금을 추가로 조달하는 것은?

① 간접매수 ② 간접금융
③ 스톡옵션 ④ 무상증자
⑤ 유상증자

| 해설 | 기업이 기존 주주에게 새 주식을 발행하여 자금을 추가로 조달하는 것을 유상증자라고 한다.

04 난이도 ■■□

주가에 대한 옳은 설명을 〈보기〉에서 고른 것은?

보기
㉠ 주가 수익 비율은 높은 것이 좋다.
㉡ 영업이익이 높을수록 대체로 주가도 높다.
㉢ 고가주는 보통 인기가 많기 때문에 더 오를 가능성이 크다.
㉣ 경영 실적이 좋은 기업의 주식은 실적 발표 전부터 주가가 오르는 경우가 많다.

① ㉠, ㉡ ② ㉠, ㉢
③ ㉡, ㉢ ④ ㉡, ㉣
⑤ ㉠, ㉣

| 해설 | 영업이익은 해당 기업의 영업 활동 자체를 평가하는 수익성 지표로 많이 활용되기 때문에 영업이익이 높을수록 대체로 주가는 높게 형성된다. 주가에는 기업의 미래 전망이 반영되어 있으므로 실적 전망이 좋은 기업은 실적 발표 전부터 주가가 오르는 경우가 많다.

05 난이도 ■■□

자기자본을 늘리는 방법을 〈보기〉에서 모두 고른 것은?

보기
㉠ 주식 발행
㉡ 전환사채 발행
㉢ 회사채 발행
㉣ 대손충당금 추가적립

① ㉠, ㉡ ② ㉡, ㉢
③ ㉢, ㉣ ④ ㉠, ㉣
⑤ ㉠, ㉡, ㉢

| 해설 | 자기자본을 증가시키는 대표적인 방법은 주식 발행이다. 전환사채는 채권 성격의 부채(타인자본)이지만 일정 조건이 충족되면 주식으로 전환할 수 있는 권리가 있기 때문에 주식과 같이 자기자본이 늘어날 수 있다.

06 난이도 ■■□

다음 상황을 기반으로 구한 두 기업의 합병에 대한 NPV는?

> A와 B사는 현재 합병을 추진 중이다. A의 기업가치는 2천억 원, B사의 기업가치는 5천억 원으로 파악되고 있으며, 시장에서는 두 기업 합병 후 AB사의 가치는 1조 원으로 예상하고 있다. 합병 대상기업인 A사는 인수 대가로 1천억 원을 요구하고 있다. 단, 두 기업 모두 부채가 없다.

① 1천억 원 ② 2천억 원
③ 3천억 원 ④ 4천억 원
⑤ 5천억 원

| 해설 | 합병의 NPV는 합병 완료 후 AB사 기업의 가치에서 B사의 기업가치를 차감하여 계산한다.
합병의 NPV = 합병 후 AB사의 기업가치 − 합병 전 B사의 기업가치
= (AB사의 기업가치 − 인수비용) − B사의 기업가치
= (1조 원 − 1천억 원) − 5천억 원
= 9천억 원 − 5천억 원 = 4천억 원
NPV가 0보다 크므로 B사는 A사와의 합병을 추진할 것이며, 이때 합병의 NPV는 4천억 원이다.

정답 03 ⑤ 04 ④ 05 ① 06 ④

07 난이도

다음 설명에 해당하는 개념은?

- 이것은 은행권에서 자기자본 확충 방안으로 도입된 조건부 자본증권을 말한다.
- 평상시에는 채권이지만 특정한 조건에서는 주식으로 바뀌거나 소멸한다.
- 최근 한국에서는 보험사에서도 이것을 발행할 수 있도록 보험업법 개정을 추진한다고 밝혔다.

① 정크본드
② 벌처펀드
③ 메자닌펀드
④ 코코본드
⑤ SPC

| 해설 | 코코본드는 Contingent Convertible Bond를 줄인 것으로, 우리말로는 우발 전환사채를 의미한다. 평소에는 채권으로 분류되나 특정 사유 발생 시 주식으로 변환되거나 상각될 수 있다. 은행의 자기자본비율이 일정 수준 이하로 떨어져 경영 개선 명령을 받거나 부실 금융사로 분류되는 등 경영이 악화되는 특정 사유가 발생하면 주식으로 자동 전환되어 원리금을 받지 못할 수 있으므로 일반 채권보다 금리가 높다.

08 난이도

A는 빌라를 지어 분양하려고 한다. 빌라를 짓는 데 7,000만 원이 소요되지만 1년 후에 8,756만 원의 현금을 받고 매각할 수 있다. 시장이자율이 연 10%라고 할 때 이 투자안의 순현재가치는?

① 560만 원
② 450만 원
③ 650만 원
④ 960만 원
⑤ 870만 원

| 해설 | 순현재가치 공식에 의해 NPV = $\frac{8,756}{(1+0.1)}$ = 960만 원이다.

09 난이도

2022년 4월 10일에 발행된 액면가 1억 원의 국채가 있다. 1년 후에 500만 원, 2년 후에 500만 원, 3년 후에 1억 5백만 원을 지급하기로 되어 있다. 이에 대한 옳은 설명을 〈보기〉에서 모두 고른 것은?

→ 보기 ├─

㉠ 이 채권의 이표 이자율은 5%이다.
㉡ 이 채권은 만기가 3년인 이표채이다.
㉢ 1년 후에 채권의 가격은 1억 원보다 낮아질 수 없다.
㉣ 2년 후 1년 만기 이자율이 5%라면 2년 후 채권의 가격은 1억 원이다.

① ㉠, ㉡
② ㉡, ㉢
③ ㉢, ㉣
④ ㉡, ㉢, ㉣
⑤ ㉠, ㉡, ㉣

| 해설 | 채권은 발행자가 일정한 금액을 만기에 지급하기로 약속한 증서로, 만기 이전에도 시장에서 거래될 수 있다. 채권 보유자는 만기까지 발행 시에 결정된 액면가의 일정 비율(이표 이자율)을 받는 이표 이자 지급액을 매년 받고 만기일에 액면가를 받게 된다. 제시된 국채는 액면가 1억 원에 대해 매년 500만 원을 지급하므로 이표 이자율은 5%이며, 3년 후에 액면가를 지급하는 국채이므로 3년 만기 이표채라고 할 수 있다.

| 오답해설 | ㉢ 채권이 발행된 후 시장 이자율이 5%보다 높아진다면 이 채권의 가격은 액면가보다 낮아지고, 시장 이자율이 5%보다 낮아진다면 채권의 가격은 액면가보다 높아지며, 시장 이자율이 5%라면 채권의 가격은 액면가와 동일하게 된다. 즉, 채권의 가격은 액면가보다 낮아질 수 있다.

정답 07 ④ 08 ④ 09 ⑤

CHAPTER 03 파생상품

01 난이도 ■■□

다음은 선물거래와 선도거래를 비교한 것이다. A~D에 들어갈 내용을 바르게 연결한 것은?

구분	선물거래	선도거래
유동성	높음	낮음
거래 장소	A	B
결제 시점	C	D

	A	B	C	D
①	거래소	장외시장	일일 정산	만기일 정산
②	장외시장	거래소	일일 정산	만기일 정산
③	장외시장	거래소	일일 정산	만기일 정산
④	거래소	거래소	만기일 정산	만기일 정산
⑤	거래소	장외시장	만기일 정산	일일 정산

| 해설 | 선물거래는 거래소에서 거래되며, 선도거래는 특정한 거래소가 없이 장외에서 거래된다. 또한 선물거래는 일일 정산하지만, 선도거래는 만기일 정산을 한다.

02 난이도 ■■□

A는 선물계약 당시 개시증거금으로 3,000만 원을, 유지증거금으로 2,000만 원을 지불하였다. 계좌 잔액이 1,500만 원이 될 경우 선물 계약을 유지하기 위해 A가 취해야 하는 조치로 옳은 것은?

① 계좌 잔액을 3천만 원으로 회복시켜야 한다.
② 계좌 잔액을 2천만 원으로 회복시켜야 한다.
③ 신규 주문을 통해 증거금을 높여야 한다.
④ 현금 1천만 원을 추가로 입금해야 한다.
⑤ 포지션이 강제적으로 청산된다.

| 해설 | 평가손익이 발생하여 계좌 잔액이 유지증거금 이하로 떨어지면 마진콜이 발동하게 되고, 포지션 유지를 위해서는 추가로 증거금을 납부해야 한다. 이때 투자자는 계좌 잔액을 개시증거금 수준으로 회복시켜야 포지션을 유지할 수 있다.

03 난이도 ■■□

상장지수펀드(ETF)에 대한 설명으로 옳지 않은 것은?

① 주가지수를 추종하기 때문에 수동적 투자전략이라고 할 수 있다.
② 인덱스펀드에 비해 보수 및 운용 수수료가 저렴하다.
③ 주식형 펀드와 달리 투자자가 환매가격을 결정할 수 있다.
④ 일반펀드와 동일하게 발행시장만 존재한다.
⑤ ETF 중 공매도 또는 대주 개념의 ETF도 존재한다.

| 해설 | ETF는 일반펀드와 달리 ETF가 설정·해지되는 발행시장과, 주식과 같이 매매되는 유통시장 등 두 개의 시장이 존재한다.

04 난이도 ■■□

CMA(Cash Management Account)에 대한 옳은 설명을 〈보기〉에서 고른 것은?

보기
㉠ 상품 종류와 관계없이 취급 금융기관의 부도 때 예금자보호를 받을 수 있다.
㉡ CMA를 이용하여 계좌이체를 할 수 있다.
㉢ CMA를 통해 공모주 청약이 가능하다.
㉣ 증권사형 CMA는 모두 실적배당형 상품이다.
㉤ 종금사형 CMA는 CP, CD, 금융채, 국공채, 상장채권 등에 투자한다.

① ㉠, ㉡, ㉢
② ㉡, ㉢, ㉣
③ ㉠, ㉡, ㉣
④ ㉠, ㉣, ㉤
⑤ ㉡, ㉢, ㉤

| 오답해설 | ㉠ CMA의 상당 부분을 차지하고 있는 증권사형 CMA의 경우 증권회사가 예금수취기관이 아니므로 예금자 보호법을 적용받지 못해 예치금액을 보호받지 못한다.
㉣ 증권사형 CMA는 약관에 따라 예탁금을 RP에 투자하는 RP형 CMA와 MMF에 투자하는 MMF형 CMA로 나뉜다. RP형 CMA는 확정금리를, MMF형 CMA는 실적배당금리를 지급한다. 종금사형 CMA는 CP, CD, 금융채, 국공채, 상장채권 등에 투자한 후 수익을 돌려주는 실적배당형 상품이다.

| 정답 | 01 ① | 02 ① | 03 ④ | 04 ⑤ |

05 난이도 ■■□

콜옵션(call option)의 가치 증가를 위한 조건을 〈보기〉에서 모두 고른 것은?

―┤ 보기 ├―
㉠ 무위험이자율
㉡ 옵션 행사가격
㉢ 주식 가격
㉣ 옵션만기까지 기간

① ㉠, ㉡
② ㉠, ㉢
③ ㉡, ㉣
④ ㉠, ㉢, ㉣
⑤ ㉡, ㉢, ㉣

| 해설 | 콜옵션이란 거래 당사자들이 미리 정한 가격(행사가격)으로 장래 특정 시점 또는 그 이전에 일정 자산을 살 수 있는 권리를 매매하는 계약을 의미한다. 콜옵션 매도자에게서 자산을 매입할 수 있는 권리가 콜옵션 매입자에게 부여됨과 동시에 콜옵션 매입자는 콜옵션 매도자에게 그 대가인 프리미엄을 지급하게 된다. 일반적으로 콜옵션 매입자는 현재 가격이 행사가격보다 높으면 매입 권리를 행사하고, 현재 가격이 행사가격보다 낮을 때에는 매입 권리를 포기하고 시장가격에 의해 대상 자산을 매입하게 된다. 이때 콜옵션 가격에 영향을 미치는 요인에는 주식 가격, 변동성, 만기, 무위험이자율, 행사가격 등이 있다. 주식 가격, 변동성, 만기, 무위험이자율은 콜옵션 가격과 정(+)의 관계에 있다.

| 오답해설 | ㉡ 옵션 행사가격은 콜옵션 가치와 부(−)의 관계에 있다.

06 난이도 ■■□

다음 A에 해당하는 용어는?

> 미국의 경기침체와 금리상승으로 국내 증시는 더욱 얼어붙었다. 특히 지난 달 A 대금이 35%나 증가한 것으로 드러나 충격을 주고 있다. A는 주가 하락이 예상되는 기업의 주식을 빌려 매도하는 거래로서 먼저 팔고 가격이 떨어진 후에 주식을 매입하여 갚는 방법을 의미한다. 따라서 주가가 하락하면 이익을 보지만 주가가 오르면 손해를 보게 된다. 미국의 고강도 긴축 우려가 확산되는 가운데 국내 증시 추가하락에 대한 불안감이 증대되면서 A가 급증한 것으로 판단된다. 이와 같은 현상을 두고 일각에서는 A가 주가하락을 부추기고 주식시장을 교란시키는 역할을 하기 때문에 폐지해야 한다는 목소리를 내고 있다.

① 콜옵션
② 레버리지
③ 공매도
④ 풋옵션
⑤ 미수거래

| 해설 | 공매도란 주가 하락이 예상되는 주식을 빌려 매도하고 주가가 하락하면 매수하여 빌린 주식을 갚는 방법을 의미한다.

| 오답해설 |
①④ 콜옵션은 살 수 있는 권리를 매매하는 것을 의미하며, 풋옵션은 팔 수 있는 권리를 매매하는 것을 의미한다.
② 레버리지란 타인의 자본을 이용하여 자기 자본의 이익률을 높이는 것을 의미한다.
⑤ 미수거래란 투자자가 보유하고 있는 돈보다 더 많은 금액의 주식을 매수하려고 할 때 사용하는 방식으로 주식 매수 시 일정 비율의 증거금을 납입하여 주식을 매수한다.

정답 05 ④ 06 ③

경영편

PART 08
기업 재무분석의 이해

CHAPTER 01

재무비율 분석

재무비율은 기업의 안정성, 효율성, 수익성 및 성장성 등을 판단할 수 있는 자료로 활용될 수 있는데, 이와 같은 재무비율의 개념을 이해하고 다양한 재무비율 종류에 대해 알아본다.

CHAPTER 02

시장가치비율 분석

시장가치비율에 있어 대표적으로 활용되는 주가수익비율(PER), 주가순자산비율(PBR), 주가매출액비율(PSR), 주가현금흐름비율(PCR) 등에 대해 알아본다.

PART 08 기업 재무분석의 이해

CHAPTER 01 재무비율 분석

1 재무비율 분석

(1) 재무비율의 이해
① 재무비율은 경제적 의미와 논리적 관계가 있는 재무제표의 항목을 비교하여 상대적 비율을 구하는 것이다.
② 재무제표를 구성하는 수많은 계정과목을 대응하여 계산하게 되므로 이론상 무수히 많은 비율이 산출될 수 있다.

(2) 재무비율 분석의 의의
① 한국산업은행 기업재무분석에서 유용한 정보를 제공할 수 있는 재무비율은 총 68가지이다.
② 재무비율은 대차 계정과목을 상호비교하여 기업의 안정성과 자산 및 자본의 이용도나 수익성을 파악하는 것으로, 기업의 과거나 현재 상태를 분석하고 미래에 대한 관리의 자료로 삼는 데 도움이 된다.
③ 재무비율 분석은 기업의 현재 재무상태와 손익상태를 파악하여 미래에 대한 기업의 방향을 제시하는 의사결정에 도움을 줄 수 있다.

(3) 재무비율 분석의 종류

종류	의미	대표적 예	
안정성 분석	안정성 비율은 장·단기 채무의 상환 능력(지급 능력)을 판정하기 위한 분석	유동성 비율	유동 비율, 당좌 비율
		레버리지 비율	부채 비율, 이자보상 비율, 자기자본 비율
효율성 분석	자산이 얼마나 효율적으로 이용되고 있는가 하는 활용도를 측정 및 분석하는 비율	총자산회전율, 재고자산회전율, 매출채권회전율	
수익성 분석	기업의 이익 창출 능력을 측정하는 동태적 비율	자기자본이익률, 총자산이익률, 매출총이익률 등	
성장성 분석	기업 규모의 증가, 이익의 증가 등을 측정하는 비율	매출액증가율, 자기자본증가율, 총자산증가율 등	
시장가치 분석	기업의 주가와 재무제표 항목과 관련된 비율	주가이익비율, 주가순자산비율	

2 안정성 분석

(1) 개념
① 자본 조달을 통해 기업의 재무구조가 기업활동을 원활히 수행할 수 있도록 안정적으로 구성되어 있는지를 측정하는 것이다.
② 안정성 분석을 장·단기 채무의 상환 능력(지급 능력)을 판정하기 위한 분석이다.
③ 안정성을 높이기 위해서는 채무 상환을 위한 자산, 현금, 현금화할 수 있는 자산을 갖고 있어야 한다.

(2) 유동 비율
① 기업의 단기적 지급 능력을 평가하는 데 사용되며, 유동 비율과 당좌 비율이 있다.

$$유동\ 비율 = (유동\ 자산 / 유동\ 부채) \times 100$$

② 유동 비율이 높다는 것은 자산을 쉽게 현금화할 수 있음을 의미한다.
③ 쉽게 현금화될 수 있는 자산은 단기 채무 변제에 용이하며, 이는 갑작스러운 재무 위험에 유기적으로 대응할 수 있다는 점을 시사한다.
④ 유동 비율이 클수록 기업의 지급 능력이 양호하다.
⑤ 일반적으로 유동 부채의 2배 정도의 유동 자산이 있으면 적당하다고 판단한다. 즉, 표준비율은 200%이다.

(3) 당좌비율
① 유동 자산에서 재고 자산을 공제한 잔액을 유동 부채와 비교한 비율이다.

$$당좌\ 비율 = (당좌\ 자산 / 유동\ 부채) \times 100$$
$$= [(유동\ 자산 - 재고\ 자산) / 유동\ 부채] \times 100$$

② 당좌 비율은 재고 자산에 의존하지 않고서도 단기 채무를 변제할 수 있는 능력을 측정하는 것으로, 보통 100%이면 적정한 수준으로 판단한다.
③ 당좌 비율이 낮은 것은 재고 자산에 많이 투자를 하고 있다는 것을 암시한다.
④ 유동 비율과 당좌 비율이 일치할수록 재고 자산이나 선급 비용이 없음을 의미하는데, 외부 환경 변수에 많은 영향을 받는 제조업체의 경우 유동 비율과 당좌 비율의 차이가 큰 것이 일반적이다.

(4) 부채 비율
① 자기자본과 타인자본의 비율이다.

$$부채\ 비율 = (부채/자기자본) \times 100$$

② 기업이 지급 불능 상태에 빠졌을 때 채권자의 채권이 보호를 받을 수 있는 정도를 판단할 수 있다. 즉, 부채 비율이 클수록 채권자 및 투자자는 위험하게 된다.
③ 부채 비율이 100% 이하일 경우 자기자본이 상대적으로 더 많음을 의미하므로 채권자의 채권은 보호를 받을 수 있다.

(5) 이자보상배율
① 기업이 한 해 동안 벌어들인 영업이익으로 이자비용을 지급할 수 있는지를 평가할 수 있다.

$$이자보상배율 = 영업이익/이자비용$$

② 영업이익으로 이자를 감당하기 어렵다는 것은 이자보상배율이 1 미만의 값을 나타내는 것이며, 이 값이 3년 연속으로 1 미만이면 한계기업으로 분류한다.

(6) 자기자본비율
① 자기자본과 총자산의 비율이다.

$$자기자본비율 = (자기자본/총자산) \times 100$$

② 총자산 중 자기자본이 얼마나 차지하는지를 나타내며, 이는 자본의 건전성을 나타낸다.

3 효율성 분석

(1) 효율성 분석의 개념
① 기업에 투자된 자본을 얼마나 효율적으로 사용하였는지를 측정하는 것으로, 활동성 분석이라고도 한다.
② 효율성 비율은 자본의 효율성과 자산의 효율성으로 측정된다.
③ 자본의 효율성은 자본 그 자체로서의 원천과 기능에 따른 활동성을 측정 및 분석하는 것이다.
④ 자산의 효율성은 자본의 운영 형태의 활용도를 파악하는 것이다.

(2) 총자산회전율
① 기업이 이익을 획득하는 데 자산을 얼마나 효율적으로 이용하고 있는지를 평가하는 것이다.

$$총자산회전율 = 매출액/총자산$$

② 총자산회전율은 고정자산에 대한 이용도를 나타낸다.
③ 총자산이 1년에 얼마만큼 회전되었는지를 측정하는 비율이다.
④ 회전 속도가 빠를수록 적은 자산을 투입하여 매출 수익을 많이 올릴 수 있음을 의미한다.
⑤ 일반적으로 제조업의 경우 1회전, 유통업의 경우 2회전이 기준인데, 방송업의 경우 평균이 1 이하를 기록하고 있다.

(3) 재고자산회전율
① 당기 중에 재고자산이 몇 번 판매되었는지를 나타내는 것이다.

$$재고자산회전율 = 매출액/재고자산$$

② 재고자산의 회전 속도를 나타낸다.
③ 재고자산의 회전 속도는 재고자산이 일정 기간 동안 몇 번 정도 현금이나 당좌 자산으로 전환하였는지를 알아보기 위해 측정하는 것으로, 자본 배분의 실태를 검토하는 데 이용된다.

(4) 매출채권회전율
① 매출액을 매출채권으로 나누어 회수 기간과 현금화 속도를 나타내는 것이다.

- 매출채권회전율 = 매출액/매출채권
- 매출채권회전기간 = 365/매출채권회전율

② 매출채권인 외상매출금과 받을 어음의 결제 속도를 측정하는 것이다.
③ 회전 속도가 빠를수록 현금화 속도가 빠르며, 여신 면에서 건전한 기업으로 인식될 수 있다.

4 수익성 분석

(1) 수익성 분석의 개념
① 투자한 자본을 이용하여 일정 기간 동안 성과를 얼마만큼 창출하였는지를 측정하는 것이다.
② 자본과 매출의 관계, 매출과 이익의 관계, 자본과 이익의 관계를 분석하는 것이다.
③ 이익금액 자체보다 이익을 올리는 능력, 즉 수익성을 파악하여 비교하는 것이 더 중요한 의미를 지닌다.
④ 수익성 비율은 높을수록 좋다.

(2) 매출액이익률
① 기업경영활동의 전반적인 효율을 나타내는 수익성 비율이다.
② 매출액이익률 = 매출액순이익률/매출액총이익률
③ 매출액순이익률 = (당기순이익/매출액) × 100
④ 매출액총이익률 = (매출총이익/매출액) × 100

(3) 총자산순이익률(ROA)
① 경영자가 기업의 영업활동을 수행하기 위해 보유하고 있는 총자산을 얼마나 효율적으로 운영하였는지를 나타내는 수익성 비율이다.

> 총자산순이익률(ROA)
> =(순이익/총자산)×100
> =(순이익/매출액)×(매출액/총자산)×100

② '총자산순이익률 = 매출액순이익률×총자산회전율'이다.
③ 총자산영업이익률을 매출액영업이익률과 총자산회전율의 곱으로 나타낼 수 있다. 즉, '총자산영업이익률=(영업이익/매출액)×(매출액/총자산)×100'이 된다.

(4) 자기자본순이익률(ROE)
① 자기자본에 대한 경영성과를 측정하는 비율이다.

> 자기자본순이익률=(순이익/자기자본)×100

② 기업주의 투자에 대한 이윤을 얻기 위해 경영을 측정하는 반면, 타인자본의 활용과 배당 정책에도 활용할 수 있다.

(5) 총자본순이익률(ROI)
기업의 총투자금액을 순이익과 비교하여 자본의 운용 상태를 측정하는 것이다.

> 총자본순이익률(ROI)
> =(순이익/매출액)×(매출액/총자본)×100

5 성장성 분석

(1) 성장성 분석의 개념
① 기업의 경영성과 또는 재무 상태가 전기에 비해 당기에 얼마나 성장했는지를 측정하는 것이다.
② 전년도 재무상태표와 손익계산서에 있는 금액을 대비하여 계산할 수 있다.
③ 기업의 성장성을 나타내는 지표로는 총자산 규모나 매출액이 얼마나 빠른 속도로 증가하는지를 나타내는 총자산증가율과 매출액증가율을 많이 사용한다.
④ 총자산이나 매출액은 증가 속도가 빠를수록 좋다.

(2) 총자산증가율(Asset Growth Rate)
① 기업에 투하되어 운영된 총자산이 당해 연도에 얼마나 증감하였는지를 나타내는 비율이다.

> 총자산증가율
> =[(당기말총자산-전기말총자산)/전기말총자산]×100

② 기업의 전체적인 성장 규모를 측정하는 지표로 활용될 수 있다.

(3) 매출액증가율(Sales Growth Rate)
① 매출액이 당해 연도에 얼마나 증감하였는지를 나타내는 비율이다.

> 매출액증가율
> =[(당기매출액-전기매출액)/전기매출액]×100

② 기업의 성장률을 판단하는 대표적인 비율이다.

(4) 영업이익증가율(Operating Profit Growth Rate)

> 영업이익증가율
> =[(당기영업이익-전기영업이익)/전기영업이익]×100

(5) 당기순이익증가율(Net Profit Growth Rate)

> 당기순이익증가율
> =[(당기순이익-전기순이익)/전기순이익]×100

CHAPTER 02 시장가치비율 분석

1 시장가치비율

(1) 시장가치비율의 이해
① 시장가치비율은 기업이 시장에서 어떠한 평가를 받고 있는지를 파악하기 위해 주가와 기업가치(주식가치) 창출 요인을 반영하는 재무제표 항목을 대비시켜 비율을 측정하는 것이다.
② 주가수익비율(PER), 주가순자산비율(PBR), 주가매출액비율(PSR), 주가현금흐름비율(PCR) 등이 있다.

(2) 주가수익비율(Price-Earning Ratio: PER)

- 주가수익비율(PER)＝주식가격/주당이익(EPS)
- 주당이익(EPS)＝(당기순이익－우선주배당금)/보통주식수

① 현재의 주식가격을 주당이익(Earing Per Share: EPS)으로 나눈 비율로, 현재 주식가격이 주당이익의 몇 배로 형성되는지를 나타낸다.
② PER은 일반적으로 보통주의 시장가격에 보통주 주당이익을 대비시켜 산정할 수 있다.
③ 주가는 기업의 미래 수익성과 위험에 대한 시장의 평가가 반영되어 있으므로 기업의 미래 이익이 크게 증가할 것으로 전망하면 PER이 높게 형성된다.
④ 기업의 위험은 PER이 낮아지게 하는 주요한 원인이 될 수 있다.
⑤ 경우에 따라 미래 수익성이 높지 않아도 PER이 높을 수 있다.
⑥ PER은 재무분석가들이 주식의 저평가 여부를 판단하는 기준으로 사용되기도 한다.

(3) 주가순자산비율(Price-to-Book Ratio: PBR)

- 주가순자산비율(PBR)＝주식가격/주당순자산(BPS)
- 주가순자산(BPS)＝보통주 자기자본/보통주식수

① 현재의 주식가격을 주당순자산(Bookvalue Per Share: BPS)에 대비시킨 것으로, 현재 주식가격이 순자산(자기자본) 장부가치의 몇 배로 형성되어 있는지를 나타내는 비율이다.
② PBR도 PER처럼 일반적으로 보통주의 시장가격에 보통주 주당이익을 대비시켜 산정한다.
③ 우선주를 발행한 기업의 경우 보통주에 대한 주당순자산 금액을 산정하기 어렵기 때문에 보통주와 우선주의 시가총액을 순자산장부가치총액으로 나누어 PBR을 산정하거나 순자산장부가치총액을 보통주 및 우선주 총수로 나누기도 한다.
④ PBR이 1이면 장부상 가치보다 더 크게 주가가 형성되었다는 것을 의미하고, 1 이하인 경우에는 장부상 가치보다 낮게 주가가 형성되었다는 것을 의미한다.
⑤ PBR은 주식가격 대 장부가격가치의 비율이므로 PBR의 크기를 결정하는 주된 요인은 미래의 수익성과 위험이다.
⑥ 필요수익률(자기자본비용)보다 기업의 미래수익성(ROE)이 높을 것으로 전망한다면 주식가격이 순자산장부가치보다 커지게 되어 PBR이 1보다 높아진다.
⑦ PBR을 통해 기업의 가치를 판단할 때에는 ROE를 함께 살펴보는 것이 필요하다.

2 기업의 가치평가

(1) 경제적 부가가치(Economic value added: EVA)의 개념
기업이 영업활동을 한 회계 기간 동안 얼마나 많은 부가가치를 창출했는지를 살펴보는 것으로, 법인세를 차감 후의 영업이익에서 기업활동에 사용된 총자본에 대한 자본비용을 모두 차감한 개념이다.

EVA
＝당기순이익(또는 세후순영업이익)－자본비용(타인자본비용＋자기자본비용)
＝세후순영업이익－(가중평균자본비용×투자금액)
＝[(세후순영업이익/투자금액)－가중평균자본비용]×투자금액
＝(투자대비순이익률－가중평균자본비용)×투자금액

(2) EVA를 높이기 위한 전략
① 투자대비순이익률을 가중평균자본비용 이상으로 높인다.
② 투자수익률이 자본비용을 초과하는 투자안을 찾아 이에 대한 투자를 확대한다.
③ 동일한 투자수익률을 보이는 투자안이라 하더라도 자본비용이 큰 투자안은 EVA가 작아지기 때문에 가능한 가중평균자본비용을 낮추는 것이 중요하다.

(3) EV/EBITDA
① EV(Enterprise Value): 기업가치, 시장가격을 의미한다.

EV＝시가총액＋총차입금－현금성 자산

② EBITDA(Earnings Before Interest, Taxes, Depreciation and Amortization)
- 세금·이자 지급 전 이익을 말한다.
- 계산 방식은 세금과 이자를 내지 않고 감가상각도 하지 않은 상태에서의 이익이다.
- 현금흐름대용치로 많이 쓰인다.

$$\text{EBITDA} = \text{영업이익} + \text{감가상각비}$$

③ EV/EBITDA는 EV를 EBITDA로 나눈 값으로, 해당 기업의 내재가치(수익가치)와 기업가치를 비교하는 투자지표로 활용된다.
④ EV/EBITDA가 2배라면 이는 그 기업을 시장가격(EV)으로 매수했을 때 그 기업이 벌어들인 이익(EBITDA)을 2년간 합하면 투자원금을 회수할 수 있다는 의미가 된다.
⑤ EV/EBITDA가 낮다는 것은 투자 자금의 회수 기간이 짧다는 의미이다.
⑥ 즉, 기업가치가 순수한 영업활동을 통한 이익의 몇 배인지를 알려주는 지표로, 그 비율이 낮다면 회사의 주가가 기업가치에 비해 저평가되었다고 볼 수 있다.
⑦ 기업가치가 기업에서 벌어들이는 현금 흐름 대비 몇 배인지 대략 나타내므로 M&A를 위한 기업 가치 평가에 주로 쓰인다.

(4) PER와 EV/EBITDA
① PER과 EV/EBITDA는 모두 해당 기업을 인수했을 때 그 기업이 어느 정도 이익을 창출할 수 있는지를 판단하는 기준이 될 수 있다.
② PER과 EV/EBITDA는 기업을 주주자본으로만 볼 것인지 아니면 채권자 자본도 함께 볼 것인지, 그리고 이익을 당기순이익으로 볼 것인지 아니면 현금 흐름으로 볼 것인지에 있어 차이가 있다.
③ PER은 기업을 주주자본과 당기순이익을 비교하여 기업의 가치를 판단하는 반면, EV/EBITDA는 채권자 자본도 고려한 총자산과 현금 흐름을 비교하여 기업의 가치를 평가한다.
④ EV/EBITDA는 감가상각비가 많이 발생하는 제조업을 평가할 때 유리하게 사용되는 지표이지만, 기업이 실제로 지불해야 하는 여러 세금과 이자 등의 요소가 배제된 상태에서 기업의 가치를 분석하게 된다.

PART 08 기출변형 실전문제

CHAPTER 01 재무비율 분석

01 난이도 ■■□ 약점진단 ○△×

상장회사 A기업의 유동비율이 140%, 유동부채가 100억 원, 재고자산이 40억 원일 때 당좌비율은?

① 70%
② 80%
③ 90%
④ 100%
⑤ 120%

| 해설 |
- 유동비율 = (유동자산/유동부채) × 100%
- 당좌비율 = (당좌자산/유동부채) × 100%
  = [(유동자산 − 재고자산)/유동부채] × 100%

따라서 140% = (유동자산/100억) × 100%, 유동자산 = 140억 원이고, 당좌비율은 [(140 − 40)/100] × 100% = 100%이다.

02 난이도 ■■□ 약점진단 ○△×

다음은 어떤 기업의 A사업부와 B사업부 영업 상태를 나타낸 것이다. 이에 대한 분석으로 옳지 않은 것은?

(단위: 백만 원)

구분	A사업부	B사업부
매출	450,000	450,000
매출 원가	320,000	370,000
판매 관리비	110,000	68,000
총자산	150,000	80,000

① A사업부는 B사업부에 비해 매출총이익이 높다.
② A사업부는 B사업부에 비해 투자수익률이 낮다.
③ A사업부는 B사업부에 비해 자산수익률을 나타내는 자산회전율이 낮다.
④ A사업부는 B사업부에 비해 이익마진율을 나타내는 매출수익률이 높다.
⑤ A사업부는 B사업부에 비해 박리다매 영업을 하고 있다.

| 해설 | A사업부는 B사업부에 비해 매출수익률이 높은 반면, 총자산회전율이 낮다. 그 결과 A사업부의 투자수익률은 B사업부에 비해 낮게 평가되고 있다. 따라서 B사업부는 A사업부에 비해 이익마진은 적은 반면, 총자산 대비 매출 규모가 큰 박리다매형 영업전략을 택하고 있다.

03 난이도 ■□□ 약점진단 ○△×

유동 비율이 100% 미만인 경우 기업의 유동 비율을 감소시키는 거래로 가장 적절한 것은?

① 장부금액 이하로 건물 처분
② 장부가격 이상으로 금융자산 처분
③ 단기어음을 발행하고 현금 차입
④ 단기차입금을 현금으로 상환
⑤ 장기어음을 발행하고 현금 차입

| 해설 | 유동 비율이 1보다 작으므로 유동 자산과 유동 부채가 같이 감소하는 경우 유동 비율이 감소한다.

상황	유동 자산과 유동 부채 동일한 금액 증가	유동 자산과 유동 부채 동일한 금액 감소
유동 비율 > 1	감소	증가
유동 비율 = 1	불변	불변
유동 비율 < 1	증가	감소

정답 01 ④ 02 ⑤ 03 ④

04 난이도

재무비율에 대한 설명으로 옳지 않은 것은?

① 유동 비율이 높다는 것은 자산을 쉽게 현금화할 수 있다는 것을 의미한다.
② 유동 비율과 당좌 비율이 일치할수록 재고 자산이나 선급 비용이 없다는 것을 의미한다.
③ 부채 비율을 보면 기업이 지급 불능 상태에 빠졌을 때 채권자의 채권이 보호받을 수 있는 정도를 판단할 수 있다.
④ 재고자산회전율은 기업의 효율성을 분석하는 데 활용된다.
⑤ 매출채권회전율은 매출채권을 매출액으로 나눈 값으로 채권의 현금화 속도를 측정하는 비율이다.

| 해설 | 매출채권회전율은 매출액을 매출채권으로 나눈 값이다.

05 난이도

자산유동화증권(ABS)에 대한 옳은 설명을 〈보기〉에서 고른 것은?

─ 보기 ─
㉠ 기업이 ABS를 발행하면 부채 비율은 상승한다.
㉡ 기초자산이 기업어음이라면 자산담보부기업어음(ABCP)이라고 한다.
㉢ 금융사는 자산유동화를 통해 BIS 자기자본비율을 제고할 수 있다.
㉣ 한국주택금융공사는 양도받은 자산을 담보로 ABS를 발행하는 대표적인 특수목적기구(SPV)이다.
㉤ 투자자 관점에서 볼 때 ABS는 신용평가기관의 엄밀한 평가와 신용 보강을 거쳐 발행되므로 상대적으로 안전하다.

① ㉠, ㉡, ㉢
② ㉠, ㉢, ㉣
③ ㉡, ㉢, ㉣
④ ㉡, ㉣, ㉤
⑤ ㉠, ㉣, ㉤

| 오답해설 | ㉠ 기업이 매출채권을 특수목적기구에 이전하면 특수목적기구가 ABS를 발행하는 주체가 되므로 현금은 증가하더라도 부채는 증가하지 않기 때문에 부채비율은 이전과 동일하다.
㉤ 금융회사는 위험 자산을 매각하여 현금화함으로써 BIS 비율을 개선할 수 있다. 기초자산에서 발생하는 위험이 자산 매각 이후에도 자산 보유자에게 계속 영향을 미칠 수 있기 때문에 위험성은 증대된다.

06 난이도

2022년 상장기업 A사의 재무분석 결과, ROE가 ROA보다 훨씬 크게 나타났다. 이에 대한 분석으로 옳은 것은?

① A기업은 안정적인 재무구조를 가지고 있다.
② A기업의 수익성 둔화가 시작되고 있다.
③ 현재 A기업의 주가는 저평가되었다.
④ A기업은 타인자본 레버리지 효과를 이용하여 수익을 내고 있다.
⑤ A기업은 이자 비용을 충당하기 어렵다.

| 해설 | 자기자본순이익률(ROE) 및 총자산순이익률(ROA)에 공통적으로 들어가는 당기순이익은 자기자본뿐만 아니라 타인자본을 활용하여 증가시킬 수 있다. 즉, 자기자본이 적은 기업도 타인자본을 적절히 활용하면 많은 수익을 내는 것이 가능하다. 이러한 효과는 ROA와 ROE를 통해 확인할 수 있는데, ROE가 ROA에 비해 훨씬 크게 나타나는 경우가 이에 해당한다.

07 난이도

다음은 A기업의 재무 정보를 나타낸 것이다. A기업의 부채 비율과 자기자본이익률(ROE)은?

- 부채 총계 45억 원
- 자본 총계 90억 원
- 자산 총계 120억 원
- 매출 총액 100억 원
- 영업이익 20억 원
- 순이익 27억 원

	부채 비율	ROE
①	30%	30%
②	30%	20%
③	40%	30%
④	50%	30%
⑤	50%	20%

| 해설 | 부채 비율 = 부채 총계/자본 총계 = (45억 원/90억 원) × 100 = 50%
ROE = 순이익/자본 총계 = (27억 원/90억 원) × 100 = 30%

정답 04 ⑤ 05 ③ 06 ④ 07 ④

08 난이도 ■■□
약점진단 ○△×

다음은 A기업의 재무 정보이다. A기업의 총자본순이익률은?

- 매출액순이익률: 10%
- 총자본회전율: 2

① 5% ② 20%
③ 40% ④ 12%
⑤ 6%

| 해설 | 총자본순이익률(ROI) = (순이익/매출액) × (매출액/총자본) × 100%
= (순이익/총자본) × 100%
= 매출액순이익률 × 총자본회전율
총자본순이익률은 10% × 2 = 20%이다.

09 난이도 ■■□
약점진단 ○△×

다음 기업의 배당정책이 재무제표에 미치는 영향을 전망한 것으로 옳지 않은 것은? (단, 다른 조건은 고려하지 않는다.)

바이오뉴진은 정기총회를 통해 보통주 1주당 신주 0.5주의 주식 배당을 결정했음을 공시했다. 배당 주식은 모두 510만 7,456주이며, 배당 기준일은 오는 31일이다.

① 주식수가 증가한다.
② 자본금이 증가한다.
③ 이익잉여금이 감소한다.
④ 주당 이익이 증가한다.
⑤ 자본 총계는 변동이 없다.

| 해설 | 신주 발행을 통해 기존 주주들에게 주식을 배당하면 주식수가 늘어나고, 잉여금이 감소한다. 잉여금은 자본금으로 바뀌기 때문에 자본금이 증가하지만 자본총계는 변동이 없으며 주당 이익은 감소하게 된다.

CHAPTER 02 시장가치비율 분석

01 난이도 ■■■
약점진단 ○△×

다음 중 옳은 설명을 〈보기〉에서 고른 것은?

보기
㉠ PER은 일반적으로 보통주와 우선주를 합한 시장가격에 주당이익을 대비시켜 산정한다.
㉡ 주식시장은 기업의 실적이 중요하게 반영되기 때문에 기업의 미래 전망치보다 현재 실적이 높으면 PER이 높게 형성된다.
㉢ PER은 재무분석가들이 주식의 저평가 여부를 판단하는 기준으로 사용되기도 한다.
㉣ EV/EBITDA가 2배라면 그 기업을 시장가격(EV)으로 매수했을 때 그 기업이 벌어들인 이익(EBITDA)을 2년간 합하면 투자 원금을 회수할 수 있다는 의미가 된다.
㉤ PER은 주주자본과 당기순이익을 비교하여 기업의 가치를 판단하는 반면, EV/EBITDA는 채권자 자본도 고려한 총자산과 현금흐름을 비교하여 기업의 가치를 평가하고 있다.

① ㉠, ㉡, ㉢ ② ㉡, ㉢, ㉣
③ ㉢, ㉣, ㉤ ④ ㉠, ㉣, ㉤
⑤ ㉡, ㉢, ㉤

| 오답해설 | ㉠ PER은 일반적으로 보통주의 시장가격에 보통주 주당이익을 대비시켜 산정한다.
㉡ 주가는 기업의 미래 수익성과 위험에 대한 시장의 평가가 반영되어 있으므로 기업의 미래 이익이 크게 증가할 것으로 전망하면 PER이 높게 형성된다.

정답 08 ② 09 ④ 01 ③

02 난이도 ■■□

자본 비용에 대한 설명으로 옳은 것은?

① 부채에 대한 자본 비용은 이자율의 개념이고, 자기자본 비용은 배당수익률을 의미한다.
② 우선주는 채권과 주식의 중간 형태라 할 수 있기 때문에 자기자본 비용보다 높다.
③ 배당수익률은 일반적으로 시장이자율에 비해 낮기 때문에 자기자본 비용이 더 낮다.
④ 자기자본 비용과 타인자본 비용의 평균 개념인 가중평균자본 비용(WACC)은 항상 자기자본 비용보다 높다.
⑤ 여러 사업부가 존재하는 기업에서 WACC를 기준으로 투자 결정을 할 경우에는 위험이 높은 사업부가 자금을 더 많이 사용할 가능성이 높다.

| 해설 | 여러 사업부가 존재하는 기업에서 WACC를 기준으로 투자 결정을 하는 경우에 위험이 높은 사업부는 상대적으로 더 낮은 WACC를 사용하여 투자안의 순현재가치(NPV)가 커지는 효과를 갖게 되고 자금을 더 많이 사용할 가능성이 있어 유리해질 수 있다.

| 오답해설 | ① 자본 비용은 회사가 조달하는 자금 사용에 대한 대가로서 투자자 입장에서는 그 자금 투자에 대해 기대하는 요구수익률의 개념이다. 부채의 자본 비용은 이자율이다. 그러나 자기자본에 대한 비용은 배당수익률에 향후 기업의 성장 가능성까지 포함해야 한다. 따라서 자기자본 비용이 부채에 대한 비용보다 더 크다.
② 우선주는 채권과 주식의 중간 형태라 할 수 있기 때문에 일반적으로 자기자본 비용보다 낮고 부채 비율보다 높다.

04 난이도 ■■□

기업 가치 평가 방법에 대한 설명으로 옳지 않은 것은?

① 배당할인법(DDM)은 자본 비용이 성장률보다 높은 경우에만 사용할 수 있다.
② 주가수익비율(PER)을 이용한 상대가치법에서 비교할 수 있는 대상은 동종업계의 유사 규모 기업 또는 관련 산업의 최저 PER이어야 한다.
③ 잉여현금흐름법(FCF)을 이용할 경우에는 기업잉여현금흐름(FCFF)에서 장기부채를 차감하면 주주잉여현금흐름(FCFE)을 구할 수 있다.
④ 경제적부가가치법(EVA)은 투하자본이익률(ROIC)에서 가중평균자본비용(WACC)을 차감한 스프레드에 투하자본(IC)을 곱해 산출할 수 있다.
⑤ EV/EBITDA를 이용한 상대가치법에서 EV는 보통주와 우선주 가치의 합을, EBITDA는 영업이익에서 유형자산에 대한 감가상각비와 무형자산에 대한 감모상각비를 더한 것을 뜻한다.

| 해설 | 주가수익비율(PER)을 이용한 상대가치법에서 비교 대상은 동종업계의 유사 규모 기업 또는 관련업의 최저 PER이 아닌 평균 PER이어야 한다.

03 난이도 ■■□

EVA 활용의 장점으로 옳지 않은 것은?

① 기업 가치 원천인 현금의 흐름을 고려한다.
② 자기자본에 대한 비용을 반영한다.
③ 주주 입장에서 기업 수익성을 파악할 수 있다.
④ 사업별 성과 및 구조 조정 여부를 판단할 수 있다.
⑤ 가중평균자본비용을 높이면 EVA도 높아진다.

| 해설 | EVA를 높이기 위해서는 가중평균자본비용을 낮추어야 한다.

정답 02 ⑤ 03 ⑤ 04 ②

05

다음 설명에 해당하는 개념은?

> 현재의 주식가격을 주당순자산(Bookvalue Per Share: BPS)에 대비시킨 것으로, 현재 주식가격이 순자산(자기자본) 장부가치의 몇 배로 형성되어 있는지 나타내는 비율이다.

① PER
② PBR
③ EPS
④ PCR
⑤ PSR

| 해설 | 제시된 설명에 해당하는 개념은 PBR, 즉 주가순자산비율이다. PBR도 PER처럼 일반적으로 보통주의 시장가격에 보통주 주당이익을 대비시켜 산정한다. 우선주를 발행한 기업의 경우에는 보통주에 대한 주당순자산 금액을 산정하기 어렵기 때문에 보통주와 우선주의 시가총액을 순자산 장부가치 총액으로 나누어 PBR을 산정하거나 순자산 장부가치 총액을 보통주 및 우선주 총수로 나누기도 한다. 일반적으로 PBR이 1 이상이면 장부상 가치보다 더 크게 주가가 형성되었다는 것을 의미하고, 1 이하인 경우에는 장부상 가치보다 낮게 주가가 형성되었다는 것을 의미한다.

06

다음 설명에 해당하는 개념은?

> 현재의 주식가격을 주당이익(Earing Per Share: EPS)으로 나눈 비율로, 현재 주식가격이 주당이익의 몇 배로 형성되는지를 나타낸다.

① PER
② PBR
③ EVA
④ EBITDA
⑤ EV/EBITDA

| 해설 | 제시된 설명에 해당하는 개념은 PER, 즉 주가수익비율이다. PER은 일반적으로 보통주의 시장가격에 보통주 주당이익을 대비시켜 산정한다. 주가는 기업의 미래 수익성과 위험에 대한 시장의 평가가 반영되어 있기 때문에 기업의 미래 수익성이 크게 증가할 것으로 전망하면 PER이 높게 형성된다. 반면, 기업의 위험은 PER이 낮아지게 하는 주요 원인이 된다.

07

다음은 A기업 회계 정보이다. A기업의 EVA는?

- 당기순이익: 500억 원
- 투자 금액: 2,500억 원
- 가중평균자본비용: 10%

① 30억 원
② 50억 원
③ 70억 원
④ 100억 원
⑤ 120억 원

| 해설 | EVA = 당기순이익(또는 세후순영업이익) − 자본 비용(타인자본 비용 + 자기자본 비용) = 세후순영업이익 − (가중평균자본비용 × 투자 금액)
A기업의 EVA는 500억 원 − (10% × 4,000억 원) = 500억 원 − 400억 원 = 100억 원이다.

08

EV/EBITDA에 대한 설명으로 옳지 않은 것은?

① EV를 EBITDA로 나눈 값으로 투자 지표로 활용된다.
② EV/EBITDA가 높다는 것은 투자 자금의 회수 기간이 짧다는 것을 의미한다.
③ M&A를 위한 기업 가치 평가에 주로 쓰인다.
④ PER은 주주자본과 당기순이익을 비교하여 기업의 가치를 판단하는 반면, EV/EBITDA는 채권자 자본도 고려한 총자산과 현금흐름을 비교하여 기업의 가치를 평가한다.
⑤ EV/EBITDA 비율은 주가의 수준을 판단하는 데 이용될 수 있다.

| 해설 | EV/EBITDA는 기업 가치가 순수한 영업활동을 통한 이익의 몇 배인지를 알려주는 지표이다. EV/EBITDA가 2배라면 그 기업을 시장가격(EV)으로 매수했을 때 그 기업이 벌어들인 이익(EBITDA)을 2년간 합하면 투자원금을 회수할 수 있다는 것을 의미한다. EV/EBITDA가 낮다는 것은 투자 자금의 회수 기간이 짧다는 것을 의미한다.

| 정답 | 05 ② | 06 ① | 07 ④ | 08 ② |

09

다음은 B기업에 대한 정보이다. B기업의 EV/EBITDA는?

- 감가상각비: 40억 원
- 보유현금: 50억 원
- 영업이익: 30억 원
- 시가총액: 490억 원
- 차입금: 100억 원
- 무형자산상각비: 20억 원

① 3.0억 원
② 4.0억 원
③ 4.5억 원
④ 5.0억 원
⑤ 6.0억 원

| 해설 | EV = 시가총액 + 차입금 - 보유현금 = 490억 원 + 100억 원 - 50억 원 = 540억 원
EBITDA = 영업이익 + 감가상각비 + 무형자산상각비
　　　　= 30억 원 + 40억 원 + 20억 원 = 90억 원
EV/EBITDA = 540억 원/90억 원 = 6.0

10

주가수익비율(PER)에 대한 설명으로 옳지 않은 것은?

① PER이 낮으면 주가가 저평가된 것이고, 높으면 주가가 고평가된 것이다.
② 주가를 주당순이익(EPS)으로 나눈 개념이다.
③ 주가순자산비율(PBR)과 병행해서 많이 활용된다.
④ 신기술 기업의 PER은 일반적으로 대기업의 PER보다 낮은 경향을 보인다.
⑤ 무상증자를 할 경우 PER이 높아진다.

| 해설 | 신기술 벤처기업의 PER은 미래 성장성이 주가에 반영되므로 일반적으로 대기업보다 PER이 높은 경향을 보인다.
| 오답해설 | PER은 주가를 EPS로 나눈 것으로 주가가 EPS의 몇 배인지를 나타낸 투자 판단 지표를 의미한다. 주가가 높거나 EPS가 적을수록 PER은 높아지고, 주가가 낮거나 EPS가 많을수록 PER은 낮아진다. 따라서 PER이 높을수록 기업이 영업활동으로 벌어들인 이익에 비해 주가가 높게 평가됐으며, PER이 낮을수록 이익에 비해 주가가 낮게 평가됐다고 판단할 수 있다. PER은 주가를 순자산으로 나눈 PBR과 함께 투자 지표로 많이 활용된다. 또한 자본금을 늘리면(증자를 실시하면) 발행주식 총수가 늘어나고 EPS는 줄어들어 PER은 높아지게 된다.

11

주식가치를 평가하는 데 활용되는 지표로 사용하기 어려운 것은?

① PER
② PBR
③ ESG
④ EV/EBITDA
⑤ EBITDA

| 해설 | ESG는 환경(Environment), 사회(Social), 지배구조(Governance)의 줄임말로, 기업이 환경보호에 앞장서고, 사회적 약자에 대한 지원과 사회공헌활동을 활발히 하며, 법과 윤리를 철저히 준수하는 윤리경영을 실천하는 것을 말한다. 곧, 기업이 경영이나 투자를 할 때 매출과 같은 재무적 요소에 더해 ESG와 같은 사회적·윤리적 가치를 반영하여 경영하거나 투자하는 것이 ESG 경영이다.

정답 09 ⑤ 10 ④ 11 ③

**에듀윌이
너를
지지할게**
ENERGY

하루하루가 힘들다면
지금 높은 곳을 오르고 있기 때문입니다.

– 조정민, 『인생은 선물이다』, 두란노

제1회 파이널 실전 모의고사

국가공인
매경TEST
경·영·경·제·이·해·력·인·증·시·험

수 험 번 호 : _____

성   명 : _____

https://eduwill.kr/bPkj

STEP 1　　　　STEP 2　　　　　　STEP 3　　　　　　　STEP 4
QR코드 스캔 ▶ 회원가입 & 로그인 ▶ 모바일 OMR 정답 입력 ▶ 채점 및 결과 확인

01

필립 코틀러(P. Kotler)의 제품 유형 분류 중 개발, 보증, 애프터서비스, 설치서비스 등과 같은 편익을 부가한 제품 개념은?

① 핵심 제품
② 잠재 제품
③ 유형 제품
④ 무형 제품
⑤ 확장 제품

02

포괄손익계산서에 없는 계정과목은?

① 법인세
② 매출원가
③ 이자 비용
④ 감가상각비
⑤ 이익잉여금

03

소비자 측면의 마케팅 구성 요소로, 본원적 욕구를 충족할 수 있는 수단적 욕구를 의미하는 요인은?

① 니즈
② 원츠
③ 수요
④ 타깃팅
⑤ 포지셔닝

04

마이클 포터(M. Porter)의 산업구조분석 중 파이브 포스(5-Forces), 즉 다섯 가지 유형에 포함되지 않는 요인은?

① 고객
② 직원
③ 공급자
④ 전통적 경쟁자
⑤ 대체 제품과 서비스

05

생산설비를 건설한 뒤 생산이 개시될 수 있는 상태에서 설비 소유권을 넘겨 주는 해외 진출 방식은?

① 계약생산
② 합작투자
③ 라이센싱(licensing)
④ 프랜차이징(franchising)
⑤ 턴키 프로젝트(turn-key project)

06

재무제표 중 특정 시점에 기업이 소유하고 있는 자산, 부채, 자본의 잔액을 나타내는 표는?

① 자본변동표
② 재무상태표
③ 재무성과표
④ 현금흐름표
⑤ 포괄손익계산서

07

허츠버그의 2요인 이론에서 위생 요인(hygiene factor)으로 보기에 가장 거리가 먼 것은?

① 직무 성취감
② 사내 복지시설
③ 동료와의 관계
④ 작업장 안전 상태
⑤ 회사 정책 및 지침

08

하나의 세분시장을 표적시장으로 선정하여 해당 시장에 적합한 마케팅 믹스를 개발하여 실행하는 전략은?

① 디마케팅
② 타깃 마케팅
③ 집중화 마케팅
④ 차별화 마케팅
⑤ 비차별화 마케팅

09

새로운 경영자가 부임할 때 교체 직후 기존에 가지고 있던 미래 부실 요인을 미리 비용에 반영하여 몰아 처리하는 회계 기법은?

① 빅배스
② 액면분할
③ 윈도 드레싱
④ 어카운트 클리닝
⑤ 어닝 서프라이즈

10

소비자가 상품을 구입할 때 적절한지 판단하는 심리적 기준이 되는 가격은?

① 단수가격
② 실질가격
③ 유인가격
④ 준거가격
⑤ 가처분가격

11

조직의 강점, 약점, 그리고 위기와 기회 요인을 기술하여 경영 전략을 수립하는 기법은?

① ERG이론
② SWOT분석
③ 가치사슬분석
④ 내부역량분석
⑤ BCG 매트릭스

12

마케팅 믹스에서 4P에 해당하지 않는 것은?

① 가격(Price)
② 유통(Place)
③ 고객(People)
④ 제품(Product)
⑤ 촉진(Promotion)

13
관료제의 특징으로 옳지 않은 것은?

① 전문화된 조직
② 명령체계의 이원화
③ 공식화된 규칙과 규정
④ 표준화된 업무 프로세스
⑤ 기능적 부서와 그룹화된 업무

14
기업이 아웃소싱을 시행하여 얻을 수 있는 장점으로 옳지 않은 것은?

① 비용 절감
② 전략적 유연성 확보
③ 기업 핵심 기능 위탁
④ 자사 강점에 자원 집중
⑤ 조직 간소화를 통한 비능률 방지

15
다음 설명에 해당하는 개념은?

- 기업의 설비투자 동향이나 기업의 가치 평가에 이용되는 지표로, 주식시장에서 평가된 기업 시장가치를 기업 실물자본의 대체 비용으로 나눈 것을 의미한다.
- 이 비율이 1보다 큰 기업은 기업을 대체하는 데 드는 비용보다 더 큰 가치를 가지고 있어 투자를 늘릴 유인이 있다.

① 부가가치비율
② 토빈의 q비율
③ 총자산순이익률
④ 자기자본회전율
⑤ 자기자본순이익률

16
한 국가가 다른 국가에 비해 비록 모든 상품에 대해 생산성이 떨어지더라도 무역을 통해 상호 이익을 창출할 수 있다. 이와 관련 깊은 경제 개념은?

① 비교우위
② 절대우위
③ 보호무역
④ 자유무역협정
⑤ 관세동맹

17
노동자가 직업을 구하거나 한 직장에서 다른 직장으로 이직하기 위해 걸리는 시간에서 비롯되는 일시적 실업의 유형은?

① 경기적 실업
② 구조적 실업
③ 계절적 실업
④ 마찰적 실업
⑤ 자발적 실업

18
경기 침체와 물가 상승이 동시에 나타나는 경제 상황을 의미하는 것은?

① 디플레이션
② 애그플레이션
③ 위크플레이션
④ 스태그플레이션
⑤ 하이퍼인플레이션

19

과점시장의 사례로 적절하지 <u>않은</u> 것은?

① 정유시장
② 요식업시장
③ 자동차시장
④ 이동통신시장
⑤ 전력발전시장

20

경제문제의 발생 원인으로, 인간의 욕망을 만족시키기 위한 자원이 한정되어 있음을 의미하는 개념은?

① 탄력성
② 희소성
③ 규모의 경제
④ 범위의 경제
⑤ 공유지의 비극

21

담합을 예방하기 위해 담합을 신고한 기업에게 과징금을 감면해 주는 제도는?

① 더블딥
② 카르텔
③ 리니언시
④ 트리플위칭
⑤ 풋콜패리티

22

다음 설명에 해당하는 지수는?

> 실업률과 소비자물가상승률을 더한 지수로, 미국의 경제학자 오쿤(A. M. Okun)이 고안한 것이다. 국민이 체감하는 경제생활 수준을 측정하는 데 유용한 지표로 활용되고 있다.

① 고통지수
② 엥겔지수
③ 희생지수
④ 허핀달지수
⑤ 근원물가지수

23

경제 내의 경기 변동을 조절하는 재정 제도로, 정책 시차 없이 재정이 변동하여 경제안정화에 기여하는 것은?

① 정부지출승수
② 한계소비성향
③ 자동안정화장치
④ 긴축재정정책
⑤ 확대재정정책

24

한 사람의 후생 손실 없이는 다른 사람이 후생 이익을 얻는 것이 불가능한 경제적 자원배분 상태를 무엇이라고 하는가?

① 비교우위
② 규모의 경제
③ 범위의 경제
④ 롱테일 최적
⑤ 파레토 최적

25
하나의 상품을 추가로 더 소비할 때 소비자가 느끼는 효용으로, 실제 의사결정 시 고려 요인이 되는 것은?

① 총효용
② 유효효용
③ 실질효용
④ 평균효용
⑤ 한계효용

26
경제적 선택 시 여러 대안 중 하나를 선택했을 때 그 선택으로 인해 포기해야 하는 것 중 가장 가치가 큰 것을 의미하는 것은?

① 기회비용
② 매몰비용
③ 경제적 비용
④ 합리적 비용
⑤ 회계적 비용

27
각종 거래 행위에 수반되는 비용으로, 정보 수집, 협상, 이동 비용 등과 정보의 비대칭으로 인한 감시 및 인증 비용을 통틀어 말하는 것은?

① 거래비용
② 기회비용
③ 매몰비용
④ 정보비용
⑤ 경제적 비용

28
시장실패의 원인이 아닌 것은?

① 빈부격차
② 외부효과
③ 큰 거래 비용
④ 정보의 비대칭성
⑤ 진입 장벽의 존재

29
함께 소비할 때 더 큰 효용을 제공하는 재화를 무엇이라고 하는가?

① 기펜재
② 대체재
③ 보완재
④ 열등재
⑤ 정상재

30
경제위기 극복을 위해 양적완화를 사용한 중앙은행이 경기가 정상 궤도에 올랐다고 판단하여 양적완화 규모를 점진적으로 축소하는 전략을 의미하는 경제 용어는?

① P플랜
② 뱅크런
③ 테이퍼링
④ 통화 스와프
⑤ 리디노미네이션

31

표는 A국의 명목이자율과 실질이자율을 나타낸 것이다. 이에 대한 분석으로 옳은 것은?

(단위: %)

구분	2019년	2020년	2021년	2022년
명목이자율	3	4	4	1
실질이자율	2	1	2	0

① 인플레이션율은 2019년과 2021년이 같다.
② 2019년과 2021년에 은행대출상품 표시이자율은 동일하다.
③ 인플레이션율은 2020년이 2021년보다 높다.
④ 2022년에 명목GDP증가율과 실질GDP증가율은 동일하다.
⑤ 물가 수준은 2021년이 가장 높다.

32

다음 A재와 B재에 대한 설명으로 옳은 것은?

> A재의 경우 누군가 먼저 소비한다고 하더라도 다른 사람의 소비 가능성이나 기회, 사용에 따른 효용이 감소하지 않는다. 그러나 B재의 경우 누군가 먼저 사용하면 다른 사람이 사용할 수 없다. 한편, A재의 경우 비용을 지불한 사람만 사용할 수 있도록 관리·감독할 수 있지만, B재의 경우 사용을 막을 수 없다.

① A재는 공공재이다.
② B재는 공공재이다.
③ 국방서비스는 A재의 사례에 해당한다.
④ 연필은 B재의 사례에 해당한다.
⑤ B재의 경우 공유지의 비극이 나타날 수 있다.

33

다음 각국의 GDP와 GNI의 변화를 바르게 연결한 것은?

> 한국 반도체 회사 A는 중국의 공장에서 한국인 노동자와 중국인 노동자를 고용하여 반도체를 생산하고 있다. 작년에 비해 올해는 생산량이 늘어나고, 임금이 상승하지만 노동자의 고용 수는 동일하다.

	한국 GDP	한국 GNI	중국 GDP	중국 GNI
①	증가	변화 없음	증가	변화 없음
②	증가	증가	변화 없음	증가
③	변화 없음	변화 없음	증가	변화 없음
④	변화 없음	증가	변화 없음	변화 없음
⑤	변화 없음	증가	증가	증가

34

통화량은 본원통화와 통화승수에 의해 결정된다. 통화승수의 증가 요인이 아닌 것은?

① 예금이자율의 상승
② 현금 보유 성향의 감소
③ 신용카드의 사용 증가
④ 법정지급준비율의 증가
⑤ BIS 자기자본비율의 감소

35

다음 사례에 대한 설명으로 옳은 것은?

> 대학생 A씨는 지난해와 달리 에어컨을 오랫동안 켜놓고 있다. 이사한 다세대주택에서 전력 계량기를 공동으로 사용하기 때문이다. 각 세대의 개별 전력사용량을 알 수 없어 전체 전기요금을 세대별로 동일하게 나누어 내기 때문에 요금을 아껴봐야 절감 효과를 누리기 힘들다. 분할 전력계량기를 달려는 시도도 해봤지만 가격이 60만 원이라는 한전 관계자의 말에 포기하고 말았다.

① 전기가 공공재이기 때문에 나타나는 문제이다.
② 정보 비대칭 문제 중 역선택에 해당하는 상황이다.
③ 분할 전력계량기 보급 시 한전의 전기요금 수입은 감소할 것이다.
④ 분할 전력계량기가 설치된다면 전체 전기사용량은 증가할 것이다.
⑤ 분할 전력계량기를 사용하면 다세대주택 거주자들의 편익은 증가할 것이다.

36

실업률은 낮아지지만 실제 고용 상황이 개선되지 않았다고 볼 수 있는 경우는?

① 공무원시험을 준비하던 대학생의 취업
② 오랜 구직에 지친 구직포기자 수 증가
③ 기업의 도산으로 인한 대규모 정리해고
④ 비경제활동인구로 분류된 이의 신규 취업
⑤ 전역한 의무복무 군인의 대학 복학

37

다음은 A국의 2022년에 나타난 경제활동이다. A국의 2022년의 실질 GDP는? (단, 2022년 GDP디플레이터는 2021년에 비해 20% 상승하였고, 기준연도는 2021년이다.)

> 농부는 밀을 생산하여 일부를 소비자에게 200만 원에 판매하였다. 나머지 밀은 밀가루 제조회사에 150만 원에 판매하였다. 밀가루 제조회사는 구입한 밀로 밀가루를 제조하여 소비 시장에 250만 원에 판매하였다.

① 360만 원
② 375만 원
③ 450만 원
④ 480만 원
⑤ 600만 원

38

A국의 올해 인플레이션율은 3%로 예측되고 있다. A국의 실제 인플레이션율이 5%로 나타날 경우 일어날 수 있는 현상으로 옳지 않은 것은?

① 실물자산의 소유자는 이득을 본다.
② 노동자의 실질임금이 상승한다.
③ 고정금리대출을 실행한 은행은 손해를 본다.
④ 채권자는 손해를 보고, 채무자는 이득을 본다.
⑤ 고정된 연금을 받는 은퇴자의 실질소득 수준은 하락한다.

39

다음은 경쟁 형태에 따라 시장 유형을 분류한 것이다. 이에 대한 설명으로 옳지 <u>않은</u> 것은? (단, A~C는 각각 독점시장, 과점시장, 독점적 경쟁시장 중 하나이다.)

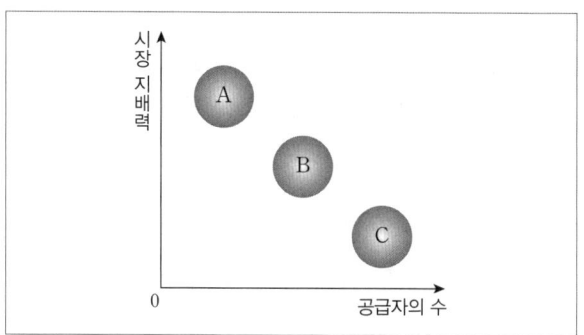

① A에서 사회 후생 수준이 가장 낮다.
② A에서 공급자는 가격 결정권을 갖는다.
③ B에서 공급자 간 가격 담합이 나타난다.
④ C에서는 비가격 경쟁이 나타난다.
⑤ C에서 한 기업의 판매액이 전체 시장의 판매액과 동일하다.

40

표는 다국적 기업인 M기업이 독점 판매하는 스마트폰에 대해 A국과 B국에 가격차별을 실시한 이후 변화를 나타낸 것이다. 각국의 스마트폰 수요의 가격탄력성을 바르게 연결한 것은? (단, A국과 B국 간 스마트폰 거래는 불가능하고, 소비자의 선호 등 다른 조건은 일정하다.)

(단위: %)

구분	A국	B국
가격 변화율	−10	10
판매수입 변화율	10	0

	A국	B국
①	탄력적	비탄력적
②	탄력적	단위탄력적
③	비탄력적	탄력적
④	단위탄력적	단위탄력적
⑤	단위탄력적	탄력적

41

A국 중앙은행이 추진하고 있는 정책에 대한 기대 효과로 가장 적절한 것은?

> A국 중앙은행은 최근 두 차례에 걸쳐 정책금리의 상한을 0.5%에서 1.0%까지 인상하였으며, 앞으로 추가적인 금리 인상을 시사하고 있다.

① 국내 총공급을 증가시켜 침체된 경기를 부양할 수 있다.
② 국내 총수요를 증가시켜 고용을 확대할 수 있다.
③ 국내 총수요를 증가시켜 경상수지를 개선할 수 있다.
④ 국내 총수요와 총공급을 모두 감소시켜 국내 물가를 낮출 수 있다.
⑤ 국내 총수요를 감소시켜 국내 물가 안정을 도모할 수 있다.

42

다음 사례에서 나타나는 정보 비대칭 문제와 이를 해결하기 위해 보험사가 시행한 해결방안을 바르게 연결한 것은?

> A씨는 새로 신형 휴대폰을 구입하면서 보험에 가입했다. 최대 40만 원까지 수리 비용을 지원해 주는 보험이었다. A씨는 이를 믿고 휴대폰을 험하게 다루다가 액정을 파손하고 말았다. 수리점에 간 A씨는 20만 원에 달하는 액정 수리비 중 20%는 본인이 부담해야 한다는 사실을 알게 되었다. 수리비 전액을 보험금으로 받을 수 없었던 것이다.

	정보 비대칭 문제	해결방안
①	도덕적 해이	감시제도
②	도덕적 해이	인센티브 설계
③	도덕적 해이	선별제도
④	역선택	인센티브 설계
⑤	역선택	선별제도

43

그림은 총수요와 총공급을 나타낸 것이다. 이에 대한 설명으로 옳지 <u>않은</u> 것은?

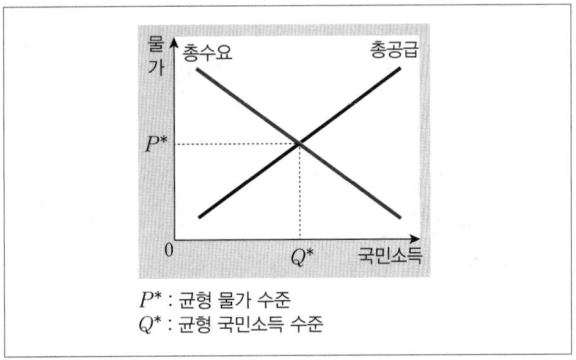

P^* : 균형 물가 수준
Q^* : 균형 국민소득 수준

① 생산성이 향상되면 총공급곡선이 우측으로 이동한다.
② 유가가 상승하면 총수요곡선이 우측으로 이동한다.
③ 이자율이 하락하면 총수요곡선이 우측으로 이동한다.
④ 수입이 증가하고 수출이 감소하면 총수요곡선이 좌측으로 이동한다.
⑤ 임금이 상승하면 총공급곡선이 좌측으로 이동한다.

44

표는 A국의 경제성장률 추이와 GDP디플레이터 추이를 나타낸 것이다. 이에 대한 설명으로 옳은 것은? (단, 기준연도는 2019년이다.)

구분	2020년	2021년	2022년
경제성장률(%)	0	2	3
GDP디플레이터	103	105	105

① 2020년 생산 규모는 전년보다 감소했다.
② 2021년 생산 규모는 2020년의 생산 규모보다 크다.
③ 2022년의 실질GDP는 2021년보다 작다.
④ 2022년에는 디플레이션이 나타났다.
⑤ 2022년의 물가상승률은 2020년보다 크다.

45

다음 (가), (나)에 대한 설명으로 옳은 것은?

> 조세는 납세자와 담세자의 일치 여부에 따라 (가)와 (나)로 분류할 수 있다. (가)는 납세자와 담세자가 일치하며, (나)는 납세자와 담세자가 일치하지 않는다. 납세자는 세금을 국가나 지방자치단체에 납부하는 사람을 의미하며, 담세자는 부과된 세금을 자신의 소득 또는 재산에서 실질적으로 부담하는 사람을 의미한다.

① (가)는 조세 전가가 나타난다.
② (가)는 간접세, (나)는 직접세이다.
③ (나)는 주로 소득이나 재산에 부과된다.
④ (가)에 비해 (나)는 소득 재분배 효과가 작다.
⑤ 부가가치세는 (가), 법인세는 (나)에 해당한다.

46

주식배당과 주식분할에 대한 설명으로 옳은 것은?

① 주식배당을 실행하면 액면가는 감소한다.
② 주식배당을 실행하면 자본금이 감소한다.
③ 주식분할을 실행하면 자본 총계는 증가한다.
④ 주식분할을 실행하면 이익잉여금이 감소한다.
⑤ 두 재무활동 모두 주식 수는 증가한다.

47

새로운 시장을 개척할 때 선점자의 지위를 차지한 기업이 가지는 이점으로 가장 거리가 먼 것은?

① 연구 개발 비용을 절약할 수 있다.
② 산업의 기술 표준을 세울 수 있다.
③ 시장에서 개척자의 명성을 얻을 수 있다.
④ 유통망을 비롯한 희소자원을 선점할 수 있다.
⑤ 경험 효과를 통한 원가 우위를 빠르게 달성할 수 있다.

48

금융상품 A, B에 대한 옳은 설명을 〈보기〉에서 고른 것은?

- A: 돈을 빌리면서 언제까지 빌리고, 이자를 언제, 얼마를 줄 것인지 약속하는 증서
- B: 기업이 자금 조달을 위해 회사소유권의 일부를 투자자에게 주는 증표

구분	A	B
발행자	(가)	
만기		(나)

┤ 보기 ├

ㄱ. 기업이 A를 통해 조달한 자금은 그 기업의 부채가 된다.
ㄴ. A, B 모두 시세 차익을 얻을 수 있다.
ㄷ. 기업은 (가)에 들어갈 수 없다.
ㄹ. (나)에는 '있음'이 들어간다.

① ㄱ, ㄴ ② ㄱ, ㄷ
③ ㄴ, ㄷ ④ ㄴ, ㄹ
⑤ ㄷ, ㄹ

49

주가수익비율(PER)에 대한 설명으로 옳지 않은 것은?

① 기업의 연간 순이익 대비 시가총액의 비율이다.
② 시중금리가 상승하면 시장의 PER은 감소한다.
③ 자기자본이익률(ROE)이 증가하면 기대 PER은 증가한다.
④ 이익에 대한 내부 유보율이 높으면 PER은 증가한다.
⑤ 미래 성장가능성이 높은 기업일수록 평균 PER이 낮아진다.

[50~51] 다음을 읽고 물음에 답하시오.

> A사의 주가는 20년간 크게 상승하여 1주 거래가격이 100만 원을 넘어섰다. 이에 A사는 과도하게 높은 주당 가격이 거래에 악영향을 끼칠 것을 우려하여 주당 가격을 1만 원으로 변경하는 ___(가)___ 을/를 시행하기로 했다.

50

빈칸 (가)에 들어갈 수 있는 재무활동은?

① 유상증자
② 무상감자
③ 액면분할
④ 자사주 소각
⑤ 전환사채 발행

51

(가)의 재무활동 결과 A사에 나타날 수 있는 현상으로 가장 적절한 것은?

① 액면가가 증가한다.
② 자기자본이 증가한다.
③ 발행주식 수가 증가한다.
④ 향후 주식시장에서 거래량이 감소한다.
⑤ 향후 주가의 변동성이 작아질 수 있다.

52

기업의 핵심역량을 기준으로 경쟁 우위를 판단하는 바니(Barney)의 VRIO분석과 관련 없는 것은?

① 다른 기업과의 기술 격차
② 외부 환경요인 변화에 대한 적응성
③ 시장에서 확보하기 어려운 자원 보유
④ 목표에 대한 조직적인 방침의 구축 여부
⑤ 핵심역량의 조직성과와의 직접연계 가능성

53

리더십에 대한 설명으로 옳은 것은?

① 상황적 리더십이론에서도 기본적으로 리더의 보편적 특성과 행동이 가장 중요하다.
② 전통적 리더십이론에 따르면 리더의 능력은 타고나기보다 길러진다는 주장이 우세했다.
③ 그린리프(Greenleaf)의 서번트 리더십이론에 따르면 리더가 부하의 역할을 하므로 임파워먼트가 나타나지 않는다.
④ 허시와 블랜차드에 따르면 부하의 성숙도가 일정 단계를 지나면 관계지향적, 과업지향적 리더십의 필요는 모두 감소한다.
⑤ 피들러(Fiedler)에 따르면 과업의 구조가 잘 짜여져 있고, 조직의 분화가 잘 되어 있을수록 과업지향적 리더가 관계지향적 리더보다 더 성과가 높다.

54

자산가격결정모형(CAPM)에 대한 설명으로 옳지 않은 것은?

① 베타(β)를 통해 위험-수익의 관계를 알 수 있다.
② 효율적 포트폴리오도 시스템에 내재한 위험을 가진다.
③ 무위험자산의 물가상승률을 고려한 기대수익률은 0이다.
④ 개별자산을 결합함으로써 포트폴리오의 위험 수준을 낮출 수 있다.
⑤ 모든 효율적 포트폴리오는 동일한 위험 수준에 대해 같은 기대수익을 가진다.

55

그림은 전세계 온디맨드(on-demand)기업에 대한 투자 규모를 나타낸 것이다. 이를 통해 추론할 수 있는 새로운 노동 트렌드로 가장 적절한 것은?

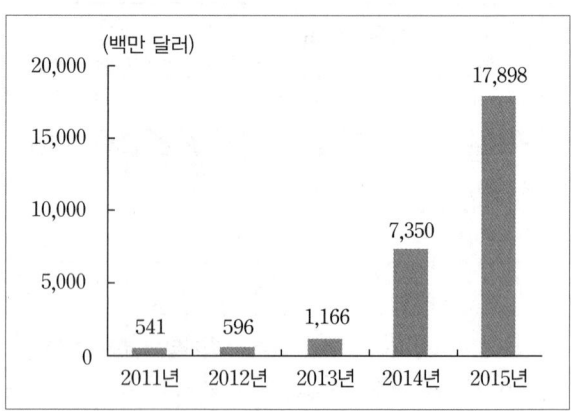

① 앱이코노미(app economy)
② 공유경제(sharing economy)
③ 솔로 이코노미(solo economy)
④ 스마트 워킹(smart working)
⑤ 긱 이코노미(gig economy)

56

다음은 브룸(Vroom)의 기대이론을 나타낸 것이다. 이에 대한 설명으로 옳은 것은?

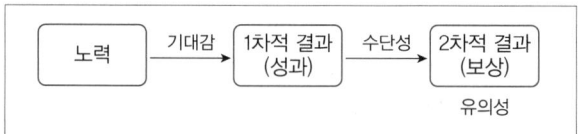

① 기대감과 유의성은 음(-)의 값이 나타날 수 있다.
② 집단에 대한 애착 등의 요인은 수단성에 포함되어 있다.
③ 유의성은 결과에 따른 보상에 대해 개인이 느끼는 가치를 의미한다.
④ 기대감, 유의성, 수단성의 합을 통해 동기부여를 계산할 수 있다.
⑤ 동기부여는 기대감과 유의성의 두 요인의 곱으로 나타낼 수 있다고 주장했다.

57

시장이자율과 채권가격에 관한 설명으로 옳은 것은?

① 시장이자율이 상승하면 채권가격도 상승한다.
② 채권가격이 상승하면 채권의 기대수익률도 상승한다.
③ 만기에서 채권의 금리는 표면금리와 시장이자율의 합과 같다.
④ 시장 금리가 낮아지면 기존 유통 중인 채권의 가격은 상승한다.
⑤ 만기가 길어질수록 동일한 시장이자율 변동에 대한 채권가격 변동폭은 작아진다.

58

매슬로우(Maslow)의 욕구단계이론에 대한 설명으로 옳지 않은 것은?

① 가장 기본적인 욕구는 생리적 욕구이다.
② 하위 욕구일수록 원초적인 욕구를 의미한다.
③ 결핍 욕구는 한번 충족되면 동기로 작용하지 않는다.
④ 자아실현 욕구는 충족되더라도 욕구가 더 증가하는 특징을 가진다.
⑤ 상위 욕구가 충족되면 하위 욕구는 자연스레 충족된다.

59

경기 위축으로 장기간 물가가 하락할 때 기업에 나타날 수 있는 재무 변화를 바르게 연결한 것은?

	자산가치	실질 채무 부담
①	하락	감소
②	하락	불변
③	하락	증가
④	상승	불변
⑤	상승	감소

60

다음 사례와 같은 전략을 기업이 활용함으로써 얻을 수 있는 이점으로 거리가 먼 것은?

> 세계적인 IT기업인 마이크로소프트, 구글 등은 새로운 기술을 개발하는 스타트업을 다수 사들이고 있다. 이들은 스타트업의 인수를 통해 자사 핵심 역량과의 시너지를 내며 자사 제품군만으로 서버부터 개인용 인터페이스까지 사용자가 모든 컴퓨팅을 할 수 있게 하고 있다. 이런 인수합병 활동을 통해 이들 IT공룡의 지위는 더욱 굳건해지고 있다.

① 범위의 경제를 통한 효율성 상승
② 아웃소싱에 비해 관리 비용 절감
③ 동일한 소비자군에 대한 정보 공유
④ 동일한 브랜드하의 마케팅 루트 활용
⑤ 전후방 통합을 통한 경쟁자의 진입 방지

61

다음 사례에 해당하는 개념은?

> 축구 경기장에서 앞줄에 앉아 있는 사람 때문에 경기가 보이지 않아 경기를 더 잘 보기 위해 일어난다면, 뒷줄에 있는 사람들 또한 일어나게 된다. 결국에는 관람객 모두가 경기를 제대로 볼 수 없게 되는 것이다.

① 부정 오류
② 구성의 오류
③ 관대화 오류
④ 논리적 오류
⑤ 인과의 오류

62

밑줄 친 '이것'에 해당하는 것은?

> 이것은 기후 변화가 초래할 경제·금융 위기를 뜻한다. 국제결제은행(BIS)은 「기후변화 시대의 중앙은행과 금융안정」이라는 보고서를 통해 '기후 변화는 글로벌 사회경제와 금융 거버넌스 시스템에 대한 전례 없는 도전'이라며 기후 변화로 인한 경제·금융위기를 이것으로 명명했다.

① 그린스완
② 블랙스완
③ 하얀코끼리
④ 회색코끼리
⑤ 회색코뿔소

63

다음 설명에 해당하는 개념은?

> 다양한 영역, 분야, 문화 등이 하나로 만나는 교차점에서 기존의 생각을 새롭게 재결합하여 혁신적인 아이디어가 폭발적으로 증가하는 현상을 말한다. 디즈니, 나이키와 같은 글로벌 기업에서는 다른 부서 팀원이 한 공간에서 근무하고 서로의 아이디어를 공유하는 것으로 유명하다. 최근 들어 4차 산업혁명과 바이오산업의 중요성이 부각되며 이러한 효과가 다시 주목받고 있다.

① 에코 효과
② 디드로 효과
③ 메디치 효과
④ 카푸치노 효과
⑤ 파노플리 효과

64

밑줄 친 '이것'에 해당하는 것은?

이것은 조직 개념으로 제2차 세계대전 당시 투입됐던 기동타격대의 명칭에서 유래했다. 관료제와 반대되는 개념으로 다양한 분야의 전문가가 문제를 해결하기 위해 수행하는 임시적 조직 구조를 일컫는다. 다양한 전문기술을 갖고 있는 이질적인 분야의 전문가들이 프로젝트를 중심으로 집단을 구성하여 문제를 해결하는 임시적인 체제를 말한다. 이것은 수평적 분화로 형식주의나 공식적 절차에 의존하지 않고 융통성 있게 업무를 수행하는 특징을 가진다.

① 네이비실
② 델타포스
③ 바텀라인 팀
④ 애드호크라시
⑤ 태스크 매트릭스

65

다음 설명에 해당하는 개념은?

1994년 온라인 서점으로 시작한 아마존은 현재 전자상거래, 음악 스트리밍, 미디어 유통 등을 넘어 배송, 금융업 등에 진출했고, 세계 1위의 클라우드 서비스 기업이 되었다. 아마존은 온라인 약국, 신선식품 배송 사업에도 도전하고 있다.

① 디파이
② 리픽싱
③ 빅배스
④ 빅블러
⑤ 피보팅

66

다음 설명에 해당하는 개념은?

불확실성을 감수하고 다른 이보다 먼저 용감하게 도전하는 선구자를 말한다. 신용보증기금은 이 형태의 창업기업을 지원하기 위한 보증제도를 운영하는 등 도전에 대한 사회적 관심과 지원이 많아지고 있다.

① 퍼스트펭귄
② 가젤
③ 라텔
④ 재규어
⑤ 캥거루

67

밑줄 친 '이것'에 해당하는 것은?

이것은 아랫돌을 빼서 윗돌을 괴는 것과 같은 방식의 사기이다. 투자자들에게 거액의 수익을 약속하여 투자를 받아낸 뒤, 그 돈으로 다른 이들에게 배당을 지급하고, 약속대로 지급되는 수익을 본 이들의 투자를 이끌어내는 사기를 의미한다.

① 파밍
② 메이도프
③ 테라노스
④ 폰지게임
⑤ 보이스피싱

68

다음 설명에 해당하는 개념은?

은행, 증권, 보험사 등에서 금융상품을 판매할 때 고객에게 상품의 구조, 자금의 운용 방식, 원금 손실의 가능성 등의 중요사항을 충분히 고지하지 않고 판매하는 것을 말한다. DLF 파생상품의 원금 손실에 더불어 라임자산운용의 사모펀드 환매 중단 사태까지 벌어지며 주목받고 있다.

① 간접판매
② 대리판매
③ 불완전판매
④ 비대면판매
⑤ 온라인판매

69
다음 사례에 해당하는 개념은?

네이버파이낸셜은 만 19세 이상, 네이버페이 가입 기간이 1년 이상인 사용자 중 일부를 대상으로 자체 심사를 통과하면 월 30만 원 한도를 부여한다. 소비자가 네이버쇼핑에서 50만 원짜리 제품을 구매할 경우 후불 한도 30만 원이 남아 있다면 부족한 20만 원을 먼저 내고 후불 30만 원은 다음 결제일에 지불할 수 있다.

① ATS(Alternative Trading System)
② BNPL(Buy Now Pay Later)
③ CBDC(Central Bank Digital Currency)
④ DTI(Debt to Income)
⑤ NFT(Non-Fungible Token)

70
다음 설명에 해당하는 개념은?

매달 일정 요금을 내고 필요한 물건이나 서비스를 주기적으로 받아쓰는 구매 형태이다. 과거에는 신문, 우유 등에 국한되었다면 현재는 각종 온라인서비스, 미디어, 생활용품 등 다양한 영역으로 확장된 상태이다. 소비자 입장에서는 매번 구매할 필요 없는 편리함이, 공급자 입장에서는 안정적 수요 파악과 이윤을 증가시킬 수 있는 장점이 있다.

① 고정경제
② 구독경제
③ 대여경제
④ 전자경제
⑤ 모바일경제

71
밑줄 친 '이것'에 해당하는 것은?

이것은 인지편향의 하나로, 자신의 능력을 파악함에 있어 실제 능력과 괴리가 있는 현상을 의미한다. 능력이 없는 사람은 자신의 실력을 실제보다 높게 평가하는 반면, 능력이 있는 사람은 오히려 자신의 능력을 과소평가한다.

① 넛지 효과
② 바넘 효과
③ 도플러 효과
④ 로젠탈 효과
⑤ 더닝 크루거 효과

72
다음 설명에 해당하는 개념은?

국제결제은행에서 은행의 건전성과 안전성을 측정하기 위해 권고한 재무 비율이다. 일반적으로 8% 수준의 자기자본비율을 권고하고 있으나, 최근 변동성이 커지며 이 비율의 적절성에 대한 논의가 많아지고 있다.

① BIS 비율
② 당좌 비율
③ 유동 비율
④ 무디스 비율
⑤ $S\&P$ 비율

73

밑줄 친 '이것'에 해당하는 것은?

> 이것은 은행에서 대출 심사의 기준으로 활용하는 비율로, 총부채의 원리금상환액과 연소득의 비율이다. 총부채는 주택담보대출, 신용대출, 학자금대출 및 마이너스 통장 등의 부채를 모두 포함하므로 기존에 사용하던 규제에 비해 더 엄격한 특징을 가진다.

① DSR
② DTI
③ LTV
④ DTA
⑤ RTI

74

다음 빈칸에 들어갈 개념에 해당하는 것은?

> 미국 연방준비제도(Fed)가 물가 조정을 위해 기준금리를 0.5%포인트 인상하는 것을 빅스텝, 0.75%포인트 인상하는 것을 (   )이라고 한다.

① 퀵스텝
② 투스텝
③ 오픈스텝
④ 베이비스텝
⑤ 자이언트스텝

75

다음 설명에 해당하는 회사는?

> 독일의 음식배달서비스 회사로, 최근 국내업체인 배달의민족을 4조 7,500억 원에 인수했다. 이 업체는 기존에도 국내에서 요기요, 배달통을 운영하고 있어 이제 국내 배달 앱 업계가 독점화되었다는 지적이 있다.

① 우버
② 벤모
③ 페이팔
④ 스트라이프
⑤ 딜리버리 히어로

76

밑줄 친 '이것'에 해당하는 것은?

> 이것은 기존 시장에 없는 혁신적 서비스를 출시하려고 할 때, 기존 규제에 막혀 시도할 수 없는 경우를 방지하기 위해 만든 제도이다. 어린아이들이 안전한 환경에서 놀 수 있는 놀이터에서 착안한 이것은 일정 조건하에서 규제를 완화하거나 유예하여 혁신적 서비스를 시도할 수 있도록 장려한다.

① 규제 쉘터
② 규제 놀이터
③ 규제 정글짐
④ 규제 샌드박스
⑤ 규제 배리어프리

77
다음 설명에 해당하는 개념은?

> 특정 지수를 추종하도록 만든 펀드로, 일반 주식처럼 거래소에 상장되어 장내에서 거래가 가능하다. 주가지수, 파생상품, 원자재, 해외주식, 채권 등 다양한 기초자산을 기반으로 한다. 시장 전체를 추종하므로 개별상품에 투자하는 것보다 리스크가 작은 특징을 가진다.

① ETF
② ELS
③ ELW
④ ELF
⑤ ETN

78
다음 설명에 해당하는 개념은?

> 경기 침체와 물가 상승이 동시에 나타나는 현상이다. 원자재 가격 상승, 공급망 붕괴 등 총공급 요인에서 충격이 생겼을 때 생산량은 줄고 물가는 올라가는 이 현상이 발생할 가능성이 높다.

① 인플레이션
② 에코플레이션
③ 스태그플레이션
④ 슈링크플레이션
⑤ 스크루플레이션

79
다음 설명에 해당하는 개념은?

> 기후 변화 대응과 친환경 에너지 안보, 의료비 지원 등에 투자하고, 자금 조달을 위한 법인세 인상을 골자로 한 증세 방안을 담고 있다. 미국을 중심으로 한 친환경 에너지, 전기차의 가치 사슬을 편성하고 중국을 배제하기 위한 움직임으로 해석된다.

① 경제회복조세법(ERTA)
② 인플레이션 감축법(IRA)
③ 회수기간법(Payback Rule)
④ 반덤핑법(Anti-Dumping Law)
⑤ 소니보노법(Sony Bono law)

80
밑줄 친 '이것'에 해당하는 것은?

> 이것은 유휴 상태의 재화를 다른 이에게 빌려줌으로써 사회 후생을 증진시키는 경제 개념이다. 이것을 통해 상품을 소유하지 않더라도 그 효용을 누릴 수 있게 된다. 이러한 자발적 행위를 통해 나뿐만 아니라 다른 사람에게도 이득을 주는 것을 특징으로 한다.

① 경매경제
② 공유경제
③ 대여경제
④ 무소유경제
⑤ 유니콘경제

정답 및 해설

매경TEST 제1회 파이널 실전 모의고사

01	02	03	04	05	06	07	08	09	10	11	12	13	14	15	16	17	18	19	20
⑤	⑤	②	②	⑤	②	①	②	①	④	②	③	②	③	②	①	④	④	②	②
21	22	23	24	25	26	27	28	29	30	31	32	33	34	35	36	37	38	39	40
③	①	③	⑤	⑤	①	①	①	③	③	③	⑤	④	③	②	②	②	②	⑤	②
41	42	43	44	45	46	47	48	49	50	51	52	53	54	55	56	57	58	59	60
⑤	②	②	②	④	⑤	①	①	⑤	③	③	②	④	③	⑤	③	④	⑤	③	②
61	62	63	64	65	66	67	68	69	70	71	72	73	74	75	76	77	78	79	80
②	①	③	④	④	①	④	③	②	②	⑤	①	①	⑤	②	④	①	③	②	②

01 ⑤

| 해설 |
유형 제품에 개발, 보증, 애프터서비스, 설치서비스 등과 같은 편익을 부가한 제품 개념은 확장 제품이다.

| 오답 피하기 |
①②③④ 필립 코틀러의 제품 유형 분류는 크게 5가지로, 핵심 제품, 유형 제품(실제 제품), 기대 제품, 잠재 제품, 확장 제품으로 나눌 수 있다. 핵심 제품은 고객이 구매하는 근본적인 이점을 의미하며, 유형 제품은 이를 유형화한 것, 기대 제품은 소비자가 상품을 구매할 때 기대하는 요인, 잠재 제품은 아직 나타나지 않았지만 향후 나타날 변화에 의해 생겨날 제품을 의미한다.

02 ⑤

| 해설 |
포괄손익계산서는 일정 기간 동안 기업 실체의 경영성과에 대한 정보를 제공하는 재무제표를 말한다. 포괄손익계산서에 있는 계정과목은 수익(매출액, 수수료 수익, 이자 수익 등)과 비용(매출원가, 종업원 급여, 광고선전비, 이자 비용, 소모품비, 임차료, 여비교통비 등)이다.
⑤ 이익잉여금의 경우 쌓여 있는 돈으로, 저량에 해당하며 재무상태표에 나타난다.

03 ②

| 해설 |
소비자 측면의 마케팅 구성 요소는 니즈, 원츠, 수요로 구분할 수 있다.
② 본원적 욕구를 충족할 수 있는 수단적 욕구를 의미하는 마케팅 구성 요소는 원츠이다.

| 오답 피하기 |
①③ 니즈는 본원적 욕구를, 수요는 원츠 중 구매 의지와 능력이 뒷받침되는 수단적 욕구를 말한다.
④⑤ 타깃팅과 포지셔닝은 마케팅의 기본적 전략 중 하나로, 세분화된 시장을 선택하고 시장에서 자신들을 각인시키는 과정을 의미한다.

04 ②

| 해설 |
마이클 포터의 산업구조분석에서 다섯 가지 힘은 기존 산업 내 경쟁, 공급자의 교섭력, 구매자의 교섭력, 대체재의 위협과 잠재적 경쟁자의 위협을 포함한다.
② 직원은 마이클 포터의 파이브 포스에 해당하지 않는다.

05 ⑤

| 해설 |
기업의 해외 진출 방식은 수출, 계약에 의한 방식, 해외직접투자로 나눌 수 있다.
⑤ 턴키 프로젝트는 생산설비를 건설한 뒤 설비가 가동되어 생산이 개시될 수 있는 시점에서 소유권을 넘겨 주는 계약 형태이다.

| 오답 피하기 |
① 계약생산이란 국제 하청 방식으로, 생산비 절감 및 운송 효율 등을 목적으로 현지 법인에서 상품을 생산하는 것을 말한다. 이는 계약에 의한 해외 진출 방식에 해당한다.
② 합작투자란 해외 직접 투자에 해당한다.
③④ 라이센싱과 프랜차이징은 모두 계약에 의한 해외 진출 방식이다. 라이센싱은 권리를 양도하고 로열티를 받는 선의 계약 진출 방식이고, 프랜차이징은 직접적인 경영과 영업노하우 등 상표권을 넘어 실제 운영에 대한 지원까지 한다.

06 ②

| 해설 |

재무상태표는 일정 시점의 현재 기업 실체가 보유하고 있는 자산과 부채 및 자본에 대한 정보를 제공하는 재무제표이다.

| 오답 피하기 |

① 자본변동표는 일정 시점의 현재 기업 실체의 자본 크기와 일정 기간 동안 기업 실체의 자본 변동에 대한 정보를 제공하는 재무제표를 말한다.
③ 재무성과표는 재무제표에 해당하지 않는다.
④ 현금흐름표는 일정 기간 동안 기업 실체의 현금 유입과 현금 유출에 대한 정보를 제공하는 재무제표를 말한다.
⑤ 포괄손익계산서는 일정 기간 동안 기업 실체의 경영성과에 대한 정보를 제공하는 재무제표를 말한다.

07 ①

| 해설 |

허츠버그는 동기부여를 2요인으로 나누어 만족 요인을 동기 요인, 불만족 요인을 위생요인이라고 하였다.
① 직무 성취감은 동기 요인에 해당한다.

08 ②

| 해설 |

표적시장을 선정하는 마케팅 믹스를 개발하는 전략은 STP 중 타깃 마케팅이다.

| 오답 피하기 |

① 디마케팅은 수요가 공급자의 공급 능력이나 기대치를 훨씬 상회하고 있는 상황인 초과수요를 가격 상승 등을 통해 수요 자체를 감소시키거나 없애려는 마케팅을 말한다.
③ 집중화 마케팅은 가장 가능성 있는 부분에 제한된 자원을 집중하는 전략이다.
④ 차별화 마케팅은 다른 기업과 차별화되는 독특한 제품을 제시하는 전략이다.

09 ①

| 해설 |

빅배스(big bath)란 부실 등을 모두 한 번에 몰아 처리하는 회계 기법을 말한다.

| 오답 피하기 |

② 액면분할은 주식의 액면가를 나누어 발행주식 수를 늘리는 것을 말한다.
③ 윈도 드레싱은 분기 말 기관투자자들이 자신이 보유한 주가를 올리려는 성향을 말한다.
⑤ 어닝 서프라이즈는 기업의 실적이 시장의 기대를 상회하는 높은 수치를 나타내는 경우를 말한다.

10 ④

| 해설 |

소비자가 상품을 구입할 때의 심리적 기준이 되는 가격은 준거가격이다.

| 오답 피하기 |

① 단수가격은 1만 원이 아니라 9,900원 등 끝자리를 맞추어 심리적으로 가격이 낮아 보이고 정확한 가격 산정을 했다는 인식을 심어주기 위한 가격 전략을 말한다.
② 실질가격은 물가 상승률을 고려한 가격을 말한다.
③ 유인가격은 일부 상품의 가격을 낮게 해 소비자를 끌어들인 후 다른 정가의 상품을 함께 구매하도록 유도하는 전략을 말한다.

11 ②

| 해설 |

SWOT분석이란 내부 환경이라는 관점에서 기업의 강점(Strength)과 약점(Weakness)에 대한 분석과 외부 환경이라는 관점에서 기회(Opportunity)와 위협(Threat)에 대한 분석을 실시하여 현재 기업이 가지고 있는 자원과 역량을 분석하는 기술적 방법을 말한다.

| 오답 피하기 |

① 알더퍼의 ERG이론(분석)은 인간의 욕구를 존재 욕구, 관계 욕구, 성장 욕구로 구분하여, 개인의 욕구동기를 보다 현실적으로 설명하기 위해 매슬로우의 욕구단계이론을 수정·보완한 것이다.
③ 가치사슬분석이란 가치사슬의 개념을 이용하여 가치를 최종 소비자에게 전달하는 데 연관된 기업의 프로세스와 활동들을 분석하는 것을 말한다.
④ 내부역량분석은 가치사슬 중 기업 내부의 사업 추진 능력을 중점적으로 분석하는 방식이다.
⑤ BCG 매트릭스는 상대적 시장점유율과 시장(산업)성장률을 기준으로 각 사업 단위의 경쟁적 지위를 바탕으로 하여 전략적 사업 단위(SBU)의 사업포트폴리오를 분석하는 방식이다.

12 ③

| 해설 |

마케팅 믹스의 4P는 각각 가격(Price), 유통(Place), 제품(Product), 촉진(Promotion)을 의미한다. 이는 기업이 기대하는 마케팅 목표를 달성하기 위한 핵심요소들이다.

13 ②

| 해설 |
관료제의 특징으로는 전문화된 조직, 공식화된 규칙과 규정, 표준화된 업무 프로세스, 기능적 부서와 업무 체계, 일원화된 명령체계 등을 들 수 있다.

14 ③

| 해설 |
아웃소싱이란 기업이 업무를 외부에 위탁하는 것을 말한다. 기업이 핵심역량 외의 업무를 외부에 맡겨 대행하게 함으로써 불필요한 업무를 줄이고, 핵심역량에 집중하고 변화하는 상황에 더 유연하게 대처할 수 있게 한다.
③ 기업의 핵심 기능은 아웃소싱의 대상이 아니다.

15 ②

| 해설 |
토빈의 q비율은 주식시장에서 평가된 기업의 가치와 기업의 총 실물자본의 구입가격을 의미한다. 이를 통해 기업은 추가적 투자를 고려할 수 있다.
| 오답 피하기 |
① 부가가치비율이란 원재료의 가격 대비 기업의 생산 과정에서 발생한 추가적 부가가치의 비율을 의미한다.
③ 총자산순이익률(ROA)이란 기업에 투자된 총자본이 얼마나 수익 창출에 기여하였는지를 측정하기 위한 재무 비율이다.
④ 자기자본회전율이란 자기자본과 순매출액의 관계를 표시하는 비율이다.
⑤ 자기자본순이익률(ROE)이란 당기순이익을 자기자본으로 나눈 것이다.

16 ①

| 해설 |
국가 간 무역에서 어떤 상품에 대해 한 국가가 생산성의 우위를 가진다면 이를 절대우위가 있다고 한다. 하지만 한 국가가 절대적인 생산성이 떨어진다고 하더라도 상대적인 생산성 우위를 통해 이를 특화하여 거래한다면 양국은 모두 무역을 통한 이득을 얻을 수 있는데, 이를 비교우위라고 한다.
| 오답 피하기 |
② 절대우위는 절대적인 생산성 우위를 의미한다.
③ 보호무역은 자국 산업을 보호하기 위해 관세나 보조금 등을 사용하는 것을 말한다.
④ 자유무역협정은 보호무역을 하지 않고, 양국의 효용 수준을 높이기 위해 자유로운 거래를 보장할 것을 약속하는 협정이다.
⑤ 관세동맹은 일종의 자유무역지대 협정으로, 협정국끼리 대외적으로 동일한 관세를 적용하는 협정을 말한다.

17 ④

| 해설 |
이직 등의 목적으로 일시적으로 발생하는 실업은 마찰적 실업이다.
| 오답 피하기 |
① 경기적 실업은 경제 상황이 나빠져 발생하는 실업이다.
② 구조적 실업은 기술혁신이나 자동화 등으로 인한 과거 기술의 경쟁력 상실, 어떤 사업의 사양화 등으로 그 산업 부문에서 발생하는 실업을 말한다.
③ 계절적 실업은 계절성이 있는 사업에서 유행하는 시즌이 지나 발생하는 실업이다.
⑤ 자발적 실업은 노동의 의지가 없어 발생하는 실업이다.

18 ④

| 해설 |
경기 침체와 물가 상승이 함께 나타나는 경제 상황을 스태그플레이션이라고 한다. 이는 경기 침체를 의미하는 스태그네이션과 물가 상승을 의미하는 인플레이션을 합친 말이다.
| 오답 피하기 |
① 디플레이션은 물가의 하락을 의미한다.
② 애그플레이션은 농산물의 가격 상승을 의미한다.
⑤ 하이퍼인플레이션은 통상적인 수준을 훌쩍 넘어서 매우 높은 수준의 물가 상승을 의미한다.

19 ②

| 해설 |
과점시장이란 상당한 진입 장벽하에서 소수의 대기업에 의해 지배되는 시장 조직 형태를 말한다.
② 요식업시장은 독점적 경쟁시장의 사례에 해당한다.

20 ②

| 해설 |
인간의 욕망은 무한하지만, 이를 충족하기 위한 자원이 유한함을 의미하는 경제 개념은 희소성이다. 희소성으로 인해 선택을 해야 하는 경제문제가 발생한다.

| 오답 피하기 |
① 탄력성은 소득이나 가격 등을 한 단위 변경했을 때 수요량 및 공급량 등에 미치는 변화율을 의미한다.
③ 규모의 경제는 생산량을 증가시킬 때 평균비용이 감소하는 현상을 말한다.
④ 범위의 경제는 두 기업이 각각 한 가지씩의 재화를 생산하는 것보다 한 기업이 이 두 상품을 동시에 생산하는 것이 비용의 측면에서 더욱 유리한 경우를 말한다.

21 ③

| 해설 |
리니언시제도는 담합이나 카르텔 등 부당한 공동행위에 참여한 기업이 그 사실을 자진 신고할 경우 과징금과 징역 등 제재의 수준을 감면해 주는 제도이다.
| 오답 피하기 |
① 더블딥은 이중침체로, 두 번에 걸쳐 경기 저점을 형성하는 것이다.
② 카르텔은 몇 개의 과점기업들이 완전담합을 통해 기업연합을 결성하여 독점기업처럼 행동하는 것을 말한다.
④ 트리플위칭은 선물, 주가지수옵션, 개별주식옵션의 세 가지 주요 파생상품이 만기가 되는 날을 의미한다.
⑤ 풋콜패리티는 풋옵션과 콜옵션이 균형을 이루는 원리를 의미한다.

22 ①

| 해설 |
실업률과 소비자물가상승률을 더해 국민이 체감하는 경제 수준을 측정하려는 지수는 고통지수이다.
| 오답 피하기 |
② 엥겔지수는 소비 중 식료품이 차지하는 비중을 말한다.
④ 허핀달지수는 기업의 시장 내 지배력을 나타내는 지수이다.
⑤ 근원물가지수는 일시적인 요인을 제외한 물가지수를 의미한다. 이는 실제 생활물가와 동떨어질 수 있으나, 일시적 변화를 제외함으로써 장기적으로 정책의 방향을 설정할 때 유용하게 사용할 수 있다.

23 ③

| 해설 |
자동안정화장치는 경기 변동 시 정부가 의도적인 재량적인 재정정책을 실시하지 않더라도 자동으로 정부지출이나 조세수입이 변하여 경기 변동의 진폭을 완화해 주는 재정 제도를 말한다. 누진소득세제, 실업보험제도, 사회보장제도가 이에 해당한다.

24 ⑤

| 해설 |
한 사람의 후생 손실 없이는 다른 사람이 후생 이익을 얻는 것이 불가능한 경제적 자원배분 상태를 파레토 최적이라고 한다.
| 오답 피하기 |
① 한 국가가 어떤 상품 한 단위를 생산하는 데 있어 다른 국가에 비해 상대적으로 적은 양의 생산요소를 사용할 때, 그 국가는 다른 국가에 비해 그 상품 생산에 비교우위를 가진다고 한다.
② 규모의 경제란 생산량을 증가시킬 때 평균비용이 감소하는 현상을 말한다.
③ 범위의 경제는 유사한 상품을 생산하는 경우 발생하는 시너지 효과를 말한다.

25 ⑤

| 해설 |
재화 한 단위를 추가로 소비했을 때 총효용의 증가분을 한계효용이라고 한다. 소비자는 의사결정 시 한계비용과 한계효용을 고려하여 구매를 결정한다.
| 오답 피하기 |
① 총효용이란 일정 기간 소비자가 재화를 소비함으로써 느끼는 효용의 총량을 말한다.

26 ①

| 해설 |
여러 경제적 대안들 중 하나를 선택했을 때 이로 인해 포기해야 하는 것들 중 가장 가치가 큰 것을 기회비용이라고 한다.
| 오답 피하기 |
② 매몰비용은 일단 지출되면 다시 회수할 수 없는 비용으로, 경제주체의 의사결정 시 고려 대상에서 제외해야 하는 비용이다.
③ 경제적 비용은 기회비용으로, 회계적 비용과 암묵적 비용으로 구성된다.

27 ①

| 해설 |
거래 행위에 수반되는 각종 비용을 통틀어 거래비용이라고 한다.
| 오답 피하기 |
② 기회비용이란 어떤 활동을 선택함으로써 포기해야 하는 다른 활동의 가치 중 최고의 가치를 의미한다.

③ 매몰비용은 일단 지출되면 다시 회수할 수 없는 비용이다.
④ 정보비용은 상품의 탐색 과정과 정보 비대칭으로 인해 발생하는 비용이다.
⑤ 경제적 비용은 기회비용을 고려한 비용이다.

28 ①

| 해설 |
완전경쟁시장이 아닌 경우의 시장실패 원인으로는 거래 비용의 존재, 외부효과, 정보의 비대칭성, 진입 장벽으로 인한 경쟁의 저하 등이 있다.
① 빈부격차는 시장실패의 원인이 아니라 결과에 해당한다.

29 ③

| 해설 |
보완재란 한 재화씩 따로따로 소비할 때보다 함께 소비할 때 더 큰 만족을 얻을 수 있는 재화를 말한다.
| 오답 피하기 |
① 기펜재는 열등재 중 소득 효과가 매우 커 상품가격이 하락할 때 소비량이 오히려 감소하는 상품을 말한다.
② 대체재란 용도가 비슷하여 그 재화 대신 다른 재화를 소비해도 만족에 별 차이가 없는 재화를 말한다.
④ 열등재는 소득이 증가(감소)하면 수요가 감소(증가)하는 재화를 말한다.
⑤ 정상재는 소득이 증가(감소)하면 수요가 증가(감소)하는 재화를 말한다.

30 ③

| 해설 |
양적완화 정책을 점진적으로 축소하는 것을 테이퍼링(tapering)이라고 한다.
| 오답 피하기 |
① P플랜은 기업의 회생을 위한 구조 조정 제도이다.
② 뱅크런은 경제 위기 시 은행에서 대규모로 예금을 인출하는 사태를 말한다.
④ 통화 스와프는 일정량의 자국 통화와 타국 통화를 교환하기로 약정하여 외환의 안전성을 도모하는 제도를 말한다.
⑤ 리디노미네이션은 인플레이션으로 상승한 화폐의 단위를 변경하여 액면가를 줄이는 것을 말한다.

31 ③

| 해설 |
2020년의 인플레이션율은 약 3%, 2021년의 인플레이션율은 약 2%로, 인플레이션율은 2020년이 2021년보다 높다.
| 오답 피하기 |
① 2019년의 인플레이션율은 약 1%, 2021년의 인플레이션율은 약 2%이다.
② 은행대출상품 표시이자율은 명목이자율을 말한다. 2019년의 명목이자율은 3%이고, 2021년의 명목이자율은 4%이다.
④ 2022년의 인플레이션율은 약 1%로, 명목GDP증가율과 실질GDP증가율은 동일하지 않다.
⑤ 인플레이션이 양(+)의 값이므로 물가 수준은 2022년이 가장 높다.

32 ⑤

| 해설 |
경합성은 누군가 먼저 소비하더라도 다른 사람의 소비 가능성이나 기회, 사용에 따른 효용이 감소하는 특성을 말하고, 배제성은 비용을 지불한 사람만 사용하도록 막을 수 있는 특성을 말한다. A재는 비경합성과 배제성을 특징으로 하고, B재는 경합성과 비배제성을 특징으로 한다.
⑤ B재는 경합성이 있고 배제성이 없으므로 공유지의 비극이 나타날 수 있다.
| 오답 피하기 |
①② A와 B 모두 공공재에 해당하지 않는다.
③ 국방서비스는 공공재에 해당한다.
④ 연필은 사적 재화에 해당한다.

33 ⑤

| 해설 |
중국 공장에서 생산하므로 한국의 GDP는 변화가 없고, 해당 공장에서 한국인 노동자가 근무하고 임금이 상승하므로 한국 GNI는 증가한다. 한편, 중국 공장에서의 생산량이 증가하므로 중국 GDP는 증가하고, 임금 상승으로 인해 중국의 GNI도 증가한다.

34 ④

| 해설 |
통화승수는 통화량이 본원통화의 몇 배인지를 보여 주는 배수이다.
④ 법정지급준비율이 높을수록 예금은행의 대출 여력이 작아지므로 통화승수는 작아진다.

| 오답 피하기 |
① 예금이자율이 상승하면 예금이 증가하여 현금예금비율을 감소시키므로 통화승수는 커진다.
② 현금 보유가 감소하면 예금이 증가하여 통화승수는 커진다.
③ 신용카드의 사용이 증가하면 현금을 보유할 필요가 적어져 통화승수는 커진다.
⑤ 은행의 BIS 자기자본비율이 감소하면 은행은 적은 자기자본을 통해 더 많은 대출을 시행할 수 있으므로 통화승수는 커진다.

35 ③

| 해설 |
제시된 사례에서 전기는 사용한대로 소모되기는 하나(경합성), 누군가의 사용을 막을 수 없는(비배제성) 특징을 가지고 있다. 이는 공유자원에서 나타나는 특성으로, 공유지의 비극이 나타날 수 있다.
③ 분할 전력계량기가 보급된다면 사람들은 전기를 아껴 쓸 유인이 증가하여 전기사용량이 감소하므로 한전의 전기요금 수입이 감소할 것이다.

| 오답 피하기 |
① 공유자원은 경합성이 나타나므로 공공재와 구별되는 특성을 가진다.
② 정보 비대칭 문제 중 도덕적 해이에 해당하는 상황이다.
④ 분할 전력계량기가 설치된다면 사람들은 전기를 아껴 쓸 유인이 증가하므로 전기사용량이 감소한다.
⑤ 분할 전력계량기를 평균보다 많이 사용하는 거주자의 편익은 감소할 것이고, 평균보다 적게 사용하는 거주자 편익은 상승할 것이다.

36 ②

| 해설 |
실업률은 (실업자 수/경제활동인구)×100으로 구할 수 있다. 구직포기자의 수가 증가하면 경제활동인구가 감소하여 실제 고용 상황이 나아지지 않더라도 실업률이 하락하는 경우가 발생할 수 있다. 구직활동을 하던 사람이 구직포기자가 된다면 실제 고용자 수는 동일하나 경제활동인구가 감소하여 실업률은 하락한다.

| 오답 피하기 |
①④ 비경제활동인구인 대학생이 취업하면 취업자 수와 경제활동인구가 모두 증가하므로 고용 상황이 개선된다.
③ 대규모 정리해고가 나타나는 경우 실업률이 상승한다.
⑤ 의무복무 군인과 대학생은 모두 비경제활동인구이므로 실업률에는 변동이 없다.

37 ②

| 해설 |
농부는 생산한 밀을 소비자에게 200만 원에 판매하였고, 밀가루 제조회사에 150만 원에 판매하였다. 밀가루 제조회사는 100만 원의 부가가치를 추가로 더해 250만 원에 시장에 판매했다. 이때 부가가치의 총합은 450만 원이므로 2020년의 명목GDP는 450만 원이다. 기준연도가 2021년이고, 2021년보다 2022년에 물가가 20% 상승하였으므로, 실질GDP는 450만 원×100/120＝375만 원이다.

38 ②

| 해설 |
A국의 기대 인플레이션율은 3%이지만, 실제 인플레이션율이 5%이므로 이는 기대 이상의 물가 상승이 나타난 것이다.
② 기대 이상의 인플레이션이 나타나는 경우 미리 노동계약을 한 노동자의 임금은 고정되어 있으므로 손해를 본다.

39 ⑤

| 해설 |
A는 공급자의 수가 가장 적고, 시장지배력이 가장 높으므로 독점시장, B는 과점시장, C는 독점적 경쟁시장에 해당한다.
⑤ 한 기업의 판매액이 전체 시장의 판매액과 동일한 것은 독점시장의 특징이다.

| 오답 피하기 |
① 독점시장에서는 자원이 비효율적으로 배분되고, 사회적 후생손실이 발생한다.
② A는 독점시장으로 공급자가 가격 결정력을 가진다.
③ B는 과점시장으로 공급자 간 가격 담합이 일어나는 경우가 많다.
④ 독점적 경쟁시장에서는 상품의 질이 다른 비가격 경쟁이 나타난다.

40 ②

| 해설 |
A국에 대해서는 가격을 인하하고, B국에 대해서는 가격을 인상하였다. A국은 가격 인하로 인해 판매수입이 증가했으므로 수요의 가격탄력성이 탄력적이고, B국은 가격 인상에도 불구하고 판매수입에 변화가 없으므로 수요의 가격 탄력성이 단위탄력적이다.

41 ⑤

| 해설 |
A국 중앙은행은 금리 인상을 통해 물가 안정 및 경기안정화를 꾀하고 있다. 이는 총수요를 감소시키는 것으로 총공급에는 직접적인 영향이 없다.

42 ②

| 해설 |
제시된 사례에서 보험 계약 후의 행동에 대한 정보 비대칭 문제는 도덕적 해이이고, 보험사의 본인부담금 제도는 보험을 믿고 소비자가 물건을 마구 다루는 것을 방지하기 위한 제도이다. 이는 보험사 입장에서 소비자의 감추어진 행동(hidden action) 문제, 즉 도덕적 해이를 해결하기 위한 것으로, 소비자로 하여금 자기부담금이 존재하므로 휴대폰을 보호할 유인을 설계하는 것이다. 따라서 인센티브 설계 방식을 사용하고 있다.

43 ②

| 해설 |
유가가 상승하면 원자재가격의 상승으로 인해 총공급이 감소하여 총공급곡선이 좌측으로 이동한다.
| 오답 피하기 |
① 생산성이 향상되면 총공급이 증가하여 총공급곡선이 우측으로 이동한다.
③ 이자율이 하락하면 총수요가 증가하여 총수요곡선이 우측으로 이동한다.
④ 수입이 증가하고 수출이 감소하면 순수출이 감소하여 총수요곡선이 좌측으로 이동한다.
⑤ 임금이 상승하면 총공급이 감소하여 총공급곡선이 좌측으로 이동한다.

44 ②

| 해설 |
2021년의 경제성장률은 2%이므로 생산 규모는 2020년보다 2021년이 크다.
| 오답 피하기 |
① 2020년의 경제성장률은 0%이므로 생산 규모는 전년과 동일하다.
③ 2022년의 경제성장률은 양(+)의 값이므로 2022년의 실질 GDP는 2021년보다 크다.
④ 2021년과 2022년에 GDP디플레이터가 같으므로 2021년과 2022년의 물가 수준은 같다.
⑤ 2020년의 물가상승률은 3%이고, 2022년의 물가상승률은 0%이므로 2022년의 물가상승률은 2020년보다 작다.

45 ④

| 해설 |
(가)는 직접세, (나)는 간접세이다.
④ 일반적으로 직접세는 간접세에 비해 소득 재분배 효과가 크다.
| 오답 피하기 |
① 직접세는 세금을 납부하는 사람과 부담하는 사람이 동일하므로 조세 전가가 나타나지 않는다.
③ 소득이나 재산 등에 부과되는 세금은 직접세이다.
⑤ 부가가치세는 간접세에 해당하고, 법인세는 직접세에 해당한다.

46 ⑤

| 해설 |
주식배당과 주식분할을 실행하면 주식 수는 모두 증가한다.
| 오답 피하기 |
① 주식배당을 실행하더라도 액면가는 변동이 없다.
② 주식배당을 실행하면 자본금은 증가한다.
③ 주식분할을 실행하더라도 자본 총계는 변동이 없다.
④ 주식분할을 실행하면 이익잉여금은 변동이 없다.

47 ①

| 해설 |
선발자의 우위로는 이미지를 소비자들에게 먼저 각인시킴으로써 후발주자의 진입을 어렵게 하고, 먼저 유통망과 자원을 선점하고 경험을 쌓아 비용을 절감할 수 있다는 장점이 있다. 한편 산업의 기술 표준을 결정함으로써 파생되는 다른 시장에 영향력을 미칠 수도 있다. 하지만 초기의 연구 개발 비용이 많이 들어 시장에 안착하지 못하면 막대한 손해를 볼 위험이 있다.

48 ①

| 해설 |
A는 채권, B는 주식이다.
ㄱ. 채권을 통해 조달한 자금은 기업의 부채가 된다.
ㄴ. 주식투자자는 시세 차익과 배당을 얻을 수 있고, 채권투자자는 시세 차익과 이자를 얻을 수 있다.

| 오답 피하기 |
ㄷ. 채권은 정부, 지방자치단체, 기업 등이 발행할 수 있다.
ㄹ. 주식은 만기가 없고, 채권은 만기가 있다.

49 ⑤

| 해설 |
주가수익비율은 연간 순이익 대비 주가의 비율을 의미하고, 주식가격을 주당순이익으로 나누어 계산한다.
⑤ 미래 성장기대치가 높은 기업의 경우 미래 가치를 반영하여 PER이 증가한다.
| 오답 피하기 |
② 시중금리가 상승하면 자금 조달이 어려워 PER은 감소한다.
③ 자기자본이익률이 증가하면 성장 기대치가 높아져 기대 PER은 증가한다.
④ 이익에 대한 내부 유보율이 높으면 재투자에 따른 성장 기대로 PER은 증가한다.

50 ③

| 해설 |
주당 가격을 일정 비율로 변경하는 재무활동은 액면분할이다.
| 오답 피하기 |
① 유상증자는 외부로부터 자본을 조달받아 신규 주식을 발행하는 방법이다.
② 무상감자는 주식을 소각하면서 주주들에게 보상하지 않는 방식이다. 자본금이 감소하고 주식 수가 감소하지만, 주가는 늘어 실제로 기업의 가치는 변동하지 않고 자본금의 항목만 변하는 특징을 가진다.
④ 자사주 소각은 자사주를 매입하여 발행주식 수를 줄이는 활동을 의미한다.
⑤ 전환사채는 채권이지만 일정 조건을 충족하면 주식으로 변환할 수 있는 특징을 가지고 있다.

51 ③

| 해설 |
A사가 시행한 활동은 액면분할이다. 액면분할로 인해 주식의 액면가는 감소하고, 자기자본은 변동이 없으며, 발행주식 수는 증가하고, 향후 주식시장에서 거래량이 증가할 가능성이 높아져 변동성이 증가할 수 있다.

52 ②

| 해설 |
바니의 VRIO분석은 내부보유가치(Value), 보유한 자산의 희소성(Rarity), 모방 가능성의 정도(Imitability), 조직(Organization)으로 구성된다.
| 오답 피하기 |
① 다른 기업과의 기술 격차는 모방 가능성 측면에서 VRIO분석의 구성 요소에 해당한다.
③ 시장에서 확보하기 어려운 자원의 보유 여부는 희소성 측면에 해당한다.
④ 목표에 대한 조직적 방침의 구축 여부는 조직 부분으로 해석할 수 있다.
⑤ 핵심역량의 조직성과와의 직접연계 가능성은 가치 측면에서 VRIO분석에 해당한다.

53 ④

| 해설 |
허시와 블랜차드의 리더십이론에 따르면 부하의 성숙도가 일정 수준을 넘어서면 관계지향적, 과업지향적 리더십의 필요가 모두 감소한다.
| 오답 피하기 |
① 상황적 리더십이론에서는 상황에 따라 요구되는 리더십이 달라진다.
② 전통적 리더십이론에 따르면 리더의 능력은 타고나는 것이라는 주장이 더 우세했다.
③ 그린리프의 서번트 리더십이론에서는 리더가 부하에게 자신의 권한을 위임하는 임파워먼트가 우수한 리더십이 핵심 요인이다.
⑤ 피들러에 따르면 과업의 체계화가 잘 이루어질수록 관계지향적 리더의 성과가 더 높다.

54 ③

| 해설 |
자산가격결정모형은 위험 수준에 따른 기대수익률을 계산할 수 있게 해 준다.
③ 무위험자산의 물가상승률을 고려한 실질이자율이 0보다 큰 경우가 있다.
| 오답 피하기 |
② 효율적 포트폴리오 시스템에 내재된 위험을 제거할 수는 없다.
④ 개별자산을 결합하면 이들이 개별적으로 가진 위험을 제거할 수 있다.

55 ⑤

| 해설 |
온디맨드경제(on-demand economy)는 온라인으로 수요를 파악하여 오프라인으로 서비스를 공급하는 것으로 교통(우버 등)에서 출발하여 숙박, 음식 배달 등의 서비스로 점차 다변화되는 추세이다.
⑤ 온디맨드경제가 활성화될 경우 온디맨드서비스에 의해 요구되는 노동수요가 함께 증가하여, 새로운 노동트렌드로 긱 이코노미(gig economy)가 부상할 것이다. 긱 이코노미는 기업들이 필요에 따라 단기계약직이나 임시직으로 인력을 충원하고 그 대가를 지불하는 형태의 경제를 말한다.

| 오답 피하기 |
① 앱이코노미(app economy)는 모바일애플리케이션(응용프로그램)이 새로운 경제구도를 만들고 있음을 의미한다.
② 공유경제(sharing economy)는 자신이 소유한 기술 또는 재산을 다른 사람과 공유함으로써 새로운 가치를 창출하는 협력적 소비를 기반으로 한다.
③ 솔로 이코노미(solo economy)는 주택, 식품, 소형 가전 등 관련 산업에서 혼자 사는 싱글족을 겨냥하여 제품을 개발하고 출시하는 경제를 말한다.
④ 스마트 워킹(smart working)은 이메일 보고와 화상회의, 전화회의 등을 적극 활용하고, 대면회의는 최소화하며 회의자료의 양과 참석자도 최대한 줄여 일의 능률은 높이면서 업무스트레스는 최소화하는 업무 개선 방법이다.

56 ③

| 해설 |
브룸의 기대이론에 따르면 수단성과 유의성은 음(-)의 값이 나타날 수 있고, 동기부여의 강도는 기대감×수단성×유의성으로 나타낼 수 있기 때문에 다른 요인이 잘 갖춰지더라도 하나의 요인에 문제가 있다면 동기부여가 나타나지 않게 된다.

| 오답 피하기 |
① 수단성과 유의성은 음(-)의 값을 가질 수 있다.
② 집단에 대한 애착 등의 요인은 브룸의 기대이론에 나타나 있지 않다.
④⑤ 기대감×수단성×유의성으로 동기부여를 계산할 수 있다.

57 ④

| 해설 |
시장이자율과 채권가격은 서로 반대로 움직인다. 채권의 표시금리와 가격은 정해져 있으므로 시장이자율이 상승하면 고정된 이자율을 제공하는 채권의 가치는 상대적으로 하락하고, 시장이자율이 하락하면 채권의 가치는 상승한다.

| 오답 피하기 |
① 시장이자율과 채권가격은 서로 반대 방향으로 움직인다.
② 채권가격이 상승하면 채권의 기대수익률은 하락한다.
③ 만기에서 채권의 금리는 표면금리이다.
⑤ 만기가 길어질수록 채권가격의 변동폭은 커진다.

58 ⑤

| 해설 |
매슬로우의 욕구단계이론에 의하면 욕구단계에는 가장 기초적인 욕구부터 생리 욕구, 안전 욕구, 애정·소속 욕구, 존경 욕구, 자아실현 욕구의 5단계가 있다. 하나의 욕구가 충족되어야 순서대로 그 다음의 욕구가 나타나며, 자아실현 욕구를 제외한 나머지 욕구는 결핍 욕구로, 일단 한번 충족된 욕구는 더는 동기로서 작용하지 않는 특징을 가지고 있다.
⑤ 일단 하위 욕구가 충족되어야 상위 욕구를 추구하게 된다.

59 ③

| 해설 |
경기 위축으로 장기간 물가가 하락할 때 기업의 자산가치는 하락하고, 채무 부담과 같은 금융 부담은 상대적으로 더 커진다. 물가의 하락은 실물자산의 가치를 낮추지만, 상대적으로 정해져 있는 금융자산의 경우 채권자가 유리해진다.

60 ②

| 해설 |
유사제품군을 인수하여 하나의 플랫폼 안에서 모든 컴퓨팅을 할 수 있게 하는 IT기업의 전략은 범위의 경제로 설명할 수 있다. 이를 통해 시너지를 내고, 진입 장벽을 높여 독점력을 굳힐 수 있는 장점이 있지만, 조직의 비대화를 낳고, 아웃소싱에 비해 관리 비용이 비쌀 수 있다.

61 ②

| 해설 |
구성의 오류는 모든 개별 경제주체들의 합리적인 행동의 결과가 전체적인 측면에서는 바람직하지 않은 결과를 가져올 수 있음을 의미한다. 절약은 미덕이 될 수 있으나 국가 전체적 관점에서는 해악이 될 수 있다는 케인즈의 '절약의 역설'이 대표적이다.

62 ①

| 해설 |

글로벌 기후 변화는 경제에도 파급 효과를 미치고 있는데, 이를 기존의 위기를 뜻하는 블랙스완에서 따와 그린스완이라고 명명하고 있다.

63 ③

| 해설 |

서로 다른 영역에서 다른 문화와 지식을 가진 이들이 기존의 생각을 결합하고, 새롭게 재정립하는 아이디어를 내는 현상을 메디치 효과라고 한다.

64 ④

| 해설 |

밑줄 친 '이것'은 애드호크라시이다. 애드호크라시는 다양한 분야의 전문가들이 구성되어 융통적, 적응적, 혁신적이라는 특징을 보인다.

65 ④

| 해설 |

빅블러는 빠른 변화로 비즈니스 영역에서 경계가 모호하고 희미해짐을 의미하는 용어이다. 과거에는 기업의 활동이 산업 내에서 이루어져 업종 간 경계가 명확하였으나, 사회가 급변하고 IT기술이 발전하면서 기업들이 기존의 영역을 넘어서고 있다. 대표적 기업인 카카오는 ICT를 매개로 전자상거래, 은행, 게임 등 산업 간 경계가 무너지는 현상을 보여 주고 있다.

66 ①

| 해설 |

남극에서 펭귄 무리 중 가장 먼저 뛰어드는 이를 퍼스트펭귄이라고 하는 것에서 유래하였다. 이를 혁신의 아이콘으로 삼아 기업에서도 도전정신과 혁신을 강조하는 문화가 나타나고 있다.

67 ④

| 해설 |

폰지게임(Ponzi game)은 제시된 설명과 같은 방법의 사기를 저지른 찰스 폰지의 이름을 따서 붙여진 금융 사기 수법으로, 고액의 수익을 약속하고, 처음에는 이를 지키며 많은 투자금을 끌어모은 뒤 도망치는 사기 수법이다.

68 ③

| 해설 |

불완전판매는 상품 판매 시 고객에게 고지해야 할 사항을 분명하게 밝히지 않고, 위험한 내용에 대한 설명을 하지 않은 채 판매하는 것을 말한다.

69 ②

| 해설 |

BNPL은 물건을 먼저 사고 나중에 지불해도 된다는 의미의 용어이다. 신용도가 낮더라도 물건을 선구매하고 후결제하는 서비스로, 소비자가 물건을 구입하면 BNPL업체가 제품판매기업에 돈을 지불하고 소비자가 BNPL 업체에 분할 납부한다.

70 ②

| 해설 |

기존에는 신문, 잡지 등에 한정하던 구독서비스가 온라인서비스와 물류 배송의 발달로 다양한 상품 영역과 서비스 영역에 걸쳐 확장되고 있다. 이러한 시장 트렌드를 구독경제라고 한다.

71 ⑤

| 해설 |

더닝 크루거 효과는 지식이 부족한 초기에는 자신의 지식을 과신하지만, 지식을 점차 쌓아갈수록 자신의 부족함을 깨닫는 현상을 의미한다.

72 ①

| 해설 |

자기자본비율은 국제결제은행(BIS)이 일반은행에게 권고하는 자기자본비율 수치로, BIS 자기자본비율이라고 불린다. BIS에서는 일반적으로 은행의 자기자본비율 8% 이상을 안정권으로 보고 있다.

73 ①

| 해설 |

DSR은 기존 DTI와 비교하여 한층 격상된 대출 규제 기준이다. 이전 DTI와 달리 개인의 총부채를 모두 관리하고, 원리금 상환액을 기준으로 하는 것으로, 주택가격 상승에 따른 과열 방지 대책이자 가계 부채의 급증에 따른 대응책으로 볼 수 있다.

74 ⑤

| 해설 |

미국연방준비제도(Fed)가 물가를 조정하기 위해 기준금리를 0.5%p 인상하는 것을 빅스텝이라고 하고, 0.75%p 인상하는 것을 자이언트스텝이라고 한다.

75 ⑤

| 해설 |

딜리버리 히어로는 독일계 음식배달서비스 글로벌 기업으로, 최근 우리나라 업계 1위인 배달의 민족을 인수하여 화제가 되었다. 이 회사는 이미 국내 2, 3위 배달업체인 요기요와 배달통을 운영하고 있어 국내 음식배달서비스 업계는 사실상 독점 체제가 되었다.

76 ④

| 해설 |

규제 샌드박스는 어린아이들이 안전하게 노는 모래장에서 착안한 용어로, 새로운 시도와 혁신을 장려하는 제도이다. 이를 통해 기존에는 규제에 막혀 시행할 수 없는 사업들을 시도하고, 규제의 변화나 완화를 타진해 볼 수 있게 되었다.

77 ①

| 해설 |

특정 지수를 추종하는 인덱스펀드이면서 상장되어 거래가 가능한 펀드는 ETF(Exchange Traded Fund)이다.

78 ③

| 해설 |

스태그플레이션은 경기침체(stagnation)와 인플레이션(inflation)의 합성어로 경제불황 속에서 물가상승이 동시에 발생하고 있는 상태를 의미한다. 스태그플레이션이라는 표현은 영국의 정치가인 매클러드(Iain Macleod)가 1965년 영국의 회의 연설에서 처음 사용한 것으로 알려져 있다.

79 ②

| 해설 |

인플레이션 감축법(IRA)은 기후변화 대응, 의료비 지원, 법인세 인상 등을 골자로 한 미국의 법이다. 급등한 인플레이션 완화를 위해 2022년 8월 16일 발효됐다. 특히 이 법에서는 전기차 구매 시 보조금(세액공제 혜택)을 받기 위해서는 전기차 제조에서 중국 등 우려 국가의 배터리 부품과 광물을 일정률 이하로 사용하도록 해 전기차 가치사슬에서 중국을 배제하려는 의도가 있다는 분석이 있다.

80 ②

| 해설 |

유휴 상태의 재화를 공유하여 새로운 가치를 만들어 내고 사회 후생을 증진시킨다는 공유경제의 개념은 많은 각광을 받았고, 현재도 시장이 확대되는 중이다.

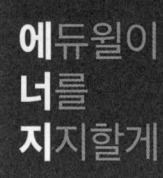

내가 꿈을 이루면
나는 누군가의 꿈이 된다.

— 이도준

**여러분의 작은 소리
에듀윌은 크게 듣겠습니다.**

본 교재에 대한 여러분의 목소리를 들려주세요.
공부하시면서 어려웠던 점, 궁금한 점,
칭찬하고 싶은 점, 개선할 점, 어떤 것이라도 좋습니다.

에듀윌은 여러분께서 나누어 주신 의견을
통해 끊임없이 발전하고 있습니다.

에듀윌 도서몰 book.eduwill.net
- 부가학습자료 및 정오표: 에듀윌 도서몰 → 도서자료실
- 교재 문의: 에듀윌 도서몰 → 문의하기 → 교재(내용, 출간) / 주문 및 배송

2025 에듀윌 매경TEST 실전문제집

발 행 일	2025년 1월 2일 초판
편 저 자	신경수, 황선일
펴 낸 이	양형남
개 발	정상욱, 김진우
펴 낸 곳	㈜에듀윌
등록번호	제25100–2002–000052호
주 소	08378 서울특별시 구로구 디지털로34길 55 코오롱싸이언스밸리 2차 3층
ISBN	979–11–360–3595–0(13320)

* 이 책의 무단 인용·전재·복제를 금합니다.

www.eduwill.net
대표전화 1600-6700